제8판

가족치료

체계이론적 통합

제8판

가족치료
체계이론적 통합

Dorothy Stroh Becvar, Raphael J. Becvar 지음
정혜정, 이형실, 윤경자, 이동훈 옮김

Σ 시그마프레스

가족치료 : 체계이론적 통합, 제8판

발행일 | 2016년 9월 1일 1쇄 발행

지은이 | Dorothy Stroh Becvar, Raphael J. Becvar
옮긴이 | 정혜정, 이형실, 윤경자, 이동훈
발행인 | 강학경
발행처 | ㈜시그마프레스
디자인 | 김정하
편집 | 김문선

등록번호 | 제10-2642호
주소 | 서울시 영등포구 양평로 22길 21 선유도코오롱디지털타워 A401~403호
전자우편 | sigma@spress.co.kr
홈페이지 | http://www.sigmapress.co.kr
전화 | (02)323-4845, (02)2062-5184~8
팩스 | (02)323-4197

ISBN | 978-89-6866-800-5

Family Therapy: A Systemic Integration, 8th edition

＊ 책값은 책 뒤표지에 있습니다.

이 도서의 국립중앙도서관 출판시도서목록(CIP)은 서지정보유통지원시스템 홈페이지(http://seoji.nl.go.kr)와 국가자료공동목록시스템(http://www.nl.go.kr/kolisnet)에서 이용하실 수 있습니다.(CIP제어번호 : CIP2016020109)

역자 서문

가족치료에 대한 사회적 요구가 급증하면서 수많은 저서와 번역서들이 쏟아져 나오고 있습니다. 하지만 번역서에 대한 인기와 관심이 줄어들고 있는 현실에서 이 책의 제8판 번역을 결정한 것은 가족치료 분야를 이해하고 실천함에 있어서 이 책의 독특한 공헌 때문입니다. 이 책은 저자들의 다양한 경험과 통찰력 그리고 풍부한 은유를 통해 가족치료의 세계관과 인식론을 설명하고 있으며, 여러 모델이 체계이론적 관점으로 어떻게 통합될 수 있는지를 잘 보여주고 있습니다.

이 책의 초판은 약 30여 년 전인 1988년에 출판되었습니다. 당시 저자들이 교수로 있던 대학의 박사과정생이었던 역자 중 한 사람은 동료 학생들과 더불어 이 책의 주요 메시지를 나누면서 가족치료의 세계에 매료되었고 그 지평을 넓힐 수 있었습니다. 무엇보다 이 책은 체계이론뿐 아니라 사이버네틱스 인식론이 가족치료 발달에 어떻게 기여하고 적용되었는지 그리고 사람과 문제에 대해, 치료자와 해결에 대해, 내담자와 치료자의 관계에 대해 가족치료라는 전문 분야가 여타의 다른 치료적 접근과 어떤 면에서 차이가 있고 고유성을 확보하고 있는지를 아주 잘 보여주고 있습니다. 또한 제2단계 사이버네틱스와 포스트모더니즘 관점에서 가족치료의 각 모델을 성찰하도록 접근하고 질문한 점은 가족치료가 '이것 아니면 저것(either/or)'의 관점이 아니라 '이것과 저것 모두(both/and)'의 관점에서 그 정체성을 가장 잘 드러낸다는 인식론에 부합한다고 여겨집니다. 그리하여 저자들은 가족치료자가 서구의 분석적인 성향뿐 아니라 동양의 통합적인 성향과 생태적인 자각능력을 갖출 것을 촉구했고, 가족치료가 과학일 뿐 아니라 예술임을 강조한 전문가들을 대표하기도 하였습니다.

모두 3부로 이루어진 이 책의 제1부는 가족치료의 이해를 위한 기초 지식을 담고 있으며, 체계이론의 개념틀과 세계관, 가족치료 발달의 역사적 맥락, 체계이론으로의 패러다임 전환 및 포스트모더니즘과 가족치료, 가족의 과정과 발달을 다루고 있습니다. 제2부는 가족치료의 각 모델을 정신역동적, 자연체계이론, 경험적, 구조적, 의사소통적, 전략적, 인지행동적 접근과 더불어 포스트모더니즘 접근에서 다루고 있습니다. 제3부에서는 가족치료 실천을 위한 세부 내용으로서 가족평가, 치료적 개입, 가족치료 훈련과 슈퍼비전 및 연구 그리고 가족치료의 인식론적 도전을 다루고 있습니다. 이러한 내용으로 구성된 이 책은 가족에 대한 전통적인 규범이 급격히 약화되고 있고 다양한 가족형태와 가치관이 공존하는 현대의 우리나라 사회에서 개인과 가족의 문제 해결을 위한 가족치료적 실천에 중요한 자원이 될 수 있을 것입니다.

초판 이후 제8판이 출판되기까지 저자들은 이 책을 꾸준히 보완하고 다듬었지만 국내에서는 1997년 초판 번역 이후 출판이 이루어지지 않았고, 이에 이번에 서로 다른 학과와 지역에서 근무하는 4명의 교수가 번역을 결정하게 되었습니다. 초판 번역을 고려하여 제1~3장, 제7장, 제9~12장, 제6장의 앞부분은 정혜정 교수가, 제5, 8, 14, 15장은 이형실 교수가, 제13, 16, 17장은 윤경자 교수가, 제4, 18장과 제6장의 뒷부분은 이동훈 교수가 맡아서 번역하였습니다. 초판의 번역판이 출판되었지만 그 후 제8판까지 저자들이 많은 부분을 수정/보완하고 추가하였으므로, 제8판 번역은 거의 새로운 작업에 가까웠습니다. 늘 그렇듯이 역자들의 시각에서 최선을 다해 번역에 임했으나 어색하고 의미 전달이 어려운 부분은 전적으로 역자들의 부주의와 실력 부족으로 빚어진 결과라 사료되며, 독자들의 적극적인 피드백을 통해 더 나은 책으로 새롭게 탄생할 수 있기를 기대합니다.

이 책은 학부생을 위한 교재 그리고 대학원생을 위한 가족치료의 기초 교재로 활용하기에 아주 적합합니다. 또한 이 책은 가족치료의 세계관과 인식론에 대해 개괄하고 그 지평을 넓히고자 하는 가족치료 훈련생과 전문가에게도 중요한 자원이 될 것입니다. 각 장의 마지막 부분에 있는 'MySearchLab 살펴보기'의 자료는 각 장에 대한 추가적인 이해를 위해 중요한 정보가 포함되었으나, 이에 대한 접근 권한이 번역서에는 제공되지 않아 아쉬울 뿐입니다.

이 책이 출판되기까지 역자들에게 힘이 되어준 가족과 학생들 그리고 더 풍요로운 세상을 위해 언제나 많은 아이디어를 공유하고 확장하는 길을 함께 가는 가족치료 공동체 내 전문가와 훈련생 여러분들께도 깊이 감사드립니다. 아울러 이 책의 편집을 맡아 명확한 의미 전달을 위해 치밀하고 철저하게 의견을 주신 (주)시그마프레스의 김문선 선생님께 깊이 감사드립니다.

2016년 8월
역자 일동

저자 서문

우리 저자들이 체계이론/사이버네틱스 관점에서 통합적인 가족치료 교재를 쓰자는 생각을 처음으로 한 지 벌써 25년 이상이 지났다. 선생으로서 우리는 학생들을 위한 가족치료 교재를 쓰는 일이 단편적인 과정에 매달려야 하는 작업임을 알게 되었다. 학생들이 가족치료의 많은 기본 이론에 대한 지식을 갖출 수 있고 그 이론에 기반한 실천을 할 수 있어서 다양한 접근들의 발전과 실행을 이해할 수 있도록 하는 그런 교재 말이다. 특히 가족치료 이론에 대한 교재들은 너무 기술적이었고 초점이 적절하지 못했으며, 그 어떤 책도 가족치료 분야를 전체적으로 조망하지 못했다. 그래서 가족치료: 체계이론적 통합은 빠져있다고 생각하는 중요한 점을 채우기 위해 계획되었다. 그 이후 세상은 너무 많이 변했고, 부부가족치료라는 전문 분야는 중요한 전환기를 거쳐갔으며, 이제 훌륭한 책들이 넘쳐나고 있어 이 책도 7번의 수정을 거듭했다. 각 판에서 우리는 현상태를 유지하면서 이전 판 이후 발전되었던 중요한 이슈들을 다루고자 했다. 동시에 몇 가지 이유 때문에 원판과는 몇 가지 면에서 좀 차이가 있지만, 빠진 부분을 계속 염두에 두면서도 책의 기본 틀을 유지하는 것이 맞겠다고 생각했다.

지난 20여 년간 가족치료 분야의 많은 것들이 여러 이유 때문에 체계이론/사이버네틱스 관점을 거부하였다. 확실히 배우기가 어려워지고 있으며, 학습자들은 얼핏 보기에 별 관련이 없을 것 같은 영역인 철학을 진정하게 이해하고자 하였다. 더욱이 세월이 흐르면서 발전을 거듭하였던 이 관점에 대한 깊이 있는 이해 없이는, 이 관점이 너무 기계론적이고 비인간적이어서 특히 포스트모더니즘 관점에서 볼 때 주의를 기울일 가치조차 없는 것으로 보일지 모른다. 게다가 체계이론과 사이버네틱스의 기본 가정은 미국 문화와 반대되어, 대부분의 미국인들이 사회화된 주류 세계관, 그에 따라 대부분의 미국 사회가 돌아가는 세계관과 불일치한다. 그리하여 최근에 체계이론/사이버네틱스 관점을 출발점으로 하는 가족치료 교재가 거의 출판되지 않았다. 따라서 우리는 기본적으로 체계이론/사이버네틱스 관점을 계속해서 강조함과 동시에 빠진 부분을 계속 채우면서 시간의 흐름에 따른 변화를 인정하고자 노력하였다. 이는 가족치료에서 중시하는 변화의 맥락에서 안정성의 유지라는 기본 전제를 그대로 나타낸다.

우리의 관습대로 이 책을 이해하기 위해 가장 최근에 출현한 몇 가지 배경을 제공함으로써 시작한다. 많은 시간 동안 부부가족치료 분야의 교수, 임상가, 연구자의 관점에서 이 책을 썼는데, 이는 이 책의 판을 거듭할수록 훨씬 중요해진 점이기도 하다. 첫 번째 저자인 Dorothy

Becvar는 세인트루이스대학교의 사회복지학부 교수이며, 주로 가족에 관하여 가르친다. 그녀는 슈퍼비전 외에 개인 치료소에서 시간제로 계속 일하고 있으며 Haelan 센터의 대표이사인데, 이 센터는 전일적 성격의 힐링센터로서 주요 훈련가는 가족치료자들이며, 주요 서비스는 대증요법 실천가들의 서비스와 보완되는 것이다. 2007년 1월에서 2012년 1월까지 Dorothy는 학술지인 현대가족치료(*Contemporary Family Therapy: An International Journal*)의 편집위원장이었다. 두 번째 저자인 Ray Becvar는 반쯤 은퇴하였는데, 개인 치료소에서 시간제로 일하며 여러 대학에서 겸임교수로서 강의를 하고 있다. 저자들의 딸인 Lynne은 6학년 센터에서 상담사로 일하고 있으며, 아동과 그 가족에게서 무슨 일이 일어나고 있는지에 대해 흥미로운 학교 기반 관점을 제공하고 있다. 그녀는 왕따 문제의 해결책 찾기와 젊은·여성들의 역량 강화라는 두 프로젝트에 깊이 개입하였다. 또한 Lynne은 음악에도 심취하여 그녀가 일원으로 있는 밴드는 벌써 세 장의 음반을 냈다.

　개인적인 배경에서 더 큰 사회적 맥락으로 옮겨보면 큰 걱정거리가 되는 일이 많이 있다. 이라크 전쟁이 좀 잦아들고 있지만 여전히 계속되고 있고, 아프가니스탄의 갈등은 지속되고 있으며, 빈곤, 억압, 인종차별은 여전히 해결책을 찾고 있고, 불법 약물이 아니라 처방이 약물 남용의 주범인 경우가 흔하며, 도처에 폭력이 만연하다. 가족들은 인터넷과 소셜미디어가 아동에게 미친 영향, 좁아지는 세상의 도전, 경제적 불안, 수많은 맞벌이 부부의 증가를 다루고자 시도하면서 최전선에서 도전을 받고 있다. 부부가족치료 전문 분야 내에서 제3자 지불의 현실과 요구는 계속 상황을 더 복잡하게 만들어가는데, 특히 증거 기반 실천의 면에서 더욱더 그렇다. 따라서 치료자와 연구자들은 더욱 체계이론 혹은 포스트모더니즘 관점을 선택함에도 불구하고 보편적인 의료모델과 모더니스트 접근의 범위 안에서 작업하라는 압력을 자주 받는다. 주목할 가치가 있는 또 하나의 사실은 아마 지난 수년 동안 부부가족치료 분야에서 많은 영향력 있는 치료자들과 이론가들이 사망하였다는 점이다.

　그러나 희망을 잃고 무기력하게 느끼기보다는 체계이론/사이버네틱스가 계속 그러한 도전들을 효과적으로 다룰 수 있도록 사고하고 행동하는 방법을 제공한다고 생각한다. 지구온난화의 문제는 체계이론이 말하는 우주의 상호 연결성을 상기시켜 준다. 하나의 메타 관점으로서 체계이론/사이버네틱스는 다양한 관점에 대한 존중뿐 아니라 앎에 대한 많은 방식의 타당성을 인정하게 한다. 가족치료의 틀로서 이 관점은 인간관계를 이해하고 작업하는 중요한 방법에 대한 문을 열어준다. 가장 중요한 것은 제2단계 사이버네틱스 수준에서 체계이론적 관점은 보다 인간적인 실재의 창조에 참여하는 방식으로 행동하기 위한 윤리적 절박감을 포함한다는 것이다.

　사실 가족치료는 어떤 다른 전문직보다 정신건강 현장에 대해 의식적으로 자각하도록 하는 많은 일을 해왔다. 체계이론/사이버네틱스 관점은 우리에게 가족치료의 가장 중요한 측면으로서, 여러 다른 종류의 질문들은 여러 다른 종류의 해결책들과 연결되어 있음을 일깨워준다. 왜냐하면 그 관점에 의해 우리는 상호 의존성에 대한 지식으로 향하게 되고, 또 그런 관점과 함께 우리가 구별 지은 차이에 대한 시각을 넘어설 수 있기 때문이다. 하지만 더 많은 것들이 이 책에서 다루어진다.

이전 판에서 우리가 주의를 주었듯이, 독자 여러분들이 이 책을 읽는 것은 아주 색다른 경험일 것이라고 생각한다. 그 차이는 우리가 체계이론/사이버네틱스 관점을 사용하고 또 우리가 쓰고 있는 이론과 일치시키고자 하는 시도로부터 비롯된다. 그래서 다른 교재와 달리 초점은 과정에 있으며, 독자 여러분이 계속 대화에 참여하도록 노력한다. 체계이론/사이버네틱스 가족치료자들로서 우리는 실재(reality)를 관계적이고 상호적인 용어로 보고 만든다고 생각한다. 이는 학생들이 없으면 교수로서의 우리 역할도 의미가 없을 것이라는 우리의 신념과 아주 비슷하다. 두 경우 모두 우리가 내용에 관심을 두는 만큼 과정에도 많은 관심을 둔다.

그러나 이러한 비교를 하면서, 우리는 곧 가족치료에 관한 책을 쓰기로 했을 때 마주쳤던 주요 딜레마 중 한 가지와 마주친다. 말하자면 (1) 두 가지 언어가 서로 논리적으로 불일치한 기본 '가정'을 가지고 있을 때 (2) 다른 언어의 단어들을 사용하면서 (3) 하나의 언어에 대해 쓸 때 포함되는 어려움과 마주한다.

그래서 그것이 저술/독자와 교수/학생 간의 비교와 어떤 관계가 있다는 말인가? 한마디로 모든 것이 관계가 있다. 즉, 저술할 때 우리는 메시지의 수신자로부터 즉각적인 피드백을 받을 가능성 없이 메시지를 보낸다. 한편, 가르칠 때 우리는 학생들의 반응에 영향을 받고, 마찬가지로 학생들도 우리의 영향을 받는다. 그러한 어려움을 혼합하기 위해, 저술 형태로 정보를 보내고자 할 때 우리가 사용하는 언어는 선형적이며(즉, A가 B를 일으킨다.), 한편 체계이론/사이버네틱스의 언어는 순환성의 개념을 기초로 한다(즉, A와 B는 상호 간에 영향을 미친다.). 여기에 우리의 딜레마가 있다.

이 딜레마를 다루기 위한 하나의 방법으로서 우리는 최선을 다해서 독자 여러분들을 계속 염두에 두고자 하며, 여러분의 반응을 예견하고 이 분야의 공동 학습자와 논의할 때 흔히 일어나는 질문들을 바탕으로 여러분들이 물을 수 있을 만한 종류의 질문에 답하고자 한다. 우리는 개념을 전하기 위해 단어와 문구를 만들었다. 또한 우리의 이론적 관점과 일치하도록 노력하면서 정도에서 벗어나 비선형적인 방식으로 저술고자 노력한다. '왜, 목적, 목표'같이 명백한 비선형적 용어들을 사용할 필요가 있을 때에는 체계이론/사이버네틱스의 틀 밖으로 벗어나야 했다.

지금까지 우리는 더 나아가기 전에 더 큰 진전에 도움이 되는 세 가지 주요 개념, 즉 과정, 가정, 틀(프레임)을 다루었다. 이를 조금 더 되짚어보자. (체계이론/사이버네틱스 관점에서 이는 전혀 이상할 것이 없다. 당신이 선택하는 곳에서 시작할 수도 있고 끝낼 수도 있으며, 발자

취를 더듬을 수도 있고, 적합하다고 보는 것은 어떤 것이든 일련의 사건들을 끊어서 볼 수 있다.)

먼저 우리는 과정에 대한 관심을 말했다. 제3장에서 더 철저히 논의하겠지만, 체계이론/사이버네틱스는 상호작용의 특정 '내용'이나 '왜'라기보다 상호작용 패턴의 '무엇', '언제', '어떻게'에 초점을 둔다. 다른 말로 하면, 우리가 교수와 학생으로서 우리의 관계를 분석하기를 원한다면, 우리들 각자는 무슨 역할을 하며, 언제 이런저런 행동이 일어나고, 서로 어떤 관계를 맺고 있는지 볼 것이다. 우리들 각자는 왜 그렇게 행동하는지 묻지 않을 것이며, 또 서로 우리 논의의 세부사항(즉, 내용)을 아는 것이 특히 유용하거나 필요하지 않을 것이다. 그보다 체계이론/사이버네틱스 가설은 우리 대화의 주제와 상관없이 시간이 흐르면서 우리가 서로 어떻게 관계 맺고 있는지의 측면에서 상당히 안정적으로 살펴보는 경향이 있다는 것이다. 그러므로 우리의 관계를 이해하기를 원한다면, 과정에 관심의 초점을 둘 것이다.

그래서 우리 작업의 중요한 부분은 저자인 우리가 독자인 여러분과 확립할 수 있는 관계의 종류에 관심을 갖는 것이다. 사실 중요한 측면은 과정 수준에서 객관성에 대한 지속적인 자각과 실행이었다. 동시에 우리의 나머지 도전은 정보의 공유(즉, 교재의 저술)를 포함하였고, 이는 확실히 우리가 내용에 관심을 둘 것을 요구한다. 그러나 후자의 작업에서 요구되는 것은 체계이론과 사이버네틱스가 아니라 다른 준거로부터 나온다.

앞서 언급했던 두 가지 다른 개념들, 즉 **가정**과 **틀**을 함께 언급하는 것이 가장 필요한 것 같다. 사실 이 용어들을 사용할 때, 두 용어는 서로를 설명하는 데 도움이 된다. 그리고 두 용어는 아주 중요한 영역, 즉 인식론의 영역으로 우리를 안내한다.

철학에서 **인식론**은 우리가 알고 있는 것을 우리가 어떻게 아는지에 관한 연구 혹은 특정 이론적 틀을 근거로 해서 어떻게 타당한 지식이라고 주장할 수 있는지에 관한 연구를 말한다. 이런 연구는 특정 이론적 틀의 기초 가정에 초점을 두며, 또 그 이론이 주장하는 지식이 논리적으로 그 가정과 일치하는지 여부에 초점을 둔다. 예를 들어, 정신역동이론의 기본 가정 중 하나는 무의식의 존재다. 그러나 무의식의 존재를 안다고 주장하는 것은 비논리적거나 자기 준거적으로 불일치한다. 왜냐하면 정의 그대로 무의식은 알 수 없기 때문이다.

또한 인식론은 개인의 틀 혹은 해석체계와 동의어로 사용할 수도 있다. 이 경우 이 용어는 신념체계를 말하며, 그에 따라 우리들 각자는 매일의 삶을 살아간다. 일반적으로 자각하지 못하더라도, 우리들은 삶에 질서를 부여하고 예측 가능하게 하는 일련의 이론들을 내면화하고 있다. 그것들은 원가족, 학교 그리고 특히 의미가 있었던 여러 경험들로부터 학습한 것이다. 개인이 가지고 있는 각 이론은 세상이 어떻다고 생각하며 어떻게 될 것이라고 생각하는지에 대한 몇 가지 기본 가정에 기초한다. 분명 우리는 그런 이론을 만들고 또 그 이론에 따라 살기 때문에, 정신역동이론과 무의식의 예에서 말했던 역설이 일어날 것이다. 때로 이것이 문제가 되기도 하고 또 어떤 때는 그렇지 않기도 하다. 분명 무의식의 개념은 심리학의 발전에 아주 중요했었지만, 아마 우리가 그 개념을 버리자고 제안하는 마지막 사람이 될 것이다. 다른 한편 우리가 사용하는 틀, 그것의 기본 가정, 논리적 불일치의 가능성 혹은 Bateson(1972)이 '인식론의 병리'라고 부른 것에 대해 의식하고 있는 것 또한 매우 중요하다고 생각한다.

그러므로 가족치료의 학생으로서, 그래서 말 그대로 체계이론/사이버네틱스 학생으로서, 우리들 각자는 자신의 틀과 실재에 대한 가정을 살펴봐야 하는 도전에 직면한다. 우리가 하는 일이 잘 되지 않을 때, 우리의 실재 창조에 참여한 사람은 바로 우리 자신이며 그래서 그런 창조를 수정할 필요가 있음을 깨달을 것이다. 같은 방식으로, 가족치료자로서 우리는 내담자의 해석체계나 틀에 부드럽게 도전할 것이고, 그래서 그들의 새로운 행동이 논리적이면서 가능한 방식으로 실재에 대한 그들의 신념을 확장하도록 돕는다. 다른 말로 하면, 학생, 치료자, 내담자에게 실재를 새롭고 더욱 유용하게 구성하는 것이 공통 목표이다. 우리의 가정, 우리의 가정과 행동 간의 불일치, 우리에게 다른 선택이 유용할 가능성에 대한 자각은 많은 문제들에 대한 해결책을 찾는 수단이 될 것이다.

이제 좋은 출발점이자 종점에 이른 것 같다. 왜냐하면 가장 기본적인 의미에서 인식론은 이 책이 관심을 두는 모든 것이기 때문이다. 따라서 체계이론/사이버네틱스 가족치료의 이론적 틀을 서술하고자 한다. 이 이론적 틀이 전통적인 개인심리학 모델이 발전하였던 틀과 어떻게 다른지 생각해보고, 이 두 이론적 틀의 바탕이 되는 기본 가정을 이해하며, 가족치료자들이 동의하거나 그렇지 않은 기본 가정을 논의하고, 내담자와 치료자 모두와 관련된 역설과 이론적 불일치를 살펴볼 것이다. 이제 시작에 불과하지만, 그러한 이슈들은 다음의 장들에서 제시되는 논의의 요점이다.

그러나 더 나아가기 전에 한 가지 더 주의의 말을 하고자 한다. 우리는 학생들이 이 책의 첫 부분을 읽을 때 좌절과 혼란을 경험할 가능성이 있다는 점을 잘 알고 있다. 사실 여러분은 이미 그런 느낌을 받았을지 모른다. 아마 여러분이 전혀 이해할 수 없는 어떤 언어를 모든 사람들이 말하는 외국에 도착한 것처럼 느낄지 모른다. 우리도 처음으로 체계이론/사이버네틱스 세계에 들어갔을 때 그런 느낌이었다. 우리가 줄 수 있는 최상의 충고는 그냥 잠시 머물러 한동안 어리둥절한 채 있어보라는 것이다. 이렇게 하는 것은 우리가 치료적 변화과정에서 내담자가 하도록 돕는 경험과 별반 다르지 않다는 점을 기억하기 바라며, 그것이 어떤 느낌인지 여러분이 아는 것은 매우 가치 있을 것임을 기억하기 바란다.

또한 여러분 이전에도 이 지역에 많은 여행자들이 있었으며, 그들도 이 여행이 매우 가치 있었음을 알게 되었다는 점을 아는 것도 중요할 것이다. 확실히 우리는 여러분들의 해설자이자 안내자로서 여러분을 데리고 갈 예정이며, 길을 따라가며 이해를 돕기 위해 중요한 지점을 지적하면서 여행을 돕고자 한다. 여러분이 길을 잃었다고 느낄지라도, 결코 여정에서 벗어나는 일은 없을 것이며, 이 여행이 재밌고도 즐겁기를 바랄 뿐이다.

www.MySearchLab.com에 접속하기[1]

이 책에서 제시한 MySearchLab의 eText는 학생들의 학습이 개인별 수준에 따라 진행되고, 자극되며, 사정(assessment)될 수 있는 실제 경험을 제공한다. Pearson 출판사의 MyLabs는 학생들의 성공을 돕는 데 있어 믿을 만한 파트너로부터 증명된 결과를 제공한다.

이 텍스트에서 유용한 특징은 다음과 같다.

- 완전한 eText : 출판된 교재와 마찬가지로, 온라인상의 eText에 밑줄을 긋고 메모를 할 수 있으며 아이패드에 다운로드할 수 있다.
- 사정 : 주제별 사정, 플래시카드, 각 장에 대한 시험이 여러분의 평가표에 직접 제공되고 보고된다.
- 장별 학습 응용 : 비디오, 사례연구 등을 제공한다.
- 쓰기와 연구 자료 : 다양한 범위의 쓰기, 문법, 연구 도구, 다양한 학술지와 통계 자료 및 연합뉴스 자료 접속, 학문 분야별 읽기 자료가 여러분의 쓰기와 연구 기술을 연마하도록 도울 것이다.

---

1 그러나 www.MySearchLab.com의 자료 접근 권한을 이 번역서에서는 제공할 수 없음

차례

제1부
체계이론적 틀

제3장 체계이론의 패러다임 전환 73

제4장 포스트모더니즘과 가족치료 101

제 2 부

가족치료의 여러 모델

제3부
체계이론적 치료자

제 **1** 부

체계이론적 틀

체 계이론/사이버네틱스와 가족치료의 세계로 가는 여행의 첫 번째 부분에서는 몇 가지 기본적인 것들이 제시될 것이다. 우리의 목표는 독자 여러분이 이 책에 대해서뿐만 아니라 가족치료 분야의 방대한 참고서적과 자료들에도 과감히 접근할 수 있도록 준비를 갖추게 하는 것이다. 그러나 우리가 바라는 대로 이 책을 통한 경험이 여러분에게 의미 있기를 바란다면 몇 가지 제한점도 시인해야 할 것이다.

이 책에서 드러난 편견은 필자인 우리가 체계이론/사이버네틱스 관점을 명백하게 지지한다는 것 때문이다. 이 관점에 기초하면 우리는 편견을 가질 수밖에 없으며, 우리가 할 수 있는 최선은 이 편견을 인식하는 것이라고 생각한다. 그러나 비록 우리가 체계이론/사이버네틱스 관점을 좋아한다는 편견이 있다 하더라도, 이 관점만이 우리가 생각할 수 있는 '옳은' 방법이고 '유일한' 방법이라거나 '최선의' 방법이라고는 생각하지 않는다. 이것은 사람들이 생각할 수 있는 하나의 방법이라고 본다. 마찬가지로 가족치료가 반드시 체계이론/사이버네틱스 관점의 기본 가정을 바탕으로 행해져야 한다고 생각하지도 않는다. 그보다도 가족치료 운동의 주요한 공헌 중 하나는 행동과학의 이론과 실천에 체계이론/사이버네틱스 관점을 도입한 것이라는 점이 우리의 믿음이요 편견이다.

우리의 편견을 고려할 때, 체계이론/사이버네틱스 관점을 반드시 이해해야 하며, 이 관점이 안정과 변화, 건강과 역기능의 개념 그리고 전체적인 윤리 관념에 미친 영향을 이해할 필요가 있다고 생각한다. 따라서 먼저 우리는 개인심리학의 틀과 체계이론적 가족치료의 틀에 대해 간략히 비교하고자 한다. 체계이론의 패러다임 전환을 보다 깊이 살펴보기 전에, 가족치료의 개화를 이해하기 위한 맥락 혹은 역사적 틀을 제시한다. 제1부는 포스트모더니즘 가족치료에 대한 논의로 결론을 지으며, 그다음에 일반적인 가족들에 대해 살펴본다. 이 책에서 다룬 각 주제가 이 책의 제2부와 제3부에서 우리가 제시한 체계이론/사이버네틱스 관점과 일관되도록 모든 노력을 기울일 것이다. 따라서 체계이론/사이버네틱스 관점의 '진실'을 여러분에게 확신시키도록 노력하는 것으로 보일 수 있다. 그러나 그 입장은 우리의 기본 가정과 불일치할 것이며, 우리의 노력은 서술하는 것이지 설득하는 것이 아님을 여러분이 기억해야 할 것이다.

이러한 사실과 더불어 앞으로의 여행을 준비시키기 위해, 우리는 여러분이 가족치료 분야의 더욱 훌륭한 학생이 되고 소비자가 되도록 여러분을 도와주고자 한다. 우리는 가족치료의 인기와 수많은 가족치료 프로그램이 제공되고 있다는 점, 가족치료에 대해 다양한 접근이 가능하다는 점, 가족치료 문헌들의 복잡성에 대하여 아주 잘 알고 있다. 사실 가족치료자가 된다는 것은 간단한 과정이 아니며 훈련, 임상경험 및 슈퍼비전에서 탁월한 능력을 갖추어야 한다. 그러나 무엇보다도 먼저 요구되는 점은 확실한 이론적 기초이며, 이를 바탕으로 여러분과 내담자 모두에게 해당되는 것을 이해하고 평가하는 것이라고 생각한다. 여러분이 체계이론/사이버네틱스 관점을 수용하기로 결정하든 거부하기로 결정하든 상관없이, 이론들, 이론의 기본 가정, 임상실천을 위한 이론의 다양한 함의에 대한 지식을 갖추는 것이 중요하다고 생각한다.

두 가지 세계관

체계이론/사이버네틱스와 가족치료의 세계에 온 것을 환영한다! 여러분이 서문을 읽었다면, 이미 이 여행을 다시 한 번 생각해보고 있으리라 생각한다(서문을 읽지 않았다면 다시 돌아가 지금 읽기를 바란다.). 이 시점에서 주저하고 재고하는 것은 지극히 정상이며, 오히려 그렇지 않다고 느낀다면 놀라운 일이다. 외국을 방문할 때처럼 주의 깊게 체계이론의 세계로 접근하라.

이 장에서는 두 가지 세계관의 기본 가정을 서술한다. 이 두 세계관은 각각 개인심리학과 체계이론적 가족치료의 기초가 되며, 내담자와 작업할 때 매우 다르게 접근하도록 한다. 개인심리학 접근의 기본 틀 또는 세계관은 서구 문화에 상당히 많은 부분을 차지하기 때문에 여러분에게 익숙한 것이다. 한편 가족치료의 기초가 되는 세계관은 미국 문화와 다를 뿐만 아니라 오히려 반대이다. 다시 말해, 그 가정은 미국 사회의 기본 가정과 일치하지 않는다. 따라서 가족치료 분야의 학생들이 체계이론과 사이버네틱스를 처음 접할 때 대개 불편해한다. 그러나 시간이 지나면서 체계이론의 언어에 익숙해질 것이고 그 개념들에 대해서도 아마 편안해질 것이다. 여러분 자신의 관점이 변화되어 스스로 체계이론 지역에 살기로 결정하게 될지도 모른다. 그러나 그 가능성은 상당한 시간을 요하는 먼 훗날의 얘기가 될 것이다.

개인심리학의 틀

우리들 대다수는 철학적 가정(기본적 인식론)이 서구 로크(Locke)주의(Rychlak, 1981)의 과학적 전통에 확고한 뿌리를 둔 세계에서 사회화되었다. 사회화는 특정 사회집단에서 적절하다고 받아들인 행동과 사고방식을 배우는 명시적이면서도 암묵적인 과정을 뜻한다. 우리들 대부분의 경우, 비공식적 사회화는 가정에서 일어나며 공식적 사회화는 학교에서 일어난다. 가정과 학교에서 우리는 생산적인 사회 구성원이 될 수 있게 하는 규칙들을 배운다. 그래서 만약 여러분이, 그리고 특히 여러분의 부모도 서구 사회에서 교육을 받았다면, 물리과학(physical science)의 이론 형성과 방법론에 필요한 규칙에 대하여 존 로크(John Locke)와 그의 추종자들의 사고에 뿌리를 둔 관점에 몰두해있을 것이다. 다시 말해, 여러분은 오늘날 모더니즘의 세계라고 불리는 것에 몰두해있을 것이다(Gergen, 1991).

예를 들면, 여러분은 아마도 원인과 결과 관계를 선형적으로 생각하는 것이 적절하며, "왜?"라는 질문에 대한 답을 찾을 수 있다면 어떤 문제든 해결될 수 있다는 교육을 받았을 것이다. 이 관점에서 볼 때, A라는 사건은 선형적으로(일방적으로) B라는 사건을 유발한다(A → B). 그리하여 우리는 A가 B에 대해 책임이 있다고 하거나, B를 일으킨 것은 A 때문이라고 한다. B는 왜 발생했는가? 왜냐하면 A가 그렇고 그런 것을 했기 때문이다. 또는 이와 똑같은 생각을 다른 방식으로 표현하면, A가 B에게 무언가를 했고 그다음에 C가 발생했다(A → B → C)고 말한다.

마찬가지로 여러분은 로크주의의 전통에 따라 세상을 주체와 객체로 구성된 것으로 또는 A가 B에 작동하는 것으로 이해하도록 배웠을 것이다. 이러한 관점에서 볼 때 실재(reality)는 우리와 분리되어 존재하며, 우리의 마음 밖에 존재하는 것으로 간주된다. 그래서 의미(meaning)는 외재적 경험으로부터 오며, 우리는 단지 수용인이다. 즉, 우리는 질서를 창조하기보다는 인정(recognize)한다. 더욱이 우리의 바깥에 있는 실재의 과정을 '바깥 거기에(out there)'에 있다고 믿고, 가능한 가장 작은 요소로 줄일 수 있다면(환원주의, reductionism) 세상을 움직이는 법칙을 발견할 수 있다고 생각한다. 우리는 세상이 결정론적인 것이고, 법칙과 같은 원칙에 따라 움직이며, 그 원칙을 발견하면 실재에 관한 몇 가지 절대적 진실을 알 수 있을 것이라고 이해하고 있다. 더구나 개인으로서 우리는 실재를 창조하기보다 실재에 반응하거나 실재에 의해 결정되는 존재로 간주된다.

이 전통에 의하면, 적절한 과학적인 방법론은 실증적이고 계량적이다. 따라서 지식은 관찰과 실험에 의해 추구되어야 한다. 이러한 실험의 결과는 측정할 수 있고 객관적이어야 한다. 주체(subject)는 자신의 관찰에 대한 객체(object)로부터 분리될 뿐 아니라, 실재와 실재에 관한 이론은 이것 아니면 저것, 흑 아니면 백, 옳은 설명 아니면 틀린 설명으로 간주된다.

이 같은 신념들이 물리과학에서 행동과학으로 옮겨지면서, 인간의 행동이 내면적 사건 또는 외부의 환경적 과정에 의하여 결정된다는 이론으로 해석되었다. 더욱이 행동과학자들은 마음과 실재는 서로 상관없이 독립적으로 존재한다는 신념을 포함하여 마음과 몸의 이원론(mind/body dualism) 관념을 채택하였다. 따라서 주체/마음으로서의 나는 객체/실재에 대해 나의 신념이나 가치를 부여하지 않고 멀리 떨어져서 객체/실재를 볼 수 있다. 이러한 전제는 객관적 측정과 가치중립적 과학이 모두 가능하다고 믿게 하였을 뿐 아니라, 주관적인 차원을 비과학적인 것으로 불신하게 하였다.

이렇게 특별한 구체적인 가정들은 여러 세대 동안 연구자들, 특히 이른바 하드 사이언스(hard science) 분야의 연구자들의 요구를 지극히 잘 만족시켜 주었으며, 앞으로도 몇 세대 더 그러할 것임은 의심의 여지가 없다. 그리하여 이러한 과학적 전통은 서구 사회에서 존중되어 왔고, 또 앞으로도 당연히 존중될 것이다. 심리학자들이 심리학 발전의 초창기에 과학 분야에서 신망을 얻기 위하여 이 전통을 전적으로 채택하였다는 점도 놀랍지 않다. 소프트 사이언스(soft science)라 불리는 행동과학 분야에 속한 우리들은 객관성의 중요성과 측정할 수 있고 수량화할 수 있는 자료의 가치를 인정해왔다. 우리는 근본 원인에 초점을 두어야 한다고 배웠고, 그래서 또 그렇게 믿고 있다. 그리하여 현재의 문제를 유발한 역사 또는 과거의 사건에 관심을 기울여왔고, 그렇게 할 때에야 인간행동을 이해할 수 있으며, 문제에 대한 해결책을 찾을 수 있다고 본다. 우리의 목적이 행동을 최하의 공통분모로 줄이는 것이라면, 개인과 개인의 특정 행동 또는 인간의 마음에서 일어나는 내면적 사건에 초점을 두어야 한다.

이와 같은 전제들은 기본적인 미국적 가치의 많은 부분과 일치한다. 미국에서는 과학을 매우 존중할 뿐 아니라 미국인으로서 가장 소중하게 여기는 전통의 일부가 개인주의에 대한 믿음이다. 사실 지역사회보다 개인이 모든 사회적 · 정치적 의제의 중심이 된다(Becvar, 1983). 그래서 개인에 중점을 둘 뿐 아니라 로크주의의 과학적 전통과 일치하는 정신역동이론은 미국에 적합한 이론이며, 미국에서 잘 수용되었고 따뜻하게 받아들여졌다. 가령 우리의 일상 대화에서 다음과 같은 정신역동적 용어가 얼마나 자주 등장하는지 주목해보았는가? 프로이트적 실언, 합리화, 무의식적 행동, 방어기제가 공통적인 예이다.

20세기의 처음 50년 동안에는 프로이트 학설의 관념들 또는 그에 대한 반응을 기초로 한 이론들이 번창하였다. 그 결과 다양한 개인심리학, 정신 내적 이론들, 학습이론, 이러한 심리학과 이론들의 요소를 조합한 치료가 존재하였는데, 이는 모두 표면적으로는 다르게 보이더라도 기본적으로 동일한 세계관의 표현이다. 이 이론들과 치료 가운데 몇 가지는 과학적이거나 기계론적이라기보다는 분명히 인본주의적이지만, 모두 개인에게 초점을 두며 기본 신념이 비슷하다. 개인심리학의 예는 정신분석(Freud), 분석심리학(Jung), 개인심리학(Adler), 로저스 치료(Rogers), 행동주의(Skinner), 합리적 정서치료(Ellis), 현실요법(Glasser), 교류분석(Berne)을 들 수 있는데, 이 이론들 각각은 실재에 관한 다음의 가정들과 그에 준하는 서술에 뿌리를 두고 있다.

- '왜'라는 질문
- 선형적 원인/결과

- 주체/객체의 이원론
- 이것 아니면 저것의 이분화
- 가치중립적 과학
- 결정론적/반응적
- 법칙 및 법칙과 같은 외재적 실재
- 역사에 초점
- 개인주의적
- 환원주의적
- 절대주의적

이러한 세계관을 설명하기 위해 정신 내적/학습이론을 개인심리학 파이의 조각들로 생각해 보자(그림 1.1 참조). 파이 껍질은 위에서 열거한 기본 가정들 속에 있는 '요소'들로 구성되었 다고 생각해보자(그림 1.2 참조).

파이 비유를 계속해보면, 좋은 음식을 구별하는 사람이면 누구나 알고 있듯이, 파이와 파 이 껍질은 서로 어울려야 한다. 그 둘은 서로 맞아야 한다. 마찬가지로 이론과 이론의 기본 가 정들이 논리적인 일관성을 지니려면 서로 잘 어울려야 한다. 파이 소와 어울리는지 알기 위해 서는 파이 껍질의 성분을 알아야 하듯이, 다양한 이론적 틀이나 접근을 이해하기 위해서는 부 분적으로 이러한 기본 가정 위에 발전한 이론에 영향을 주고 의미를 부여하는 가정들을 알아

그림 1.1 개인심리학 파이의 소

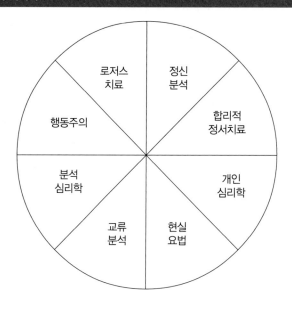

그림 1.2 개인심리학 파이 껍질

'왜'라는 질문
선형적 원인/결과
주체/객체의 이원론
이것 아니면 저것의 이분화
가치중립적 과학
결정론적/반응적
법칙 및 법칙과 같은 외재적 실재
역사에 초점
개인주의적
환원주의적
절대주의적

그림 1.3 개인심리학 파이

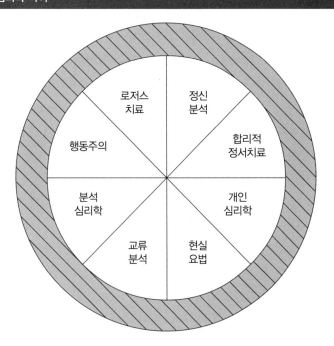

로저스
치료

정신
분석

행동주의

합리적
정서치료

분석
심리학

개인
심리학

교류
분석

현실
요법

야 한다. 그래서 개인심리학의 가정과 이론을 종합해본다면 그림 1.3과 같은 파이를 제시할 수 있다.

가족치료 학생인 여러분이 체계이론/사이버네틱스의 세계를 여행하려 하고 그곳의 원주민이 사회화된 바에 따라 그 개념들을 이해하고자 할 때, 여러분이 마주치는 딜레마는 얇은 껍질의 파이를 굽는 법만 아는 요리사가 이제는 두꺼운 껍질의 파이를 만드는 법을 배워야 할 때 마주치는 딜레마와 다르지 않다. 각 파이의 소는 다른 방식으로 만들어질 것이며, 가장 중요한 점은 두 가지 파이의 껍질이 전혀 다른 성분이라는 점이다. 더욱이 두꺼운 파이 껍질에 사과를 소로 채우는 경우처럼, 어떤 껍질이든 어울리지 않는 성분으로 소를 채우면 원하는 결과를 얻지 못한다. 마찬가지로 개인심리학 틀에 기반하여 가족치료를 시도하면 가족의 맥락에서 개인치료를 행하는 과정으로 이어지게 된다. 그렇게 되면 체계이론적 가족치료를 실시하는 것과 매우 다른 과정이 되어버린다.

체계이론적 가족치료의 틀

개인심리학 접근이 서구 로크주의의 전통에 기반한 가정들을 바탕으로 한다면, 체계이론적 가족치료는 매우 다른 가정들을 바탕으로 한다. 전자의 경우, 그 가정들은 개인의 책임 및 자율성 같은 미국의 기본 가치와 일치한다. 그러나 후자의 경우, 기본 가정은 서구 사회의 전통적인 사고방식과 반대된다. 그래서 우리는 체계이론과 사이버네틱스의 특징을 나타내기 위하여 **문화반대적**(counter-cultural)이라는 용어를 쓴다. 체계이론/사이버네틱스는 개인과 개인의 문제를 별개로 보는 시각에서 벗어나 사람들 간의 관계와 관계 문제에 주의를 돌리도록 한다. 로크주의 전통과 반대되는 체계이론은 **칸트주의적** 전통과 일치한다(Rychlak, 1981). 따라서 관심의 초점은 관찰자가 아니라 관찰대상으로 바뀐다. 관찰하는 사람이 자신의 실재를 지각하고, 행동하고, 참여한다는 가정을 바탕으로 하기 때문에 주관성(subjectivity)이 필수적으로 여겨진다. 게다가 관찰자와 관찰대상 간의 상호 의존은 전일적(全一的) 관점의 중요한 일면으로, 그 둘이 상호작용하는 맥락을 고려하게 된다. 그러한 상호작용은 호혜적인 교환이 일어나는 비인과적이며 변증법적인 과정으로, 그 과정에서 관찰자와 관찰대상은 상호 영향을 주고받는다. 마지막으로 가족 혹은 다른 체계에 대한 이해는 상호작용 패턴에 대한 사정을 필요로 하며, '왜' 일어나는지보다는 '무엇이' 일어나고 있는지를 강조한다.

개인심리학 파이가 여러 가지 이론과 치료를 나타내는 조각들로 이루어지듯이, 가족치료에도 몇 가지 다양한 조각, 즉 학파들이 있다. 이 학파들 중 몇몇은 개인심리학 파이에서 잘라낸 조각처럼 보일 수 있다. 가족치료 파이의 소를 그림 1.4와 같이 나타낼 수 있다.

그러나 가족치료 파이에 독특한 향기를 주고 굽는 방법을 배우기 어렵게 하는 부분은 파이

그림 1.4 가족치료 파이의 소

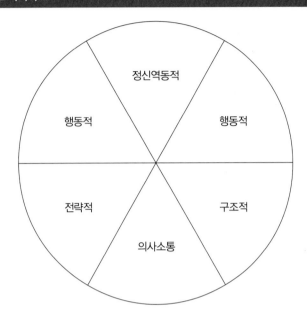

껍질임을 강조하고 싶다. 체계이론적 가족치료는 실재에 대한 가정 및 그에 따른 서술에 관해 매우 다른 기본 가정을 바탕으로 하는데, 그것은 다음과 같다.

- '무엇'이라는 질문
- 상호적 인과성
- 변증법적
- 전일적
- 주관적/지각적
- 선택의 자유/능동적
- 패턴
- '지금 여기'에 초점
- 관계적
- 맥락적
- 상대적

체계이론 또는 가족치료 파이의 껍질은 그림 1.5에 묘사되어 있다. 그리고 파이와 껍질을 조합하면 개인심리학 파이에 필적하는 가족치료 파이라는 최종 제품을 내놓게 된다(그림 1.6을 보고 그림 1.3과 비교하라.).

그림 1.5 가족치료 파이 껍질

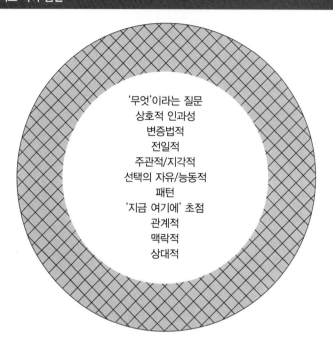

'무엇'이라는 질문
상호적 인과성
변증법적
전일적
주관적/지각적
선택의 자유/능동적
패턴
'지금 여기에' 초점
관계적
맥락적
상대적

그림 1.6 가족치료 파이

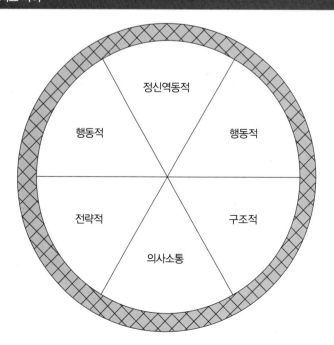

정신역동적

행동적

행동적

전략적

구조적

의사소통

■ **체계이론과 사이버네틱스의 기본 개념**

가족치료의 세계에서 선형적 인과관계의 개념은 의미가 없다. 대신 상호성, 회귀(recursion), 책임의 공유가 강조된다. A와 B는 관계의 맥락 안에 존재하며, 그 안에서 각각은 상대에게 영향을 미치고, 양자는 서로의 행동에 대하여 원인이 되기도 하고 결과가 되기도 한다. 즉, (A)(B) 혹은 "내가 너와 함께 있음으로 해서 너는 나와 함께 있고, 그래서 또 나는 너와 함께 있다."

시간이 지나면서 A와 B는 패턴을 확립하게 되고, 그 패턴을 보면 그들의 특별한 관계의 특징을 알 수 있다. 그들 관계에서 일어난 사안이나 사건을 이해하고자 한다면, 무언가가 '왜' 일어났는지를 묻지 않는다. 그보다 그들의 패턴을 말하려면 '무엇'이 일어나고 있는지를 질문한다. 우리의 관점은 전일적이며, 개인 혹은 개별적인 사건이 아니라 사건이나 사안에 의미를 부여하는 과정 혹은 맥락에 초점을 둔다. 우리의 초점도 현재 중심이며, 과거의 원인을 찾기 위해 역사를 돌아보기보다는 지금 여기의 상호작용을 살펴본다.

그래서 이 세상에서 우리는 모두 주체인 동시에 객체이다. 즉, 우리는 모두 서로의 운명에 개입한다. 실재는 우리들 외부에 있는 것이 아니라 우리가 구성하는 것으로, 우리 자신의 개인적 지각을 이용하여 실재와 관계를 맺고 실재에 의미를 부여한다. 우리는 능동적(proactive)이다. 우리는 세상에 영향을 주며, 우리 자신의 운명 창조에 관한 선택을 한다. 마음과 육체는 분리할 수 없으며, 주관성은 피할 수 없고, 따라서 가치중립적 과학은 가능하지 않다고 인식한다.

우리는 이것 아니면 저것의 이분법을 넘어서고자 한다. 동전이 존재하려면 동전의 양면이 모두 필요함을 인정하며, 혹은 양면이 서로 보완되어야 할 필요성을 받아들인다. 그래서 동전의 한 면만 좋아하고 다른 면을 거부하지는 않는다. 맥락에 따라 동전의 각 면은 쓰임이 다르다고 생각한다. 예를 들면, 빛의 개념을 이해하기 위해서는 어두움이 있어야 한다. 빛과 어두움을 대조해야만 차이를 관찰할 수 있고, 그 결과 각각의 의미를 이해할 수 있다. 빛을 좋아한다 하더라도 어두움 없이 살 수는 없다. 더욱이 빛이 필요한 시간도 있듯이 어두움이 필요한 시간도 있다. 대부분의 사람들은 대낮보다 컴컴하고 촛불이 있는 데서 낭만적인 분위기를 자아내기가 더 쉬울 것이다. 따라서 각각의 유용성은 상황에 따라 다르게 결정되며 혹은 맥락에 따라 상대적이다.

방금 서술한 체계이론/사이버네틱스 세계의 특징은 **이론적 상대성**(theoretical relativity)이다. 이 개념에 의하면, 동전의 한 면을 완전히 파괴하지 않고서는 동전의 다른 한 면을 거부할 수 없는 것과 마찬가지로, 하나의 이론을 채택하는 것이 반대 이론을 거부해야 함을 의미하는 것이 아니라는 점을 인식해야 한다. 따라서 체계이론/사이버네틱스 세계로 들어가기 위해 개인 심리학의 세계를 거부할 필요는 없다. 빛과 어두움이 서로 대조되어 차이를 관찰할 수 있듯이, 개인심리학 세계와 체계이론/사이버네틱스 세계는 불가분의 관계가 있어서 서로 의미를 부여한다.

실제로, 체계이론적 가족치료의 세계에 들어간다고 해서 개인심리학 세계를 영원히 뒤로 제쳐둘 필요는 없다. 그보다 체계이론/사이버네틱스는 두 세계 사이를 자유롭게 왔다 갔다 여행하는 데 필요한 여권을 제공한다. 그러므로 체계이론/사이버네틱스는 이론 중의 이론, 즉 메타이론이라고 말할 수 있다. 즉, 체계이론/사이버네틱스는 무엇이 좋고 나쁜지, 무엇이 옳고 그른지에 관한 판단을 보류하며, 단지 서술적일 뿐이다. 우리는 맥락에 관해 선과 악을 판단하고 싶어 하는 충동이 있다. 그러나 중요한 점은 유용성 혹은 적합성으로, 그 무엇이든 맥락을 벗어나서는 정해질 수 없다.

마찬가지로 이분법의 초월 및 맥락에 따른 유용성의 개념을 가지고 체계이론/사이버네틱스를 이용할 때, 어떤 때는 한 가지 가족치료 접근의 활용이 적합하고 또 다른 때는 다른 가족치료 접근을 참고하는 것이 의미가 있다. 개입방법의 선택은 각 가족체계의 고유성에 따라 이루어져야 한다. 두 접근 모두 치료적 개입의 일부가 될 수 있지만, 한 가지 접근을 활용하는 것은 그 접근이 적합하기 때문에 선택되는 것이지 그 접근이 좋고 다른 접근은 나빠서가 아니다.

마지막으로 체계이론/사이버네틱스를 나타냈던 한 가지 방법은 '과학의 골격(skeleton of science)'(Boulding, 1968)으로서, 그 뼈대는 연구자가 선택하는 학문 분야로 살을 붙일 수 있다. 그러나 체계이론은 결코 실용적 이론이 아니다. 체계이론/사이버네틱스는 파이들 간의 관계, 이론들 간의 관계, 인간행동들 간의 관계를 서술하는 데 쓰일 수 있으며, 사건들을 이해하고 변화를 이루기 위해 어디에 초점을 두어야 할지를 말해줄 수 있다. 그렇지만 그 변화를 위하여 무엇을 해야 할지는 말하지 못한다. 다시 한 번 말하면, 체계이론/사이버네틱스는 분명 실용적인 이론이 아니다. 그래서 가족치료 분야의 많은 전도유망한 사고가들이 체계이론을 채택하였다. 체계이론이 인간의 상호작용을 서술하는 데 유용하기 때문이었다. 그들은 개인심리학, 인류학, 생물학, 사이버네틱스, 의사소통 이론 등 다양한 학문적 원천에서 비롯된 개념들로 그 뼈대에 살을 붙였다. 이러한 과정을 거쳐 가족치료 분야에 다양한 학파가 발전하였다. 체계이론/사이버네틱스 관점과의 일관성 측면에서 이러한 학파들 간의 차이점도 일부 초래되었다고 할 수 있다. 이는 이 책의 제2부에서 더 깊이 다룰 것이다.

가족치료인가, 관계치료인가

우리의 관점에서 볼 때 가족치료라는 용어는 아마 잘못된 명칭인 것 같다. 가족치료가 체계이론/사이버네틱스 가정을 기본으로 할 때, 보다 더 적합한 명칭은 아마 관계치료(relationship therapy)일 것이다. 이상에서 언급하였듯이, 체계이론/사이버네틱스는 관계와 상호작용 패턴에 초점을 두고 서술한다. 그러므로 사람들의 일상 문제를 해결하기 위하여 가족을 연구대상으로 선택하는 것은 반드시 필요해서라기보다는 편의에 의해서이다. 가족은 1차 집단으로, 개인은 각자 가족으로부터 의미를 찾는다. 가족은 또 우리들 대부분이 생활하는 주요 맥락이며, 그래서 치료자들이 대부분의 관심을 가족에 기울인다. 그러나 마찬가지로 개인 수준, 부부 수준, 확대가족 수준, 이웃 수준 또는 사회적 수준에서도 적절히 작업할 수 있으며, 실제로 많은 가족치료자들이 그렇게 하고 있다. 이에 대해서는 이 책의 후반부에서 보다 자세히 언급할 것이다.

■ 요약

지금까지는 가족치료 세계로의 여행에 대한 개괄적인 부분을 끝마친 것이다. 개인심리학의 기초가 되는 세계관을 간략히 살펴보았고, 개인심리학의 기본 가정을 살펴보았으며, 서구 사회에 잘 맞는다는 점을 논의하였다. 또한 체계이론/사이버네틱스 관점의 본질적인 요소를 개괄적으로 논의하였고, 체계이론이 서구 사회와 문화반대적인 면을 지니고 있음을 언급하였다. 체계이론/사이버네틱스는 메타 관점으로서 개인심리학을 포함한다. 또 가족치료 분야 학생들이 두 가지 형태의 접근 혹은 두 세계관 사이에서 이것 아니면 저것의 선택을 하라고 요구하지 않는다는 점을 강조한다. 마지막으로 체계이론/사이버네틱스에 기초한 가족치료는 관계치료라고 불리는 것이 더 나을 것이라는 점을 지적하였다. 표 1.1은 지금까지 서술한 몇 가지 사항을 요약한 것이며, 앞으로 다룰 내용을 예시해준다.

표 1.1 체계이론적 가족치료	
체계이론적 가족치료가 아닌 것	**체계이론적 가족치료인 것**
1. 누가 치료실에 있는가	1. 치료실에 있는 사람에 대해 치료자가 어떻게 생각하는가
2. 고립되어 있는 사람들	2. 맥락 속의 사람들/상호 의존
3. 환자 치료하기	3. 상호작용, 회귀, 상호 영향, 교란
4. 역설/역설적 개입	4. 역설적으로 보이는 것의 논리 이해하기
5. 객관성 유지	5. 주관성 인식
6. 요리책 접근	6. 각 내담자 체계에 적합한 레시피를 만들기 위해 기본 요소 사용하기
7. 무엇이 문제를 유발했는가	7. 문제가 어떻게 유지되고 있고, 내담자가 소망하는 해결은 어떠한가
8. 진실	8. 스토리에 대한 스토리
9. '바깥 거기에' 있는 실재	9. 우리 각자 실재 창조에 어떻게 참여하는가
10. 이것 아니면 저것 이분법	10. 이것과 저것 모두의 상보성
11. 내용	11. 과정
12. 내담자에 대한 판단	12. 무엇이 일어나고 있는가/맥락 속의 행동 논리

실전문제

다음의 질문은 이 장에서 다룬 내용의 적용과 분석을 테스트하는 것이다. 임상실천과 더불어 이 장에 대한 추가적인 사정, 적용, 분석, 합성, 평가를 위해 다음 질문에 답하시오.

1. 서구의 개인주의 사상의 기초가 되는 주요 철학적 관점을 서술하고, 서양철학의 주요 공헌자를 논의하시오.

2. 심리학 이론(프로이트, 로저스, 엘리스 등)은 기본 신념이 비슷하다. 다양한 심리학 이론을 이해하기 위해 필요한 논리를 설명하시오.

3. 개인주의 관점에 적합한 과학적 방법론을 파악하고, 그 방법론의 요소를 설명하시오.

4. 체계이론/사이버네틱스 관점의 기본 가정을 논하시오.

5. 어떤 문제든 해결할 수 있다는 선형적인 인과관계 사고를 설명하시오.

6. 체계이론/사이버네틱스 관점의 적어도 세 가지 가정을 정의하고 논하시오.

7. 이론적 상대성의 의미는 무엇인가? 또한 이론적 상대성의 몇 가지 요소는 무엇인가?

8. 체계이론/사이버네틱스 관점은 왜 실용적 이론이 아닌가?

MYSEARCHLAB 살펴보기

www.MySearchLab.com에 다음의 비디오, 사례, 문서 등이 제시되어 있다.[1]

추천 비디오

Developing an Action Plan That Change the Internal and External(내 · 외적 요인 변화를 위한 행동계획 개발하기)

이 비디오에서는 네 여성이 사회복지사와 작업을 하여, 현재의 심리적/정서적 문제를 위한 전략을 개발한다. 그 이슈가 무엇인지 요약하고, 계획이 어떻게 개인주의적 혹은 체계이론/사이버네틱스 관점인지 설명하시오.

Applying Critical Thinking(비판적 사고 적용하기)

무엇이 가족치료를 지지하는가? 개인주의적 관점인가? 아니면 체계이론적 관점인가?

The Ecological Model Using the Friere Method (Friere 방법을 사용한 생태모델)

"체계이론/사이버네틱스는 두 세계 사이를 자유롭게 왔다 갔다 여행하기 위한 여권이다." 이 비디오의 상호작용은 이 말을 어떻게 지지하는가? 구체적 예를 제시하시오.

추천 사례/문서

△ Attachment and Grief in a Stepfamily with Children Adopted Internationally(국제적으로 입양된 아동이 있는 계부모가족에서의 애착과 슬픔)

밥과 메리처럼, 가족은 확대가족에 대해 다양한 도전에 직면한다. 이런 상실 동안 이 가족이 서로 지원하도록 돕기 위해 어떻게 작업할 것인가?

△ Family Feud(가족 불화)

출생순위가 형제간 경쟁의 역동에 어떤 영향을 미치는가?

△ In-Laws(인척)

인척은 그들 자녀의 가족역동에 어떤 영향을 미치는가?

추천 자원

웹사이트 : American Association for Marriage and Family Therapy(AAMFT.org)

웹사이트 : Casey Family Program

Interactive Case Study(상호작용 사례연구) : Group Work(집단 작업)

연구 주제

Personality Theories(성격이론)

John Locke

Immanuel Kant

---

1 그러나 www.MySearchLab.com의 자료 접근 권한을 이 번역서에서는 제공할 수 없음

∧＝AAMFT 핵심능력자산, △＝사례연구

2

가족치료의 역사

학습 목표

- 시간의 흐름에 따라 가족치료의 발달을 요약한다.
- 1940년대, 1950년대, 1960년대, 1970년대, 1980년대의 주요 주제를 서술한다.
- 제2차 세계대전이 가족치료 발달에 미친 영향을 서술한다.
- 주요 가족치료 이론가와 치료자의 공헌을 평가한다.
- 현재의 도전들이 가족치료 분야에 미친 영향을 평가한다.

가족치료 운동의 씨앗은 1930년대 후반부터 1940년대 초반에 심어졌던 것 같다. 비옥한 땅을 찾아낸 가족치료 운동은 1950년대에 뿌리를 내렸고, 1960년대에 꽃을 피우기 시작하였으며, 1970년대에 드디어 활짝 꽃을 피웠다. 그러나 이러한 주장을 하는 현시점에서 볼 때, 이 시대에 앞선 많은 것들이 가족치료가 태동한 시기와 가족치료의 형성에 영향을 주었다고 말할 수 있다. 따라서 1940년대를 기점으로 구분하는 것은 다소 자의적으로 특별한 역사적 사건에 대한 우리의 개인적인 인식과 해석에 비추어서 이루어진 것이다.

마찬가지로 그 당시 사람들이 쓴 가족치료의 발달에 관한 다양하고, 때로는 상충된 설명들에 주목하면 꽤 재미가 있다(예 : Ackerman, 1967; Guerin, 1976; Keith & Whitaker, 1982). 그러나 이렇듯 다양성을 보였던 이유는 두 가지로 해석할 수 있다. 첫째로, 인간은 자신의 행위에 대한 행위자이자 동시에 관찰자가 될 수 있다는 점에서 고유한 존재이다. 다음 장에서 더 자세히 설명하겠지만, 관찰자의 지각에 따라 관찰대상의 특색도 달라진다. 주체가 곧 자기 관찰의 객체일 때가 가장 극단적인 경우로, 이는 인간의 딜레마이기도 하다. 사실 치료목표 가운데 하나는 내담자들로 하여금 그들이 관여하고 있는 생활경험으로부터 거리를 둘 수 있게 하여 그 경험에 대해 어떤 다른 시각을 갖도록 하는 것이다.

역사에 대한 저술은, 특히 역사를 창조하는 데 기여한 사람들에 의한 저술은 역사가들(이 경우에는 가족치료자들)이 자신의 행동으로부터 거리를 두고 관찰자의 입장에서 기록하는 과정이다. 그러나 거리를 두고, 되돌아보고, 서술하는 과정은 경험과정에 따라 차이가 있을 수밖에 없다. 동일한 사건에 대한 중요성의 정도도 관찰자의 틀에 따라 다르다. 둘째로, 동일한 가족(외부인의 관점에서 볼 때)의 각 구성원이 약간 다른 가족(내부인의 관점에서 볼 때) 속에서 살고 있다는 Maturana의 지적(Simon, 1985)과 마찬가지로, 역사가들도 동일한 경험에 대해 저마다 상이한 의미를 부여하고 약간 다른 설명을 한다.

따라서 가족에 관한 또는 가족치료의 역사적 설명에 관한 어떠한 단편적인 서술도 어떤 다른 서술보다 더 옳거나 더 정확한 것은 아니다. 체계이론적 관점에서 볼 때 우리는 관점이 수없이 많고 다양하게 구조된 우주에서 살고 있는데, 이 우주 안에서 각 관찰자는 자신의 실재를 창조하며, 각자에게 그 실재는 자신의 진실인 것이다. 이렇게 중요한 점에 대해서는 제3장에서 더 자세히 논의될 것이다.

현시점에서 우리는 제2세대 가족치료자들임을 기억해야 한다. 우리는 제1세대와 제2세대 가족치료자들의 프레임과 우리 자신의 인지 렌즈를 통해 여과된 다양한 설명들을 통합하였다. 그러나 이와 같은 우리 저자들의 특별한 역사적 관점이 가족치료 운동의 발달과 분파의 형성을 이해하는 데 초석이 되기를 바란다. 주요 사건, 중심 인물, 가족치료가 싹트고 성장하였던 다양한 분위기에 대한 설명 이외에 가능한 한 완전한 이해를 돕기 위하여 가족치료의 발달과정을 도모하고 이 과정의 영향을 받은 역사적 맥락을 서술하고 조사하는 것이 필요한 것 같다. 그래서 이 장의 끝부분에 역사적 사건에 대한 표를 제시하였는데(표 2.1 참조), 이 표에서는 가족치료 발달에 있어서 주요 사건을 기록하였고 가족치료가 번성하고 계속 성장하게 된 분위기에 대한 이해를 도모할 수 있는 몇 가지 세계사적 사건들을 기록하였다. 우리의 논의는 두 가지 모두에 초점을 둔다.

역사 조사는 1940년대에 시작하여 21세기의 첫 20년까지 10년 단위로 구분하였다. 여러분을 현재까지 안내해주기 위하여 이른바 초창기 이전으로 되돌아가기도 한다. 즉, 1940년대 이전의 기간과 가족치료의 씨앗이 뿌려졌던 땅을 준비하도록 도운 여러 이론가들 또는 치료자들의 공헌도 간략히 살펴본다. 아마도 여러분은 우리가 말 뒤에 마차를 두고 있다고 느낄지도 모르겠는데, 어떤 의미에서 보면 그렇다. 그러나 우리의 관점에서, 가족치료 운동의 전 과정을 통해 관찰한 순환성과 가족치료 운동의 시작과 끝을 정할 때 우리 저자들이 경험한 어려움을 강조하기 위해서는 이러한 형식을 취할 수밖에 없었다.

모종기 : 1940년대

■ 사이버네틱스

사이버네틱스 영역의 초기 탐구자였던 여러 학문 분야의 연구자들과 이론가 집단이 가족치료 운동의 씨를 뿌렸다. 이 집단에 소속된 사람들은 수학자인 Nobert Wiener, John Von Neumann, Walter Pitts, 내과의사인 Julian Bigelow, 생리학자인 Warren McCulloch와 Lorente de No, 심리학자인 Kurt Lewin, 인류학자인 Gregory Bateson과 Margaret Mead, 경제학자인 Oskar Morgenstern, 그 외에 해부학, 공학, 신경생리학, 심리학 및 사회학 분야의 사람들이었다(Wiener, 1948).

사이버네틱스의 주요 출발은 세계를 연구하고 알게 되는 방식에 있다고 쭉 인식되어 왔는데, 초창기에 사이버네틱스는 물질과 내용보다 조직, 패턴, 과정에 관심을 두었다. 또 한 사람의 선구자인 Ashby(1956, p. 1)의 말에 의하면, 사이버네틱스는 "사물이 아니라 행동방법을 다룬다. 사이버네틱스는 '무엇을 행하느냐?'를 묻지 않는다. … 따라서 사이버네틱스는 본질적으로 기능적이고 행동적이다."

사이버네틱스 분야의 역사는 대략 1942년으로 거슬러 올라가며, Norbert Wiener가 이 과학에 이름을 붙인 것으로 인정받고 있다. 1948년 Wiener는 그의 저술에서 사이버네틱스 용어를 정의하였는데, 배의 조종사(steersman)를 의미하는 그리스어인 *kybernetes*에서 따왔다고 하였다. 이는 영어 'governor'에 해당하는 라틴어이며, 그는 이 용어를 통제 혹은 피드백 기제를 나타내기 위해 사용하였으며, "이는 특히 배의 조정 엔진에서 잘 나타난다"(p. 14).

피드백 기제뿐 아니라 정보처리 과정 및 의사소통 패턴에 초점을 둠으로써, 1940년대 초 사이버네틱스는 복잡한 체계를 이해하고 조정하기 위한 시도로 생명이 없는 기계와 살아있는 유기체를 비교하고 연구하기 시작하였다. 이 분야에서 이루어진 초기 대부분의 연구와 이 분야의 학제적 성격은 제2차 세계대전이라는 사건으로 도움을 받았으며 이는 가족치료가 출현한 계기가 되었다(Heims, 1975).

■ 학제적 접근의 발달

전통적으로 연구는 대학의 각 학과가 엄격히 옹호해온 특정 학문의 경계 안에서 행해지는 경향이 있다. 그러나 제2차 세계대전 중에는 물리과학과 사회과학의 양 영역에서 다양한 학문 분야를 망라하는 연구진들에 의해 많은 노력이 기울여졌다. 예를 들면 Nobert Wiener는 MIT의 학제적 연구팀의 일원이었다. 그의 과제는 미국 국방연구위원회(National Defense Research Committee)의 D-2 부서를 위한 것이었으며, 초점은 대공포화에 있었다. 이와 동시에 John Von Neumann은 뉴멕시코 주 로스앨러모스(Los Alamos)의 맨해튼 프로젝트(Manhattan Project)의 수학 자문위원이었는데, 거기서 최초의 핵무기가 구축되었다(Heims, 1977).

비록 이들의 목표는 전쟁기술의 향상이었지만, 이들 연구로부터 비롯된 개념들은 계속 영향력을 미쳐왔다. 그래서 1943년에 "행동, 목적과 목적론(Behavior, Purpose, and Teleology)"이라는 제목의 논문에서 Rosenblueth, Wiener, Bigelow는 "행동을 분류함에 있어서 '목적론(teleology)'이라는 용어는 '피드백에 의해 통제되는 목적'과 동의어로 사용되었다. … 그러나 여기에서 정의된 목적성(purposefulness)은 어떤 경우든 인과관계와는 아무런 상관이 없음을 지적해야 할 것이다"(p. 22)라고 하였다. 이러한 급진적인 아이디어와 더불어 지식과 실재에 대한 (과거와는 다른) 대안적인 관점이 생겨나게 되었다.

전쟁기술에 초점을 두었던 중다학문(multidisciplinary) 팀에 소속되었던 것 외에, 이 기간 동안 Wiener와 Von Neumann은 다른 주제에 대해서도 서로 의견을 교환했다. 사실 1943년에 이들은 유기체와 기계를 함께 연구할 때의 상대적인 이점에 관한 생각을 나누기 시작하였다. 이들은 1945년 제2차 세계대전 종전까지 조그마한 연구집단을 조직하였으며, 이들의 몇 가지 생각을 심기 위한 방법을 계획하기 시작하였다.

■ Gregory Bateson

그동안 인류학자인 Gregory Bateson이 Milton Erickson의 최면술의 세계와 사상을 공식적으로 소개하였는데, 이는 제1차로 1941년 12월 7일과 제2차로 1942년 5월 14~15일에 뉴욕 시에서 열린 두 차례의 학술회의를 통해서였다. Bateson에 의하면(Bateson & Mead, 1976), 심리학자인 Lawrence Kubie가 이 연출에 중요한 역할을 담당하였다. 초기의 학술회의와 공동집필을 통하여 Bateson은 최면치료자인 Erickson을 '존경의 대상'으로 만드는 데 기여했다. 사실 후기 학술회의의 주제인 "대뇌의 억제(Cerebral Inhibition)"는 Bateson이 적어놓은 대로, "최면치료를 모양새 좋게 한 말에 지나지 않았다"(Bateson & Mead, 1976, p. 32). Bateson은 이들 학술대회의 결과, '목적'과 연관된 문제 그리고 '마지막 원인'이라는 개념이 제기하는 미스터리를 해결하게 되었다. 되돌아보며 그는 '회귀성(recursiveness)'의 관념으로 "전체 논리"(p. 33)를 결국 재구축해야 한다는 것에 주목하였다.

1942년 회의에서 Bateson은 그 당시까지 아직 미출판되었던 Rosenblueth, Wiener, Bigelow(1943)의 논문 내용을 상세히 알게 되었다. 이보다 먼저 Ross Ashby의 논문이 1940년에 출판되었지만 당시에 Bateson은 이 논문을 알지 못했기 때문에 1943년 논문을 사이버네틱스에 관한 최초의 훌륭한 논문으로 간주하였다(Bateson & Mead, 1976).

제2차 세계대전 동안 영국인인 Bateson은 인도, 중국 및 실론 섬의 미국 전략서비스국(U. S. Office of Strategic Services)에서 일했다. 동시에 그는 계속해서 자신이 최근에 접한 개념을 곰곰이 생각해보고 흥미를 가지게 되었다. 그는 특히 전쟁 이전에 발리 섬과 이아트물(Iatmul) 문화에 관한 연구 중에 수집하였던 자료를 더 새롭고 훌륭하게 해석할 방법을 찾아내는 데 몰두하였다. 그의 가장 중요한 목적은 행동과학을 위해 당시 사용되고 있었던 것보다 더 적합한 틀을 찾아내는 것이었다(Heims, 1977). 이 목표를 염두에 두었던 Bateson은 비슷한 관심을 나누었던 생리학자인 Warren McCulloch와 교류하였다. 전쟁 말기에 이들은 조사이어 메이시 2세 재단(Josiah Macy, Jr., Foundation)에 또 다른 학술회의를 후원하도록 부탁하였다(Bateson & Mead, 1976).

1946년 3월까지 국방연구에 고용되었던 과학자들은 새로운 연구과제를 찾고 있었고 또 이들의 전쟁연구와 관련하여 출현한 새로운 아이디어를 조사할 방법을 찾고 있었다. 과학의 명성이 높았던 미국에서는 대부분의 문제 해결을 위한 과학의 잠재력에 대한 믿음이 컸으며 민간인의 연구를 지원할 재원도 유용하였다. 그래서 메이시 재단에 '목적론적 기제'에 관한 중다학문적 회의를 후원하도록 부탁하는 데는 큰 어려움이 없었다(Heims, 1977).

이 시점에서 Gregory Bateson이 체계이론적 가족치료 발달에 있어서, 특히 가족치료 운동의 기초가 되는 철학적 프레임의 서술에 있어서 가장 중요한 인물 중의 한 사람으로 여겨진다고 말할 수 있을 것 같다. 공학과 수학의 개념을 행동과학의 언어로 환언한 Bateson의 노력은 결정적이었다. 그렇지만 Bateson은 공학자도 수학자도 아니요, 가족치료자도 아니었다. 그보다도 그는 인류학자이며 민족학자로 불려졌고, 그가 궁극적으로 공헌한 영역은 인식론의 영역 혹은 지식의 근본에 관한 영역이었다. 1946년 메이시 회의(Macy Conference)에서 Bateson의 강연은 사회과학에 적합한 틀에 대한 그의 탐구와 다양한 문화의 안정기제를 서술하기에는 학습이론이 한계가 있다는 점에 초점을 두었다. 그 후의 회의와 대화에서 그는 다른 사이버네틱스 학자, 특히 Wiener 및 Von Neumann과 계속해서 대화를 주고받았다. 이와 같이 Bateson은 물리과학과 행동과학의 세계를 연결하는 과정에서 결정적인 역할을 하였다.

1946~1947년 학기 동안 Bateson은 뉴욕 시 소재의 신사회연구소(New School for Social Research)의 객원교수였다. 1947~1948년에는 하버드대학교의 객원교수였다. 당시 하버드에서 연구직을 받는 데 실패한 그는 캘리포니아대학교 의과대학 정신과 연구원으로 가서 Juergen Ruesch와 합류하였다. Bateson은 그곳의 랭글리포터연구소(Langley Porter Institute)에서 그다음 해부터 2년 동안 전일제로 일했다. Bateson(1977)에 의하면, 2년 동안 그의 주요 저서인 마음의 생태학의 단계들(*Steps to An Ecology of Mind*, 1972)에 포함된 개념들과 관련한 후속 작업의 기초가 마련되었다. 동시에 Bateson은 랭글리포터연구소에 가져왔던 많은 영향력 있는 개념을 발전시켰다고 했다.

Bateson이 말한 개념들은 Alfred North Whitehead와 Bertrand Russell이 집필하여 1910년에 출판한 원리수학(*Principia Mathematica*)에서 따왔다. 이 저작의 주요 공헌은 논리형태(logical type) 이론에 관한 서술이었는데, 계급과 계급 구성원들 간의 불연속성 때문에 모든 공식적 체계에 있어서 자기준거(self-reference)와 역설이 일어나는 불가피성을 수학적으로 증명하였다. 그러한 불가피성은 계층과 계층 구성원들 간의 불연속성 때문에 존재하는 것으로 서술되었다. 이것은 다소 복잡하기는 하지만 극히 중요한 개념들로, 나중에 다시 간략히 설명하기로 한다.

사이버네틱스 관점의 맥락에서 이러한 관념을 응용한 Wiener는 이미 1940년대에 Freud의 원초아(id)와 무의식, Jung의 원형(archetype) 같은 심리학적 구념(construct)을 정보과정으로 보기 시작하였다. Bateson에게 이러한 통찰의 중요성은 평가절하될 수 없었다. 그에게 사이버네틱스는 마음과 몸의 이원론적 사고를 취하였던 오랜 문제를 해결하는 것이었다. 이제 마음을 초월적인 것으로 간주하는 것이 아닌 체계에 내재하는 것으로 묘사할 수 있었다. 그래서 Bateson은 Juergen Ruesch와 함께 그리고 Wiener와 메이시 그룹의 다른 회원들로부터 얻은 Ruesch의 의사소통 기술과 지식을 갖추어 정신의학 실천을 인간 의사소통 이론으로 환언하기 시작하였다(Heims, 1977).

뿌리 내리기 : 1950년대

■ Gregory Bateson (계속)

1946년의 메이시 회의는 이후 7년 동안 열린 10개의 소규모 회의 중 최초의 회의였으며, 마지막 회의는 1953년 4월에 열렸다. 다양한 학문 분야의 이론가들을 계속 끌어모으면서, "각 회의에는 약 25명이 참석하였는데, 그 가운데 대략 20명은 정회원이었고 5명은 초대 손님들이었다. 회의의 제목이었던 '생물체계와 사회체계에 있어서 순환적 인과관계와 피드백 기제'는 이후에 '사이버네틱스'로 바뀌었다"(Heims, 1975, p. 368). 그러나 유럽에서는 Wiener가 '사이버네틱스'라는 용어는 물론이고 그 개념들까지 표명하였지만(Bateson & Mead, 1976), 미국에서는 이 용어가 유럽에서만큼 널리 채택되지 못하였다. 그보다도 미국에서는 1950년대에 출판된 논문에서 Ludwig von Bertalanffy가 사용한 '일반체계이론'을 따라서 '체계이론'이라는 용어를 채택하였는데, 이와 더불어 가족치료 운동이 정체성을 갖게 되었다. 거듭 주지하지만, 다양한 연구자들 및 실천가들로 궁극적으로 귀결되는 많은 사상의 분파는 다른 출발점에서 시작하여 유사한 이론적 입장에 도달하였다. Bateson(1972)은 이 현상의 중요성을 그의 일생 동안 일어난 가장 중요한 역사적 사건 중 하나로 인정하였다. 그는 제2차 세계대전 동안 많은 다른 지식기관에서 발달한 수많은 아이디어의 총합으로부터 의사소통 이론, 체계이론, 사이버네틱스가 어떻게 성장하였는지 서술했다. 당시 연구자들은 "하나의 조직된 체계가 된 어떤 종류의 것들"(p. 475)을 이해하고자 애썼다.

Bateson이 지적하였듯이, 그가 Juergen Ruesch와 일하기 위하여 캘리포니아로 갔던 시기에 그의 생각은 이미 구체화되기 시작하였다. 그곳에서 2년을 보낸 후 그는 랭글리포터연구소에서 전일제에서 시간제로 바꾸어 일하였고, 팔로알토에 있는 퇴역군인관리병원(Veterans Administration Hospital)과 오랜 인연을 맺게 되었다. 1951년에 Ruesch와 Bateson은 의사소통: 정신의학의 사회적 기반(*Communication: The Social Matrix of Psychiatry*)을 출판하였는데, 이 책에서 이들은 "의사소통에 있어서 피드백의 역할과 정보이론"(Foley, 1974, p. 5)을 서술하였다.

1952년 Bateson은 록펠러재단에서 연구비를 받았는데, 이는 의사소통에 있어서 추상의 역설(paradox of abstraction)의 역할에 관한 연구과제를 총괄하기 위한 것이었다. 이 연구는 논리유형 이론의 측면에서 의사소통 수준을 조사하는 데 목적을 두었다. Jay Haley와 John Weakland가 1953년 초에 Bateson 연구팀의 일원이 되었고, 그 후에 William Fry도 합류하였다. Haley는 의사소통 전문가였고, Weakland는 화학기술자였는데 문화인류학자로 변신하였으며, Fry는 유머연구에 관심을 둔 정신의학과 의사였다. 이와 같이 여러 종류의 집단은 동물과 인간행동의 다양한 측면을 연구하기 시작하였다. 그러나 이 모든 연구의 초점은 의사소통 수준에 있었으며, 더욱 중요한 초점은 의사소통 수준들 간의 불일치에 두었다. 이 과정에서 그들은 조현병 환자의 언어, 인기 있는 영화들, 유머뿐 아니라 맹도견 훈련 및 놀고 있는 수달도 연구하였다(Nichols & Schwartz, 2004).

1954년에 메이시재단은 Bateson에게 2년간 연구비를 주었는데, 이는 조현병 환자의 의사소통에 관한 연구 프로젝트를 총괄하기 위한 것이었다. 이 창단 연구팀에 Don Jackson이 곧이어 개입하였다. 정신과 의사였던 Jackson은 이 연구팀의 임상자문위원이었으며 조현병 환자의 치료를 감독하였다. 그 시점에서 이 연구과제의 목표는 일반 조현병, 특히 가족환경 내에서 조현병을 설명할 의사소통 이론을 개괄하는 것으로 바뀌었다. 그러나 이러한 생각이 전적으로 새로운 것은 아니었다. Bateson 연구팀은 1949년에 이미 어떤 경우에 가족치료와 개인치료가 적합한지에 관한 연구가설을 세웠다. 그 외에도 Bateson은 계속 전통적으로 정신병을 질병으로 개념화하였던 점을 의문시하였다. 그래서 그는 조현병이라는 증상 발현을 "자발적 입회식(spontaneous initiation ceremony)"(Heims, 1977, p. 153)으로 정의할 수 있는지에 관해 고려하였다.

■ 이중구속 가설

Bateson 연구진이 1956년 또는 1957년에서야 비로소 가족을 조사하기 시작하였지만(Simon, 1982), 1954년까지 Bateson은 그의 유명한 이중구속(double-blind) 가설을 발전시켰다. 1956년에는 분수령이 된 논문인 "조현병 이론을 향하여(Toward a Theory of Schizophrenia)"가 발표되었다(Bateson, Jackson, Haley, & Weakland, 1956). Haley가 상술한 하나의 흥미로운 역사적 사건(Simon, 1982)은 다음과 같다. "우리는 1956년 6월에 이중구속에 관한 논문을 썼는데, 이 논문은 내가 생각하기에 역사상 가장 빨리 발행된 학술논문으로 1956년 9월 학술지에 발표되었다"(p. 22). 왜 그토록 즉각적인 관심을 불러일으켰는가? 이 질문에 답하기 위하여 이 이론을 몇 가지 측면에서 자세히 살펴봐야 한다. 이는 또한 이전에 설명되지 않은 개념을 명확히 하는 데 도움이 될 것이다.

이 이론의 저자들에 의하면(Bateson et al., 1956), 이중구속 상황이 성립하기 위해서는 다음과 같은 몇 가지 구성요소가 있어야 한다.

1. 두 사람 이상이 있고, 그중 한 사람은 '희생자'로 지정된다.

2. 두 사람 간의 경험이 반복된다.

3. 희생자에 대한 1차 부정 명령이 내려진다.

4. 더욱 추상적인 차원에서 1차 부정 명령과 불일치하는 2차 부정 명령이 내려지는데, 이는 1차 명령과 같이 처벌 또는 생존을 위협하는 신호로 강요된다.

5. 희생자가 이 상황에서 탈출하지 못하도록 하는 3차 부정 명령이 내려진다.

6. 마지막으로 희생자가 이중구속 패턴에 처한 자신의 세계를 지각하도록 배웠을 때 위의 모든 구성요소들은 더 이상 필요가 없으며, 이때 이중구속 과정의 거의 모든 부분은 공포나 분노를 불러일으킬 것이다. 이렇게 서로 불일치한 부정 명령은 심지어 환청에 의해서도 들을 수 있다.

이중구속의 영향을 평가할 때, '이중구속 상황이 발생할 때마다 논리형태를 식별할 수 있는 개인의 능력에 문제가 생길 것이다'고 이 이론의 저자들은 가설을 세웠다. 이중구속 상황이 성립하기 위해서는 이 외에 세 가지 요건이 더 필요하다. 첫째, 희생자가 관여하고 있는 관계가 매우 강렬해서, 적절히 반응할 수 있기 위해 메시지를 정확하게 해석할 필요가 있게 된다. 둘째, 희생자는 상대방이 보낸 메시지가 두 가지 상충하는 내용을 표현하는 상황에 빠져있다. 셋째, 이 사람은 자신이 반응한 메시지가 적절한 메시지인지 확인하기 위해 서로 상충되는 내용에 의견을 제시할 수 없다. 그러므로 이중구속 상황의 희생자는 정신쇠약을 보이며, 메시지의 의미를 이해할 수 있게 하는 신호를 파악할 능력과 메타 의사소통 혹은 의사소통에 대해 말할 수 있는 능력이 없다.

저자들은 논리형태 이론의 측면에서 이중구속 이론을 설명했다. 논리형태 이론에 의하면 계층과 계층 구성원들 간의 불연속성이 인식되어야 한다. 다른 말로 하면, 의사소통이 서로 다른 수준의 추상을 포함한다는 생각에 기초할 때, 계층과 계층의 구성원은 (하나는 상대의 부분이 될 수 없이) 서로 구분되어 존재함이 분명하다. 그들이 동일한 수준의 추상에 존재하는 것처럼 행동하는 것은 필시 역설을 낳는다. 이중구속 이론에 의하면, 한 사람이 추상의 여러 수준들을 적절하게 구분할 수 있는 능력을 상실할 때 역설적 의사소통 패턴이 일어난다. 이러한 병리는 특히 어머니와 자녀 간의 의사소통에서 불가피할 것으로 여겨졌으며 조현병으로 분류되었다.

확실히 이 이론의 많은 요소들은 순환적이라기보다 선형적 인식론을 가정한다. 더욱이 당시 사고의 많은 부분과 일관되게, 문제의 일부로 간주되었던 사람은 주로 어머니였다. 그 이후의 연구가 이 이론을 입증하는 데 성공하지 못했음에도 어머니를 비난하였다는 면에서 가족에게 상처를 입히기도 하였다. 그러나 동시에 이 이론의 기본적인 메시지는 혁명적이었다. Bateson 연구진은 조현병을 개인의 정신 내적 질병으로 간주하기보다 대인적·관계적 현상으로 보았다. 그러나 이 논문의 중요성을 알기 위해서는 관심을 다시 역사적 맥락으로 돌려야할 것이다. 즉, 이중구속 이론이 발표된 당시에 치료는 정신역동 이론에 의해 지배되었고, 통찰이 유일한 변화 수단으로 이해되었다(Simon, 1982).

　제1장에서 지적하였듯이, 정신역동 이론이 당시의 정신치료를 지배하였다는 점은 별로놀랍지 않다. 이 이론의 기본 원리는 엄격한 개인주의와 과학의 힘에 대한 미국의 기본적인신념과 일치하였다. 사실 개인주의는 서구 사회에서 가장 자주 인용되는 특징이며(Becvar, 1983), "프로이트가 이룩한 것은 서구 사회가 개인과 자아를 강조한 점을 합법화하고 궁극적으로는 제도화한 것이었다"(Reeves, 1982, p. 119). 더욱이 미국에서 과학은 "숭배에 가까운위엄으로"(Truxall & Merrill, 1947, p. 47) 오래 존중되었으며, 과학의 무한한 가능성에 대한믿음은 인간이 환경을 개조하고 지배할 수 있는 능력을 가지고 있다는 미국인의 신념의 일부를 나타낸다(Smelser & Halpern, 1978). 확실히 프로이트 이론은 이러한 비평과 일치하였다.반대로 바로 이러한 이유 때문에 우리는 체계이론/사이버네틱스와 가족치료가 반(反)문화적이라고 말하였던 것이다. 우리는 검증과 이해를 통해 통제될 수 있는 마음의 내면적 작용에더 이상 관심을 두지 않는다. 그보다도 이제 관계의 외부적 차원을 고려해야 할 때이다.

■ Nathan Ackerman

그러나 이중구속 이론에서 나타났던 것과 같은 사고의 급진적 변화를 제안한 사람은 Bateson연구진만은 아니었다. 황무지에서 이른바 몇몇 다른 목소리들도 정신병을 다룰 때 전통적인개인 중심적 접근이 효율적이지 못할 수도 있다는 의견을 제시하기 시작하였다. 임상세계에서 정신 내적 치료접근과 체계이론적 접근 간에 기초적인 다리를 놓아준 사람은 정신분석학훈련을 받은 소아정신과 의사이자 의학박사인 Nathan Ackerman이었다. 그의 논문인 "사회정서적 단위로서의 가족(The Family as a Social and Emotional Unit)"은 1937년에 출판되었는데,명예롭게도 가족치료 분야에서 최초의 출판물로 인정받고 있으며, Ackerman은 자신을 포함한 몇 사람들에 의해 가족치료의 대부(代父)로 여겨진다(Foley, 1974). 실제로 "Ackerman은 아동지도 운동에 있어서 자신의 연구와 동료들의 연구를 가족운동의 '현실적인(real)' 시작으로보았다"(Guerin, 1976, p. 4). 그래서 가족에 관한 초기의 다양한 연구는 조현병 연구의 성과였다. 그러나 그 사실을 지나치게 강조한 결과, Ackerman이 생각하기에 가족치료의 진짜 기원은 "아동의 비정신적 질환을 가족환경과 관련된 것으로 연구하는 데"(Ackerman, 1967) 있었다는 점이 모호하게 되었다.

　그러면 여기서 잠깐 Ackerman이 가족치료 드라마에서 그토록 중요한 역할을 담당하는 데배경이 되었던 사건들을 살펴보도록 하자. Ackerman이 의과대학 훈련과정을 마쳤을 때, 그는펜실베이니아 서부에 있는 실업자 광부들의 정신건강 문제를 조사하는 연구진의 일원이었다.

이 경험은 환경요인이 정서적 건강에 미치는 영향을 밝혀준다는 점은 물론이고 전체 가족의 행복의 파급효과를 밝혀준다는 점에서 중요하였다. 이어서 Ackerman은 캔자스 주 토피카의 메닝거클리닉(Menninger Clinic)의 소아과(아동 부서) 과장으로서 전문 경력을 쌓기 시작하였다. 1937년 그는 아동지도클리닉(Child Guidance Clinic)의 정신과 과장으로 승진하였으며, 그곳에서 1940년대까지 흔히 하던 방식으로 어머니와 자녀를 분리하여 치료하기보다는 치료자한 사람이 어머니와 자녀를 모두 함께 치료하는 실험을 시작하였다. 게다가 Ackerman은 광부들과의 경험을 통해 지속적인 경제적 어려움이 가족생활에 미치는 영향에 관심을 갖게 되었으며, 그리하여 1940년대와 1950년대에 가족을 연구하기 시작하였다(Guerin, 1976).

1955년에 Ackerman은 뉴욕 시에서 열린 미국 예방정신의학회에서 가족 진단과 치료에 대해 첫 회의를 주도하였다(Nichols & Schwartz, 2001). 1957년 그는 시카고의 미국 정신의학회(APA) 연례 모임에서 가족에 대한 토론단의 의장이었다. 또한 1950년대에 가족연구에 관한 수많은 논문을 발표하기 시작하였으며, 1958년에는 **가족생활의 정신역동학**(*The Psychodynamics of Family Life*)을 출판하였는데, "이 책은 이론과 실제를 합친 최초의 완행본으로, 이 책에서 Ackerman은 가족에서 역할관계의 중요성을 강조했다"(Foley, 1974, p. 6).

Ackerman은 1957년 뉴욕 시의 유대인 가족정신건강 상담소(Family Mental Health Clinic of Jewish Family Services)를 개설하는 데 책임을 맡았으며, 1960년에 뉴욕 시에서 가족연구소(Family Institute)를 창설하였다. 1962년에 Ackerman과 Don Jackson은 오늘날 가족치료 분야에서 가장 영향력 있는 학술지 중의 하나인 **가족과정**(*Family Process*)을 발행하기 시작했는데, 이두 사람은 Jay Haley와 더불어 이 학술지의 최초 편집인이었다. 이 기간 동안 Ackerman은 컬럼비아대학교의 심리학 교수였으며, 1964~1967년까지 알버트 아인슈타인 의과대학의 가족학부서 고문이었다. Nathan Ackerman은 1971년에 사망하였으며, 그 이후 곧바로 가족연구소가그의 명성을 기려서 애커먼가족연구소(Ackerman Family Institute)로 개칭되었다.

가족치료 운동은 초창기 동안 줄곧 관념 경향이 두 부류로 나뉘었는데, 한 부류는 정신 내적 접근의 경향을 띠는 사람들이었고, 다른 한 부류는 체계이론적 경향을 더 많이 지지하였던사람들이었다. Ackerman은 전자의 입장을 가장 두드러지게 지지하였던 사람이었다. 그는 유전과 환경 간의 계속적인 상호작용 및 개인과 가족, 궁극적으로는 사회 내부 그리고 이들 간의 항상성 유지를 이해하기 위하여 정신역동학과 개인의 사회적 역할에 대한 관념을 모두 통합하였다. 그렇지만 그는 체계이론적 가족치료자가 강조하였던 측면(예 : 의사소통, 상호작용)보다는 가족이 개인에게 미치는 심리적 영향에 주로 초점을 두는 선택을 하였다(Nichols & Schwartz, 2004).

Ackerman의 공헌이 평가절하되어서는 안 되겠지만, 그는 이론 구축보다는 개인으로부터 대인적 상호작용으로 초점을 바꾼 것과 임상예술 기법 영역에 더 많은 공헌을 하였다. 그래서 애커먼가족연구소가 계속해서 번창하는 가족치료의 중심지이지만, 가족치료의 어느 학파도 그 유래를 Ackerman이라는 인물에게만 국한하지는 않는다.

　Ackerman이 사망하자, 관념적인 입장을 달리하던 두 부류 간의 긴장이 완화되었고, 일반적으로 가족치료자들은 체계이론적 관점으로 기우는 경향이 있었다. 그러나 가족치료 운동의 첫 세대에는 정신분석 훈련을 받은 또 다른 사람들이 있었고, 이들의 가족연구는 계속해서 이러한 초기 경향의 향기를 냈다. 이 사람들 가운데는 Murray Bowen과 Carl Whitaker 등 가족치료 분야의 초창기 참여자들이 있다.

■ Murray Bowen

Murray Bowen은 1946년에 캔자스 주 토피카의 메닝거클리닉의 간부직원이 되었다. 신경외과에서 정신의학과로 바꾸면서 그는 완벽하게 훈련받은 정신분석가가 되었다. 그는 펜실베이니아의 벅스카운티(Bucks County) 출신의 정신의학과 의사인 John Rosen이 1948년 메닝거클리닉을 방문했을 때 조현병 환자와 그 가족들에 대한 Rosen의 연구에 영향을 받은 사람들 가운데 하나였다. 그러나 Bowen은 1950년에 이르러 "조현병은 어머니와의 속박관계가 해결되지 못한 결과였다"(Hoffman, 1981, p. 29)는 가정을 기초로 모자(母子)간의 공생에 초점을 맞추기 시작했다. 1951년 그는 메닝거클리닉에서 치료를 계획하였는데, 이것은 어머니와 조현병 자녀가 임상적인 기초 위에 있는 병원의 한 방에서 몇 달 동안 함께 살도록 한 것이었다. 이러한 방향을 지속하면서 그는 1954년 캔자스 주를 떠나 미국 국립정신건강연구소(National Institute of Mental Health, NIMH)로 갔는데, 이곳에서 그는 조현병 환자의 전체 가족을 관찰자 연구를 위해 입원시킨 고전적 연구를 계획하고 지도하였다.

　1957년에 Bowen은 미국 예방정신의학회 회의에서 가족연구에 관한 토론단의 일원이었다. 이 중요한 사건은 그전에는 인식하지 못하였고 다소 잠행적이었던 연구에 대하여 국가적 차원에서 공식적으로 처음으로 인정한 것이었다. John Spiegel이 조직한 이 토론단 가운데에는 예일대학교의 Theodore Lidz와 텍사스 주 휴스턴의 David Mendel이 있었다. Bowen은 또한 Lidz 및 Don Jackson과 더불어 1957년 시카고에서 열린 미국 정신의학회 회의에서 Nathan Ackerman이 의장으로 일했던 가족연구 토론단의 일원이었다.

　이러한 여러 차례의 회의 기간 동안, 1956년 NIMH를 떠났던 Bowen은 조지타운대학교의 의과대학 정신의학과 교수였다. 비록 그는 자신에게 부여된 가족연구 프로젝트를 맡으려고 하였지만, 이 계획은 Bowen이 조지타운대학교로 옮긴 직후 그를 고용하였던 정신의학과 학과장의 사망으로 실현되지 못하였다. 그러나 그의 계획에 차질이 빚어졌다 할지라도, 그것이 그를 결코 저지하지는 못하였다. 조지타운에 있는 동안 그는 가족치료에 대한 가장 우아하고 완벽한 이론적 접근 가운데 하나를 발전시켰다. 동시에 그는 가족치료 분야의 창시자 중 한 사람으로서 수많은 열성적인 학생들 및 국제적 명성과 더불어 가장 인기 있는 선생님이자 훈련가가 되었다.

사실 Bowen의 가족치료는 삼각관계, 세대전수, 자기분화, 미분화된 가족자아 집합체 같은 개념을 발전시킴으로써 가족치료 분야에 많은 중요한 공헌을 하였다. 그래서 Bowen의 이론은 제7장 "자연체계이론"에서 더욱 상세히 살펴볼 것이다. 그때 가족치료자로서 Bowen의 배경과 발전을 더 자세히 살펴보도록 한다.

■ Carl Whitaker

가족치료 분야의 또 한 사람의 임상적 선구자는 Carl Whitaker이다. 비록 직업은 정신의학과 의사였지만, Whitaker의 훈련은 결코 정통성을 띤 것은 아니었고 가족치료 분야에서 초기 경험의 영향은 그의 비이론적 입장과 독특한 양식을 개발할 때 도움이 되었다. Whitaker와 그의 치료는 제8장에서 상세히 다루는 주제인 '경험적 치료'이다.

초기의 사이버네틱스 학자들처럼 Whitaker의 경력은 제2차 세계대전으로부터 많은 영향을 받았다. 그는 초기에 병원인력 고용과 루이빌대학교에서의 인력 부족으로 인하여 놀이치료와 정신 내적보다 행동에 초점을 둔 훈련을 받게 되었고, 수련의로 있는 동안 의과대학생들에게 정신치료를 가르치게 되었다. 더욱이 1944~1946년까지 테네시 주 오크리지(Oak Ridge) 소재 오크리지병원의 정신의학과 과장으로 일하면서 그리고 원자폭탄이 개발되기 바로 직전에 미군의 원자력발전소 아주 가까이에 살면서 받은 압박감이 이러한 성과를 낳게 하였다. 경험의 부족, 심리적 스트레스, 엄청나게도 많은 환자 분담량과 일정으로 인하여 Whitaker와 정신생리학 박사학위를 받았던 John Warkentin이 공동 치료자로 함께 일하기 시작하였다. 결국 두 사람은 치료적 접근의 일부로서 환자의 배우자와 자녀를 포함시켰다.

1946년 Whitaker(학과장으로서)와 Warkentin은 조지아 주의 애틀랜타에 있는 에모리의과대학교로 가서 의과대학 최초로 정신의학과를 개설하였다. 1948년에는 정신분석적 심리학 교육을 받은 Thomas Malone 박사가 이들과 합류하였다. 에모리대학교에 재직하는 동안 Whitaker는 계속 가족치료를 실험하였고, 점차 조현병 치료에 초점을 두게 되었다. 이 초점의 일부로서, 1948년에 그는 조현병에 관한 나흘간의 주말회의를 10회에 걸쳐 주도하였다. 에모리대학교에서 온 연구자들 이외에 이 회의에 참여한 사람들은 인류학자인 George Devereau는 물론, 필라델피아 지역에서 온 John Rosen, Edward Taylor, Michael Hayward, Albert Sheflen이었다. 1955년 조지아 주의 시아일랜드(Sea Island)에서 열린 마지막 회의는 가족치료 운동의 최초의 회의였는데(Nichols, 1984), 이 회의에는 Gregory Bateson과 Don Jackson도 참석하였다. 회의는 각 참가자들이 자신의 치료접근을 발표하는 형식으로 진행되었다. 애틀랜타에서 온 내담자와 내담자의 가족이 모두 이 과정에 관여하였다. 치료를 관찰한 후에는 발표하는 동안 나타났던 문제들을 토론하였다(Broderick & Schrader, 1981).

1955년 Whitaker는 에모리대학교를 떠나 애틀랜타에서 개인 치료소를 차렸으며, 10년 후에는 사설 치료소를 그만두고 매디슨의 위스콘신대학교 의과대학의 정신의학과 교수가 되었다. 1965년 매디슨에 도착할 때까지 Whitaker는 자신을 가족치료자로 생각했으며, 그가 후에 **불합리한 정신치료**(psychotherapy of the absurd, 1975)로 정의하였던 것을 발전시키고 있었다. 초기에는 비록 그의 몇몇 동료들보다 덜 알려졌었지만, 오늘날 그는 훌륭한 가족치료자들 가운데 한 사람이 되었다. 1995년 사망한 후에도 많은 사람들이 그리워하는 Whitaker는 매우 관습적이진 않지만 아주 훌륭하게 효과적인 접근으로 오래 기억되어서, 오늘날 많은 가족치료 학생들에게 계속 충격과 놀라움을 주고 있다.

■ Theodore Lidz

가족치료 발달 초기의 다른 두 창시자, 즉 Theodore Lidz와 Lyman Wynne도 조현병에 관한 연구와 치료에 초점을 두었다. 그러나 이 두 사람은 초기에는 정신역동적 성향을 가졌다는 점에서 Bowen 및 Whitaker와 흡사하며, 이들 두 사람은 대개 자신의 모델을 고안하는 데보다는 특정 개념들을 만드는 데 행동을 같이하였다. 더욱이 Wynne은 현재까지도 조현병 환자에 대한 연구를 계속하는 유일한 선구자이다.

1936년 컬럼비아대학교에서 의학박사 학위를 받은 후, Lidz는 런던으로 건너가 국립병원에서 신경의학을 공부하였다. 그는 1938년 미국으로 돌아와 존스홉킨스대학교에서 정신의학과 수련의를 시작하여 1941년에 끝마쳤다. 수련의로서의 마지막 해 동안 Lidz는 조현병 환자 가족의 특징을 살피면서 조현병 환자에 대한 연구를 시작하였는데, 아버지의 영향은 적어도 어머니의 영향만큼 중요할 수 있다고 결론지었다(Lidz & Lidz, 1949).

Lidz는 1942~1946년까지 존스홉킨스대학교의 교수였다. 1942~1951년까지 그는 또한 볼티모어 정신분석학연구소(Baltimore Institute of Psychoanalysis)에서 훈련경험을 쌓았다. 그러나 1946~1951년까지 존스홉킨스대학교와의 관계를 끊고, 대신 미군의 중령으로 일했다. 이 기간 동안 그는 16개의 중류층 및 중상류층의 조현병 환자 가족에 대한 종단연구에 착수하였다.

Lidz는 그의 초기 연구에서와 같이 계속해서 조현병 환자 가족의 심한 역기능과 병리를 발견하였으며, 결국 이 분야의 몇 가지 주요한 믿음에 의문을 제기하였다. 그는 성인기 초기에 스트레스로 인해 퇴행하여 결국 구강기에 고착하는 것이 조현병의 원인이 된다는 프로이트적 관념을 거부하였다. 자신의 연구에 기초하여 Lidz는 조현병이 Frieda Fromm-Reichman과 John Rosen이 제안한 것처럼 어머니의 거부에 의해 유발된다는 믿음을 반박하였다. 더욱이 Lidz는 초점을 넓혀서 (영아기뿐 아니라) 전체 성장기간 그리고 (어머니의 역할만이 아니라) 아버지의 역할까지 포함하였다(Nichols & Shwartz, 2004).

군복무와 정신분석학 훈련을 모두 마친 후, Lidz는 볼티모어에서 코네티컷 주의 뉴헤이븐(New Haven)으로 옮겨 그곳에서 예일대학교 정신의학과 교수가 되었다. 이곳에서 그는 조현병과 가족 간의 관계를 계속해서 연구하였다. 이 연구 결과 **부부균열**(marital schism)과 **부부불균형**(marital skew)이라는 두 개념을 만들었다.

부부균열의 특징을 보이는 부부는 서로 역할을 교환하거나 목표를 보완할 수 없다. 배우자는 각자 자신의 기대를 충족하기 위하여 상대방을 억압하려 할 것이고, 상대방의 동기를 믿으려 하지 않을 것이며, 또한 상대방의 지위, 특히 부모로서의 지위를 손상시킬 것이다. 반대로 부부불균형은 부부 중 한 사람은 강하고 다른 한 사람은 약하다는 특징이 있다. 이 경우에 강한 배우자가 약한 배우자를 지배하게 되어 부부간의 갈등이 감추어지며, 허용되는 것과 느껴지는 것 사이의 불일치가 솔직하게 인정되지 않는다(Simon, Stierlin, & Wynne, 1985).

그래서 Lidz는 관계에 초점을 두고 전체적 관점을 택하여 증상을 가진 환자 이상의 많은 것을 포함시켰다. 사실 그의 연구의 중요성은 가족의 의사소통 패턴 및 역할관계와 조현병이 발현한 맥락이라고 할 수 있는 개인의 발달과정의 상호작용에 있다. 그러므로 Lidz는 개인적 병리에 대한 믿음으로부터 벗어나 병리가 발생한 모체로서 가족의 역기능을 강조하게 되었다. 이러한 개념은 가족치료의 기본 요소들 가운데 하나이다.

■ Lyman Wynne

Lidz와 마찬가지로 Lyman Wynne도 조현병에 관한 연구에서 가족의 중요성은 평가절하될 수 없으며, 역할관계는 매우 중요하고, 병리를 이해하기 위해서는 의사소통 패턴을 고려해야 한다는 결론을 내렸다. 거짓 상호성(pseudomutuality), 거짓 적대성(pseudohostility) 및 고무 울타리(rubber fence)의 개념을 발전시킨 공헌은 Wynne에게 돌려야 하는데, 이 모든 개념은 내용 차원에서라기보다 과정 차원에서 가족을 살피고 이해하기 위하여 가족을 대상으로 일하는 사람들에게 도움이 될 수 있다.

Wynne은 1948년 하버드대학교 의과대학을 졸업했다. 그는 하버드대학교 사회관계학과 대학원에서 연구를 계속하였으며, 그곳에서 1952년에 박사학위를 받았다. 4년 동안 그는 가족문제와 궤염(ulcerative colitis)의 관계를 접하게 되었고, 1947년에 치료과정의 일부로서 전체가족을 보기 시작하였다(Broderick & Schrader, 1981). Wynne은 1952년에 NIMH에 합류하였고, 정신의학과 의사로 시작하였으나 후에 임상조사자가 되었다. Murray Bowen이 1954년 NIMH로 왔을 때, 이들 두 사람은 정신병 및 가족치료와 관련된 문제들에 대해서 함께 생각하고 함께 분투하기 시작하였다. 1956년에 Bowen이 조지타운대학교를 떠났을 당시, Wynne은 가족문제 부서의 장이 되었다.

1954년에 Wynne은 조현병 환자 가족에 대한 연구를 시작하였다. 1956년과 1957년 미국 정신의학회 회의에서 Wynne과 Bowen은 Ackerman, Jackson, Lidz와의 대화를 시작하였다. 1958년에 이르러 Wynne은 거짓 상호성 개념을 소개하였는데, 거짓 상호성은 "관계를 맺고 있는 사람들 각자의 정체성을 무시하고, 모두 함께 결속하는 데만 지나치게 열중함"(Wynne, Ryckoff, Day, & Hirsch, 1958, p. 207)을 의미한다. 다시 말해, 거짓 상호성은 개인의 정체성을 인정하는 것이 전체로서의 가족에 위협으로 여겨지는 상황인 반면, 잘 기능하는 가족은 분리와 결속 사이에 적절한 균형을 이룬다. 더욱이 거짓 상호성 상황에서는 유머와 자발성이 부족하며, 융통성 없이 역할이 부여되고 유지되며, 가족원들은 이와 같이 경직된 역할구조가 바람직하고 적합하다고 여겨 이를 고집한다.

거짓 상호성의 특징을 보이는 가족은 전적으로 전체에만 초점을 둔다. 이러한 가족 중심성이 융통성은 있으나 불완전한 경계선에 의해 유지되는데, Wynne은 이 상황을 '고무 울타리'라고 표현하였다. 이런 형태의 경계선을 구성하는 규칙들은 끊임없이 변화하는데, 가족이 수용할 수 있다고 인정하는 것에 대해서는 개방적이고, 예측할 수 없는 것에 대해서는 폐쇄적이며, 수용할 수 없는 것은 배제한다. 이와 같이 혼란스러우면서도 밀집된 상황에서 의사소통, 개인의 지각 및 정체성 형성은 모두 문제가 된다. 당시의 체계이론/사이버네틱스 사고와 일관되게 Wynne과 동료들은 조현병을 개인적 병리의 본보기라기보다 가족역기능의 증상 또는 부적절한 부모됨 그리고 조현병 소인성이 있는(schizophrenogenic) 부모됨의 희생물로 여겼다. 이러한 가족에서는 결속이 무엇보다 가치 있게 여겨지며, 가족 외부의 중요한 관계들이 용납되지 못한다. 그래서 개인적 차이를 인정받기 위해 조현병 행동으로 행동화하는 특징을 취한다. 그러나 그런 인정을 받는 데 성공하면, 이 사람은 이제 조현병 환자로 명명되고 그 결과 가족에게 거부된다. 이러한 거부를 할 때 가족은 다시 거짓 상호성 입장으로 되돌아간다.

한편 거짓 적대성은 친밀성과 애정에 대한 가족원들의 욕구 그리고 만성적인 갈등과 불화를 모두 숨기고 있는 가족원들이 겉으로 거리감을 보이는 것을 의미한다. 그러나 거짓 상호성과 마찬가지로, 거짓 적대성도 왜곡된 의사소통과 지각의 손상을 나타내기 때문에 관계에 대해 논리적으로 생각하는 것을 어렵게 한다. 그래서 두 개념 모두 조현병 환자가 있는 가족의 정서체계를 정의하는 가족의 제휴와 분열에 초점을 둔다.

거짓 상호성과 거짓 적대성의 두 개념은 Wynne이 가족치료 분야에서 이룩한 몇 가지 공헌을 나타낸다. 그러나 NIMH에서 20년 동안 Wynne과 그의 동료들은 조현병 환자에 관한 연구와 치료결과를 발표하고 그들의 초창기 이론을 수정하고 경신한 수많은 논문들을 발표하였다. Wynne은 1972년에 로체스터대학교로 옮겨 교수가 되었고 1978년에 정신의학과 학과장이 될 때까지 이론과 실제의 조화를 계속 강조하였다. 적극적인 연구자이며 임상가인 Wynne은 2007년 사망하기까지 조현병 환자 가족의 의사소통 문제에 대한 지식을 확장해주었다. Wynne 역시 가족치료의 주변화 이슈에 대해 언급하였으며(Shields, Wynne, McDaniel, &

Gawinski, 1994), 다른 정신건강 전문가들과의 큰 협력을 촉구하였다.

■ Ivan Boszormenyi-Nagy

여러분이 지금까지의 내용을 통해 깨달았으리라 생각되지만, 지금까지 주변적으로만 언급된 가족치료의 몇몇 공헌자들은 필라델피아 지역 출신이었다. 실제로 1957년 Boszormenyi-Nagy 는 동부 펜실베이니아 정신의학연구소(Eastern Pennsylvania Psychiatric Institute, EPPI)라는 매우 큰 주정부 소유 연구 훈련 시설을 창설하였다. EPPI는 조현병과 가족에 관한 연구와 훈련을 강조한 초기 가족치료센터 중 하나였다. Ray Birdwhistell, James Framo, John Rosen, David Rubenstein, Geraldine Spark, Ross Speck, Albert Scheflen, Gerald Zuk 같은 중심인물이 여러 다른 시기에 EPPI의 간부직원으로 일했다. 가족치료 분야의 초창기에 출판된 책 가운데 하나는 Boszormenyi-Nagy와 Framo가 편집하여 1965년에 출판된 책으로, 그 제목은 집중가족치료 (*Intensive Family Therapy*)였다.

Boszormenyi-Nagy는 정신분석학 훈련을 받은 정신의학과 의사로서 헝가리인이며, 1948년에 미국으로 이민을 갔다. 1950년대 중반에 그는 Spark와 힘을 합쳤는데, Spark는 정신의학적 사회사업과 정신분석학을 전공하였으며, 아동지도 상담소에서 일한 경력이 있었다. 수년에 걸쳐 이들은 힘을 합쳐 가족의 다세대 과정의 영향에 초점을 둔 가족이론을 확립하였다. 1973년에 이들은 보이지 않는 충성심: 세대 간 가족치료에서의 상호성(*Invisible Loyalties: Reciprocity in Intergenerational Family Therapy*)을 출판하였다.

Boszormenyi-Nagy가 만든 치료적 접근은 다세대적-맥락적(intergenerational-contextual) 치료로 알려져 있으며 이는 제6장에서 더 자세히 설명할 것이다. 그의 가장 중요한 공헌 중의 하나는 치료에 윤리적 차원을 도입한 것이었다(Nichols & Schwartz, 2004). Nagy는 관계에서 신뢰와 충성심이 중요하며, 모든 가족은 균형장부(balanced ledger)라는 것을 분명히 가지고 있다고 믿었다. 치료목적은 "관계 맥락을 윤리적으로 재정의하는 것"(Boszormenyi-Nagy, 1966)이고 따라서 신뢰할 수 있음은 서로에게 도움이 되는 현상이며, 미래 세대에 대한 관심은 건강을 촉진한다고 보았다.

■ John Elderkin Bell

지금까지 서술된 잘 알려진 인물들에 비하여 가족치료의 창시자 가운데 거의 언급되지 않고 흔히 배제되는 사람이 John Elderkin Bell이다. 그는 가족집단치료와 관련 있는 인물이지만, 1960년대에야 비로소 출판을 하기 시작했기 때문에 가족에 대한 그의 초기 연구는 흔히 간과되는 경향이 있다. 더욱이 그가 유명한 임상훈련센터를 하나도 창설하지 않았다는 사실을 놓고 볼 때, 그의 작업은 초기의 많은 다른 가족치료자들이 제공했던 프로그램들에 몰려들었던 열성적인 수련생 세대들에 영향을 줄 기회가 없었다.

그러나 Bell은 가족을 함께 보기로 했던 첫 번째 세대 중 한 사람이었다. 비록 그가 맨 처음에 그렇게 하기로 결정한 것은 영국을 방문하는 동안 겪었던 뜻밖의 경험을 바탕으로 하였지만 말이다. 그때 Bell은 매사추세츠 주 우스터에 있는 클라크대학교 심리학과 교수였는데, 런던의 타비스톡(Tavistock) 상담소의 의학소장인 John Sutherland 박사의 집을 방문한 적이 있었다. Sutherland는 Bell에게 직원인 John Bowlby 박사라는 한 정신의학과 의사의 연구를 설명해 주었다. Sutherland와 대화가 잠시 중단되었고 완전히 끝나지는 않았을 때, Bowlby가 가족 전체와 환자를 함께 참여시키는 치료를 시작하였다고만 말하였다.

런던에서 집으로 돌아오는 도중에 Bell은 가족 전체를 본다는 아이디어를 곰곰이 생각하기 시작하였으며, 일단 미국으로 돌아와서 이러한 접근이 성공할 가망성이 있을 듯한 사례를 접하게 되었다. 두 번째 면접치료 시 Bell은 문제를 가진 것이 처음에 환자로 지적되었던 13세 아들이 아니라 가족이었음을 확신하였다. 단지 몇 년 후에야 Bell은 Bowlby가 전체 가족을 보았던 것이 아니라 개인을 기초로 전체 가족원을 치료하였으며, 때로 집단회의를 위해 가족원 모두를 불렀음을 알게 되었다. 그러나 가족치료를 우연히 만나게 되었고, 이것이 실제로 효력이 있는 선택임을 발견한 후 Bell은 집단 역동성 및 집단 심리치료 이론을 기초로 하여 하나의 치료적 접근을 만들어냈다. 1961년 그는 가족집단치료(*Family Group Therapy*)를 출판하였는데, 이 책은 가족치료 분야의 고전 중 하나가 되었다.

■ Christian F. Midelfort

마지막으로 Bell보다 훨씬 덜 알려진 인물이 Christian F. Midelfort이다. Bell과 마찬가지로 Midelfort가 비교적 이름이 없는 것은 그의 연구의 가치나 그가 가족치료 분야에 입문한 시기 때문이라기보다 가족치료 운동의 초창기에 특정 학파나 훈련센터와 동떨어져 있었기 때문인 것 같다. 사실 Midelfort가 가족치료에 입문하게 된 것은 그의 아버지가 의사로 개업하여 썼던 기법을 관찰하면서부터였다. 이 접근에 대한 Midelfort의 실험은 이 분야에서 최초이며 가장 혁신적인 것들이었다.

Midelfort는 페인휘트니와 헨리핍스(Payne-Whitney and Heenry Phipps) 정신의학 상담소에서 훈련을 받은 정신분석학자였다. 그 후 그는 위스콘신 주의 라크로스(La Crosse)에 있는 루터란(Lutheran) 병원에서 실습을 하게 되었다. 1952년에 그는 미국 정신의학회에서 가족치료 기법의 이용에 관한 논문을 발표하였다. 1957년에는 가족치료에 관한 최초의 책 가운데 하나인 심리치료에 있어서의 가족(*The Family in Psychotherapy*)을 출판하였다. 이 책에서 그는 그의 치료상황에서 인용된 몇 가지 경험을 다음과 같이 설명하였다.

이 병원에서는 정신병 환자의 친척이 환자의 간병인으로서 직업상, 레크리에이션을 위해, 인슐린 치료를 감독하기 위해, 자살의 위협·공포·공격·불안을 최소화하기 위해, 환자와 정신과 의사와의 치료적 면담에 참여하기 위해 계속 시중을 들면서 도움을 주고 말상대가 되어준다. … 가족치료는 모든 형태의 정신병 치료를 위해 통원치료 환자들에게까지도 확대된다(pp. v-vi).

그러나 이러한 혁신과 지향에도 불구하고 Midelfort는 주류 밖이었고, 그래서 가족치료에 대한 초기 공헌자로서 그의 가능성이 완전히 실현되지 못하였다.

■ 1950년대 개관

비록 많은 목소리들이 가족치료에 관한 언어를 말하기 시작했지만, 다른 사람들보다 더 많은 말을 하는 사람들이 있다는 사실을 알 수 있었다. 가족치료의 발달과 관련된 시대적 동향 전후에서 1950년대의 사건들을 조사해보면 몇 가지 다양한 화제를 찾아낼 수 있다. 사회적·경제적·정치적 맥락에 비추어볼 때 제2차 세계대전의 여파, 원자력 시대의 초기, 매카시(McCarthy) 시대 그리고 1950년대 말까지 반문화적 운동의 시작이라는 화제가 가족치료의 발달과 관련이 있다. 따라서 이 시대의 번창은 재결합한 가족들의 스트레스 증가, 전쟁으로 인한 결혼의 지연, 베이비 붐과 대조를 이루었고 국제적 차원의 평화는 국내적인 의혹 및 내적인 자유에 대한 위협과 대조를 이루었다. 기술과 과학의 힘에 대한 긍지는 원자력의 현재 위상과 전멸 가능성에 대한 인식과 관련된 불안과 대조를 이루었다. 또한 낙관주의와 안락(complacency)은 히피 세대의 발현과 시민운동 및 생태계운동의 시작과 대조를 이루었다.

체계 차원에서 체계의 몇몇 구성원 차원으로 옮겨감에 따라, 물리과학과 행동과학에서 주요 화제가 변화하였음을 알 수 있었다. "이러한 변화는 과학의 명성이 높고 과학을 경제적으로 지원하였던 시대에 과학자들이 접할 수 있는 많은 실질적인 선택에 의해 촉진되었는데, 이 시대는 다른 자유들이 최저 수준이었던 매카시 시대이기도 하였다"(Heims, 1977, p. 142). 그래서 가족치료가 건강한 성장과 발달을 도모할 뿌리를 내릴 수 있도록 한 것은 이러한 맥락에 비춰볼 때 당연하였다고 말할 수 있을 것이다. 가족치료 운동 자체를 살펴보면, 이러한 견해를 지지하는 몇 가지 주요 화제를 발견하게 된다.

아마도 가장 분명한 것은 조현병에 관한 연구가 미친 엄청난 영향일 것이다. 비록 당시의 치료 세계가 정신의학, 정신역동적 설명 그리고 개인치료에 의해 지배되었지만, 가족치료는 조현병을 이해하기 위한 과학적 노력의 일부로서 정당화될 수 있었다. 사실상 치료자가 가족을 관찰하는 것이 적절치 못한 행동으로 여겨졌던 반면, 연구목적을 위하여 가족을 관찰하는 것은 정당하게 여겨졌다. 환자 가족과의 접촉은 그 당시의 표준적인 치료접근에 반대되지는 않았지만, 눈살을 찌푸리게 하는 것이었다(Goldenberg & Goldenberg, 2000). 과학이 높은 명성을 지녔던 시대에 조현병은 당시의 치료양식으로 해결될 수 없을 것 같은 불가사의로 보였다. 그리하여 당시에 연구자들은 연구 지원 기금을 얻을 수 있었는데, 이 사실은 결코 평가절하되어서는 안 되는 중요한 요인이다.

그리고 현시점에서 볼 때 분명한 두 번째 화제는 가족치료의 세계와 우연히 마주쳤거나, 가족치료의 세계에 과감히 들어섰거나, 그렇지 않으면 가족치료의 세계를 발견하였던 수많은 선구자들이다. 비록 가장 영향력 있다고 생각되는 주요 인물들만 부각시켜 설명하였지만, 초점을 달리하였다면 다른 많은 사람들도 논의의 대상이 될 수 있었을 것이다. 그래서 비슷한 사건이 동시대적이지만 각기 다르게 발생하도록 촉진하였던 무엇인가가 있었던 것 같다. Jung은 이를 동시성(synchronicity)이라고 불렀을 것이고(Rychlak, 1981), Sheldrake는 이를 파종(seeding)이라 부를 것이다. 그 당시의 전후 상황이 가족치료의 발달을 지원하고 지속하도록 도울 수 있었고, 가족치료가 발달하여 당시의 상황을 지원하고 지속시키기도 하였기 때문에, 가족치료는 당연히 발생할 수밖에 없었다고 말할 수 있을 것이다.

세 번째이자 마지막 주요 화제는 개인생활로부터 지역사회, 협동 그리고 창작의 공유로 변천한 운동이었다. 그래서 이 10년은 많은 참여자들이 여러 시기에 그리고 여러 장소에서 함께 모이고 서로 통합하였던 시기였다. 그리하여 가족치료는 아직은 지도에도 없는 (미지의) 땅에 발을 들여놓은 동료 여행자들의 격려와 지원에 의해 육성되었다. 이러한 과정의 역사를 추적하여볼 때 1950년대 말까지 일종의 상호 관련된 패턴이 있었음을 알 수 있다. 그 과정이 질서정연하게 보이지 않을 수도 있겠지만, 기본 체계는 자리를 잡고 있었다. 실제로 가족치료 운동이 싹트고 성장할 시기였던 것이다.

발아기 : 1960년대

■ 패러다임 전환

과학혁명의 구조(*The Structure of Scientific Revolutions*)에서 Thomas Kuhn(1970)은 과학자 사회가 한 가지 특정 패러다임에 의해 지배받는 상태로부터 다른 패러다임을 수용하는 과정을 설명하고 있다. Kuhn에 의하면 패러다임은 세계가 무엇과 같은지에 관한, 조사할 가치가 있는 문제들에 관한 그리고 이러한 문제들의 조사를 위해 적합한 방법들에 관한 일련의 전제를 의미한다. 이른바 정상과학의 시대 동안 주요한 초점은 현재 수용되고 있는 이론적 · 방법론적 신념체계나 패러다임을 특정짓는 가정과 규칙들에 따라 수수께끼를 해결하는 데 있다. 그래서 문제에 대한 해결은 일정한 틀 혹은 관점 안에서 모색되었다. 정상과학의 실천가들이 자신들의 발견을 자신들이 운용하는 패러다임의 비교적 비융통적인 범주에 맞추도록 하였기 때문이다.

만약에 시간이 지나 기존 패러다임의 규칙들에 의해서는 설명되지 않는 심각한 문제가 야기되거나 사건이 발생한다면, 예외적인 것이 존재한다고 여겨 새로운 설명을 찾으려는 시도가 시작된다. 이 시기는 위기의 순간으로, 소위 말하는 비상(非常, extraordinary) 과학의 시기가 뒤따르게 되는데, 이때 오래된 규칙들이 흐트러지고 기본 신념이 재구축되는 과정이 시작된다. 이러한 전환기 동안 과학자들은 대안적인 설명에 더욱 개방적이게 되고 이를 더욱 고려하게 되며, 더 폭넓게 탐색하고, 이전의 신념체계와 기본 가정에 대한 불만을 더 많이 표현하고자 한다.

오래된 신념체계가 궁극적으로 새로운 것으로 대체될 때의 경험은 게슈탈트 전환의 경험과 비슷하다(예 : 이전에는 늙은 여자의 이미지로 인식되던 것이 이제는 젊은 여자로 보임). 다시 말해 옛날 세계는 완전히 다른 관점에서 보여지며 오래된 사건들은 새로운 의미를 취한다. Kuhn(1970)에 의하면 이것은 과학혁명을 의미한다. 그러나 분명히 그러한 혁명은 쉽게 발생하거나 큰 저항 없이 발생하지는 않는다. 그러한 저항은 피상적인 변화를 막아주고 발전하는 지식의 진짜 깊이를 보장해주므로 중요하다. 이는 과학 공동체 안에서 이상(異常)과 새로운 중요성이 정상과학의 추구에서 벗어나 변화와 더불어 여러 다른 곳에서 흔히 동시에 일어난다는 점에서 분명히 드러난다.

새로운 패러다임의 수용은 다른 가능한 설명체계의 개선으로 보여지기를 요구한다(Kuhn, 1970). 동시에 이전의 패러다임도 그랬듯이 새로운 패러다임도 마주치는 모든 사실에 대한 설명을 제공할 필요는 없다. 사실 그럴 수도 없다. 더욱이 일단 받아들여지면, 그 과정은 완전히 순환적이 되어서 과학자들은 정상과학으로 돌아가서 새로운 패러다임의 특히 두드러지는 면에 대한 이해를 발전시키고 그러한 차원들을 더 서술하면서 수수께끼를 푸는 활동을 한다.

확실히 1940년대에 일어났던 사이버네틱스 인식론의 초기 수용은 Kuhn이 설명한 과학혁명 과정의 첫 번째 단계의 예이다. 사실상 더 큰 과학자 사회 안에서 발생하였던 선형적 세계관으로부터 순환적 세계관으로의 게슈탈트 전환은, 그래서 결국 제1단계에서 제2단계 사이버네틱스로의 전환은 Bateson이 지적하였듯이 그의 생애 동안 일어난 큰 사건들 가운에 하나였다. 비록 1950년대 후반까지 가족치료가 행동과학에 보급되지는 않았지만, 가족치료 운동은 사이버네틱스 혁명과 분명히 일치하였다. 체계이론의 틀을 채택하거나 받아들이려고 했던 연구자들과 임상가들에게 그 시기는 이제 지식을 넓히고 개념을 설명하여 새로운 관점의 기본 가정에 논리적인 여러 기법들을 확장하는 것 같은 정상과학, 즉 수수께끼를 푸는 활동으로 되돌아오게 하였다. 그래서 1960년대에 가족치료가 여러 방향으로 확산되었다. 즉, 학술회의에서 가족치료 양식에 대한 인식이 높아졌고, 이전에 시작된 연구가 계속되었으며, 새로운 연구과제가 시작되었고, 가족치료에 관한 책과 논문의 출판이 쏟아졌다.

■ MRI

하나의 적절한 예는 캘리포니아에서 일한 사람들과 관련이 있다. 1962년 캘리포니아 주 팔로 알토에 있는 퇴역군인관리병원에서 행한 Bateson 프로젝트가 끝났고, 이어서 정신건강연구소 (Mental Research Institute, MRI)가 인사(人事)와 치료 면에서 그 범위를 넓혔다. Don Jackson이 1959년 3월 19일 MRI의 문을 열었는데, Jackson은 Jules Riskin과 Virginia Satir를 초청하여 이 사업에 참여시켰다. Satir(1982)에 의하면, "처음에 MRI는 가족원들 간의 관계를 연구하고, 또 그러한 관계가 어떻게 가족원들의 건강과 질병으로 발전하게 되는지 연구할 목적을 지닌 기관으로 생각되었다"(p. 19). 비록 처음에는 조현병에 초점을 두었지만, 현재 MRI는 비행, 학교 관련 문제, 정신신체적 질환, 부부갈등 같은 문제들에 대해 가족을 연구하기 시작하였다. 더욱이 직원들이 많아져서 Richard Fisch, Jay Haley, Paul Watzlawick, John Weaklan을 포함하게 되었다. 가족치료의 두 가지 주요 접근을 발달시켰을 뿐만 아니라, 가족치료에 관한 대중의 인식을 넓힌 공헌의 대부분은 이 집단의 구성원들에게 돌아간다.

Don Jackson은 1968년까지 생존했지만, 그는 "아마 어느 다른 이론가보다도 가족치료에 관한 문헌을 더 많이 출판하였다"(Forley, 1974, p. 70). 그가 공동으로 저작하였고 이제는 고전으로 간주되는 두 권의 책은 인간 의사소통의 실용성(*Pragmatics Of Human Communication*)(Watzlawick, Beavin, & Jackson, 1967)과 결혼이라는 신기루(*Mirages Of Marriage*)(Lederer & Jackson, 1968)이다. 앞서 언급하였듯이 1962년 Jackson과 Nathan Ackerman은 가족치료 분야에서 최초이자 가장 명성 있는 학술지 중의 하나인 가족과정(*Family Process*)을 창간하였다. Jackson은 의사소통 이론가의 성향을 지녔고 그의 가장 중요한 몇 가지 공헌은 가족의 균형이라는 관념과 함께[이는 그의 유명한 논문인 "가족 항상성에 관한 질문(The Question of Family Homeostasis, 1957)"에 서술됨] 의사소통에 관한 기본 규칙을 들 수 있다. 이 개념들은 제10장에서 설명된다.

Jackson 이외에 Virginia Satir가 가족치료 운동에서 가장 인기 있는 대표자 중의 한 사람이 되었고, 지금까지도 계속 대표자로 남아있다. Satir는 자신의 경력을 쌓기 시작하던 초기에 전문 학술회의에서 발표를 시작하였을 뿐 아니라 1964년에 공동가족치료(*Conjoint Family Therapy*)를 출판하였으며, "가족치료 분야에서 가장 영향력 있는 인물 중의 한 사람"(Foley, 1974, p. 92)으로서 자신의 자리를 확보하였다. Jackson과 마찬가지로, Satir는 의사소통에 관심을 두었으며, 정서적 성장과 자아존중을 강조하였고, 그래서 가족치료 집단에서 인본주의자로 여겨진다. Satir(1982)는 자신의 접근을 과정모델(process model)이라고 명명하였다. Satir에 관해서는 제10장에서 더 자세히 논의될 것이다.

Jay Haley는 1962년 가족과정의 최초의 편집인이자 수많은 책과 논문의 저자이며, 전략적 가족치료 학파와 가장 밀접한 관련이 있는 사람으로서 가족치료 분야에 중요한 영향을 미쳤다

(제11장 참조). 이중구속 이론의 공동 저자로서 Haley의 관심은 처음에는 의사소통의 여러 수준에 초점을 두었지만, 궁극적으로 권력작전(power tactics)이 인간의 모든 상호작용의 필수불가결한 부분이라는 생각을 강조하고, 관계에 대하여 연구하게 되었다. 1963년 Haley는 이러한 접근을 처음으로 서술한 책인 심리치료 전략(*Strategies of Psychotherapy*)을 출판하였다.

1960년대 말 Jackson이 사망했고, Satir가 에설런으로 옮겼으며, Haley는 필라델피아로 갔다. 그러나 MRI는 단기 치료 프로젝트를 시작하였는데, 이는 아직까지도 MRI의 특징이 되고 있다. MRI는 또한 미국에서 가족연구의 중심지로 자리를 잡아왔다. 정상과학의 활동과정에서 MRI는 전략적 가족치료와 의사소통 가족치료를 탄생시켰다.

■ Salvador Minuchin

1960대에 또 한 사람의 대표자가 출현하였는데, 그의 연구는 가족치료의 주요 학파들 중 하나로 발전하였다. Salvador Minuchin은 구조적 가족치료 접근의 건설자이다(제9장에서 이 접근을 다룰 것이다.). Minuchin은 아르헨티나 태생으로, 그곳에서 의학 교육을 받았으며 소아과 전문의가 되고자 하였다. 그러나 이스라엘이 1948년 건국된 이후, Minuchin은 아랍 국가들과 전쟁 중에 군의관에 자원하였다. 전쟁 후에 그는 미국으로 가서 뉴욕 시에 있는 유대인 지도국에서 소아정신과 분야의 훈련에 종사하였다. 이 기간 동안 그는 또한 윌리엄앨런슨화이트 연구소(William Alanson White Institute)에서 정신분석학을 연구하였다. 그 후 Minichin은 이스라엘로 돌아가서 아랍 국가로부터 그곳으로 이민 온 유대인들은 물론 유대인 대량학살에서 살아남은 아동들을 대상으로 일하였다. Minuchin이 전체 가족에 대한 연구에 관심을 둔 것은 그의 경력상 이 시기까지 거슬러 올라갈 수 있다.

이스라엘에 두 번째로 체류한 후 Minuchin은 미국으로 돌아갔고, 1960년 뉴욕의 윌트윅 소년학교(Wiltwyck School for Boys)에서 일하기 시작했다. 이곳에서 그는 남자 비행청소년들에게 몰두하였는데, 이들 중 많은 청소년들이 뉴욕 시 출신의 흑인들이었거나 푸에르토리코인들이었다. 그래서 Minuchin이 저소득층과 빈민가족에 초점을 맞추기 시작했고, 이 집단에 적합한 기법을 개발해야만 했던 것도 이곳이다. 결국 그는 Guerney, Montalvo, Rosman, Schumer와 함께 빈민가의 가족(*Families of the Slums*, 1967)을 출판했는데, 이 책은 윌트윅에서 그가 연구한 결과였다.

1965년 Minuchin은 필라델피아 아동지도클리닉(Philadelphia Child Guidance Clinic)의 소장이 되었는데, 흑인 빈민굴의 중심지에서 보잘 것 없는 시설로 시작하였다. Minuchin의 지도력 아래에서 이곳은 지금까지 개설된 비슷한 종류의 상담소 중에서 가장 큰 상담소 가운데 하나가 되었다. 현재 펜실베이니아대학교의 아동병원과 관계를 맺고 있는 종합 의료기관인 필라델피아 아동지도클리닉은 빈민가족들의 수가 모든 다른 내담자를 능가하는 미국 내에서 몇

안 되는 상담소 가운데 하나이다(Goldenberg & Goldenberg, 2000).

Minuchin이 필라델피아로 갔을 때, 그는 Montalvo와 Rosman을 동반하였고, 1967년에 Jay Haley가 이들에게 합류하였다. 이 집단과 관계있는 가족치료자들 가운데는 Harry Aponte, Stephen Greenstein, Marianne Walters가 있다. 필라델피아 아동지도클리닉은 이곳에서 제공하는 치료에 대해서뿐 아니라 일반 가족치료 교육센터로서 그리고 특히 구조적 접근의 교육센터로서 주목을 받게 되었다.

■ 기타

1960년대에 뉴욕 시의 가족연구소는 1966년 문제가족 치료(*Treating the Troubled Family*)를 출판하였던 Nathan Ackerman의 지도력 아래에서 성장하고 확대되었다. Lidz는 예일대학교에 있었고, Wynne은 NIMH에 있었으며, Whitaker는 위스콘신대학교로 옮겼고, Bell은 가족집단치료(*Family Group Therapy*, 1961)를 출판하였으며, Boszormenyi-Nagy와 Framo는 집중가족치료(*Intensive Family Therapy*, 1965)를 출판하였고, 1967년 Mara Selvini Palazzoli는 밀라노에서 가족학연구소(Institute for Family Studies)를 창설하였다. 더욱이 1968년 Ludwig von Bertalanffy는 일반체계이론(*General Systems Theory*)을 출판하였는데, 이 책은 생물학을 바탕으로 하여 패러다임의 전환을 서술한 것으로 사이버네틱스 혁명에 관한 가장 명확하고 포괄적으로 문서화된 책일 것이다.

비록 일반체계이론이 기계론적이라기보다 사이버네틱하게 간주되지만, 피드백 기제와 회귀(recursion)에도 관심을 두며, 실제로 두 이론이 서로 다르다고 거의 생각되지 않는다. 사실 Bertalanffy는 생물학자로서 1945년에 처음으로 일반체계이론을 발표했고, 결국에는 "일반체계이론이 정신의학 분야에 구체적으로 어떻게 응용될 수 있는지를 보여주었다"(Foley, 1974, p. 40). 비상(非常) 과학의 기간 동안 비슷한 생각들이 다른 실험실에서 나온다는 Kuhn의 관점과 일치하여, 사이버네틱스와 체계이론은 모두 1940년대에 탄생하였다. 사이버네틱스는 공학으로부터, 체계이론은 생물학으로부터 탄생하였다. 그러나 제1장에서 언급하였듯이 미국에서 보다 일반적으로 사용된 용어는 사이버네틱스라기보다 체계이론이었고, 여러 사건들이 이러한 전환기를 맞게 된 실마리를 제공한 것은 Bertalanffy의 책에 상세히 설명되어 있다. 그리하여 가족치료 운동의 안과 밖에서 발생한 사건들 속에서 가족치료가 꽃필 시기가 분명히 도래하였던 것이다.

개화기 : 1970년대

1970년대에는 새로이 개발된 가족치료 접근들이 발전하여 완전히 성숙한 학파를 이루게 되었고, 이론적 모델을 정성 들여 만드는 경우도 있었다. 실제로 가족치료 창시자들이 발행한 출판물은 1970년대에 최고조에 달하였다. 학생들은 스승으로부터 훈련을 받기 위하여 여러 가족치료센터로 몰려들기 시작하였다. 가족치료의 주요 접근들 간의 경계는 더욱 분명히 구분되었다. 가족치료의 주요 창시자들이 개발한 모델에 관하여 1970년대의 가장 중요한 부분을 다음에서 요약하고자 한다. 그러나 중요한 것은 다음의 요약이 가족치료 분야에 속한 모든 사람들을 전부 다 개괄하지는 못한다는 점이다. 그보다는 1970년대까지 발달한 주요 가족치료 기법의 대표적인 인물들의 연구를 미리 고찰하는 것이 목적이다. 가족치료 기법들은 이후의 여러 장에서 더욱 자세히 논의될 것이다.

■ 정신역동적 접근

정신역동적 범주의 주요 대표자는 가족의 세대 간 맥락에 초점을 둔 Ivan Boszormenyi-Nagy이다. 그는 증상이란 이전 세대에 미해결된 이슈가 현재 살아있는 과정이라고 생각했다. 치료의 목적은 가족 구성원들이 눈에 보이지 않는 충성심을 깨닫고 보다 조화롭게 의무를 수행하여 건강한 개인과 가족이 될 수 있도록 도와주는 것이다. 부모와 조부모 세대 구성원들이 모두 치료에 참여하도록 초대되며 더욱 성숙한 관계를 맺도록 격려한다.

　Nathan Ackerman 역시 정신역동적 접근의 범주에 포함되어야 한다. 그러나 이전에 살펴보았듯이, 1971년 그의 사망은 가족치료 분야에 더 이상 직접적인 공헌을 못하게 하였다. 그럼에도 불구하고 그의 영향은 Salvador Minuchin과 Israel Zwerling의 임상적 예술성에 살아있다.

　1970년대 말에 시작된 정신역동적 이론과 체계이론적 사고의 개념들을 통합하기 위한 명백한 시도는 가족치료에 대한 대상관계이론의 대표자들에 의해 시작되었다. 이 집단의 대표 인물은 David Scharff, Jill Savege Scharff, Samuel Slipp이다.

■ 자연체계이론

Murray Bowen의 원래 배경은 분명히 정신 내적이라고 구분할 수 있지만, 그뿐만 아니라 그의 추종자들은 Bowen 모델을 보웬적(Bowenian), 자연체계이론적, 가족체계이론적이라고 칭하였다. 가족치료 분야의 중요한 이론가 중 한 사람으로서 Bowen의 우선적인 관심사 가운데 하나는 가족치료가 일관성 있고 포괄적인 이론에 의해 주도되어야 한다는 것이었고, 그의 이론적 틀은 이러한 목적을 달성하려는 것이었다. 1990년 그의 사망 후 "인간행동에 대한 새로운 과학(무엇보다 '자연체계'이론)을 발견하려는 그의 집념은 가족치료 분야의 다른 선구자들과 그를 구분 지었다"(Wylie, 1991, p. 26)고 여겨졌다. Bowen 이론은 40여 년간의 연구와 임상경험 위에서 발전하였으며, 그동안 그는 약 50여 편의 논문을 발표하기도 했다. 1978년 그는 또한 임상적 실천에서의 가족치료(*Family Therapy in Clinical Practice*)를 출판하였는데, 이 책에서 그는 자신의 이론적 입장 및 그의 모델과 일치하는 치료기법을 자세히 설명하였다.

기본적으로 Bowen은 원가족으로부터의 자기분화 그리고 내적으로는 지적 기능과 정서적 기능의 분리에 관심을 가졌다. Bowen 치료는 삼각관계와 정서적 밀착을 피하고 내담자의 인지과정을 격려하는 관점으로 개인이나 부부를 감독한다. Bowen 이론은 8개의 상호 관련된 개념과 전략으로 이루어진다. 이 모델은 명확하게 설명되어 있고 여러 해 동안 수많은 학생들을 사로잡았다. 1965년부터 조지타운대학교는 1년마다 가족치료에 관한 공개 토론회를 주최하였는데, 처음에는 참가자가 40명이었지만 매년 1,000명 이상이 참석하는 토론회로 성장하였다. 그리하여 Bowen은 가족치료 일상 실천의 훈련 지도자가 되었다. 그의 학생이며 추종자 가운데에는 Elizabeth Carter, Thomas Fogarty, Philip Guerin, Michael Kerr, Monica McGoldrick이 있다.

■ 경험적 접근

이제 경험적 치료의 영역으로 들어가보자. 1977년 David Keith와 Carl Whitaker는 Peggy Papp이 출판한 가족치료: 사례연구 완본(*Family Therapy: Full Length Case Studies*)의 한 단원을 맡았는데, 그 제목은 "이혼의 미로(The Divorce Labyrinth)"였다. 1978년 Napier와 Whitaker는 가족의 시련(*The Family Crucible*)을 출판하였다. 두 경우 모두 가족치료는 상세한 사례연구의 측면에서 그리고 치료과정에 대한 개인적인 설명과 반응의 측면에서 서술되었다. Bowen과는 정반대로 이 학파의 구성원들, 특히 Whitaker는 철두철미하게 비이론적으로 가족치료에 접근하였다. "임상에 있어서 이론의 방해(The Hindrance of Theory in Clinical Work)"라는 제목의 논문에서 Whitaker(1976b)는 자기가 선호하는 방법은 이론이라기보다는 다음과 같다고 했다.

> 경험이 축적되어 조직된 여분 그리고 관계가 일어나도록 허용하는 지원, 진정성과 우리 자신의 성장과 충동에 대해 예측은 최소로 하고 반응은 최대로 하며 자기 자신으로 존재하는 것(p. 163).

이러한 입장으로 말미암아 Whitaker의 접근을 분명히 못 박기는 어렵다. 그러므로 이 학파의 구성원들은 주로 Whitaker와 함께 공동 치료자로 일했던 사람들, 예를 들면 Napier와 Keith 같은 사람들로 이루어진다.

Walter Kempler(1972)도 두 가지 차원에 주목하면서 경험적 접근을 확고하게 신봉하였다. 그는 현재의 상호작용에 주의를 기울여야 하고, 그것에 개입의 초점을 두어야 한다고 생각했다. 또한 치료자는 치료전략에 단지 의지하기보다 전적으로 치료과정에 개입해야 할 필요성을 강조하였다. Kempler는 게슈탈트 심리학자인데, 그의 철학과 성향은 사람들이 보는 것은 별개의 사건이 아니라 의미 있는 전체를 나타낸다는 '게슈탈텐(Gestalten)'이라는 이론적 입장으로부터 비롯된다. 그런데 '게슈탈텐'은 사건들의 개별적인 부분으로는 나타나지 않는 성질이 있다(Capra, 1983). 이러한 양식이 흔히 Fritz Perls 및 개인적 치료접근과 관련이 있다고 하지만, 1961년 Kempler는 로스앤젤레스에서 켐플러가족발달연구소(Kempler Institute for the Development of the Family)를 창설함으로써 실행 가능한 가족치료 범주로서 게슈탈트 치료를 사용하기 시작하였다.

1960년대와 1970년대에 Kempler는 미국과 북유럽을 여행하면서 자신의 모델을 설명하였고, 1973년에 게슈탈트 가족치료의 원칙(*Principles Of Gestalt Family Therapy*)을 출판하였다. Whitaker와 마찬가지로 Kempler도 특정한 모델보다 일반적인 치료접근을 제안한다. 치료목적은 가족 구성원들의 잠재능력을 높이도록 돕는 데 성공하기 위해 가족의 능력을 촉진하는 것이다. 이 과정에서 치료자는 가족이 스스로 활력을 찾을 수 있도록 자신이 어떤 자원을 가지고 있든 그것에 의지하게 하는 동기부여자로서 임시 역할을 한다(Kempler, 1982).

■ 구조적 접근

경험적 가족치료자들과는 정반대로 구조적 접근의 제창자들은 잘 설명된 치료모델을 만들었는데, 이 모델을 배우고 실습하기는 비교적 쉽다. Slavador Minuchin은 1974년 출판한 가족과 가족치료(*Families and Family Therapy*)에서 이 접근의 개요를 설명하였다. 이 모델은 전체 가족의 조직 또는 가족구조를 특징짓는 규칙, 경계선, 제휴 등에 초점을 두었다.

구조적 모델은 1970년대를 지배하였고(Nichols & Schwartz, 2004), 이 접근을 훈련받은 수많은 학생들에게 영향을 미쳤다. Minuchin은 당뇨병, 천식, 거식증 등 만성질환 연구와 치료에 이 접근을 시행하여 굉장한 성공을 거두었다. 1978년 Minuchin, Rosman, Baker는 정신신체증상이 있는 가족: 맥락에서 본 거식증(*Psychosomatic Families: Anorexia Nervosa in Context*)이라는 제목의 책을 출판하였는데, 이 책에서 이러한 연구를 설명하였다. 근본적으로 이들은 이 질병을 특정한 가족맥락에 뿌리를 둔 증상으로 보며, 따라서 문제를 해결하려 한다면 가족구조가 변화되어야 한다고 주장한다. 따라서 구조적 가족치료자들은 전체로서의 가족에 초점을 두며 하위체계 기능의 영향뿐 아니라 위계구조도 고려한다(Goldenberg & Goldenberg, 2000). 변화과정에서 치료자는 가족 구성원들을 코칭하고 그들의 현재 상호작용에 도전하는 주요한 역할을 한다.

■ 전략적 접근

1967~1976년까지 Jay Haley는 필라델피아 아동지도클리닉에서 Minuchin과 함께 일했으며, 이들은 서로의 연구에 중요한 영향을 미쳤다. 그러나 Haley는 전략적 가족치료 접근의 주도적 인물로 가장 잘 알려져 있다. Haley의 모델은 그가 초기에 의사소통에 초점을 둔 것과 최면치

료사인 Milton Erickson에 관한 그의 연구로부터 강한 영향을 받았다. 1973년 Haley는 비상한 치료(*Uncommon Therapy*)를 출판했는데, 이 책에서 그는 가족발달적 관점에서 Erickson의 접근을 평가하였으며, Erickson의 최면기법을 설명하였다. 실제로 전략적 접근은 흔히 역설의 이용과 동일시되며, Erickson의 치료기법에 관한 Haley의 설명은 역설적 치료의 가장 명확한 몇 가지 예를 제시하였다. Haley는 필라델피아에서 보낸 기간 내내 자신의 치료모델을 개발하였으며, 이때 Minuchin, Montalvo, Cloe Madanes의 도움을 받았다고 토로하였다. 1976년에 그는 문제 해결 치료(*Problem-Solving Therapy*)를 출판하였다. 이 책의 서론에서 Haley는 "비록 이 책은 문제에 초점을 두었지만, 이 책의 접근은 인간문제의 사회적 맥락을 강조하였다는 점에서 증상 중심 치료와 다르다"(p. 1)고 지적하였다. 1976년에 Haley와 그의 아내인 Madanes는 워싱턴 D.C.로 이사하였고, 이곳에서 가족치료연구소(Family Therapy Institute)를 설립하였다.

전략적 접근을 옹호하는 다른 학자들은 Mara Selvini Palazzoli, Luigi Boscolo, Gianfranco Cecchin, Guiliana Prata를 포함한 밀란학회(Milan Associates)의 창립 회원들이다. 이들은 Haley와 다른 전략적 치료자들의 이론과 기법을 통합하여 하나의 독특한 접근을 만들었다. 1977년 이들은 처음으로 미국을 방문하였고, 1978년 역설과 반역설(*Paradox and Counterparadox*)을 출판하였는데, 이 책은 그들의 치료적 접근의 개요를 설명하고 있으며, 밀란에 있는 가족학연구소(Institute for Family Studies)의 수많은 내담자들을 대상으로 이 접근을 이용한 예들을 서술하고 있다. 이 책의 머리말에서 Helm Stierlin은 그들의 모델이 다음과 같은 것들을 요한다고 지적한다.

1. 치료자는 전체 가족원과 긍정적 관계를 확립한다. 그러기 위해서 치료자는 가족이 제공하는 것은 무엇이든 받아들이고 '긍정적인 의미'를 부여하되, 설교하는 자세나 비난으로 해석될 여지가 있는 것 또는 걱정이나 수치, 죄책감을 불러일으킬 수 있는 것은 조금이라도 피한다.
2. 치료자는 근본적으로 가족 안에 작용하는 관계적 힘(relational force)을 철저히 교체하는 데 목적을 둔다. 즉, 치료자는 파괴적으로 고착되어 있는 상태로부터 가족을 뒤흔들어서, 모든 가족원이 스스로의 개별화와 분리를 도모할 수 있는 새로운 기회를 제공하도록 시도한다(p. ix).

치료의 성격과 적절한 치료방식에 관한 초창기 팀 구성원들 간의 불일치로 1980년대 초 이들은 각자의 길을 가게 되었다.

■ 의사소통 접근

MRI의 구성원들이 구조적 접근의 경향을 보이지만, 이들의 이론과 문제해결적 치료기법은 의사소통 수준과 실재를 창조함에 있어서 언어의 기능을 구분하는 데 초점을 두었다. 그래서 Watzlawick, Weakland, Fisch에 관해서는 "의사소통 가족치료"라는 제목으로 제10장에서 상세히 논의될 것이다. 우선 이들이 가족치료 분야에서 가장 주요한 책 중의 하나인 변화: 문제형성과 문제해결의 원리(*Change: Principles Of Problem Formation and Problem Resolution*, 1974)를 쓴 공적을 인정해야 한다. 이들은 Russell의 논리유형론에 이들의 가정과 설명의 기초를 두고, 1차 및 2차 변화과정을 설명하였다.

1977년 Watzlawick과 Weakland는 상호작용적 시각: 정신건강 연구소의 연구결과(*The Interactional View: Studies at the Mental Research Institute*, Palo Alto, 1965-1974)를 편집하였다. Watzalawick은 또한 1976년에 실재의 본질(*How Real is Real?*)과 1978년에 변화의 언어(*The Language of Change*)를 출판하였다. 게다가 MRI는 1967년에 시작되어 오늘날까지 계속되고 있는 단기 가족치료 프로젝트로 잘 알려져 있다. 단기 가족치료 형식에 의하면, 치료는 최대 10회까지로 제한되며, 치료목적은 현재의 문제를 가장 편한 방법으로 해결하는 것이다.

어느 정도의 반론이 있기도 하지만, Virginia Satir를 의사소통 이론가에 포함시키는 것은 아마 가장 적절할 것이다. 그러나 그녀가 과정을 강조한 점으로 볼 때, 그녀의 모델은 경험적 접근으로도 논의될 수 있을 것이다. Satir의 책인 공동가족치료(*Conjoint Family Therapy*, 1964)와 사람 만들기(*Peoplemaking*, 1972)는 가족치료 분야에서 가장 읽을 만한 두 권의 책임이 분명하다. Satir는 또한 1975년 가족의 변화 도모(*Helping Families to Change*)를 Stachowiak 및 Taschman과 공동 출판하였으며, 1976년에는 Bandler 및 Grinder와 함께 가족의 변화(*Changing with Families*)를 공동 출판하였다. 그러나 Satir는 전 세계에 걸쳐 시행되고 있는 사설 치료와 워크숍에서 가족 및 학생들과 더불어 직접 일하는 등 가장 깊은 영향을 미쳐왔다. 1974년에 출판한 책에서 Foley는 Satir가 그녀의 의사소통이론 및 치료실천에서 건전한 이론적 바탕에 깊은 감정차원을 조합할 수 있었고 그래서 가족치료의 다른 선구자들보다 내담자의 정서에 더 많이 개입했다는 것을 언급하였다. 1988년 사망한 Satir를 기념하며 Fred Duhl(Pittman, 1989)은 "그녀는 영민했고 이론적 그리고 기술적으로 창의적이었으며, 우리 시대의 그 어떤 비종교적 인물보다도 더 많은 사람들에게 진실하고 인간적이 되라고 가르쳤다"(p. 32)고 하였다.

■ 행동주의 접근

행동주의 접근의 범주에 속한 사람들은 가족치료의 실제에 학습이론의 원칙을 적용한 사람들이다. 1960년대 중반부터 후반까지 발달된 이 접근의 잘 알려진 대표자는 Robert Weiss와 그의 오리건 부부학 프로그램(Oregon Marital Studies Program), Richard Stuart, 오리건 사회학습 센터(Oregon Social Learning Center)의 Gerald Patterson과 John Reid, Neil Jacobson, Gayola Margolin, Robert Liberman, Arthur Home, 성치료 분야에서는 William Masters, Virginia Johnson, Helen Singer Kaplan이다. Horne에 의하면(1982), 이 치료양식의 목적은 성공적인 관계를 만들 수 있도록 오래된 행동과 기술을 확장하고 새로운 행동대안과 기술을 학습하기 위한 대안을 제공하는 것이다. 그 과정은 일반적으로는 행동과학 그리고 특히 심리학에서 발전된 실천들의 교육과 모델링을 포함한다.

개인 중심적 치료와 마찬가지로 행동주의 가족치료도 연구와 평가를 중시한다. 그래서 행동주의 접근이 가족치료 분야에 가장 최근에 진입한 모델 중 하나이지만, 이 접근은 모든 가족치료 접근들 가운데 가장 주의 깊게 연구되어 왔다. 행동주의 치료모델은 행동주의 부부치료, 행동주의 부모훈련 그리고 공동 성치료의 영역에서 각 영역의 제창자들의 노력을 통해 직접적인 영향력을 발휘해왔다. 행동주의 치료모델의 영향은 다른 가족치료 접근의 제창자들, 가장 두드러지게는 Minuchin과 Haley가 조건형성, 강화, 행동조성, 소거 등의 원칙을 응용한 데서 찾아볼 수 있다.

행동적 접근은 행동에 영향을 미치는 인지적 요소에 대한 인식으로 더욱 확장되었다. 인지행동치료는 부분적으로 행동조절에 있어서 사람들의 상징적 사고능력뿐 아니라 감정의 중요성을 보여주었던 Bandura(1977)의 사회학습이론으로부터 발전하였다. 이 접근은 사고가 감정과 행동에 미치는 영향뿐 아니라 개인의 세계관에도 관심을 둔다. 더욱이 사람들은 자신의 실재를 구성하는 것으로 여겨지기 때문에(Granvold, 1994), 인지행동치료에는 포스트모더니즘 색채도 분명히 있다.

■ Gregory Bateson

마지막으로 1970년대에 Gregory Bateson은 두 가지 주요 연구, 즉 논문인 " '자아'의 사이버네틱스: 알코올 중독에 관한 이론(The Cybernetics of 'Self': A Theory of Alcoholisms, 1971)"과 책인 마음의 생태학의 단계들(Steps to an Ecology of Mind, 1972)을 내놓았다. 이 책의 머리말에서 Bateson은 책, 책의 논평, 노트, 연구물을 제외한 그의 모든 저술이 이 책에 포함되었다고 하였다. 비임상가인 Bateson에게는 폭넓은 청중들이 있었다는 사실을 지적할 필요가 있다. 청중들 중에는 가족치료 운동과 관련된 사람들뿐 아니라 베트남전쟁 반대자들, 불안감이 있는 학생 그리고 생태학에 많은 관심을 보여주었던 사람들도 있었다. 이 영역에서 Bateson의 연구가 대단한 인정을 받았다는 것은 당연하다. Heims(1977)는 Bateson의 전인적 시각, 이론과 개념에 대한 논리적 설명, 전통적인 사고방식을 넘어설 수 있는 능력을 바탕으로 이들 집단에 어필하였다고 서술했다. 그 이후 지속된 생태운동 역시 Bateson의 지원하에 이루어졌는데, 그 주제는 '서로 연결되어 있는 패턴(pattern which connect)'이었으며, 이는 1980년대까지도 이어졌다.

통합기 : 1980년대

1985년 필자들이 참석한 워크숍에서 Salvador Minuchin은 1980년대가 통합의 시기라고 말하였다. 즉, 이 시기에 가족치료자들은 훌륭한 임상가가 되기 위해 각 치료적 접근으로부터 필요한 내용들을 알고 이용할 필요가 있었다. 사실 이것이 바로 1988년에 원판이 출판되었던 이책의 주제이다. 1980년대에 나타나기 시작했던 다양한 출판물 역시 1990년대의 주요 주제를 대변하는 통합적 접근에 대한 강조를 예견했다. 그러나 가족치료의 차원들에 대한 지식뿐 아니라 가족치료 양식과 전문 분야 간의 상호작용에 관한 지식이 필수적이라 하더라도 이 분야의 다양한 선구자들에 대해 알고 있는 것 역시 중요하다. 그래서 시대를 앞선 면도 있고 시대를 초월한 면도 있는 많은 이론가와 치료자들에 대해 말하고자 한다. 따라서 적절히 순환적인 방식으로 우리의 몇 가지 뿌리를 다시 살펴보기 위해 과거로 돌아감으로써 보다 최근과 미래를 살펴보고자 한다.

■ 다른 목소리들

이 장의 첫 부분에서 살펴보았듯이, 1940년대를 기점으로 하여 특정한 이론가와 사건들을 보기로 한 것은 다소 자의적이었다. 가족치료 운동에 있어서 중대한 사건들을 차례로 간략하게 살펴본 지금, 무시하고 넘어가기에는 너무 중요한 사람들에 대해 언급하고자 하는데, 이들의 연구는 가족치료가 출현하게 된 맥락에 영향을 미쳤다.

Freud

비록 Sigmund Freud가 가족역동성보다 개인과 정신 내적 역동성에 초점을 두었지만, 그는 증상이 발현한 상호작용 맥락을 의식하고 있었다. Freud(1856~1939)는 성격이론의 대부(代父)이며, 현대 심리학 발전에 미친 그의 영향은 엄청났다. Freud는 미해결되었거나 거의 해결되지 않은 오이디푸스 콤플렉스가 모든 신경증의 근저에 있다고 보았다. 영아기에서 시작하는 오이디푸스 콤플렉스의 역동성은 동성의 부모를 죽이고 이성의 부모와 결혼하고자 하는 욕망을 나타낸다. 게다가 "외적 대상을 갈망하는 어떠한 무의식적 사고는 적대적이고 성적인 특성을 지니기 때문에 공공연하게 일어날 수 없다. 이와 같이 문화적으로 용납될 수 없는 욕망의 첫 번째 대상이 부모와 가족원들이다"(Rychlak, 1981, p. 108). 더욱이 아동이 발달함에 따라, 심리성적 단계를 성공적으로 밟아가기 위해서는 부모가 적절한 반응을 보여야 한다. Freud는 조현병 및 다른 질병의 발전에 있어서 가족관계의 역할을 알고 있었으며, 치료 시 환자 외의 다른 사람을 절대로 보지 않았던 것은 가족관계의 역할을 알고 있었던 점에 근거하였다. 사실상 그의 초점은 실제 가족을 배제하면서 무의식적으로 내사된 가족을 발견하는 데 있었다(Nichols & Schwartz, 2001).

그러나 Freud는 적어도 하나의 고전적 사례에서 자신의 규칙을 깼다. 아들의 치료를 그 아버지가 감독하게 함으로써 '한스 소년(Little Hans)'을 치료한 것이다. 그래서 Freud는 한 사람 이상의 가족원을 대상으로 치료하였다는 점에서 가족치료를 처음으로 실행한 사람이었다고 할 수 있다. 비록 그는 항상 개인과 정신 내적 갈등의 해결에 초점을 두었지만 가족의 영향을 의식하고는 있었다. 그러므로 그는 맥락을 의식하였을 뿐 아니라 당시에 반대를 무릅쓰고 일관성 있는 틀을 제공하였다는 점에서 운동의 선구자임이 분명하였다.

Jung

Carl Gustav Jung은 엄격한 프로이트적 입장에 반대하여 이 입장에서 벗어나기로 했던 인물이었다. 사이버네틱스 시대가 탄생되고 있었을 당시 사망하였던 Freud와는 반대로, Jung (1875~1961)은 정신분석학과 가족치료의 탄생을 목격하였다. 비록 Jung은 가족치료 운동보다 정신분석이론과 더 많이 관련되는 인물이지만, 그의 "기본 개념은 분명히 고전 심리학의 기계론적 모델을 초월하였으며, 자신의 과학을 어느 다른 심리학 학파보다 현대 물리학의 개념틀에 훨씬 더 근접시켰다"(Capra, 1983, pp. 186-187). 즉, Jung은 전체성에 관심을 두었고, 또 환경에 상대적인 정신의 총체성(totality)에 관심을 두었다. 그의 이론적 틀은 양극 간의 변동 및 양극의 통합 또는 합성을 향한 움직임으로 특징되는 변증법적 개념틀이었다. 그의 이러한 입장은 현대 물리학과 가까운 것이었으며, 체계이론가 및 가족치료자들의 입장과 상당히 비슷하다. 정신치료에 관하여 Jung(1928)은 "치료가 어떻게 고안되든 치료는 상호적 영향의 산물에 지나지 않는다. 전체적 존재로서의 치료자뿐 아니라 전체적 존재로서의 의사도 상호적 영향에 있어서 한 부분을 담당한다"(p. 71)라고 하였다. 그래서 비록 가족치료 문헌에서 Jung의 사고에 대한 언급을 찾아보기란 힘들지만, 그의 사고는 여러 면에서 가족치료의 기본 가정과 일치하였다.

Adler

Freud에 반대한 또 한 사람은 Alfred Adler(1870~1937)로 그가 가족치료에 미친 영향이 훨씬 더 자주 인정되었다. Adler의 이론인 '개인심리학(individual psychology)'에서 'individual'은 '분할할 수 없는(indivisible)'을 뜻하는 라틴어인 *individuus*에서 따온 것이다. 그의 목적은 행동을 이해하기 위해서는 맥락을 고려해야 한다는 인식과 더불어 전일적(holistic) 관점의 창조였다. Adler 심리학은 "부분들과 전체의 상호관계를 고려함으로써 모든 문제에 대한 설명을 찾는 것이다"(Nicholl, 1989, p. 3).

Adler의 사고는 실천적이며 응용적인 생활심리학으로 발전하였고, 아동발달에 책임이 있는 사람들, 즉 교사들과 부모들에게 쓰임이 되고자 하였다. 1922년까지 그는 교사들을 위한 아동지도클리닉과 전체 가족을 포함하였던 상담클리닉 둘 다의 창설에 수단을 다하였다. 처음에 그의 아동지도클리닉은 가족의 부정적인 영향을 극복하도록 돕기 위해 교사들에게 자녀를 대상으로 작업하는 기술을 제공할 목적이었다. 그의 후반기 상담센터는 가족의 역량을 강화하고자 하였다. 그래서 긍정적인 아동발달 과정을 촉진하고 아동이 열등감에 대처하도록 돕기 위해 교사, 학교, 부모가 Adler 노력의 초점이었다.

Adler의 이론에서 가장 기본적인 개념인 사회적 관심(Lowe, 1982)은 보상이나 지위에 대한 약속이나 기대 없이 지역사회의 구성원이 되는 것과 지역사회에 기여하기 위한 사람들의 내재적 소망을 말한다. 이 개념은 소속감을 수반하며 협동, 참여, 공헌을 요구한다. 이는 개인이 모든 사람들의 안녕과 조화를 이루어 개인적 문제를 해결할 것을 요하면서, 모든 사람들의 평등성을 인정한다. 두 번째로 중요한 개념은 잘못된 생활양식으로, 이는 열등감을 극복하고 개인적 성공 목표를 창출하기 위해 분투하는 것을 말한다. 누군가의 개인적 목표 성취가 사회적 관심과 일치하는 목표 성취와 상충할 수 있으므로, 이 두 개념은 관련이 있다.

Adler의 관점은 다른 사람들이 생활문제 해결에 실패함으로써 발생하는 병리를 무엇이라 명명할지 서술한다는 면에서 낙관적이다. 그는 사람들의 낙담을 그들의 목표가 부적절하고 그 목표를 얻기 위해 사용한 방법이 그들이 소망하였던 것으로부터 더 멀어지게 하였던 것 같던 때의 논리적 반응으로 여겼다. 낙담감의 존재를 믿기 때문에 격려라는 보완적 개념이 Adler 치료의 중요한 부분이다.

Sullivan

Harry Stack Sullivan(1982~1949)은 초기 가족치료 분야의 많은 사고가들(예 : Don Jackson)에 필적하였으며, 이들에게 영향을 미쳤던 또 한 사람의 이론가였다. Sullivan은 사회학자와 인류학자로부터 영향을 받았으며, 그의 성격이론은 대인관계적 관점인데, 이 이론에서 그는 "사람의 개인적 성격에 대한 환상"(Ruitenbeek, 1964, p. 122)에 의문을 제기하였다. Sullivan의 관점에서 볼 때, 성격은 대인관계와 분리할 수 없으며, 실제로 성격은 주로 대인관계 속에서 형성된다. 그래서 사람은 대인관계 상황의 산물이며, 성격이라는 관념은 단지 가설적인 실체이다. 이러한 모델에 따라 Sullivan은 1920년대 환자의 사회적 환경을 변화시키는 데 초점을 두고 조현병 환자를 위한 치료 프로그램을 만들었다. 그는 또한 치료자는 단지 관찰자가 아니라 대인관계 상황에 참여하는 사람이라고 보았다. 그는 치료를 소위 말하는 의학적 치료의 견지에서 생각하기보다 교육에 가까운 과정으로 보았다.

Fromm-Reichman

Frieda Fromm-Reichman은 Sullivan의 추종자로서 그의 연구를 확장하여 가족치료에 더욱 직접적으로 초점을 맞추었다. 그녀는 조현병 소인성 어머니(schizophrenogenic mother)라는 용어를 소개하였으며, 조현병에 대한 Sullivan의 견해를 더욱 다듬었다. "조현병 환자는 타인을 심하게 불신하고 타인에 대해 분개한다. 그 이유는 영유아기와 아동기 동안 중요한 사람들, 대개 조현병 소인성 어머니에게서 마주쳤던 심한 뒤틀림(warp)과 거부 때문이다"(Fromm-Reichman, 1948, p. 265). 그래서 Fromm-Reichman은 조현병은 모자관계의 맥락에서 발전한다고 주장하였으며, Sullivan을 따라 개인이 대인관계를 맺지 않고 존재하는 발달시기는 없다고 보았다. 더욱이 그녀는 각 조현병 환자의 정상적인 대인관계 발달의 흔적을 이용하기 위하여 정신분석 기법을 수정하였고, 이른바 확실한 개입과 적극적인 치료를 진행하도록 선도하였다. Schultz(1984)는 "Fromm-Reichman이 가족치료를 위해 남겨놓은 유산은 환자의 욕구를 위해서 정신분석적 기법을 기꺼이 희생시켰다는 점과 이처럼 기법의 변화를 용감히 시도하였던 점에 있을 것"(p. 11)이라고 하였다.

Allport

Gordon Allport(1897~1967)의 연구는 그 자신과 당대의 모든 사회과학자들에게 유용한 여러 이론들을 의식적으로 지각하고 있음을 보여준다. 그는 현재의 성격이론에 대해서는 물론이고 일반체계이론에 대해서도 잘 알고 있었으며, 일생 동안 나타났던 심리학과 사회문화 과학 간의 갈등을 인정하였다. 심리학은 성격을 피부 안에 내재적으로 존재하는 것으로 보는 시각이며 사회문화 과학은 성격의 기초로서 사회적 상호작용, 역할관계, 장이론에 초점을 두었다.

Allport는 성격이 개인의 내면에 자리 잡고 있다고 보는 시각에 동조하지만 위에서 제시된 쟁점의 해결을 주장하지는 않는다. 그럼에도 불구하고 Allport(1964)는 다음과 같이 제안한다.

각 개인은 일정한 범위의 능력과 태도, 동기를 가지고 있는데, 이러한 것들이 각 개인이 마주치는 다양한 환경과 상황에서 드러날 것이라고 받아들이지 않는 한, 우리의 연구는 불완전하다. … 성격이론가는 사회과학 분야의 훈련을 잘 받아서 개인의 행동이 특정 상호작용 체계에 적합한지 볼 수 있어야 한다. 즉, 성격이론가는 행동이 발생한 문화, 상황적 맥락 그리고 역할이론과 장이론의 견지에서 행동의 형태를 정할 수 있어야 한다(p. 159).

Lewin

Allport가 말한 장이론(field theory)은 Kurt Lewin이 자신의 이론적 틀을 서술하기 위하여 사용한 명칭이다. Lewin(1890~1947)이 1933년에 독일에서 미국으로 건너갔을 때, 여러 학문 분야에서 일어났던 운동에서 발전된 원칙을 가지고 갔고, 또한 기본적으로 자연적 사건들은 불변하는 입자들 간에 작용하는 단순한 힘이라는 아이디어에 이의를 제기했던 운동에서 발전된 원칙을 가지고 미국으로 건너갔다. 장이론의 제창자들은 내적 특징에 의해 영향을 받는 것 외에도, 입자의 행동은 장의 상태와 다른 입자의 존재 유무를 반영한다고 믿었다. Lewin에 의하면 행동은 생활공간의 기능인데, 생활공간은 사람과 환경 둘 다의 기능이다. 그래서 Lewin의 이러한 생각은 개인주의적 · 기계론적 · 선형적 인과관계 시각에 이의를 제기하는 것이며, 따라서 그가 사이버네틱스에 관한 초기의 메이시 회의에 몇 번이나 참석하였다는 점은 놀라운 일이 아니다. 그의 연구는 구체적으로 가족에 초점을 두지는 않았지만, 그의 아이디어는 응용되었고 그리하여 전체 가족을 내담자로 보기 위한 근거로서 그의 이론을 사용하기 시작했던 많은 전문가들에게 영향을 미쳤다.

Dewey와 Bentley

일반적으로 교육철학자이며 진보적 교육운동과 연관된 인물로 여겨지는 John Dewey는 심리학자이기도 하며, 미국 심리학회의 회장이기도 하였다. Arthur Bently는 한때 Dewey의 학생이었으며 철학자, 경제학자, 언론인이었다. Dewey(1859~1952)는 당시 다른 사람들이 하지 않았던 방식으로 사회적 맥락에서 자신과 자신의 직업을 의식하였던 것 같다. 사실상 그는 당시 발전하는 심리학 분야에서 중요한 많은 동향과 입장(가령, 그는 철학에서 벗어나 과학으로서 심리학의 정당성을 확립하려는 움직임과 사회적 맥락에서 실제 문제에 적합한 실험을 하기보다 실험실에 남아있으려는 경향이 있었다.)에 의문을 제기하였다. 그는 심리학 이론과 정치 사상 간의 관계에 주목하였다. "인간행동에 관한 이론은 한 사회의 사상적 기초 및 사회질서에 있어서 심리학자의 위치와 무관할 수 없다고 Dewey는 주장했다"(Sarason, 1981, p. 137). Dewey와 Arthur Bentley의 1949년 책인 아는 것과 알려진 것(*Knowing and the Known*)은 두 사람이 11년이나 왕래해서 나온 책으로(Plas, 1986), 이들은 관찰자와 관찰대상 또는 알고 있는 사람과 알려진 사람 간의 상호작용에 의해 만들어진 교류적 실재를 논의하였다. 이들의 개념화에 의하면 이러한 실재의 차원들은 관찰대상을 명명할 때 사용되는 언어와 밀접하게 관련된다. Dewey와 Bentley는 어떤 사건에 대한 '정확한' 서술은 한 가지 이상이며, 상호 교류적인 탐구 안에서 서술은 필요가 없다고 하였다. 따라서 상호 교류적 실재는 다음과 같다.

> 주관적이지도 객관적이지도 않다. 상호 교류 과학에서 한 사람의 주관적 세계는 존재적 혹은 영적 고려의 문제가 아니다. 객관적 실재는 알기가 불가능하다. 연구에 유용한 상호 교류적 실재는 아는 자와 알려질 것 간의 약속으로 탄생한다(Plas, 1986, p. 23).

제3장에서 더 분명하게 다루겠지만, 이러한 관념은 체계이론/사이버네틱스 패러다임과 확실히 일치한다.

기타

다른 몇 사람도 언급되어야 하는데, Karen Horney(1885~1952)는 정신병의 발달에 있어서 사회문화적 요인의 중요성에 관심을 둔 정신분석학자였다. 심리학자인 William James(1842~1910)는 "심리학의 원자론적이고 기계론적인 경향에 대한 열렬한 비평가였으며, 마음과 몸의 상호작용 및 상호 의존을 열렬히 옹호한 인물이었다"(Capra, 1983, p. 171). Kurt

Goldstein(1878~1965)의 유기체론적 접근은 사람들이 스스로와 자신의 환경을 다루도록 돕는 것을 시도하였으며, "개인이 대처해야 하는 장애의 근원으로서 그리고 유기체가 자체의 운명을 성취해야 하는 수단을 제공하는 근원으로서 객관적 세계의 중요성을 인식하고 있었다" (Hall & Lindzey, 1978, pp. 250-251). 마지막으로 심리학 분야에서 이른바 교류적 기능주의라는 것과 연관된 사람들이 있었다. 이 그룹에는 Adelbert Ames, Hadley Cantril, Albert Hastorf, William Ittelson이 있다. Dewey 및 Bentley와 마찬가지로, 이들은 실재란 어떤 절대적인 의미로 알려질 수 없는 것이라고 주장하였다. 그보다도 어디서, 언제, 어떻게 사물을 지각하느냐가 사람들 각자가 실재를 정의하는 방식에 영향을 미친다는 것이 그들의 믿음이었다.

■ 역사의 한계

앞에서 논의된 사람들은 여러 가지 이유에서 선택하여 다루었지만, 그들의 이론이 모두 단순히 개인만을 다루었다기보다 어떤 방식으로든 사회적 맥락을 다루었다는 점에서 모두 유사하다. 그래서 그들은 초창기부터 정신 내적 사고와 체계이론적 관점이 상당히 중복되어 나타났던 점뿐만 아니라 20세기 초반에 나타났던 전일론적 사고의 보급도 설명해준다.

그럼에도 불구하고 이들 중 그 어느 누구도 가장 순수한 의미에서 체계이론적이지 못하였다. 즉, 어느 누구도 사이버네틱스 인식론으로 패러다임의 전환을 이루지 못하였다. 그러나 이러한 판단에 동의하거나 반대할 수 있기 위해서는 체계이론적 틀의 기본 교의를 알고 있을 필요가 있다. 더욱이 이러한 시각에서 볼 때 역사가 우리에게 말해줄 수 있는 것에는 한계가 있다. Maturana(1978)는 역사는 무엇인가가 어떻게 생겨났는지를 서술하지만, 현재 일들이 어떻게 돌아가는지는 서술할 수 없음에 주목하였다. 보다 최근에 어떤 일이 일어났는지 살펴보기 위해 이제 1990년대를 살펴보자.

논란과 갈등 그리고 그 이후 : 1990년대

20세기의 마지막 10년은 도전과 혁신의 기간으로 말하고자 한다. 하나의 분야로서 가족치료는 집중적인 자기평가와 새로운 파트너십을 구축하기 위한 노력을 경주하는 데 초점을 두었다. 전통적인 접근에 대한 비판은 포스트모더니스트들(제4장 참조)과 페미니스트 가족치료자들 모두로부터 나왔다. 두 집단이 공유했던 염려는 대부분의 모델이 지배적인 백인 가부장적 문화를 반영하는 치료자 스타일을 지지하는 경향이 있다는 것뿐 아니라 내담자가 살고 있는 보다 큰 사회적 맥락을 고려하지 못했다는 점을 포함한다(제5장 참조). 동시에, 의료가족치료의 발전은 많은 수준에서의 통합에 초점을 둔 흐름을 상징하였고, 가족치료 이론과 실천을 위한 메타프레임의 발전으로 절정에 이르렀다. 마지막으로 1990년대에 대한 현실적 이해는 관리의료가 가족치료 과정의 모든 측면에 미친 영향을 고려할 것을 요구한다.

■ 페미니스트의 비판

가족치료 분야가 무르익었을 때인 1970년대 말과 1980년대 초에도 가족치료에 대한 페미니스트들의 비판이 출현하였다. 즉, 많은 가족치료자들이 자신들이 발전시켰던 것들에 대해 자신감을 느끼고 만족스러워하기 시작했을 때조차(Nichols & Schwartz, 2001), 다른 사람들은 이론과 치료 양면에서 젠더와 관련된 이슈들에 충분히 주의를 기울이지 못했음에 대해 저항을 하였다. 1978년 Rachel Hare-Mustin의 획기적인 논문을 시작으로 페미니스트들은 다음에 대해 가족치료자들을 비판했다. (1) 가족역기능을 서술할 때 더 광범위한 맥락을 고려하지 못하였다. (2) 문제에 대해 모든 당사자들이 똑같이 기여했고 그래서 문제에 대해 책임을 똑같이 가진다. (3) 어머니를 가족 내 병리의 근원으로 계속해서 본다. (4) 가족에 대하여 중립적 입장을 가정한다. 더욱이 페미니스트 비판의 대부분은 특히 체계이론에 초점을 두었다.

체계이론의 사용은 가족역기능을 서술하기 위해 기계론적 은유의 사용을 조장하고, 가족의 역기능에 기여하는 사회적, 정치적, 경제적 상황을 고려하지 못한다는 것이 문제가 되는 것으로 여겨졌다. 더욱이 체계이론이 일방적인 통제의 사고를 거부한다는 사실로 비추어볼 때 우리의 가부장적 사회를 특징짓는 권력관계의 현실을 인정하지 못한 것에 대해 심한 비판을 받았다. 그래서 가족치료자들은 무심코 그러했든 그렇지 않든 간에, 성차별적인 현상을 유지하는 것에 참여한 데 대해 비난을 받았다. 마찬가지로 순환적 인과관계가 구타, 강간, 근친상간 같은 문제에 적용될 때 특히 혐오스럽게 여겨졌다. 논란은 원인을 찾거나 비난을 하는 것보다 가족치료자가 "여성에게 공동 책임이 있다고 암시하는 한편 남성의 자기 행동에 대한 책임은 교묘히 제거하며, 어떤 면에서는 폭력과 학대를 가져온 상호작용 패턴에 젖어있다" (Avis, 1988, p. 17)는 점이었다.

이전에 가족체계이론을 적용할 때 암시되었던 것을 명백하게 드러냄으로써 페미니스트 관점의 옹호자들은 치료 시 젠더 관련 이슈에 대한 논의를 포함할 것을 제안했다. 즉, 치료자의 편견에 대한 자기노출, 여성의 힘에 대한 강조, 여성들의 개인적 욕구와 여성의 역량이 강화되는 방법에 대해 논의하자고 제안했다(Avis, 1988). 사실 Goldner(1985b)에 의하면, 페미니스트의 비판은 가족치료자들이 "젠더를 임상관찰과 이론화의 단순화할 수 없는 범주"(p. 22)로 받아들이도록 했다. 더 나아가 Wheeler(1985)가 주목한 바에 의하면, 페미니즘은 가족치료자들로 하여금 자신의 정직성, 책임, 성실성에 대해 지속적으로 자기점검할 것을 요구했고, 자신의 실천이 "여성을 위한 가장 윤리적이고 효과적인 인간적 치료인지 여부"(p. 55)에 대한 고려를 지속적으로 점검하도록 요구했다. 이 논의에 대해 Nichols(1985)는 다음과 같이 돌이켰다.

성의 정치학은 너무 개인적이고 영향력 있는 주제여서 치료자들은 특히 자신의 객관성을 잃기 쉬우며 성역할 불평등이 문제가 되는 상황에서는 지시적이 되기 쉽다고 생각한다. 우리가 염두에 두어야 할 점은 내담자들은 자신들이 그래야 한다고 생각하는 바와는 다른 방식으로 관계가 균형을 이루도록 선택할지도 모른다는 점이다. 마지막으로 우리들은 모두 여성이든 남성이든 여성을 구하기 위한 개입이 성적 편견을 가진 부적절한 형태이며, 그에 따라 여성들은 무력한 희생자가 되고 결국 그들을 떠맡을 누군가를 필요로 하게 된다고 생각한다(p. 77).

또한 이론과 이론가를 구분 짓는 것이 중요하다고 제안한다. 예를 들어, 비록 가족치료자들이 분명히 더 큰 맥락을 무시하고 자신이 사회화된 사회에 맞게 성차별적 태도로 작업을 했을지라도, 그렇게 하는 것이 반드시 체계이론의 영향을 받아서는 아니었다. Germain(1991)은 다음과 같은 점에 주목했다.

일반체계이론이 진짜로 추구하는 바에 의하면, 일반체계이론은 모든 인간체계와 마찬가지로 가족도 그것이 존재하는 역사적, 사회적, 문화적, 경제적, 정치적 맥락과 분리할 수 없을 만큼 깊이 연결되어 있음을 강조할 수 있으며 그렇게 해야 한다. 이론 구축과 앎의 방식 역시 그러하다(p. 123).

그러므로 젠더 편견을 피하기 위해 이론가, 치료자, 연구자들이 자신의 개인적 신념에 대해 의식하고, 또 관찰자가 자신이 관찰하고 있는 것에 영향을 미치는 정도를 인식할 의무가 있다. 그렇지 않으면 성차별주의 문제를 유지하는 데 참여할 뿐 아니라 체계이론적 관점과 불일치하게 된다. 그러나 체계이론의 적용은 자주 이론 그 자체와 혼동되어 왔다.

수년 동안의 긴장과 갈등 후에, Virginia Goldner는 1991년 학회 발표에서 그전 2년 동안 가족치료자들과 페미니스트들이 동료적 대화를 해왔음에 주목하였다. 살아있는 유기체가 '진짜 (real)'라는 것과 똑같은 의미에서 가족은 진짜가 아닐 것이라는 급진적 구성주의자들의 의견에 동의하는 한편, 페미니스트들은 사람들과 사회가 가족이 진짜인 것처럼 살고 행동하게 한다는 점을 상기시켜 준다. 더욱이 비록 정치적 자유와 사회적 선택을 강조하지 않는다 하더라도, 정치적 범주는 삶의 질을 결정하며, 또 치료적 대화의 사회적 영향을 무시하기가 너무 쉽다는 점을 인식해야 한다. 그래서 그렇게 열띠지는 않더라도, 논쟁은 자주 계속되고 있다. 대부분의 논쟁은 가족치료 이론의 발전을 중심으로 이루어졌고, 특히 사회구성주의가 제공했던 관점의 파생으로 이루어졌다.

예를 들어, **치료에 대한 포스트모더니즘 분석**이라는 용어를 붙였던 Hare-Mustin(1994)은 내담자와 치료자의 상호작용에 어쩔 수 없는 영향을 미치는 사회의 지배적인 담론의 영향을 살펴보았다. 그녀는 "우리 사회는 이성애주의 관계 담론에 특권을 주고, 여성의 소망에 관한 담론을 흐리게 하며, 여성의 희생화에 관한 담론을 조장한다"(p. 24)는 점에 주목한다. 또한 그녀는 치료자가 자신의 언어 사용에 대해 자기성찰적으로 인식하지 못하는 만큼 지배적인 이데올로기를 유지하는 데 참여한다고 하였다. 내담자가 동등한 참여자라는 시각을 가지려는 노력에도 불구하고, 어쩔 수 없는 암묵적인 위계가 있다. 결국 내담자는 치료자가 더 큰 전문성을 갖는 것으로 지각하며 그 전문성에 주의를 기울이기 때문이다.

Simon(1993)은 위계의 이슈에 대해 언급하였는데, 권력의 견지에서보다는 "시간적 · 발달적 용어"(p. 154)에서 위계를 재구성하도록 권고한다. 위계현상은 "치료과정 그 자체에서 중요함"(p. 151)을 인정하는 한편, 치료자는 판단적이고, 병리화하고, 통제하는 입장에서 벗어나야 하며 대신 내담자가 부적합을 경험하고 있는 자신의 사회문화적 환경의 측면들에 도전할 수 있는 맥락을 제공해야 한다고 제안한다. 그러나 Goldner(1993)는 이러한 제안이 "수사적인 술수"(p. 157)에 불과하며, "권력은 가족치료의 한 문제이다. 권력이 문제이기 때문이다"(p. 157)라고 말했다. 그녀의 해결책은 치료적 대화를 고려하기 위해서뿐 아니라 대화에서 제외되었던 이슈들을 고려하기 위해서 '더 큰 사회적 맥락에 대해 비판적으로 탐구하는 태도를 함양하는 것'이다. Hare-Mustin처럼, Goldner도 우리의 개인적 진실이 유일한 진실을 나타내지는 않음을 자기성찰하고 인식하는 자세를 옹호한다.

10여 년이 흐르면서 논란은 줄어들었다. 그럼에도 불구하고 그들의 영향은 치료 시 사회문화적 고려를 일반적으로 훨씬 더 크게 자각하고 있다는 측면에서 여전히 남아있다. 또한 체계이론을 하나의 조직하는 프레임으로 사용하는 움직임도 줄어들었음이 두드러진다. 이제 많은 치료자들은 체계이론을 너무 기계론적이라고 여겨 자신의 임상실천을 서술하기 위해 다른 메타포(예 : 내러티브, 2차 가족치료)를 활용한다. 그러나 이후 더 논의할 것이지만, 이는 우리가 필요하다고 생각하지 않는 '이것 아니면 저것(either/or)' 선택을 나타낸다.

■ 가족치료와 가정의학

가정의학은 의학 분야에서 전문화와 환원주의의 증가에 반응하여 1969년에 하나의 전문 분야로 출현하였다. 그러나 가정의학 실천가들과 가족치료자들이 처음으로 서로를 인정하고 공식적인 협력관계를 수립하기까지는 많은 시간이 걸렸다. 학술지인 가족체계의학[*Family Systems Medicine*, 현재는 가족, 체계, 건강(*Families, Systems, & Health*)]이 1982년 Don Bloch에 의해 창간되었다. 1983년 William Doherty 박사와 Macaran Baird 의학박사가 가족치료와 가정의학(*Family Therapy and Family Medicine*: *Toward the Primary Care of Families*)이라는 책을 출판했는데, 이는 가정의학과 가족치료의 접점에 초점을 둔 최초의 책이었다.

1990년 초, 미국 부부가족치료학회(AAMFT)와 가정의학교사학회(Society of Teachers of

Family Medicine)가 가족치료자와 가정의학 전문의의 교육과 훈련을 함께할 공동의 실천과 방법을 모색하려는 목적으로 공동 전담팀을 구축하였다(Tilley, 1990). 이 노력의 성공은 하나의 구분되는 패러다임으로서 협동적 가족건강 케어(collaborative family health care)가 발전한 것에서 볼 수 있는데(Nichols & Schwartz, 2004), 이는 전국 연례 학술대회뿐 아니라 이 주제에 대한 수많은 책과 논문의 출판으로 보여주었다.

훈련, 전문가 사회화 과정, 이론적 경향, 실천 스타일의 차이에도 불구하고, 가족치료와 가정의학은 체계이론적 · 전일적 관점에 기초하여 건강에 대해 공동의 접근을 하고 있다. 그래서 문제가 어떻게 나타나며, 어떻게 유지되고, 또 어떻게 해결될 수 있는지를 이해하기 위해 맥락, 즉 생물학적 체계, 심리적 체계, 가족체계, 사회체계(Henao, 1985)를 고려해야 할 중요성에 대해 공동의 신념을 갖는다. 더욱이 마음과 몸의 분리는 더 이상 타당한 활동으로 고려되지 않으며, 치유는 질병의 치료뿐 아니라 건강의 촉진을 포함한다(Becvar, 1997; Griffith & Griffith, 1994). 건강과 질병 모두에 대한 체계이론적 접근의 실행은 가정의학자로 하여금 "가족 케어의 부분을 다른 개인이나 기관에 이전함으로써 개인적 관여와 위험 감수에 한계를 설정하도록"(Doherty & Baird, 1983, p. 279) 했다. 그리하여 가정의들은 지역사회 네트워크의 일부로 여겨지는데, 그 네트워크로부터 도움이 되는 자원을 끌어낼 수도 있고, 그 네트워크에 환자가 연결될 수도 있으며, 그래서 누구도 문제해결을 위해 단독으로 책임질 부담을 갖지 않는다.

의료 분야 안에서, George Engel(1977, 1992)은 생물심리사회 모델의 위대한 주창자였다. 그리고 가족치료자들은 질병의 개념에 대한 그들의 양면성을 극복하고 "가족치료, 이론, 임상실천의 범위를 분명히 하고 강화하고 확장하기 위해 다양한 질병/디스트레스를 개념화하고 서로 구분하라는"(Wynne, Shields, & Sirkin, 1992, p. 16) 권고를 받았다. 가족치료자들이 건강관리 전문가들과의 협력에 지속적으로 관심을 둠에 따라(Seaburn et al., 1993), 다양한 실천 모델이 출현하기 시작했다(Cohen & Milberg, 1992; Larivaara, Vaisanen, & Kiuttu, 1994; Leff & Walizer, 1992; McDaniel, Hepworth, & Doherty, 1992; Miller, 1992; Rolland, 1994; Stein, 1992; Wright, Watson, & Bell, 1996).

■ 통합과 메타프레임

치료에 대한 선택적 · 통합적 접근은 1930년대에 시작되었는데, 1960년대에 운동이라고 말할 수 있는 것으로 발전하였고 1970년대에 상당한 인정을 받았다(Held, 1995). Lebow(1997)는 그때 "통합으로의 움직임은 대체로 인식되지는 않았으나 우리들 작업구조의 큰 일부분이 되었다"(p. 1)고 하였다. 통합을 위한 다양한 접근은 Held(1995)가 말한 다원주의, 이론적 통합, 기술적/체계적 선택주의라는 세 가지 범주가 있다. 다원주의 접근은 각 모델은 뭔가 의미 있고 유용한 점을 제공한다는 이해와 더불어 모델들의 평화로운 공존을 제안한다. 이론적 통합 접근은 다양한 이론의 중심 측면을 포착하는 우산이론 혹은 메타이론의 구축을 포함한다. 기술적/체계적 선택주의 접근은 특정 문제나 내담자에 대한 효과성이 입증된 기법들의 사용에 초점을 둔다.

Lebow(1997, p. 3-4)에 의하면, 다음의 요인들은 가족치료 내 통합을 지원하기 위해 상호작용했다. 즉, (1) 통합적 관점 뒤의 인상적인 논리, (2) 우리 시대의 정신, (3) 보다 광범위한 정신건강 분야 안에서 가족치료의 수용, (4) 체계이론이라는 우산, (5) 가족치료자 공동체 안에서 다양한 아이디어에 대한 강한 이념적 헌신, (6) 임상실천의 실용성, (7) 입증되는 연구의 출현, (8) 가족치료와 대부분의 어려운 장애 치료 간의 역사적 연합 등이다. 애초에 다양한 전문 분야에서 나온 가족치료자들은 처음에는 다양한 모델의 합병에 초점을 두었다(예 : Bischof, 1993; Fraser, 1982). 그 후 전문 분야들 간의 상호 교류가 있었는데, 예를 들어 개인적 접근과 가족접근 간의 통합이 있었다(Braverman, 1995; Pinsof, 1994). 그러나 부부가족치료자들이 가장 중요한 기여를 했던 것은 개인과 가족이 살아가는 더 광범위한 체계이론적 맥락을 인정하는 메타프레임의 구축에 있다(예 : Breunlin, Schwartz, & MacKune-Karrer, 1992; Rigazio-Digilio, 1994).

지배적 담론이 이론과 치료와 연구의 생산에 미친 영향에 대한 포스트모더니즘 관점(더 자세한 설명은 제4장 참조)의 강조와 일치하여, 전문가들은 문제해결에 두루 적용되는 접근에 민감해져야 한다는 도전을 받는다. 메타프레임은 각 내담자 맥락의 고유한 특성을 존중하여 개별화된 반응을 하도록 한다. 인종, 젠더, 계층, 발달단계 같은 요인들은 치료자가 개입접근을 고안할 때의 주요 고려사항이며, 다양한 모델은 보다 큰 이론의 우산 아래 자원이 된다. 그러한 접근들의 더 큰 복잡성을 고려할 때, 접근들은 치료자들이 일반적으로 작업하는 관리의료의 맥락과 흥미로운 대조를 이룬다.

■ 관리의료

1990년대에 출현했던 다른 발전과 더불어 오늘날 가족치료 실천 밑에는 관리의료(managed care) 현상이 존재한다. 건강관리 전달비용의 엄청난 증가에 대한 시정책으로 구축되었던 엄격한 통제가 보험회사, 건강관리기관 혹은 중앙정부(노인 및 저소득층 의료보험, 사회보장을 통하여)가 제3자 상황을 제공하게 될 치료의 형태와 기간에 가해졌다. 건강관리체계의 여러 사람들과 더불어 가족치료자들도 스스로 사업자 세계에 깊숙이 속해있음을 발견하였고, 선호하는 제공자 패널의 구성원이 되고자 노력하게 되었다(Crane, 1995). 그렇게 하기 위해 가족치료자들은 치료계획을 구체화하고, 진단하고, 서류를 제출할 준비를 갖추어야 하며, 치료가 시작되기 전에 절차를 정당화해야 한다(Goldenberg & Goldenberg, 2000).

그래서 내담자가 자기 돈을 내는 개인 치료소는 대부분 과거의 것이 되어버렸다. 이제는 사례관리자 혹은 동료 검토자가 한때 치료자의 권한이었던 결정을 한다. 한편 치료자들은 내담자와 만나는 시간만큼 서류작업에 시간을 보내야 한다. 그리고 치료자들은 상환받을 수 있는 것으로 여겨지는 문제 형태뿐 아니라 치료에 할당된 회기 수의 제한도 받는다. 단기치료가 치료자의 서비스를 원하는 개인과 가족에게 가장 이로운 것이 아니라는 사실에도 불구하고도 그렇다. 말하자면 10여 년 전 치료의 효과성을 밝히는 것에 목적을 두었던 연구결과는 "사람들이 치료에 더 오래 머물수록 더 많이 향상되었는데, 이는 정신건강 보험 범위의 제한과 건강보험에서의 새로운 경향(단기치료를 강조함)이 잘못되었을 것임"(Does Therapy Help?, 1995, p. 734)을 보여주었다.

그럼에도 불구하고, 관리의료의 심사위원은 여전히 결정을 못하고 있는 것 같다. 분명히 이전의 체계는 수정할 필요가 있다. 그러나 판결은 결국 비용의 억제와 내담자의 만족 모두를 충족하는 중간 지점을 찾으려는 노력으로 더 많이 수정되어야 할 것 같다. 비록 가족치료자들과 다른 건강 및 정신건강 전문가들이 한때 내담자들을 관리할 때 얻었던 자유를 다시 얻을 수 없을지라도, 우리가 이미 진입한 더 새로운 시대는 분명 이 분야의 다양한 측면에서 결국 큰 변화를 보게 될 것이다. 그러나 그동안 관리의료는 특히 증거 기반 치료에 대한 현재의 강조에 관해 그 영향을 계속 유지할 것이다.

■ 21세기 : 계속되는 염려와 새로운 경향의 발현

가족치료 역사에 대한 여행을 마무리함에 따라, 우리는 21세기에 진입하였을 뿐 아니라 더 큰 맥락에서 전적으로 새로운 세상에 진입하였음을 발견한다. 사실 2001년 9월 11월의 테러 공격은 그 이후의 충격이 사회 전반에 계속 울려 퍼지고 있는데, 아무 죄 없는 수많은 사람들의 삶뿐 아니라 우리들의 삶의 방식에도 대가를 치르게 하는 것 같다. 그 이후 테러리즘에 대한 전쟁 선포와 지속 그리고 이라크와 아프가니스탄 침공과 함께 사랑하는 사람의 상실, 공포로부터의 안전과 자유의 상실 면에서 우리는 애도 과정에 있는 나라가 되었다. 부부가족치료자들에게 이것들과 다른 사건들은 우리가 실천하는 방식 그리고 우리가 다룰 가능성이 큰 문제들에 계속해서 영향을 미칠 것이다. 이에 미래를 위해 몇 가지 주요 영역의 초점을 제시한다.

최고의 우선권이 대규모 트라우마의 생존자들(Landau, 2012) 그리고 확실하게든 모호하게든 사랑하는 사람의 죽음을 경험했던 사람들(Boss, 2006), 그래서 슬픔 속에 살아가는 사람들(Becvar, 2000b, 2001; Boss, Beaulieu, Wieling, Turner, & LaCruz, 2003)에게 돌아갈 필요가 있음은 두말할 나위 없다. 마찬가지로 테러와 전쟁 범죄의 희생자였던 사람들뿐 아니라 군인가족의 증가하는 욕구에 대처할 수 있어야 한다(Anderson, Amador-Boadu, Stith, & Foster, 2012; Baptist et al., 2011; Hollingsworth, 2011). 사실 모든 형태의 폭력은 커다란 관심사이며 예방과 개선 모두에 초점을 둘 것을 계속 요구할 것이다(Lamb, 1996; Weingarten, 2004). 이러한 경향과 관련하여 정신건강 전문가들이 법 체제에 대해 잘 알고 또 법 체제와 함께 일할 수 있는 것이 더 중요해질 것이라고 생각한다(Kaslow, 2000). 더욱이 어떤 관점을 지지하든 내담자와 치료자가 살아가고 일하는 맥락의 영향을 이해하는 것에 대한 포스트모더니즘의 강조는 문화적·사회정치적 고려에 관해 민감성과 유능성을 계속 요구할 것 같다(Anderson, 1997; McDowell, Fang, Brownlee, Young, & Khanna, 2002). 우리 인구의 노령화를 고려할 때 전문가들이 죽음의 이슈와 결정을 포함하여(Becvar, 2000a) 인생 후반기의 이슈와 도전을 효과적으로 다룰 수 있는 능력을 갖는 것도 필요하게 될 것이다(Becvar, 2005; Van Amburg, Barber, & Zimmerman, 1996). 또한 사람들의 삶에 대해 영적·종교적 차원(Anderson & Worthen, 1997; Becvar, 1997, 1998)뿐 아니라 도덕적 차원(Doherty, 1995)을 포함하고 이해하려는 비교적 최근의 경향이 계속될 것으로 전망된다. 마지막으로 우리가 계속 가족과 함께하고 또 앞서 열거했던 염려들을 다루는 사업을 계속함에 따라 실천가–과학자 역할을 가정하고(Crane, Wampler, Sprenkle, Sandberg, & Hovestadt, 2002), 증거 기반 실천에 대한 요구에 반응하는 것(Patterson, Miller, Carnes, & Wilson, 2004)은 가족치료 분야에 계속해서 극적으로 영향을 미칠 것 같다.

■ 요약

이 장은 체계이론/사이버네틱스와 가족치료의 초창기 형성과 발현에 참여하였던 많은 목소리들과 사건들을 살펴보았다. 또한 그 이후의 기간 동안 발전하였던 변화와 영향도 살펴보았다. 이 장 내내 사회역사적 맥락을 강조하였고 또 가족치료 운동 안에서와 밖에서의 사건들을 이해하고 통합하기 위한 틀로서 주목할 만한 사건들의 목록을 제시하였다. 예를 들어 제2차 세계대전은 학제적 연구팀의 창설과 사이버네틱스 영역으로의 문을 열었다는 면에서 중요한 영향을 미쳤다.

전쟁 직후의 기간에는 전체 가족과 작업하는 것에 대해 비슷한 결론을 내린 별도의 연구자들과 임상가들을 목격하였다. 그다음은 연구자들과 임상가들이 자신들의 발견을 함께 공유하게 되었던 시기였다. 말이 퍼져 나갔고 학술지 논문과 책의 출판을 통해 국가적인 관심을 받았다. 결국 별도의 학파 혹은 가족치료 접근이 발전하게 되었다.

1980년대에 성년이 된 가족치료는 전문성에 도달하려면 모든 접근에서의 지식과 훈련을 요하는 시대에 있게 되었다. 어찌 되었건 가족치료 발전에 공헌했던 이 분야 밖의 사람들에 대한 인정도 필요하였다. 그래서 가족치료 출현 전의 시대에서 들렸던 다른 목소리들도 요약하였다. 그리고 나서 1990년대에 의료가족치료 분야의 출현뿐 아니라 가족치료에 대한 페미니스트 비판의 영향에도 주목하였다. 이 기간 동안 중요했던 것은 이론적 영역에서는 통합과 메타프레임의 구축을 향한 경향이 계속되었다는 점이었고, 임상영역에서는 관리의료의 영향이었다. 마지막으로 21세기에도 계속해서 매우 중요할 몇 가지 주제와 경향을 강조하였다. 즉, 슬픔에 빠진 사람들을 돕는 것, 테러와 전쟁 범죄의 희생자들뿐 아니라 군인가족과 작업하는 것, 폭력, 법 체제와의 연관, 사회적 맥락에 대한 다문화적 유능성과 자각, 노화와 죽음의 이슈, 도덕성, 종교, 영성, 증거 기반 실천을 활용하는 실천가-과학자로서의 부부가족치료자의 역할에 대해 다루었다. 그러나 이러한 이슈들에 대해서는 이 책의 후반부에서 더 많이 논의할 것이다.

표 2.1 역사적 맥락		
연도	세계사적 배경	가족치료의 발달
1937	루스벨트 대통령이 미국의 중립 조약에 조인 월스트리트 주식시장의 심각한 침체 신호 Karen Horney가 우리 시대의 신경증적 성격 (The Neurotic Personality of Our Time) 출판 Alfred Adler 사망(1870년생)	Ackerman이 메닝거클리닉에서 경력을 쌓기 시작함
1938	루스벨트 대통령이 히틀러와 무솔리니에게 유럽의 난국을 평화적으로 해결하도록 호소 Franz Boaz가 일반 인류학(General Anthropology) 출판	Lidz가 존스홉킨스대학교에서 정신과 수련의 시작
1939	Freud 사망(1856년생) 제2차 세계대전(1939~1945) 발발 미국 경제 회복	
1940	루스벨트, 세 번째로 미국 대통령에 당선 Carl Jung이 성격의 해석(The Interpretation of Personality) 출판 페니실린이 항생제로 개발됨	사이버네틱스에 관한 Ashby의 논문
1941	일본의 진주만 공격 미국이 제2차 세계대전에 개입 원자탄 연구에 관한 맨해튼 프로젝트 시작	뉴욕의 정신분석연구소에서 최면술에 관한 학술회의
1942	인도의 독립을 위한 간디의 요구가 묵살됨 나치 가스실에서 유대인 대량학살이 시작됨 Erich Fromm이 자유로부터의 도피(The Fear of Freedom) 출판	뉴욕에서 '대뇌의 억제(Cerebral Inhibition)'에 관한 학술회의 개최(5월 15~17일) Korzybski가 과학과 정신(Science and Sanity) 출판
1943	이탈리아가 미국에 항복하고 독일에 대한 전쟁 선포 미국에 소아마비 만연 육류, 치즈, 통조림 음식 배급	Von Neuman과 Wiener가 아이디어를 다시 나누기 위해 의사소통함 Rosenblueth와 동료들이 "행동, 목적, 목적론(Behavior, Purpose, and Teleology)" 발표
1944	노르망디 상륙작전(6월 6일) 루스벨트가 미국 대통령으로 네 번째 선출됨 미국에서 생활비가 30% 가까이 상승	Whitaker가 테네시 주 오크리지병원에서 정신과 의사 일을 시작
1945	루스벨트 사망. 트루먼이 미국 대통령에 취임 유럽에서의 전쟁이 승리로 끝남(5월 8일) 미국이 히로시마(8월 6일)와 나가사키(8월 9일)에 원자탄 투하	Bateson과 McCulloch가 메이시 회의를 주최하도록 요청 Bertalanffy가 일반체계이론 발표 Wiener와 Von Neumann이 스터디 그룹 조직
1946	원자력위원회 결성 Benjamin Spock이 아기와 자녀양육(Baby and Child Care) 출판 펜실베이니아대학교에서 전자계산기 발명	Bateson이 신사회연구소 객원 교수로 감 메이시 회의 Bowen이 메닝거클리닉으로 감 Whitaker가 에모리대학교로 감
1947	인도 독립, 인도와 파키스탄으로 분할 Alfred Lord Whitehead 사망(1861년생) Kurt Lewin 사망(1890년생) 벨연구소에서 트랜지스터 발명 Michael Polanyi가 과학, 믿음, 사회(Science, Faith and Society) 출판	Bateson이 하버드대학교의 객원교수로 감

표 2.1 역사적 맥락 (계속)

연도	세계사적 배경	가족치료의 발달
1948	간디가 암살됨(1869년생) 트루먼이 미국 대통령에 재선됨 이스라엘 건국 Alfred Kinsey가 **남성의 성행동**(*Sexual Behavior in The Human Male*) 출판	Bateson이 랭글리포터연구소에서 일 시작 Rosen이 메닝거클리닉 방문 Whitaker가 조현병에 관한 학술회의 시작
1949	중국이 공산주의 국가 선언 남아프리카공화국에서 인종차별주의 프로그램이 확립됨 George Orwell이 **1984년**(*Nineteen Eighty-Four*) 출판	Wiener가 **사이버네틱스 혹은 동물과 기계에서의 통제와 의사소통**(*Cybernetics, or Control and Communication in the Animal and the Machine*) 출판
1950	조셉 매카시 상원의원이 국무성이 공산주의자들로 들끓는다고 대통령에게 조언 트루먼이 미국 원자력위원회에 수소폭탄 개발 지시 북한군이 남한 침입	Bateson이 캘리포니아 팔로알토의 퇴역군인관리병원에서 일 시작 Bowen이 모자 공생관계에 초점을 둠
1951	미국 헌법의 제22차 수정안이 대통령 임기의 제한을 통과시킴 Julius와 Ethel Rosenberg가 간첩활동으로 사형선고를 받음 컬러 TV가 처음으로 선보임 J. Andre-Thomas가 인공심폐기 고안	Ruesch와 Bateson이 **의사소통: 정신의학의 사회적 지표**(*Communication: The Social Matrix of Psychiatry*) 출판 Bowen이 어머니와 자녀의 재택치료 실시 Lidz가 예일대학교로 감
1952	영국 왕 조지 6세 사망, 딸인 엘리자베스 2세가 왕위 계승 아이젠하워가 유럽의 총사령관을 사임하고, 미국 대통령에 선출됨 Wynne이 NIMH로 감 슈바이처가 노벨평화상 수상 Karen Horney 사망(1885년생)	역설에 관한 팔로알토 연구 프로젝트 시작 Wynne이 NIMH로 감 Midelfort가 미국 심리학회에서 가족치료에 관한 논문 발표
1953	스탈린 사망, 흐루쇼프가 소련공산당 서기장으로 승진 미국에서 보건·교육·복지부 설립 한국전 휴전 B. F. Skinner가 **과학과 인간행동**(*Science & Human Behavior*) 출판	사이버네틱스에 관한 메이시 회의가 마지막으로 열림 Whitaker와 Malone이 **정신치료의 뿌리**(*The Roots of Psycotherapy*) 출판
1954	미국 대법원이 공립학교에서의 인종차별은 헌법 제14항에 위배된다고 명시 매카시 청문회 방영, 미국 상원이 매카시를 공개적으로 비난 Jonas Salk가 항소아마비 혈청을 투약함	조현병 환자의 의사소통에 관한 팔로알토의 연구 Bowen이 NIMH로 감
1955	앨라배마 주의 몽고메리에서 아프리카계 미국인들이 시내버스 노선의 차별화를 보이콧함 MIT에서 초고주파 생산 알버트 아인슈타인 사망(1879년생) 미국과 소련이 지구관측연도(1957~1958)에 인공위성 발사계획을 발표	미국 예방정신의학회 회의(뉴욕) 조지아 주의 시아일랜드에서 조현병에 관한 회의 Whitaker가 조지아 주의 아틀란타에서 사설 치료소 개소 Satir가 시카고에서 가족역동성에 관해 가르치기 시작

표 2.1	역사적 맥락 (계속)	
연도	**세계사적 배경**	**가족치료의 발달**
1956	소련군이 헝가리 침공 아이젠하워가 미국 대통령에 재선됨 마틴 루터 킹이 반인종차별주의 캠페인의 지도자로 부상 John F. Kennedy가 용기의 프로파일(*Profiles In Courage*) 출판	Ashby가 사이버네틱스 개론(*Introduction to Cybernetics*) 출판 Bateson 연구팀이 "조현병 이론의 모색(Toward a Theory of Schizophrenia)" 발표 Bowen이 조지타운대학교로 감 Wynne이 NIMH의 가족연구 부서장이 됨
1957	소련이 스푸트닉 1호와 2호 발사 국제원자력기구 발족 John Von Neumann 사망(1903년생) Ayn Rand가 아틀라스 슈러그드(*Atlas Shrugged*) 출판 애리조나 주 리틀록에서 반인종차별주의 갈등 '비트'와 '비트족'이 유행어로 등장	뉴욕에서 미국 예방정신의학회 가족연구 모임 시카고에서 미국 심리학회 가족연구 모임 Midelfort가 심리치료에서의 가족(*The Family in Psychotherapy*) 출판 Boszormenyi-Nagy가 동부 펜실베이니아 정신의학연구소 개소 Satir가 NIMH의 가족연구 프로젝트 합류 Jackson이 가족항상성에 대한 질문(*The Question of Family Homeostasis*) 출판
1958	유럽공동시장 탄생 John B. Watson 사망(1878년생) 알래스카가 미국의 49번째 주가 됨 교황 비오 12세 사망, 교황 요한 23세 즉위 스테레오 녹음이 사용되기 시작	Ackerman이 일상생활의 정신역동학(*The Psychodynamics of Family Life*) 출판 Wynne이 거짓 상호성 개념 소개 Satir가 캘리포니아에서 사설 치료소 개소
1959	카스트로가 쿠바 수상이 됨 드골이 프랑스의 5대 대통령이 됨 하와이가 미국의 50번째 주로 영입됨	Jackson이 Satir, Riskin과 더불어 팔로알토에서 MRI 개소
1960	J.F.K.가 미국 대통령에 당선됨 Harper Lee가 앵무새 죽이기(*To Kill a Mocking-bird*) 출판 미국에서 기상위성을 최초로 발사 전 나치 친위대장 아돌프 아이히만이 체포됨	Ackerman이 뉴욕에서 가족연구소 개소 Minuchin이 뉴욕에서 윌트윅 프로젝트 시작
1961	쿠바의 망명반도들이 피그스만 침공 베를린 장벽 건설 Gordon Allport가 성격의 패턴과 성장(*Pattern and Growth in Personality*) 출판 Carl Jung 사망(1875년생) Alan Shephard가 미국에서 우주선으로 최초로 비행함	Bell이 가족집단치료(*Family Group Therapy*) 출판 LA에서 퀜플러 가족발달연구소 개소 Szasz가 정신병의 신화(*The Myth of Mental Illness*) 출판
1962	쿠바 미사일 위기 로마에서 제2차 바티칸 공의회 개최 엘리너 루스벨트 사망(1884년생) DNA의 분자구조 결정에 대하여 Watson이 노벨 생리의학상 수상	Bateson 프로젝트가 끝남 Haley가 MRI로 감 가족과정(*Family Process*) 출판 시작
1963	J.F.K.가 암살됨, L.B.J.가 미국 대통령이 됨 교황 요한 23세 사망. 교황 바오로 6세가 계승 Michael DeBakey 박사가 수술하는 동안 혈액순환을 담당하기 위해서 인공심장을 처음으로 사용 워싱턴 DC에서 20만 명이 자유의 행진에 참가	Haley가 심리치료 전략(*Strategies of Psych-otherapy*) 출판

표 2.1 역사적 맥락 (계속)		
연도	**세계사적 배경**	**가족치료의 발달**
1964	인도 수상 네루 사망(1890년생) L.B.J.가 미국 대통령에 당선됨 Eric Berne이 **사람들의 게임**(*Games People Play*) 출판 Nobert Wiener 사망(1894년생)	필라델피아 가족연구소(Philadelphia Family Institute) 창설 Satir가 **공동가족치료**(*Conjoint Family Therapy*) 출판
1965	윈스턴 처칠 사망(1874년생) Ralph Nader가 **어떤 속도에도 위험한 차**(*Unsafe at Any Speed*) 출판 미국 상원에서 국가적 규모로 공해방지법의 입법화를 추진함 미국 북동부의 정전으로 3,000만 명이 영향을 받음 Kurt Goldstein 사망(1878년생)	Whitaker가 위스콘신대학교로 감 Boszormenyi-Nagy와 Framo가 **집중가족치료**(*Intensive Family Therapy*) 출판 Minuchin이 필라델피아 아동지도소의 소장이 됨 Jackson이 **가족규칙: 부부 상응관계**(*Family Rules: Marital Quid Pro Quo*) 출판
1966	인디라 간디가 인도 수상이 됨 베트남에서의 미국 정책에 대한 국제적인 항의 홍수가 북부 이탈리아를 강타하여 베니스와 피렌체에서 수천만 점의 예술품이 파괴	Ackerman이 **문제가족치료**(*Treating the Troubled Family*) 출판
1967	이스라엘과 아랍의 6일 전쟁 Christiaan Barnard 박사가 남아프리카공화국에서 최초로 인간의 심장 이식 수술을 집도함 Desmond Morris가 **털 없는 원숭이**(*The Naked Ape*) 출판 스탈린의 딸인 스베틀라나 알릴루예바가 미국에 도착 Gordon Allport 사망(1897년생)	Watzlawick, Beavin, Jackson이 **인간의사소통의 실용성**(*Pragmatics of Human Communication*) 출판 MRI에서 단기 가족치료 프로젝트 시작 Haley가 필라델피아로 감 Minuchin과 동료들이 **빈민가의 가족**(*Families in the Slums*) 출판 Selvini Palazzoli가 이탈리아 밀라노에서 가족학 연구소 창설
1968	마틴 루터 킹 2세가 암살당함 로버트 F. 케네디 상원의원이 암살당함 리처드 닉슨이 대통령에 당선됨 학생들의 소요가 전 세계적으로 대학생활의 혼란을 야기함 교황 바오로 6세가 인공적 피임방법에 반대하는 회칙인 '인간의 생명에 관하여(Humanae Vitae)'를 만듦	Satir가 에설런으로 감 Lederer와 Jackson이 **결혼과 신기루**(*Mirages and Marriage*) 출판 Don Jackson 사망(1920년생) Bertalanffy가 **일반체계이론**(*General System Theory*) 출판 미국 사이버네틱스학회의 첫 모임이 성사됨
1969	골다 메이어가 이스라엘의 4대 수상이 됨 미국의 여론조사 결과, 조사자의 70%가 종교의 영향이 줄어들고 있다고 느낌 아폴로 2호의 달 착륙 메릴랜드대학교의 J. Weber가 1916년 아인슈타인이 처음으로 예측한 중력파를 관찰했다고 발표함 미국 정부가 DDT 사용금지를 조치	

표 2.1	역사적 맥락 (계속)	
연도	**세계사적 배경**	**가족치료의 발달**
1970	베트남전 반대 시위로 인해 오하이오 주의 켄 트주립대학교 학생 4명이 사망 Bertrand Russell 사망(1872년생) 위스콘신대학교의 과학자들이 유전자의 합성 을 최초로 발표함	Laing과 Esterson이 **정신, 광기 그리고 가족**(*Sanity, Madness, and the Family*) 출판 Masters와 Johnson이 **인간의 성적 부적응**(*Human Sexual Inadequacy*) 출판 Kuhn이 **과학혁명의 구조**(*The Structure of Scientific Revolutions*) 출판
1971	미국 연방대법원이 인가하지 않은 교구부속학 교를 연방정부와 주정부가 도움 제26차 헌법 수정조항에 의해 18세에 선거권 을 허용 닉슨이 인플레이션의 억제를 위해 90일 동안 임금과 물가의 동결을 지시함 Erich Segal이 **러브스토리**(*Love Story*) 출판	Ackerman 사망(1908년생) Bateson이 "자아의 사이버네틱스(The Cybernetics of Self)" 발표
1972	미국이 오키나와 섬을 일본에 반환 닉슨이 중국과 소련 방문 '워터게이트 사건' 시작 닉슨이 미국 대통령에 재선됨	Bateson이 **마음의 생태학의 단계들**(*Steps to an Ecology of Mind*) 출판 Wynne이 로체스터대학교로 감 Satir가 **사람 만들기**(*Peoplemaking*) 출판
1973	미국 부대통령 스피로 애그뉴가 탈세로 사임 제럴드 포드가 부대통령에 취임 미국 연방대법원은 주정부가 임신 중 첫 6개 월 동안의 낙태를 금지하지 않을 수도 있도 록 규정 파블로 피카소 사망(1881년생) 가솔린 부족으로 에너지 위기가 시작됨	Boszomenyi-Nagy와 Spark가 **보이지 않는 충성 심**(*Invisible Loyalties*) 출판 Haley가 **비상한 치료**(*Uncommon Therapy*) 출판 Kempler가 **게슈탈트 가족치료 원리**(*Principles of Gestalt Family Therapy*) 출판 Speck과 Attneave가 **가족네트워크**(*Family Networks*) 출판
1974	세계적인 인플레이션 닉슨이 사임하고 포드가 미국 제39대 대통령 에 취임 시리아와 이스라엘 간의 골란고원에서 정전 촉진 베트남전쟁 탈영병들에게 제한적 사면	Warzlawick, Weakland, Fisch가 **변화**(*Change*) 출판 Minuchin이 **가족과 가족치료**(*Families and Family Therapy*) 출판 Kaplan이 **새로운 성치료**(*The New Sex Therapy*) 출판
1975	미국이 20여 년 동안의 베트남전 군사개입을 종료함 이집트가 수에즈 운하를 재개통함 미국의 아폴로호와 소련의 소유즈 19호가 지 표상공 40마일에서 결합함 미국 독립 200주년 기념식이 보스턴에서 시작	Satir, Stochiwiak, Taschman이 **가족의 변화 모색**(*Helping Families To Change*) 출판
1976	마오쩌둥 사망(1893년생) 지미 카터가 미국 대통령에 당선됨 Alex Haley가 **뿌리**(*Roots*) 출판 미국 공군사관학교에서 155명의 여학생에게 입학 허가. 미국 군사학교의 남성 전통이 끝남	Haley가 **문제 해결 치료**(*Problem-Solving Therapy*) 출판 Bandler, Geinder, Satir가 **가족의 변화**(*Changing With Families*) 출판 Watzlawick이 **실재의 본질**(*How Real Is Real?*) 출판 Haley가 워싱턴 DC로 감

표 2.1	역사적 맥락 (계속)	

연도	세계사적 배경	가족치료의 발달
1977	카터 대통령이 베트남전 동안 미국의 징병 기피자의 거의 대부분을 사면함 미국 에너지부 발족 1963년 이후로 대학교 지망 학생 수의 지속적인 감소 미국이 중성자 폭탄 실험 승인 보이저 1, 2호가 태양계 탐사 시작	Watzlawick, Weakland가 **상호작용적 시각**(*The Interactional View*) 출판 Papp이 **사례연구 완본**(*Full Length Case Studies*) 출판 AFTA(미국가족치료아카데미) 창립
1978	Hubert Humphrey 사망(1911년생) 미국 상원이 새 파나마 운하 조약에 비준 미국과 중국이 전면적인 외교관계 수립을 발표 이스라엘 수상 베긴과 이집트 대통령 사다트가 캠프데이비드에서 중동 평화를 위한 기준에 동의 교황 바오로 6세와 요한 바오로 1세 사망, 456년 만에 처음으로 이탈리아인이 아닌 폴란드인 요한 바오로 2세, 카롤 보이티와가 교황으로 선출됨 영국에서 최초의 시험관 아기 탄생 쓰시마 섬에서 핵 사고	Napier와 Whitaker가 **가족의 고난**(*The Family Crucible*) 출판 Minuchin과 동료들이 **정신신체적 가족**(*Psychosomatic Families*) 출판 Bowen이 **일상실천에서의 가족치료**(*Family Therapy in Clinical Practice*) 출판 Selvini Palazzoli와 동료들이 **역설과 반대 역설**(*Paradox and Counterparadox*) 출판 Watzlawick이 **변화의 언어**(*The Language of Change*) 출판 Hare-Mustin이 "가족치료에 대한 페미니스트 접근(A Feminist Approach to Family Therapy)" 발표 Derrida가 **글쓰기와 차이**(*Writing and Difference*) 출판
1979	Elaine Pagels가 **영지주의 복음**(*Gnostic Gospels*) 출판 마거릿 대처가 서구에서 최초의 여성 수상이 됨 산디니스타가 니카라과에서 권력을 잡음, 엘살바도르 시민전쟁 시작 이스라엘-이집트가 워싱턴 DC에서 평화조약에 서명	Bateson이 **정신과 자연**(*Mind and Nature*) 출판 Rueveni가 **위기의 가족 네트워킹**(*Networking Families in Crisis*) 출판 Visher와 Visher가 **계부모가족**(*Stepfamilies*) 출판 Kaplan이 **성적 욕망 장애와 성치료의 새로운 개념 및 기법**(*Disorders of Sexual Desire and Other New Concepts and Techniques in Sex Therapy*) 출판 Rorty가 **철학과 자연의 거울**(*Philosophy and the Mirror of Nature*) 출판
1980	로널드 레이건이 대통령에 당선 세인트헬레나 산 폭발 이란-이라크 전쟁 시작 폴란드 무역연합 창설 서양이 모스크바의 제20회 올림픽게임을 보이콧 William Golding이 **성인의식**(*Rites of Passage*) 출판 B형 간염 백신이 개발됨	Haley가 **집 떠나기**(*Leaving Home*) 출판 Gregory Bateson 사망(1904년생) Erickson 최면치료에 관한 최초의 국제회의 Selvini Palazzoli/Prata와 Boscolo/Cecchin이 각자의 팀 결성 Foucault가 **권력과 지식**(*Power/Knowledge*) 출판 Maturana와 Varela가 **자기생성과 인지**(*Autopoiesis and Cognition*) 출판

표 2.1 역사적 맥락 (계속)		

연도	세계사적 배경	가족치료의 발달
1981	화상 환자를 위한 인공피부 개발 사다트 이집트 대통령 사망 레이건 대통령과 요한 바오로 2세 교황이 별도의 암살 시도에서 부상 최초의 우주선 콜롬비아호가 비행 미국 대법원에서 최초로 여성을 임명	Kempler가 가족에 대한 경험적 심리치료(Experiential Psychotherapy with Families) 출판 Madanes가 전략적 가족치료(Strategic Family Therapy) 출판 Hoffman이 가족치료의 기초(The Foundations of Family Therapy) 출판 von Foerster가 관찰하는 체계(Observing Systems) 출판 Minuchin과 Fishman이 가족치료기법(Family Therapy Techniques) 출판
1982	포클랜드 전쟁 브레즈네프 소련 대통령 사망 산디니스타에 대항하는 니카라과 반정부 세력을 미국이 물리침 최초의 인공심장 이식(미국) 캐나다에서 최초로 여성이 대법원 판사가 됨	Gilligan이 다른 목소리로(In a Different Voice) 출판 Walsh가 정상가족 과정(Normal Family Processes) 출판 Fisch와 동료들이 변화의 책략(The Tactics of Change) 출판 McGoldrick과 Giordano가 민족성과 가족치료(Ethnicity and Family Therapy) 출판 학술지 가족체계의학(Family Systems Medicine) 창간본 출판
1983	레이건의 '스타워즈' 연설 미국이 그레나다에 군사 개입 미국 최초로 여성(Sally K. Ride)이 우주에 감 미국과 유럽에서 반인종격리 데모 증가 최초의 우주탐사선인 파이어니어 10호가 태양계로 떠남	Keeney가 변화의 미학(Aesthetics of Change) 출판 Doherty와 Baird가 가족치료와 가정의학(Family Therapy and Family Medicine) 출판 Falicov가 가족치료에 대한 문화적 관점(Cultural Perspectives in Family Therapy) 출판 Geertz가 현장 지식(Local Knowledge) 출판
1984	다국적 평화유지군이 레바논에서 철수 소련이 참가하지 않은 채 제21회 올림픽게임이 로스앤젤레스에서 개최 인디라 간디 여사 사망(1917년생) 레이건이 대통령에 재선됨 여성이 최초로 부통령 후보가 됨	Madanes가 일방경 뒤에서(Behind the One-Way Mirror) 출판 Watzlawick이 창조된 실재(The Invented Reality) 출판 Minuchin이 가족 망원경(Family Kaleidoscope) 출판 Slipp이 대상관계(Object Relations) 출판 Christian Midelfort 사망(1906년생)
1985	고르바초프가 소련 지도자가 됨 남아프리카공화국이 긴급사태 선포 팔레스타인 테러리스트가 로마와 비엔나 공항 공격 바르샤바 조약이 30년간 갱신 캐나다가 '스타워즈' 초청 거부 제네바에서 레이건-고르바초프가 정상회담	Gergen이 논문 "심리학에서 사회구성주의 운동(Social Constructivist Movement in Psychology)" 발표 de Shazer가 해결중심 단기치료의 열쇠(Keys to Solution in Brief Therapy) 출판 Goldner가 "페미니즘과 가족치료(Feminism and Family Therapy)" 발표 Hoffman이 "권력과 통제를 넘어서: 2차 가족 체계를 향하여(Beyond Power and Control: Toward a Second-Order Family Systems Therapy)" 발표

표 2.1 역사적 맥락 (계속)

연도	세계사적 배경	가족치료의 발달
1986	미국 우주선 챌린저호 폭발 필리핀 대통령 마르코스 망명, 아퀴노 여사가 뒤를 이음 미국 비행기가 리비아를 폭격 체르노빌에서 핵 사고 미국 이란-콘트라 스캔들 폭로	Selvini Palazzoli가 "정신병적 가족게임의 일반 모델 모색(Towards a General Model of Psychotic Family Games)" 발표 Anderson과 동료들이 조현병과 가족(Schizophrenia and the Family) 출판 Ault-Riche가 여성과 가족치료(Women and Family Therapy) 출판
1987	시리아가 베이루트에 개입 차드가 리비아 격파 서양 해군이 걸프만 배를 호위하기 시작 인도가 스리랑카에 개입 세계 주식시장의 '블랙 먼데이' 마거릿 대처가 영국의 세 번째 선거에서 승리	Boszormenyi-Nagy가 맥락적 가족치료의 기초(Foundations of Contextual Therapy) 출판 Bateson과 Bateson이 천사의 두려움(Angels Fear) 출판 Andersen이 "반영팀(The Reflecting Team)" 발표 국제가족치료학회(IFTA) 창설 Scharff와 Scharff가 대상관계 가족치료(Object Relations Family Therapy) 출판
1988	조지 W. 부시가 대통령에 당선 소련의 아프가니스탄 철수 시작 서울에서 제22회 올림픽 개최 가장 멀리 떨어진 은하 4C41.17 발견 미테랑이 프랑스 대통령으로 재당선 살만 루시디가 악마의 시(The Satanic Verses) 출판	Virginia Satir 사망(1916년생) de Shazer가 줄거리(Clues) 출판 Walters와 동료들이 보이지 않는 거미줄(The Invisible Web) 출판 Anderson과 Goolishian이 "언어체계로서의 인간체계(Human System as Linguistic Systems)" 발표 Visher와 Visher가 오랜 충성심, 새로운 유대(Old Loyalties, New Ties) 출판
1989	베를린 장벽이 무너짐 중국의 천안문광장 학살 샌프란시스코 지진 아야톨라 호메이니 사망 엑손 발데스의 원유 유출 사고	O'Hanlon과 Wiener-Davis가 해결을 찾아서(In Search of Solutions) 출판 Boyd-Franklin이 치료에서의 흑인가족(Black Families in Therapy) 출판
1990	질병 통제를 위한 유전자 치료의 사용이 최초로 승인됨 앤 리차즈가 텍사스 주지사로 당선 John Updike가 달려라, 토끼(Rabbit at Rest) 출판 이란의 쿠웨이트 침공 미하일 고르바초프가 노벨평화상 수상	Murray Bowen 사망(1913년생) White와 Epston이 치료적 목적을 위한 내러티브 방법(Narrative Means to Therapeutic Ends) 출판 Madanes가 성, 사랑, 폭력(Sex, Love, Violence) 출판
1991	중동에서 '사막의 폭풍' 전쟁 소련 붕괴 Isaac Bashevis Singer 사망(1904년생) 서굿 마셜이 미국 대법원 사임	페미니스트들이 AAMFT 연례학술대회 보이콧 Gergen이 포화된 자아(The Saturated Self) 출판 Harold Goolishian 사망(1924년생) Andersen이 반영팀(The Reflecting Team) 출판 Schnarch가 성적 문제 구성하기(Constructing the Sexual Crucible) 출판

표 2.1 역사적 맥락 (계속)		
연도	세계사적 배경	가족치료의 발달
1992	빌 클린턴이 미국 대통령에 당선 지구 서밋(유엔환경개발회의) 소말리아 개입 토마스 무어가 영혼의 돌봄(*Care of the Soul*) 출판	McDaniel과 동료들이 의료가족치료(*Medical Family Therapy*) 출판 Breunlin과 동료들이 메타프레임(*Metaframeworks*) 출판 McNamee와 Gergen이 사회적 구성과 치료과정(*Social Construction and the Therapeutic Process*) 출판
1993	건강보험 논란 보스니아에서 인종청소 Maya Angelou가 이제, 여행에는 아무것도 가지고 가지 않네(*Wouldn't Take Nothing for My Journey Now*) 출판	Boscolo와 Bertrando가 시간의 시대(*The Times of Time*) 출판 Hoffman이 목소리 나누기(*Exchanging Voices*) 출판 Israel Zwerling 사망(1917년생)
1994	미국 공화당이 의회의 다수당이 됨 이스라엘과 요르단, 이스라엘과 팔레스타인 협정 Richard Hermstein과 Charles Murray가 종모양의 곡선(*The Bell Curve*) 출판 UN 세계 가족의 해 넬슨 만델라가 남아프리카공화국 대통령에 당선 아일랜드 정전	de Shazer가 단어는 원래 마술이었다(*Words Were Originally Magic*) 출판 William H. Masters가 은퇴, 마스터스와 존슨 연구소 폐쇄 Rolland가 만성 장애를 가진 가족 돕기(*Helping Families with Chronic and Life-Threatening Disorders*) 출판 Mary Catherine Bateson이 주변인의 비전(*Peripheral Visions*) 출판
1995	보스니아에서 미국과 UN Jonas Salk 사망(1915년생) 오클라호마시티 테러 폭탄 공격 워싱턴 DC에서 백만행군	Carl Whitaker 사망(1912년생) Held가 현실로 돌아가기(*Back to Reality*) 출판 John Weakland 사망(1919년생) White가 재저작한 삶(*Re-Authoring Lives*) 출판
1996	클린턴 대통령 재선 성공 TWA 800 비행기 추락 프랑수와 미테랑 사망(1917년생) 칼 세이건 사망(1934년생)	Laird와 Green이 동성애 부부와 가족(*Lesbians and Gays in Couples and Families*) 출판 Freedman과 Combs가 이야기치료: 선호하는 이야기의 사회적 구성(*Narrative Therapy: The Social Construction of Preferred Realities*) 출판
1997	다이애나 왕세자비 자동차 사고로 사망(1961년생) 테레사 수녀 사망(1910년생) 홍콩이 중국에 반환됨 타이거 우즈가 마스터스 골프 챔피언십에서 우승	Anderson이 대화, 언어, 가능성(*Conversation, Language, and Possibilities*) 출판 Becvar가 영혼의 치유(*Soul Healing*) 출판 Schnarch가 열정적 결혼(*Passionate Marriage*) 출판
1998	빌 클린턴 대통령의 탄핵 마크 맥과이어가 70홈런 달성 아칸소 주 존스보로에서 학교 살인사건 비아그라가 시장 공격	신경과학자들이 인간은 내러티브 종이라고 주장 Froma Walsh가 가족 회복탄력성 강화(*Strengthening Family Resilience*) 출판 Minuchin과 동료들이 빈곤가족과 작업하기(*Working with Families of the Poor*) 출판

표 2.1 역사적 맥락 (계속)		
연도	**세계사적 배경**	**가족치료의 발달**
1999	러시아-체첸공화국 갈등 웨인 그레츠키와 마이클 조던 은퇴 J. K. 롤링이 **해리포터와 마법사의 돌** 출판 DNA 해독/인간게놈 프로젝트	Gottman이 **결혼 클리닉**(*The Marriage Clinic*) 출판 McGoldrick과 동료들이 **가계도: 사정과 개입, 제 2판**(*Genograms: Assessment and Intervention, 2nd Ed.*) 출판 John Elderkin Bell 사망(1913년생) Mara Selvini Palazzoli 사망(1916년생)
2000	Y2K : 새천년 시작 조지 W. 부시 대통령 당선 타이거 우즈의 해 아프리카에 AIDS 창궐	Papp이 **잘못된 부부**(*Couples on the Fault Line*) 출판 Kaslow가 **부부가족 범죄 핸드북**(*Handbook of Couple and Family Forensics*) 출판
2001	9월 11일 미국에 대한 테러공격 미국 정부의 아프가니스탄 폭격 경제 침체/하이테크 주식 폭락 탄저병 발생과 위협	가족치료 네트워크(Family Therapy Networker)가 심리치료 네트워크(Psychotherapy Networker)로 됨 James Framo 사망(1922년생) Becvar가 **슬픔 앞에서**(*In the Presence of Grief*) 출판 Theodore Lidz 사망(1910년생)
2002	Enron(미국 에너지회사) 파산 Nancy Pelosi가 미국 의회에서 당대표로 선출된 첫 번째 여성이 됨 Ann Landers 사망(1918년생) Stephen Jay Gould 사망(1941년생)	Sprenkle이 **부부가족치료의 효과성 연구**(*Effectiveness Research in Marriage and Family Therapy*) 출판 Hoffman이 **가족치료: 친밀한 역사**(*Family Therapy: An Intimate History*) 출판
2003	Bob Hope 사망(1903년생) 사담 후세인 체포 Fred Rogers 사망(1928년생) 댄 브라운이 **다빈치코드** 출판	Sexton과 동료들이 **가족치료 핸드북**(*Hand-book of Family Therapy*) 출판
2004	조지 W. 부시가 대통령에 재당선 보스턴 레드삭스가 월드시리즈에서 우승 야세르 아라파트 사망(1929년생) 아프가니스탄에서 선거 인도양에서 쓰나미 발생으로 11개국에서 25만 명 사망	AAMFT 교육자위원회가 핵심역량을 정의하는 데 초점을 둠 Gianfranco Cecchin 사망(1932년생)
2005	허리케인 카트리나가 루이지애나 주 휩씀 Bill & Melinda Gates 건강에 10억 달러 투자 교황 요한 바오로 2세 사망(1920년생) Eugene McCarthy 사망(1916년생) 불법 이민자에 대한 논쟁	Steve de Shazer 사망(1940년생)

표 2.1	역사적 맥락 (계속)	
연도	세계사적 배경	가족치료의 발달
2006	Al Gore가 **불편한 진실**(*An Inconvenient Truth*) 출판 Betty Friedan 사망(1921년생) John Kenneth Galbraith 사망(1909년생) 대체연료인 에탄올 생산량 증가 세인트루이스 카디널스가 월드시리즈에서 우승	Marianne Walters 사망(1921년생) Boss가 **상실, 트라우마와 회복탄력성**(*Loss, Trauma and Resilience*) 출판
2007	제럴드 포드 사망(1914년생) 사담 후세인 추방 교황 베네틱토 16세가 그리스도의 최고 진실 주장 대학생의 학자금 융자 스캔들 Arthur Schlensinger 사망(1918년생)	Lyman Wynne 사망(1923년생) Ivan Boszormenyi-Nagy 사망(1920년생) Jay Haley 사망(1923년생) Insoo Kim Berg 사망(1934년생) Paul Watzlawick 사망(1922년생) Tom Andersen 사망(1937년생) White가 **이야기치료의 지도**(*Maps of Narrative Practice*) 출판
2008	조지 W. 부시가 정신건강패리티법안에 서명 버락 오바마가 미국 최초로 아프리카계 미국인 대통령이 됨 코소보가 세르비아에서 독립 선언 피델 카스트로가 쿠바 대통령 사임	Michael White 사망(1949년생)
2009	미국 하원과 상원에서 건강보험 개혁안 승인 이탈리아 라퀼라에서 강도 6.3 지진으로 약 300명 사망, 1,500명 이상 부상 마이클 잭슨 사망(1958년생) Walter Cronkite 사망(1916년생)	John Visher 사망(1921년생) Ray와 Nardone이 **폴 바츠라비크**(*Paul Watzlawick: Insight May Cause Blindness*) 출판 Ray가 **돈 잭슨**(*Don D. Jackson: Interactional Theory in the Practice of Therapy*) 출판 부부가족치료사 자격증 제도가 미국 50개 주 모두에서 시행됨
2010	미국의 멕시코 만 딥워터호라이즌에서 유전 사고 오바마 대통령이 환자보호와 관리법안에 서명 칠레에서 강도 8.8 지진으로 쓰나미가 발생하여 남태평양 황폐화와 적어도 525명 사망 APA가 DSM-V 초안 승인	Richeport-Haley와 Carson이 **제이 헤일리를 그리며**(*Jay Haley Revisited*) 출판 Madigan이 **이야기 치료**(*Narrative Therapy*) 출판 퇴역군인협회에서 부부가족치료사 고용 시작
2011	노인 의료보험 혜택 확장 파키스탄에서 미국의 군사작전 도중 오사마 빈 라덴 사망 리비아의 이전 지도자인 무아마르 카다피 사망 엘리자베스 테일러 사망(1932년생) 세인트루이스 카디널스가 월드시리즈에서 우승	Sexton이 **임상적 실천에서의 기능적 가족치료**(*Functional Family Therapy in Clinical Practice*) 출판 Van der Horst가 **존 보울비: 정신분석에서 인성학까지**(*John Bowlby: From Psychoanalysis to Ethology*) 출판 Flanklin과 동료들이 **해결중심 치료: 증거기반 실천의 핸드북**(*Solution-Focused Brief Therapy: A Handbook of Evidence Based-Practice*) 출판

실전문제

다음의 질문은 이 장에서 다룬 내용의 적용과 분석을 테스트하는 것이다. 임상실천과 더불어 이 장에 대한 추가적인 사정, 적용, 분석, 합성, 평가를 위해 다음 질문에 답하시오.

1. 사이버네틱스를 정의하고, 그것이 어떻게 언제 시작되었는지 설명하고, 사이버네틱스 발전에 가장 영향력 있는 인물을 살펴보시오.

2. 이중구속 가설과 이중구속 상황의 필요 요소에 대해 설명하시오.

3. MRI가 가족치료 연구와 실천에 어떤 영향을 미쳤는가? MRI는 맨 처음에 왜 발전되었나?

4. 1970년대의 주요 가족치료 접근을 논하시오. 각 가족치료 접근의 주요 원칙은 무엇이었으며, 각 모델은 가족치료를 어떻게 보았는가?

5. 가족치료 접근을 비판하였던 페미니스트들의 가족치료에 대한 비판 내용을 서술하시오.

6. 이중구속 가설을 이끈 이론가 중 한 사람을 선택하고 그 사람이 가족치료 연구에 미친 공헌을 설명하시오.

7. 치료에 대한 Jung과 Freud의 입장을 비교하고 대조하시오.

8. 가족치료 분야에 영향을 미치고 있는 주요 세계적 사건들에 기초하여 21세기 가족치료의 위치를 논하시오.

MYSEARCHLAB 살펴보기

www.MySearchLab.com에 다음의 비디오, 사례, 문서 등이 제시되어 있다.[1]

추천 비디오

∧ Genograms: The Tool That Brings Resilience to Life—Initial Concerns(Part 1 of 12)(가계도: 삶에 회복탄력성을 가져오는 도구—초기 고려점)

가계도의 디자인을 고찰한다. 가족치료 상황에서 가계도는 어떻게 그리고 왜 쓰이는가?

Family Counseling(가족상담)

이 치료자가 상담에 대한 학제적 접근을 어떻게 사용하는지 서술하시오. 이 치료자가 선호하는 치료적 접근은 무엇인가?(예 : 정신역동, 자연체계이론)

Cheating(외도)

가족치료에 대한 의사소통 접근에서 외도가 어떻게 다루어지는지 설명하시오. 의사소통 접근을 사용하는 가족치료자는 외도를 경험하고 있는 부부와 작업하기 위해 어떻게 시작하는가?

추천 사례/문서

△ Gambler Loses It All: The Story of the Williamses, A(모든 것을 잃은 도박꾼 윌리엄스 이야기)

이 사례연구를 바탕으로 리치와의 치료를 어떻게 시작할 것인가? 맨 처음 당신의 임상적 인상은 무엇인가? 어떤 개입을 제안할 것인가?

△ Loss of Innocence(순결의 상실)

스튜어트와 샤론은 그들의 관계에서 신뢰 재구축을 어떻게 시작할 수 있을까? 치료자의 관점에서 볼 때, 파트너들은 외도를 드러내야 할까? 설명해 보시오.

△ Down with Depression—The Story of the Polanskys(우울증으로 기분이 우울한 폴란스키 이야기)

우울증에 대한 이론적 입장을 설명하시오. 배리의 아동기와 양육이 우울증에 어떻게 기여할 수 있을지 서술하시오. 우울증은 생물학적, 환경적 혹은 사회적 요인에 근거한다고 생각하는가?

추천 자원

Professional Voices from the Field(가족치료 분야 전문가의 목소리) : Murray Bowen

Professional Voices from the Field(가족치료 분야 전문가의 목소리) : Nathan Ackerman

웹사이트 : American Association for Marriage and Family Therapy

연구 주제

Gregory Bateson

Don Jackson

James Framo

---

1 그러나 www.MySearchLab.com의 자료 접근 권한을 이 번역서에서는 제공할 수 없음
∧=AAMFT 핵심능력자산, △=사례연구

3

체계이론의 패러다임 전환

학습 목표

- 제1단계 사이버네틱스 수준에서 체계이론의 기본 개념을 정의한다.
- 제2단계 사이버네틱스 수준에서 체계이론의 기본 개념을 정의한다.
- 제1단계에서 제2단계로 이동할 때 몇 가지 기본 개념의 의미 변화를 설명한다.
- 제1단계 대 제2단계 사이버네틱스 관점의 치료자 입장을 비교한다.
- 제2단계 사이버네틱스 수준에서 체계이론의 가정을 요약한다.

여행을 은유로 한 이 지역은 교통수단을 바꿔야 한다. 타고 가는 느낌이 다를 것이므로 이제 독자 여러분은 스스로 다른 분위기에 적응해야 한다. 제2장에서는 가족치료 역사의 계곡을 통해 평화로운 항해를 즐겼다. 물결이 이는 적이 없었고, 날씨는 은은하였으며, 강가의 풍경은 익숙한 경우가 많았고, 그렇지 않은 경우는 드물었다. 그러나 체계이론의 세계를 더욱 가깝게 보러 가기 위한 이 비행기의 조종사로서, 몇 가지 차례차례 상기해야 할 점이 있다고 느낀다. 이제 고도를 높여서 비행할 것이고, 그 분위기는 익숙하지 않을 것이다. 객석은 보정장치가 되어있지만 때로 기압이 변할 것이고, 여러분은 귀가 불편할 수도 있다. 난류 때문에 약간의 흔들림이 있을지도 모른다. 그러나 이 비행기는 여러분의 안전을 위한 장치가 되어있으며, 가능한 편안하게 비행할 것임을 보장한다. 이제 안전띠를 매라, 이륙할 준비가 되었다.

사이버네틱스 인식론

우리 비행기가 이륙하여 구름을 뚫고 올라갈 때 창밖을 내다보면 땅 위에 있는 익숙한 물체들이 점점 더 알아보기 힘들 것이다. 이 조망에서 보면 세상은 다르게 보인다. 전체에 대한 감을 잡을 수 있고 부분들이 서로 어떻게 연결되어 있는지를 알 수 있다. 자동차와 고속도로, 집, 정원, 강과 둑을 따로 보지 않고, 고속도로 위의 자동차, 집에 달린 정원, 강 옆의 둑을 보게 된다. 이렇게 상호 연결된 모든 단위는 마을, 읍, 도시 등 더 큰 전체의 부분으로 보인다. 이처럼 비행기 아래의 많은 요소와 사람들이 관계를 맺고 있으며 상호 의존한다는 관점은 제1단계 사이버네틱스 수준에서의 체계이론 관점과 다르지 않다.

이 시점에서 체계이론/사이버네틱스와 체계이론적/사이버네틱이라는 용어를 어떻게 사용하는지 살펴볼 필요가 있다. Beer(1974)가 지적했듯이, "사이버네틱스와 일반체계이론을 같은 범주로 여기는 사람도 있고, 반면 각각을 다른 하나의 분파로 여기는 사람도 있다"(p. 2). 그러나 후자의 경우, 그 논쟁은 기본 개념 및 이론적 입장에 대한 불일치보다 주로 각 관점의 적용과 관련이 있는 것 같다. 그러나 체계이론과 사이버네틱스 모두 제1장에서 서술한 대로, 동일한 기본 가정을 기초로 한다. 그 기본 가정은 '무엇?'이라는 질문, 상호적 인과성, 전일적, 변증법적, 주관적/지각적, 선택의 자유/능동적, 패턴, '지금 여기'에 초점, 관계적, 맥락적, 상대적인 것 등이다. 더욱이, 체계이론적 사고의 발전에서 특히 중요한 사건은 1차 혹은 제1단계 사이버네틱스(simple cybernetics)와 제2단계 사이버네틱스(cybernetics of cybernetics)를 구분하였을 때 일어났다. 이제 각각을 차례로 살펴볼 것이다.

비행기에서 세상을 내려다본다는 비유로 돌아가보면, 제1단계 사이버네틱스의 수준에서 우리는 체계 내부에서 무엇이 일어나는지를 바라보는 관찰자로서 체계 밖에 위치한다. 이 수준에서 체계를 기술하기 위해 블랙박스 비유를 들 수 있다. 즉, 체계로 들어가는 것은 무엇이고 체계에서 나오는 것은 무엇인지를 관찰함으로써 체계를 이해하고자 한다. 우리는 체계의 일부로서 우리 자신을 보지 않으며, 무엇이 왜 현재와 같은지에 관심이 없다. 초점은 현재 무엇이 일어나고 있는지를 기술하는 데 있다. 따라서 우리는 다음과 같은 질문, 즉 "체계의 구성원은 누구인가?", "체계에서 일어나는 상호작용의 특징적 패턴은 무엇인가?", "어떤 규칙과 역할이 이 체계의 경계선을 형성하며 다른 체계와 이 체계를 구분 짓는가?"를 묻는다. 우리는 체계의 개방성과 폐쇄성의 정도를 정의하고자 한다. 즉, 정보가 얼마나 자유롭게 체계로 들어가고 체계로부터 나올 수 있는지를 정의하고자 한다. 안정과 변화 간의 균형도 살펴본다. 비록 역사가 체계의 맥락에 관한 중요한 일부를 제공할 수 있지만, 과거보다 현재에, '지금 여기'에 초점을 둔다. 또한 체계가 질서를 향하거나 질서로부터 이탈하려는 경향성에도 관심이 있다. 그리고 이 모든 질문은 실재를 회귀성(recursiveness)과 피드백/자기교정(self-correction)의 원리에 따라 작용하는 것으로 보는 틀에서 나오는데, 이 두 가지 원칙은 사이버네틱스 체계의 기본 요소이다(Keeney, 1983).

■ 회귀

먼저 회귀적 조직의 이슈를 다루면서, 우리가 세상을 사이버네틱스/체계이론 관점에서 바라볼 때 '왜'라는 질문은 하지 않는다. 이때 우리는 특정 행동이나 상황의 원인에는 관심이 없다. 회귀 혹은 상호적 인과성의 가정에 따라서 사람과 사건을 호혜적 상호작용과 상호적 영향의 맥락에 놓고 본다. 개인과 구성요소를 별개로 살펴보기보다 그들의 관계를 살펴보며, 또 각각이 서로 어떻게 상호작용하고 서로에게 영향을 미치는지를 살펴본다. A의 행동은 B의 행동에 대한 논리적인 보완으로 보며, 마찬가지로 B의 행동도 A의 행동에 대한 논리적인 보안으로 본다. 그래서 예를 들면, 각자 특정한 행동 역할을 수행할 수 있기 위해서 가해자는 피해자를 필요로 하고, 피해자도 가해자를 필요로 한다. 마찬가지로 지배가 복종보다 더 영향력이 있겠지만, 상대방이 복종하겠다고 동의하지 않으면 다른 사람을 지배할 수는 없으며, 또 지배하는 사람이 없으면 복종할 수도 없다. 비행기 창을 통해 그 아래에 있는 세상을 내다볼 때, 정원은 정원을 둔 집이 있을 때만 의미가 있고, 강이 둑의 경계를 정하며, 고속도로에 각종 자동차가 없으면 의미가 없을 것이고, 그 반대도 마찬가지일 것이다.

그래서 체계이론/사이버네틱스 관점에서 볼 때, 의미는 개인들과 요소들 간의 관계로부터 비롯된다. 각각이 상대방을 정의하기 때문이다. 인과관계는 개인들 간의, 체계들 간의 상호작용 영역에서만 찾아볼 수 상호적인 개념이 된다. 개인과 체계는 상호적으로 서로에게 영향을 미치기 때문이다. 책임 혹은 권력은 양방향의 과정으로서만 존재한다. 그 이유는 각 개인과 요소가 특정한 행동을 창조하는 데 참여하기 때문이다. Bateson(1970)이 말하듯이, "복잡한 상호작용 체계에 영향을 미치는 어떤 복잡한 사람이나 기관은 영향을 미친다는 이유로 인하여 그 체계의 일부분이 되며, 어떤 부분도 결코 전체를 통제할 수는 없다"(p. 362). 그러므로 우리들은 서로 상대방과 운명을 함께 나눈다. Bronowski(1978)의 견해대로, 우리도 끊임없이 동참하는 우주의 구성원들로서 우리 자신을 이해하는 것이다.

이러한 회귀적 관점에 의하여 모든 체계는 모든 다른 체계에 영향을 주기도 하고 받기도 하며, 모든 개인은 모든 다른 개인에게 영향을 주기도 하고 받기도 한다. 우리는 스스로를 세계 공동체의 구성원으로 이해하며, 모든 체계들이 서로 연결되어 있는 패턴을 보게 된다. 체계의 수준을 더 늘릴 수 있다는 것은 체계이론의 장점이기도 하고 단점이기도 하다. 전체를 인식하기 위해서는 우리가 전체의 작은 부분에 지나지 않는다는 인식이 필요하다. 더욱이 "인간이 참여하는 생태계는 너무나 복잡하기 때문에 인간이 자신의 많은 행동 결과를 예측하기 위하여 생태계의 내용과 구조를 충분히 파악하기란 불가능할 것이다"(Rappaport, 1974, p. 59). 전체를 파악하는 것은 불가능하며, 전체를 파악하기 위해서는 Bronowski(1978)가 일컬었던 소위 '신(神)의 관점'이 필요할 것이다.

그러나 전통적으로 우리는 인과관계를 선형적으로 생각해왔다. 즉, 우리는 사건을 하나하나 분리하였고, 맥락과는 상관없이 사건을 살폈다. 체계이론적 관점에서 볼 때 개개의 원인 사건과 결과 사건은 더욱 큰 환상(circularity)의 호(partial arc)에 지나지 않는다. 그러므로 우리는 "체계의 일부분에 일방적으로 초점을 두면 생태계의 균형 있는 다양성을 파괴하고 쪼갤 것"(Keeney, 1983, p. 126)이라 자각하게 된다.

■ 피드백

사이버네틱스 체계에서 두 번째로 중요한 범주로 주의를 돌려 피드백 또는 자기교정(self-correction)을 포함하는 회귀의 일면을 살펴보자. 피드백은 과거 행동에 관한 정보가 순환하여 체계에 되돌아가는 과정을 말한다. 사실상 피드백은 행동이며, 어디에서나 찾아볼 수 있다. 왜냐하면 "자신의 투입에 대한 피드백 효과 외에는 자기 행동에 관해 아무것도 모르기" (Powers, 1973, p. 351) 때문이다.

제1단계 사이버네틱스 수준에서는 정적(positive) 피드백과 부적(negative) 피드백에 대해서 이야기할 수 있다. 그러나 개념에 가치판단이 함축되어 있지 않음을 기억할 필요가 있다. 그보다도 이 개념들은 행동이 체계에 미친 영향과 그 행동에 대한 체계의 반응을 말한다. 그래서 정적 피드백은 변화가 일어났으며 체계가 그 변화를 받아들였음을 인정하는 것이고, 부적 피드백은 현상이 유지되고 있음을 나타낸다. 더욱이 두 피드백 과정은 모두 좋은 것일 수도 있고, 나쁜 것일 수도 있다. 피드백 과정이 좋고 나쁨은 맥락에 따라서만 평가될 수 있다.

부적 및 정적 피드백의 개념이 일상적으로 쓰일 때 특정한 가치판단을 어떻게 나타내는지를 이해하는 것이 어렵기 때문에, 의학 분야의 비유를 들어 체계이론/사이버네틱스 관점에서 이 개념이 어떻게 적용되는지를 설명해보자. 어떤 질병을 진단하는 과정에서 의사는 환자에게 어떤 검사를 해야 한다고 요구할 수 있다. 검사 결과가 '부적'이라고 나왔다면, 이것은 신체기능에서 어떤 변화도 일어나지 않았다는 것을 의미한다. 즉, 현상이 유지되고 있다는 것이다. '좋은' 결과이다. 만약 똑같은 검사 결과가 어떤 질병과정이 나타나고 있음을 가리키는 것이라면, '정적'이라고 부를 것이다. 이 경우, 결과는 '나쁜' 것이다. 한편 아이를 갖고 싶어 하는 젊은 여성의 경우를 생각해보자. 임신했는지 여부를 알기 위해서 이 여성이 의사에게 가면, 의사는 몇 가지 검사를 한다. 검사 결과가 이 여성의 임신을 가리키는 이른바 '정적'인 것이라면, 이는 그녀의 몸에 어떤 변화가 일어났으며 그녀가 임신했다는 정보를 제공하는 것이다. 이 경우, 결과는 '좋은' 것으로 생각될 것이다. 만약 검사 결과가 이 여성이 임신하지 않았다는 것을 나타내는 '부적'인 것으로 판명이 되었다면, 이것은 그녀의 몸에 어떤 변화도 일어나지 않았으며, 결과는 '나쁜' 것으로 간주될 것이다. 그러나 아이를 원하지 않는 여성에게도 '정적'인 임신 결과가 나왔다면, 그것은 '나쁜' 결과로 말할 수 있다.

그래서 체계이론/사이버네틱스에서 볼 때, '좋음'과 '나쁨'은 상대적인 용어이며 특정 맥락 안에서 결정될 수 있을 뿐이다. 게다가 부적 피드백 혹은 정적 피드백은 어떤 것의 원인이 되지 않음을 기억하는 것이 중요하다. 그보다도 두 피드백은 일정 시기에 어떤 체계의 과정을 서술하는 용어이다. 피드백 과정을 이해하기 위해서는 행동과 행동에 대한 체계의 반응을 모두 살펴볼 필요가 있다. 예를 들어, 당신 집의 난방 시스템을 생각해보자. 당신은 온도 조절 장치를 섭씨 20도에 맞추고 보일러를 튼다. 당신 집의 온도가 섭씨 20도가 될 때까지 보일러는 계속 가동한다. 20도에서 보일러는 꺼진다. 온도계가 20도를 유지하는 한 보일러는 작동하지 않는다. 온도계가 20도를 가리키고 보일러가 계속 꺼져있는 것은 부적 피드백 과정의 예이다. 즉, 현상이 유지되고 있는 것이다. 그러나 실내 온도가 섭씨 20도 이하로 내려가면, 보일러는 되돌아와서 온도가 20도가 될 때까지 다시 계속 가동될 것이다. 온도가 20도 이하로 떨어졌고, 이에 반응하여 보일러가 다시 가동하기 시작하는 것은 정적 피드백 과정의 예이다. 즉, 변화가 일어났고, 그 변화에 대한 인식이 체계에 통합되었으며, 또 그에 따라 반응하는 것이다.

위에서 언급하였듯이 피드백 과정은 자기교정적 기제이다. 피드백 과정은 변이와 변동을 완화시키는 일을 하며, 따라서 체계의 생존 가능성을 증가시키는 작용을 한다. 그러나 안정과 변화는 모두 체계가 생존하는 과정에서 필요한 측면이다. 정적 피드백은 이전에 확립된 규범에서 이탈했다는 정보가 체계로 되돌아가고, 또 그런 차이가 인정된다는 식으로 반응하는 과정을 나타내므로, 오류에 의해 활성화되는(error-activated) 과정이라고 한다. 그래서 변화에 대한 반응으로 체계 유지 행동이 일어난다. 사실 한 체계 안에서 새로운 행동의 발생은 이 체계가 기능적으로 안정을 유지하기 위해 변화가 필요할 수도 있음을 시사한다. 한편, 부적 피드백 과정은 변동이나 혼란이 반대에 부딪쳤으며, 일정 수준의 안정이 유지되고 있음을 가리킨다. 이와 같이 안정성에 관한 정보가 체계로 되돌아가서 그에 따라 반응이 일어난다.

예를 들면, 가족원들이 성장하고 발달함에 따라 기능적으로 안정을 유지하기 위해서 가족체계는 가족생활주기의 여러 단계에서 변화를 받아들여야 한다. 그러한 변화의 시작은 부모와 자녀 모두에게서 비롯될 수 있다. 실제로 성장하고 발전하는 가족의 일면은 부모 자녀 관계에서 의존과 독립 간의 균형이 점진적으로 변화한다는 것이다. 자녀가 아주 어릴 때는 의존적인 경향이 있고, 자녀의 나이가 들어감에 따라 독립성에 대한 요구도 증가한다. 부모가 이러한 욕구를 예견하고 자녀의 증가된 독립성 욕구를 받아들여서 반항할 가능성을 배제하는 것이 이상적이다. 부모가 자녀에게 더 많은 특권과 책임감을 부여함으로써 자녀의 성장과 성숙을 인정하며, 또 특권이 적절히 다루어지고 책임이 받아들여질 때 정적 피드백 과정이 작동하는 것이다. 한편 부모는 열다섯 살 자녀가 아직도 열 살인 것처럼 계속 대할 수 있다. 그 시점에서 열다섯 살 자녀는 가족규칙을 어기고, 늦게까지 집에 들어오지 않으며, 반항하게 될지도 모른다. 부모가 변화의 필요성을 받아들이든 거부하든, 열다섯 살 자녀의 새로운 행동에 어떻게 반응하고 그런 행동을 얼마만큼 인정하는지와 상관없이 정적 피드백 과정이 작동하고 있는 것이다. 일단 수용과 협동 또는 거부와 반항 패턴이 그 가족체계에 통합되면, 부적 피드백 과정이 작동하는 것이다. 어떤 경우든, 즉 기능적인 방식이든 역기능적 방식이든, 가족체계의 안정성은 부적 및 정적 피드백 과정 모두의 맥락에서 유지된다.

■ 형태안정성과 형태변형성

변화의 맥락에서 안정을 유지하려는 체계의 능력과 안정의 맥락에서 변화하려는 체계의 능력은 형태안정성(morphostasis)과 형태변형성(morphogenesis)의 개념으로 정의된다. 형태안정성은 체계가 안정을 유지하려는 경향, 즉 역동적 평형상태를 나타낸다. 형태변형성은 성장과 창조, 혁신과 변화를 받아들이는 체계 향상적 행동을 말하는데, 이 모두는 기능적인 체계의 특징이다. 잘 기능하는 체계는 형태변형성과 형태안정성 모두를 필요로 한다. 이 둘은 분리될 수 없으며, 동전의 양면과 같다. 즉, "사이버네틱스에서는 변화가 머리 위의 안정이라는 지붕 없이는 찾아올 수 없다고 본다. 마찬가지로 안정은 언제나 근원적인 변화과정에 뿌리를 둘 것이다"(Keeney, 1983, p. 70). 형태안정성과 형태변형성의 연속선상에서 양극의 어느 쪽이라도 역기능적일 수 있다. 반면, 건강한 체계는 이 둘 간에 적당한 균형을 유지할 것이다. 변화가 합당한 것일 때, 체계의 규칙은 규칙에서의 변화를 수용할 것이다.

예를 들어, 생활주기가 변화함에 따라 성장하는 가족의 예로 돌아가 생각해보자. 새로운 단계가 예견되고 체계가 변화를 적절히 받아들일 때, 가족의 기능이 유지된다. 반대로 필요한 변화를 허락하지 않는 15세 청소년 가족의 경우에 형태변형성을 희생하고 형태안정성을 지나치게 강조하면, 가족체계의 행복은 위협을 받는다. 마찬가지로 변화가 너무 자주 또는 너무 많이 허용되면 이전에 확립된 가족의 기능은 위협받을 것이다. 그러나 두 경우 모두 변화가 일어나거나 안정이 유지되는 것은 체계의 규칙에 의해 좌우된다.

■ 규칙과 경계

체계를 움직이는 규칙은 체계 내의 특징적인 관계 패턴으로 이루어진다. 규칙은 체계 내의 행동에 적합한 역할을 나타낼 뿐 아니라 체계의 가치관을 표현한다. 체계의 규칙에 따라 이 체계와 다른 체계가 구별되며, 따라서 규칙은 체계의 **경계**를 형성하는 것이라고 할 수 있다. 규칙이나 경계는 눈에 보이지 않지만, 체계의 반복되는 상호작용 패턴으로부터 유추할 수 있다. 체계는 보는 사람(beholder)의 눈에만 존재한다. 다시 말하면, 체계는 관찰자인 '내(I)'가 체계를 그렇게 정의하려고 선택할 때만 존재한다. 즉, 관찰자인 '내'가 체계 안의 규칙과 관계패턴을 유추할 때만 체계가 존재한다. 체계의 규칙과 관계패턴은 체계를 일정한 방식으로 정의하고 그 경계를 구분 짓는다. 체계의 규칙은 대부분 암묵적이며, 체계 구성원들의 의식 밖에 존재한다.

규칙과 경계의 개념을 이해하기 위하여 잠시 당신이 성장하였던 가족으로 되돌아가 보자. 당신 가족 안에서 당신이 그냥 행했던 것도 있었고, 행하도록 기대되었다고 알고 있었던 것도 있었다. 반면 허락되지 않은 것도 있었다. 누구도 특별히 당신에게 이런 점들을 말하지 않았다. 당신이 허락된 행동의 한계를 넘어 행동했을 때 주로 무엇이 허락되고 허락되지 않았는지를 알게 되었다. 아마 당신 집에서는 저녁식사가 항상 6시에 마련되었고, 아이들은 제시간에 식탁에 앉아야 했을지도 모른다. 종교적인 일이나 학교 일로 인해 어떤 예외가 있을 수도 있었다. 당신 집에서 이와 같은 행동규범은 체계이론/사이버네틱스 관점에서 이른바 규칙이라고 부르는 것이다. 그 규칙들은 당신 가족에 독특한 것이며, 당신 가족을 정의하는 데 도움이 되고, 다른 사람들이 스미스 씨 가족 혹은 존스 씨 가족같이 특정 가족을 파악할 수 있도록 한다. 그 규칙들로 당신 가족이라는 특정한 체계의 경계선이 형성된다.

경계의 개념에도 체계의 위계에 관한 관념이 담겨있다. 어떤 체계 혹은 **홀론**(holon)이라도 (Anderson & Carter, 1990) 더 큰 체계 또는 상위체계(suprasystem)의 부분으로 존재하며, 그보다 작은 하위체계(subsystem)를 가진다. 경계의 개념은 체계가 더 큰 체계로부터 분리되며, 또한 그 상위체계에 소속됨을 의미한다. 그래서 하나의 가족은 하나의 체계인 동시에 모든 가족체계의 일부분이기도 하다. 마찬가지로 형제 하위체계와 부모 하위체계는 이 체계들보다 더 큰 가족체계 안에 존재한다. 체계 밖에서 들어오는 정보는 완충시키는 과정이 필요하다. 가령 당신이 아이였을 때, 당신 부모님이 "그것은 우리 집에서 하던 식이 아니야." 또는 "네 친구 수지가 무엇을 하도록 허락받았는지 상관하지 않아. 그러나 우리 집에서는…."과 같은 말을 한 번쯤은 들었을 것이다. 여기서의 메시지는 체계 밖으로부터 투입은 당신 가족의 가치관과 맞지 않았으며, 따라서 당신의 가족체계에서는 용납이 되지 않을 것이라는 점이다.

체계의 경계는 체계로부터 정보를 내보내는 것을 말하기도 한다. 그런 정보는 다른 체계들의 투입과는 다르지만, 체계 안에서 일어났던 것만은 아니다. 그보다도 들어온 정보는 체계에 의해 변형되어 새로운 정보로서 다른 체계에 방출된다. 예를 들면, 자녀가 학교에 다니기 시작할 때, 가족은 온갖 종류의 새로운 정보 세례를 받게 된다. 존은 새로운 낱말 몇 가지를 배운 까닭에 똑똑해진 것 같은 기분으로 학교에서 돌아온다. 그러나 그의 부모는 그러한 낱말이 상스러운 것이라고 생각한다. 욕설은 용납되지 않는 행동임을 알게 된 후, 존은 새로운 어휘를 가지고 학교에 돌아갈 뿐 아니라 그러한 말을 사용해도 되는 때와 사용해서는 안 되는 때에 관한 메시지를 가지고 학교에 돌아갈 것이다. 그는 이것에 관해 생각해볼 것이고, 다음번에 이 문제에 대해서 이야기할 때 친구들과 이런 생각을 나눌 수도 있고, 그렇지 않을 수도 있다.

■ 개방성과 폐쇄성

체계가 새로운 정보의 투입을 가로막거나 허용하는 정도를 체계의 **개방성**이나 **폐쇄성**이라고 한다. 살아있는 모든 체계는 어느 정도 개방적이며, 그래서 개방성과 폐쇄성은 정도의 문제이다. 체계가 건강하게 기능하기 위해서는 이 둘 간에 적절한 균형을 이루는 것이 바람직하다. 폐쇄성과 개방성의 연속선상에서 특정한 상황에 더 적합한 지점은 맥락에 따라 상대적으로 결정될 수 있을 뿐이다. 하나의 체계와 그 정체성이 그것과는 매우 다른 맥락에 의해 위협을 받을 때, 체계의 정체성을 유지하기 위해서는 폐쇄성이 더 실제적인 선택일 것이다. 예를 들면, 특정 종교집단은 더 큰 문화체계 안에서 자기 집단이 소수집단임을 알게 될 것이다. 이 종교집단의 구성원들이 그들의 고유성을 유지하기 위해서는 집단체계를 변화시킬지도 모르는 정보와 투입을 심사숙고할 필요가 있으며, 그래서 경계선은 새로운 정보에 대해 개방적이기보다 폐쇄적이어야 한다. 따라서 부모들이 흔히 자녀가 종교가 같은 사람과 결혼하여 특정 종교의 정체성이 유지될 수 있기를 고집하는 것은 당연한 것이다. 한편 새로운 나라로 이민 간 사람들은 새로운 사회의 방식에 매우 개방적이며, 그 사회에 동화하기 위한 그리고 그 사회의 규칙과 가치관에 적응하기 위한 노력의 일환으로서 많은 양의 정보를 받아들인다. 이 경우에 그 사람들은 개방적이라고 할 수 있다.

■ 엔트로피와 니겐트로피

개방성과 폐쇄성 간의 균형이 바람직한 것이라면, 반대로 너무 개방적이거나 너무 폐쇄적이면 역기능적일 것이다. 어떤 극단적인 경우에 체계는 엔트로피(entropy)의 상태에 있다. 또는 최대의 무질서와 분열을 향하는 경향이 있다고 한다. 정보를 너무 많이 받아들이거나 반대로 정보를 충분히 받아들이지 않을 때, 체계의 정체성과 생존은 위협을 받는다. 한편 개방성과 폐쇄성 사이에 적절한 균형이 유지될 때, 체계는 니겐트로피(negentropy) 또는 부적(negative) 엔트로피 상태에 있다고 할 수 있다. 즉, 체계는 최대의 질서를 향하는 경향이 있다. 체계는 정보를 받아들이고 변화를 적절한 것으로 허용하는 반면, 체계의 생존을 위협할 정보는 차단되고 변화는 회피된다.

체계 안에서 에너지가 사용되는 방식에 따라서도 엔트로피와 니겐트로피의 연속선상에서 체계의 위치가 달라진다. 어떤 에너지는 체계를 조직하고 유지하는 데 쓰여야 하고, 어떤 에너지는 과업기능을 지향하는 데 쓰여야 한다. 다른 하나를 희생하고 한 가지에 너무 많이 몰두하는 것은 문제가 될 수 있다. 예를 들어, 일을 열심히는 하지만 갈등적이거나 위험한 방식으로 해서 어떤 것도 제대로 못하는 가족을 생각해보자. 응집성이나 질서정연함이 부족해 보인다. 이 경우 조직의 상대적인 부재 또는 체계의 유지에 대한 무관심은 과업을 훌륭하게 완수할 수 있는 가족 구성원들의 능력을 손상시킬 수 있다. 이때 가족체계의 움직임은 엔트로피를 향하고 있는 것이다.

■ 동일결과성과 동일잠재성

형태안정성과 형태변형성, 개방성과 폐쇄성, 엔트로피와 니겐트로피 간에 어떠한 균형을 이루고 있든, 모든 체계는 동일결과성(equifinality)의 개념에 따라서도 서술될 수 있다. 즉, 현재 있는 그대로의 체계는 그 자체에 관하여 체계가 할 수 있는 최상의 설명이다. 왜냐하면 어디에서 시작하든 끝은 똑같을 것이기 때문이다. 글자 그대로 똑같이 끝난다는 것을 의미하는 **동일결과성**은 "안정상태를 지속하고 있는 개방체계에서 역동적 상호작용이 기초가 되어 출발점도 다르고 방식도 다른 상태로부터 특징적인 마지막 상태를 향하려는 경향이다"(Bertalanffy, 1968, p. 46).

관계를 맺고 있는 사람들은 행동하고 의사소통하는 데 있어서 습관적인 방식을 발전시키는 경향이 있다. 이러한 습관과 특징적인 과정을 반복적(redundant) 상호작용 패턴이라고 일컫는다. 즉, 체계는 패턴으로 구성되며, 이러한 패턴은 반복되는 경향이 있다. 그래서 주제가 무엇이든 특정 관계의 구성원들이 논쟁하고 문제를 풀고 논제에 대해 논하는 방식은 일반적으로 똑같을 것이다. 이러한 반복적 상호작용 패턴은 '동일결과성'이라는 용어로 불리는 특징적인 결과 형태이다.

반대로, **동일잠재성**(equipotentiality) 개념은 상이한 결과가 동일한 출발로부터 도달될 수 있음을 나타낸다. 동일결과성이든 동일잠재성이든 "발달과정에 관해 결정론적 예측을 할 수 없음을 시사한다"(Simon et al., 1985, p. 115). 그러므로 동일결과성과 동일잠재성의 개념은 과정 차원에 그리고 '무엇'이 일어나고 있는지에 초점을 두게 한다. 동시에 이는 역사의 필요성 또는 왜 어떤 것이 현재와 같은지에 관한 물음을 배제한다. 체계의 특징적인 유형과 과정의 근원에 관심을 두기보다 지금 여기에, 체계의 특정 조직과 지속되는 상호작용에 관심을 둔다.

이와 같이 '왜'에서 '무엇'으로, 과거에서 지금 여기에로 초점을 바꾸는 것은 개인심리학과 체계이론적 관점 간의 주요한 차이 가운데 하나이다. 제3부에서 변화에 관해 더 많이 논의할 것이지만, 체계이론/사이버네틱스 관점에서 볼 때 통찰을 하는 것이 문제 해결의 지름길은 아니다. 그보다 우선 문제가 들어맞는 맥락, 그 문제를 유지시키는 패턴을 알고, 그러고 나서 그 맥락을 변화시키는 것이 목적이다. 역사적 틀이 문제의 맥락에 대한 이해를 도울 수 있지만, 체계이론가는 원인을 탓하거나 찾아내려고 하지는 않는다. 그 대신 체계이론가는 시도해본 적이 있는 해결책과 문제에 관한 현재의 의사소통에 관심이 있는데, 이 모두는 해결책의 일부분이라기보다 문제의 일부분이 되어왔다. 동일결과성의 개념을 놓고 볼 때, 우리가 꽤 확신할 수 있는 것은 체계가 고착되었고 현재 사용 중인 과정이 더 이상 효과적이지 못할 때 필요한 것은 문제와 관련한 새로운 정보와 새로운 의사소통 및 행동방식이라는 것이다.

■ 의사소통과 정보처리 과정

의사소통과 정보처리 과정은 체계이론적 사고의 중심이다. 행동, 경계선, 변화, 폐쇄성, 에너지, 엔트로피, 동일결과성, 피드백, 투입, 개방성, 산출, 지각, 관계, 안정, 구조, 전체성에 관해 이야기하든 그렇지 않든, 우리는 의사소통과 정보처리 과정을 참조한다. 세 가지 기본 원칙이 이 개념의 기초를 이룬다.

원칙 1 : 사람은 행동하지 않을 수 없다.

원칙 2 : 사람은 의사소통하지 않을 수 없다.

원칙 3 : 특정 행동의 의미는 그 행동의 '진정한' 의미가 아니다. 그러나 그 행동에 어떤 특별한 의미를 부여했던 사람에게 그 행동은 개인적인 진실이다.

원칙 1에 의하면, 우리는 결코 어느 것도 하지 않을 수 없다. 이른바 어떤 것도 하지 않는 것도 무언가를 하는 것이다. 그냥 재미로 잠깐 동안 아무것도 하지 않으려고, 즉 행동하지 않으려고 해보라. 만약 누군가가 당신을 보고 있다면, 이 사람은 무엇을 보았을까? 또는 당신은 그 누군가에게 아무것도 하지 않는다는 것을 어떻게 서술할 수 있을 것인가? 아마도 당신의 묘사는 다음과 같을 것이다. "나는 아주 가만히 앉아서 손도 움직이지 않았고 말도 하지 않았다." 이것은 행동이며, 따라서 아무것도 하지 않는다는 메시지를 부정하는 것이며, 사람은 행동하지 않을 수 없다는 원칙을 인정하는 것이다.

원칙 2는 "모든 행동은 다른 것들과의 맥락에서 메시지의 가치를 가지기"(Becvar & Becvar, 1999, p. 19) 때문에 원칙 1로부터 비롯된다. 위에서 말했듯이, 당신의 행동, 즉 가만히 앉아서 움직이지 않는다는 것조차도 관찰자에게 어떤 메시지를 전달한다. 그러나 얼마나 자주 여러분은 "우리는 의사소통하지 않는다."라는 말을 들었거나 사용하였는가? 이것이 의미하는 바는 언어적 수준에서의 의사소통은 만족스럽지 못할 수 있지만, 적어도 비언어적 수준에서 의사소통은 일어나며 행동이 침묵이더라도 그 행동에 의미가 주어진다는 것이다.

원칙 3은 특정 메시지나 행동이 해석되는 방식은 참으로 많으며, 어떠한 해석도 어느 다른 해석보다 반드시 더 정확하지는 않다는 것을 말한다. 실재는 객관적이기보다 주관적이며, 내가 실재를 어떻게 만들어내느냐는 하나의 사건이나 경험에 내가 부여한 일련의 가정과 준거 틀의 기능이다. 그러나 이것은 단지 나의 지각이며, 상대방의 지각과 맞을 수도 있고 그렇지 않을 수도 있으며, 그러한 지각은 우리들 각자에게 똑같이 진실이고 똑같이 타당하다.

이상과 같은 세 가지 일반적인 원칙 이외에 의사소통의 세 가지 다른 양식, 즉 언어적 또는 디지털 양식, 비언어적 양식 그리고 맥락에 관해 얘기할 수 있다. 비언어적 양식과 맥락의 조합을 아날로그 양식이라 부른다. 언어적 또는 디지털 양식은 말해진 단어 또는 메시지의 보고(report) 측면을 말한다. 그러나 이것은 메시지의 일부에 지나지 않으며, 메시지가 어떻게 받아들여지는지를 규정할 때 영향력이 가장 약하다. Watzlawick과 동료들(1967, p. 63)에 의하면, "의사소통의 중심 이슈가 관계일 때는 언제나 디지털(언어적) 언어가 무의미한 경우가 대부분이다." 예를 들어, 만약 어머니와 딸이 이야기를 하고 있고, 어머니가 딸에게 "이 방은 정말 지저분하구나."라고 말한다면, 딸이 이 말을 특정 상황에 대한 의견 제시나 방을 청소하라는 명령으로 듣는지의 여부는 이 두 사람이 어디에 있고 말을 어떻게 했느냐에 달려있다. 즉,

메시지의 내용이 메시지의 의미를 결정할 수 있기 위해서는 비언어적 양식 및 맥락과 맞아야 하며, 따라서 더 영향력 있는 것은 아날로그 양식이다.

비언어적 양식은 메시지의 명령 측면이다. 이것은 목소리, 억양, 몸짓, 얼굴 표정 등을 말하며, 메시지가 어떻게 받아들여지는지를 말해준다. 그러므로 이것은 메시지를 보내는 사람의 의도를 정의한다는 점에서 관계 규정적 의사소통 양식이다. 가령 "당신을 사랑해요."라는 말을 한편으로는 주먹을 꽉 쥐고 무뚝뚝한 목소리로 말하는 것과 다른 한편으로는 꽃을 한 다발 주면서 부드럽게 말하는 것은 두 가지 다른 종류의 관계에 관해 말하는 것이다.

메시지의 의미는 **맥락**에 따라 더 많이 수정된다. 맥락의 구성요소는 우리가 어디에 있고, 누구와 함께 있으며, 언제인가 하는 것이다. 맥락은 우리가 서로 어떻게 관계를 맺는지를 규정한다. 그래서 학생인 당신과 선생인 내가 교실에서는 이러이러한 방식으로 행동할 것이지만, 함께 영화를 보러 간다면 다르게 행동할 것이다. 맥락의 변화는 대개 관계규칙의 변화를 의미한다. 서로를 어떻게 지각하여 서로 어떻게 행동하는지는 환경의 영향을 받는다.

언어적 메시지의 의미는 비언어적 양식에 의해 영향을 받으며, 맥락은 비언어적 양식을 변화시키기 때문에 아날로그 양식이 더 영향력 있는 의사소통 측면이라고 이해할 수 있다. 어머니와 딸의 예로 돌아가서, 친구집을 방문해 놀란 나머지 "이 방은 정말 지저분하구나."라고 말하는 메시지는 단지 동등한 두 사람 간에 나눈 말임을 알 수 있다. 반대로 딸의 방에서 이와 똑같은 말을 심하게 하는 것은 이 일이 어머니 소관이며, 딸이 빨리 청소를 시작하는 것이 좋겠다는 것을 가리킨다.

의사소통의 일치와 불일치

그러므로 의사소통에는 두 가지 수준, 즉 디지털 부분을 말하는 내용 수준과 아날로그 부분을 말하는 과정 수준이 있다. 이 두 수준이 서로 맞을 때, 관계의 구성원들은 서로 어느 위치에 있는지를 아주 잘 이해하게 되며, 솔직하거나 일치된 메시지를 주고받는다. 그러나 이 두 가지 수준의 의사소통이 서로 맞지 않을 때 문제가 발생할 수 있다. 아날로그 또는 과정 수준에 주의를 더 많이 기울이기 때문에, 혼합된 메시지를 받을 때는 일반적으로 아날로그나 과정 수준의 의사소통에 반응한다. 예를 들면, 주먹을 꽉 쥐고 무뚝뚝한 목소리로 "당신을 사랑해요."라는 메시지를 받은 사람은 "저도 당신을 사랑해요."라고 반응하지는 않을 것이다. 그보다도 이 사람은 "나한테 왜 화가 났어요?"라든가 또는 "무슨 문제가 있어요?"와 같은 말로 대꾸할 가능성이 크다. 그리하여 두 사람 간의 교류가 조금도 생산적이지 않을 것이라는 결론을 내릴 수 있다.

의사소통 함정 피하기

그러한 의사소통 함정(trap)에 말려드는 것을 피하는 두 가지 방법이 있다. 첫째, 불일치한 메시지를 받을 때마다 더 안전한 방법은 아날로그나 과정에 반응하기보다 그 말에, 즉 메시지의 내용에 반응하는 것이다. 그와 같은 반응은 책임을 상대방에게로 되돌려준다. 단지 "나도 당신을 사랑해요."라든가 "당신이 그렇게 느낀다니 기쁘군요."라고 대답하고 아날로그 메시지를 무시함으로써, 그렇게 말하는 것이 그 사람의 책임임을 상기시켜 준다. 그런 식으로 반응함으로써 당신은 상대방이 불일치한 메시지를 통해서 관계에 대해 부정적인 의견을 집어넣지 않도록 참여하는 것이다.

의사소통 함정을 피하는 두 번째 방법은 메타 의사소통 또는 의사소통하는 방식에 대해 이야기함으로써 이루어진다. 위에서 언급한 이중 메시지에 반응할 때, "나는 당신이 말은 그렇게 하는데 당신의 목소리, 억양과 몸짓은 전혀 딴 얘기를 하고 있다는 인상을 받았어요. 나한테 이것을 좀 분명히 해줄 수 있겠어요?"와 같이 말할 수 있다. 그러나 메타 의사소통의 비결은 관계에서 메타 의사소통이 용납될 것임을 말하는 규칙이 있어야 한다는 점이다. 그런 규칙이 없는데도 그렇게 반응하면 상대방은 화를 낼 것이고, 당신도 최소한 부분적인 책임이 있다고 할 것이다.

또 다른 의사소통 함정으로 마인드리딩(mind reading)이 있다. 동일결과성에 관한 논의에서 보았듯이, 관계가 발전해감에 따라 규칙이 확립되고 특징적인 행동 패턴이 발전된다. 관계의 구성원들은 서로의 아날로그에 민감해지고, 그들 간의 상호 교류가 어떻게 규정(이 규정은 말로 표현되지 않는다.)되는지에 민감해진다. 그러나 관계의 각 구성원은 여전히 나름대로의 방식으로 상황을 지각하며, 마인드리딩을 단순하게 하는 것은 가능하지 않다. 사람들이 상대방을 얼마나 잘 알고 있다고 느끼는지에 상관없이, 사람들은 개인적인 준거틀에 따라 의미를 부여할 것이다. 그리하여 모든 사람은 동일한 메시지를 다르게 받을 것이며, 불분명하거나 이중적인 메시지의 의미를 확실하게 하는 유일한 방법은 암묵적인 것을 분명하게 하는 것이다. 그렇게 하기 위해서는 위에서 서술한 두 가지 방식을 취할 필요가 있다.

이제 왜 의사소통과 정보처리 과정이 체계이론/사이버네틱스 관점의 중심을 차지한다고 말했는지가 더 분명해진다. 사실상 정보의 흐름은 사회체계의 기본 과정이다. 우리가 어떻게 의사소통하며 정보가 어떻게 공유되고 처리되는지는 관계와 전체성의 관념을 더 완전하게 이해하기 위한 열쇠이다.

■ 관계와 전체성

위에서 살펴보았듯이, 관계를 맺고 있는 두 사람은 독립적이지 않으며, 상호 간에 영향을 주고받는다. 관계는 반복적 상호작용 패턴의 특징이 있다고 앞에서 언급하였다. 지금까지 언급되지 않은 것은 전체는 그 부분들의 합보다 크거나 1+1=3이 체계이론의 기본 규칙이라는 점이다. 이 공식에 있는 세 요소는 두 사람과 그들 간의 상호작용이다. 즉, 이 상호작용이 바로 관계의 맥락을 제공한다. 그래서 단 한 사람을 대상으로 치료를 한다 하더라도, 그 사람을 고립된 개인으로 보지 않는다. 그보다도 치료의 관점은 관계이며 맥락이나 전체에 초점을 두는데, 맥락을 제쳐두고서는 행동을 완전히 이해할 수 없다.

1＋1＝3일 뿐 아니라 가족이나 체계의 크기가 늘어남에 따라 체계의 복잡성은 기하학적으로 늘어난다. 예를 들어, 두 사람 관계에 한 사람이 새로 부가되면, 관계의 수는 하나에서 셋으로 늘어난다. 조금 더 복잡해지는 것은 세 사람이 되면 삼각관계의 가능성도 있다는 점이다. 그래서 세 사람, 세 관계 그리고 하나의 삼각관계로 모두 7단위를 가지게 된다. 5인 가족에서는 다섯 사람과 열의 관계, 스물일곱의 삼각관계를 가지게 되어 모두 42단위를 이룬다. 전체는 실로 그 부분들의 합보다 더 크다.

삼각관계

삼각관계 개념은 가족치료, 특히 Murray Bowen의 이론에서 중요하다. Bowen(1976)에 의하면, 삼각관계는 "가장 작은 안정적인 관계체계"(p. 76)일 것이다. 두 사람 관계는 모든 일이 잘 되어갈 때 비교적 안정적이다. 그러나 문제가 발생할 때, 두 사람 관계에 있는 한 사람이 제3자를 그 상황에 끌어들임으로써 자주 삼각관계가 형성될 수 있다. 예를 들면, 부부인 메리와 톰이 아침식사 중 돈에 관한 말다툼을 한다. 톰은 일하러 가고, 메리는 가장 친한 친구에게 전화하여 자기 남편이 얼마나 구두쇠인지 불평하고, 친구는 메리의 의견에 동조한다. 이렇게 되면 메리가 제3자로부터 자기 의견에 대한 지지를 받아서 한 사람에 대항한 두 사람 상황(two-against-one situation)이 되고, 삼각관계가 만들어진다. 이러한 딜레마에 처했을 때 이 문제가 제3자에 의해 방해받지 않는다면, 메리와 톰이 문제를 훨씬 더 잘 해결할 기회를 가질 것이다. 마찬가지로, 아이들끼리 싸울 때 부모가 싸움을 중재하거나 말리지 않으면 결국 싸우지 않게 될 것이다.

관계양식

또 하나의 중요한 개념은 관계양식이다. 개인을 평가하고 개인에게 **지배적, 복종적, 공격적, 수동적, 잔인한, 친절한** 등의 명칭을 부여하기보다도, 관계를 평가하고 상호작용의 특징 패턴에 따라 그 관계에 명칭을 붙인다. 과정 수준 또는 아날로그식(비언어적) 행동에서 대개 시작하여 전체, 즉 행동이 존재하고 유지되는 맥락에 다시 한 번 초점을 둔다. 관계양식에는 대칭적, 보완적, 대등한(parallel) 관계가 있다.

보완적 관계는 반대되는 행동을 아주 많이 하는 특징이 있다. 예를 들어, 한 사람의 공격성은 상대방의 수동성으로 유지되며, 반대도 마찬가지다. 또는 보완적 관계의 상호작용은 지배와 복종 또는 가혹과 친절의 패턴을 보인다. 반대로 대칭적 관계에서는 비슷한 행동을 교환하는 빈도가 매우 높다. 이 경우에 한 사람이 소리를 지르면 지를수록 상대방도 더 많이 소리를 지른다. 또는 한 사람이 움츠리는 행동을 하면 상대방도 움츠림으로 반응한다. 세 번째 관계 양식은 이 두 양식의 조합으로 대등한 관계라고 부른다. 대등한 관계에서는 보완적 교류와 대 칭적 교류가 모두 일어나고, 보완적인 양식으로 기능할 때 구성원은 한 사람은 위에, 상대방 은 아래에 번갈아가며 위치한다. 대등한 관계에서는 역할이 융통성이 있으며 두 구성원 모두 책임을 적절한 것으로 받아들일 수 있다.

체계이론/사이버네틱스의 대부분의 측면에서와 같이, 특정 관계의 좋고 나쁨은 단지 맥락 을 기초로만 판단할 수 있지만, 대등한 관계가 다른 두 관계양식보다 논리적으로 더 높은 것 같다(Harper, Scoresby, & Boyce, 1977). 대등한 관계에 있는 사람들은 어느 한 형태의 교류에 고착되기보다 상당히 다양한 행동을 보인다. 대등한 관계에서 권력 쟁탈의 이슈는 별로 없는 것 같고, 관계의 개념이 내포하고 있는 양방성과 상호 책임을 암묵적으로 자각하는 것 같다.

마지막으로, 전체성과 상호 의존성이 체계의 특징이므로 한 부분의 변화가 전체에 영향을 미칠 것임을 주목해야 한다. 체계는 구성원의 상호 관련성을 바탕으로 일정 수준의 응집성이 나 구조를 가지고 있으며, 어느 한 부분의 변화는 전체에 영향을 미친다. 이는 마치 돌을 연못 에 던진 후 그 파급효과를 바라보는 것과 다르지 않다. 그러므로 한 사람의 가족원을 대상으 로 치료하여 더 큰 맥락의 변화에 영향을 미칠 수 있게 된다. 그러나 연못의 물이 곧바로 이전 의 조용한 상태로 돌아가는 것과 같이, 가족이 한 가족원의 변화에 직면할 때 이전의 안정을 되찾고자 애쓸 것이다. 사실상 바로 이 현상 때문에 가족치료의 몇 창시자들이 환자 개인을 성공적으로 치료하는 데 실패한 후, 전체 가족을 대상으로 치료하기로 생각하게 되었다. 특히 오랫동안 지속된 문제의 경우, 가족은 이 문제를 둘러싸고 조직되며 그래서 그 문제는 해당 맥락에서 볼 때 당연한 결과이다. 문제를 개인의 병리로 보고 개별적으로 치료하는 것은 문제 가 체계 역기능의 증상이며 장기적인 해결책은 더 큰 맥락의 변화를 요한다는 체계이론적 아 이디어를 인정하지 않는 것이다. 다시 한 번 말하지만, 전체적으로 생각하는 것이 필요하다. 정말로 "건강과 병리 간의 이분법은 건강과 증상을 단지 관계의 은유로 볼 때, 즉 의사소통 혹 은 관계체계 생태계의 지표로 볼 때 바뀐다"(Keeney & Sprenkle, 1982, p. 9).

■ 목적과 목표

제1단계 사이버네틱스에 관한 논의에서 마지막 주제는 목적과 목표이다. 그러나 이것은 조금 까다롭다. Dell(1982)에 의하면, "목적의 개념은 심리학과 철학 양 분야에서 인간의 행동을 설 명하는 데 문제가 되어왔으며, 현재도 큰 문제이다. 목적의 모든 귀인은 행동을 '해석'하는 관 찰자에 의해 이루어진다"(p. 26). 체계이론은 이 딜레마에 대해서 어떤 예외도 제공하지 않는 다. 우리는 단지 체계의 목적을 만들어내고 체계를 들여다보는 방관자로서 자신의 지각에 따 라 그 목적을 언급할 수 있을 뿐이다.

한편 사이버네틱스 체계는 모두 목표를 지향하는 것처럼 행동한다고 말할 수 있다(Pask, 1969). 다른 한편, 목표나 목적에 대해 말하는 것은 체계이론적 관점과 일치하지 않는다. 왜냐하면 목표나 목적의 개념은 동기나 의도와 같은 정신 내적 관념을 시사하며, 본질상 인과적이거나 선형적이기 때문이다. 체계를 가장 잘 정의하는 것이 체계 그 자체라면, 우리가 할 수 있는 유일한 논리적 주장은 체계는 존재하기 위해 존재한다거나 또는 행하는 바를 행하기 위해 존재한다고 말하는 것이다. 그러나 이것은 반복적 또는 순환적 추론이며, 목표나 목적의 문제를 요구하는 것이다. 사실 우리는 목적을 유추할 수는 있지만 체계 밖에 있는 누군가가 그렇게 해야 하는데, 이것은 제1단계 사이버네틱스 수준에서만 정당한 활동이다. "물론 본질적으로 체계를 위한 목적이나 체계의 목적은 관찰자에 의해 만들어지며, 체계에 관한 얘기는 관찰자의 메타언어(metalanguage)로 언급된다"(p. 23).

학생들이 흔히 하는 질문과 지금 여러분의 머릿속을 맴도는 공통적인 질문은 "목적이나 목표에 대해 얘기하는 것이 체계이론적이지 않다면 왜 이것에 대해 얘기하는가?"이다. 이에 대한 답은 우리가 문화의 일원이며 문화적 기본 틀을 바탕으로 주로 질문한다는 것이다. 미국 사회의 틀은 체계이론적이지 않으며, 미국 사회는 신실증주의적 또는 뉴턴적이고, 선형성, 인과성, 목적성을 기본적으로 가정한다. 그래서 우리는 거의 본능적으로 '왜'를 물으며, 동기를 부여하려 하고, 모든 행동이 목표 지향적이라고 가정한다. 마찬가지로 체계의 관념에 대해서도 이 규칙을 적용한다.

가족치료자가 체계 또는 가족이라고 간주되는 블랙박스의 관찰자로서 제1단계 사이버네틱스 수준에서 작업하는 것이 유용할 때가 많지만, 치료자를 포함하여 치료자를 맥락의 일부분으로 규정하는 체계의 수준에 대해서도 반드시 알아야 한다. 사실 Keeney(1983)에 의하면, "제1단계 사이버네틱스를 인간 현상에 적용하는 것이 부당한 이유는 그것이 치료자나 관찰자를 내담자나 관찰대상과 연결하는 더 높은 차원을 구별하지 못한다는 점 때문이다"(p. 158). 따라서 이제 제2단계 사이버네틱스에 대한 논의로 옮겨가야 할 시간이다. 이것은 고도를 최상으로 높이는 이 여행의 가장 어려운 부분이 될 것이다. 이 부분을 여행하는 최상의 방법은 전반적인 감을 잡으면서 단순히 이 부분을 통과해 날아가는 것이며, 착륙할 때까지 이리저리 분류해보려는 시도를 미루는 것이다.

제2단계 사이버네틱스

제2단계 사이버네틱스(cybernetics of cybernetics)는 체계를 더 높은 수준으로 끌어올리므로, 우리는 이제 더 이상 블랙박스의 관찰자가 아니다. 여러분도 기억하겠지만, 제1단계 사이버네틱스 수준에서 우리는 체계에 대한 투입과 체계로부터의 산출을 분석하는 외부의 관찰자이

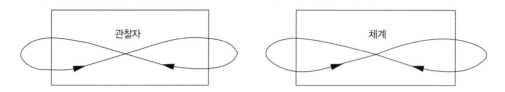

며, 이 수준에서는 블랙박스 은유를 이용하여 체계를 말하였다. 그림 3.1에 나타난 이러한 시각은 관찰자를 또 하나의 블랙박스에 두며, 이 두 체계는 모두 더 큰 체계 내에 존재하므로, 두 체계 간의 상호작용을 고려하지 못한다는 점에서 문제가 있다.

한편 제2단계 사이버네틱스 수준에서는 더 이상 체계를 다른 체계에 대한 투입과 산출 또는 다른 체계와의 관계의 맥락에서만 보지 않는다. 그보다 블랙박스+관찰자 체계를 포함하는 더 큰 맥락으로 이동하며, 이는 그림 3.2에 있다. 이와 같이 더 높은 차원에서 관찰자는 관찰대상의 일부가 되며, 관찰대상에 참여한다. 일어나는 모든 것은 완전히 자기준거적(self-referential)이다. 다른 말로 하면, 당신이 보고 서술하는 것은 당신이 관찰하고 있는 것에 관해 당신이 하고 있는 많은 것을 말하는 것이다(Varela & Johnson, 1976). 외부 환경을 준거로 하지 않으며, 경계선은 닫혀있고, 체계는 폐쇄적이다. 또한 전체성에 조금 더 접근하고자 시도한다. 이 수준에서는 단지 부적 피드백에 관해서만 이야기한다.

이 수준에서 우리는 또한 체계의 자율성이나 조직적 폐쇄성도 정의한다. 제2단계 사이버네틱스 수준에서는 환경을 강조함과 더불어 투입과 산출을 기초로 한 행동분석으로부터 체계의 내적 구조와 관찰자와 관찰대상의 상호 연계성을 강조하는 회귀적 분석으로 그 초점이 바뀐다(Varela, 1979).

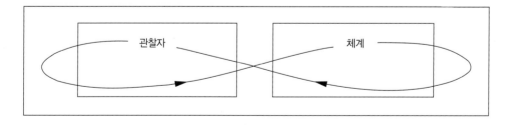

■ 전체성과 자기준거

서론을 이상과 같이 마친 지금, 조금 앞으로 돌아가보자. 체계는 체계를 어떤 식으로 정의하기로 선택할 때만 관찰자의 눈에 존재한다고 말한 것을 기억할 것이다. 우리는 자신의 준거틀을 기초로 구분을 하며, 이러한 인식론적 전제에 따라 실재를 구별한다. 실제로 Keeney(1983)는 어떤 사이버네틱스 체계를 구분할 때 우리가 특별한 종류의 구별을 요한다는 점을 이해할 필요가 있다고 하였다. 이와 똑같은 방식으로 제1단계 또는 제2단계 사이버네틱스 수준에서 체계를 다른 체계의 투입에 대해 개방적 또는 폐쇄적(즉, 자율적)으로 구분 지을 수 있다. 달리 말하면, 우리는 우리 자신의 실재를 창조하며, 실재는 관찰자의 행위나 지각의 기능으로서 존재한다(Maturana, 1978). 그러나 이 단락의 모든 주장은 우리 자신의 인식론적 전제를 기초로 주장하고 있다는 점에서 자기준거적이다. 그래서 이 모든 주장이 절대적으로 진실인지 여부는 알 수 없으며, 이것의 진실성은 제2단계 사이버네틱스 수준에서 실재를 구별 짓기 위하여 우리가 선택할 때만 존재한다는 의미에서 역설적이다.

이러한 종류의 역설은 반드시 사고가(thinker)를 포함하므로, 어떤 체계에 대해서 생각하든 이러한 역설이 불가피하다. 우리가 자신을 주체와 객체 양자로 정의할 수 있으나 자신을 정의하는 과정을 관찰하기 위하여 자기 밖으로 나갈 수는 없다는 점이 May(1967)가 말한 '인간의 딜레마'이다. Varela와 Johnson(1976)은 다음과 같이 말하였다.

> 전체가 이와 같이 폐쇄적으로 조직된다는 점은 전체를 서술하기 위해 자기준거적 서술을 다루어야 함을 시사한다. 당신은 결국 스스로의 기능인 기능 또는 스스로와 상호작용하는 상호작용, 스스로를 평가하는 속성 등에 이르게 된다(p. 27).

전체 체계에 그것의 조직적 폐쇄성 또는 자율성의 의미를 부여하는 것이 바로 자기준거의 개념이다. 사실 체계의 자율성에 대한 이해는 외부를 준거로 하지 못하게 하며, 그 자체를 준거로 함으로써만이 서술될 수 있다(Keeney, 1983). 그래서 자율성은 가장 높은 차원의 회귀 또는 체계의 피드백 과정을 말하며, 전체 조직 수준에서 이탈 범위나 안정성이 지속된 정도를 말할 수 있게 된다. 이 수준에서 체계는 특정한 단위, 예를 들면 세포, 유기체, 개인, 가족, 동물, 경제체계 등으로서 정체성을 가진다.

■ 개방성과 폐쇄성

조직적 폐쇄성의 개념을 알아보기 위해 체계의 개방성이나 폐쇄성의 개념을 한 번 더 살펴보자. 제1단계 사이버네틱스 수준에서 개방성과 폐쇄성은 체계와 환경 간의 투입과 산출에 따라 정의됨을 기억하라. 이 차원에서 우리는 해당 맥락에서 상호작용하는 통제체계로 간주되는 블랙박스의 관찰자이다. 한편 제2단계 사이버네틱스 수준에서 '체계＋관찰자'는 더 큰 체계 내에서 상호작용하는 것으로 이해되는데, 더 큰 체계의 경계선은 폐쇄되어 있으며 외부 환경에 대해서 어떠한 준거도 하지 못한다. 이 시각에서 볼 때, 체계의 정체성은 상호작용의 내적 패턴, 즉 체계 안에 남아있는 것의 영향에 의해 만들어진다(Maturana & Varela, 1987). 그러나 어떤 시각도 다른 쪽의 시각을 부인하지 못한다. 그보다도 이것은 강조의 문제이다. 각 시각은 옳기도 하고 흠도 있으며, 각각은 우리가 자신의 경험을 구분 짓기로 선택한 차원, 우리가 창조하고자 하는 체계이론적 실재의 기능이다.

자율적인 체계는 상호작용적이며, 이 수준에서 변화가 일어날 수도 있다. 그러나 그러한 변화는 구조 또는 전체 조직이 유지되는 방식의 변화이다. 그러므로 자율성 수준에서 체계들 간의 상호작용은 투입이라기보다 교란(perturbation)으로 불러야 한다. 체계이론적 의미에서 볼 때 구조란 전체를 구성하는 부분들의 정체성뿐 아니라 그 부분들 간의 관계를 말한다. 한편 조직이란 그 부분들의 정체성을 준거로 하지 않고 체계의 속성을 결정할 뿐 아니라 체계를 단일체로 규정하는 관계를 말한다. 사실 체계를 어떤 단일체로 규정하는 특정 관계의 필요조건에 부합하는 한, 어떤 것도 부분이라고 할 수 있다. "그러므로 체계를 단일체로 규정하는 관계가 어떻게 획득되는지와는 상관없이 그 관계들이 동일하다면, 2개의 체계는 똑같은 조직을 갖는다. 이때 그 관계들이 어떻게 얻어지는지는 상관이 없으며, 따라서 똑같은 조직을 갖는 두 체계는 구조가 서로 다를 수도 있다"(Maturana, 1974, p. 467).

예를 들면, 사람들이 모두의 상호적 행복과 각자의 개인적 발달을 지원하는 어떤 세대적 위계에 따라 움직인다면, 우리는 이 단일체를 가족으로 정의할 수 있다. 그렇게 정의하면 가족이라는 특정 조직을 나타내게 되며, 그 구조가 어떻게 규정되는지, 즉 혼인관계에 있는 어머니와 아버지 및 그 자녀들 간의 관계에 의해 규정되는지 또는 미혼의 여성과 자녀 및 할머니 간의 관계에 의해 규정되는지와는 상관이 없다. 마찬가지로 전자의 예에서 전통적인 가족원들이 이혼을 한다면, 부모 가운데 한 편이 더 이상 같은 집에 살지 않는다는 사실에도 불구하고 이들은 여전히 가족이다. 각 경우에 "체계의 정체성은 그 조직에 의해 결정되고 조직이 변하지 않는 한 변하지 않으며, 체계가 정적이든 역동적이든 상관이 없고 또한 체계의 구조가 변하든 그렇지 않든 상관이 없다"(Maturana, 1974, pp. 467-468).

■ 자기생성

특정한 속성의 단일체를 만들어내는 것은 부분들의 성질이라기보다 **부분들이 관계를 맺고 있는 방식**이다. 이러한 자기생산의 과정을 자기생성(autopoiesis)이라고 한다. Maturana와 Varela(1987)에 의하면, "자기생성적 체계의 가장 놀라운 특징은 혼자 힘으로 버티면서 자체의 역동을 통해 그 환경과 구분된다는 점이며, 이 체계와 환경이 분리될 수 없는 방식으로 그렇게 한다"(pp. 46-47). 다른 말로 하면 가족을 더 큰 맥락과 구분 짓기 위해서는 경계선이 필

요하다는 것이다. 동시에 우리가 '가족'이라고 부르는 단위를 구체화하는 구성원들 간의 상호
작용과 특정 관계의 역동은 경계선을 구분 짓기 위해 필요하다. 경계선이 가족의 원인이 되는
것이 아니며, 가족이 경계선을 만드는 것도 아니다. 그보다 가족과 경계선 각각은 서로를 필
요로 하며, 둘 다 단일한 자기생성 과정의 부분이다.

　자기생성적 체계의 산물은 언제나 그 자체이다. 즉, 체계는 '생산자와 생산물 간의 구분 없
이' 자기가 행한 바를 하기 위해 행한다. "자기생성적 통일체의 존재와 행동은 구별 지을 수
없으며, 이것이 그것들의 특정 조직 모드이다"(Maturana & Varela, 1987, p. 49). 그러므로 제2
단계 사이버네틱스 수준에서는 부적 피드백에 대해서만 얘기할 수 있을 뿐이다. 부적 피드백
은 체계의 유지 행위를 말한다. 따라서 정적 피드백을 서술하는 것은 더 큰 자율체계의 맥락
에서라기보다 더 큰 자율체계에서 일어나는 이탈이나 변화를 따로 분리하여 보는 것이다. 더
큰 맥락에서 체계는 자기생성의 규칙에 따라 그 자체를 유지하기 위하여 움직인다. 그러므로
사이버네틱스는 언제나 부적 피드백의 견지에서 체계를 서술하게 된다(Bateson, 1972). 정적
피드백을 구분하는 것 또는 심한 이탈을 묘사하는 것은 "더 포괄적인 부적 피드백 과정의 일
부분(partial arc)"이다(Keeney, 1983, p. 72). 다른 말로 하면, 제2단계 사이버네틱스 시각에서
볼 때, 한 수준에서의 정적 피드백은 전체 수준에서 부적 피드백을 하는 것이다.

　마찬가지로 가족을 블랙박스 관점에서 보는 것은 체계이론적 관점과 완전히 일치하지는
않는다. 사실 순환성과 상호 의존성이 제1단계 사이버네틱스 시각에서는 인정될 수 있지만,
더 넓은 맥락에서는 충분히 이해되지 못한다. 블랙박스는 관찰자의 구성이라는 것에 대한 자
각을 제대로 하지 못하는 것이다(Glanville, 2001). 한편 실용적인 차원에서 일하는 치료자는
블랙박스의 견지에서 생각할 필요가 있을 때가 있다. 부적 피드백과 정적 피드백이 보완적인
개념으로 이해되는 한, 이 두 개념에 대해 얘기하는 것은 의미가 있다. 이러한 의미에서 정적
피드백은 "더 높은 차원에서의 부적 피드백의 근사치"(Keeney, 1983, p. 72)로 이해된다. 다른
한편, 가족이 존재하고 문제가 규정되는 맥락에서 자신이 그 맥락의 구성원임을 인정하지 못
하고, 그래서 가족만을 치료하는 치료자는 개인의 마음에 문제가 있다고 보고 환자를 치료하
는 치료자와 다를 것이 없다. 체계이론적 치료자는 문제가 출현하고 해결책이 모색된 맥락으
로부터 자신이 벗어날 수 없음을 인정한다. 체계이론적 치료자는 한 수준에서 불안정으로 보
일 수 있는 것이 더 높은 회귀 차원에서는 안정의 일부분임을 알고 있다. 그래서 이 치료자들은
자신의 치료적 개입에 의해 방해를 받을 수도 있는 더 큰 생태환경적 균형에 대해서도 알고 있
다. 그러나 이들은 그와 같은 치료적 개입의 노력이 어떤 한계를 가질 수 있는지를 알고 있다.

■ 구조적 결정론

제2단계 사이버네틱스 수준, 즉 자율성 수준에서는 체계가 **구조적으로** 결정된다고 말한다.

체계는 개별적인 사건에 의해 교란될 수 있지만, 이러한 교란의 결과로 체계가 경험하는 변화뿐 아니라 이러한 변화가 일으키는 자기생성의 관계는, 체계의 구조에 의해 교란의 성질과는 상관없이 그 구성요소에 의해 체계의 내적 상태로서 발생한다(Maturana, 1974, pp. 460-461).

그래서 체계는 그 정체성을 잃지 않고 받아들일 수 있는 구조적 변이의 범위를 결정한다. 체계는 그 구조에 의해 체계가 할 수 있는 것과 할 수 없는 것을 제한한다. 예를 들어, 고무공은 둥글기 때문에 그 부분들(공의 무게, 질량, 재질 등) 간의 관계의 기능으로 스스로 구른다. 고무공과 그 공을 차는 사람의 발이 상호작용하여 움직이는 맥락을 만들어내지만, 움직임의 종류(이 경우에는 구르는 것)는 고무공의 구조의 기능이며, 그것을 차는 사람의 기능은 아니다. 그래서 이 예와 비슷해 보일 수도 있지만, 거품을 찬다면 펑 터질 것이다. 만약 대포알을 찬다면, 발을 다칠 것이다. 세 경우 모두 구성요소의 특별한 조직이 각 단일체를 공으로 정의하지만, 각 요소가 행하거나 행할 수 있는 것은 그 조직의 특정한 구조에 의해 결정된다. 그러므로 체계가 행하는 바를 결정하는 것은 환경이 아니다. 기껏해야 환경은 교란체로서 체계가 행할 수 있다고 체계의 구조가 결정하는 것이 발생되도록 그 맥락이나 역사적 예를 제공할 수 있을 뿐이다.

관점에서의 이러한 변화는 유기체와 환경 간의 상호작용과 관련하여 성장과 변화에 대한 우리의 사고에 영향을 미친다. 부적 피드백의 개념에 의하면(Bateson, 1972), 가능한 무언가는 유기체의 구조와 환경에 의해 그것에 부과된 제한 요인의 기능이다. 유기체는 그 선택이 환경에 의해 금지되지 않는 한 그 구조가 허용하는 것은 무엇이든 할 수 있고 또 될 수 있다. 그래서 "우리는 인류가 내적인 압박, 호기심, 방대하고 풍부한 가능성을 통해 진화하기 위해서 미래의 가능한 서식지를 계속해서 열어가는 것에 대해 생각해볼 수 있다"(Hayward, 1984, p. 134).

■ 구조적 결합과 비의도적 표류

더욱이 구조적 결정론의 개념을 놓고 볼 때, 체계가 행하는 바는 언제나 옳다. 왜냐하면 체계의 구조는 체계가 행할 수 있다고 결정하는 것만을 행하기 때문이다. 체계의 행동을 잘못으로 정의할 수 있는 것은 오직 관찰자의 관점으로부터만 가능하다. 그러나 체계는 다른 체계들과 관찰자를 포함하는 '중간(medium)'에 존재한다. 이 체계들이 상호적으로 공존할 수 있는 정도는 구조적 결합(structural coupling)의 개념으로 정의된다. 이 개념에 의하면, 유기체는 서로 어울림으로써 그리고 그 맥락의 여러 다른 면들이 어울림으로써만이 생존하며, 그러한 어울림이 불충분하다면 죽을 것이다.

당신이 체계의 폐쇄성과 관련하여 행하는 것은 실제로 우리가 항상 행하는 것이다. 즉, 우리는 체계를 쑤셔보고, 체계에 일을 던져보고, 소리쳐보고, 일을 일정한 방식으로 행함으로써 체계와 상호작용하는데, 그 정교함도 매우 다양하다. 그것은 체계의 안정성에 대한 교란인데, 이는 체계의 안정성을 보충하거나 보충하지 않을 것(그래서 붕괴될 것)이다. 만약 보충하면, 체계와 상호작용할 때 체계 안에서 안정성을 감지한다(Varela & Johnson, 1976, p. 28).

그러므로 조직이 변하지 않는 맥락에서 변화란 구조적 변형의 과정이다.

체계가 존재하는 맥락은 정해져 있지 않다. 이미 언급했듯이, 원인과 결과란 없다. 그보다도 체계의 생명은 '중간'에서 비의도적 표류(nonpurposeful drift)의 과정이다. 비록 의도적 · 비의도적 교란과 보충 간의 상호작용이 계속될 수 있고 그에 따른 변화가 지속될 수 있지만, 그러한 상호작용은 정해져 있지 않으며 붕괴될 때까지 계속될 것인데, 붕괴는 어느 시기에든 일어날 수 있다.

학습은 하나의 과정을 통해 중간 지점에 이르기까지 유기체의 지속적이고 목적론적인 구조적 결합으로 보인다. 그 과정은 실제 행동에 의해 구조의 변화를 있게 한 선택으로 결정되는 방향을 따른다. 이는 이전의 유연한 상호작용에 의해 그 안에서 이미 선택된 구조를 통해 생성한다(Maturana, 1978, p. 45).

체계들은 주어진 맥락에서 서로 상호작용한다. 체계들이 그 맥락에서 상호작용하는 방식은 각 체계의 구조에 의해 정해진 범위 안에서 상호적 영향과 피드백 그리고 적응 간의 회귀적 과정이다. 구조가 무엇이든, 체계는 이전의 구조적 결합의 예에서 상호적 영향과 피드백 그리고 적응의 기능으로써 존재한다. 그러므로 변화는 변화를 일으키는 데 두 체계가 모두 책임이 있다는 맥락에서 변화에 반응하여 일어난다. 치료자든 그 누구든, 우리는 체계를 변화시키거나 가족을 치료하는 것이 아니다. 그보다도 우리는 우리의 행동을 변화시키며, 그것에 대한 반응을 살펴보기 위해 이러한 새로운 행동의 영향을 조사하며, 계속적으로 수정하는 과정에서 반응에 반응한다. 만약 그렇게 묘사된 상호작용이 체계의 변화의 특징을 보인 것이라면, 피드백이 확립되었고 맥락에 변화가 일어났다고 말할 수 있다. 바라던 결과, 즉 행동의 변화가 당연히 일어날 수밖에 없는 맥락을 만들어내는 것이 전략이다.

■ 참여의 인식론

구조적 결합의 개념은 실재에 관해 어떻게 생각하는지에 대해 엄청난 파급효과를 갖는다. 예를 들면, 우리가 살고 있는 우주를 이해하려고 할 때, '진전(progress)'을 좀 더 정확하다거나 진실을 향한 움직임이라고 더 이상 생각할 수 없다. 우리가 말할 수 있는 최상은 "우리의 행동을 서로 조합하기 위하여 새롭지만 색다른 방법을 창조하는 것"(Efran & Lukens, 1985, p. 25)이다. 우리는 실재를 좀 더 정확하게 표현하는 관찰자로서 행동할 수 없다. 관찰자와 관찰대상은 서로 복잡하게 밀접히 연관되어 있기 때문에, 우리가 늘 이해하려고 하는 바인 객관성이란 있을 수 없다는 관념으로 다시 돌아갈 필요가 있다. 우리는 이것을 참여의 인식론(epistemology of participation)이라고 한다. 따라서 인간은 자연세계와의 연속성 안에서 보여진다.

> 지식은 얼어붙은 역사를 서로 짜 맞춘 그물망을 통해서 자율적 단위로 생성된다. 마치 구조화되어 있지만 내용물은 스스로의 힘으로 버티고, 내부적으로 견고함을 지탱하는 카드로 만든 성처럼 말이다. 반대로 자연은 인간의 역사로 보는데, 여기서 모든 사실적 진술은 모든 가능성을 포함한 해석학으로부터 비롯된다. 객관성의 계승자는 그것을 부정하는 주관성이 아니라 이 둘 너머의 움직임인 완전한 참여의 인정이다(Varela, 1979, p. 276).

'참여를 완전하게 인정하기' 위해서는 관찰자와 관찰대상이 서로 어떻게 밀접한 연관을 갖는지에 초점을 두어야 한다. 특히 우리가 의문을 제기하든, 서술하든 또는 의미를 부여하든지 간에, 모든 상호작용 과정은 일정한 맥락 내에서 교란과 보충을 포함한다. 예를 들어 Maturana(1974)는 다음과 같이 말하였다.

> 하나의 문제는 하나의 질문이다. 질문은 어떤 기분을 만족시키는 행동을 창출함으로써 질문받은 체계가 보충해야 하는 교란이다. 이때 이 기준은 교란과 동일한 영역에서 구체화되어야 한다. 그러므로 문제를 해결하는 것은 질문된 것과 동일한 영역에서 질문에 답하는 것이다(p. 469).

그러므로 이와 같은 과정은 이른바 객관적인 외부인의 관점으로부터 전체를 이해한다는 데 대해 어떠한 설명력도 갖지 못한다. 그보다도 질문을 하거나, 서술을 하거나 또는 설명을 하고 있는 주체의 관점에서만이 전체에 대한 이해가 가능하다.

■ 다중 우주로서 실재

사실 살아있는 체계로서 우리는 공동의 언어체계를 갖는 맥락에서 구조적 결합을 통해 생성된 합의영역(consensual domain)에서 살고 있다. 1차적 합의영역은 우리가 공부하는 것들이다. 2차적 합의영역은 우리가 일부분을 이루는 것들이다. 관찰자로서 우리가 행하는 것은 마치 우리가 특정 상황 밖에서 상황을 관찰하고(1차적) 또 관찰하는 우리 자신을 관찰하는(2차적) 것처럼 움직이는 것이다. 그러나 관찰과정에서 우리는 상호작용하지 않을 수 없으며, 그러므로 우리가 관찰하고자 하는 합의영역의 실재를 창조하고 있다.

서술은 언제나 상호작용을 함축하기 때문에 그리고 서술하는 체계는 그 구성요소들 간의 상호작용을 통해 구성요소들을 서술하기 때문에, 서술(그리고 일반적인 행동)과 서술하는 체계의 작용 간에는 구성적 동형성(同形性, homomorphism)이 있다. 그러므로 문자 그대로 우리가 세상에 삶으로써 우리가 살고 있는 세상을 창조한다(Maturana, 1978, p. 61).

우리 각자는 유전과 경험, 선입견과 지각을 각각 독특하게 조합하기 때문에 약간 다른 방식의 실재에 살며 또 약간 다르게 실재를 창조한다. 그러므로 우리 각자는 약간 다른 실재에서 살며 약간 다른 실재를 창조한다. 의사소통의 세 번째 원칙을 상기해보면, 우리들 각자에게 이러한 실재는 진실이며 또한 똑같이 정당하다. Maturana에 의하면(Simon, 1985), 우리가 제1단계 사이버네틱스에서 제2단계 사이버네틱스로 옮겨갈 때, 이러한 시각은 다음과 같은 중요성을 갖는다.

체계이론은 우선 여러 가족원들이 제시한 다양한 시각마다 어떤 정당성이 있음을 인식할 수 있게 한다. 그러나 체계이론은 이것이 동일한 체계에 대한 여러 다른 시각임을 시사한다. 내가 말하고 있는 것은 여러 가지다. 나는 가족원들이 작성한 여러 다른 서술이 동일한 체계의 다른 시작임을 말하는 것이 아니다. 나는 체계가 존재하는 방식은 단 한 가지만이 아니며, 절대적이며 객관적인 가족이란 없다는 것을 말하고 있다. 가족원마다 각자 다른 가족을 가지며, 이러한 가족의 각각은 절대적으로 정당하다는 것을 말하고 있는 것이다(p. 36).

이러한 관점으로부터 우리는 더 이상 하나의 우주(universe)에 대해서 말할 수 없다. 그 대신 우리는 다중 우주(multiverse)에 살고 있음을 인정해야 한다. 다중 우주란 관찰자마다 나름대로 실재가 있어서 실재는 수없이 많지만, 각 실재는 똑같이 정당함을 의미한다. 이러한 관점으로부터 볼 때 객관성이란 없으며, 객관성 없이는 주관성에 대해서도 말할 수 없다(이 점에 대해서는 제1장에서 어두움은 빛에 의해 정의된다는 논의를 참고할 수 있을 것이다.). 우리가 말할 수 있는 것은 "객관성에 대해 참고로 말해보거나(objectivity in parentheses)"(Simon, 1985) 또는 관찰자와 관찰대상의 상호 관련성를 인정하는 것이다.

이렇게 되면 이제 지각은 구성의 과정이 된다. 우리는 지각하고 구성함에 따라 우리가 살고 있는 환경을 창조한다. 우리는 우리의 개념구조나 개인적인 세계관을 통해 투입을 동화하고 적응함으로써 우리의 실재, 즉 우리의 세계를 창조한다. 그래서 실재를 지각하고 구성하게 되는 전제와 가정을 이해하는 것이 매우 중요하게 된다. 우리는 정신과정에 대한 사고를 지향한다. 치료자로서 우리는 내담자가 지각을 통해서 더욱 효율적으로 움직일 수 있는 실재를 창조하고, 그에 따라 그 효율성을 좀 더 지원할 수 있는 실재를 구성할 수 있도록 돕는 작업에 직면한다. 제4장에서 논의하겠지만, 이렇게 창조와 구성에 대한 강조는 가족치료에 대한 포스트모더니즘 영향과 일치한다. 그러나 이러한 틀을 바탕으로 한 치료방향으로 나아가기 전에,

(우리 비행기가 이제 착륙 준비를 하려고 선회하고 있으므로) 우선 선회해서 체계이론/사이버네틱스 개념틀의 기본적인 면을 요약해서 정리해보자.

■ 요약

제1단계 사이버네틱스 관점에서 우리가 고려하는 개념들은 회귀와 피드백, 형태안정성과 형태변형성, 규칙과 경계선, 개방성과 폐쇄성, 엔트로피와 니겐트로피, 동일결과성과 동일잠재성, 의사소통과 정보처리, 관계와 전체성이다. 가족(블랙박스)에 대한 그리고 가족으로부터의 투입과 산출에 대한 관찰자의 입장인 우리는 '바깥 거기에' 존재하는 것으로서 실재를 보며, 관찰의 과정에 의해 영향을 받지 않고서 관찰될 수 있다는 것이다. 그래서 치료자는 문제를 '발견하고' '치료하며' 가족체계 밖에서 변화를 지시한다.

　반대로 사이버네틱스의 사이버네틱스(즉, 제2단계 사이버네틱스)의 관점에서는 다음과 같은 것들을 고려해야 한다.

1. 관찰자+블랙박스
2. 관찰대상의 일부분으로서 관찰자
3. 자기준거적 실재
4. 외부 환경을 준거로 하지 않음
5. 파손되지 않은 경계선을 가진 폐쇄적 체계
6. 부적 피드백
7. 자율성 또는 조직적 폐쇄성
8. 내적 구조의 강조
9. 회귀적 교란과 보충과정으로서 상호작용
10. 자기생성(autopoiesis 또는 self-generation)
11. 구조적 결정론
12. 구조적 결합
13. 비의도적 표류
14. 진전이라기보다 새로운 조정
15. 참여의 인식론
16. 합의영역
17. 개인적 지각과 구성에 대한 다중 우주(multiverse)로서의 실재
18. 정신과정에 대한 초점

따라서 치료자는 자기가 작업하는 것이 자신과 내담자의 지각과 구성임을 인식한다. 치료자들은 우리의 삶이 이야기된 실재로서 결코 완전하다거나 절대적으로 알 수 없다는 것을 인정한다. 자신의 관찰은 관찰된 바에 영향을 미치며, 동일한 현상을 보는 똑같이 타당한 방법이 아주 많이 있음을 자각하고 있다. 또한 치료과정은 더 폭넓은 사회적 맥락에서 일어나며 이는 관련 있는 모든 사람들의 이야기에 영향을 주기도 하고 받기도 한다고 인식한다.

가족치료에 대한 기본적 접근을 다룬 제2부에서는 각 모델에 대한 논의를 체계이론적 일관성뿐 아니라 포스트모더니즘 관점의 반영을 다룬 단락으로 결론짓는다. 그때 다시 이상의 개념들로 돌아갈 것이다. 이 개념들은 제1단계 및 제2단계 사이버네틱스에 따라 체계이론적 일관성을 분석하기 위한 근거가 될 것이다.

최악의 경우는 고민에 빠지게 되고, 잘해봐야 파악하기 어려운 이러한 제2단계 사이버네틱스의 세계에 관해 많은 것이 있지만, 이상이 일체를 포함한다는 의미에서 안도감을 찾을 수 있다. 우리는 이것이나 저것의 선택을 할 필요가 없다. 그보다도 우리는 이것과 저것 모두(예를 들면, 빛과 어두움, 선형성과 회귀성, 제1단계 사이버네틱스와 제2단계 사이버네틱스 모두)의 견지에서 생각한다. 각각은 더 큰 전체를 형성하는 상보성의 필수적인 부분으로 이해된다.

우리는 정당한 우주와 절대적 진리로의 접근 가능성이라는 관념이 제공하는 안정성을 잃을 수도 있다. 반면, 여성과 남성을 실재의 공동 창조자로 이해하는 능동적 관점으로부터 자유로울 수 있다. 그래서 우리는 또한 우리가 살고 있는 세상과 우리가 일원인 더 큰 세계 공동체에 대해 책임감을 공유함으로써 어느 정도 통제력도 얻을 수 있다.

치료의 견지에서 볼 때, 이러한 세계관으로부터 몇 가지 자유로운 측면뿐 아니라 몇 가지 건전한 함의를 유도할 수 있다. 한편으로 과정 차원에서 가족을 어떻게 치료하는지에 관한 얘기를 할 수도 있는 반면, 내용 차원에서는 구체적인 것들이 맥락에 따라 달라질 필요가 있음을 의식하게 된다. 그러므로 가족치료에 요리책을 제공하려는 시도는 선형적 인식론에 근거한 인식론적 실수를 저지르는 것이다. 체계이론적 관점에서 볼 때, 실용적인 변화의 방법은 차이성(differentness)이다. 즉, 행동을 변화시키기 위해서는 그 맥락에 논리적이지 않을 행동이 필요하다. 그래서 치료가 취해야 하는 규정된 형태가 없을 뿐 아니라, 있어서도 안 된다. 치료자에게 용납될 수 있는 행동의 기본 한계는 윤리적 실행의 한계를 벗어나지 않는 것이다.

다른 한편, 치료자는 여러 가족원들과의 상호작용을 통하여 가족을 경험할 때를 제외하면 가족을 치료하고, 가족에 합류하며, 가족을 이해할 수 없기 때문에, 치료자는 자유롭게 가족원들과 함께 일하고, 함께 표류하며, 새롭고 더 만족스러운 가족을 정의하도록 돕는다. 이 역시 가족치료에 대한 포스트모더니즘의 영향과 일치하며, 이는 다음에서 살펴볼 것이다.

이상으로 우리의 비행은 끝을 맺는다. 아마도 이 여행이 매우 안락한 경험을 아니었겠지만, 이번 여행이 금방 잊혀지지는 않을 것이다.

실전문제

다음의 질문은 이 장에서 다룬 내용의 적용과 분석을 테스트하는 것이다. 임상실천과 더불어 이 장에 대한 추가적인 사정, 적용, 분석, 합성, 평가를 위해 다음 질문에 답하시오.

1. 사이버네틱스 체계의 두 가지 기본 요소를 설명하시오. 그리고 그 두 가지 요소를 살펴봄으로써 한 사람의 관점이 어떻게 완전해지거나 순환적이 되는지 서술하시오.

2. 매우 안정된 체계가 변화에 의해 달라질 때, 그 변화가 본질적으로 내적이든 외적이든 상관없이 체계를 변경할 수 없을 경우 무슨 일이 일어나는지 서술하시오.

3. 개인심리학과 대조를 이루어 체계이론 관점이 발생하였던 주요 변화를 파악하시오. 그리고 고착된 체계를 어떻게 교정하는지 그리고 현재의 체계과정이 어떻게 비효과적이게 되었는지 서술하시오.

4. 관계를 정의하는 의사소통 양식과 연관된 특성을 서술하시오.

5. 치료자가 내담자로 하여금 비일치적 메시지를 보내는 배우자와 보다 효과적으로 의사소통하도록 도울 수 있는 두 가지 방법을 설명하시오.

6. 가족 구성원들이 제시하는 다양한 시각들이 타당성이 있다고 인식한 첫 번째 체계이론과 Maturana의 체계이론을 비교하고 대조하여 서술하시오.

7. 제2단계 사이버네틱스가 관찰자와 관찰대상의 상호 연결성에 적용될 때 강조하는 가설적 예를 제시하시오.

8. 제1단계 사이버네틱스가 제2단계 사이버네틱스와 대조될 때, 사이버네틱스 체계에서의 패러다임 전환이 일어난다. 이 두 단계의 보완관계를 설명하고, 포스트모더니즘 치료자가 다양한 가족 구성원을 가장 잘 대할 방법을 서술하시오.

MYSEARCHLAB 살펴보기

www.MySearchLab.com에 다음의 비디오, 사례, 문서 등이 제시되어 있다.[1]

추천 비디오

Grandmothers Raising Grandchildren(손자녀를 키우는 할머니)
"사람은 의사소통하지 않을 수 없다."는 원칙 2 비디오 속에서 선택적 함묵증 진단을 받았던 7세 아르마니 때문에 도전을 받는 것 같다. 선택적 함묵증은 원칙 2를 지지하는가, 아니면 지지하지 않는가?

Gay Marriage(게이 결혼)
블랙박스 참고는 게이 관계에 어떻게 적용할 수 있는가? 치료자로서 당신은 치료관계에서 이와 같은 덜 전통적인 체계의 일부로서 당신 자신을 어떻게 보는가?

∧ Genograms: The Tools That Brings Resilience to Life — Glen's Extended Family(Part 5 of 12)(가계도: 삶에 회복탄력성을 가져오는 도구 — 글렌의 확대가족)
당신은 글렌이 자기 확대가족에 회귀 개념을 적용하도록 어떻게 교육하고 도울 수 있는가?

추천 사례/문서

Morgan Family(모건 가족)
모건 가족의 진전 혹은 진전의 부족을 강조하는 동일경과성과 동일잠재성에 관해 어떤 결론을 내릴 수 있는가?

△ Carrie(캐리)
캐리와 남편 조를 포함하는 삼각관계의 몇 가지 예는 무엇인가? 이 삼각관계들은 질병이 진행되고 있는 부부관계에서 비롯된 것이다.

Salazars' Family Therapy(살라자의 가족치료)
회귀적 조직, "우리는 '왜?'라는 질문을 하지 않는다.", 그리고 과거 탐색의 필요성을 강조하는 사례연구에 관해 이 책과 모순되는 내용이 있는 것 같다. 두 가지 관점은 이런 추론을 어떻게 지지하는가?

추천 자원

웹사이트 : Garden: A Center for Grieving Children and Families

Professional Voices from the Field(가족치료 분야 전문가의 목소리) : Virginia Satir

웹사이트 : Multisystemic Therapy

연구 주제

Humberto Maturana

Francisco Varela

Bradford Keeney

---

1 그러나 www.MySearchLab.com의 자료 접근 권한을 이 번역서에서는 제공할 수 없음
∧ =AAMFT 핵심능력자산, △ =사례연구

4

포스트모더니즘과 가족치료

학습 목표

- 시대별로 그 시대를 대표하는 세계관에 대하여 정의하고, 이에 대해 기술한다.
- 사회구성주의의 핵심 내용에 대해 설명한다.
- 구성주의의 핵심 내용에 대해 설명한다.
- 포스트모더니즘의 관점에서 개인의 역할에 대해 기술한다.
- 포스트모더니즘과 관련하여 이루어지는 다양한 논쟁에 대해 비평한다.

포스트모더니즘과 가족치료를 주제로 한 이번 여정에서 당신은 최근 가족치료 분야에 중요한 영향력을 미치고 있는 이론에 대한 간략한 배경지식을 얻게 될 것이다. 포스트모더니즘의 등장으로 제1단계 사이버네틱스 관점에서 이론을 제시하고 실무를 수행하는 사람들과 제2단계 사이버네틱스 관점에서 작업을 실시하는 사람들 사이의 긴장은 계속되고 있으며, 이로 인해 발생하는 논쟁들은 우리에게 많은 반향을 불러일으키고 있다. 포스트모더니즘의 등장으로 불거진 또 다른 논쟁은 모더니즘이 추구하는 관점을 견지하는 이들과 포스트모더니즘의 기본 전제들을 지지하는 이들 간의 갈등에 의한 것으로, 이는 사이버네틱스 영역 외의 문제라 할 수 있다. 심지어 포스트모더니즘을 추구하는 이들 사이에서도 구성주의와 사회구성주의에 대한 구분은 물론 치료에 이러한 관점들을 적용하는 문제를 둘러싸고 수많은 논의가 이루어져 왔다. 대체로 이와 같은 주제는 "우리 시대에 주된 지적 쟁점으로 특징지어져 왔다"(Lowe, 1991, p. 41). 실제로 Anderson(1997)은 시대적 관점이 아닌 비평적 관점으로 포스트모더니즘을 정의하면서, 다양한 학문 분야의 대안적 관점을 제시하는 연구주제로써 포스트모더니즘을 이해하였다. 이러한 이론가들과 학자들은 사회를 하나의 체계로 통합시키고자 하는 메타내러티브(metanarrative, 통합서사)를 포함하여 모더니스트의 패러다임, 당대를 이끌어가는 과학자들이 형성해온 과학적 사고에 대한 확신 그리고 예술, 사회과학, 역사, 문학과 같은 분야에 대한 전통적 이해방식 등 다양한 측면에 대하여 문제를 제기하였다.

제3장에서 살펴본 바와 같이 제1단계 사이버네틱스의 관점을 가진 치료자/이론가들은 체계 안에서 어떠한 일이 일어나고 있는지에 대하여 설명하지만, 이들의 활동은 체계 밖에서 이

루어진다. 이는 모더니스트의 견해와 일치하는데, 그들은 보다 큰 사회적 맥락에서 수용되는 규범적 기준과 준거에 따라 행동을 평가하고 변화시키려 한다. 모더니즘적 관점에서는 '바깥 거기에(out there)' 존재하는 실체로서 문제를 정의한다. 포스트모더니즘과 같은 관점을 취하는 제2단계 사이버네틱스에서 관찰자는 관찰을 통해 세계를 이해하고자 하며, 따라서 그들은 자신이 관찰한 체계에 대해서만 설명하고자 한다. 실재(reality)는 특정 상황에 영향을 미치는 힘으로 작용하는 신념체계의 기능을 통해 형성된다고 이해할 수 있다. 이와 같은 관점은 문제를 보는 시각은 물론 내담자와 치료자 각각의 이야기에 담겨있는 의미에 내포되어 있는 맥락을 이해하는 방식과도 깊이 관련되어 있다고 할 수 있다. 행동은 발견된다기보다 만들어내는 것으로, 믿는 대로 보이는 것이며, 무언가를 표현함에 있어 어떻게 '말'하고 어떤 단어들을 선택하는지가 중요하다.

기존의 인식론과 구별되는 이와 같은 차이 때문에 '신인식론(new epistemology)'을 지지하는 이들은 개인의 책임, 항상성, 저항력, 병리, 객관성과 같은 용어의 사용에 의구심을 품어왔다(Piercy & Sprenkle, 1990). 이와 유사하게, 객관성의 가능성에 대한 신념을 토대로 환원주의에 초점을 맞추는 경험적 전통인 논리적 실증주의자들의 연구는 그 가치에 대해 의혹을 받게 되었고(Atkinson, Heath, & Chenail, 1991), 그 대신 질적인 접근방법이 지지받기 시작했으며, 이 새로운 접근법이 점차적으로 수용됐다(Faulkner, Klock, & Gale, 2002). 또한 포스트모더니즘이 고차원적 인식 또는 자연스럽게 세계를 자각한다는 개념인 인식론을 폭넓게 수용해가면서 새로운 사조를 지지하는 입장은 보다 확대되어 갔다(Keeney, 1983). 이와 같은 인식은 우리 사회를 조직하고 있는 총체적 담론(역주 : 대부분의 사람이 상식에 입각하여 간직하고 말하고 행동하며 의견을 공유하는 보편적 가치, 공통의 가치를 공유하는 진실과 관행, 언어 측면＋비언어 측면, 담화, 이야기, 문서, 제도, 유머, 어떤 지식이 그 사회에서 진실하고 옳고 적절한지를 결정하고 선택하는 틀 제시)의 검토를 이끌었고, 이러한 검토 작업을 통해 사회적 담론의 초점이 분산되어 있다는 사실과 규범적 사회과학과 정신건강 분야의 관심이 병리적 측면에 맞추어져 있다는 사실이 드러났다. 이는 사회의 중요한 정보를 보유하고 있는 소위 전문가 계층 사이에 형성된 지식체계의 구조적 틀에 대한 도전이라는 의미도 갖고 있었는데, 당시 전문가들이 보유한 지식은 권력으로 사용되었기 때문이다. 그러나 포스트모더니즘이 등장하면서 모든 사람들은 자신의 삶과 관련된 전문성을 전문가에 의해서가 아니라 스스로 개발해나갈 수 있는 권리를 회복할 수 있게 되었다. 예컨대 치료에서 내담자는 치료의 맥락상, 치료자는 치료과정상의 전문가로서의 역할을 수행하게 되었다(Anderson, 1997). 또한 일반체계이론 및 사이버네틱스와 관련된 개념이 중요하게 다루어지게 되었다. 포스트모더니즘이 추구하는 모든 변화들은 지식의 소유에 있어 보다 윤리적인 입장을 취하고 있는데, 내담자와 치료자가 동등한 위치에서 함께 공유된 실재를 창출해내는 존재라는 인식을 확산시키는 데 일조하였다는 점에서 그러하다.

윤리적 측면 및 치료자가 추구하는 방향을 둘러싼 변화와 함께 포스트모더니즘은 다양하고 새로운 치료접근법을 낳았는데, 이에 대해서는 제13장에서 보다 자세히 논의하고자 한다. 몇몇 이론가들(비록 우리는 동의하지 않지만)은 이러한 변화가 체계이론 및 사이버네틱스가 추구하는 관점과 완전히 다른 입장을 취하고 있다고 생각하고 있다. 타당하든 그렇지 않든 간에 이와 같은 주장에는 "치료적 모험(therapeutic venture)이란 근본적으로 윤리적인 연습이며, 이것은 더불어 살아가기 규약을 만들고, 다듬고, 재설정하는 과정을 포함한다"(Efran, Lukens, & Lukens, 1988, p. 27). 따라서 치료는 대화의 과정으로 이해해야 하며, 이러한 활동의 목표는 치료에 참여하는 모든 사람들의 욕구와 바람을 반영하는 맥락의 창출이라 할 수 있다. 이와 같은 치료법은 포스트모더니즘이 취하고 있는 관점과 일치한다.

포스트모더니즘에 대한 주요 비평들을 보다 명확하게 이해하기 위해서는 현재의 발달 양상을 역사적 관점에서 살펴보는 것이 중요하다는 논의가 이루어져 왔다. 이러한 논의에 기초하여 지금부터 포스트모더니즘에서 언어 및 각 개인의 역할이 갖는 영향력에 대해 검토하고, 앞서 언급한 쟁점들에 대해 보다 상세히 살펴보고자 한다.

역사적 관점에서 포스트모더니즘

Gergen(1991)은 18세기 후반과 19세기를 인간의 깊은 내면세계에 관심을 갖는 낭만주의가 꽃피는 시기로 보았다. 눈에 보이지 않는 이러한 영적 힘은 개인의 삶과 대인관계에 있어 매우 중요한 자원으로 여겨졌다. 낭만주의는 표면적이고 의식적인 사고 저변에 존재하는 개인의 **심층적 내면세계**에 초점을 둠으로써, 이성과 관찰을 중시했던 기존의 관점들을 대체하였다. 열정, 목적의식, 깊이, 개인의 중요성과 같은 표현들은 용기 있는 행동, 특별한 재능, 영감, 사랑이라는 단어로 사용되었다. 이 시기에 도덕적 가치 및 인생의 궁극적인 목적이 각 개인과 그들의 행동을 기술하는 방식에 의해 영향을 받는다는 세계관이 형성되었으며, 이러한 관점은 오늘날까지 이어져 내려오고 있다.

19세기 후반과 20세기 초반으로 가면서 낭만주의가 추구하던 관점은 모더니즘에 가려 사람들의 관심 밖으로 밀려나게 되었다. 모더니즘은 '체계적인 관찰과 엄격한 기준에 근거한 추론'을 통해 진실을 추구하고자 하였으며, 낭만주의에 비해 실용적이라는 측면에서 호응을 얻었다(Gergen, 1991, p. 29). 모더니즘은 과학적 방법을 통해 보다 거대한 목표를 끊임없이 성취해나가는 과정에서 사회 내 '거대 서사(grand narrative)'의 형성을 부추겼고, 사회 구성원들이 거부할 수 없는 절대적인 본질을 사회의 모든 분야에 적용하고자 하였다. 또한 이 시기에는 기계론적 은유(machine metaphor)가 통용되었고, 인간행동은 환경적 조건에 따라 결정된다는 인식이 확산되었다. 또한 독립적이고 자율적인 개인은 완벽하게 성숙한 하나의 인격체로 평가되었다.

물론 이 시기에 지나간 낭만주의 시절을 갈망하는 이들도 있었지만, 새롭게 등장한 모더니즘적 세계관이 각광받는 데는 나름의 이유가 있었다. Gergen(1991)은 모더니즘적 가치관을 지닌 사람들은 다소 이해하기 힘들고, 비현실적이며, 낭만적인 사람들에 비해 보다 이해하기 쉽고, 믿을만하며, 신뢰할 수 있다고 했다. 다시 말해, 모더니즘을 추구하는 사람들은 영감(inspiration)이나 열정(passion)에 이끌려 움직이기보다는 이성적으로 행동하고, '분명하고 솔직하게' 자기 목소리를 낼 줄 안다는 것이다(p. 47). 민주적 사고방식은 모더니즘이 지향하는 이와 같은 가치관을 토대로 발전해나갔고, 과학 분야에서 사회문제들에 대한 답을 찾기 시작하였다. 근대의 사람들은 점차 과학이 지닌 힘과 객관적인 시각을 지닌 전문가의 지식을 전적으로 신뢰하게 되었다. 이러한 전문가들은 신뢰할 수 있는 연구 데이터를 통해 정확하게 표현되고 이해될 수 있는 '바깥 거기에(out there)' 존재하는 실재에 대한 진실을 알고 있었을 것이다. 또한 그 시대에 대부분의 사람들은 의미 있는 기술 발달을 통해 보다 좋은 방향으로 진보할 수 있다고 믿어 의심치 않았다. 이와 같은 관점에서 모더니즘 시대에 치료자와 사회과학자들의 역할은 사회적 기술자(social engineer)였다고 할 수 있다.

최근에 등장한 **포스트모더니즘**은 객관적 지식과 절대적 진리의 존재 가능성을 전면적으로 부인하며, 모더니즘이 추구하는 신념의 기반 자체를 흔들어놓았다. 모더니즘의 신념에 대한 1차적인 도전은 각 개인의 '실재(reality)'는 주관적일 수밖에 없으며, 개인은 관찰을 통해 구성된 다중 우주(multiverse)에 살고 있다는 주장이다. 따라서 사실(fact)은 관점(perspective)으로 대체되며, 치료자의 윤리적 행위와 관련하여 지식인들의 계급적 특권과 지배적 권한이 많은 논란이 되었다. 즉, 사실에서 관점으로의 변화는 '지식'의 소유자들에게 권력과 특권을 부여했던 모더니즘적 사고방식에 도전으로 작용하였다. 다시 말해 포스트모더니즘이 추구하는 기본 전제들에 입각해서 볼 때, 내담자는 치료자와 동등한 위치를 지닌 존재로 이해해야 하며, 누군가의 생각을 판단하는 데 있어 '탁월하고 정확한 기준'은 없다는 사실을 깨달아야 한다(Gergen, 1991, p. 111). 모더니즘의 패러다임에 대한 심리적 불편감은 절대적 진실이 존재하며, 이러한 진실이 지식의 기초를 이루고 있다는 모더니즘의 관점과 사람의 외부 또는 바깥 어딘가에 존재하는 실재를 객관적인 태도로 정의할 수 있다는 가정에서 기인한다고 볼 수 있다(Lowe, 1991). 아마도 사실의 존재에 대한 신념에서 관점에 대한 인식으로의 변화에 있어 가장 중요한 측면은 담론과 언어의 역할에 집중되어 있는 관심이라고 할 수 있다. 여기서는 언어의 역할에 대해 보다 면밀히 살펴보기 전에, 포스트모더니즘의 두 가지 이론인 구성주의와 사회구성주의에 대해 살펴보고자 한다.

구성주의와 사회구성주의

구성주의는 사람들이 경험을 지각하고 묘사하는 과정에서 현실에 대한 기초 지식뿐 아니라 현실 그 자체를 구성한다는 입장을 취하고 있다. 세상을 보는 개인의 안목은 그가 추구하는 신념에 의해 형성되기 때문에 사람이나 현상에 대한 진실은 객관적으로 관찰할 수도, 알 수도 없다. 대신 우리가 알 수 있는 모든 것은 사람과 현상에 관한 우리의 구성물일 것이다. 급진적 구성주의(von Glasersfeld, 1998)에 의하면 핵심은 다음과 같다.

> 인지는 신경계에서 구조적으로 이루어지는 역동적 현상으로 동화와 조절을 통해 개인이 끊임없이 환경에 적응해갈 수 있도록 기능한다. 개인이 환경에 적응하는 데에는 인지 외에도 언어를 비롯하여 중요한 것들이 많이 요구되지만 … (중략) … 급진적 구성주의자들은 개인이 하나의 유기체로서 점진적으로 발달하고 환경에 적응해나갈 수 있도록 은유(metaphor, 역주 : 치료자가 직접적으로 지시하거나 평가하기보다는 간접적이고 비유적인 표현을 사용하는 것으로, 내담자의 자존감이나 체면을 손상시키지 않기 때문에 다른 방법에 비해 덜 위협적이다.)를 활용한다(Gale & Long, 1996, p. 13).

급진적 구성주의에서 지식은 개인이 알고 있는 것을 행함으로써 능동적으로 구성된다고 본다. 비록 실재(reality)가 바깥 거기(out there) 그 어딘가에 존재할 수는 있으나, 그것이 본질적인 진실을 내포할 가능성은 없다는 것이다. 개인은 타인과 세계에 대하여 자신이 구성한 실재에 대해서만 알 수 있다. 따라서 치료에서는 개인이 구성한 실재, 즉 내담자가 경험하고 인식한 세계를 강조한다.

한편 내담자와 치료자는 언어체계를 통해 실재를 구성하게 되는데, 이는 실재를 구성하는 데 있어 언어 이외의 다른 존재들에 대한 이해가 필요함을 의미한다. 사회구성주의에서는 언어가 사용되는 맥락, 이를 통해 받게 되는 느낌이나 인상, 그 언어가 갖는 영향력에 관심을 갖는다. 사회구성주의자들에게 있어 언어는 개인의 경험을 나타내는 수단이나 표상이 아니라, 개인의 사고체계를 규정하는 방식이라 할 수 있다. 실재는 경험에 의해서만 구성될 수 있고, 경험된 '실재'는 사회의 통념 또는 '이미 구조화된 이해방식(forestructures of understanding)'과 불가분의 관계에 있다는 점에서 언어의 변화는 경험의 변화와 같다고 할 수 있다(McNamee & Gergen, 1992, p. 1).

따라서 개인의 사고와 지식을 구성하는 데 맞추어졌던 초점은 "상호 주관적으로 공유된 의미세계"로 옮겨가게 되었다(Gale & Long, 1996, p. 17). 사회구성주의에서는 가족치료자들이 우리의 실재가 이야기된 실재임을 이해하고, 맥락, 개인과 문제에 대한 사회적 구성, 내러티브의 창출에 역점을 둘 것을 요구한다.

사회구성주의는 인간과 그들의 행동에 대한 지식의 발달 양상을 이해하고, 인간과 그들의 행동에 내재되어 있는 가치들을 보다 폭넓게 탐색하는 데 초점을 둔다. 또한 사회구성주의는 우리가 우리의 전문지식을 어떻게 구성하고 활용하는지, 이를 위해 무엇이 검토되고 기술되어야 하는지, 어떠한 방법이 활용되는지, 누가 연구대상을 결정하고 연구를 수행하는지에 대하여 탐색하고 분석할 것을 요청한다(p. 3).

요컨대, 실재를 구성하고 세계를 바라보는 방식에 있어 구성주의가 비교적 미시적인 반면 사회구성주의는 구성주의에 비해 거시적이라는 점에서 두 이론 각각은 차이가 있지만, 해체주의와 언어의 역할을 중요시한다는 점에서는 같은 입장을 취하고 있다.

해체주의와 언어의 역할

실제로 포스트모더니즘 시대에 언어는 매우 핵심적인 역할을 수행하였다. 즉, "포스트모더니즘적 사고뿐 아니라 현대 사회·문화이론의 일반적인 영역에서도 담론(discourse)은 핵심적인 개념이 되었다"(Lowe, 1991, p. 42). 철학에서 Wittgenstein(1963)은 언어의 의미를 획득하는 방법에 있어 지시적 토대가 아닌 사회적 실천을 제안하였으며, Foucault(1978, 1979)는 개인의 사고를 확대하거나 억누르는 데 영향을 미치는 담론의 힘 또는 언어에 내포되어 있는 문화적 힘에 대해 연구하였다(Gergen, 1994b). Rorty(1979) 또한 "철학자들은 초월적 진리를 탐구하고자 하는 노력을 포기하고 사람들로 하여금 사회에서 보다 광범위하고 실용적으로 이루어지는 담론에 참여하도록 초대해야 한다."라고 함으로써 담론에 대한 인식 형성에 많은 영향을 미쳤다(Gergen, 1994a, p. 413). 이와 관련된 연구들은 지난 40년간 사회학, 기호학, 문학 텍스트 해체 이론, 의사소통 이론, 심리학 분야에서 많은 부분 지적 탐구의 성격을 띤다. 이러한 연구의 결과는 특정 공동체의 구성원은 물론 어느 누구에게나 적용되는 진실로서, 공동체의 언어를 구체화하고자 하는 움직임, 토착 언어가 특정 언어를 배제함으로써 발생하는 한계에 집중하는 태도에 대한 경고를 포함하고 있다.

포스터모더니즘 철학자들은 개인이 그들의 세상을 알아가는 수단으로 언어를 이해하는 동시에 그들이 아는 것을 통해 그들의 세상을 구성한다고 보았다. 포스트모더니즘은 개별 현상으로서의 정신과 사물의 개념을 '해체'하고, 개인이 갖고 있는 준거에 모순적 입장을 취한다. 다시 말해 사물의 본질에 대한 진술은 질문 속에 내재되어 있는 진술에 의해 부인되는 가정에 따라 달라진다는 사실을 보여주고 있다(예컨대 무의식의 '실상').

프랑스의 이론가 Derrida는 해체주의 운동을 이끈 대표적인 인물로서, "혼란이 논리적 질서로 전환될 수 있다는 점에서 언어는 정신작용을 반영한다는 가정"에 반대하였다(Gergen, 1991, p. 107). 그는 우리가 우리의 지각을 통해서만 현실을 알 수 있다면, 우리가 지각하는 것은 우리의 정신과정 또는 마음의 기능에 의한 것이며, 따라서 이 둘은 서로 분리될 수 없다고 보았다. 그러므로 우리는 개인의 외부세계와 구분된 그 무엇으로서의 정신적 사고가 아닌 모든 생명체와 사물에 보편적으로 주어진 비국소적 정신의 개념으로 인지체계를 이해해야 한다는 것이다. 또한 개인은 각각 독립된 개체로 존재하는 언어체계를 통해 자신이 아는 것을 경험하고 표현한다는 점에서, 사회구성주의자들의 주된 관심은 개인이 그들 자신과 그들의 세상 혹은 생생한 현실을 묘사하고 이해하기 위하여 사용한 담론의 과정에 있다고 할 수 있다 (Gergen, 1985).

우리 각 개인은 문화적으로 창조된 언어체계 안에서 태어났으며, 이미 존재하고 있는 언어형태에 동화된다. 사회화 과정에서 인간은 사회에서 용인된 방식으로 말하는 것과 공유된 가치 및 언어체계의 이데올로기를 채택하는 것에 대해 학습한다. 따라서 우리가 사용하는 언어는 우리가 속한 특정 집단의 관습, 상징, 은유를 반영한다. 우리는 우리가 속한 공동체와 동떨어진 언어를 사용할 수 없다. Gergen(1985)은 세계를 이해하는 데 사용되는 언어를 특정한 역사적 맥락에서 개인 간의 교류를 통해 생성된 사회적 인공물로 묘사한다. 구성주의자들은 "인간 본성의 힘"(p. 267)이 아닌 사람들 간의 관계로 집단을 이해하고자 한다. 따라서 그들에게 있어 연구의 초점은 지금까지와는 다른 형태로 세계를 구성하는 역사적 · 문화적 뿌리에 있다.

포스트모더니즘 학자들의 목표는 그들이 추구하는 가정, 가치, 이념을 상세하게 기술함으로써 '사실(fact)'을 해체하는 것과 회의주의(skepticism)와 해학적 요소가 가미된 삶을 살고 있는 우리 자신과 이에 대한 우리의 의미 해석에 대해 고찰하는 것이다. "모든 교사와 그 가르침에 대한 건강한 불손함"(Keeney, 1990, p. 5)이라는 태도가 치료로 전환될 경우, 이는 내담자의 특성을 존중하는 차원으로 적용 가능하다. 예를 들면 다음과 같다.

> 우리의 작은 치료세계에서 내담자가 원하는 변화의 방해요인으로 작용하는 내담자의 현실적 측면을 축소시키려는 치료자의 의도는 매우 불손해 보일 수 있다. 이러한 치료자는 극단적인 태도를 고집하지 않는다. 따라서 "나는 반드시 치료를 진행하지 않아도 되고, 변화의 방법을 안내하지 않아도 됩니다."와 같은 수동적 태도를 취하든, "나는 해결방법을 찾았습니다."라는 적극적인 태도를 취하든 이는 치료자의 자유의지에 달려있다고 할 수 있다. 이와 같은 생각을 지닌 치료자들은 자신의 생각을 다른 치료자들에게 말하기는 하나, 다른 사람들이 이러한 생각에 반드시 따라야 한다고 믿지는 않는다(Cecchin, Lane, & Ray, 1992, p. 10).

또한 포스트모더니즘을 추구하는 이론가들은 자아는 독립적 · 자율적인 존재가 아니라 사람들과의 관계 안에서 구성되는 존재라는 사실을 반드시 인식해야 한다. "포스트모더니즘 세계에서 자아는 사람들 간의 관계 안에서 나타나는 하나의 현상이라 할 수 있으며, 따라서 지난 몇백 년 동안 서구 역사에서 관계는 개별적 자아에 의해 핵심적인 위치를 차지하고 있다"(Gergen, 1991, p. 147). 객관적인 시각을 통해서는 진리 또는 실재(reality)에 대해 알 수 없으며, 개인의 관점 내에서만 평가가 가능하다고 한다면, 전통적으로 추구해오던 실증적·과학적 태도에 대한 불신이 생긴다. 우리는 더 이상 '현실 세계'를 대표하는 경험적 연구의 결과를 신뢰할 수 없고, 연구자의 주관성과 연구 결과의 유용성과 같은 단편적인 면만을 고려하게 된다(Longino, 1990; Newmark & Beels, 1994). 이와 관련된 주제는 제17장에서 보다 자세히 논의하고자 한다. 이 장에서는 개별적 자아에 대해 살펴볼 것이다.

개인의 역할

Gergen(1991)은 포스트모더니즘 시대에 개인의 관점은 수많은 관계에 참여하는 것을 통해 형성된다고 보았다. 또한 개인이 경험하는 문제들은 그러한 문제들을 형성하는 특정 관계 내 구성원들이 기능하는 방식에 의해서만 확인할 수 있다고 하였다. 즉, 개별적 '자아(self)'와 개인의 '문제(problem)'는 모두 경험을 통해 구체화되고, 구체적인 관계의 맥락 안에서만 의미를 갖게 되며, 이러한 관계가 발생하는 합의된 영역 내의 언어를 통해 표현된다는 것이다. 같은 사회의 일원들이 서로 다른 의견을 제시함으로써 이중은폐 상황이 발생한다 해도(Watts, 1972), 사회 및 상황에 대하여 탈맥락화된 개인과 문제가 존재한다는 것은 불가능하다고 할 수 있다(Minuchin, 1984).

Smith(1994)는 '세기말의 절망'에서 볼 수 있는 Gergen의 관점, 즉 전통 과학의 약화와 심리학에서 관계 내 자아(self-in-relationship)에 대하여 강하게 이의를 제기하였다(p. 405). 이에 대해 Gergen(1994a)은 자아의 존재를 부정하기보다 '관계의 실재'를 인정함으로써 자아를 풍요롭게 할 수 있는 잠재력을 제공해줄 수 있다는 견지에서 포스트모더니스트로서의 신념을 분명하게 밝혔다(p. 415). Nichols(1987), Nichols와 Schwartz(1998), Schwartz(1994)는 가족치료에서 관계에 초점을 맞춤으로써 개인의 문제를 심도 있게 다루지 못하는 부분에 대해 우려를 표해왔다. 예컨대, Nichols(1987)는 다음과 같이 기술하였다.

> 인간은 다른 존재와 달리 서로에 대한 의식적·무의식적 기대를 기반으로 소통하는 존재이다. 따라서 관계를 고려하지 않고 인간을 이해한다는 것은 불가능하며, 마찬가지로 개인이 인식하는 내적 현실에 대한 고려 없이 외현화된 행동에 대해서만 생각한다면 각 개인들이 형성하는 관계에 대해 이해하는 것은 불가능하다. 따라서 개인 간의 상호작용뿐 아니라 느끼고 생각하고 행동하는 중추적 자아로서의 '나'는 인간이 하는 경험의 핵심을 차지하고 있다고 할 수 있다(p. x).

포스트모더니즘이 추구하는 사고방식과 일관된 입장을 취하기 위해서는 Watts(1972)의 "우리의 개인적인 생각과 감정은 실제 우리 자신의 것이 아니다. 우리가 사용하는 언어와 심상들은 우리가 만들어낸 것이 아니라 사회로부터 주어진 것이다"(p. 64)라는 주장을 인정해야 한다. 우리는 또한 각 개인의 관점을 중시하는 포스트모더니즘적 관점을 고려하여, 자아에 대한 정의가 다소 다르다 할지라도 자아 그 자체가 갖는 중요성에 대해 주목해야 한다. Steinglass(1991)는 가족치료와 관련하여 "현실에 대한 개인들 간의 서로 다른 인식을 강조하는 구성주의 모델들은 치료모델들을 선두해오면서 대화의 중요성, 문제와 그에 대한 해결 방안 제시의 중요성, 개인차 존중의 중요성을 강조해왔다"(p. 268)고 명시하였다. 이상을 통해 볼 때, 포스트모더니즘과 관련하여 제기되는 논쟁들은 포스트모더니즘적 사고와 사이버네틱스의 합치 여부, 이론 사용과 가족 역할에 대한 의견의 불일치 등 제1단계 치료와 제2단계 치료 간의 대립 형태로 지속될 것이라 예상할 수 있다.

쟁점

구성주의를 강조하는 수많은 이론가들의 등장과 포스트모더니즘적 사고에 부합하는 접근들의 발생은 제1단계 접근이나 제2단계 접근 가운데 어느 쪽을 지지하든지 다른 사상을 바탕으로 한 접근의 출현을 거부하는 현상에 관한 것뿐 아니라 치료자들의 계급, 권력, 역할에 관한 논쟁을 야기했다. 두 번째 논쟁은 포스트모더니즘적 사고가 사이버네틱스 패러다임에 부합하는지, 아니면 이 패러다임을 벗어난 현상이 나타남으로써 새로운 인식론이 등장했는지를 중심으로 이루어졌다. 최근에는 가족과 결부시키지 않은 상태에서 개인에게 일어나는 인지적 변화뿐 아니라 포스트모더니즘의 비본질주의적 견지에서 비롯된 자기준거적 모순에 논쟁의 초점이 맞추어져 있다. 비록 이러한 문제들의 해결방법을 단기간에 찾을 수는 없지만, 우리는 당신이 이와 같은 논쟁에 참여하는 사람들의 목소리에 귀 기울이는 것이 중요하다고 생각한다. 또한 체계이론/사이버네틱스 관점에서 이와 관련된 주제에 반대 입장을 지지하는 사람들도 타당한 의견을 제시할 수 있다는 사실과 어느 한 편이 반드시 옳거나 틀린 것은 아니라는 점을 기억하기 바란다. 논쟁에 참여하는 모든 사람들은 복잡한 문제 해결에 필요한 새로운 시각을 제공하기도 하고, 더 나아가 서로 상충된 시각을 갖고 있는 개인들의 경우, 자신의 작업 틀에 기반하여 화자/저자의 입장에서 서로의 의견을 사실 그대로 이해하기도 한다.

■ 제1단계 치료 대 제2단계 치료

Hoffman(1985)은 생활체계에 있어 수동적 · 통제적 모델인 제1단계 모델과 자동생산 · 자율 모델인 제2단계 모델에 대한 Maturana와 Varela(1980)의 변별기준을 참조하여 현재의 가족치료 접근은 이 책의 제4~12장까지에 걸쳐 다루고 있는 주제인 제1단계 모델과 일치하는 방향으로 보급되어 있다고 주장하였다. 이와 더불어 미래에는 후자의 모형에 일치하는 접근으로 전환될 것을 예견하였으며, 그에 따라 나타나는 특징들을 다음과 같이 제시하였다.

1. '관찰체계'에 기초한 태도와 치료자 고유의 맥락 포함
2. 위계적 구조가 아닌 협력적 구조
3. 변화에 대한 명시가 아닌 변화의 맥락 구축을 강조하는 목표들
4. 너무 많은 수단이 생기지 않도록 경계하는 방법들
5. 문제의 '순환적' 평가
6. 비판적이거나 편협하지 않은 관점(p. 395)

Hoffman은 원조 밀란팀의 두 멤버인 Boscolo와 Cecchin과 같은 견지에서, 사실상 보다 구성주의적 접근이라 할 수 있는 제2단계 모델은 치료자를 권력과 통제의 위치로부터 벗어나게 할 수 있다고 주장하였다. 그러나 이에 대한 Golann(1988a)의 반응은 다음과 같다.

> Boscolo, Cecchin, Hoffman과 같은 선구적인 이론가들의 좋은 의도에도 불구하고, 구성주의와 관찰체계(observing-system)를 추구하는 입장은 포스트모더니즘적 사고에 기초한 치료에 방해요인으로 작용할 뿐 아니라 위계적 가족치료의 실제로도 나타나고 있다…. 물론 가족치료 및 이론 정립에 있어 구성주의의 도입은 몇몇 긍정적인 결과를 낳기도 했지만, 한 가지 중대한 부정적 결과는 치료 실제에서 이론이 치료자의 무능으로 잘못 안내된 방식이나 진솔하지 못한 도입을 합리화 또는 모호하게 흐리기 위해 사용될 가능성이 있다는 것이다. 치료에서 애매모호한 형태를 취하는 권력도 결국은 드러나게 마련이다. 즉, 제2단계 치료라는 양의 탈을 쓴 늑대처럼 말이다(p. 56).

Hoffman(1988a)은 치료자의 영향력을 반드시 인정해야 한다는 목소리에 반대하면서 치료에 있어 핵심적인 주제라 할 수 있는 치료자의 통제를 제거하고, '전문가 체제'로서의 치료자를 부정하는 입장을 지지하였다. 그녀에 의하면 치료자는 행동 변화를 위한 전략, 해석, 의견을 제공하기보다는 인식론적 변화의 맥락을 창출하는 작업을 해야 한다는 것이다. 또한 그녀는 제2단계 치료를 제2단계 사이버네틱스와 같은 차원에서 언급하는 것은 적절하지 않다고 주장하였다. 즉, "내가 말하고자 하는 '2차적' 변화는 행위자들의 변화가 아니라 개인의 행동 하나하나를 지배하는 기본 전제의 변화를 의미한다. 나는 이러한 변화가 곧바로 치료에 활용될 것이라 생각하지 않는다"(p. 66). Golann(1988b)은 "정직하지 못하고 무지한 치료자에 의한 치료의 '무력화'를 합리화하고, 이에 대해 모호한 태도를 취하는 구성주의의 잠재적 오용"에 대한 우려를 다시 한 번 강조했다(p. 68). 우리는 여기서 "아무리 타당한 이론이라 할지라도 그

것이 부적절하게 활용될 수 있다는 우려는 구성주의에만 해당되는 것이 아니라 모든 이론에 적용될 수 있다"(Becvar & Becvar, 1993, p. 54)는 사실을 주지할 필요가 있다.

Atkinson과 Heath(1990a) 또한 "현존하는 모든 가족치료 모델은 제2단계 사이버네틱스에서 사용하는 방법을 취할 수도 있고, 그와 부합하지 않는 형태를 취할 수도 있다."라고 기록하였다(p. 154). 이들은 치료자가 제시한 의견과 개입방안에 내담자가 지나치게 의존하지 않는 한, 치료자들이 실용적인 제1단계 모델을 치료에 지속적으로 적용하는 것은 적절하다고 본다. 그러므로 치료자는 변화를 위한 '계획적인 결정'이 변화에 대한 내담자의 '계획적인 결정'이라 할지라도 반드시 이에 대해 다룸으로써 내담자의 의견을 존중해주어야 한다.

Simon(1992)은 제1단계 · 제2단계 치료법들에 대한 논의들을 비판하면서, 그의 저서를 통해 둘 다 (both/and)의 상생논리를 매우 강조하였다. 그는 "제2단계 치료를 염두에 두고 제1단계 치료방법을 적용할 수 있다."는 변증법적 관점을 제안하였다. 이에 대한 그의 결론은 다음과 같다.

> 언어는 사회조직을 생산해낸다. 그 결과, 만약 가족치료 영역에 있어 제1단계 · 제2단계 관점 간의 양극화가 향후 몇 년간 계속해서 증가한다면, 이는 가족치료자들이 제1단계 치료와 제2단계 치료에서 사용하는 언어 모두(both/and)를 채택하지 않고 이 가운데 하나의 치료접근에 기초한 언어(either/or)만을 채택하기 때문일 것이다(p. 386).

앞서 주지한 바와 같이 양자택일에 기초한 관점은 체계이론/사이버네틱스에서 추구하는 관점과 상반된다. 제1단계 치료의 실용성이 치료를 실시하는 데 유용한 정보를 제공한다는 점과 우리 자신은 물론 대부분의 내담자들과 많은 전문가들이 제1단계 치료의 세계에 머물러있다는 사실을 감안할 때, 체계이론적 입장만을 고수하는 '순수주의자'라 할지라도 보다 적절한 치료방법을 선택하기 위해서는 제1단계 치료의 토대 위에서 제2단계 치료를 염두에 둔 방식을 지향하는 것이 바람직하다고 할 수 있다. 만약 제1단계 치료의 세계에서 의미 있는 작업을 수행하고자 한다면, 적어도 제1단계 치료에 대해 충분한 이해가 선행되어야 하며, 그럴 때 과거 우리가 유용하게 활용했던 방식을 그나마 유지할 수 있게 된다. 우리는 포스트모더니즘에서 추구하는 관점이 제2단계 사이버네틱스에서 추구하는 세계관과 일치한다고 믿는다. 비록 이것이 많은 논쟁거리를 야기한다 하더라도 말이다.

■ 포스트모더니즘과 사이버네틱스

사실 제1단계 치료와 제2단계 치료에 대한 논쟁은 포스트모더니즘과 사회구성주의에 대한 논의뿐 아니라 사이버네틱스 관점의 적절성에 대한 논의까지도 포함하고 있다. Anderson과 Goolishian (1990)은 Atkinson과 Heath(1990a)의 주장에 대해 "사이버네틱스 언어가 인간의 체계 및 내담자와 함께하는 치료자들의 작업이라는 주제를 다루는 데 있어 부적절하고 불충분하다고 보는 Bateson의 주장에 따른다"(p. 159)라는 설명으로 자신들의 입장을 밝혔다. Anderson과 Goolishian은 권력, 개입 그리고 변화의 활용을 둘러싼 편향적인 쟁점들이 사이버네틱스 인식론에 내포되어 있다는 결론을 내렸는데, 여기서 사이버네틱스 인식론은 기계적 통제라는 가정에 기초하고 있다. 그들은 "인간이 갖는 의미, 인간에 대한 묘사 그리고 그들에 관한 이야기와 관련되어 있는 '후기 사이버네틱스'"를 선호하였다(p. 161). '후기 사이버네틱스'는 문화적·관계적 맥락에서 인간에 대한 이해를 돕고, 그 맥락에 따라 의미를 만들어내며, 그 의미에 따라 행동할 수 있는 인간의 능력을 설명하는 데 있어 사이버네틱스가 유용하지 않다고 보는 사람들의 인식을 바꿀 수 있다.

> 우리에게 있어 심리치료는 대화의 영역이라 할 수 있고, 심리치료에서 활용되는 기술(art)은 대화 기술이라 할 수 있다. 치료용어를 이해하는 데 있어 유용한 정보를 제공하고, 이해 수준을 발달시켜 나가기 위한 이론적 토대에는 심리치료를 대화의 수준으로 이해하는 태도가 반영되어야 한다. 임상적 책임감을 가지고 그 효과를 입증하고자 하는 자세는 과학적 서술과 의미론을 통해 발달할 수 있다는 것이 우리의 논지이다(p. 161).

Atkinson과 Heath(1990b)는 사이버네틱스 인식론은 자기준거의 불가피성이 갖는 한계에 대한 인식을 요구하고, 사고의 상호작용 및 대화의 적절성을 인정하며, 의식적 통제의 활용에 문제를 제기한다는 점에 주목하여 우리와 다른 입장을 펼쳤다.

Anderson, Goolishian과 함께 Hoffman(1990a)은 체계이론/사이버네틱스 패러다임이 자연스럽게 전개되어 왔다는 믿음하에 "상담가와 내담자 상호 간에 영향을 주고받는 과정에 대한 선호"(1992, p. 12)로서 '참여 윤리'를 채택하였다(p. 22).

치료의 영향력은 상호 이해에 기초하고 있으며, 책임감은 참여자 간의 공유된 과정 또는 쌍방으로 작용하는 과정이라는 전제하에 우리는 통제적 사고가 제2단계 사이버네틱스의 관점에 부합하지 않는다는 편견을 갖고 있다. 실제로 우리는 참여 윤리와 참여 인식론을 매우 비슷한 견해로 규정하고 있다. 실재(reality being)는 그에 대한 지식을 구성하거나 창조함으로써 존재한다는 관점에서 주관성을 강조하는 가정을 염두에 둘 때, 우리는 논리적으로 체계이론/사이버네틱스 패러다임의 관점을 추구하는 포스트모더니스트와 사회구성주의자들의 입장을 이해할 수 있게 된다. 맥락을 강조하고 대화를 중요시하는 관점 또한 일치한다고 할 수 있다. 맥락을 이해하는 데는 생태학적 사고 및 관계라는 개념이 내포되어 있는 보다 큰 사회체계에 대한 고려뿐 아니라 개인의 인식과 개인이 부여한 의미에 대한 탐색이 요구된다. 여기서의 초점은 관계적인 것에 있다. 모든 행동은 의사소통의 가치를 가지며 의사소통과 정보처리 과정은 기본적인 체계이론적 과정이라는 것이다. 따라서 우리는 가족치료 접근이 이와 같은 가정

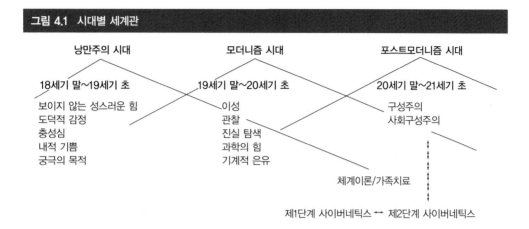

그림 4.1 시대별 세계관

에 부합되지 않을 경우 체계이론적 일관성이 부족하다고 본다. 물론 그 강조점이 변할 수는 있으나 구성주의와 사회구성주의를 포함하여 포스트모더니즘의 세계관과 제2단계 사이버네틱스의 가정은 일치한다고 본다.

이 지점에서 우리는 포스트모더니즘과 제2단계 사이버네틱스의 가정이 양립할 수 있다거나 대체로 일치한다고 보는 관점이 존재하는 한편, 두 관점이 동일하지 않다고 보는 견해가 존재한다는 사실에 대해서도 언급하고자 한다. 그림 4.1은 낭만주의, 모더니즘, 포스트모더니즘이라는 세 가지 역사적 시대와 주요 특징들을 요약하여 제시하는 동시에 이러한 역사적 흐름에서 체계이론과 가족치료의 등장 및 이론적 발달 양상을 설명하고 있다. 우리는 사이버네틱스와 마찬가지로 포스트모더니즘이 추구하는 세계관에 대한 이의 제기가 없을 수 없다는 사실, 특히 포스트모더니즘의 관점을 임상적 실제로 전환하기 위한 시도가 끊임없이 이루어지고 있다는 사실을 인식하는 것이 중요하다고 생각한다.

자기준거적 모순들과 또 다른 문제들

포스트모더니즘 시대를 배경으로 활동하는 치료자들은 치료 실제에서 내담자와 하는 대화 및 문화적으로 정립된 화법 등에 대해 민감해져야 한다(Lowe, 1991). 따라서 치료자들은 자기비판적인 태도로 자신이 사용하는 언어와 그 영향력에 대해 깊이 고려해야 한다. 그 목표는 개인이 가족과 치료를 이해하는 데 있어 인도적·사회적·정치적으로 보다 민감해짐으로써 대화가 '지배적 담론'인지 아닌지의 여부를 인식할 수 있도록 하는 데 있다. 하지만 이러한 바람에도 불구하고 포스트모더니즘을 치료장면에 적용하고자 할 때, 여전히 여러 가지 도전에 직면하게 된다.

자기준거적 모순이 존재한다는 점에서 구성주의는 임상이론과 마찬가지로 많은 도전을 받아왔다(Held, 1990; Held & Pols, 1987). 다시 말해 만약 우리가 현실 자체가 아닌 현실과 유사한 현상만을 기술할 수 있다면 내담자 또는 치료자에게 있어 '실재'라는 것이 존재하는지에 대하여 그 어떤 주장도 펼칠 수 없다. 최근 Amundson(1994)은 "포스트모더니스트들이 임상 실제에서 활용하는 내러티브(narrative)은 모더니즘이라는 감옥에 갇힐 위험에 처하게 되었다"(p. 83)고 기술하는가 하면, 치료과정에서 새로운 이야기를 지나치게 많이 만들어냄으로써 문제에 대하여 필요 이상의 가정들을 상정하는 치료자들에 대한 조언도 아끼지 않았다. Lowe(1991) 또한 가족치료 시나리오의 창작에 대해 경고하고 있다. 그 내용은 다음과 같다.

> 치료자들은 포스트모더니즘의 전문가이자 해체주의의 선구자, 편집자, 좌담가(conversationalist)이자 스토리텔러로서의 역할을 맡게 된다. 모든 종류, 모든 수준의 인간 경험은 '대화'와 '담론'의 추상적 개념으로 함축될 수 있는데, 이와 같은 '대화' 및 '담론'은 보편적 지식을 새롭게 형성하기 위한 '본질적'인 기본 조건이 된다(p. 41).

그러나 이와 같은 생각은 우리에게 적용의 문제를 던진다. 만약 누군가가 어떤 일이 일어나고 있는지를 기술하는 데 있어 임상적 이론을 일체 활용하지 않고 존재론적 견지에서 구성주의를 상정한다면, 그는 그 어떤 이론도 기껏해야 하나의 이야기일 뿐, 궁극적인 진실을 결코 알 수 없다는 것을 깨닫게 된다.

Held(1995, p. 4)는 그의 또 다른 비평에서 "본질적인 반실재론(antirealism)의 명확한 채택"은 포스트모더니즘이 갖는 핵심적 특징을 정확하게 명시하는 표현이라 언급하면서, 이와 관련하여 다음과 같은 사항들을 제시하였다.

> (a) (포스트모더니즘)은 보편적인 법과 진리의 진보 그 자체에 대한 사고를 거부하고, 국부적이고 독특하며 개인적으로 맥락화된 '진실'을 지지한다.… (b) 문서(text)/사건(event)에 대한 의미를 구성하는 데 있어 불확정성, 다원성이 작용한다고 주장한다. 그리고 (c) 그것은 문제/자아/개인의 '죽음'을 명백하게 보여준다. 다시 말해 그것은 문제가 실제로 존재하는 상황 또는 문제의 존재 자체를 부정하는 것이라 할 수 있다(p. 10).

Held는 이와 같은 견지에서 치료를 진행할 경우에 나타날 수 있는 모순점들에 대해 설명하였다. 첫째, 그녀는 개인 치료에서 이루어지는 시도에 대해 다음과 같은 질문을 던지고 있다. "심리치료에 사용된 포스트모더니즘 이론이 개인이라는 개념을 거부한다면, 해당 이론을 활용하여 치료를 받는 각 내담자 고유의 개성을 지키는 문제를 해결하기 위한 시도는 어떻게 이루어질 수 있는가?"(p. 17). 이 질문은 그녀의 관점이 포스트모더니즘이 취하는 관점으로 전환되는 데 있어 결정적인 동기로 작용하였다. 또한 그녀는 "설령 치료장면에 포스트모더니즘 이론을 완벽하게 적용한다 하더라도 반실재주의자가 사용하는 이론적 체계는 매우 지배적이고 강압적일 수 있는데, 그러한 측면에서 치료 실제에 체계이론적 접근을 적용하는 것과 크게 다르지 않다."고 하였다(p. 104). 그녀는 치료자들이 형성한 담론을 중심으로 구성된 사회적 맥락 안에서 살아가는 내담자들은 모든 측면에서 치료자들의 영향력이라는 맥락 안에 머무르게 되는데, 이러한 점을 감안하면 그 어떤 치료도 독특하거나 개인의 특성을 고려하여 이루어질 수 없다고 주장하였다. 근본적으로 그녀는 다음과 같은 의문을 제기한다.

> 만약 이야기치료사들(narrative therapists)이 반본질주의자들이라면(또한 그들이 추구하는 반실재론에 대해 그 자신이 '자기기만'이라 일컫는 데 대하여 관여하지 않는다면), 그들이 내담자와 함께 새로운 이야기를 구성해나가는 것은 잘못된 것이 아닌가? 문제가 있는 것이 아닌가? 만약 내담자로 하여금 문제에 대하여 새로운 이야기를 구성해가도록 독려하지 않는다면 그는 반실재주의자로서의 정체성을 유지할 수는 있으나 내담자가 그 자신의 삶에 대하여 객관적인 진실 또는 현실을 보지 못하도록 하는 것이 아닌가?(p. 236).

이러한 도전들은 분명 의미 있고 관심을 요하는 분야에 초점을 두고 있기는 하지만, 이는 또다시 적용의 범주로 나뉘어진다. Gergen(1994b)이 그의 저서에서 기술한 바와 같이 이 주제는 개인 실존의 문제라 할 수 없다. 쟁점이 되는 것은 정보처리자로서의 개인인가 아니면 핵심적인 위치에서 대인관계적 세계에 동참하는 참여자로서의 개인인가 하는 것이다. 또한 현실세계의 바깥 거기(out there) 어딘가에 존재하는 사실을 부정하지 않는다. 이에 대해 사회구성주의에서는 침묵하고 있다. 그러나 사회구성주의는 "우리가 담론의 세계로 들어가는 바로 그 시점에 구성과정이 시작되고, 이러한 노력은 사회적 교환과정 및 역사와 문화에 반드시 녹아 들어가게 마련이다"(p. 72)라는 관점에서 현실을 기술하는 데 있어서는 분명한 입장을 취하고 있다.

내담자와 치료자가 공유하고 있는 사회적 맥락 안에서 이루어지는 치료는 독특할 수도, 개별화될 수도 없다는 문제 제기에 대해 우리는 개인의 관찰과 인식행위를 통해 다르게 구성되는 다중 우주가 존재한다는 사고에 기초하여, 같은 현상이라 할지라도 각 개인이 추구하는 방식에 따라 독특하게 경험하게 된다고 답할 수 있다. 또한 같은 이야기라 할지라도 이를 되풀이하는 과정에서 이야기는 다르게 전개될 수 있고, 듣는 사람에 따라 변형되기도 하는 것처럼 치료자가 어떠한 과정을 치료에 적용하는 방식 또한 똑같은 형태로 두 번 반복될 수 없으며, 다른 치료자들 또한 정확하게 같은 방식으로 이 과정을 치료에 적용하지 않을 것이다. 무엇보다 우리는 내담자가 치료장면에서 호소한 문제보다 앞으로 발생할 수 있는 문제에 대하여 기술하는 이야기가 '실재(real)'에 보다 가깝다는 생각은 모순이라는 입장에 동의한다. 그러나 이야기의 강조에 대한 우리의 이해는 내담자가 그들의 이야기에 따라 삶을 살아가고 있는 정도와 그들 자신의 이야기를 재서술하는 능력 또는 그들 자신의 새롭고 더 만족스러운 실재를 창출하는 능력에 대해 이해하는 것을 돕는다.

Gergen(1991, p. 251)은 치료자가 직면할 수 있는 또 다른 문제들은 다음과 같은 현상을 촉진시킬 수 있다고 하였다.

> '문제'에 내재되어 있는 의미체계를 재검토하기 위해 치료자는 통찰력을 지닌 사람으로서
> 가 아니라 새로운 현실을 구성하는 공동 참여자로서 문제를 갖고 있는 사람들과의 대화에
> 능동적으로 참여해야 한다. 여기서 중요한 것은 새로운 이야기들, 개인의 삶을 이해하는
> 데 활용되는 은유, 의미를 검토하는 데 필요한 기술의 향상이라 할 수 있다.

Tom Andersen(1993)은 포스트모더니즘 관점을 가족치료에 적용한 주도적 인물 가운데 한 사람으로, 협력적 · 대화 중심적 접근을 강하게 지지하였다. 그는 "내담자들이 하는 말에 의미를 부여하는 대신 그들이 하는 말 자체를 듣고자 하는 것이 매우 어렵다는 사실을 발견하게 되었다. 치료자는 내담자가 하는 말 자체를 경청하기 바란다."라고 하였다(p. 321). 그의 견해에 따르면 치료의 초점은 과정에 맞춰져야 한다는 것이다.

다시 말해 치료과정에서 우리는 내담자에게 '무슨 일(what)'이 일어나고 있으며, 우리는 '어떻게' 행동하는지를 관찰해야 한다. 치료 실제에서 우리는 끊임없이 치료자로서 우리가 내담자에게 진실을 제공하고 있는지 자문해야 하며, 자신이 절대적으로 옳다는 생각을 갖지 않도록 경계해야 한다. 또한 우리가 믿고 있는 것을 말하고 있는지, 일관된 방식으로 행동하고 있는지에 대해 되돌아봐야 하며, 우리 자신을 전문가로 내세우지 않아야 한다. 무엇보다 병리적인 언어 사용을 피해야 하고, 모든 치료과정에서 대화가 갖는 영향력에 민감해져야 한다. 우리는 보다 큰 사회적 맥락과 사회적 맥락이 내담자와 우리 자신에게 미치는 영향력에 대해 알아야 한다. 우리는 말하는 것과 말하지 않는 것, 행하는 것과 행하지 않는 것 등 모든 것을 통해 의사소통하고 있다는 사실에 대해 인식하고 있어야 한다. 또한 내담자와 그들의 이야기 그리고 그 이야기가 내담자들에게 갖는 의미를 존중해야 하며, 우리의 지식이 갖는 한계를 인정해야 한다. 이는 사회구성주의, 구성주의, 포스트모더니즘의 관점에서 창조된 실재 가운데 우리가 확실히 알 수 있는 실재는 없음을 의미한다. 이에 대해 Watzlawick(1984)은 다음과 같이 말하였다.

> (구성주의 자체 내에서 구성되는 실재는 어떠한가?)는 근본적으로 잘못된 질문이다. 그러
> 나 실수 그 자체를 드러내기 위해서는 실수를 저질러보아야 한다. 구성주의는 '바깥 거기
> (out there)'에 있는 그 어떤 현실도 만들어내거나 설명하지 않는다. 이는 내면세계와 외부
> 세계, 주관적 세계에 대응되는 객관적 세계가 존재하지 않음을 의미한다. 더 정확히 말하
> 면 이는 객관적 세계와 주관적 세계가 구분되어 있다는 사실, '현실' 세계에 무수한 자원이
> 존재하지 않는다는 사실, 주관적으로 구성된 세계는 찬반의 입장으로 명백하게 구분된다

는 사실, 역설은 자주성으로 향하는 열린 길이라는 사실을 의미한다고 할 수 있다(p. 330).

포스트모더니즘에 대해 제기되는 또 다른 문제들은 실재에 대하여 우리가 진실을 보유할 가능성에 대한 믿음을 내려놓는 과정에서 구성주의 이론과 그에 대한 기본적인 지식까지 잃을 것에 대해 우려하는 사람들의 목소리와 관련되어 있다. 더욱이 Held(2000)는 치료에 이론을 적용하지 않는 방법을 정당화하기 위하여 포스트모더니즘 이론과 관련된 자기준거적 모순에 대해 지적하였다. 이에 대해 Amundson(1996, 2000)은 이론을 중시하고, 이에 기초하여 치료를 실시하는 실용적인 측면을 강조하였다.

보편적인 사실은 삶 가운데서 만들어지는 인공적 산물, 우리가 매일을 살아가면서 하게 되는 유익하고 유용하며 반드시 필요한 사고의 집합체에서 찾을 수 있으며, 이는 심미적 측면에서도 중요한 의미를 갖는다. 따라서 우리의 사고는 보편적 사실을 중심으로 이루어지게 된다. 치료를 유익하게 이끌어가기 위해서는 유익한 사고를 해야 한다. 유익한 사고의 보다 발전된 형태, 다시 말해 유익한 관점, 진실, 산물들은 유용성으로 전환될 수 있다. 이와 같은 개념은 실재론적 또는 근본적인 관점들을 무효화시키는 것이 아니며, 치료자들이 생계를 유지하는 데 있어 요구되는 것들이라 할 수 있다(Amundson, 1996, p. 476).

다시 말해 치료자들은 모든 사람은 맥락과 관련하여 타당성 있는 이야기를 전개해나갈 수 있다는 믿음하에, 치료를 하는 데 있어 내담자들의 다양한 이야기에 의존하는 경우가 많다는 것이다. 치료자나 이론도 틀릴 수 있으며, 내담자 문제에 대한 의미 해석에 있어 치료자와 이론이 서로 상반된 입장을 취할 수도 있다. 이에 Amundson은 치료자들 스스로 자신의 부족함을 인정하는 태도로 치료를 실시할 수 있도록 돕기 위해 '실용성을 추구하는 임상의의 서약(Vow of the Pragmatic Clinician)'을 제시하였다.

나는 나에게 주어진 삶의 길을 걸어가는 데 있어 안락함이나 안식을 추구하지 않을 것이다. 나는 목적지가 아닌 여정 그 자체에 관심이 있다. 예컨대 내가 다른 사람들이 모르는 댄스 스텝을 알고 있다거나 다른 사람에게 없는 코드 일람표를 가지고 있다고 해서 당신보다 내가 우울하다고 생각하지 않을 것이다. 그래야 할 대단한 이유도, 그렇게 할 수 있는 방법도 없다. 다만 특정한 방식을 활용하여 합리적으로 치료를 실시하는 것이 다른 방법들에 비해 편리하다는 사실을 알고 있을 뿐이다. 보다 '편리한 수단'(치료이론, 치료의 실제)을 찾아가는 과정에서 우리가 추구하는 최선은 적극적이고 유용한 대화를 통해 도출된 비강제적 합의라는 사실을 받아들여야 한다(1996, p. 484).

가족의 역할

최근 포스트모더니즘 치료접근에 있어 가족이 차지하는 위치를 둘러싼 논쟁이 활발하게 이루어지고 있다. (1) 다각적인 기술 및 다양한 의미 해석의 가능성, (2) 계급과 권력이라는 주제, (3) 언어의 역할 및 활용, (4) 유용하게 활용할 수 있는 새롭고 다양한 기술들을 강조한다는 점에서 이야기치료자들의 공헌이 인정받고는 있으나, Minuchin(1998)은 그 과정에서 가족치료가 일정한 형태로 자리 잡지 못했다는 사실을 지적하였다. 이에 그는 (1) 가족 대화와 관계 패턴에 초점 두기, (2) 새로운 방식으로 대인 간 교류를 바라보고 이해할 수 있도록 하는 역할 실행, (3) 치료를 용이하게 해주는 치료자의 전문지식이 지니고 있는 가능성에 대한 인정, (4) 치료자 그 자체가 갖는 중요성, (5) 치료자가 지닌 편견에 대한 인식과 같은 사항들을 간과하고 있는 현실에 대해 안타까워하였다. Tomm(1998)은 이와 관련된 문제는 다양하게 존재하는 여러 관점들 가운데 하나라고 주장하면서, 가족 맥락의 중요성을 상실했다는 의견을 거부하고 중립적 입장을 취하였다.

> 특정한 방식으로 사물을 보는 데 있어 가족 구성원들의 지각적 · 개념적 습관은 구체적인 상호작용 패턴을 생성하고 유지하는 데 중요한 요소라 할 수 있다. 이때 관찰자로서 치료자는 치료적 관찰체계의 한 부분이라 할 수 있다. 따라서 치료자는 사물을 바라보는 자신의 패턴을 검토한 후, 다른 방식으로 사물을 보고 이해하는 것이 그들의 행동 및 가족 구성원들과의 상호작용 패턴에 어떻게 효과적으로 작용하는지에 대해 알아야 한다(p. 410).

한편 Anderson(1999)은 대부분의 포스트모더니스트가 관계의 개념을 정의할 때와 마찬가지로 지나치게 편협한 관점에서 '가족'과 '가족치료'가 갖는 개념의 차이를 구분 짓고 있다는 사실을 인정하였다. Anderson은 또한 내담자의 삶의 패턴을 파악하고, 그들의 삶의 방식을 판단하는 기능으로서가 아니라 대화를 시작하고 그 과정에 참여하는 능력이라는 측면에서 치료자들의 전문성을 평가하였다.

분명 이 주제는 이전에도 논의된 바 있는 쟁점으로서 이와 관련하여 흥미로운 의문들이 제기되고 있다. '예컨대 자기준거적 일관성은 어느 수준까지 달성될 수 있는가? 포스트모더니즘은 불가피하게 기존의 이론들과 치료자들의 작업을 무효화할 수밖에 없는가? 포스트모더니즘 접근은 어떠한 경우에 가족치료의 범주에서 제외되는가?'와 같은 의문들이 그것이다. 체계이론/사이버네틱스 관점에서 볼 때, 치료자가 '모든 관점은 그 나름의 의미와 역설적인 측면들을 가지고 있다'는 사실을 인정하고, 맥락과 관련하여 그 유용성을 추구하는 것은 효과적인 치료에 있어 매우 중요한 요소라 할 수 있다. 치료에는 중대한 이론들이 영향을 미친다는 관점을 고수하는 한, 포스트모더니즘이 추구하는 가치관에 기초하여 이루어지는 치료는 보다 높은 수준의 효과를 거둘 것이다.

■ 요약

이 장에서 우리는 최근 가족치료의 발달 양상과 여기에 영향을 미친 주제들 그리고 서구의 지적 전통이 지니고 있는 특징뿐 아니라 가족치료 영역에서 나타나는 특징에 대해 살펴보았다. 사회를 유지해오던 기본적인 가치와 가정은 포스트모더니즘의 출현에 대해 의문을 제기해왔다. 진실을 밝히고 이를 보급하는 데 초점을 둔 현대 사회의 과학 및 과학적 노력은 모든 의미 구성에 있어 정신의 역할을 강조하는 사람들에게 비판받아 왔다. 특권계층의 지배적인 담론을 통해 사회적으로 구성된 체계로서의 언어는 그 누군가에게는 권력을 부여하고, 다른 누군가에게는 억압으로 작용한다는 점에서 매우 중요한 의미를 갖는다고 할 수 있다. 포스트모더니즘의 이러한 관점이 치료에 미치는 영향력을 경험한 가족치료사들은 실용적 수준의 제1단계 치료, 심리적 수준의 제2단계 치료 그리고 이 두 가지 치료를 혼합한 접근의 적절성을 둘러싸고 논쟁을 벌여왔다. 이와 같은 태도를 임상장면에 적용한다고 가정할 때, 포스트모더니즘 자체가 안고 있는 문제는 물론 포스트모더니즘이 체계이론/사이버네틱스 패러다임에 부합하는지에 대한 논란의 여지는 얼마든지 존재한다. 우리는 포스트모더니즘 접근을 활용한 치료에 있어 가족의 역할에 대한 논의를 살펴보는 것으로 이 장을 마무리하였다. 포스트모더니즘 가족치료자들은 전문가로서의 자세에 대해 경계하고 있어야 하며, 보다 겸손하고 윤리적인 자세로 치료에 임해야 한다. 또한 알려질 수 있다는 한계와 더불어 치료장면에서 요구되는 태도인 자기준거적 견지에서 일관된 이론적 입장을 취하는 태도 모두에 대해 민감할 수 있도록 해야 한다.

실전문제

다음의 질문은 이 장에서 다룬 내용의 적용과 분석을 테스트하는 것이다. 임상실제와 더불어 이 장에 대한 추가적인 사정, 적용, 분석, 합성, 평가를 위해 다음 질문에 답하시오.

1. 역사적 관점에서 낭만주의, 모더니즘, 포스트모더니즘에 대해 기술하시오. 가족치료는 시대적 흐름에 따라 어떻게 변화해 왔는가?

2. 포스트모더니즘이 가족치료에 어떠한 영향을 미쳤는지 분석하시오.

3. 실재 및 지식에 대하여 모더니즘과 포스트모더니즘이 각각 어떠한 입장을 취하는지 비교·분석하시오.

4. 구성주의와 사회구성주의를 정의하고 비교하시오.

5. 계속해서 "사는 것이 힘들다."고 호소하는 내담자가 보다 생산적으로 직장 업무를 감당할 수 있도록 돕기 위한 방법에 대해 설명하시오.

6. 포스트모더니즘 가족치료에서 언어에 대해 상정하고 있는 주요 전제들에 대해 평가하시오.

7. 가족 및 가족치료에 대한 포스트모더니즘 치료자의 견해에 대해 서술하시오.

8. 신념체계에 대해 정의하고, 그것이 치료자로서 당신의 삶과 역할에 어떠한 영향을 미쳤는지에 대해 생각해보시오.

MYSEARCHLAB 살펴보기

www.MySearchLab.com에 다음의 비디오, 사례, 문서 등이 제시되어 있다.[1]

추천 비디오

Recognizing Personal Values(개인적 가치들을 인식하기)

개인적인 가치는 낭만주의, 모더니즘, 포스트모더니즘에서 관계의 역동 변화에 어떻게 영향을 미치는가?

Engaging the Client to Share Their Experiences of Alienation, Marginalization, and/or Oppression(내담자의 소외, 사회적 소외 그리고 억압의 경험을 다루게 하기)

비디오에서 보았던 경험을 토대로 소외, 사회적 소외, 억압과 관련한 포스트모더니즘 환경에서 당신은 가족체계에 어떻게 접근할 수 있는가?

Marrying Kind(매링 카인드)

낭만주의를 모더니즘과 포스트모더니즘과 비교하고, 결혼에 대한 정의가 변화하였는가?

추천 사례/문서

△ Narrative in New Masculinity(새로운 남성성에 대한 내러티브)

내담자가 자신의 주관적인 진실에 도전하고 새로운 이야기를 만들어낼 수 있도록 치료사는 어떻게 도울 수 있는가?

Clinical Practice with Children and Adolescents(아동과 청소년에 대한 임상 실제)

당신은 어떤 진단을 내릴 것이며, 증상에 대한 당신의 편견(증상/패턴)은 무엇인가?

△ Love's Young Dreamer(사랑을 꿈꾸는 젊은 이들)

모더니즘과 포스트모더니즘에서 의사소통은 결혼 전 샤론과 스튜어트를 어떻게 도울 수 있는가?

추천 자원

Career FAQ(직업 FAQ) : What Is Marriage and Family Therapy?(결혼과 가족치료는 무엇인가?)

Techniques for Generalist Practice(일반전문가 실천을 위한 기법) : Building Support Networks(사회적 지지망 구축하기)

웹사이트 : Communications Toolkit

연구 주제

Kenneth Gergen

Heinz Foester

Lynn Hoffman

---

1 그러나 www.MySearchLab.com의 자료 접근 권한을 이 번역서에서는 제공할 수 없음

∧=AAMFT 핵심능력자산, △=사례연구

가족 : 과정, 발달, 맥락

방법론적으로 일관적인 연구 초점으로 가족을 연구하는 것은 비교적 최근의 현상이며, 그 주제에 대한 학제적 접근도 초기 단계에 있다. 다음과 같은 평가가 이루어진 것은 약 50년 전이다.

> 현대 사회학의 역설 중 하나는 가족이 우리 사회의 제도로서 연구되어 왔으나, 여전히 그 수집된 많은 자료들의 이론적 조직과 발달은 사회학의 다른 분야에서보다 현저히 부족하다는 것이다(Frankel, 1963, p. 3).

마찬가지로, 역사 분야에서 "가족연구는 시작된 지 얼마 되지 않았는데, 구체적으로 Aries의 아동기의 역사(*Centuries of Childhood*, 1963)의 출판 이후로 시작되었다"(Hareven, 1971, p. 211).

가족기능성의 이해에 대한 초기의 노력은 과정보다는 구조에 초점을 둔 결핍모델을 전통적으로 택해왔다(Billingsley, 1968; Marotz-Baden, Adams, Bueche, Munro, & Munro, 1979). 그러므로 연구자의 관심 주제들은 대체로 아버지 부재 또는 가족형태, 즉 이혼한 부모인가, 한 부모인가 같은 구조적 차원들로 이루어졌다. 이러한 결핍모델의 사용은 가족문제에 대한 오랜 국가적 관심과 일치하며(Abbot, 1981), 가족의 붕괴에 대한 예측은 새로운 현상이 아니다(Becvar, 1983). 최근에 이러한 비판적 사고 패턴은 '가족 가치'(Becvar, 1998)에 대한 논의에서는 물론, 전통적인 두 부모 가족으로부터의 이탈은 결국 자녀에게 부정적인 결과를 초래할 것(Coontz, 1992)이라는 우려와 관련된 논의에서 가장 명백하다.

가족에 대한 연구와 이에 대한 접근에 있어서 최근의 변화는 가족치료에 매우 중요하다. 그리고 몇몇 변화는 가족치료 분야의 성장과 함께 일어났다. 1970년대를 시작으로 학자들은 가족연구에 대한 부정론적·구조적 접근의 제한점들을 인식하기 시작하였다(Bronfenbrenner,

1979; Pedersen, 1976). 예를 들어, 한부모 가족이 응집적이고, 따뜻하며, 지지적이고, 자녀의 발달에 좋을 수 있다는 것을 알게 되었다(Herzog & Sudia, 1972). 연구자들은 건강한 가족에 대해 기술하고, 건강한 가족 내 과정 차원뿐만 아니라(Lewis, Beavers, Gossett, & Phillips, 1976; Lewis & Looney, 1983; Walsh, 1998) 성인과 자녀 모두의 정상적인 성장과 발달에 지지적일 수 있는 가족형태의 다양성에 대해 주목하기 시작했다. 더 최근에 연구의 중요한 초점은 가족 회복탄력성 또는 위기상황이나 다른 도전으로부터 반동해서 성장하고 이전보다 더 강해지는 능력이다. 맥락적 고려의 중요성이 인정되고 인간발달의 생태학에 초점을 두게 됨에 따라(Bronfenbrenner, 1979), 개인과 가족의 건강은 참으로 복잡한 이슈이며, "심리적 사건들은 그 특성상 다면적으로 결정되고 인간 의미에서 모호하며, 다형태이고, 상황적으로 둘러싸여 있으며, 복합적이고 희미하게 한정된 방식에 함몰되어 있고, 극도로 순간적이고 불안정하다."는 사실에 관심을 기울여왔다(Koch, 1981, p. 258).

다음 절에서는 특정 구조와 상관없이 잘 기능하는 가족에 특징적인 다양한 과정 차원을 요약함으로써 가족의 건강과 역기능의 주제를 고려한다. 그리고 우리가 가족으로 생각하는 지형을 이해하는 데 지도를 제공할 여러 가지 발달이론에 대해 논의하고자 한다. 마지막으로, 우리 사회 내의 다양한 가족집단에 대한 적절한 다양성을 고려하고, 문화적 민감성과 능력, 치료적 고려의 중요성은 물론 맥락적 이슈들에 대해 서술할 것이다. 따라서 이 장에서는 전반적으로 가족의 복잡성을 이해하며, 또한 다양한 가족과 가족생활의 구체적인 내용에 대하여 알게 될 기회를 제공할 것이다.

과정 차원

가족치료에 내재하는 체계이론/사이버네틱스 접근과 일관적으로, 건강과 역기능에 대한 논의는 내용보다는 과정에 초점을 둔다. 우리는 '기능적', '역기능적'으로 규정된 가족을 특징짓는 패턴들에 관심을 가질 것이다. 그러나 우리의 첫 번째 과업은 이 용어들을 규정하려는 시도이다. 그렇게 함으로써 좋음과 나쁨을 내포하는 어떤 규정도 제2단계 사이버네틱스 수준에서 체계이론과 불일치한다는 것을 인식해야 한다. 관찰자로서 우리가 한 체계를 보고 건강 또는 병리를 결정하는 것은 제1단계 사이버네틱스의 실용적 수준에서만 가능하다. 구조적 결정론(Maturana, 1978)의 견해에 따르면, 체계는 그 구조에 의해 결정되거나 구조와 일관적인 방식으로 다양한 교란에 반응한다는 것을 우리는 알고 있다. 그러므로 모든 체계는 그들이 하는 것을 한다. 그리고 그들이 하는 것은 우리가 그렇게 규정하지 않는 한 병리적인 것이 아니다. 이를 염두에 둘 때, 건강 또는 역기능에 대한 어떤 규정이라도 우리가 관찰하는 가족의 구성원을 포함해야 한다. 따라서 우리는 "문제는 다양한 형태와 필요조건을 가진 가족이 그들의 목표를 달성하기 위해 그들의 자원과 기능을 어떻게 조직하는가 하는 것이다.”라고 말한 Walsh(1982, p. 9)에 동의한다. 따라서 우리는 가족이 ‘무엇’을 하고 있는지보다 가족이 하고 싶어 하는 것에 ‘어떻게’ 최선을 다하는지에 더 많은 관심을 갖는다. 이러한 입장과 일관적으로, 우리는 건강을 가족 고유의 목표를 성취하기 위한 기능성에서 가족의 성공으로 규정할 것이다. 가족은 어떻게 구조화되어야 하는지 또는 그 목표가 무엇이어야 하는지를 우리가 규정하는 것이 아니라는 것을 강조할 것이다. 동시에 우리 모두는 법과 전통에 의해 설정되고, 사회에서 수용될 수 있는 규범에 의해 특징지어진 사회에서 산다는 것을 인식한다. 이 규범들은 가족을 치료할 때 고려해야 한다. 그러나 기능성에서 가족의 성공은 상황적으로 다루어져야 하며, 맥락과 관련되어 더 적절히 평가된다.

가족치료의 실제를 통해(Becvar & Becvar, 1999), 우리는 건강한 가족에게 특징적인 여러 과정 차원을 발견하였다. 어떤 가족도 이들 차원 모두를 갖고 있지는 않지만, 성공적인 가족일수록 다음의 특성을 많이 갖고 있다.

1. 시간이 지남에 따라 합법적인 원천의 권위가 수립되고 지지됨
2. 안정된 규칙체계가 수립되고 일관적으로 실행됨
3. 애정 어린 행동의 안정적 · 일관적 공유
4. 효과적이고 안정적인 자녀 양육과 결혼생활 유지의 실제
5. 가족과 각 개인이 추구하는 일련의 목표들
6. 예측되지 않은 위기는 물론 정상적 · 발달적 도전에 적응하는 충분한 융통성과 적응성
   (Becvar & Becvar, 1999, p. 103)

유사하게, Lewis와 동료들(1976)은 적절한 가족기능성은 서로 상호작용하는 다양한 과정에 의해 특징지어진다는 것을 발견했다. 건강한 가족에 대한 연구에서 그들은 “가족의 수준에서 건강은 단일 차원이 아니며, 기능성은 많은 차원에서 그 정도의 차이를 반영하는 총체로 고려되어야 한다”(p. 206)고 결론 내렸다. 이 차원들은 (1) 인간적 접촉에 대해 관심 있고 연합적인 태도 대(對) 반대적 접근, (2) 자신과 타인이 가진 주관적 세계관, 차이, 가치에 대한 존중 또는 불일치하는 데 동의할 능력 대 권위주의, (3) 복합적 동기에 대한 신념, 복합적 환경을 접해서 적극적으로 형태와 구조를 변화시키고 융통적일 수 있는 능력 대 세계에 대한 접근의 경직성, (4) 지역사회에 대한 참여의 정도로 나타나는 높은 수준의 주도성 대 수동성, (5) 강한 부모적/부부적 연합에 의해 특징지어지며 명확한 개인 간 · 세대 간 경계를 가진 유동적 구조, 부적절한 내적 또는 외적 연합의 부재 그리고 높은 수준의 상호성, 협동, 협상, (6) 의사소통의 명확성과 각각이 느끼고 생각하는 것에 대한 인정, 감정과 사고와 행동에 대한 개인적 책임을 격려하는 데서 나타나는 높은 수준의 개인적 자율성, (7) 신화의 일치, 즉 다른 사람들이 어떻게

인식하는지와 일치하는 방식으로 가족원들이 자신을 인식하는 것, (8) 애정 표현의 개방성, 따뜻하고 관심 있는 분위기, 감정이입에 대한 능력, 오래 끄는 갈등 또는 분개의 부재, (9) 높은 수준의 자발성과 유머 등을 포함한다.

이와 같은 정보를 토대로 하고 다른 연구자나 임상가의 결과를 덧붙여서, Kaslow(1982)는 건강한 가족은 체계지향(상호성, 명확한 구조, 성장과 변화에 대한 개방성, 공유된 역할과 책임을 가짐)을 반영한다고 보고하였다. 이러한 가족은 경계가 뚜렷하고 적절하며, 개인적 · 관계적 프라이버시에 대한 욕구를 존중한다. 잘 기능하는 가족에서 의사소통은 효과적이며, 자녀의 발달에 따라 자녀에게 점차적으로 더 많은 자유를 주는 평등적이고 강한 부모 리더십을 갖고 권력 이슈는 위계적으로 다루어진다. 자율성과 주도성은 애정을 주며 지지하는 맥락에서 격려된다. 다양한 정서가 건강한 가족에서 표현되며, 개별 성원은 함께 잘 지낼 수 있는 것은 물론 서로에게 화를 내는 것도 허용된다. 낙관주의와 유머감이 있으며, 협상이 양보나 회유보다 선호된다. 또한 잘 기능하는 가족은 시간 · 공간 면에서 관계감과 연속성을 구현하는 초월적 가치체계를 갖는다. 이 차원이 종교적 가치체계를 뜻하는 것인지에 대해서는 논의의 여지가 있지만, Kaslow(1982)는 다음과 같이 말한다.

> 우주의 조화에 대한 확고한 신념, 초월적 존재감, 인간주의적 · 윤리적 가치체계를 갖지 않으면서, Beavers-Timberlawn 척도에서 높은 기능성을 나타내는 가족을 발견할 수 있다(p. 22).

공유된 의례와 전통의 준수가 건강한 가족의 또 다른 중요한 측면이다(Becvar, 1985; Otto, 1979; Sawin, 1979, 1982). 의례는 집단 정체성을 증진시키며, 구성원들로 하여금 기본적인 연속성을 유지하면서 성장과 변화와 상실을 수용하게 한다. 의례는 내용과 과정 모두를 포함하므로 유형뿐만 아니라 무형의 현실도 인정한다. 그래서 전체 가족이나 가족 내 관계를 강화시키며, 역할 수행을 격려 또는 인정하고 가족을 특징짓는 구조(규칙과 경계)에 영향을 미치는 데 도움을 줄 수 있다.

> '의례'라는 단어는 행동을 내포한다. 의례는 무기력의 상태를 효율성의 상태로 변화시킨다. 그 규정된 형태와 예측성은 기쁨에 형태를, 비탄에 형식을, 세력의 주장에 질서를 부여하며 그럼으로써 우리의 불안을 담고 완화시키는 힘의 일부이다(LaFarge, 1982, p. 64).

한 예로 알코올 중독 가족에서 의례의 역할에 관한 최근의 연구는 극도의 의례적 해체가 더 빈번한 알코올 중독의 세대 간 반복과 관련되는 반면 의례적 보호는 더 낮은 세대 간 전달과 관련된다는 것을 보여준다(Wolin & Bennett, 1984, p. 403). 이 연구자들은 해체기간 동안에도 의례는 가족의 핵심적 질과 기본 정체감을 유지하는 능력과 관련된다고 한다. 또한 그들은 의례를 적절하게 유지하기 위해서는 가족생활주기에 따른 가족의 회복탄력성이 매우 중요하다고 믿는다. 전통은 전이를 상징화하는 데 있어서 안정상태를 강화하는 것만큼 효과적일 수 있다.

건강한 가족은 또한 가족 외부에 관계망을 갖는 경향이 있다. 반면에 가족이 스스로 또는 타인들에 의해 다른 것으로 인식될 때 그 관계망은 사라질 수 있다. 사회적 고립은 가족기능성에 해로울 뿐만 아니라, 학대가 발생하는 가족의 특성으로 나타난다. 학대 가족에 결여된 것은 생활망으로서 특히 스트레스가 많은 시기에 도움을 청할 수 있는 정서적 또는 물질적 지원망이 없다(Cochran & Brassard, 1979).

유사한 과정 차원은 회복탄력성을 보이는 가족을 특징짓는 것이다. 매우 스트레스가 높은 상황에서도 어떤 가족들은 그 구조와 상관없이 잘 적응하고 균형을 되찾으며 변화과정을 통해 가족 구성원을 계속 격려하고 지지할 수 있다. 대조적으로, 어떤 가족들은 비교적 덜 도전적인 상황에서도 허물어져 버릴 위험이 있다. 전자의 범주에 속하는 가족들이 회복해서 이를 지속하는 능력이 회복탄력성, 즉 규범적인 발달상의 도전과 예기치 못한 위기와 변화에 성공적으로 대처하는 능력이다. Walsh(1998, 2007)는 유연한 가족의 경우 가치체계의 영역에서 가족 구성원이 역경 속에서 의미를 만들고 긍정적인 태도를 가지며, 초월적 의미나 영적인 분야에서 위안을 발견한다고 한다. 또한 조직과 관련하여 융통성, 연결성과 사회경제적 자원이 있다. 의사소통의 영역에서는 명확성과 개방적인 정서 표출이 있으며, 문제를 협력적으로 해결하는 능력이 있다.

건강한 가족기능성에서 매우 중요한 영역이 의사소통의 영역이다. 잘 기능하는 가족의 의사소통은 명확하며 언어적 · 비언어적 수준이 일치한다. 메시지는 인정되고, 관심은 직접적이다. 논의는 혼란적이지 않은 이슈에 대해 경직되고 융통성 없는 입장을 택하는 것으로 특징지어지지 않는다. 개인들은 자신에 대해 주장을 펼 수 있으나, 서로 불일치하기보다는 더 동의하는 편이다. 환경은 우호적이며 호의 그리고 유머감각을 가진 낙관주의가 있다. 독심술과 간섭이 별로 나타나지 않으며 논쟁은 우호적인 상호작용으로 빨리 이어진다. 개인의 차이는 격려되고 존중되며, 협동과 협력이 과업을 위해 함께 일할 때의 규범이다. 각 개인의 독특성이 격려되고, 성공은 적절히 인정된다(Becvar, 1974, 2008; Becvar & Becvar, 1997; Riskin, 1982; Satir, 1982). 효과적인 의사소통을 실행함으로써 건강한 과정이 모방되고 격려된다.

효과적 의사소통의 이슈와 밀접하게 관련되는 것은 행복한 가족이란 행복한 일이 일어나는 가족이라는 것이다. 우리가 체계이론적으로 생각한다면, 우리는 모든 행동을 의사소통 또는 정보로 보며, 정보의 흐름을 가족과 같은 사회체계의 기본적인 과정으로 본다. 긍정적인 과정에 더 많은 에너지가 투입될수록 부정적인 과정에 가능한 에너지는 적어지며, 그 반대도 마찬가지이다. 더구나 긍정적 과정은 체계를 부흥시키는 반면, 부정적 과정은 체계를 소모시키는 경향이 있다. 그러므로 건강한 가족은 서로 즐기고 함께 놀며 즐거움을 가진다. 행복이라는 것은 놀 수 있는 능력 이상의 것을 포함하는 반면, 너무 자주 간과되는 요소이기도 하다 (Becvar & Becvar, 1994).

예를 들어, 교제하다가 결혼해서 오래된 부부의 일상으로 빨리 안정된 젊은 남녀를 생각해 보자. 몇 년 후 그들은 마술이 그들의 관계로부터 빠져나갔다고 불평하는 자신을 발견한다. 이는 놀라운 것이 아니다. 왜냐하면 마술사조차 계속 솜씨 있는 채로 남아있으려면 묘기를 배우고 연습해야 하기 때문이다. 마찬가지로, 로맨스는 애정적인 태도를 요구하며, 가족 내 즐거움을 유지하는 것은 쾌활한 자세를 그리고 관계의 로맨틱하고 즐거운 측면을 유지하기 위해 에너지를 쏟는 데 있어서는 다소 창조적인 능력을 필요로 한다.

그러므로 건강한 가족에서 구성원들은 서로 즐긴다. 그들은 개인으로서 그리고 한 가족으로서 독특성과 함께함을 즐긴다. 그들은 싸우기도 하나 항상 함께 소속되며, 이것을 아는 것은 그들에게 불완전할 수 있는 용기를 제공한다. Beavers의 요약(1982)은 이를 지지한다. 연속선상의 건강한 극단에 있는 가족들은 의사소통의 개방성과 명확성은 물론 협상할 능력, 움츠림의 부재, 개인의 선택에 대한 존중으로 특징지어진다. 연속선상의 다른 쪽 끝에는 역기능적 가족으로서 애매하거나 융통성 없는 세대 간 경계, 혼동된 의사소통, 공유된 관심 초점의 부재가 있다. Beavers는 다음과 같이 결론을 내린다.

> 잘 기능하는 건강한 가족은 친밀에 대한 능력을 가지며, 또한 친밀을 추구한다. 기능적 유능성 면에서 중간 정도인 가족은 통제를 추구하며, 가족원들은 끊임없이 권력을 획득하고 다른 사람을 두렵게 하려고 노력한다. 매우 역기능적인 가족은 응집성을 성취하고 다른 사람에게 접근하는 데 있어 성공적이지 못한 시도로 허둥댄다(p. 66).

그러나 '건강한', '중간 정도의', '역기능적'이라는 명칭은 우리의 개인적 가치 그리고 우리가 살면서 가족치료를 행하는 사회의 가치와 일관적이도록 하는 속성이다. 객관적 지식은 우리에게 가능한 것이 아니며, 그래서 Dell(1983)과 함께 우리는 "우리의 병리에 대한 관습적 이해(즉, 객관적·과학적 현상)는 방어할 수 없는 것"이라고 강조할 필요성을 믿는다(p. 29). 제1단계 사이버네틱스의 수준에서 일하나 제2단계 사이버네틱스에 대한 인식 또한 갖고 있는 가족치료자로서 우리는 한 가족을 역기능적이라고 명명하고 그 가족을 변화시키기 위해 행동하는 데 대한 책임을 지는 것이 중요해진다. 왜냐하면 그 가족이 아프거나 나쁘기 때문이라기보다는 가족이 아프거나 나쁘다고 '우리가 믿기' 때문이다.

> 임상적 인식론은 병리를 구성하지 않으며 우리가 우리의 가치세계에 거주하도록 한다. 이는 우리로 하여금 여러 질문에 직면하도록 한다. 우리는 우리의 인식과 반응에 대한 책임을 질 것인가? 우리는 '병리'의 도움과 위안 없이 삶에 직면할 것인가?(Dell, 1983, p. 64).

이런 이슈를 염두에 두고, 관련 질문들과 함께 이제 개인과 가족발달 이론들을 고려하고자 한다.

발달적 개념틀

개인발달의 여러 이론과 가족생활주기 모델들은 특히 함께 적용될 때 가족치료자에게 매우 유용한 도구이다. 이들은 개인과 가족의 성장과 발달을 고려하기 위한 일련의 지침을 제공함으로써, 기능성을 이해하고 평가하는 것은 물론 치료적 전략과 개입을 형성하는 과정에서 도움을 준다. 특히 유용한 개인발달의 개념틀에는 Erikson(1963)의 심리사회적 모델, Piaget(1955)의 인지발달 모델, Kohlberg(1981)와 Gilligan(1982)의 도덕성 발달 모델, Lowenthal과 Chiriboga(1973), 그리고 Neugarten(1976)의 성인발달 모델 등이 있다. 발달에 대한 더 최근의 구성주의 이론들은 실재를 형성하는 과정에서 의미를 만드는 능력과 관련된 성숙과정을 고려한다(Kegan, 1982, 1994; Noam, 1996). 생활주기에 따른 가족발달 모델로는 Hill과 Rodgers(1964), Duvall(1962), Barnhill과 Longo(1978), Carter와 McGoldrick(1980, 1988)의 모델들이 있다.

개인에 초점을 둔 모델들은 개인 심리 관점으로부터 생애단계에 따른 발달을 기술하는 그 특성상 선형적이다. 그러나 선형적인 경향이 있는 가족발달의 단계 모델들은 임상에 이를 적용하려는 체계치료자에게 딜레마를 안겨줄 수 있다. 이 딜레마의 몇 가지 특성은 다음과 같다. (1) 단계 모델들은 체계적이론 관점으로부터 계속적이고 상호작용적인 과정에서는 분리된 시기를 기술한다. (2) 오늘날 미국 가족의 일부만을 반영하는 전통적 가족모델을 기술하는 경향이 있다. (3) 한 개인, 대개는 맏자녀의 발달적 전이 시점에 초점을 두는 경향이 있으며, 가족 상호작용의 복잡성을 나타내거나 그 여러 수준을 반영하는 능력이 약하다. (4) 각 단계의 일반적 특성이 개괄될 수 있을지라도, 특정 이슈 및 과업은 물론 생활주기에 따른 진행의 방식도 가족마다 크게 다를 수 있다. (5) 다양한 문화적 차이를 포함할 수 없다. (6) 삶의 현상을 규정하는 많은 이론들처럼, 더 큰 사회의 변화와 관계 있는 개인과 가족의 발달과정을 반영하기 위해서는 정기적인 수정이 필요하다.

성별에 관한 편견 이슈는 물론 특정 유형과 문화적 적절성의 이슈들 또한 개인발달 모델들에 해당된다. 각 핵가족의 생활주기를 통한 진행을 확대가족을 포함하는 더 큰 나선의 부분으로 본다면 순환감을 얻게 된다. 그러나 여기서 우리의 관심사는 체계 관점에 의해 규정된 순환적 맥락의 본질을 파악하는 틀을 제공하는 것이다. 그러므로 우리는 가족발달의 **역동적 과정** 모델을 사용할 것을 제안한다. 그러나 이 모델을 설명하기 전에, 개인발달 모델과 가족생활주기 모델을 적어도 하나씩 요약할 필요가 있다.

표 5.1 Erikson의 인간발달 8단계	
단계	발달과업
1. 구강 감각기	신뢰감 대 불신감
2. 항문기	자율성 대 수치심
3. 남근기	주도성 대 죄책감
4. 잠복기	근면성 대 열등감
5. 청소년기	정체성 대 역할 혼미
6. 성인기	친밀감 대 고립감
7. 중년기	생산성 대 침체감
8. 노년기	자아 통합 대 절망감

우리가 선택한 개인발달 이론은 Erikson(1963)의 이론이다. Erikson은 Freud의 심리성적(心理性的) 발달 모델에 기초해서, 개인에 대한 사회의 영향을 고려하여 아동발달은 물론 성인을 포함하는 단계로 확장시켰다. Erikson에 따르면, 각 개인은 그 생활주기 과정 동안 8가지 단계를 거치며 발달한다. 각 단계에서 개인은 '발달 또는 후퇴, 통합, 지체'에 대한 잠재력을 제공하는 특정 발달 이슈 또는 위기에 직면한다(p. 271). 각 단계에서 성취된 과업 해결의 정도는 그 이후의 단계 전부에 영향을 주는데, 과업 해결의 부족도 이후의 발달을 지체시킨다. 처음 네 단계는 영아기 및 아동기와 관련된 이슈를 규정하고, 마지막 네 단계는 청소년기부터 성인기를 기술한다. 표 5.1은 이 모델을 간단히 제시하고 있다.

Erikson의 이론 같은 개인발달의 개념틀은 우리가 일생 동안 직면한다고 예측할 수 있는 도전들을 예상하고 이해하는 데 도움을 준다. 그것들은 주어진 시점에서 개인의 내적 분투의 특성을 파악하는 데 도움을 준다. 그러나 각 모델은 인간발달의 문제 중 한 부분만을 제공하기 때문에, 인지적·도덕적 발달 같은 다른 측면에 대한 통찰력을 제공하는 이론들과 합쳐질 때 가장 효과적이다. 그러나 그러한 것들이 함께 고려될지라도, 이 모델들은 오직 지도나 가이드만을 제공하는 것이며, 이 모델들로부터 '이런 방식으로 되어야 한다' 또는 '이 연령까지 이것을 하지 않으면 무엇인가 잘못된 것임에 분명하다' 같은 메시지를 얻을 수는 없다. 포스트모더니즘 시대에서 치료자들은 행동의 보편적 기준으로 인식하는 위험 때문에 발달이론을 사용하지 않도록 충고를 받기도 한다(Gergen, 1982; Hoffman, 1992). 이는 가족생활주기를 기술하는 이론들에도 적용된다.

단계를 중시하는 가족생활주기 개념틀은 개인의 과업이 지배되거나 지배되지 않는 그리고 가족의 생활에서 특정 단계에 관련된 자신의 발달적 이슈를 갖는 가족 맥락 모델을 제공한다.

발달적 개념틀은 다음과 같이 기술할 수 있다.

농촌사회학자로부터 생활주기의 단계 개념을, 아동심리학자와 인간발달학자로부터 발달적 욕구와 과업의 개념을, 사회학으로부터는 상호 의존적인 경력으로서의 가족의 개념을, 구조 기능과 상호작용 이론가들로부터는 연령, 성역할, 다중 패턴, 기능적 필요조건 그리고 가족을 상호작용하는 행위자로 보는 기타 개념들을 함께 통합했다(Hill & Rodgers, 1964, p. 171).

표 5.2는 Barnhill과 Longo(1978), Becvar와 Becvar(1999), Carter와 McGoldrick(1980), Duvall(1962)로부터의 정보를 종합한 가족생활주기 도표를 제시한 것이다.

표 5.2 가족생활주기 단계

단계	정서 이슈	중요한 과업
1. 결혼 전 성인기	부모 자녀 간 분리의 수용	a. 원가족으로부터의 분화 b. 동료관계의 발달 c. 직업생활의 시작
2. 신혼기	결혼생활에 대한 몰입	a. 부부체계의 형성 b. 가족·친구와 더불어 배우자의 자리 만들기 c. 직업적 요구에 대한 적응
3. 자녀 출산기	새로운 가족 구성원의 수용	a. 자녀의 자리에 대한 적응 b. 부모역할의 담당 c. 조부모의 자리 만들기
4. 학령 전기 아동기	새로운 인성의 수용	a. 특정 자녀의 욕구에 적응하기 b. 에너지 소모와 프라이버시 부족에 대처하기 c. 부부의 시간을 갖기
5. 학령기 아동기	자녀가 가족 외부의 관계를 수립하도록 하기	a. 가족/사회 상호작용을 확대하기 b. 자녀의 교육적 발달을 격려하기 c. 활동과 시간 요구의 증가를 다루기
6. 10대 자녀기	독립성을 허용하도록 가족 경계의 융통성을 증가시키기	a. 부모 자녀 관계의 균형을 변화시키기 b. 중년기의 직업적·부부관계 이슈에 재초점 맞추기 c. 노년기 세대에 대한 관심 증가를 다루기
7. 진수기	가족 구성원의 진수와 들어옴을 수용하기	a. 성인 자녀를 직업, 대학, 결혼생활로 진수시키기 b. 지지적 가정 기반을 유지하기 c. 성인 자녀가 때때로 돌아옴을 수용하기
8. 중년기	자녀를 떠나보내고 서로 직면하기	a. 결혼생활의 재정립 b. 자녀의 배우자, 손자녀를 환영하기 c. 노부모의 노화를 다루기
9. 은퇴	은퇴와 노화의 수용	a. 개인과 부부의 기능성 유지 b. 중년세대를 지지하기 c. 부모, 배우자의 죽음에 대처하기 d. 가족의 주거 변화

가족생활주기 모델은 가족 이슈의 복합성을 포함시킬지라도 여전히 일차원적이다. 그러므로 우리는 가족발달적 이슈와 관심사의 맥락에서 개인의 발달을 더 잘 이해하기 위해 개인과 가족모델을 통합할 것을 제안한다(Becvar & Becvar, 1999).

동시에, 또 다른 관심사는 가족생활주기 모델이 일반적으로 결혼, 자녀 출산, 자녀 양육의 전통적인 패턴을 통한 개인과 부부의 발달을 따른다는 것이다. 확실히 이런 모델들이 처음 생겼을 때에는 이것이 적절했다. 그러나 지난 1960년대 중반 이후 나타난 가족생활주기의 큰 변화와 가족이 미래에 계속 변화할 가능성을 고려한다면, 이런 변화를 수용하고 기술할 수 있는 모델이 필요하다. 따라서 가족생활주기의 역동적 과정 모델을 제시하고자 한다.

가족생활주기의 역동적 과정 모델(dynamic process model)은 각 가족생활주기의 특성을 더욱 정확하게 파악하고 서술한다. 이 모델은 자녀의 부재 또는 존재 그리고 전통적 패턴의 가족생활을 하는 개인에게 특징적인 특정 발달적 전이와 관련해서 각 단계를 단순히 규정하기보다는 치료자가 자주 도움을 주도록 요청받는 다양한 부부나 가족에게 적용할 수 있다. 역동적 과정 모델은 개인모델과 가족모델 모두를 통합하며, 내담자 체계가 존재하는 더 큰 가족맥락과 세대 간 상호작용을 반영할 수 있다. 그러나 이 모델을 설명하기 위해서 부부관계의 단계를 서술하는 모델을 요약할 필요가 있다.

결혼생활의 단계를 서술하는 모델을 위해, 임상경험으로부터 나온 정보는 물론 가족생활주기 모델의 관련 부분들을 택했다. 다소 임의적으로, 표 5.3에 제시된 바와 같이 부부관계의 네 단계를 규정한다.

역동적 과정 모델을 사용하여 시각적 이미지를 만들기 위해, Erikson의 단계들을 통한 진행

표 5.3 결혼생활의 단계

단계	정서적 이슈	중요한 과업
1. 신혼기 (0~2년)	결혼생활에 대한 몰입	a. 원가족으로부터의 분화 b. 가족 · 친구와 더불어 배우자의 자리 만들기 c. 직업적 요구에 대한 적응
2. 결혼 초기 (2~10년)	관계의 성숙	a. 결혼생활에서 낭만을 유지하기 b. 분리와 연결성의 균형 c. 결혼생활에 대한 몰입을 새롭게 형성하기
3. 결혼 중기 (10~25년)	은퇴 후를 계획하기	a. 중년기 변화에 적응하기 b. 관계의 재협상 c. 결혼생활에 대한 몰입을 새롭게 형성하기
4. 결혼 후기 (25년 이상)	회고와 정리	a. 부부의 기능성을 유지하기 b. 가족의 주거 변화 c. 배우자의 죽음에 대처하기

그림 5.1 Erikson의 인간발달 8단계와 결혼생활 단계

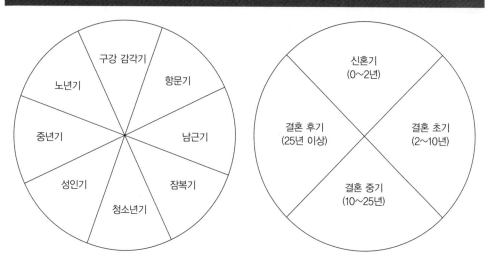

과 첫 결혼생활을 기술하는 단계들을 그림 5.1처럼 원형으로 제시한다. 이 모델의 사용을 예시하기 위해, 4명의 한 전통적인 가족을 고려해보자. 메리와 존 스미스는 20대 중반이며 그들에게 있어서 첫 번째 결혼생활이다. 현재 결혼한 지 5년이 되었고 세 살짜리 딸과 갓 난 아들이 있다. 이 핵가족을 자세히 보고자 한다면, 그림 5.2에 예시된 것처럼 이 가족을 기술하기 위해 역동적 과정 모델을 사용할 수 있다.

Erikson에 따르면 둘 다 단계 6(성인기)에 있는 2명의 성인이며, 각각 Erikson 이론에 의해 기술된 개인적 이슈에 종속된다. 부부로서 그들은 결혼생활의 두 번째 단계에 있으며, 결혼 초기에 해당되는 이슈들을 다루어야 한다. 이 가족은 또한 가족생활주기의 자녀 출산기와 학령전 아동기 단계에 해당되는 관심사에 의해 특징지어진다. 덧붙여, 자녀와 부모의 관계는 첫 자녀의 항문기 발달단계 그리고 막내의 구강 감각기 단계 이슈에 의해 영향을 받는다.

메리와 존의 부모와 형제를 덧붙임으로써, 가족위계의 여러 다른 수준에서의 특성과 관심사들을 또한 반영할 수 있다. 따라서 이 핵가족의 더 큰 가족맥락과 세대 간 상호작용에 대한 관점을 얻게 된다. 예를 들어, 메리는 4명의 자녀 중 막내였다. 그녀의 부모인 제인과 빌 존스는 결혼한 지 40년이 되었으며, 그들의 관계는 결혼 후기 단계이다. 그들은 또한 가족생활주기의 은퇴 단계에 있다. 빌은 65세, 제인은 60세이며 따라서 그들은 개인발달 면에서 중년기에서 노년기로의 전이시기에 있다. 그러나 존은 외동이며, 그의 부모는 메리의 부모보다 훨씬 더 젊다. 헬렌과 잭 스미스는 둘 다 50세이며 결혼한 지 25년이 되었다. 그들은 결혼 후기 단계로 이동하고 있으며 중년기의 이슈를 다루고 있고 가족생활주기의 중년기 단계에 있다. 그러므로 부부의 두 부모들은 다른 관심사와 도전을 갖고 있으며, 따라서 메리와 존과의 상호작

그림 5.2 메리와 존 스미스 가족

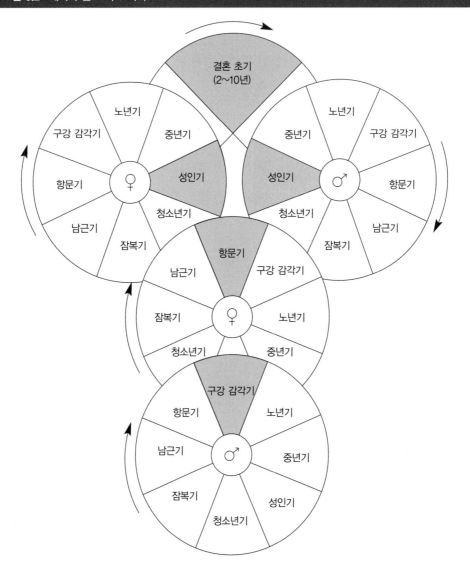

용도 이에 의해 영향을 받을 것이다. 스미스의 확대가족이 그림 5.3에 나타나 있다.

　여러 세대 간 수준에서의 전형적인 이슈와 관심사에 대한 지식은 치료자가 특정 체계가 고착되거나 문제가 있는 가족생활주기의 시점을 규정하고 관련 도전들을 파악하는 데 도움을 준다. 여러 이론을 통합하고 가족생활의 다양한 맥락을 설명할 수 있는 역동적 과정 모델은 각 내담자 가족의 독특한 특성과 개인 차이를 설명하는 데 사용될 수 있다. 이 모델은 3차원적 관점을 가능하게 하며, 그림의 화살표에 의해 나타난 대로 계속된 성장, 변화, 발달을 가정한다. 사이버네틱스 인식론과 일관적으로, 내용보다는 여러 수준에서의 가족과정에 그 초점이 있다.

그림 5.3 메리와 존 스미스 확대가족

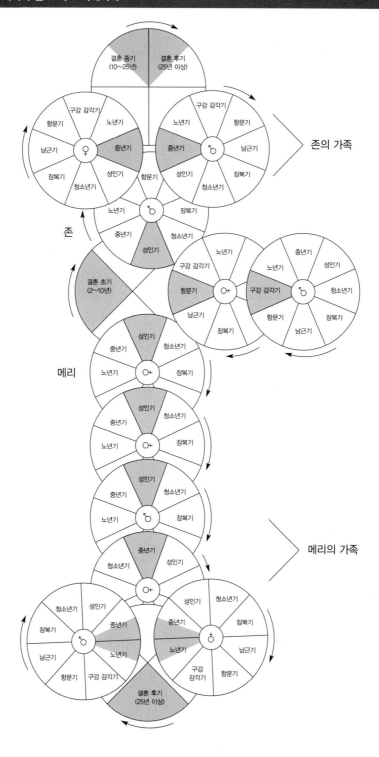

맥락적 이슈

결혼생활 모델의 단계들을 이혼, 한부모됨, 재혼, 계부모됨 또는 다양한 문화적 차이들로 구성된 가족맥락의 단계와 발달적 도전을 설명하는 대안적 도식으로 대치함으로써, 가족양식과 유형의 넓은 범위가 더 명확히 설명될 수 있다. 계속적인 변화의 과정은 물론 문화적으로 복합적인 우리 사회의 현실을 고려할 때, 여러 다른 가족형태에 대한 인식은 개인과 그 가족을 잘 이해하는 데 필수적이다. 그러므로 가족에 있어서 구조적 다양성과 문화적 다양성, 다양성과 문화적 능력과 관련된 부가적 이슈 그리고 생태학적 이슈들을 간단히 고려해보고자 한다.

■ 구조적 다양성

이혼, 한부모, 계부모 그리고 재혼의 비율이 계속 증가함에 따라 가족생활에서 이런 재조직의 위기와 관련된 부가적 도전을 다루는 데 있어 치료자의 도움이 계속 요청될 것이다. 그러므로 이혼이나 재혼에 의해 불가피해지는 구조적·정서적 적응을 이해하고 예상하게 하는 발달적 관점이 필수적이다. 가족에 대한 단일 모델 관점은 더 이상 충분한 정보를 제공하지 못하며, 여러 가족유형이 직면하는 과업을 포함하는 모델들에 의해 발전되어야 한다. 예를 들어, Garfield(1982)에 따르면, 이혼과 한부모됨의 도전을 경험하는 가족은 다음과 같은 것을 다루어야 한다.

1. 배우자에 의한 자기수용 그리고 상실의 해결
2. 새로운 역할과 책임의 수용
3. 가족과 친구들과의 관계에 대한 재협상
4. 이전 배우자와의 관계 변화

반면에 Visher와 Visher(1982)에 따르면, 통합의 성취를 위해 필요한 과업은 다음을 포함한다.

1. 관련된 상실의 애도
2. 새로운 전통의 발달
3. 새로운 대인관계의 형성
4. 자녀의 친부모와의 관계 유지
5. 가구 간 만족스러운 왕래

이 두 과업의 고려에서 겹치는 이슈는 가족단위로서 각 체계 자체의 정통성 인식을 반드시 포함하는 새로운 정체성의 형성이다. 이 과업에서 어려운 부분은 이전 결혼생활의 남은 재로부터 일어나는 불사조처럼, 한부모 또는 계부모 가족이 완전히 성장할 때 나타나는 과거와의 급격한 단절로부터 생긴다. 부모와 자녀들은 그들이 이전에 별로 경험해보지 않은 상황으로 들어가고, 또 모두가 상실, 해체, 변화의 와중에서 개인의 욕구와 가족의 욕구 모두를 적절히 충족시킬 맥락을 형성하기 위해 함께 노력해야 한다.

예를 들기 위해, 15년 동안의 결혼생활 후에 이혼을 하기로 결정한 메리와 존 스미스의 이야기로 돌아가보자. 그들은 지금 30대 후반이며 성인기와 관련된 개인적 이슈들을 다루기 시작해야 한다. 자녀들은 사춘기와 청소년기에 있다. 가족생활주기 이슈는 10대 자녀기의 이슈이다. 이 이슈들 모두는 이혼과 한부모됨에 의해 강조되는 상황에서 직면되어야 하며, 따라서 위에서 제시된 도전들에 의해 특징지어져야 한다. 이러한 상황은 존의 부모가 은퇴 후 더 따뜻한 곳으로 이사 갈 결정을 하여 가족에게 확대가족의 지지가 없게 하는 것은 물론 메리 어머니의 심각한 질병에 의해서 더욱 영향을 받는다. 이 가족을 역동적 과정 모델을 사용하여 그림 5.4에서처럼 예시할 수 있다.

이혼한 가족과 한부모 가족은 물론 계부모 또는 재혼가족이 갖는 도전의 일부는 자녀 양육 이슈를 포함한다. 전자에서 건강한 맥락을 제공하는 데 대한 실마리는 양육부모의 건강이다 (Tessman, 1978). 즉, 자녀는 함께 사는 부모가 책임 있는 태도로 이 스트레스와 변화들을 다룰 때 한부모 가족에서의 생활과 관련된 스트레스를 더 잘 수용하고 변화에 더 잘 적응할 수 있다. 이는 양육부모가 자신의 고통을 보이지 않는다는 것을 뜻하지 않는다. 다만 양육부모가 고통에도 불구하고 삶을 지속할 수 있다는 것, 정서적 지지를 위해 자녀에게 의지하거나 부적절한 부모 역할을 대신 지우지 않는 것, 자녀 앞에서 비양육부모를 무시하지 않는 것, 어머니 아버지 모두가 되려고 하지 않는 것, 어떻게 좋은 부모가 되는지 알고 있는 자신이 가장 좋은 아버지 또는 어머니라는 것을 의미한다(Becvar, 1986).

재혼가족에서 생물학적 부모는 자녀 양육의 주요 역할을 수행하는 도전을 가지며, 계부모는 자신의 배우자에 대한 결혼 파트너와 지지체계의 역할 그리고 배우자의 자녀에게는 친구 역할을 담당한다. 반면에, 생물학적 양육부모가 적절한 부모 역할을 담당할 수 없기 때문에 자녀를 위한 훈육자를 확보하기 위해 재혼하기를 결정한다면, 문제는 발생하게 되어 있다. 자녀는 부모를 유능한 성인으로 볼 필요가 있으며, 만일 계부모가 '강력하거나' '나쁜 사람'으로 보인다면 계부모와의 관계를 수립하는 데 도움이 되지 않는다. 친구 역할을 맡는 것은 화난 의붓자녀가 어느 날 다음과 같이 말할 가능성을 방지한다. "당신은 나에게 무엇을 하라고 말할 수 없다. 당신은 나의 부모가 아니다." 비양육부모가 어디에 살든 간에 그리고 그 몰입 정도에 상관없이, 자녀는 부모의 존재에 대해서 알고 있으며, 그것이 명백히 또는 암묵적으로 부정되는 것을 원하지 않는다.

재혼가족의 경우, '즉각적 재적응'과 '재형성된 핵가족'(Jacobsen, 1979)의 신화 또한 주의를 요구한다. 그러므로 만일 존이나 메리가 재혼하기를 결정한다면, 재혼이란 쉬운 전이가 아니

그림 5.4 메리와 존 스미스 확대가족

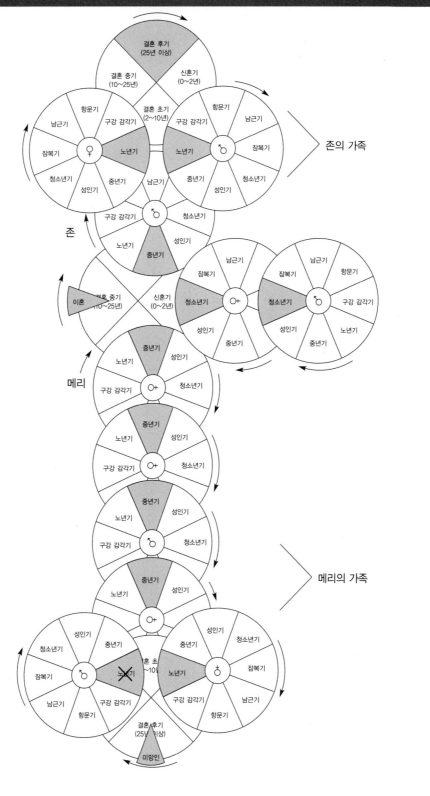

라는 것을 인식할 필요가 있다. 재혼은 결혼생활 모델(표 5.3)의 단계에서 본 신혼기의 이슈와 함께 상당히 여러 가지 부가적인 이슈를 초래한다. 이는 (1) 서로 다른 충성심과 다른 양으로 이전에 공유된 역사를 가진 가족원들, (2) 자녀 없는 적응기간의 부재, (3) 새로이 형성된 남편-부인 관계로부터 생기는 증가된 성적(性的) 긴장은 물론, 계부모와 의붓자녀 간 근친상간 금기의 부족(Kleinman, Rosenberg, & Whiteside, 1979)을 포함한다. 모든 가족 구성원들이 이전의 가족에서 경험한 것과 유사한 단일 가족단위가 될 것이라고 생각하는 것은 신화이다. 새로운 가족이 이전의 가족과 똑같기를 결코 바랄 수 없다.

■ 문화적 다양성/문화적 능력

구조적 다양성은 가족발달 맥락의 한 가지 측면일 뿐이다. 또 다른 중요한 측면이 문화적 다양성이다. 그러므로 다음과 같은 질문을 제기하고 싶다. 당신이 스미스 가족에 대한 기술을 읽고 다른 두 시점에서 그 체계의 예시를 고려했을 때, 그들이 속한 인종 또는 문화적 집단에 대해 질문을 했는가? 당신은 아마 이들이 백인 중류층 가족이라고 가정했을 것이다. 가족에 대한 문헌에 제시된 가족생활에 대한 일반적인 모델들이 주어진다면 확실히 이 가정은 이해가 된다. 한편으로, 가족의 생활에 대한 문화의 영향을 우리는 알고 있다. 반면에 인종집단에 대한 일반화는 우리의 인식 수준을 증가시키고, 병리의 신호로 기술될 수도 있는 행동의 정상적 차이에 대한 가능성을 알려주는 데 사용될 수 있다(Becvar, 2008). 인종집단 고정관념이 치료실에서 실제로 우리와 함께 앉아있는 가족을 정확히 설명한다고 가정할 수 없는 것이다.

예를 들어, 흑인가족을 간단히 고려해보자. 1965년 3월에 미국 노동부의 정책계획 및 연구부서는 Moynihan에 의해 작성된 흑인가족(*The Negro Family: The Case for National Action*)이라는 연구를 발표했다. 이후에 Moynihan 보고서로 알려진 이 연구는 흑인가족을 미국 흑인이 직면한 거대한 어려움의 주요 원인으로 보였던 '병리의 엉킴'으로 규정하였다. 흑인가족을 일탈적인 가족형태로 명명했기 때문에, 흑인들의 문화적 박탈을 극복하고 흑인가족을 '강화'하기 위해 정부는 여러 프로그램들을 실행했다.

그러나 Moynihan 보고서의 출판 이후 수년간 얻어진 지식에 기초하면, 독특한 아프리카의 유산(Ladner, 1973; Lewis, 1975; Mathis, 1978; Nobles, 1978)을 가지며 가족원에게 경제적 · 정서적 지지를 모두 제공하는 확대친족망으로 특징지어진 문화적 변형(Allen, 1978)으로 흑인가족을 재규정하는 것 또한 가능하다. 즉, 흑인 확대가족망은 지역에 걸쳐 퍼져있고 대개 한 가구 이상을 포함한다(Martin & Martin, 1978). 이는 종종 비친족 또는 '유사친족' 구성원을 포함한다(Billingsley, 1968). 확대가족원 간의 지원은 가구의 통합(Hill, 1980)과 비공식적 입양(Martin & Martin, 1978)을 포함하는 여러 방식으로 명백해진다. 경제적 원조는 친족망 내 주요 지지 기제이다(McAdoo, 1980).

흑인가족에 대한 연구처럼, 멕시코계 미국인 가족에 대한 연구 또한 이전의 관점과 새로운 관점 간의 불일치를 드러낸다. 그러나 Staples와 Mirande(1980)에 따르면, 두 견해에 대한 찬성자가 동의하는 적어도 네 가지 특성이 있다. 이는 (1) 성별에 의한 지배-여성에 대한 남성의 지배, (2) 연령에 의한 지배-젊은이에 대한 연장자의 지배, (3) 가족원 사이의 상호 도움에 의해 특징지어진 지지체계, (4) 가족주의 또는 개인의 욕구에 대한 가족 욕구의 우선성을 포함한다. 반면에, Hamner와 Turner(1985)는 멕시코계 미국인 가족에 대한 연구의 여러 중요한 측면들을 밝혔다. 이는 다음과 같다.

(1) 멕시코계 가족을 경직되고 가부장적이며, 자녀에게 해를 주는 것으로 본 고정관념적인 전통적 견해를 지지할 경험적 자료의 부족, (2) 연구에서 사회경제적 지위와 교육 변수 수준에 대한 통제의 부족, 따라서 자주 사회적 조건과 문화적 가치를 혼동하는 측면, (3) 이들 가족을 가족 상호작용과 자녀양육 유형에서 동질적이라고 일반화시키고, 구조적 가족변수들을 고려하여 이들 가족 간의 다양성의 증거를 무시하는 경향(pp. 149-150)

더 최근에 Bermudez, Kirkpatrick, Hecker, Torres-Robles(2010)는 가족치료 문헌에서 라틴계 가족을 운명주의, 가족주의, 위계, 개성주의, 심령주의로 특징짓고, 그들의 지원 요청 행동을 '부정적인 태도'로 기술하는 경향에 대하여 문제를 제기했다. 그들의 연구 결과, 가족주의와 위계에 대한 기술의 정확성에 관해서는 참여자들이 동의를 했지만, 다른 세 가지 가정된 특성의 경우는 사실이 아니었다.

우리는 어떤 집단에 대한 광범위한 일반화에 대하여 신중해야 한다. 더구나 이른바 문화적 특성을 기술하기 위해 '멕시코계' 또는 '아시아계' 같은 용어를 사용하는 것은 이러한 명칭 아래 가정된 문화의 다양성을 부정한다(Becvar, 2008). 예를 들어, '멕시코계'라는 용어는 서로 다른 인종적 기원과 전통을 가진 쿠바, 멕시코, 페루, 푸에르토리코, 스페인에서 온 사람들을 뜻한다. 마찬가지로 아시아계 범주는 그 자체로 독특한 특성을 갖고 있는 중국, 일본, 한국, 필리핀 그리고 티베트에서 온 사람들을 의미할 수 있다.

중요한 것은 가지각색의 인종적 태생을 가진 사람들이 이주해온 사회의 구성원들로서 그들 중 많은 사람들이 자신들의 전통적 유산에 따라 계속 생활하므로 문화적 다양성과 인종집단 내 차이의 불가피성을 인식할 필요가 있다는 것이다. 따라서 우리는 내담자 인구의 특성에 매우 친숙해져야 하며 유색인종인 개인과 가족이 직면하는 부가적인 발달적 도전을 인정해야 한다(Hardy & Laszloffy, 2000). 또한 문화적 차이를 수용하기 위해 여러 인구집단의 구성원을 치료할 때 가계도를 수정하는 것같이 우리가 사용하는 개입을 변경해야 한다(Congress, 1994; Watts-Jones, 1997). 차이를 일탈이 아니라 단지 또 다른 생활방식으로 인식하고 이해할 수 있을 때, 우리는 그에 따라 반응하며 그래서 잠재적으로 더 많은 도움이 된다. 우리는 있는 그대로 내담자들을 받아들이고, 그들의 목표를 성취하도록 도와주며, 그들에게 가장 유용한 방식으로 복지를 촉진한다.

McGoldrick(1982)과 Giordano(1996)에 따르면, 문화적 정체성은 치료과정에 대한 태도는 물론 가족에 대한 정의, 가족생활주기 단계, 다양한 전통과 축하에 대한 강조, 직업적 선택, 특징적 문제 그리고 논리적 해결책에 영향을 미친다. 더구나 문화적 다양성에 대한 인식은 치료에 대한 개인의 견해를 변화시킨다. 가족 내 갈등이든 가족과 사회 간 갈등이든, 문화적 정체성의 갈등은 증상적 행동의 바탕이 되는 맥락일 수 있다. 문화적 정체성은 문제 해결을 위한 적절한 초점일 수 있으며, 그래서 치료자들은 "가족의 수준을 벗어나 모든 가치체계의 문화적 상대성에 대한 관점으로" 의식을 불러일으켜야 한다(McGoldrick, 1982, p. 23).

■ 기타 다양성 이슈

사회경제적 지위, 종교적 지향, 신체적 문제, 직업 선택, 비교문화적 관계 이슈를 포함하는 다양한 요인과 관련하여 또 다른 인식이 필요하다. 더구나 공동체 가족, 동거 부모 가족과 동성애 부모 가족 등 비전통적인 유형에는 가족치료사가 효과적이기 위해서 친숙해질 필요가 있는 자신들의 요구와 특별한 도전이 있다. 예를 들어, 최근 결혼 전에 또는 결혼에 대한 대안으로서 동거하기로 결정하는 이성 커플이 지속적으로 증가하고 있다(Becvar, 2001). 이들 커플의 대부분은 무자녀를 선택하지만, 일부는 자녀를 갖기도 한다. 그러나 이러한 경우에 그들에게는 결혼한 부부에게 가능한 법적, 종교적, 사회적, 문화적 지원이 이루어지지 않는다.

동거가 이성 커플에게는 선택인 반면, 미국의 동성 커플에게는 법적 결혼에 대한 권리가 없다. 따라서 그들에게는 결혼한 부부가 의지할 수 있는 많은 지원들이 부족하다. 소수의 몇몇 지역에서는 가정 파트너 법을 정해서 특정 기준을 충족시키면 공적, 법적으로 파트너로 인정하여 관계가 지속되는 동안이나 종결된 후에 동성 커플에게 재정적인 혜택은 물론 병가, 병원 방문 권리, 사별 휴가와 건강보험 혜택을 포함하는 권리와 혜택을 부여한다(Rahimi, 1999). 그러나 유언 없이 파트너로부터 상속받는 것은 불가능하며, 커플이 함께 주택과 자동차 보험을 들고 함께 주택을 임대하며 자녀를 공동 양육하거나 방문할 권리를 갖지 못한다. 그들은 또한 공동으로 세금환급을 신청하고 서로를 위해 의료적 결정을 하며 아프거나 사망할 경우에 마지막 안식처를 선택할 수 없다.

이러한 모든 요인들은 의심할 여지없이 동거하고 있는 동성 파트너 사이의 관계에 영향을 미친다. 실제로, 이는 이러한 종류의 관계에 대해 편견을 가지고 있는 더 큰 맥락을 보여주는 것이다. 확실히, 페미니스트들과 포스트모더니즘 관점을 지지하는 사람들이 우리에게 상기시켜 준 것처럼 우리는 우리와 우리의 내담자들이 거주하고 일하는 더 큰 맥락에 민감해야 하며 또 이를 고려해야 한다.

■ 생태학적 고려

사회복지 분야에는 가족과 그 환경 간의 상호작용을 고려하는 오랜 전통이 있다. 가족치료사는 물론 사회복지사인 Hartman과 Laird(1983)가 만든 것으로서, 내담자의 더 큰 맥락을 특징짓는 여러 체계와 그 체계 간의 관계를 도형화하는 도구인 에코 맵이 있다. 에코 맵은 그림 5.5에 제시되어 있다. 사회적, 심리적 및 종교적 영향과 더불어 개인 및 대인 간의 역동성을 포함하는 에코 맵은 다음과 같이 기술할 수 있다.

그림 5.5 에코 맵

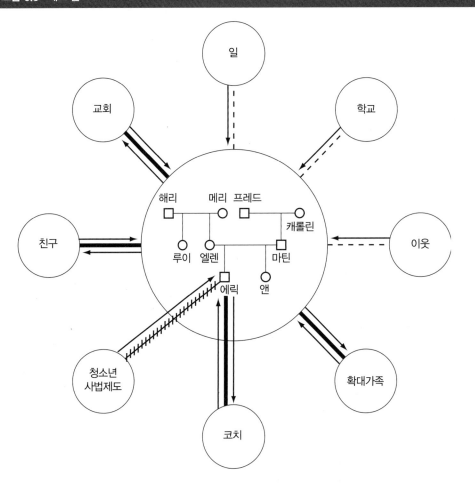

에코 맵은 그 생활환경에 있는 가족을 묘사한다. 그것은 가족과 세계 간의 중요한 애정 또
는 갈등을 포함하는 연결을 특징짓는다. 그것은 외부 체계에 대한 가족 에너지의 흐름뿐
아니라 가족체계로서의 자원과 에너지의 흐름을 나타낸다(p. 159).

생태학적 고려에 대한 유사한 접근이 지역사회 가계도(Ivey, 1995; Rigazio-DiGilio, Ivey,
Kunkler-Peck, & Grady, 2007)의 사용에 의해 제시된다. 시각적 지도 작성 및 질문 기법으로
구성되는 지역사회 가계도는 전문가와 내담자가 내담자의 발달적 역사와 현재의 사회적 지원
체계를 함께 탐색하도록 한다. 에코 맵과 달리 지역사회 가계도는 그것을 만드는 것에 관련된
사람들의 관점에 따라 다양한 형태를 취할 수 있다.

사용된 도구와 상관없이, 내담자 체계와 내담자/치료자 체계 내에서 무슨 일이 일어나고
있는지에 대해 내담자 체계 외부에 있는 요인들의 영향을 고려해야 하는 어려움이 존재한다.
제2단계 사이버네틱스 및 포스트모더니즘의 관점으로부터 우리는 우리가 실재를 만들 뿐만
아니라 그 형성에 영향을 준다는 것을 인정한다. 인접한 맥락과 관련하여, 학교, 종교단체, 사
회집단, 확대가족, 법적 제도, 사회 서비스 체계, 의료체계 및 직업 환경 등의 명백한 영향력
에 대하여 인식해야 한다. 또한 주어진 맥락에서 지배적인 언어와 담론은 물론 국가 경제, 사
회 정책, 과학 기술 및 미디어 같은 암묵적 요인들의 영향도 고려되어야 한다(Hanson & Boyd,
1996). 이해를 더 잘하기 위하여 우리의 견해를 확장해보면 이러한 이해가 "마음에서 발생하
는 정신적 행위가 아니라 공적 영역 내에서 일어나는 사회적 성취"(Gergen, 1994b, p. 271)라
는 것을 인식하게 된다. 우리는 이 분야에 대한 후속 연구를 강력하게 추천한다.

제1부에서는 가족과 가족치료를 이해하는 기본적 개념틀을 요약했다. 대조적으로, 제2부
에서는 가족치료의 실제에 초점을 둔 학파들을 간단히 살펴볼 것이다. 이 학파들의 설립자에
대해 알아보고 각 학파가 주장하는 전략들에 대하여 논의할 것이다. 또한 시간에 따른 각 접
근의 발전과 더불어 사이버네틱스 틀과 관련하여 이론적 일관성의 쟁점을 고려할 것이다.

■ 요약

가족기능성을 이해하기 위한 전통적, 구조적, 내용 중심적 접근과는 대조적으로, 이 장에서는
과정 수준에서 건강, 역기능, 회복탄력성을 고려하였다. 우리는 이른바 건강한 가족을 규정하
는 특성을 기술하고, 제2단계 사이버네틱스 수준에서 모든 행동이나 특성은 적합하며, 그래
서 건강 또는 역기능의 규정은 논리적으로 비일관적이라는 것을 지적했다. 그러나 실용적, 문
화적인 수준에서는 다음의 차원들이 잘 기능하고 유연한 가족에 존재하는 것으로 나타난다.

- 합법적 근원의 권위가 수립되고 지지됨

- 안정된 규칙체계가 일관되게 수반됨
- 애정 어린 행동의 안정적 · 일관적 공유
- 안정적인 자녀 양육과 결혼/커플 유지 행동
- 가족의 소속감
- 개인적 차이에 대한 존중 및 격려
- 정상적 · 발달적 도전과 예측되지 않은 위기에 대응하는 충분한 융통성과 적응성
- 주도성과 창의성에 대한 지원 및 격려
- 명확한 세대 간 경계
- 분리와 연결 간의 균형
- 명확하고 일치적인 의사소통
- 자발성과 유머
- 체계이론적 지향 또는 상호성, 협동, 협력감
- 역할과 책임 공유
- 모든 범위의 감정을 표현할 수 있도록 함
- 친선, 호의와 낙관적인 분위기
- 초월적 세력에 대한 믿음 및 가치에 대한 윤리감
- 가족의 정체성과 변화의 맥락에서 지원 연속성을 강화하는 의식과 행사의 공유
- 가족 외부의 관계망
- 가족과 각 개인이 노력하는 목표의 공유
- 위협 없이 협상하는 능력

우리는 여러 가지 발달적 틀을 통합하는 역동적 과정 모델의 사용을 고려했다. 이러한 모델은 그 고유의 특성과 맥락으로 가족을 평가하고 이해하는 데 사용될 수 있다. 또한 이는 가족의 구조적 · 문화적 차이는 물론 과정에 대한 초점을 수용한다.

다음으로 아프리카계 미국인 또는 멕시코계 미국인 가족에 의해 예시되는 것과 같이 이혼이나 재혼 같은 구조적인 차이에 의해 규정된 가족형태에 대한 논의를 했다. 한편으로 차이의 파급효과에 대한 인식은 효과적인 치료자 행동에 중요하다. 다른 한편으로 이 같은 차이에 대한 지식은 특정 구조적 또는 문화적 집단 내의 모든 가족에게 일반화되지 않는다는 것이 중요하다. 또 다른 다양성의 이슈를 고려할 때 유사한 이슈에 주의를 기울여야 한다. 이런 측면에서 이성과 동성 동거 파트너가 직면하는 도전에 관해 제시하였다.

우리는 체계이론적 관점에서 치료할 때 인식해야 하는 다양한 생태학적 요인에 대한 요약으로 이 장을 마무리했다. 우리는 내담자 맥락의 일부인 다른 체계를 도표화하고 이에 대한

인식을 높일 수 있는 방식으로 에코 맵과 지역사회 가계도의 사용을 제안했다. 그리고 우리는 다시 한 번 실재의 구성에 대한 언어의 중요성과 더 큰 사회의 영향을 강조했다.

실전문제

다음의 질문은 이 장에서 다룬 내용의 적용과 분석을 테스트하는 것이다. 임상실천과 더불어 이 장에 대한 추가적인 사정, 적용, 분석, 합성, 평가를 위해 다음 질문에 답하시오.

1. 전통적인 부모 자녀의 가족구조에서 확대가족, 문화적 차이, 한부모 역할, 미디어 영향을 포함하는 가족구조로의 변화 때문에 가족역동성이 수년간 어떻게 변화해왔는지 그리고 가족이 얼마나 더 유연해졌는지 기술하시오.

2. 건강한 가족이 그 자체의 목표를 성취하는 능력으로 규정된다면, 그 성공을 향해 노력하도록 돕는 5가지 차원을 구분하시오. 모든 차원들이 이 목표를 달성하는 데 요구되지 않는다면, 어떤 차원이 요구되는지 그 차원을 설명하시오.

3. 과정 차원은 내용보다 과정에 초점을 둔다. 앞에서 요약된 9가지 과정 차원에 근거하여, 어떻게 의사소통이 부모 자녀 관계에서 자율성을 이끄는지 평가하시오.

4. 앞에서 개괄된 발달적 개념틀 중 하나는 Erikson의 심리사회적 발달단계이다. Erikson의 발달단계를 사용하여 가족과 개인의 이해와 기능성 과정을 평가하시오.

5. 이혼을 경험한 사람들을 위한 Garfield의 과업과 재혼가족의 통합을 위한 Visher의 과업을 비교하시오.

6. 가족문화와 다양성이 어떻게 가족의 건강에 영향을 미치는지 그리고 당신의 문화와 다른 가족을 치료할 때 이 차이에 어떻게 접근할지 설명하시오.

7. 에코 맵이 역동적 과정 모델(가족생활주기의 특성)과 관련하여 가족의 요구를 평가하는 데 어떻게 사용되는지 기술하시오.

8. 지역사회 가계도가 어떻게 사용되는지 그리고 그것이 노숙, 이혼 또는 가족폭력 같은 위기의 가족에게 어떻게 적용되는지 기술하시오.

MYSEARCHLAB 살펴보기

www.MySearchLab.com에 다음의 비디오, 사례, 문서 등이 제시되어 있다.[1]

추천 비디오

Single Mothers(한부모)
한부모 역할이 어떻게 가족역동성에 영향을 주는가?

Family Counseling(가족상담)
혼전상담의 장단점은 무엇인가?

∧ Genograms: The Tool That Brings Resilience to Life — Constructing the Genogram(Part 4 of 12)(가계도: 삶에 회복탄력성을 가져오는 도구 — 가계도 구성하기)
가족과 치료자는 가계도 사용을 통해 어떤 통찰력을 얻을 수 있는가?

추천 사례/문서

△ The Reluctant Divorce: The Story of the Wilsons(내키지 않는 이혼: 윌슨 가족 이야기)
나바호 인디언으로서 필리스의 문화는 이혼에 대한 자신의 반응 또는 지역사회의 반응에 영향을 미치는가? 치료 동안 어떤 것을 특별히 고려할 수 있는가?

△ The Making of a Family Therapist(가족치료사 만들기)
가족치료사로서 당신은 이 분야에서 어떻게 유지하고 발전하는가?

△ Divorce, Remarriage, and Stepparenting(이혼, 재혼, 계부모 역할)
이혼, 재혼, 새로운 가족의 형성 같은 생애 전이 동안 자녀를 도울 수 있는 방법을 기술하시오.

추천 자원

Techniques for Generalist Practice(일반전문가 실천을 위한 기법) : Family Sculpting(가족 조각)

Professional Voices from the Field(가족치료 분야 전문가의 목소리) : Salvador Minuchin

Career Exploration(직업 탐색) : 부부가족치료사 Steve와 Debi White

연구 주제

Family Dynamics(가족역동성)

Developmental Frameworks(발달적 틀)

Cultural Competency(문화적 능력)

---

1 그러나 www.MySearchLab.com의 자료 접근 권한을 이 번역서에서는 제공할 수 없음

∧ = AAMFT 핵심능력자산, △ = 사례연구

제2부

가족치료의 여러 모델

이제 좀 더 익숙한 지역으로 들어가보자. 여러분은 아마도 성격이론과 개인상담/치료 이론들을 공부한 적이 있을 것이다. 이 책의 제1부에서 다루었던 틀에 의하면, 그 이론들은 체계이론/사이버네틱스 패러다임이 기초한 가정들과는 다르지만 보완이 되는 가정들을 바탕으로 한다. 개인성격이론들의 대부분은 개인이 분석단위이자 치료의 초점이었던 맥락에서 발전되었으며, 이 전통으로부터 풍부하고 다양한 여러 이야기들이 나왔다.

체계이론/사이버네틱스 패러다임 안에서 제1단계 사이버네틱스와 제2단계 사이버네틱스를 구분하였다. 개인심리학 이론이 번성하였듯이, 가족치료에 대한 많은 모델과 접근들 역시 만들어졌다. 여기서는 제1단계 사이버네틱스 범주에 속한 대부분의 영향력 있는 모델들을 다룰 것이다. 이 모델들은 순수한 제2단계 사이버네틱스 관점에서 볼 때 체계이론적이지 않다. 말하자면 이 이론들은 흔히 가족 조직과 과정을 선형적이고 비회귀적인 방식으로 구분한다. 이러한 선형성이 문제가 있는 것으로 여겨질 수 있지만, 그런 접근이 제공하는 설명은 선형적이고 비회귀적이며 비체계이론적 패러다임에서 사회화되었고 그런 패러다임을 내면화하였던 가족과 개인에게 의미 있을 가능성이 높았을 것으로 볼 수 있다.

제1부에서는 제1단계 사이버네틱스의 기계론적이고 도구적인 느낌과는 불일치한 많은 다른 것들 가운데 포스트모더니즘의 세계관이 어떻게 발전되었는지 서술하였다. 그렇게 하면서 제1단계 사이버네틱스와 제2단계 사이버네틱스를 구분 짓기도 하고 연결 짓기도 하였다.

제2부(제6~12장)에서 개인심리학과 일치하는 성격이론과 상담이론에 견줄 수 있는 것으로 실용적인 제1단계 사이버네틱스 수준의 가족치료 모델 가운데 몇 가지를 설명한다. 각 접근을 제시할 때 제2단계 사이버네틱스 관점에서 체계이론적으로 일치하는지 여부에 주의를 기울인다. 이때, 제3장 끝에 요약된 개념들로 돌아간다. 그리고 제2단계 사이버네틱스/포스트모더니즘 관점에서의 몇 가지 성찰과 질문을 함으로써 각 접근에 대한 논의를 마무리한다. 이

러한 질문과 성찰은 학생이나 치료자가 제2단계 사이버네틱스 시각과 일치하는 방식으로 제1단계 사이버네틱스 수준의 개념들에 대해 생각해보고 활용할 수 있도록 하기 위함이다. 제13장에서는 포스트모더니즘 자각에 반응하여 보다 최근에 만들어진 가족치료 접근을 제시한다.

제13장에서 제시한 접근과 비교해볼 때 제6~12장까지 제시할 접근들은 모더니즘/제1단계 사이버네틱스와 포스트모더니즘/제2단계 사이버네틱스 간의 구분을 예시해준다. 제4장에서 주목하였듯이, 모더니즘은 20세기 초에 나타났고, 오늘날에도 우리들 사고의 많은 부분에 스며있다. Doherty(1991)에 의하면, 후기 모더니즘의 분명한 특징은 "특정 문화적 맥락이 어떠하든 모든 인간의 언어, 관습과 행동의 기초가 되고 또 지배하는 보편적인 코드와 구조를 파악하기 위한"(p. 40) 다양한 학문 분야의 노력들을 포함한다. 구조주의로 알려진 이 운동은 프랑스 인류학자인 Claude Lévi-Strauss의 영향을 강하게 받았으며, 20세기 모더니즘의 분명한 측면이었다.

그래서 구조주의의 목적은 전통적인 실증과학과 일치하여 인간행동의 세계에 대한 절대적인 진실을 발견하고 지도를 그리며 아는 것이다. 모더니스트/구조주의자가 가족치료에 미친 영향은 일반적으로 건강한/건강하지 못한 가족의 특징을 찾는 데서 볼 수 있다. 특히 구조적 가족치료의 경우가 그렇다. 따라서 가족은 치료자가 확인할 수 있는 보편적인 조직을 갖는 것으로 가정된다. 전문 지식으로 무장한 치료자는 치료목표에 대한 책임을 지고 목표를 설정한다. 치료자는 코치이고 안무가이자 감독이며, 치료목적은 치료자의 이론에 의해 설정된다. 치료자는 그렇게 가정된 실제 문제, 즉 가족체계의 기본적인 구조적 결함으로 확립되어 증상을 야기할 수밖에 없는 것을 치료한다.

> 모더니스트/구조주의자의 아이디어는 '증상'이라는 단어 그 자체에 맞추어져 있으며, 증상은 몇 가지 기본적인 문제, 정신적 혹은 구조적 문제, 말하자면 불일치한 위계, 겉으로 드러나지 않은 부모갈등, 낮은 자아존중감, 잘못된 의사소통, '더러운 게임' 등의 결과 같은 아이디어를 말한다(de Shazer, 1991, pp. 30-31).

그래서 모더니스트/구조주의자 관점과 일치하는 이론들은 사회가 필요로 하고 가치 있게 여기는 종류의 개인, 결혼, 가족을 정의하며, 누구보다도 정신건강 전문가들은 그렇게 필요하고 가치 있게 여겨지는 개인, 결혼, 가족을 만들어내는 데 유용한 지식과 기술을 가지고 있는 것으로 여겨지는 사회적 공학자가 된다. 기계처럼 이해되는 세상과 세상 안의 사람들뿐 아니라 "증거 기반 은유"(Lowe, 1991, p. 41)가 이 전통의 지배적인 주제이다. 이 지향에 대한 추가적인 공헌은 '자연주의의 신화'로, 이는 가령 자녀양육은 훈련받지 않은 채로 둘 수는 없다고 가정한다. 이 전통에서 언어는 실재를 나타내며, 혹은 Gergen(1994a)이 "표상주의 … 말하자면 세상과 세상 사이에 결정적인(고정된 혹은 본질적인) 관계가 있다(혹은 있을 수 있다.)는 가정"(p. 412)이라고 말한 바이다.

모더니스트/구조주의 세계관은 (사람 혹은 체계 밖의 입장에서) 관찰, 진단, 치료계획, 치료의 정신건강 실천 순서뿐 아니라 정상 사회과학에 관한 것이다. 치료자는 전문가로서, 과학으로부터 비롯되는 '지식'을 기반으로 작업을 한다. 이렇게 전문가로서의 지위는 치료자로 하여금 "가족이 그들의 어려움에 대해 어떻게 생각하는지를 넘어 '실제로' 무엇이 일어나고 있는지에 대해 특권을 가지고 접근할 수 있게 한다. 그래서 치료자가 변화의 대행자로서 증상의 상태나 원자료를 진단하거나 변형할 수 있는 위치에 있도록 한다"(Lowe, 1991, p. 42). 그리하여 치료과정은 논리적 실증주의와 경험주의의 전통과 일치한다.

1. 편견 없는 관찰을 해서 사실을 발견한다.
2. 그 사실들을 설명하기 위한 이론이나 가설을 만든다.
3. 그 이론으로부터 예측을 한다.
4. 또 다른 편견 없는 관찰을 함으로써 예측을 검증한다(Hayward, 1984, p. 65).

반대로, 포스트모더니스트들은 일반적으로 궁극적인 진실 탐구와 그에 수반되는 보편적 이론에 대한 서술을 확신하지 않는다. 그들은 이론이 발전한 역사적 맥락과 가치 맥락에 초점을 두며, 그러한 맥락 밖에서는 어떤 타당한 지식도 주장할 수 없다고 여긴다. 사실 문화역사학자인 Michel Foucault는 "객관적 진실을 나타내는 것과는 거리가 먼, 세계와 인류에 관한 설명이론들은 근본적으로 사회적 권력의 도구이며 본질적으로 제국주의적이라고까지 제안했다"(Doherty, 1991, p. 40).

문헌 고찰을 통해 우리는 포스트모더니즘 관점의 다음과 같은 특징들에 주목하게 되었다.

- 언어는 실재(reality)를 반영하거나 나타내기보다는 실재를 중재하거나 구성하는 것으로 보인다.
- 경험에 직접 접근할 가능성이 있는지 혹은 경험에 대한 직접 표현이 가능한지 의문스럽다.
- 총체화 담론은 그 담론이 권력관계에 대해 무엇을 놓치고 모호하게 하며 표현하는지에 눈을 돌리는 것에 대해 비판을 받고 있다.
- 과학으로서의 치료는 치료를 대화와 협력적 과정으로 보는 아이디어로 대체된다.
- 치료자들은 자신의 이론 형성에 스스로를 포함해야 함을 자각하고 있다.
- 가족이 이야기하는 가족문제의 내용은 치료적 대화의 초점을 제공한다.

포스트모더니즘 전통과 일치하는 방식으로 작업하는 가족치료자는 제2단계 사이버네틱스에서와 같이 참여자–관찰자로서의 특징을 갖는다. 그들은 치료를 치료자와 내담자 간의 협력과정으로 보는 구성주의자들이다. 치료자는 내담자가 치료에 가져오는 보편적 진실을 해체하는 데 내담자와 함께 참여하며, 내담자와 함께 새로운 이야기를 구성하는 데 협력한다. 어떤 의미에서 치료자는 이론 중심적이라기보다 내담자 중심적으로 더 많이 보일지 모른다(즉, 개인에게, 커플 간에, 가족 구성원들 간에 '실제로' 무엇이 일어나고 있는지에 대한 어떤 지각에 초점을 두기보다 내담자에게 더 많은 초점을 둔다.). 치료자는 (치료자의 이론에 따라) 개인, 커플, 가족이 어떻게 되어야 한다는 데 대한 어떤 정상적인 아이디어를 강요하려고 하지 않는다. 이론이 강제하는 어떤 문제도 '실제적'이지 않다. 그보다 치료는 치료자와 내담자 간의 대화 혹은 회귀적 무도(舞蹈)를 더 많이 닮았다.

가족치료의 학생이자 실천가인 여러분이 이 단락에서 제시하는 고전적이고 중요한 이론과 치료에 대해 분명하게 이해하는 것이 아주 필요하다고 생각한다. 많은 이론들이 처음 발전된 이후 세월이 흐르면서 진화하고 변화하였지만, 그 이론들의 영향은 보다 최근에 발전된 거의 모든 접근들에서 분명히 찾아볼 수 있다. 예를 들어, 정서 중심 치료에 대한 Satir의 영향(Johnson, 1996)이 인정되며, 성적 시련 접근(Schnarch, 1991)에 대한 Bowen의 공헌도 인정된다. 마찬가지로 해결 중심 접근(de Shazer, 1985)과 해결 지향 접근(O'Hanlon & Wilk, 1987)은 MRI 치료의 기본적인 아이디어에서 발전하였다. 여러분이 공부를 계속하면, 새로운 치료에 대한 가장 완전한 이해를 위해 그러한 치료들의 근본이 되는 주제들을 인식하고 이해할 수 있는 능력이 요구될 것이다. 그러므로 가족치료 분야와 현재의 실천가들이 서 있는 거인의 어깨를 인정함에 있어서, 제2부는 '모든 가족치료 학생들이 반드시 알아야 하는 것'이라 부를 수 있을 것이다. 따라서 정신역동적, 자연체계, 경험적, 구조적, 의사소통, 전략적, 행동적 접근이 소개될 것이고, 마찬가지로 반영팀, 해결 지향, 해결 중심, 이야기, 협력적 언어체계 접근도 소개될 것이다. 여러분들은 또한 이런 범주들에 일반적으로 속하는 오리지널 이론가와 임상가들에게도 익숙해질 것이다. 한편 특정 범주 안에서도 치료자들 간에 큰 차이가 있을 것이며 마찬가지로 다른 범주에 속한 사람들 간에도 많은 유사성이 있을 것임을 배우게 될 것이다. 오리지널 모델과 비교할 때 가장 크게 보이는 몇 가지 변화도 주목하게 될 것이다.

마지막으로 우리는 기껏해야 가족치료에 대한 이러한 일반적 접근들의 해석자에 불과하다는 점을 상기시키는 것이 중요하다고 생각한다. 이 책은 원저를 옮긴 2차 자료일 뿐 아니라, 2차 자료는 똑같은 이야기를 다르게 옮길 수 있는 것이다. 그러므로 여러분이 이 책에서 배운 것이 도움이 될지라도, 우리는 여러분이 다양한 이론가/치료자들과 그들의 접근들이 설명된 원저(原著)를 찾아서 여러분 스스로 경험해보기를 권한다. 또한 결국 가장 중요한 것은 여러분의 개인적인 가정과 일치하고 또 각 내담자 체계의 고유성에 민감한 치료이론을 여러분 스스로 발전시키는 것이라는 점을 말하고 싶다.

정신역동적 가족치료

학습 목표

- Boszormenyi-Nagy의 맥락적 가족치료와 대상관계 가족치료의 기본 개념/이론적 구념을 서술하고 비교한다.
- Boszormenyi-Nagy의 맥락적 가족치료와 대상관계 가족치료의 건강/정상성의 이론을 서술하고 비교한다.
- Boszormenyi-Nagy의 맥락적 가족치료와 대상관계 가족치료의 치료전략/개입을 서술하고 비교한다.
- Boszormenyi-Nagy의 맥락적 가족치료와 대상관계 가족치료의 체계이론적 일관성을 서술하고 비교한다.

정신역동적 가족치료에서는 체계이론적 사고와 정신역동적 심리학 또는 분석심리학이 혼합되어 있음을 알 수 있다. 이 접근은 흔히 다세대 치료 또는 확대가족 치료라고 부른다. 오래전 Murray Bowen(1976)은 다음과 같이 말하였다.

> 여러 이론과 치료를 모두 이용하는 대다수의 정신건강 전문가들은 여전히 정신분석학의 두 가지 기본 개념을 따르고 있다. 하나는 정서적 질병(emotional illness)은 타인과의 관계에서 발달된다는 것이다. 두 번째는 정서적 질병을 보편적으로 '치유(treatment)'하기 위해서는 치료관계가 중요하다는 점이다(p. 44).

정서적 질병은 타인과의 관계 속에서 쉽게 치료된다는 가정이 정서적 질병의 원인은 대인관계 차원을 포함하며 타인과의 관계 속에서 유지됨을 암시하고 있다는 점에서 Bowen의 관찰은 타당한 것 같다. 사실 Freud 이론은 은유적인 언어가 풍부한 정신분석 모델로서 가족관계의 역동을 서술한 것으로 볼 수 있다. 그러나 정신분석적 가족치료라고 말하는 것은 역설인 것 같다. 정신분석학은 개인에게 초점을 두며 정신 내적 영역에 관심을 둔다. 한편 가족치료는 관계에 초점을 두며 사회적 체계 영역에 관심을 둔다. 동시에, 이 두 영역의 차이는 대상관계이론이 연결할 수 있을 것이다(Nichols & Schwartz, 2004). 말하자면 과거 경험이 정신구조(혹은 자기와 타인에 대한 이미지)의 창조를 통해 현재 관계에 미치는 영향이 초점이다. 차이점은 정신분석학의 관점은 공상적인 대상에 대한 내면 세계를 더 많이 강조하고, 가족치료의 경우 외부 세계와 공상의 대상을 더 많이 강조한다는 점이다.

대상관계이론이 아직 완전히 확립되지는 않았지만, 많은 이론가들은 Freud의 기본 이론에 대충 들어맞는 그들 고유의 대상관계이론을 발전시켜 왔다. 이 이론가들은 대상관계이론을 구체화시키기 위하여 Freud가 만든 개념을 이용하기도 하고, 새로운 개념을 만들기도 하였다. 게다가 가족치료 운동의 수많은 연구자들, 예를 들면 Ackerman, Alger, Boszormenyi-Nagy, Bowen, Jackson, Lidz, Minuchin, Whitaker, Zwerling 등은 정신분석이론에 관한 교육을 받았다. 또한 많은 사람들이 자신의 모델을 개발할 때, 적어도 초기에 교육받은 정신분석학의 향기를 담고 있었다. 더욱이 보다 최근에 가족치료 분야로 진입한 대상관계 가족치료는 정신역동적 지향임을 공개적으로 인정한다.

정신역동적/정신분석적 가족치료는 내담자의 현재 가족관계에서나 내담자 생활의 일부분인 다른 인간관계에서 문제를 해결할 때, 발달 초기의 부모-자녀 관계에서 내재화된 무의식적인 대상관계를 정신 내적으로 탐색하고 해결할 필요가 있다고 가정한다. 또한 이러한 초기의 경험이 현재 대인관계상의 어려움에 영향을 미치며, 이 어려움의 성격을 설명한다고 가정한다. 그래서 정신역동적 가족치료는 흔히 개인을 대상으로 하는 치료이며, 내담자가 자신의 원가족에서 가져온 문제를 다룰 수 있도록 돕는 데 초점을 둔다. 정신역동적 치료는 가족보다 개인에게 초점을 둠으로써, 개인이 성장하고 더 성숙하도록 돕는 데 관심을 둔다. 치료 시 해석이 필요할 때는 흔히 Freud 심리학의 다양한 개념을 이용한다.

정신역동적 가족치료를 설명하기 위해서 선택할 수 있는 모델은 많다. 이 책에서 다루는 모델은 Ivan Boszormenyi-Nagy가 개발한 모델이다. 이 책에서 논의되는 모든 모델과 더불어, 이 두 사람은 가족치료 분야의 발전에 있어서 제1세대 이론가로 여겨진다. Nagy('Naahge'라고 발음됨)는 모두 정신분석이론을 기초로 세대 간 관계에 초점을 두지만, 대인관계 현상을 포함하여 몇몇 개념을 만드는 데 있어서 차이를 보인다. Nagy의 맥락적 가족치료 외에도 개인적 관점과 체계이론적 관점을 통합하기 위한 명백한 시도인 대상관계 가족치료에 대해서도 간략히 고찰할 것이다.

Ivan Boszormenyi-Nagy

2007년에 사망한 Ivan Boszormenyi-Nagy의 맥락적(contextual) 가족치료에서는 정신 내적 차원뿐 아니라 대인관계 과정에도 초점을 맞추었다는 기묘함을 찾아볼 수 있다. 정신분석적 전통에 대한 Nagy의 배경은 그의 이론에서 증명되며, 그가 서술하는 치료는 일반적으로 정신분석치료보다 훨씬 더 활동적이다. 그의 접근은 정신 내적인 것과 대인관계적인 것을 모두 다루면서, 세대에서 세대로 전수되는 전통을 통해 생활의 연속성을 깨닫게 한다. 흥미롭게도 그의 이론은 치료자가 내담자로 하여금 성격(이는 맥락과는 상관이 없다.)에 초점을 두도록 할 뿐 아니라 사람들을 맥락 안에서 보도록 도와야 한다고 제안하는데, 이것이 더욱 포괄적이고 공평한 이해를 도모한다고 여겨진다. 말하자면 다음과 같다.

> 우리는 관계 윤리가 신뢰와 믿음을 통해 가족과 사회관계를 함께 묶을 수 있는 기본적인 동력이라고 생각한다. 다면적 논리에 의하면 사람들 간 공평성의 균형은 관계 현상의 가장 깊고 포괄적인 '무리(cluster)'이다. 이것이 바로 '맥락적 치료'라는 용어가 적용되는 맥락이다(Boszormenyi-Nagy, Grunebaum, & Ulrich, 1991, p. 204).

Nagy에게 있어서 맥락을 떠나 사람을 판단하는 것은 정당하지 못하다. 왜냐하면 사람들은 좋거나 나쁜 것이 아니고, 성인이나 죄인도 아니기 때문인데, 이렇게 말하는 것은 사람들에 대한 우리의 환상이라고 본다. 사람들은 현재 있는 그대로의 자기이며, 원가족으로부터 물려받은 유산을 포함하는 상황 속에서 그들이 할 수 있는 최선을 다한다. 이렇게 말하는 것은 한 사람이 고집이 세거나 사악하게 보이는 것은 전적으로 그 사람 책임이라는 것을 일상적으로 너그럽게 봐주는 것과는 다르다. 이것은 바로 이해다. 도덕성과 맥락에 기초한 판단에 초점을 둠과 동시에 그렇다.

■ 기본 개념/이론적 구념

맥락적 치료에서 Nagy는 새로운 가족은 백지판(tabula rosa)으로 시작하지는 않는다고 주장한다. 각 배우자는 새로 시작하는 결혼생활에 이전 세대 가족의 전통을 가져온다. Nagy에 의하면 사람은 자신이 '근본적으로 뿌리를 두고 있는' 맥락을 벗어날 수 없다. 새로운 가족관계의 성격은 여러 세대에 걸쳐 지속되는 **보이지 않는 충성심**(invisible loyalty)에 달려있을 것이다. 보이지 않는 충성심은 흔히 무의식적이며, 각 배우자의 원가족에 대한 그리고 그 부모의 원가족, 그 조부모의 원가족 등에 대한 일종의 유대감이다. 그래서 "수없이 많은 이전 세대의 분투는 현재 핵가족의 구조 안에 살아있다"(Boszormenyi-Nagy &Ulrich, 1981, p. 162).

Nagy는 인간의 근본적인 존재적 관심은 관계의 **공평함**(fairness)에 있다고 가정한다. 이것을 **관계 윤리**(relational ethics)라고 말하며, 이는 공평성의 의미를 바탕으로 한다. 따라서 사람은 자신의 행복이 모든 사람에게 공평한 맥락에서 고려되고 존중될 것임을 기대할 권리가 있다. 그래서 만약 현재 부부가 된 각 배우자가 자신의 원가족에서 높은 공평성을 경험하였다면, 이들은 **빚과 권리의 균형 장부**(balanced ledger of indebtedness and entitlement)를 새로운 결혼생활에 가져온다. 그러므로 이들은 각 가족원의 행복에 대한 관심을 바탕으로 해서 새로운 가정을 이룰 수 있다. 사실 빚 장부는 무엇이, 어느 정도로, 누구에게 주어졌는지를 나타낸다. 이것은 대인관계 회계장부이다.

이 장부에는 두 가지 윤리적 구성요소가 있다. 첫 번째 구성요소는 유산(legacy)이라고 불리는데, 이는 아동이 부모로부터 태어나서 가족 안에서 부여되는 사회적 역할을 맡음으로써 획득하게 된다. 예를 들면 다음과 같다.

어떤 가족의 유산에 의하면, 아들은 인정을 받을 자격이 있고, 딸은 부끄러움을 당할 자격만 있을 수 있다. 그래서 유산은 딸과 아들에게 완전히 불공평하게 넘어간다…. 아동은 윤리적으로 자기 유산에 어느 정도 생활을 맞출 의무가 있다(Boszormenyi-Nagy & Ulrich, 1981, p. 163).

유산이라는 구성요소는 일종의 운명이며, 원가족에서 획득한 역할을 자기가 이룬 새 가족에서 계속 수행하는 것이다. "유산의 이행에 대한 대가는 배운 방식대로만 가능하다"(Piercy, Sprenkle, Wetchler, & Associates, 1996, p. 35). 가령 매를 맞아본 아이가 이후에 자기의 아이를 때릴 것이다.

두 번째 윤리적 구성요소는 "타인의 행복을 위한 공헌(contribution to the welfare of the other)"(Boszormenyi-Nagy & Ulrich, 1981, p. 163)으로, 개인이 쌓은 공적에 관한 기록이다. 이 기록은 한 사람이 부모나 자녀로서 마땅히 행해야 할 것 그리고 그의 공적과 가치로움을 합한 것이다.

우리들 각각은 원가족으로부터 장부를 가지고 온다. 우리는 허공에서 사는 것이 아니고 완전히 새로운 출발을 하는 것도 아니다. 사실 빚과 권리의 장부가 불균형을 이룰 때 새로운 출발을 시도하게 된다. 또는 이것은 의식적으로든 무의식적으로든 실제로 빚과 권리에 문제가 있음을 가정하는 것이다. 균형을 이룬 장부는 사람들을 자유롭게 하며, 사람들이 지나친 충성심 없이 새로운 가족을 형성하게 하고, 상대방의 욕구를 고려하게 하며, 공적을 얻고, 빚을 돌려받게 한다.

빚과 권리의 문제에 부딪쳐서 그 문제가 효율적으로 다루어지면, 그 관계는 '신뢰할 수 있게(trustworthy)' 된다. 관계를 상호적으로 신뢰할 수 있는 것은 가족관계와 사회관계의 기본 요소이다. 그래서 관계 윤리는 치료자에 의해 부과되는 일련의 윤리적 기준이나 도덕적 선호와는 아무런 관련이 없다. 관계 윤리는 가족의 역동성과 가족 내에서 다른 사람의 행복에 관심을 두며, 또 다른 가족원의 행복을 고려하는 정도와 관련이 있다.

빚과 권리의 장부는 가족 구성원 각자가 가지고 있다. 한 사람은 공적으로, 즉 타인의 행복에 대한 고려로 빚을 지며, 이 빚은 빚을 진 사람에게만 갚을 수 있다. 그래서 "관계 윤리는 어떤 것으로도 정당하게 대체될 수 없다"(Boszormenyi-Nagy & Ulrich, 1981, p. 160). 그러므로 만약 한 사람이 공적을 쌓아서 빚을 지급받으려 한다면, 이는 빚을 소유하고 있는 사람으로부터만 받을 수 있다. 이러한 구분은 이 이론에서 매우 중요하다. 왜냐하면 새로운 결혼생활에서 부부가 자기의 원가족에 빚을 지고 있다면, 이 빚을 자기 배우자로부터 받으려 하는 것은 부당하기 때문이다. 예를 들면, 아내의 부모가 아내에게 친절하지 못하였다는 빚을 졌는데, 남편이 그 빚을 갚으려 한다면, 그 빚은 만족스럽지 않을뿐더러 남편은 권리를 얻었다고 느낄지 모르나, 아내는 남편이 그럴 만한 자격도 없는 권리를 얻었다고 느낄 것이다. 그래서 이들의 관계에서 빚과 권리 장부는 균형을 잃게 된다. 남편이 이 빚을 돌려받으려 하면 아내가 "무슨 빚?" 하면서 저항할지도 모른다. 이 경우에 남편은 아내의 자산에 근거하였으나 남편 자신이 갚을 책임이 없는 빚을 갚으려 하였던 것이다.

Boszormenyi-Nagy와 Ulrich(1981)는 빚과 권리의 상대적인 균형을 경험하는 것은 매우 주관적이며, 어떤 가족원도 혼자서는 빚과 권리 장부가 균형을 이루고 있는지 여부를 판단할 수 없다고 하였다. 이는 "다각적으로 고려된 정의(justice)의 '객관적'인 균형"(p. 164)을 필요로 하는데, 이는 협상을 통해서 이루어진다.

이 이론의 또 하나의 중요한 일부분은 가족 내에서 자녀의 역할을 언급하는 것이다. 따라서 부모-자녀 관계는 비대칭적으로 간주된다. 예를 들면, 아직 어린 자녀는 자연히 빚보다 권리를 더 많이 가지고 있다. 이것은 당연히 필요한 불균형이며, 자녀의 유년기 동안 자녀로부터 돌려받는 것 없이 공적을 쌓는 부모의 책임을 나타낸다. 그러나 자녀가 성인기로 접어듦에 따라 빚과 권리 간의 윤리적 균형은 점점 더 적합해진다.

그러나 부모는 자녀가 유년기 동안 진 빚을 공평하게 돌려받기를 기대할 수 없다. 부모는 이러한 공로를 마땅히 받아야 하지만, 정당하게 돌려받기를 기대할 수는 없다. 더구나 초기의 이런 공로를 청소년이나 청년이 된 자녀에게 받으려 하면 문제가 될 수 있을 것이다. 자녀에게는 발달단계와 실행의무 능력에 맞게 빚과 권리가 일치한 장부를 유지하도록 기대할 수 있다. 사실 자녀가 성숙함에 따라, 부모는 점점 더 권리를 증가시킬 수 있다. 부모가 자녀의 성숙 정도에 맞는 권리를 기대하는 것이 중요하다.

그래서 자녀에 관한 빚과 권리 장부는 자녀의 상환 능력과 밀접한 관계가 있다. 제 시기가 되기도 전에 자녀에게 빚을 지우는 것은 자녀의 발달에 문제가 된다. 그러한 시도는 예금통장에 돈이 있기도 전에 그 통장에서 돈을 청구하는 것으로 비유할 수 있다. 또한 이러한 시도는 자녀의 실제 나이보다 나이를 더 먹으라고 자녀에게 요구하는 형태 또는 원가족이나 남편(또는 아내)에게 진 빚을 자녀에게 투사하는 형태를 취할 수 있다. 이 경우에 생길 수 있는 잠재적인 위험은 자녀의 신뢰 자원이 없어지는 것이다. 신뢰할 수 있음은 빚과 권리 장부 그리고 타인이 한 사람의 행복에 관심을 두는 경험과 관계가 있다. 그래서 계속 대물림될 수도 있는 증상행동이 이러한 조건하에서 나타날 수 있다.

Nagy에게 가장 문제가 되는 경우 가운데 하나는 아버지(또는 어머니)가 자녀에게 어머니(또는 아버지)에 대한 충성심을 희생하고 자기에게만 충성할 것을 요구하는 것이다. 이것은 **분열된 충성심**(split filial loyalty)이라고 부른다. 단순한 형태의 분열된 충성심으로는 (1) 어머니가 자녀에게 아버지를 설명해주는 경우, (2) 남편(또는 아내)이 자녀에게 아내(또는 남편)에 관해 불평하는 경우, (3) 부모 간에 성관계가 없는 경우 자녀가 성적 충동의 대체물이 되는 경우이다. 더욱 심각한 형태의 분열된 충성심은 부모와 조부모가 부모 중 한 편을 반대하는 데 자녀가 개입하도록 기대할 때 발생한다. 자녀는 부모 중 어느 편에 대한 충성심도 포기할 수 없으므로 무관심한 태도를 보일 것이다. 자녀의 이러한 자세는 충성심에 균형을 이루려는 한 가지 방법이다. 이는 삼각관계를 경험하고 있는 것이다. 더구나 "난 상관하지 않아요."라는 태도는 성인 자녀가 받은 유산의 일부분이 될 수 있는데, 이는 자신의 가족에게로 전수된다. 충성심은 보이지 않는 충성심이다. 이는 보편적이며 "중추적인 관계적 역학"(Boszormenyi-Nagy & Ulrich, 1981, p. 166)이다.

회전판(revolving slate)은 좋든 나쁘든 "헛된 노력에도 불구하고 패턴이 한 세대에서 다음 세대로 반복될 것"(Boszormenyi-Nagy & Ulrich, 1981, p. 166)임을 나타낸다. 앞서 주목하였듯이, 한 사람이 "그렇게 하지 않는 것은 자기 존재의 뿌리에서 벗어나는 것일 수 있다"(p. 167). 어느 정도 의식하고 있는 상태에서는 사람들이 자기의 유산에 대항할 수 있지만, 무의식적으로는 언제나 유산에 구속되어 있을 것이다. 사람들은 스스로 유산에 충성하고 있다는 점에서 실제로는 죄책감을 거의 느끼지 못할 것이다. 이러한 무의식적 유산을 의식적으로 초월함으로써 느끼는 만족감은 아마도 사람이 뭔가 다른 배우자나 어머니 또는 아버지가 되어야 한다는 실존적 죄책감에 근거하고 있는데, 이는 충성심에서 나온 죄책감에 의해 위태롭게 된다. 사실 Nagy는 역기능적인 결혼과 가족의 중심 문제는 회전판이라고 생각한다. 침체된 가족의 성인 자녀는 자기와 배우자, 자녀 및 중요한 타인과의 관계에서 무엇이 공정한지를 계속 가늠하는 일에서 손을 뗄 것이다.

따라서 맥락적 가족치료의 기본 이론에 의하면 다각적인 관심과 실행해야 할 의무에서 벗어남으로써 신뢰할 수 있는 관계가 무너지는 것은 증상 발달을 준비하는 것이다(Boszormenyi-Nagy & Ulrich, 1981). 증상은 여러 형태를 취할 수 있고 IP(Identified Patient, 확인된 환자)에게서 명확하게 나타난다. 그러나 이들은 '미쳤다'거나 '나쁘다'는 부류에 반드시 국한되지는 않는다. 그보다도 이 자녀는 지나치게 착하거나, 매우 희생적이며, 관심이 많거나 또는 부모 역할을 할 수 있다. 사실 충성심, 유산, 장부의 균형이라는 이슈는 모든 사람에게 영향을 미친다.

■ 건강/정상성의 이론

잘 기능하는 가족의 주요 특징은 위에서 설명한 기본 개념으로부터 유추할 수 있다. 이 특징은 공평함, 융통성, 다각적 관심, 불균형을 협상할 수 있는 능력 그리고 살아있다는 의미가 있어서 침체감이 거의 없는 상태를 포함한다. 또한 가족과정에 대한 부모의 책임을 믿고 의지한다. 장부의 균형을 맞추기 위해 상황적인 불균형을 인식하고자 노력한다. 개인적 책임의 증대, 다시 말해 자신의 행동에 책임을 질 권리를 가지는 만큼 개인의 욕구가 고려된다면 그 관계는 신뢰할만하다. 어느 가족원도 혜택을 받지 못하거나 지나친 혜택을 받아서도 안 된다. 그렇게 되면 하나의 분리된 개체가 되기 위한 각 개인의 능력이 손상될 것이다. 동시에 자율과 분리는 친밀감을 부정하는 것이 아니다. 왜냐하면 관계적인 윤리가 없는 자율이란 실제로 없기 때문이다.

더욱이 가족생활주기에 따라서도 변화가 협상된다. 가족생활주기에 따라 충성을 다해야 할 대상이 바뀌어야 한다고 인식하며, 또 이러한 필요성은 존중된다. 장부의 균형을 맞추기 위하여 개방적이고 정직한 노력을 한다. 사실 "장부의 균형을 맞추기 위하여 어떠한 정직한 노력도 기울이지 않는다면, 애정, 따뜻함, 친밀감 등의 능력은 보존될 수 없다는 것이 맥락적 치료의 본질적인 생각이다"(Boszormenyi-Nagy & Ulrich, 1981, p. 171). 만약 부모가 공평하고 책임감이 있다면, 자녀가 충성심을 갖게 되고, 따라서 자녀는 공평함과 책임감이라는 유산을 물려받는다.

■ 치료전략/개입

맥락적 가족치료의 목적은 가족원들이 재연합하는 행동을 취하도록 도와주는 것이다. 또는 관계를 통합시키도록 하고, 관계에 전념하도록 하며, 공평한 균형을 이루도록 하는 것이다. 치료과정을 통하여 가족원들은 서로에게 솔직하게 응하여 각자 가지고 있는 신뢰할 만한 정보를 줌으로써 신뢰를 쌓기 시작하는 것이 이상적이다. 가족은 자기 이익만 챙기는 태도로부터 다각적인 이해관계를 고려하는 태도로 변화할 것이다. 다각적인 이해관계를 통해서만이 개인의 이익이 만족될 수 있을 것이다. 그래서 치료목표는 윤리적 합류(ethical joining)이다.

치료자는 모든 구성원이 다각적인 관점을 설명할 수 있도록 한다. 각 가족원은 자신의 입장을 가지고 있다. 그러나 각 가족원은 또한 다른 가족원의 입장을 이해할 책임이 있다. 각 개인은 자신의 입장만을 주장한다. 각 개인에 대한 낱낱의 정보를 가지고서 상대방이 만일 그 자리에 없다면 상대방에 대한 이해를 도모시키는 것이 치료자의 몫이다. 상대방이 그 자리에 있다면, 치료자는 그 사람의 입장을 조사한다.

치료 시 원래의 역사적 맥락, 즉 현재 가족 상황의 관계적 근원에 관심을 둔다. 내담자는 각 문제를 다른 측면에서 봐야 하고 상대방의 입장을 살펴야 한다. 솔직한 진술이 필요하며, 우선 상대방의 입장을 이해하도록 하는 데 믿을 만한 정보가 투입되면 이를 신뢰의 발단으로 간주한다. 치료자는 자신에게 도움이 되는 각 개인의 노력과 관계에 도움이 되는 연합적 노력을 지원한다.

치료작업은 가족원들의 몫이며, 모든 가족원은 다각적인 관점에 대한 책임을 진다. Nagy

는 이것을 "자기와 타인 모두를 '책임질 수 있음을 연습'하는 것"(Boszormenyi-Nagy & Ulrich, 1981, p. 174)이라고 말한다. 각 개인이 발전하는 모습은 자신의 전반적인 생활 상황의 어려움을 포함한다. 이러한 모습으로 인하여 개인이 책임을 면할 수는 없지만, 다른 사람이 괴물이라는 생각을 하지는 않게 된다. 치료작업은 윤리적 합류라는 목적을 달성하기 위하여 구체성, 도전, 관심과 호기심을 필요로 한다. 사실 각 가족원은 다른 가족원에 대한 편견을 제쳐 두고, 어느 정도 개방적으로 각 관계에 접근하도록 배울 필요가 있다.

이러한 노력은 핵가족 안에서 일어나며, 때로는 원가족으로 다시 돌아가서 관계에 대한 탐색을 재개하기도 한다. 그러나 핵가족 안에서의 교섭과 원가족 가족원들과의 교섭이 모두 성공적이지는 않을 것이다. 여러 가지 다른 접근이 시도되어야 할 수도 있다. 이러한 교섭이 실패할 때, 치료자의 지원이 필요하다. 그래서 치료자는 내담자가 실패 후에 일어설 수 있고 새로운 대안행동을 할 수 있는 힘을 비축하도록 도울 수 있다.

처음에 치료자는 부드러운 노력을 기울일 것인데, 이는 다각적인 관점의 탐색에 대한 호기심과 관심을 기초로 치료를 시작하기 때문이다. 그러나 일단 신뢰가 확립되면, 치료자는 더욱 대항적일 것이다. 치료자는 맥락적 치료의 기본 규칙을 확신하며, 치료과정에서 내담자가 더 긍정적인 태도를 보이게 될 것이라고 믿는다. 그래서 내담자는 침체에서 벗어나고 자기 이익을 높이는 것과는 완전히 다른 재개입(reengagement)과 재연합이 가치 있음을 알게 될 것이다.

맥락적 가족치료는 시간을 제한하지 않는다. 치료는 몇 주 또는 1~2년이 걸릴 수도 있다. 가족은 재연합한다는 목표를 위해 자체적으로 치료의 속도를 결정한다. 이론적으로 치료가 종결되는 이상적인 시점은 가족원들이 충분히 신뢰감을 쌓을 만큼 변화되어 자체적으로 재균형을 이루려는 노력을 계속할 때이다. 그러나 이러한 결정은 가족이 한다. 어떤 가족은 증상이 멈출 때 치료를 그만둔다. 증상이 멈추어도 치료를 계속 받고자 하는 가족도 있다. 맥락적 가족치료 이론은 미래의 자녀가족에 관심을 기울인다. 이것은 이상적으로 가족이 자기 이익과 타인의 이익 간에 균형체계를 회복할 것이라는 사실을 의미한다. 다른 말로 표현하면, 재연합하는 노력은 다음 세대의 가족이 현재와는 다른 충성심, 유산과 장부를 가지게 될 시점까지 계속될 것이다.

자녀를 위하여 치료자는 제시된 문제가 부부문제일 때에도 자녀를 치료에 참여시킨다. 왜냐하면 부모됨은 부부관계의 중요한 일부분이기 때문이다. 더구나 치료자는 자녀가 치료의 일부분이 되어야 한다는 기대를 분명하게 해준다. 자녀는 부부문제에 영향을 받지 않을 수 없다. 부부갈등이 있는 상황에서 분열된 충성심은 공통된 문제이므로, 자녀의 장부가 균형을 잘 이루지 못할 가능성이 매우 높다. 자녀와 후대 자녀의 이익이 우선적으로 높이 고려되며, 치료자는 윤리적 원칙을 갖출 필요가 있다. 자녀가 치료에 포함되고 개방적인 표현과 다방면적인 시각을 경험하기 시작함에 따라, 자녀는 가족 내의 관계들을 신뢰하기 시작한다. 게다가 자녀들은 부모가 도움을 받는 것을 보게 될 때, 결혼생활에 대해 느꼈을 수도 있는 비난을 덜게 될 수 있다.

맥락적 치료의 관점에서 개인치료와 가족치료를 구별하는 문제는 존재하지 않는다. 왜냐하면 가족치료와 동일한 틀에서 행해지기 때문이다. 치료대상이 한 사람이든 많은 사람이든, 치료자의 일은 "모든 사람의 권리와 의무를 위해 다방면에서 융통성 있게, 순서대로 한 사람씩 편을 들어주는 원칙을 적용하는 것이다"(Boszormenyi-Nagy & Ulrich, 1981, p. 176).

그러므로 맥락적 치료는 모든 가족원들이 서로의 태도와 행동에 영향을 받는다고 가정한다. 그뿐 아니라 치료자가 이러한 영향을 깨닫는 것은 윤리적인 의무이다. 치료자는 이미 사망한 가족원은 물론 다세대의 확대가족을 포함하여 관계적 맥락에 있는 모든 사람의 변호자이다. 치료자는 편파적이지 않다. 치료자는 '다방면에서 편파적'으로, 똑같은 정도의 감정이입과 관심을 가지고 각 가족원의 말을 들어준다. 한 사람 한 사람의 편을 들어줌으로써 치료자는 각자가 상대방에게 납득이 될 수 있도록 한다.

치료자는 처방을 내리지 않으며, 역할을 재구조하지 않을 뿐 아니라 재구성(reframe)도 하지 않는다. 재구성은 흔히 어떤 사람을 좋은 입장에 놓게 하려는 시도인데, 따라서 재구성은 처방적인 것으로 간주된다. 그보다도 치료자는 가족원들이 자신에 대해서는 물론이고 다른 가족원의 입장에 대해서 생각해보도록 한다. 깊은 상처를 느끼고 그 상처 때문에 다른 사람을 비난하는 것은 내담자가 상대방의 이익과 입장을 생각해보는 것을 어렵게 만든다. 그러므로 치료자는 한 사람에게만 치우치지 않게 신중하게 '편을 들고', 그래서 사람들이 깊은 상처가 있더라도 진전을 보일 수 있도록 한다.

맥락적 치료에서 저항은 고전적 의미의 저항이라는 용어를 의미하지 않는다. 맥락적 치료 모델에서 사용되는 의미의 저항은 보이지 않는 충성심, 유산의 보존 그리고 분열된 충성심을 나타낸다. 이러한 저항은 해석되거나 무시되는 것이 아니다. 저항은 윤리적 문제로 간주된다. 다방면에서 편을 들어주는 치료자는 내담자를 지원하고, 동시에 내담자가 이러한 문제에 직면하도록 지시한다. 불안은 정상적이며 기대되는 반응이다. 불안을 초월한 변화는 신뢰를 가꾸고 회복하는 첫걸음이 될 수 있다.

■ 체계이론적 일관성

Nagy의 맥락적 가족치료도 분명히 관계에 초점을 두고 관계를 의식하지만, 체계이론적 일관성 면에서 몇 가지 어려움이 있다. 정신역동에 뿌리를 두고 있으므로 증상이 가족의 맥락 안에 뿌리를 두고 있다고 이해되기는 하지만, 병리의 원인은 모두 선형적 모델에 따라 정의한다.

맥락적 가족치료가 세대에 걸쳐 패턴이 반복됨을 알고 있고, 공평성, 융통성, 충성심과 부모의 책임이라는 견지에서 가족을 설명하는 것은 과정에 초점을 두고 있다는 것인데, 이는 체계이론적 관점과 일치한다. 그러나 가족은 어떤 일정한 방식대로 존재해야 한다는 가정과 서술자의 역할을 무시한 채 병리가 서술되는 점은 제2단계 사이버네틱스와 불일치한다. 마찬가지로, 가족을 '치료'한다는 생각은 제1단계 사이버네틱스 차원에서만 가능하다. 따라서 위의 두 가지 논점에서 볼 때, 블랙박스+관찰자 은유가 맥락적 치료모델을 적절하게 묘사한 것이라고 할 수 있다.

Nagy는 회귀와 피드백이라는 사이버네틱스의 기본 특징을 분명하게든 함축적으로든 언급하고 있지 않다. 그래서 맥락적 가족치료는 제2단계 사이버네틱스 관점과 일치하지 않는다. 그럼에도 불구하고 제1단계 사이버네틱스 이론과 마찬가지로, 이 실용적인 접근이 유용한 지도는 제공할 수 있지만 아마 지형은 명확하게 나타내지 못할 것을 감안하고 치료에 적용할 때, 치료의 성공에 도움이 될 수 있을 것이다.

제2단계 사이버네틱스/포스트모더니즘 관점에서의 질문과 성찰

1. 나는 내담자를 병리적으로 보는 것을 피하면서 맥락적 가족치료에 어떻게 활용할 수 있는가?
2. 내가 치료맥락에 있다는 것이 내가 받는 정보와 내가 내담자 체계에 관해 추측하고 있는 패턴에 어떤 영향을 미치는지 궁금하다.
3. 가족과 치료에 관한 Nagy 이야기의 렌즈를 통해 분명하지 않은 것에 대해 민감하게 주의를 기울여야 하는 다른 종류의 이슈가 있는가?
4. '보이지 않는 충성심'이라는 용어가 가리키는 과정을 이야기할 수 있는 또 다른 방법이 있는지 궁금하다.
5. 관계 윤리 이외에 고려할 필요가 있는 또 다른 맥락적 변인은 무엇인가?
6. 내담자 체계가 건강과 정상성을 어떻게 정의할지 궁금하다.

대상관계 가족치료

대상관계 가족치료(object relation family therapy)는 개인의 내면세계, 대인관계 이론, 치료 간의 관련성을 찾고자 하는 접근법이다(Slipp, 1984, 1988). 이와 관련하여 완전히 통합된 이론은 존재하지 않지만, 이 접근은 다음과 같이 설명할 수 있다.

경청하기, 무의식적으로 반응하기, 해석하기, 통찰력 발달시키기, 이해와 성장을 위한 전이와 역전이는 정신분석적 원리에서 파생되었다. 이 접근에서는 가족을 여러 개인들이 모인 집합체라는 개념으로 보지 않고, 가족 구성원 개인의 특성에 적합한 방식으로 기능하는 일련의 관계들이 포함된 체계로서 가족을 이해한다(Scharff & Scharff, 1987, p. 3).

제6장 _ 정신역동적 가족치료 **161**

대상관계 가족치료의 대표적인 인물로 Samuel Slipp, David Scharff와 Jill Savege Scharff를 꼽을 수 있다.

대상관계이론은 Freud의 영향을 받아 발달하였다. Freud는 내담자로 하여금 '상실한' 사람들의 이미지를 내면화시키고, 이를 떠올리게 하여 그것이 마치 실제 사람인 것처럼 여기도록 한 뒤에, 이로부터 벗어나 지속적으로 만족을 추구하도록 하는 방법에 대해 설명하였다(Hamilton, 1989). 대상관계는 Ferenczi, Klein, Fairbairn, Balint, Bion, Winnicott, Guntrip, Dicks, Kernberg, Mahler, Kohut, Sullivan과 같은 이론가들에 의해 강조되었으며, 정신분석 분야에서 시작되고 발달되어 왔다(Friedman, 1980; Hamilton, 1989; Kilpatrick & Kilpatrick, 1991). 대상관계 관점에서는 "현재 대인관계에서 경험하는 문제에 대해 역동적이고 개인사적인 이유들"을 찾고자 한다(Friedman, 1980, p. 63). 다시 말해 대상관계이론은 개인이 성장과정에서 그들을 둘러싼 사람들과 형성해온 관계방식과 깊이 관련되어 있다고 할 수 있다(Hamilton, 1989).

대상관계 가족치료에서 개인 내적 · 대인관계적 수준은 지속적이고 역동적인 상호작용 관계 안에서 결정된다고 본다. 하지만 현재 개인이 경험하고 있는 대인관계 문제에 대한 해결책은 발달 초기, 부모와 자녀 간의 상호작용에 기초하여 내면화된 대상관계를 바탕으로 형성된 개인의 내적 세계를 탐색함으로써 도출할 수 있다. 과거의 경험은 현재 경험하고 있는 문제들에 대한 답을 제공한다(Klipatrick & Kilpatrick, 1991). 따라서 대상관계 가족치료 접근에 대한 이해와 이를 바탕으로 이루어지는 작업의 핵심적 요소는 대상관계이론에서 추구하는 가치와 매우 유사하다고 할 수 있다.

■ 기본 개념/이론적 구념

가장 대표적인 발달적 · 심리학적 메커니즘으로서의 분열(splitting)은 현대 대상관계이론의 근저를 이루고 있다. 실제로 분열의 해결을 통해 이루어지는 대상관계의 성취는 목표를 달성하는 정상적인 발달과정에서 이루어지는 개인의 성장과 성숙에 있어 핵심적인 부분이다(Hamilton, 1989). 이 개념에 따르면 아동은 나이와 발달단계에 맞게 긍정적 혹은 부정적 양상으로 내적 세계를 분리시킨다. 분열은 유아가 엄마와의 관계에서 금지되거나 위험수위를 넘나드는 즐거움과 같은 측면들을 자신으로부터 분리시키고, 대상과 다른 부분을 내적 관계로부터 분리시킴으로써 엄마와의 만족스러운 관계를 보존시키고자 하는 시도에서 비롯된다.

자폐증은 그 정도에 따라 차이가 존재하기는 하지만 대체로 불완전한 심리적 작동체계(insulation)를 가지고 태어나는 것을 말한다. 약 8주차가 되면 유아는 공생적 관계에 있는 엄마와 함께 통합적인 하나의 온전한 개체로서의 경험을 바탕으로 공생(symbiosis)하게 된다. 생후 6개월이 되면 분리/개별화 과정이 시작되는데, 이 과정은 분화기, 연습기, 화해기

(rapprochement), 대상 항상성을 포함하는 4단계로 이루어져 있다. 분화는 아동이 엄마를 비롯한 다른 사람들의 특성들을 탐색하기 위한 신체적·정신 내적 능력을 획득해나가는 과정에서 일어난다. 연습기(10~16개월)는 기동성 향상으로 아동이 매우 활동적이고 의기양양해지며, 자신의 세계를 탐색하기 시작하는 단계이다. 화해기는 생후 16~24개월에 해당하는 단계로, 이때 아동들은 세상을 탐색하는 데 필요한 에너지의 재충전을 위해 엄마를 떠났다가 다시 돌아가는 행위를 반복하면서 자신이 갖고 있는 취약성과 분리에 대해 보다 확장된 인식을 갖게 된다(Mahler, Pine, & Bergman, 1975). 이 과정에서 양육 또는 박탈을 통해 세상을 모두 좋거나(all-good) 모두 나쁜 것(all-bad)으로 양분하고자 하는 아동의 시도가 증가하게 되는데, 이때 분열은 지배적인 방어기제와 분리/개별화 과정의 중요한 국면이 된다(Hamilton, 1989; Mahler et al., 1975). 대상 항상성은 아동이 부모와 분리되어 있는 경우에도 부모와 자신의 관련성을 인식하는 것으로서, 아동은 대체로 부모와의 관계에 만족을 느끼지만 원하지 않는 형태로 나타날 수도 있음을 깨닫게 되는데, 이러한 의식은 생후 24~36개월경에 형성된다(Hamilton, 1989). 근본적으로 애정과 파괴적 충동성은 투사되는 것이 아니라 소유되는 것이며, 자아와 대상은 분리되어 있지만 또한 서로 관련되어 있는 것으로 볼 수 있다는 측면에서 온전한 대상관계성이 성립된다.

자신과 중요한 타인들 간의 관계를 내면화하는 과정은 내사(introjection)라는 개념으로 설명되어 왔다. 이는 부모와 아동 간의 상호작용을 전체적으로 아우르는 의미로 사용되어 왔으며, "비교적 미숙한 단계에서 시작하여 점차 정교한 수준으로 발전해가는 아동의 성장과정에서 대상관계를 내면화하는 가장 빠르고 주요한 방법"으로 여겨져 왔다(Kilpatrick & Kilpatrick, 1991, p. 216).

투사적 동일시(projective identification) 개념에 따르면, "개인은 자신의 한 측면을 특정 대상에게 투사하고, 타인에게 투사한 요소들과 자신을 동일시하면서 대상을 통제하고자 한다" (Hamilton, 1989, p. 1554). 비록 투사적 동일시가 무의식적 방어기제이지만, 이는 다른 사람으로 하여금 자신이 투사한 정서 및 태도와 일치하는 방식으로 행동하도록 영향을 미치기 때문에 상호작용적 과정 또한 포함하고 있다. 담합이란 다른 사람들, 즉 투사적 행위를 보이는 사람들의 움직임에 동참함을 의미한다. 또한 전이, 전가, 공생, 가족 투사 과정은 모두 투사적 동일시와 담합이라는 주제가 변이된 형태라 할 수 있다(Kilpatrick & Kilpatrick, 1991).

Winnicott은 안아주는 환경과 이행대상(transitional object)의 개념에 대하여 소개했다 (Hamilton, 1989). 안아주는 환경(holding environment)은 훌륭한 양육의 개념과 관련되어 있으며, 온전한 대상관계의 형성을 촉진시키기 위해 분리보다는 접촉에 대한 욕구를 강조한다. 즉, 아동은 자신을 안아주고 달래주는 부모의 역할을 내면화하고 나면 부모로부터의 분리도 자연스럽게 받아들일 수 있게 된다. 이러한 과정에서 중요한 것은 아동 자신도, 부모도 아닌 이행대상의 발달이라 할 수 있는데, 아동은 이행대상이 마치 자녀를 매우 사랑하는 부모이자 그 자신인 것처럼 여기게 된다. 전통적으로 아동의 이행대상은 곰 인형과 담요이다(Cohen & Clark, 1984). 성인에게 있어 이행대상은 에너지를 얻고 양육자로서의 역할을 수행할 것으로 기대할 수 있는 어떤 대상이 될 수 있다.

대상관계이론은 정신구조의 발달과 자아정체성(ego identity)이 형성되는 방식에 초점을 둔다. Kernberg(1976)에 의하면, 자아정체성의 가장 높은 수준은 가족, 친구, 사회적 집단, 문화적 정체성을 표상함으로써 내면화된 대상의 내적 세계가 개인에게 조화로운 지지를 제공하고, 현재 개인에게 이루어지고 있는 상호작용이 그 깊이를 더해갈 때 비로소 성취될 수 있다. 따라서 "상실, 유기, 분리, 실패, 외로움과 같은 고난의 시기에 개인은 일시적으로나마 내적 세계에 의지할 수 있다. 이러한 방식으로 정신 내적 · 대인관계적 세계는 서로 관련되어 있으며, 서로를 강화시킨다"(Kernberg, 1976, p. 73).

전이(transference)는 개인의 생애 초기 경험 요소를 반영하고 있으며, 실제적인 관련 인물들을 근간으로 하여 그들과의 관계 양상이 다소 수정된 형태로 현재의 대인관계를 형성해나가는 것을 의미한다. 다시 말하면 다음과 같다.

> 사람들은 실제적 인물뿐 아니라 그 자체로 개인의 감정 상태와 외현적인 행동 반응에 영향을 미치는 정신적 표상으로서 내적 타인에게 반응하고, 그들과 소통한다(Greenberg & Mitchell, 1983, p. 10).

예컨대 내담자는 자신의 어머니와 경험했던 관계의 역동에 기초하여 여성 치료자와 관계를 형성해나갈 수 있다. 다시 말해 개인은 안아주기를 제공하는 데 있어 주요 인물이 사용한 방식을 내적 모델 삼아 관계에 대한 기대를 갖게 된다. 역전이(countertransference)는 타인의 전이에 대하여 나타나는 상보적 상호작용으로서, 이는 외적으로 확연히 나타나며, 정신적 표상은 치료관계 내에서 이루어진다. 따라서 각 개인은 과거의 대인관계에서 현재의 대인관계에 이르는 수평적 과정에서 자신의 내면화된 대상관계 방식을 사용하게 되는데, 이와 같은 행위의 목적은 만족감을 얻기 위한 것이라 할 수 있다.

■ 건강/정상성의 이론

내사와 동일시의 과정은 궁극적으로 성격, 정신적 과정의 조직, 개인이 타인과 관계를 형성해나가는 방식에 대한 판단과정이라 할 수 있다. 유아-어머니 관계에서 시작된 심리적 발달은 어느 단계에서도 손상될 수 있으며, 이로 인해 성숙한 관계를 형성하는 데 있어 요구되는 개인의 능력은 물론 인식, 인지, 자기감(sense of self)의 발달에 지대한 영향을 미치게 된다. 그러나 개인이 자율성을 가지고 자립을 해야 하는 시기가 올 때까지도 이와 같은 손상이 미치는 영향력을 인식하지 못할 수 있다. 대상관계 이론가들은 (1) 관계의 내면화와 외현화, (2) 애착과 분리, (3) 내사와 투사, (4) 변형된 내재화 등을 발달에 있어 중요한 주제로 꼽고 있다(Hamilton, 1989). 유아와 양육자 간의 복잡한 상호작용 이론을 기초로 볼 때, 자신의 고유한 성향을 지니고 있는 부모와 자녀는 그들의 관계 내에서 중요한 역할을 수행하고 있음을 알 수 있다(Blanck & Blanck, 1986).

대상관계 가족치료자들은 초기 부모-자녀라는 양자적 맥락 안에서 개인의 성격 발달에 대한 이해와 "가족 구성원을 위한 가족 유지 기능 및 서로를 지탱해줄 수 있는 가족 역량 확대 구현" 모두를 추구하였다(Scharff & Scharff, 1987, p. 62). 따라서 가족의 건강 수준은 가족 구성원들 서로가 온전한 관계를 형성해나가는 능력과 비례한다고 할 수 있다. 여기서 '온전한 관계를 형성한다(fully relating)'는 것은 진정한 이해와 연민을 표현할 수 있는 능력을 의미한다.

■ 치료전략/개입

정신 내적인 영역뿐 아니라 타인과의 관계를 조정하는 데 활용할 수 있는 새롭고 색다른 방식들은 대상관계이론에서 (1) 내면화된 대상들 가운데 분열되고 부적절한 대상을 확인한 후, 통찰력을 발휘하여 이를 적절하고 온전한 형태로 '재작업하기', (2) 앞에서 언급한 것과 유사한 방식으로 투사된 대상을 확인한 후, 이를 원래의 모습으로 복구하기 위해 통찰력을 발휘하여 '재작업하기'와 같은 형태로 기술된다(Ryle, 1985). 이와 같은 작업은 치료자와 내담자가 발달적 과정에 필요한 구성요소에 대해 이해하고, 이러한 구성요소들이 기능할 수 있는 논리적 방식을 온전히 파악할 수 있도록 생애 초기의 자아기능 구현을 돕는 치료적 동맹관계에서 가능하다고 할 수 있다(Blanck & Blanck, 1986).

대상관계 가족치료에서 타인과의 상호 의존성, 정신, 대인관계 간 상보적 · 다차원적 상호작용 역동은 치료요인으로 이미 인정된 개념들이다. 따라서 치료자의 역할은 현재 개인의 대인관계 문제에 영향을 미치는 무의식적 대상관계를 이해하고, 이를 해결할 수 있도록 적절한 양육환경을 제공하는 것이다. 일반적인 치료의 목표는 다음과 같다.

1. 과거 가족 안에서 요구되었던 방어적인 투사적 동일시에 대해 인식하고 재작업하기
2. 가족 구성원의 애착 욕구와 성장 조건을 충족시킴으로써 가족 간에 서로를 지탱해줄 수 있는 맥락적 능력 향상 요인 다루기
3. 각 개인이 '거기에서 그것을 행하도록(take it from there)'하는 데 충분한 애착, 개별화, 성장에 대한 욕구를 지지하기 위해 가족 구성원들 간의 관계 유지에 필요한 일련의 중심 요인들을 회복시키고 구조화하기
4. 가족에게 맡겨진 과업들을 수행해나가는 데 있어 개인 각자의 선호와 가족 구성원의 욕구에 따라 적합한 발달 수준으로 가족을 회복시키기

5. 가족 구성원 중에서 개인에게 여전히 남아있는 욕구를 명료화하고, 개인이 필요로 하는 만큼 가족들이 충분한 지지를 제공해서 개인의 욕구 충족시켜 주기. 이를 통해 우리는 심리치료에서 다루어야 할 개인의 욕구가 무엇인지 구체적으로 파악할 수 있을 뿐 아니라 자신의 성장을 위해 많은 노력을 하고 있는 사람들이 일반적으로 어떠한 욕구를 가지고 있는지에 대해서도 보다 잘 이해할 수 있다(Scharff & Scharff, 1987, p. 448).

이 과정을 용이하게 하는 구체적인 기술은 가족의 맥락적 전이에 대한 작업 및 가족 구성원들이 갖고 있는 불안과 염려에 대해 함께 나누고, 이해하며, 그 의미에 대해 해석을 해주는 것 등이다. 치료자는 개인, 하위집단에 초점을 둘 수 있으나, 가족 차원에서 이루어지는 상호작용의 영향에 대한 인식이 항상 수반되어야 한다(Scharff & Scharff, 1987). 결국 구체적인 치료목표에 대한 결정과 치료 결과에 대한 평가의 책임은 치료자와 가족이 함께 지게 된다.

■ 체계이론적 일관성

대상관계 가족치료는 체계이론적 일관성을 확보함으로써 치료효과에 있어 의미 있는 진전을 이루는 데 성공하였다. Slipp(1984)에 의하면, 이 치료접근은 인과적 용어를 사용하기는 하지만 특별히 '문제'로 정의되는 상황에서 순환성을 포착하려는 시도는 관계의 내면화와 외현화, 애착과 분리, 내사와 투사 그리고 변형적 내면화의 견지에서 문제를 해결하려는 움직임이라 볼 수 있다. 따라서 대상관계 가족치료에서는 피드백과 회귀가 중요한 기법으로 활용된다. 또한 가족 구성원들은 구체적인 치료목표와 치료의 종결을 둘러싼 제반 문제들을 결정하는 등 치료와 관련하여 이루어지는 모든 선택에 대한 책임을 공유하게 된다. 이 접근을 지지하는 수많은 치료자들이 자신을 참여관찰자로 인식한다는 점에서 치료자와 내담자의 심리적 변화를 통해 상호 간에 작은 변화가 일어나는 과정과 치료 참여에 대한 인식방법의 몇몇 측면들을 추론해볼 수 있다(Nichols & Schwartz, 2001). 또한 이 접근은 각 개인의 발달과정과 대인관계를 형성해나가는 능력을 파악하는 데 있어 개인의 지각과 인지구조를 통해 구성된 다중 우주에 대한 이해가 선행되어야 한다는 입장을 취하고 있다.

한편 일반적인 목표 혹은 규정된 치료적 맥락에 따라 치료자가 운영하는 범위 안에서 모든 가족들이 그들의 구체적인 목표를 성취하도록 하고 있기 때문에 대상관계 가족치료 접근의 운영방식은 획일적이지 않다. 획일적이지 않다는 것은 병리 및 건강 기능의 정의에 기초한 틀을 사용한다는 것으로, 이는 목적 없는 표류의 개념과는 다른 것이며, 진전이라기보다는 새로운 조직화를 의미한다고 할 수 있다. 대상관계이론에서 자기준거의 개념은 그리 중요하지 않다. 따라서 대상관계 가족치료 이론의 다양한 기원을 감안하여 우리는 대상관계 가족치료를 실용적 접근, 제1단계 접근법으로 설명하고자 한다. 이 접근은 체계이론적 일관성이 다소 부족하긴 하지만, 개인심리학과 가족치료 세계의 가교로서 매우 중요한 의미를 지니고 있다고 할 수 있다.

제2단계 사이버네틱스/포스트모더니즘 관점에서의 질문과 성찰

1. 대상관계 가족치료는 내담자들이 나를 전문가로 인식하는데 있어 긍정적으로 작용하는가?

2. 현재 내가 내담자들과 나누는 대화는 그들에게 있어 가장 중요한 문제들에 초점이 맞추어 져 있는가?

3. 내담자가 그들의 내·외부 세계 간의 균형을 맞추는 데 있어 나는 어떻게 참여할 수 있는가?

4. 전이/역전이 현상에 대해 이야기해줄 수 있는 설명방법에는 무엇이 있는가?

5. 내담자 체계를 중심으로 설정한 목표 추구가 그들에게 큰 도움으로 작용할 것인가?

6. 내담자들이 하는 이야기를 통해 나는 어떠한 영향을 받는가?

실전문제

다음의 질문은 이 장에서 다룬 내용의 적용과 분석을 테스트하는 것이다. 임상실천과 더불어 이 장에 대한 추가적인 사정, 적용, 분석, 합성, 평가를 위해 다음 질문에 답하시오.

1. 모더니즘/구조주의적 세계관과 포스트모 더니즘에서 추구하는 관점 간에 존재하는 두 가지 핵심적인 차이점에 대해 분석하 시오. 여기서 도출된 두 가지 개념이 가족 치료에 어떠한 역할로 작용하는지 설명하 시오.

2. 정신역동적 가족치료에 대해 제공된 정보 를 바탕으로, 아버지가 부재한 환경에서 성장한 배우자 치료의 핵심 요소에 대해 설명하시오.

3. Ivan Boszormenyi-Nagy의 접근을 바탕으로 하여 맥락적 가족치료에 대해 논의하시오.

4. Ivan Boszormenyi-Nagy가 제시한 윤리적 요소, 즉 부채 장부(ledger of indebtedness) 와 자산(entitlement)에 대해 정의하시오. 그리고 아동과 함께 치료회기를 진행하는 동안 가족 구성원 각 개인이 어떠한 역할

을 수행하였는지 예를 들어 설명하시오.

5. Nagy가 잘 기능하는(well-functioning) 가 족의 핵심적인 특징으로 제시한 세 가지 항목을 열거하고, 가족 내에서 참된 관계 를 유지하기 위해 가족 구성원 각자가 어 떠한 역할을 수행해야 하는지 상세하게 기술하시오.

6. 맥락적 가족치료가 체계이론적 관점과 일 치하는 형태로 활용되는 방식 및 제2단계 사이버네틱스와 상반된 성격으로 활용되 는 방식에 대해 분석하시오.

7. 치료회기에서 발생할 수 있는 전이 및 역 전이 시나리오의 예들을 기술하시오.

8. 대상관계 가족치료에서 치료자로서 당신 의 역할을 구체적으로 기술하고, 이 접근 을 활용한 치료회기에서 설정할 수 있는 목표의 예를 두 가지 이상 제시하시오.

MYSEARCHLAB 살펴보기

www.MySearchLab.com에 다음의 비디오, 사례, 문서 등이 제시되어 있다.[1]

추천 비디오

∧ Genograms: The Tool That Brings Resilience to Life—Constructing the Genogram(Part 4 of 12)(가계도: 삶에 회복탄력성을 가져오는 도구 — 가계도 구성하기)

당신은 치료에서 어떻게 가계도를 구성할 것인가?

Genograms: The Tool That Brings Resilience to Life—Lisa's Extended Family(Part 6 of 12)(가계도: 삶에 회복탄력성을 가져오는 도구 — 리사의 확대가족)

치료사는 가계도에 확대가족을 어떻게 포함시키는가?

Genograms: The Tool That Brings Resilience to Life—History of Loss(Part 7 of 12)(가계도: 삶에 회복탄력성을 가져오는 도구 — 상실의 역사)

상실에 대해 그녀의 가족들은 어떻게 표현했는가?

추천 사례/문서

△ The Baby Boomers: The Story of the Johnsons(베이비부머: 존슨 가족 이야기)

내담자의 가족 안에서 세대 간의 차이점은 가족과 치료사에 대한 도전을 어떻게 형성하는가?

△ A Caregiver Support Group(양육자 지지 그룹)

베이비붐 세대가 계속될 때, 가족 구성원들은 노인 가족 부양에 직면한다. 당신은 가족 중 소진을 현재 (가족 부양에 대해) 소진을 느끼는 사람과 함께 어떻게 노인 가족을 부양할 것인가?

△ The Community Heals a Family: The Story of the LaSotos(지역사회가 가족을 치유하다: 라소토스 가족 이야기)

필라와 아카시오는 자녀 브리타니를 양육하는 것의 차이점을 확인할 수 있는가? 부모의 차이점 또는 성차와 관련이 있는가? 설명하시오.

추천 자원

웹사이트 : Crisis, Grief and Healing: Men and Women

Professional Voices from the Field(가족치료 분야 전문가의 목소리) : Salvador Minuchin

웹사이트 : Multisystemic Therapy

연구 주제

Modernism and Postmodernism(모더니즘과 포스트모더니즘)

Ivan Boszormenyi-Nagy

David와 Jill Savege Scharff

자연체계이론

Murray Bowen이 서술하고 그의 수많은 추종자들이 지지하였던 자연체계이론 혹은 가족체계이론 혹은 Bowen 이론은 정신역동이론과 가족치료의 또 다른 형태의 연결을 나타낸다. 인간행동 과학의 발전 목표를 추구함에 있어서(Bowen, 1978), Bowen은 "진화의 원칙과 진화하는 존재로서의 인간에게 딱 맞는 것으로 설계된"(Kerr & Bowen, 1988, p. 360) 이론을 만들었다. 그리고 시간이 지나면서 그 이론이 계속 진화하였듯이, 그 이름 역시 그랬다. 인생 후반기에 Bowen은 자신의 관점을 **자연체계이론** 혹은 **가족체계이론**에서 Bowen 이론으로 바꾸었다. Bowen은 자신의 이론적 성향에 포함되었던 것 이외의 개념들을 참조했고 가족치료 분야의 용어들을 폭넓게 채택했음을 인정했다(Papero, 1991). Bowen 치료가 그의 많은 칭송가들의 주요 초점이긴 하지만, 늘 과학자였던 Bowen에게 가장 중요했던 것은 앞으로 태어날 세대에게 도움이 될 엄격한 이론을 만드는 것이었다. 분명 그의 유산은 가족치료 분야에 매우 중요한 공헌을 나타낸다.

Murray Bowen

Murray Bowen이 1990년 10월에 사망했을 때, 가족치료 분야는 가장 위대한 스승일 뿐 아니라 가장 심한 비평가 중 한 사람을 잃었다. Bowen에 의하면 대부분의 가족치료자들은 이론이 아니라 기법에 초점을 맞춤으로써 요점을 놓쳤다(Wylie, 1991). 사실 Bowen은 가족치료에서 이론을 매우 중시하였다. 특히 Bowen은 이론을 바탕으로 치료행위가 이루어진다면 치료자의 개인적 문제가 치료에 미치는 영향은 줄어들 것이며, 치료가 통일된 이론적 틀 없이 기법과 과정 위에서 이루어질 때 특히 더 그렇다고 믿었다. 그는 문제가족이란 치료자가 그 가족의 정서상태에 휘말리게 만들 가능성을 가진 정서적 장(emotional field)이라고 하였다. 그는 이론 및 이론과 일치하는 치료행위는 치료자가 감정에 치우치지 않도록 한다는 점에서 중요하다고 본다. 사실 이성과 감정과정의 분리 형태로 이루어지는 정서적 분리는 치료의 기본 목표일 뿐 아니라 기능적인 가족의 중요한 일면이다. Bowen(1976)에 의하면, 명확한 이론이 부족할 때 "가족치료는 구조화되지 않은 혼란상태"(p. 51)가 될 수 있다. 그래서 다음 장들에서 논의될 많은 다른 가족치료 모델들과는 달리, Bowen의 접근은 가족치료 분야에서 유일하지만 매우 풍부하고 순수한 이론일 것이다. Bowen의 가족치료는 사건들을 조직하고 분류하는 방법을 제공하고, 미래의 사건을 예측하도록 하며, 과거의 사건을 설명하고, 사건의 원인을 이해하게 하며, 사건의 통제 가능성을 제공한다. 사건의 통제 가능성은 Bowen 가족치료 사고의 기초가 된다.

많은 가족치료자들이 Bowen의 자연체계이론을 채택하였지만, 가족치료 자체가 Bowen의 주요 초점은 아니었음을 주목하면 재미있다. 그보다 가족치료는 그가 일생 동안 하였던 작업의 산물이었다. Bowen은 사람들을 위한 일반 이론을 확립하고자 추구하였다. 그에게 가족은 시간에 따라 진화했던 많은 살아있는 체계 중 하나이며, 그것은 다른 자연체계에서 발견되는 과정을 나타낸다. 동시에 Bowen은 가족을 특별하게 보았고, 가족의 정서체계가 그의 작업의 중요한 초점이었다(Goldenberg & Goldenberg, 2000).

■ 기본 개념/이론적 구념

Bowen은 치료실에 나타난 사람이 누구인지에 의해서가 아니라 치료과정에서 이용된 개념적 모델에 따라서 가족치료를 정의한다. 그러므로 치료자가 개별 구성원들 간의 역동성의 견지에서 생각하는 것이 아니라 가족체계를 그 자체의 권리를 가진 실체로 생각할 때, 치료실에 누가 있는지와 상관없이 치료자는 치료를 행하고 있는 것으로 본다.

Bowen 이론에 의하면 가족은 정서적 체계로 이해되며, 이 체계는 한 가구에 살고 있는 사람을 모두 포함하는 핵가족 그리고 생사(生死)와 상관없이 어디에 사는지와 상관없는 확대가족으로 구성된다. 살아있거나 사망한 모든 가족원들 또는 집에 같이 살거나 떨어져 사는 모든 가족원들은 현재 바로 여기의 **핵가족 정서체계**(nuclear family emotional system) 안에서, 이 가족의 독특한 형태를 이루는 과정 속에 '살아있다'. 다시 말해, 정서적 체계로서 가족은 보편적이며 세대를 초월하는 현상이다. 사실 핵가족 정서체계는 Bowen 이론의 중심 개념이다. 그래서 핵가족이 치료의 대상이지만, 과거 세대 가족의 정서적 체계도 현재 살아있어서 핵가족의 중요한 일부분을 차지하므로 치료과정에 포함된다.

Bowen 이론의 또 하나의 주요 개념은 **자아분화**(differentiation of self)이다. Bowen에 의하면, 자아분화 과정에는 (1) 타인으로부터 자기의 분리와 (2) 지적 과정으로부터 감정적 과정의 분리라는 두 가지 면이 있다. 이와 관련된 개념은 **미분화된 가족 자아집합체**(undifferentiated family ego mass) 또는 **융합**(fusion)이다. 이 개념은 가족의 정서적 일체감을 나타낸다[최근의 저술에서 Bowen은 융합이라는 용어의 사용을 더 좋아한 것으로 보였다(Nichols, 1984).]. 이 이론은 융합된 사람과 분화된 사람을 구분한다. '분화된' 사람 또는 자신의 감정뿐 아니라 가족체계의 감정을 초월할 수 있는 사람이 더 선호된다. 이런 사람은 감정적으로 얽혀있는 상태로부터 자신을 분리시킬 수 있다. 분화가 잘된 사람은 또한 융통성 있고, 적응력이 있으며, 보다 자족적이다. Bowen에 의하면 미분화된 사람이 가지고 있는 문제는 보다 경직된 사고, 자신의 행복을 위해 감정적으로 다른 사람에게 더 많이 의존하는 경향이다. 사실 분화된 사람은 자신의 감정을 있는 그대로 느끼는 사람이며, 주위의 다른 사람들의 감정을 모르는 바는 아니지만 어느 정도는 객관성과 감정적인 거리를 유지할 수 있는 사람이다. 그래서 분화된 사람은 자기 주변에서 일어나는 감정적인 역동성을 의식적으로(이성적으로) 깨닫고 이러한 상호작용을 초월할 수 있다.

Bowen은 또한 진짜 자아(solid-self)와 가짜 자아(pseudo-self)라고 그가 불렀던 바를 구분 지었다. 이 구분도 감정적인 것보다 지적인 것이 더 낫다는 가치와 관계가 있다. 즉, **진짜 자아**를 가진 사람은 분명하게 정의된 신념과 견해 그리고 확신과 이성적 추론과 대안을 고려하여 발전시킨 생활 원칙을 기초로 생활한다. 한편, **가짜 자아**는 이성적인 원칙을 기초로 하기보다 감정적 압박을 기초로 선택하는 사람의 특징이다. 바로 이 점에서 가짜 자아는 정서적 융합의 개념과 일치한다. 가짜 자아를 가진 사람은 때에 따라서 상이한 결정과 선택을 할 것이며, 이러한 불일치를 잘 깨닫지도 못할 것이다. Bowen(1976)에 의하면 가짜 자아를 가진 사람은 진실을 느낄지 모르지만, 그것은 공상에 불과하다.

Bowen은 세대에 걸친 정서적 관계에 관한 가정에서도 자아분화와 융합의 개념을 중시한다. 가짜 자아를 지닌 채 원가족을 떠난 사람 또는 원가족과 융합된 사람은 자신과 또다시 융합할 수 있는 사람과 결혼하는 경향이 있다. 그리하여 2명의 미분화된 사람은 서로를 찾으려고 한다. 결과적으로 두 사람은 각자의 원가족으로부터 정서적으로 단절하고 배우자로서 서로 융합한다. 더구나 이전 세대의 비생산적인 가족과정이 이 결혼을 통하여 다음 세대로 전수된다.

부부가 서로 융합된 결혼에서, 각 배우자의 가짜 자아는 각자에게 부족한 정서적 거리 또는 분화와 안정을 찾기 위해 상대방의 가짜 자아에 의존하려고 한다. 사실 이런 부부는 분화된 체하는 2명의 미분화된 사람으로, 이들은 동시에 감정적으로 어떻게 반응하며 무슨 선택을 하는지에 관한 단서를 찾아내기 위해 상대방을 살핀다. 이것은 비교적 불안정한 상태로, 남편은 아내를 살피고 아내는 남편을 살피며, 남편은 자기를 살피는 아내를 살피는 상태 등이 지속된다.

이러한 결혼 융합의 불안정성은 (1) 각자가 상대방으로부터 안정성을 얻지 못함에 따라 배우자 간에 감정적인 거리 발생, (2) 배우자 가운데 한 사람이 신체적 또는 감정적 역기능을 보임, (3) 부부갈등의 표면화 또는 (4) 문제를 한 자녀 이상에게로 투사하는 것 등의 문제를 유발할 수 있다. 그러나 분화의 부족 정도는 문제의 심각성, 원가족으로부터 정서적 단절의 정도 그리고 가족 내 스트레스 수준에 따라 달라진다(Nichols, 1984).

문제를 한 자녀 이상에게로 투사한다는 생각은 Bowen 이론에서 또 하나의 주요 개념인 삼각관계(triangle 또는 triangulation)를 살펴보게 한다. Bowen은 두 사람 관계(dyad) 또는 두 사람 체계는 그 관계에서 아무 문제가 없는 동안에는 안정적이라고 본다. 이 체계가 마주치는 스트레스나 불안이 일시적이거나 만성적이 아니라면, 두 사람 관계는 비교적 안정적일 수 있다. 더욱이 이 관계를 불안정하게 하는 불안이나 스트레스의 정도는 어느 정도 배우자의 미분화 정도에 따라 달라진다. 한편 만성적인 스트레스는 가장 분화된 두 사람 관계를 제외한 거의 모든 관계를 불안정하게 할 수 있고, 심지어 가장 분화된 관계도 어떤 상황에서는 흔들릴 수 있다.

상황적인 불안이나 만성적인 불안이 두 사람 관계가 견딜 수 있는 수준 이상으로 심화될 때, 취약한 제3자가 개입하면 '삼각관계가 형성'될 수 있다. 즉, 두 사람 관계에 있는 사람 가운데 한 사람이 상대방과 갈등 시에 자기의 입장을 지지해줄 동지로서 제3자를 찾는다. 불안이 이 세 사람에게 너무 큰 경우, 또 다른 사람이 개입하면 더 복잡한 삼각관계가 형성될 수도 있다. 이러한 삼각관계는 대개 문제 해결을 위해서 형성되지만, 실제로는 해결을 방해하는 경향이 있으며, 불안은 계속되고, 더 많은 가족원들이 점점 더 불안정해지는 감정적 싸움에 말려든다. 그래서 결국 결혼 전의 출발지점인 원가족으로 되돌아가 있는 자신을 발견하게 되며, 원가족에서 비롯된 정서적 융합은 계속해서 전수된다.

부모는 **가족투사과정**(family projection process)을 통해서 부모 자신의 분화 부족을 자녀에게로 전수한다. 배우자 간의 정서적 융합은 불안을 낳는데, 이는 부부갈등과 긴장에서 증명된다. 자녀를 포함하는 투사과정은 부모로부터 안정과 확신을 필요로 하는 자녀에게서 부모가 오히려 자신의 안정과 확신을 찾고자 하는 시도에서 확연히 드러난다. 보다 더 전형적인 삼각관계 패턴은 어머니의 불안정과 어머니로서의 자신감 부족이 자녀를 통해 드러나는 경우인데, 어머니는 이를 자녀의 문제로 해석한다. 그래서 어머니는 이 자녀에게 더 많은 관심을 갖게 되고 과잉보호하게 되어, 자녀는 더욱 상처를 입게 된다. 아버지는 삼각관계의 세 번째 사람으로 개입하여 어머니를 진정시키는 역할을 하고, 자녀를 다룰 때 어머니를 지지하는 역할을 한다. 부부는 자녀의 문제를 둘러싸고 연합하여 안정을 유지하고 삼각관계는 결국 안정적인 상황이 된다(Singleton, 1982).

이러한 과정은 어머니-자녀 관계에서 일어나지만, 투사과정의 정도는 부부의 미분화 정도와 직접적으로 비례함을 주목해야 한다. 어머니-자녀 관계는 이 과정을 설명하기 위하여 강조되었지만, 투사과정과 삼각관계의 발달은 부부라는 공동 협력자를 필요로 한다.

위에서 Bowen의 정서적 단절(emotional cutoff)이라는 개념이 언급되었다. 이 개념은 사람들이 원가족을 떠날 때, 부모나 원가족과의 애착을 다루는 방식을 의미한다. 융합된 가족에서도 삼각관계가 흔히 나타나며, 삼각관계에 속함은 어느 정도 미분화되었음을 암시한다. 다시 말해 삼각관계 정도가 높을수록 분화 수준은 낮고 원가족에 대한 관여는 더욱 강하며, 따라서 분가하는 과정은 더욱 어렵다. 실제로 원가족을 떠난다는 것이 반드시 분화되었다는 것을 의미하지는 않는다.

Bowen은 원가족을 떠나는 시기에 일어나는 분화 부족을 미해결된 정서적 애착(unresolved emotional attachment)이라고 부른다. 미해결된 정서적 애착은 부모를 부정(denial)하거나 자기를 고립시키고 가짜 자아를 발달시킴으로써 처리될 수 있는데, 이는 정서적 단절의 형태를 취한다. 그리하여 미분화된 사람은 부모와 가까이 살기로 선택하거나, 부모로부터 멀리 떨어져 살려고 하거나 또는 부모로부터 감정적으로 분리되려고 하거나, 감정적으로 분리됨과 동시에 물리적으로도 거리를 두려는 경향을 보일 수 있다. 물론 정서적 단절로 인한 이러한 시도는 성공하지 못할 것이다. Bowen은 과거와 정서적으로 단절하려는 시도가 강할수록 배우자와 함께 형성한 현재의 생식가족 안에서 자기 부모 가족을 과장하려는 시도가 더 심할 것이라고 제안한다. 더구나 이러한 부모의 자녀들은 가족 안에서 정서적으로 더 많이 단절하려고 할 것이다. 정서적 단절이 세대에 걸쳐서 나타나는 방법에서뿐만 아니라 그 강도에서도 차이가 매우 크지만, 세대에 걸쳐서 나타나는 것만은 분명하다(Bowen, 1978).

두 세대에 걸친 정서적 과정의 전수에 관한 이상의 설명에서 독자 여러분은 이미 Bowen 이론의 또 하나의 중요 개념인 다세대 전수과정(multigenerational transmission)의 개념을 접하였다. 그러나 세대에 걸쳐 전수된 미분화 또는 융합의 수준은 일정하지 않다는 사실에 주목해야 한다. 그보다 세대가 거듭될수록 분화 수준이 더욱 낮아지는 경향이 있다(Singleton, 1982). Bowen(1976, p. 45)은 "감정을 측정하여 과학적 사실로 적합하게 만드는 방법은 아무것도 없다."고 말한다. 그러나 이해를 돕기 위해서 어떤 한 가족에게 분화 점수를 10점 준다면, 다음 세대로 내려가면서 9점, 8점, 7점일 것이라고 이 이론은 예측할 것이다. 즉, 세대가 거듭될수록 분화 수준은 점점 더 낮아질 것이고 정서적 융합은 점점 더 높아질 것이다. 그래서 정서적 문제는 근본적으로 대인관계 문제인데, 이는 모든 구성원이 행위자이자 반응자인 다세대 과정의 결과이다(Nichols, 1984). 다세대 전수과정은 미해결된 정서적 애착과 단절이 성공적으로 대처될 때까지 계속될 것이다.

Bowen 이론에서 중요한 또 하나의 개념은 형제순위(sibling position)이다. 이 개념에 Bowen은 Toman(1976)이 개발하여 형제간의 특성을 소개한 10가지 기본 프로필을 통합하였다. 이 개념의 가정에 의하면, 아동은 가족 내 형제순위에 따라 어떠한 고정된 인성적 특성을 발달시킨다. 이 개념은 장남, 차녀, 막내, 쌍둥이 등이 맡은 전형적인 역할을 포함한다. Bowen에 의하면 치료자는 형제순위 개념을 이용하여 어떠한 가족 패턴이 다음 세대로 전수될 것이며, 아동이 가족의 정서적 과정에서 어떤 역할을 수행할 것인지를 예측할 수 있다.

사회적 과정(process of society)의 개념도 Bowen 모델의 중심 개념이다. 이 개념으로 Bowen은 가족의 정서적 역동성의 원칙을 확대하여, 가족에서 관찰되는 역기능과 똑같은 과정이 더 큰 사회에서도 보일 수 있다고 가정한다. 거듭 말하자면, 인간은 갑작스럽고 상황적인 스트레스는 매우 잘 관리할 수 있지만 만성적 스트레스에는 잘 대처하지 못한다. 만성적 스트레스하에서 가족과 사회는 모두 이성적으로 결정된 원칙을 이용하지 못할 것이고, 감정에 의거하여 단기적으로 위안이 되는 결정을 내릴 것이다. 그러나 감정적 기초 위에 결정된 법칙은 더 근본적인 문제에 대해 일회용 처치에 지나지 않는 경향이 있다는 점이 문제이다. 그래서 이러한 법칙이 단기적으로는 위안이 될 수 있지만, 전반적으로 문제의 만성적인 속성은 그대로 유지된다. 사회적 차원에서 어떤 좋은 의도가 있다 하더라도, 그것이 적당한 거리를 두고 객관적으로 측정되어 가족이나 사회의 전체 패턴을 볼 수 있도록 하는 것이 아니라면, 도움이 되지 않을 뿐 아니라 무력감을 조성할 수도 있다(Bowen, 1976).

■ 건강/정상성의 이론

보기에 따라서 Bowen 이론은 우리가 대개 생각하는 정상성(normalcy)의 개념과는 거리가 멀다. 정상성은 가족원 가운데 IP의 비정상성과 대비되는데, 비정상성은 소위 말하는 정상 범주 밖의 증상이나 행동을 보이는 것과 관계가 있다. 반대로 Bowen은 적절한 기능에 대해 말할 때 개인의 분화 수준과 이성적 기능을 근거로 한다. 그는 정상성, 신경증 및 조현병을 자아분화와 이성적 기능을 측정하는 연속척도 위에서 가장 높은 수준으로부터 가장 낮은 수준 위의 어떤 지점에 해당하는 것으로 본다. 물론 이러한 평가는 일정한 시점에서 보인 스트레스의 정도에 따라 달라진다. 심지어 가장 잘 분화된 사람도 만성적인 스트레스 상황하에서는 어떻게 보면 증상이나 비정상이라고 할 수 있는 특징을 보일 수 있다. 그래서 잘 분화된 사람도 스트레스하에서는 역기능을 보일 수 있다. 한편 매우 잘 분화된 사람은 대처기제를 많이 가지고 있으므로 더 빨리 회복할 것이다. Bowen은 분화가 매우 잘된 사람과 사회를 가치 있게 여기는데, 이런 사람과 사회는 감정에 기초하여 단기적인 결정을 내리고 그 결정을 따르기보다는 이성적인 원칙을 기초로 반응할 수 있다. 동시에 Bowen은 이러한 사람과 사회는 이론적인 생각에 불과하며, 아마 실제로 완전하게 분화된 사람이나 사회는 없을 것이라고 하였다.

마찬가지로 Bowen에게 있어서 이상적인 결혼이란 각 배우자의 분화 수준이 높고, 자율성을 상실하지 않으면서 정서적으로 친밀할 수 있는 결혼이다. 또한 부부는 부모로서 자녀가 부모의 투사 이미지를 발달시키도록 강요하지 않고 자녀들이 자기 자신의 인간이 되도록 키우는 데 노력을 다한다. 이렇게 이상적인 가족에서 각 배우자는 자율적으로 움직이고, 성공이나 실패는 자신의 노력에 달려있다. 이상적인 가족은 보살핌이 없는 가족이 아니라 가족원이 자신의 감정에 대한 책임을 다른 가족원에게로 투사하지 않는 가족이다. 상황적이고 만성적인 스트레스가 매우 잘 기능하는 가족에게도 영향을 미칠 수 있지만, 스트레스 상황에 있을 때마다 가족원들은 문제에 대처하는 수많은 방법을 배운다. 가장 잘 분화된 부모가 있는 가족에서도 만성적이고 지속적인 불안은 어느 정도 가족투사과정이 발생하도록 자극한다. 그러나 이러한 불안이 주는 손상은 최소일 것이다. 삼각관계가 형성될 수도 있으나, 투사과정은 한 가족원에게 고정되어 일어나기보다 여러 가족원에게로 두루 퍼질 것이다. 심지어 가장 이상적인 가족에서도 다른 자녀에 비해 삼각관계에 더 많이 빠지는 자녀가 있을 수 있으며, 따라서 이 자녀는 삶에 대한 적응력이 상대적으로 약할 것이다.

요약하면, Bowen 이론에서 분화가 융합보다 더 가치 있는 것으로 간주된다. 이상적으로 볼 때 가족투사과정은 분화를 조장한다. 그래서 정서적 기능과 이성적 기능이 분리되고, 타인의 정서문제로부터 비교적 자율성을 가질 수 있으며, 이성적인 원칙을 바탕으로 생활할 능력도 있다. 그러나 이 모든 것은 경험된 스트레스의 정도와 종류에 따라 달라진다. 정상성은 일상생활에서 경험하는 스트레스의 정도와 개인이 원가족으로부터 가져온 개인적 특성과의 관계에 따라 가정되고 판단된다.

마지막으로 이상적인 사람은 내면 지향적이고 자신의 목적을 스스로 정하며, 자신의 생활에 책임을 진다. 이런 사람은 필요에 의해서가 아니라 내적인 강점에 의해 다른 사람들과 관계를 맺는다. 사람이 완전하게 분화될 수는 없겠지만, 이런 사람은 이성적이고, 객관적이며, 자주적이다. 이 사람은 감정과 사고를 분리하며, 핵가족과 확대가족을 반드시 멀리하지는 않지만 독립성을 유지할 수 있다. Bowen에 의하면 자아분화는 개인의 내적 자유와 만족스러운 대인관계를 위해 일생 동안 추구해야 하는 것이다.

■ 치료전략/개입

자신의 이론을 확립할 때, Bowen은 있는 그대로의 자연상태를 이용한 연구설계를 통해 가족의 정서과정을 관찰하였다. 연구모형에 따라, Bowen은 중립적 위치에서 가족을 관찰하였다. 연구기간 동안 Bowen은 정서적 기능이 향상된 가족이 있는가 하면, 정서적 기능에 변화가 없었던 가족도 있었고, 또 더 나빠졌던 가족도 있음을 발견하였다. Bowen은 또한 중립적인 위치에서 연구를 할 수 있었던 가족들이 직접적인 도움을 주었던 가족들보다 더 효과가 있었음을 알아냈다. Bowen은 이러한 발견을 기초로 하여 부적절한 도움은 오히려 무력감을 조장했다고 하였다(Bowen, 1976).

그래서 Bowen 치료에서 치료자의 기본 입장은 체계의 견지에서 생각하는 관찰자와 연구자의 입장이며, 가족의 정서성이나 가족 정서과정의 내용의 견지에서 생각하지는 않는다. 물론 이런 입장을 취하기 위하여 치료자는 자기의 원가족으로부터 분화가 아주 잘된 사람이어야 한다. 따라서 치료자의 자아분화가 더 잘 이루어져 있을수록, 개인, 부부 또는 가족 대상의 치료가 더 성공적일 수 있을 것이다. 또한 치료자는 흥미진진한 사람이고, 친절하며, 사교적이고, 편안해 보이는 사람으로, 이러한 점은 아마 침착함과 객관성의 본보기가 될 수 있을 것이다. 더욱이 내담자들이 감정에 치우칠 때 언제 이를 중단시키는가 하는 것도 치료자의 몫이다. 내담자의 자아분화 과정은 치료자의 자아분화 수준과 관계되므로, 주요한 치료도구는 특별한 기법이라기보다 치료자라는 사람인 것이다. 어떤 의미에서 치료는 연구이며, 무슨 일이 생기든 생긴다.

또한 치료자가 특정 문제에 초점을 두는 것보다 체계의 견지에서 생각하고 패턴을 살피는 것이 매우 중요하다. 만약 치료자가 감정적으로 치우친 문제의 내용을 언급하면, 가족투사과정은 성공하게 되고 치료자는 삼각관계에 빠지게 된다. 더구나 치료자는 각 배우자가 문제를 얘기할 때 동등한 기회를 주어야 하고 어느 편도 들어서는 안 된다. 삼각관계에 개입되기를 거부하고 조용하지만 확신 있는 행동을 취함으로써, 치료자는 내담자가 자아분화를 이루고 삼각관계에서 벗어나도록 도울 수 있다.

자아분화의 향상이 치료의 목표인데, 자아분화는 개인 스스로 동기를 부여하여 이루어져야 하며, 치료자에 의해 시작되어서는 안 된다고 Bowen은 주장한다. 치료자는 의논 상대이고, 교사 또는 코치로서 내담자가 감정적으로 반응하는 함정에 빠지지 않고 이성적으로 반응할 수 있도록 한다. 따라서 치료자는 내담자에게 체계와 다세대 전수과정에 관한 것을 가르칠 수 있을 것이다. 치료자는 내담자를 이성적인 차원으로 끌어올리는 데 도움이 될 수 있는 도구인 가계도(genogram), 질문 또는 기타 다른 도구를 이용할 수 있다. 더욱 중요한 것은 치료자가 내담자로 하여금 치료자에게(그리고 때로는 치료자를 통하여) 얘기하도록 함으로써 생각을 유도하고 격한 감정을 줄이도록 하는 것이다. 치료과정 내내 치료자는 정서적 거리를 유지해야 한다. 치료자가 정서적 거리를 유지하는 데 도움이 되는 것은 가족투사과정과 삼각관계에 대한 지식을 치료자가 가지고 있다는 점이다. 그러므로 이론은 그 객관성 때문에 치료자가 일정 간격을 유지하는 데 매우 유용한 협력자가 된다. 치료자는 감정보다도 사실을 더 많이 논의하고, 언제나 침착한 태도를 유지한다. 치료자는 감정적인 표현보다 인지적 통찰에 초점을 둔다.

Bowen의 모델은 가계도를 이용하는데, 이는 치료자와 가족이 여러 세대에 걸친 맥락에서 가족을 살펴보는 도구이다. 주로 가계도는 가족의 3세내에 관한 지도이다. 또한 가계도는 가족에 관한 정보 수집을 위해 필요한 잘 정리된 구조와 방법을 제공한다. Bowen 모델에서 볼 때, 가족에 관하여 필요한 정보는 다음의 특성을 포함하여야 하지만, 이러한 특성에만 국한하지는 않는다. 즉, 가족의 문화적 배경 및 인종, 사회경제적 지위, 종교, 물리적 위치(가족원들

그림 7.1 가계도 기호

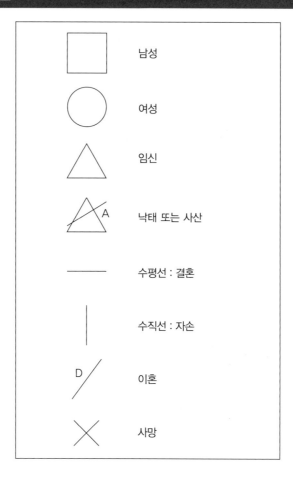

의 거주지가 가까운 정도), 가족원들이 접촉하는 빈도와 형태 그리고 가족원들이 접촉하는 사람들과 기타 다른 체계 등의 특성을 포함하여야 하지만, 결혼일, 죽음 그리고 다른 중요한 사건도 가족체계에 관하여 더 많은 정보를 제공할 수 있다. 가족체계 내 각 관계의 개방성이나 폐쇄성에 관한 정보는 가족체계 내 정서성 및 정서성의 규칙에 관한 자료가 될 수 있다.

　　Guerin과 Pendagast(1976, p. 452)는 그림 7.1과 같은 여러 기호들을 제시하고 있는데, 이는 가족체계를 모형으로 나타낼 때 유용하다. 그림 7.2는 치료과정에서 모형으로 나타낼 수 있는 정보의 종류를 예로 제시한 것이다. 겨우 윤곽만 나타내고 있지만, 이 가계도를 주의 깊게 살펴보면 가족원 각각에 대해 알 수 있는 것이 상당히 많이 있다. Bowen은 독자 여러분도 가족치료자가 되기 위하여 필요한 준비의 일부로서 여러분의 확대가족 체계를 가계도로 그려서 분석해보도록 권할 것이다.

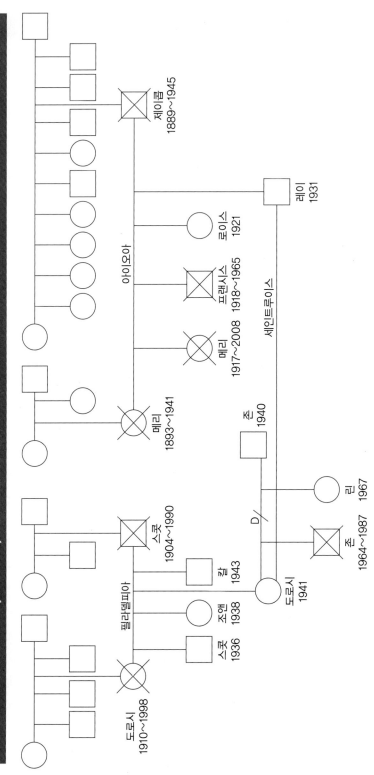

그림 7.2 레이와 도로시 벡바(Ray & Dorothy Becvar) 부부의 가계도

가계도는 가족원이 새로운 관점에서 가족의 패턴과 관계를 볼 수 있도록 하는 시각적 지도를 나타낸다. 가족에 대한 각 가족원의 편협한 지각, 즉 제한된 정서적 경험에만 초점을 두지 않고 전체를 맥락 속에서 살펴볼 때, 더 객관적인 평가가 가능할 것이다.

비록 Bowen 이론이 모든 가족의 정서적 체계는 다세대 가족사에 뿌리를 두고 있다고 제안하지만, 치료 시에는 다른 가족원에게 영향을 미칠 수 있는 가족원 개인이나 부부를 통해서 변화가 추구된다. Bowen(1978)에 의하면 다음과 같이 진행된다.

> 원가족의 자아분화에 초점을 두는 가족은 자동적으로 결혼생활에서의 상호 의존성에 주요 초점을 두는 공식적인 가족치료에서 보이는 가족들보다 배우자와 자녀들이 있는 관계체계와 작업할 때 더 많은 진전을 이룬다(p. 545).

그래서 치료는 안에서 밖으로 진행된다. 각 개인의 분화과정이 진행되어 전체 가족 내의 관계로 변형됨에 따라 분화과정이 시작된다. 이것은 핵가족의 정서상태는 각 배우자가 자기 원가족의 삼각관계 과정에서 맡은 정서상태와 역할을 반영한다는 믿음에서 비롯된다. 객관적인 관찰자인 치료자가 부부간의 관계를 안정시킬 수 있지만, 원가족으로부터의 분화는 계속되는 분화에 매우 중요할 것이다.

조부모 세대의 융합이 핵가족 내의 문제를 초래하였다는 가설적인 분화과정을 뒤엎는 것이 치료의 목적이다. 삼각관계를 해결하고 서로 얽혀있는 관계를 풀어줌으로써, 분화가 조장되고 문제가 해결된다. 그래서 Bowen 치료방법의 중요한 일부분은 '원가족으로 다시 돌아가는 것'이다. 그러나 원가족에게 가는 것은 대항하거나 화해를 하기 위해서가 아니다. 그 목적은 평화와 조화를 이루기 위한 것이라기보다 가족원들의 있는 그대로를 서로 알도록 사람들을 격려하는 것이다(Bowen, 1976). 체계, 가족투사과정 및 삼각관계에 관한 기본 정보를 알고 있으면 자아분화를 측정할 수 있을 것이다. 이러한 정보를 새로이 갖추고서 원가족의 맥락에서 중요한 관계를 경험할 때, 내담자는 자기의 일상적인 역할에서 삼각관계를 형성하려는 시도를 깨닫게 되며, 원가족에서 일어나는 삼각관계와 융합과정을 다른 시각에서 이성적으로 깨닫게 된다.

이렇게 원가족으로 돌아가는 과정은 전화, 방문 또는 편지를 통해 소원해졌던 관계를 새롭게 하는 것일 수도 있다. 치료자는 내담자에게 특정 행동을 제시할 수 있고, 내담자가 자아분화를 도모할 수 있는 방법을 지도할 수 있다. 이 모든 경우에 있어서, 내담자가 통찰력을 얻도록 하는 것이 목적이다. 더구나 이렇게 확대가족에서 분화를 이루려는 노력은 불안이 감소되고 자아분화가 증상의 완화 이상으로 진전을 보임에 따라 내담자의 핵가족에도 도움이 된다. 그러나 원가족으로 돌아가서 그 가족 안에서 다른 역할을 맡음으로써 분화를 시도하려 할 때, 가족들이 저항하게 될 뿐 아니라 내담자가 평소에 차지한 위치에서 삼각관계가 형성될 수도 있을 것이다.

Bowen 가족치료는 치료자가 모든 가족을 대상으로 작업해야 함을 반드시 의미하지는 않는다. 사실 Bowen 모델과 방법은 자주 단 한 사람과만 작업을 하였고, 그 사람을 통해 가족체계가 변화될 수 있다. 한 사람과만 작업할 때의 치료과정은 코칭으로 알려져 있다. McGoldrick과 Carter(2001)는 다음과 같이 말했다.

> 코칭의 목적은 내담자가 정서적 단절이나 포기 없이 가족 내 다른 사람들과 관계를 맺고 있음을 능동적으로 정의하도록 돕는 것이다. 코칭은 가족과 가족의 행동 패턴에서 내담자가 자기 역할에 대한 관찰자이자 연구자가 되도록 훈련시킴으로써 시작한다. 내담자를 코칭하는 것은 그들이 가장 깊은 신념과 일치하는 행동을 하도록 돕는 것이다. 물론 이것이 가족 '규칙'에 복종하지 않음으로써 가족 구성원들을 화나게 함을 의미할지도 모른다(p. 281).

마찬가지로 Bowen은 치료에 아동을 포함시키는 것을 선호하지 않았다. 그보다 한 사람의 내면으로부터 그 밖으로 치료를 진행시킴으로써, Bowen은 부모(부부)가 자신의 자아분화에 책임이 있는 것으로 보았다. 이 논리에 따라 Bowen은 자녀의 문제는 부모에게 책임이 있다고 주장한다. 그래서 그는 부모란 자녀의 문제에 스스로 책임을 지고 자녀의 증상에 대처하는 방법을 배울 의무가 있는 관리자로 간주한다(Singleton, 1982). 자녀의 문제는 삼각관계 기제를 통해서 투사되므로, 자녀가 초점이 된 문제는 부부가 초점이 된 문제가 된다.

치료자는 코치, 교사, 중립적 관찰자로서 치료의 분위기를 조정한다. 치료자는 어느 정도의 자아분화를 이룬 사람이어야 하고 이론에 의한 객관성을 갖추어야 한다. 이러한 일차적인 수단을 통해서 내담자의 자아분화는 시작되고, 아마도 결코 완수되지는 않겠지만, 핵가족 내에서 부모의 분화는 자녀들의 분화로 투사되기 시작한다.

Murray Bowen은 1990년에 사망하였지만, 그의 이론과 이론의 적용은 많은 추종자들의 작업을 통해 그 후에도 계속 진화해왔다. 추종자들 가운데는 Philip Guerin, Thomas Fogarty, Monica McGoldrick, Elizabeth Carter, Michael Kerr, Daniel Papero, Peggy Papp, Edwin Friedman 등이 있다. 보다 최근의 개념화를 위해 Bowen의 저술을 읽는 것 외에도 자연체계이론과 Bowen 가족치료 학생들의 작업을 읽기를 권한다.

■ 체계이론적 일관성

Bowen의 가족치료는 몇 가지 점에서 체계이론적 관점과 일치하지 않는다. 제3장을 보면 알 수 있듯이, 제2단계 사이버네틱스 차원에서 볼 때, 관찰자는 관찰대상의 일부분이고 관찰대상에 참여한다. Bowen 가족치료자는 관찰자, 연구자와 교사라는 중립적 위치를 가정함으로써 관찰자와 제1단계 사이버네틱스의 블랙박스를 더한 것에 더 가깝다. 그래서 블랙박스(즉, 가족)가 그 자체의 실체로 간주되고, 과정 차원과 패턴에 따라 이 실체를 이해하지만, 치료자는 자신과 내담자가 함께 만들어낸 체계에 초점을 두기보다는 치료과정에 따라 다르게 가족을 대하며 객관적인 입장을 취한다.

마찬가지로, Bowen 가족치료에서는 이론에 따라 행동을 한다. 이 이론은 모든 가족에 똑같이 적용하도록 가정하며, 그래서 개인, 가족 및 치료자 모두에게 옳은 방법이 있음을 전제로 한다. 이 입장은 좋고 나쁨과 옳고 그름은 해당 맥락에 따라서만 판단될 수 있다는 관념과 불일치한다. 제2단계 사이버네틱스 차원에서 볼 때, 이러한 판단을 하는 것은 적합하지 않다.

더구나 Bowen 가족치료 이론에 따라 정의되는 문제의 원인과 치료는 선형적인 인과관계의 특징을 보인다. 소위 다세대 전수과정이라는 문제가 발달되는 특별한 과정이 있으며 이런 문제를 다루기 위한 특정한 치료법이 있다. Bowen 이론에 의하면 탈삼각관계가 이루어지고 정서적 애착이 해결되면 문제는 감소될 수 있다. 그래서 치료를 통한 진전은 하나의 가능성으로 정의될 뿐 아니라, 분화과정이 진전의 표시로 구체화되기도 한다. 그러므로 치료는 이러한 가능성을 얻는 데 목적을 둔 의도적인 활동이다.

마지막으로 치료목적은 내담자와 가족에 의해서가 아니라 치료와 치료자에 의해서 정해지므로 구조적 결정론, 상호적 혼란과 영향 그리고 비의도적 표류의 개념들은 부정된다. 게다가 비록 Bowen 접근이 개인을 변화시킴으로써 가족을 변화시키도록 추구하지만, 이론에 의해 단일한 관점만 제공하므로, 관점과 현실이 다양하다는 생각은 배제된다. 그래서 가장 완벽한 가족치료 이론 중의 하나임에도 불구하고, Bowen 접근은 이러한 완벽함 때문에 체계이론적 일관성의 견지에서 볼 때 무언가를 잃고 있다. 이는 물론 가족을 돕는 데 있어서 이 이론이 효과적이지 않음을 뜻하는 것은 아니다.

제2단계 사이버네틱스/포스트모더니즘 관점에서의 질문과 성찰

1. 가족치료에 대한 Bowen 이론의 이야기는 이 내담자 체계에 적합한가?
2. 나 자신에게 다른 이야기를 한다면 내가 어떻게 다르게 보고 이해할지 궁금하다.
3. 나는 내담자와 문제 중심 현실이 아니라 해결 중심 실재를 만들어가는 데 참여하는 방식으로 가계도를 사용할 수 있을까?
4. 감정과 이성의 분화가 이 내담자 체계의 모든 구성원들에게 적합할지 궁금하다.
5. 내담자의 목표는 이론의 목표와 양립할 수 있는가?
6. 무엇이 일어나고 있고 내가 어떻게 행동하는지를 Bowen이 어떻게 개념화할지 나눈다면 내담자에게 어떤 영향을 미칠지 궁금하다.

실전문제

다음의 질문은 이 장에서 다룬 내용의 적용과 분석을 테스트하는 것이다. 임상실천과 더불어 이 장에 대한 추가적인 사정, 적용, 분석, 합성, 평가를 위해 다음 질문에 답하시오.

1. Bowen의 가족체계이론의 몇 가지 기본 개념을 서술하시오.
2. Bowen의 가족체계이론이 기초로 하는 전제를 살펴보시오.
3. Bowen의 가족체계이론의 기본 개념을 사용하여 가족 내 삼각관계를 사정하고 예를 드시오.
4. Bowen 접근을 사용하여, 최근 집에서 도망 나와 가출쉼터에 있는 청소년을 치료자가 어떻게 도울 수 있을지 서술하시오.
5. 정상성과 비정상성에 대한 Bowen의 시각을 설명하시오. 이들 개념에 대한 Bowen의 시각에 기초하여 치료자가 어떻게 사정할 것인가?
6. 분화되지 않은 치료자가 마주치는 도전을 고찰하고 서술하시오.
7. 치료자로서 가족치료 시 가계도 사용을 어떻게, 언제, 왜 도입할 것인지 설명하시오.
8. 당신 가족의 분화 정도가 치료자로서의 당신 역할에 어떻게 영향을 미칠지 설명하시오.

MYSEARCHLAB 살펴보기

www.MySearchLab.com에 다음의 비디오, 사례, 문서 등이 제시되어 있다.[1]

추천 비디오

∧ Genograms: The Tool That Brings Resilience to Life—Constructing the Genogram(Part 4 of 12)(가계도: 삶에 회복탄력성을 불러오는 도구—가계도 구성하기).
치료에서 가계도를 어떻게 구성하는가?

∧ Genograms: The Tool That Brings Resilience to Life—Lisa's Extended Family(Part 6 of 12)(가계도: 삶에 회복탄력성을 불러오는 도구—리사의 확대가족)
확대가족이 포함되었을 때 치료자는 가계도를 어떻게 조합하는가?

∧ Genograms: The Tool that Brings Resilience to Life—History of Loss(Part 7 of 12)(가계도: 삶에 회복탄력성을 불러오는 도구—상실의 역사)
이 가족은 상실에 어떻게 대처하는가?

추천 사례/문서

△ The Depressed Young Mother(우울한 젊은 엄마)
결혼생활의 역동은 아이가 태어나면 어떻게 바뀌는가?

△ Elderly People(노인)
부모와 조부모가 나이 들어감에 따라 가족역동은 어떻게 바뀌는가?

△ Human Behavior(인간의 행동)
이 논문에 나온 단계이론에 기초할 때, 가족발달 단계를 어떻게 사정할 수 있는가?

추천 자원

Professional Voices from the Field(가족치료 분야 전문가의 목소리) : Nathan Ackerman

웹사이트 : Child Welfare Information Gateway

Interactive Case Study(상호작용 사례연구) : Domestic Violence(가정폭력)

연구 주제

Murray Bowen

Michael Kerr

Monica McGoldrick

---

1 그러나 www.MySearchLab.com의 자료 접근 권한을 이 번역서에서는 제공할 수 없음
∧＝AAMFT 핵심능력자산, △＝사례연구

경험적 접근

가족치료에 대한 경험적 접근은 1960년대에 인기 절정에 있던 개인심리학의 실존적/인본주의적 지향에 그 뿌리를 둔다. 이 시기는 경험집단, 감수성 훈련, 인간 잠재력의 성취를 강조한 시기였다. 초점은 '지금 여기' 경험하는 것에 있었고, 목표는 자신의 감정을 표현할 수 있는 것은 물론 자신의 느낌에 접촉하는 것이었다. 인간성에 대한 긍정적인 모델을 지지함으로써, 인본주의적 관점은 개인과 가족의 성장과 발달을 증진시키려는 심리학자와 가족치료자들의 욕구를 반영한다.

그러므로 개별성, 개인적 자유, 자아성취는 경험적 가족치료의 특징이다. 건강은 자발성과 창의성에 대한 강조와 함께 정상적인 변화과정의 촉진을 포함한다. 반대로, 역기능은 충동을 부인하고 느낌을 억압하는 결과로 보인다. 그래서 치료의 기본 목표는 특히 감수성의 영역과 느낌의 공유 영역에서의 성장이다.

경험적 가족치료 기법은 예술로부터 이끌어져 왔으며 심리극, 조각, 역할놀이 같은 전략을 포함한다. 사실상 치료자에게 편안한 거의 어떤 행동도 수용할 수 있는 것으로 고려된다. 치료맥락에서의 경험을 강조하며, 그래서 과제 부여는 규칙이라기보다는 예외이다.

경험적 접근은 주로 개인과 자유롭고 자발적인 태도로 당면 이슈에 반응하는 치료자의 능력에 의존하며, 대체로 비이론적인 경향이 있다. 그러므로 치료자의 전략은 치료자의 개인적 인식론에 특유하다. 그러나 이 입장에 상관없이, 기본적으로 개별 가족원과 그들의 개인적 발달을 지향한다는 데에는 의견의 일치를 보인다.

가족치료에 대한 경험적 접근의 대표자로서 Whitaker와 Kempler가 있다. 이 두 이론가/치료자는 그들의 기본적 인식론 면에서 서로 대조적이다. 그러나 이 대비가 가족치료에 대한 경험적 접근이 무엇을 의미하는지를 예시하는 데 도움이 된다. Whitaker의 뿌리는 정신역동적인 반면 Kempler의 기본 세계관은 게슈탈트심리학으로부터 유래된 것이다. 동시에, 두 사람모두 치료의 경험적 본성 그리고 변화의 과정에서 인간 상호작용의 중요성을 강조한다.

가족치료에 대한 경험적 접근은 소개된 이후 몇 년이 지나 그 인기가 쇠퇴했다(Nichols, 1984). 그러나 이는 효과의 부족보다는 모델을 학습하는 데 있어서의 어려움을 반영하는 것이다. 정말로 이 접근으로부터 배울 것이 많으며, 제2단계 사이버네틱스 관점과 아마도 가장일관적인 치료과정에 대한 관점을 제공한다.

Carl Whitaker

1995년 4월에 사망한 Whitaker는 그의 접근을 **경험적/상징적 가족치료**로 명명하고 다음과 같이 기술하였다.

> 우리는 가족을 변화시키는 것은 교육이 아니라 경험이라고 가정한다. 대뇌피질의 주요 기능은 억제이다. 그래서 대부분 우리의 경험은 우리의 의식 밖으로 계속된다. 우리는 그것에 상징적으로 접근할 수 있다. '상징적이라는 것'은 어떤 것이나 어떤 과정이 한 가지 의미이상을 가진다는 것을 내포한다. 교육이 매우 유용할 수 있는 반면, 가족의 내재적 과정은잠재적 변화에 대한 가장 큰 힘을 포함하는 것이다(Keith & Whitaker, 1991, p. 108).

심리치료자로서 훈련을 받았을지라도, Whitaker는 자신의 치료적 접근의 발달을 일반적인 심리치료적 훈련과정으로부터 이탈을 초래했던 인사와 배치에 대한 제2차 세계대전의 영향으로 돌린다(Keith & Whitaker, 1991). 처음에 산부인과에서 교육을 받은 그는 대학원 졸업 이후 전공을 심리치료로 바꾸었다. 이때 그는 조현병을 처음 접했으며 즉시 거기에 빠지게 되었다(Simon, 1985). 그의 첫 심리치료 배치(1938~1939년)는 작은 진단병원의 거주행정가로서였다. 많은 수의 환자가 있는 큰 시설과는 반대로 이 병원은 뒤떨어진 관리 보호체계로 운영되었으며, 이때 그는 정신분석적 또는 정신역동적 심리치료에 대한 준비가 되어있지 않았다.

이 경험 이후 그는 아동 병원에서 있었는데, 여기서 그의 실제는 놀이치료를 포함했을 뿐만아니라, 그의 슈퍼바이저는 아버지를 포함하지 않고 어머니와 자녀를 여러 치료자가 분리 치료하는 전통을 지지했던 사회복지사였다. 또한 그는 전공에 대해 아무것도 알지 못한다고 느낀 이 시기 동안 의과 대학생들에게 심리치료를 가르쳤고, 일탈한 10대를 치료하였다. 그리고 1944~1946년 동안 직원이 충분하지 않았던 오크리지병원에서 심리치료자로서 굉장한 압박감을 경험하였다(Keith & Whitaker, 1991).

이러한 경험 부족과 심리적 스트레스는 오크리지병원에서 일할 때 시작했던 공동치료의 사용과 선호로 이어졌다. 그는 또한 놀이치료의 적용과 내담자들의 상징적 어머니가 되는 것을 계속 확장시켰다. 에모리대학교 의과대학에서 심리치료과를 처음으로 설립하고 학과장으로 재직하는 동안(1946~1955년), Whitaker와 그의 동료들은 치료의 과정을 강조하였고 조현병 치료에서 공격적인 유형의 놀이치료를 실행하기 시작하였다. 이 시기에 Whitaker와 동료들은 대인적 갈등을 해결하는 전략으로서 조현병 증상을 보는 관점으로 국가적 인정을 받기 시작하였다(Nichols, 1984).

주로 조현병과 그 치료에 대한 혁신적인 관점의 결과로서, Whitaker는 1955년에 에모리대학교로부터 면직되었다. 1955~1965년까지 그는 조지아 주 애틀랜타에서 개업을 했고, 여기서 계속 그는 탈병리화하는 인간 경험에 초점을 두었으며 점차 가족을 다루는 데 관심을 갖게 되었다. 그러므로 1965년에 위스콘신대학교 의과대학의 심리치료 교수로 갔을 때, 그는 자신을 가족치료자로서 규정하였다(Keith & Whitaker, 1991).

■ 기본 개념/이론적 구념

경험에 대한 강조와 일관적으로, 가족치료에 대한 Whitaker의 접근은 실용적이고 비이론적이다.

> 내 이론이란 모든 이론은 나쁘다는 것이다. 물론 모든 이론을 포기하고 그냥 살기 위한 용기를 얻을 때까지 초심자가 게임하는 것은 예외로 하고 말이다. 왜냐하면 수 세대에 걸쳐서 어떠한 중독과 세뇌도 구속적이고 융통성이 없다는 것이 알려져 왔기 때문이다(Whitaker, 1976a, p. 154).

실제로 그의 방식을 이해하기 어렵고 거의 모방하기 불가능하게 만드는 것은 이론화 부족과 체계이론적 모델 형성에 대한 거부 때문이다. Whitaker에게 있어서 치료는 예술이며, 그는 자신의 경험에 대한 믿음과 치료과정을 진실되고 반응적인 태도로 전개하는 능력으로 이론을 대체하기를 권한다. 덧붙여, 그는 이렇게 말하였다.

> 가족의 통합성이 존중되어야 한다는 것도 역시 인정해야 한다. 가족은 자신의 운명을 펼쳐 나가야 한다. 개인이 자살할 권리를 가진다는 것과 동일한 의미에서, 가족은 자기파괴할 권리를 갖는다. 치료자에게는 그의 의지대로 가족체계를 만들 권한이 없다. 치료자는 가족의 코치이나 그 팀에서 뛰지는 않는다(Whitaker, 1976b, p. 163).

그러므로 치료는 치료자와 내담자가 공유하고 그것으로부터 모두 이득을 얻는 성장과정이다. 치료는 각각이 똑같이 취약하고 어느 누구도 상대방에 대한 책임을 갖지 않는 친밀하고 상호작용적이며 평행적인 경험이다. 치료는 직관적이며, 관심을 갖는 환경 내 증가하는 불안을 목표로 하고, 비유와 자유연상, 환상을 통해서 진행된다. 치료는 경험적 · 정신 내적 · 역설적이다. Whitaker에 따르면, "훌륭한 치료는 인적 상호작용 체계에 대한 치료자의 신체적 · 심리증상적 · 정신적 · 내분비적 반응을 포함해야 한다"(1976a, p. 162). 영향력이 큰 책인 심리치료의 뿌리(*The Roots of Psychotherapy*)(Whitaker & Malone, 1953)는 경험을 통해 해결책을 얻는 것의 중요성에 대해 기술하고 있다.

Whitaker에게 있어서 치료의 목표는 개인을 성장하도록 돕고, 그 가족의 맥락에서 그렇게 할 수 있도록 돕는 것이다. 따라서 건강한 가족과 건강한 가족관계는 통찰력이나 이해보다 훨씬 더 중요한 것으로 이해된다. 가족은 통합된 전체로서 보여지며, 가족으로부터 개별화하고 분리될 자유가 파생되는 것은 전체에 대한 소속감을 통해서이다. 그래서 긍정적 또는 부정적 방식으로 나타나는 가족의 권력은 개인의 성장과 발달에 대한 핵심이다. 그러므로 건강과 정상성의 이슈는 가족치료에 대한 Whitaker의 접근에서 매우 중요하다.

■ 건강/정상성의 이론

Whitaker에게 있어서, 건강한 가족은 자아성취적인 가족이거나 그들이 경험하는 위험과 문제에도 불구하고 성장하는 가족이다. 이런 가족을 특징짓는 과정은 대개 은밀하고 비언어적인 과정인 반면, 그 특성상 유사한 경향이 있다. 즉, 모든 사람들이 포함되고 전체에 대한 인식이 있으며, 이 전체에 대한 인식은 "가족의 안전을 지지하고 변화를 가져오는 데 있어서 리더와 통제체계로서 기능한다"(Keith & Whitaker, 1991, p. 112). 덧붙여, 건강한 가족은 시간과 공간을 이해할 수 있으며, 구성원들은 시간과 공간을 통해 앞으로의 진행에 대하여 알고 있다. 세대 간 분리가 유지되는 반면, 역할 융통성이 있으며 각 역할은 여러 시점에서 모든 구성원에게 가능하다. 삼각관계의 경직된 패턴이 없으며 적절하게 합류하고 분리할 자유가 있다. 가족은 그들 자신의 정신 내적 차원인 자신의 신화, 언어적 역사 또는 이야기를 가진다. 또한 건강한 가족체계에서는 자신의 네트워크 내에 있는 다른 체계와의 상호작용이 가능하며 그 상호작용에 개방적이다. 어떤 한 구성원도 항상 문제가 되는 데 대한 모든 책임을 지지 않으며, 따라서 각 구성원은 여러 다른 시점에서 '다루어질' 수 있다.

건강한 가족에서는 증상이 없는 것은 아니나, 문제는 협상과정을 통해 성공적으로 다루어진다. 더구나 "건강한 가족은 점차 한 집단으로서 강해지고, 가족과 가족원에 대한 역할에서 치료적이 되며, 융통성 있고 평상적이며 은밀해진다"(Keith & Whitaker, 1982, p. 49). 성(sex), 열정, 장난스러움은 건강한 가족의 중요한 요소로서 인정된다. Whitaker에 따르면, "성은 모든 세대들을 포함하면 더 개방적이고 재미있다. 가장 좋은 방법 중 하나는 성적 농담을 통한 것이다"(Keith & Whitaker, 1982, p. 50). 이 패턴과 과정의 결합은 세대 간 분리와 이러한 경계를 적절한 방식으로 넘는 능력을 허용한다. 이런 방식으로 건강한 가족은 개별 자율성과 개인적 발달을 촉진한다.

건강한 가족은 각 구성원들과 그들의 공유된 경험을 지지하는 맥락을 제공한다. 반면에 역기능적 가족은 충동이 부인되고 느낌이 억압되는 방식으로 작동하는 경향이 있다. 밀착된 가족이든 유리된 가족이든 간에, 역기능적 가족은 "과도한 냉담함이 있고 열광적이지 않으나, 매우 금지적이며 가족원들이 서로 등을 맞대고 살아도 '그 안에 아무도 없는' 가족이다"(Keith & Whitaker, 1982, p. 52).

역기능적 가족은 자기보호적이며 위험 감수를 피한다. 자발적이고 자유롭기보다는 경직되고 기계적이다. 직면과 공공연한 갈등이 가족을 파괴한다는 신화에 대한 믿음을 공유한다. 그러므로 역기능적 가족은 계속 성장하지 않는다. 차라리 생활주기상의 요구나 외적 사건들이 변화를 요구할 때 한 시점에 고착될 수 있다. 자율성과 친밀감의 부족을 초래하게 되는 경험으로부터의 소외는 이 고착에 대한 핵심이며, 이 고착은 개인의 정신 내적 문제와 대인관계 이슈에서 나타난다. 그러므로 치료는 체계로서 그리고 고착되지 않을 수 있는 개인으로서 가족원들이 스스로 경험하도록 하는 데 목표를 둔다. Whitaker는 가족이 친밀해질 수 없고 그래서 개별화할 수 없기 때문에 치료를 받으러 온다고 가정한다. 경험하는 데 대한 가족원들의 잠재력을 촉진시킴으로써 가족원들이 잠재력을 최대한 방출하여 서로를 더 잘 돌볼 수 있도록 치료자가 도울 수 있다.

또한 역기능은 누구의 원가족이 생식가족에 대한 모델이 될 것인지에 대한 배우자 간 싸움의 결과로 생길 수 있다. 즉, "원인론을 보는 하나의 방식은 결혼생활 같은 것은 없다고 가정하는 것이다. 결혼생활이란 단지 자신의 가족을 재형성하기 위해 두 가족이 희생양들을 보내는 것에 불과하다"(Keith & Whitaker, 1991, p. 118). 이 경우에 치료의 목표는 배우자들로 하여금 서로의 차이에 적응하는 것을 배우도록 하는 것이다. 그러나 이 같은 목표를 성취하는 데 포함된 치료적 과정은 전통적이며 종종 열광적인 것으로 기술되어 왔다.

■ 치료전략/개입

Whitaker에게 있어서, 치료의 기본 목표는 개인적 자율성과 함께함을 촉진하고 균형을 이루는 것이다. 이 목표는 가족 내 창의성이나 열광의 증진을 통해 성취되며, 그래서 모두가 성장하고 변화하기 위해 자유로워진다. 그 과정은 경험적, 상징적, 정신 내적이며 또한 역설적이다.

Whitaker 덕분에 가족치료의 이 접근에서 명백히 모순적인 경험적ㆍ정신 내적ㆍ역설적 요소들이 타협되고, 후자의 두 요소가 전자에 포함되는 방식으로 공존한다. 그래서 경험적ㆍ상징적 가족치료는 내담자와 치료자가 다른 친밀한 관계처럼 서로 '매혹'될 수 있는 실존적 연결은 물론 직접적 전이와 역전이를 포함하는 연속적이고 겹치는 패턴으로 치료자-내담자 관계를 발달시키는 것을 의미한다. 이는 관여하는 것, 사실상 내담자와 치료자 간의 정서적·표현적 느낌을 고조시키는 것과 몰입을 추구하는 것을 뜻한다. 이는 치료자 자신의 '병리의 은광택'이 관계의 맥락 내에서 표면화되는 것을 허용하는 것과 역할의 역전을 형성하기 위해 인간행동의 불합리를 고조시키는 것을 의미한다. 이는 역설적으로 보이나 사실상 가족으로 하여금 가족이 생활하고 자신을 다루는 방식을 발견하도록 한다. 치료자는 열광적이 되고 그래서 환자는 온전해질 수 있다.

Whitaker는 Barbara Betz가 말한 "심리치료의 역동은 치료자 개인에게 있다."라는 언급을 인용하기를 좋아했다. Whitaker와 비교할 때, 이 역동에 대한 핵심은 '개인적 성장'이 모든 관계의 중심 목표이며 '치료자로서의' 개인적 경험이 가족치료에서의 작업을 광범위하게 결정한다는 믿음이다. 경험적 치료가 치료자 자신의 경험을 위해서라면, 내담자를 위한 치료자의 모델링은 실재적이 된다.

상징적/경험적 가족치료는 증상을 직접적으로 언급하지 않는다는 것을 지적하는 것이 중요하다. Whitaker는 증상을 직접적으로 언급하는 것이 가족의 고통을 증대시킨다고 믿었다(Whitaker & Keith, 1981). 그의 관점에 의하면, 감정과 행동 변화는 치료자와의 친밀하고 개인적인 관계로부터 진전되며, 통찰력의 발달보다 우선적이다. 전체로서의 가족은 치료자의 열광에서 나타나는 치료자 자신의 성숙을 경험한다(Goldenberg & Goldenberg, 2000).

치료는 치료자가 자신과 가족이 치료에 접근하는 데 대한 불안을 증가시키는 동안 약속, 몰입, 해제의 세 단계로 일어난다. 역설의 사용과 함께 치료자는 정신병 같은 에피소드를 만들기 위해 압박감을 고조시키는 것을 목표로 하며, 따라서 내담자는 새롭고 더 의미 있는 방식으로 재통합하도록 촉구된다. 그 과정 동안 치료자는 정신 내적 반응이 공유되고 역할이 역전되는 강렬하고 온전하며 열광적인 공생관계로 들어가고 나오면서 가족에 소속되고, 또 그 자신을 가족으로부터 분리시킨다. 내담자가 자신의 온전하고 열광적인 요소들을 타협하고 자신과 가족의 창의성을 즐길 수 있게 됨에 따라, 내담자는 이제 가족에 대한 자문인(consultant) 역할의 치료자와 독립적인 동료관계를 수립할 수 있을 정도로 개별화와 재탄생을 성취한다. 그러므로 역설적이고 정신 내적인 요소들이 경험적 치료의 맥락 안에서 나타난다.

특히 Whitaker(Keith & Whitaker, 1982)는 치료과정의 중요한 측면으로 다음의 7가지 기법을 규정하였다.

1. 증상을 성장에 대한 노력으로 재규정하기
2. 환상을 실제 생활의 스트레스에 대한 대안으로 모델링하기
3. 개인 내적 스트레스와 대인 간 스트레스를 분리하기
4. 개입의 실제적 부분들을 부가하기
5. 한 가족원의 좌절을 확대시키기

6. 정서적 직면을 활용하기

7. 자녀를 동료가 아니라 자녀처럼 다루기

이 전략들에 의하여 가족이 문제에 포함된다. 감정적 레퍼토리를 확장시키기 위해 환상을 사용하는 방법을 가족원에게 가르치며, 가족원들은 위험을 감수하는 것을 배운다. 가족에게는 자유롭게 수용하거나 거부할 수 있는 생각들이 제공된다. 가족 상황의 불합리가 고조되고 강조되며, 치료자가 적절한 자녀 양육 행동을 모델링시킴에 따라 관계와 세대 간 경계가 확인되고 유지된다.

Whitaker의 방식은 강력하며 시적(詩的)이다. 그는 또 다른 맥락에서는 모순적이나 자신에게는 적절한 여러 요소들을 조합함으로써 자신에게 독특하게 잘 맞는 매우 개인적이고 성공적인 접근을 만들었다. 그는 위험을 감수하고 관여하며 공유하고, 그래서 성장하는 자발성을 통해 자신과 직업에 대한 몰입을 보여주려고 하였다. 그는 자신의 강점과 약점에 대해 그리고 그의 치료방식에 대한 제한점과 요구, 즉 공동 치료자에 대한 필요성을 알고 있으며 이에 대해 개방적이었다. 그는 이러한 개인적 철학을 자신의 치료방법으로 바꾸었다.

그러므로 치료과정은 공동 치료자 활용뿐만 아니라 확대가족원의 포함에 의해 특징지어진다. 실제로 전 가족원이 참석하며 3세대를 보기를 요구한다. "나는 첫 방문 이전에 전화로 '3세대가 함께 오라고, 그렇지 않으면 시작하지 말라'고 얘기하고 싶다"(Whitaker, 1976a, p. 183). Whitaker에 따르면, 이 전략은 가족에게 전체감, 존엄성, 역사적 연속성을 증진시키며, 또한 치료의 힘을 증진시키는 데 목표를 둔다.

> 예방적 경험과 치유적 힘으로서든, 좌절된 치료자에 대한 자문인으로서든 또는 3세대 전쟁을 중재하기 위해서든, 3세대 체계가 모일 때의 장기적인 이득이 즉각적인 이득을 훨씬 초과할 수 있다. 역할 요구에서의 융통성 증가는 거의 자동적이며, 충성심에 대한 부담과 은밀한 공모가 종종 변화된다. 변화에 대한 몰입은 개인과 하위집단의 새로운 시각적 투사를 허용하며, 그래서 각 개인의 정신 내적 가족을 변화시킨다. 개인이 전체에 소속된다는 것 그리고 그 유대는 부인할 수 없다는 것을 발견하는 것은 소속에 대한 새로운 자유를, 그럼으로써 개별화할 새로운 능력을 가능하게 한다(pp. 191-192).

마지막으로, Whitaker는 치료자가 치료적 만남에 자신의 개인적 가치들을 가진다는 것을 인식하였지만, 치료자가 그 가치들을 다른 사람에게 부과하거나 다른 사람에게 어떻게 되어야 하는지를 이야기하는 것은 그의 의도가 아니라고 하였다. 그는 가족이 고려되는 강력한 세력이며, 변화를 초래할 유력한 책략을 실행하기를 두려워하지 않아야 하지만, 결국 치료는 내담자가 오래된 패턴을 깨고 자신을 확장시키며 재조직과 통합을 통해 변화에 대한 가능성을 형성하도록 격려되는 공동 노력이어야 한다는 것을 인식하였다. Whitaker는 사망하였지만, 이 같은 생각은 그의 동료이자 공동저자인 Keith와 Napier에 의해 오늘날 계속 실행되고 있다.

■ 체계이론적 일관성

가족치료에 대한 Whitaker의 상징적/경험적 접근은 그 언어의 기원과 의미가 뚜렷하게 정신역동적인데도 불구하고, 이미 요약된 체계이론적 인식론과 여러 가지 방식으로 일관적이다. 전체로서 체계의 권력과 역할에 대한 막중한 강조는 이 일관성의 명백한 요소이다. 덜 명백하나 그럼에도 불구하고 일관적인 것은 개인에 대한 초점이다. 그래서 Whitaker는 체계와 관련된 개인의 상호작용과 영향(또는 회귀성)에 주목할 뿐만 아니라, 동일한 인식적 실재를 공유하는 통일된 실체로서의 가족을 다룰 수 없는 점과 Maturana에 의한 개인 인성의 '다원성'을 암묵적으로 인정한다.

마찬가지로, 교육하기보다는 경험하기에 대한 그리고 '구속적이고 융통성 없는' 모델들보다는 자발성과 직관에 대한 Whitaker의 강조는 체계이론적으로 또한 일관적이다. 치료자는 가족에게 무엇을 해야 된다든가 무엇이 되어야 한다고 말하기보다 '치료자의 뜻대로 가족체계를 만들지' 않아야 된다고 믿는다. 더구나 진실성과 개인적 몰입에 대한 강조 그리고 치료자와 내담자는 가족이 '자신의 운명을 펼쳐나가야' 하는 평행적 성장과정에 포함된다는 믿음에 대한 강조는 구조적 결정론, 구조적 결합, 비의도적 공동 표류의 개념들에 매우 가깝게 비유된다. 그래서 Whitaker는 가족을 다루지 않았다. 차라리 그는 가족과 함께 재조직과 재통합의 과정을 통해 변화가 일어날 수 있는 맥락을 형성하려고 시도하였다.

더구나 코치로서의 역할에서 Whitaker는 팀의 한 구성원이 되지 않는 그리고 가족에 합류할 수 없는 이슈를 언급하였다. 동시에 그는 모두가 포함되는 공유된 과정을 인식한다. Whitaker의 머릿속에 건강 또는 정상성의 모델이 있었으나 그 모델의 요소들은 모든 과정 차원들이며, 가족을 위한 성장은 궁극적으로 자신의 가장 좋은 치료자로 보이는 가족에 의해 규정되는 것이다. Whitaker는 그의 역할을 사회적 통제 대행자의 것으로 보지 않았다. 그러나 Whitaker의 병리나 역기능을 규정하는 바로 그 과정 때문에 모든 행동을 맥락에 논리적 또는 정상적으로 보는 제2단계 사이버네틱스 관점과는 일치하지 않는다.

대부분의 경력을 통해 Whitaker는 그의 치료방식에 대해 많은 저술을 하였으나, 대개는 임상적 실제로부터 나온 사례연구와 예들을 통해서였다. 최근에 특히 위스콘신대학교에서 은퇴한 이후로, 그는 자신이 치료에서 무엇을 하는지 설명하는 데 더 많은 관심을 쏟았다. 자신의 접근에 대하여 더 체계적으로 기술함에 따라 그는 체계이론적으로 덜 일관적이 되는 위험 증가를 감수하였다. 반면에 Whitaker의 창의적 재능과 다년간의 실제에서 볼 때, 그는 대부분의 다른 가족치료자보다는 이 딜레마를 더 잘 피할 수 있었다. 그의 죽음으로 가족치료 분야는 가장 혁신적이고 존경받는 개척자 중 한 사람을 잃었다. Keith(1995, p. 7)의 말처럼, "그는 가족치료 분야의 기둥이며 재능과 용기가 있고 강한 사람 중 한 명이었다.”

제2단계 사이버네틱스/포스트모더니즘 관점에서의 질문과 성찰

1. 성장과 건강을 촉진할 수 있는 것은 경험 이외에 어떤 것이 있는가?
2. 전 가족원이 치료받으러 올 필요가 있는지 궁금하다.
3. 만일 내가 ‘미친(crazy)’ 태도를 보인다면, 그것은 내담자 체계와의 가장 치료적인 입장일 것인가?
4. 내가 내 질문방식에 Whitaker의 과정에 대한 초점을 어떻게 통합할 수 있는지 궁금하다.
5. 만일 내가 코치로서 행동한다면, 이는 가족원보다 더 많은 지식을 갖고 있다는 것을 의미하는가?
6. 공동치료자를 불러들인다면 내담자 체계에 압도된 느낌을 가질지 궁금하다.

Walter Kempler

Kempler는 자주 언급되지는 않을지라도 가족치료의 개척자 중 한 사람이며, 자신의 접근을 게슈탈트-경험적 가족치료로 명명하였다. Kempler(1982)는 다음과 같이 기술하였다.

> 이 모델은 즉각적인 것(사람들이 무엇을 말하는가, 그들이 어떻게 말하는가, 그것을 말할 때 무슨 일이 일어나는가, 그것이 그들이 행하고 있는 것과 어떻게 일치하는가, 그들이 무엇을 성취하려 하고 있는가)에 대한 관심에 초점을 둔다. 불일치가 개인 내에서 발견되든 두 사람 이상 사이에서 나타나든 간에 상관없이, 치료는 불일치 요소들을 상호 자기노출적으로 직면하도록 하는 것으로 구성된다. 대화에서 중요점은 현재의 갈등이며 더 분석적이거나 이유를 찾는 것을 지향하는 대신, 그것을 해결하기 위해 무엇이 행해질 수 있는지에 초점을 맞춘다(p. 141).

일반 개업의로서 의료 경력을 시작했던 Kempler는 1948년에 텍사스대학교에서 의학박사 학위를 받았고, 그 후 1959년에 캘리포니아대학교 심리치료과에서 레지던트 과정을 마쳤다. 개업 후 몇 년 동안 가족을 다루는 데 대한 관심을 발달시켰으며, 1961년에는 Kempler 가족발달연구소(Kempler Institute for the Development of the Family)를 설립하였다. Kempler는 또한 광범위하게 저술을 하고 발표활동을 했으며 가족치료에 대한 여러 영화를 제작하였다. 그는 미국과 북유럽을 여행하면서 자유계약직 선생과 훈련가로 계속 활동을 하면서 가족치료에 대한 지식을 다른 사람들과 공유하고 있다(Kempler, 1981).

그의 게슈탈트 기초와 일관적으로, Kempler의 접근은 실존심리학/철학과 현상학으로부터 유래한다. 치료는 인식을 확장시키고 개인적 책임을 수용하며 자기 자신의 인생을 이끌며 살 수 있는 것으로 간주되는 개인을 통합하는 데 초점을 둔다. 이런 개인적 책임의 수용은 개인이 성숙하려면 필요한 것이다. 정신역동적·행동적 접근 이후 심리학에서 소위 제3세력의 일부로 발달된 게슈탈트 치료는 본성 또는 인간의 잠재력에 대한 긍정적인 관점을 매우 강조한다. 관찰자와 관찰된 것 간의 관계에 초점을 둔 인식이론으로서 시작되었기 때문에, 게슈탈트 심리학은 개인이 관계되지 않는 고립자로서보다는 의미 있는 전체 또는 게슈탈트로서 실재를 본다는 것을 실험을 통해 밝혔다. 그래서 형태와 장(ground)의 개념과 관찰된 것에 대한 참여자로서의 관찰자는 이 이론의 주요 요소이다. 또한 강조된 것은 '지금 여기'였는데, 왜냐하면 과거는 이미 가고 미래는 앞으로 다가올 것이므로 오직 현재만이 변화될 수 있기 때문이다.

이 같은 생각을 게슈탈트–경험적 가족치료로 바꾼 것으로서, Kempler는 핵가족 또는 각 개인이 한 부분인 전체를 치료적 상호작용에 가장 적절한 배경으로 본다. Whitaker처럼, Kempler는 가족이 개인적 성장과 발달에 대한 실마리를 갖고 있다고 믿는다. 덧붙여 치료자와 내담자 간에 현재의 대면적이고 상호적인 만남과 상호작용에서 두려움, 기대, 봉쇄와 저항 영역들이 탐색되는데, 이는 변화가 일어나는 과정이다.

■ 기본 개념/이론적 구념

Kempler에게 있어서, 이론화는 경험을 다른 것들과 관련시킬 수 있기 위해 경험을 조직할 수 있게 하며, 행동을 기술하기 위한 준거틀로 작용한다. 그러나 Whitaker처럼 그는 그 유용성에 대해 회의적이다.

> 이론화는 믿을 수 없다. 처음에 우리의 환상으로부터 만들어진 이론은 세력이 있고 지배적이며 통제적인 굴레가 될 수 있다. 이론/자녀의 영향력은 치료자/부모가 이론/자녀에게 투사해야 하는 권력에 따라 변화할 것이다. 자기가치감의 감소로 인해 부모와 치료자는 과도하고 통제적인 권력을 자녀와 이론에 준다(Kempler, 1981, p. 45).

이론화는 경험의 결과로 생기기 때문에, 그것은 불완전한 만남의 증상일 수 있으며 또는 자기노출에 대한 대안으로 사용될 수 있다. 자료의 축적을 돕지만, 동시에 개인적인 침체를 이끄는 인지적 설명을 통해 사람들은 불편함과 더 개인적인 수준에서 상호작용할 수 없는 무능력을 다룰 수 있다. 이론이 형성되는 데 대한 경험이 과거에 있기 때문에 이론은 새로운 경험과 새로운 준거틀이 획득됨에 따라 내일에는 달라질 것이다. 반면에 개인적 각성을 인식하기 위해 또는 개인적 공유를 위해 사용될 때 이론화는 수용될 수 있다. 덧붙여, 이론들이 새로운 경험을 형성하고 그래서 개인적 발달을 증진시킨다면 유용한 것이다(Kempler, 1970).

이론과 이론화에 대한 이러한 견해와 일관적으로, Kempler는 적극적·자발적·비역사적 방식의 치료를 지지한다. 동시에 그는 그의 접근에 근본적인 여러 개념들을 요약하였다. 예를 들어, 그는 '지금 여기'에서의 경험과 인식의 독특한 조합인 심리적 실재에 대해 말한다. 이 개념에 따르면, 우리는 인식에 의해 우리 자신과 우리 주위의 세계를 지각한다. 비록 이 지각이 우리의 경험을 정확히 기술하거나 기술할 수 없을지라도 그렇다. 우리 지각의 정확성에 대한 확인은 우리가 권한을 주는 개인적으로 선택된 확인자들에 의해 이루어진다. 그러나 우리의 지각은 우리 주위에 있는 사람들의 지각과는 항상 다르며, 따라서 치료의 기본 목표 중 하나는 지각의 개인적 차이에 대한 인식을 촉진하는 것이다.

치료는 친밀한 개인적 경험에 대한 기회, 즉 성장에 대한 실마리를 제공한다. 다른 인식으로 교육받거나 그것에 대해 얘기하는 것보다, 가족원들은 더 생산적으로 상호작용해서 그들의 지각을 변화시키도록 격려된다. 그러나 첫 번째 우선순위는 개별 구성원이며, 두 번째가 전체로서의 가족이다. 그러므로 "가족 내 경험적 심리치료의 목적은 각 가족원의 가족 내 통합이다"(Kempler, 1981, p. 27). 그리고 통합은 개인적 존재의 인식, 존중과 표현으로 규정된다.

Kempler에게 있어서 가족은 서로에 대해 관심을 갖는 두 사람 이상으로 구성된다. 각 가족은 개인적 발달을 지지하는 잠재력을 갖고 있다. 인간이 서로 협동하고 만족시키도록 동기화될지라도 장애가 발생한다. 그래서 가족원들 간에 서로 더 유익한 교환을 회복하도록 더 긍정적인 인간 상호작용으로 이끄는 안내자로서 행동하는 것이 치료자의 역할이다.

Kempler에 따르면, 존재는 경험들로 이루어지고 경험들은 우리의 존재에 대한 증거를 제공한다. '만남'은 사람과 관련된 경험이고, 좋은 만남은 거북함의 잔재가 없는 방식으로 완결된다. 그래서 치료의 또 다른 기본 목표는 대인적·정신 내적 수준에서 더 효과적인 만남을 경험할 기회를 내담자에게 제공하는 것이다(Kempler, 1967). 효과적인 치료적 만남에서 초점은 '지금 여기'에서 행동의 과정에 있으며 다음 네 가지 요소로 구성된다.

1. 주어진 순간에서 '내가 누구인가'에 대한 명확한 지식. 이는 내가 시시각각 요구하는 것에 대한 역동적 인식을 요구한다.
2. 내가 함께 있는 사람들과 그리고 만남의 맥락에 대한 민감한 인지 또는 평가
3. 내가 만남으로부터 요구하는 것을 가능한 효과적으로 추출하는 조작 기술의 발달과 활용. 이 측면은 표현적이다.
4. 만남을 마무리하는 능력(Kempler, 1981, p. 38)

그러므로 치료자 모델들은 내담자가 효과적인 만남의 경험을 공유하도록 돕는다. 불완전한 만남의 경험은 심리적 오해의 근원이다. 즉, 불완전한 만남은 대인적 상호작용의 과정 동안 야기된 느낌을 표현할 수 없는 무능력에 의해 특징지어진다. 그것은 현재의 인식을 왜곡시키고, 또 현재의 만남을 방해하는 거북한 느낌을 초래한다.

불완전한 만남에 의해 형성된 불편함은 현재의 만남에 대하여 이해하고 생각하며 얘기하

려는 시도에 의해 자주 다루어진다. 그러나 이 같은 전략들은 개인을 '지금 여기'로부터 과거나 미래로 옮기고, 그래서 완전히 경험할 능력을 불가능하게 한다. 지적 지식보다는 경험이 가장 좋은 선생으로 간주된다. 정말로, "직접적이고 대인적인 경험은 정신건강의 수양과 회복에 대한 실마리이다"(Kempler, 1982, p. 142). 그리고 개인이 '지금 여기'에서 경험하고 있는 것에 대한 표현은 책임 있고 반응적인 행동을 나타내는 것이다.

■ 건강/정상성의 이론

Kempler에게 있어서, 건강한 가족은 개별 구성원들이 그들의 개별적 정체성과 개인적 욕구를 표현하고 자율성을 인정하며, 타인에 대한 차이를 수용하고, 현재 순간에서 기능하도록 하는 지지적 맥락을 제공한다. 즉, 우리가 우리의 가족에서 경험하는 만남은 우리의 능력과 행동에 가장 큰 영향을 미친다. 개인의 중요한 타자들은 성공적이든 아니든 간에 대처에 대한 가장 중요한 경험을 제공한다.

역기능적 가족에서, 전체로서 함께함과 충성심에 대한 압력은 개인적 책임과 통합성을 방해할 수 있다. 개인은 그들의 느낌을 표현하기를 피하고, 그래서 친밀감을 얻을 가능성을 배제한다(Nichols, 1984). 따라서 "증상은 고통받는 과정의 신호로 보인다. 즉, 그 과정의 한 시점 또는 참여자에 따라 적절하게 진전하지 않는 과정이다"(Kempler, 1982, p. 148).

증상의 성질에 상관없이, 증상은 항상 두 극단 간(하나는 다른 것의 희생자로 그리고 환자는 자신을 희생자 역할로 기술하는)의 갈등으로 표현된다. 예를 들어, 내담자가 제시하는 문제는 내담자가 우울로 인한 고통 때문에 원하는 활동에 참여하지 못하게 막는 것일 수 있다. 이 증상적 행동은 "아이구! 내가 내 가족에서 고통을 갖고 있다."라고 말하는 내담자의 방식이다(Kempler, 1973, p. 19). 더구나 이 같은 "증상적 행동은 한 개인이 그의 통합된 흐름을 방해하는 어딘가에 고착과정을 갖는다는 것을 우리에게 말해주는 것이다. 즉, 어떤 과정의 굽이치는 흐름이 굳어졌다는 것과 두 극단이 교착 상태라는 것이다"(Kempler, 1982, p. 155).

그러므로 가족은 증상을 나타내는 개인이 고착되지 않도록 그 자산을 동원하지 않는 정도로 역기능적이다. 그리고 치료의 기본 목표는 가족 구성원의 복지와 계속적인 발달을 위한 기본 자원으로서 행동하는 가족의 능력을 회복하는 것이다. 이 목표를 성취하는 데에는 "인식하고 협상하고 행동하도록" 가족원들의 잠재력을 자극하고 방출하는 것을 필요로 한다(Kempler, 1982, p. 159).

그래서 게슈탈트-경험적 가족치료에서 내담자는 가족이며, 그 과정은 '다시 주의 기울이기'나 각 개인의 삶의 경험에 대한 깨달음으로 간주된다(Kempler, 1981). Kempler는 치료 인터뷰를 가족원들과 치료자가 당면 이슈를 해결하기 위해 스스로 일으키는 전쟁터로 규정한다. 제시된 첫 번째 이슈는 대개 문제가 아니다. 차라리 그것은 가족 내 고통의 신호이다(Kempler,

1973). 예를 들어, 남성 내담자의 신경과민에 대한 도움 요청은 그 남성이 상사와 맺는 관계의 성질을 반영할 수 있다. 그것은 또한 그의 부인과 자녀가 신경질적인 그와 가지고 있는 어려움을 나타낼 수 있다. Kempler에게 있어 가족이 고통을 생산하거나 문제를 해결하는 데 얼마나 잘 기능하는지는 병리 또는 건강의 척도이다.

■ 치료전략/개입

게슈탈트-경험적 가족치료에서 치료자는 개인이 서로 더 개방적이고 직접적인 방식으로 직면하도록 격려하는 촉매자로서 행동한다. 그래서 치료자는 대안적 행동에 대한 제안을 제시하고 개인적 관찰을 제공하며, 방향이나 조언을 제시해준다. 만일 이 제공들이 무시되면, 치료자는 좌절하며, 내담자의 느낌을 인정하고 관심을 요구함으로써 '열렬한 참여자'의 역할로 전환할 수 있다. 그러므로 치료자는 가족 상호작용을 이끌며 개인적 불편함을 완화시킨다.

치료자의 인성과 삶의 경험이 치료적 만남에 함께하며, 효과에 대한 실마리의 하나로서 보여지는 것이 이런 적극적인 참여이다. Kempler(1968, p. 99)는 "기법은 없고, 오직 사람만이 있다."고 한다. 치료자는 자신의 인식을 알리고 왜곡을 회피하며 독특한 개인의 정체성을 명확하게 하는 과정을 촉진하려고 노력한다. 더구나 치료에 객관성은 없으며, 성공은 적극적인 자세를 필요로 한다. Kempler가 느끼기에 치료의 과정을 증진시킬 것 같은 여러 특징적인 행동이 있다. 치료자는 다른 사람의 인생에 간섭할 '필요'가 있고, 알리려고 하고 위험을 무릅쓰며, 책임 있는 행동을 요구하고 차이를 용인하며, 다른 사람들을 이해하고 반대하며, 자기비판적이고 용기가 있으며, 실수를 인정한다(Kempler, 1981).

더구나 치료자가 순간에 완전히 초점을 두고 가족에게 전적으로 존재할 수 있을 때, 만남은 치료적이 된다. 치료자가 다양한 심리학적 이론들에 의해 승인된 것으로서 만남을 감소시키는 책략을 버릴 때, 치료는 더 흥미 있고 그래서 경험적이 될 것이다. 즉, 치료자에 의해 선택된 방향은 치료에 대해 예상한 모델이 아니라 즉각적인 인식과 관심에 기초되어야 한다. 치료자는 치료자의 역할을 행하기보다 완전한 참여와 각 인성의 철저한 표현을 격려하는 분위기를 형성하는 전적인 인간이다. 신체적 폭력을 제외하고는 어떤 행동이나 감정도 치료에서 적절한 것으로 간주된다.

치료적 만남이 효과적이기 위해서는 참여자들에게 영향을 주어야 한다. 이는 내담자의 측면에서 동기 또는 내담자에 다가가는 치료자의 측면에서 기술을 요구한다. 그러므로 치료자는 '다룰 수 있는 위기'를 형성하기에 충분한 강도를 드러내고, 그럼으로써 내담자와의 의미 있는 연결을 만들어야 한다(Kempler, 1967). 따라서 치료자는 현재에 전적으로 머무르는 동안 해석보다는 행동을 제공한다. 중요한 것은 이 순간에 우리가 무엇이며 어떻게 상호작용하는지이다. 여러 행동을 현재 경험하는 것은 내담자에게 있어 삶의 변화와 같다. 역사적 자료는 그것이 자발적으로 드러나 내담자의 현재 기능성에 대한 정보를 제공하는 측면에서만 적절하다.

치료자나 가족으로부터 표면 밑의 자료가 드러나도록 허용하는 것으로 규정된 자발성 역시 효과적인 치료적 만남을 특징짓는다. 그래서 안전하고 관심을 갖는 환경에서 정서가 자유롭게 흐르고, 개인의 전적인 존재는 '지금 여기' 나타난다. 내담자와 치료자의 욕구가 알려짐에 따라 자발성은 어떤 주제의 표현에 대해서도 허용된다. 치료는 언어적 또는 비언어적 반응으로 나타나는 이러한 욕구들에 대한 적극적인 주의력을 통하여 활발해진다. "그러나 언어적 참여가 드물다면, 누군가가 불평을 제시하며, 모든 사람은 각 순간에서 보고(또는 보지 않고) 움직이고(또는 움직이지 않고 앉아있고) 반응한다(또는 반응하는 데 실패한다.)"(Kempler, 1981, p. 159). 치료자도 무엇이 일어나고 있는지 또는 일어나지 않고 있는지에 대한 도발적인 언급으로 논평하거나 과정에 대한 개인적인 반영을 공유하는 것으로 반응한다.

치료자는 효과적인 만남을 지지하는 맥락을 설정하기 위해 자신의 전적인 인성과 존재를 사용한다. 무엇보다도 치료자는 현재에 남아있고 자발적이 되며, 느낌, 인식, 행동에 대한 개인적 책임을 수용함으로써 하나의 모델로서 행동한다. 효과적인 치료자는 협조적이고 전적으로 몰입되며, 반응성, 탐색, 실험을 동기화하거나 격려하기 위해 자신의 전체 경험적 레퍼토리를 사용한다. 이를 다음과 같이 반복할 수 있다.

> 아무 기법도 '작동'하지 않는다. 그 자체로 치료적인 어떤 행동도 없다. 모든 규칙이나 행동은 맥락에 맞게 나타나도록 치료자-개인을 통해 여과되어야 한다. 가장 치료적인 개입에서는 전적이며 현재에 적절한 '나' 언급이 전해져서 경험적으로 들릴 것이다(Kempler, 1981, p. 277).

■ 체계이론적 일관성

Kempler는 실제를 이끄는 이론에 대한 설명보다는 치료적 과정에 대한 설명에서 체계이론적으로 훨씬 더 일관적이다. 한편, 그는 치료자를 과정에 전적으로 몰입하고 객관성을 갖지 않으며, 즉각적인 인식에 따라 반응하고 어떤 선입관이나 명백히 규정된 기법에 의존하지 않는 촉매자로 본다. 관찰자는 관찰된 것의 일부분이고, 내적 구조에 대하여 강조하고, 다중 인식으로 실재를 이해하며 그 구성원들이 외부 환경에 관계없이 '지금 여기'에서 상호작용하는 폐쇄된 체계의 일부분이다.

반면에 병리의 원인과 해결책에 대한 규정은 물론, 병리의 존재를 규정함으로써 Kempler는 제2단계 사이버네틱스 영역으로부터 벗어난다. 가족역동성을 거의 완전히 제외하고 병리의 소재와 건강의 원천 면에서 개인을 극단적으로 강조하는 것은 사이버네틱스 관점과 일관적인 전체성의 차원에 대한 인식을 부인한다. 그래서 관계적 초점이 있을지라도, 맥락에 대한 견해는 가족 상호작용 또는 치료에서의 역동성(과정)으로서가 아니라 지지적 특성(내용)으로서만 구체적으로 언급된다. 게슈탈트–경험적 접근은 가족치료라기보다는 가족맥락에서의 개인치료라는 느낌을 남긴다.

그러므로 경험적 모델들의 체계이론적 일관성에 대한 핵심은 그 모델들이 아무 이론도 지지하지 않는 이론들로서 정말로 경험적인 또는 자기준거적으로 일관적인 것으로 보이는 것이다. Whitaker와 Kempler 모두 개인심리학의 토대 위에서 가족에 대한 접근을 수립했던 반면, 체계이론적 일관성이 성취된 또 다른 척도는 전체성의 맥락에서 순환과 피드백의 차원을 인정하며, 그래서 사이버네틱스 인식론으로 변화할 각 접근의 상대적 능력이 된다. Kempler보다는 Whitaker가 훨씬 더 많이 이를 행해온 것으로 보인다.

제2단계 사이버네틱스/포스트모더니즘 관점으로부터의 질문과 성찰

1. 내 주요 초점이 개인이라면, 나는 전체로서의 가족체계에 대한 행동변화의 영향에 어떻게 민감할 수 있는가?
2. 증상의 시초에 대한 나의 이야기가 항상 정확한지 궁금하다.
3. 가족 구성원이 가지고 있던 문제에 대해 가족을 비난하는 것을 나는 어떻게 피할 수 있는가?
4. 내가 치료를 전쟁터가 아닌 다른 것으로 개념화한다면 그 경험이 달랐을지 궁금하다.
5. 어떤 행동이 직면에 대한 논리적 반응인가? 그리고 이것은 내가 형성하는 데 참여하기를 바랐던 행동인가?
6. 경험적 치료의 핵심을 위반하지 않고 다양한 이론/이야기를 내가 어떻게 유용하게 통합할지 궁금하다.

실전문제

다음의 질문은 이 장에서 다룬 내용의 적용과 분석을 테스트하는 것이다. 임상실천과 더불어 이 장에 대한 추가적인 사정, 적용, 분석, 합성, 평가를 위해 다음 질문에 답하시오.

1. Whitaker의 접근에 근거하여, 어떻게 경험적 가족치료자가 가족의 코치로 행동하는지 기술하시오.

2. Whitaker는 왜 가족의 건강한 성장에 중요한 것으로서 치료과정에서 확대가족원의 포함을 고려했는지 요약하시오.

3. 가족이 '제정신의 그리고 미친 요소'를 조정하는 것을 치료방식으로 돕기 위해 가족원의 좌절을 증대시키는 가족치료자로서 Whitaker와 주고받는 짧은 기록을 작성하시오.

4. Kampler의 이론에 근거하여, 당신이 구성원인 세 가족을 나열하시오. 그리고 당신의 개인 발달이 각 가족과의 만남을 통해 어떻게 지지 또는 방해받았는지 예를 제시하시오.

5. 가족규범에 어긋나는 신념을 가진 가족원이 가족에 들어온 후에 억제되고 저지된 가족원들을 경험적 치료사가 어떻게 치료하는지 보여주는 시나리오 구성하시오.

6. 경험적 치료자가 어떻게 가족 세션에 집중하도록 해석을 제공해서 가족의 이슈를 '다룰 수 있는 위기'의 수준으로 재촉하는지 설명하시오.

7. 어떻게 가족치료에 대한 경험적 접근이 비이론적이나 인본주의 이론의 영역에 속하는지 요약하시오.

8. 성공적인 가족치료 세션에 대한 경험적 치료자의 개념이 어떻게 다른 두 가지 이론적 접근의 개념과 다른지 비교하시오.

MYSEARCHLAB 살펴보기

www.MySearchLab.com에 다음의 비디오, 사례, 문서 등이 제시되어 있다.[1]

추천 비디오

Grandmothers Raising Grandchildren(손자녀를 키우는 조부모)

이 비디오에 제시된 3세대 가족에게 가족 상담을 제공한다고 가정하시오. 경험적 접근을 사용할 때, 목표는 무엇이며 진행하는 세션을 어떻게 계획하겠는가?

∧ Genograms: The Tool That Brings Resilience to Life—Lisa's Extended Family(Part 6 of 12)(가계도: 삶에 회복탄력성을 가져오는 도구—리사의 확대가족)

Carl Whitaker의 철학을 사용하는 가족치료자로서, 리사의 가족 구성원 중 누구를 치료 세션에 포함시키기를 원하는가? 그리고 언급하기를 원하는 주요 쟁점은 무엇인가? 그 쟁점에 대한 가족 논의를 어떻게 불러일으키겠는가?

∧ Genograms: The Tool That Brings Resilience to Life—Contextualization(Part 2 of 12)(가계도: 삶에 회복탄력성을 가져오는 도구—맥락화)

경험적 모델의 체계이론적 일관성에 대한 핵심은 정말로 경험적이 되는 정도와 관련된다. 가계도를 작성할 때 치료자는 어떻게 가족 구성원을 경험적 초점 대 판단적 초점에 두도록 할 수 있는가?

추천 사례/문서

△ Family Feud(가족 불화)

당신이 세 형제자매와 그들의 배우자를 치료하는 경험적 가족치료사라고 가정하시오. 부모가 죽은 후, 세 쌍의 부부는 유산에 관해 서로 싸우기 때문에 치료를 받으러 왔다. 당신은 당신 사무실에서 발생한 처음의 불화를 어떻게 언급하겠는가?

△ Multigenerational Abuse: The Story of the Santiagos(다세대 학대: 산티아고 가족 이야기)

몇몇 쟁점들이 어떻게 산티아고 가족에 대한 효과적인 경험적 치료를 돕고 방해하겠는가?

△ The Making of a Family Therapist(가족치료사 만들기)

적어도 세 가지 경험적 가족체계 개념을 열거하고, 각각이 전문적으로 당신에게 중요한 이유를 설명하시오.

추천 자원

Professional Voices from the Field(가족치료 분야 전문가의 목소리) : Carl Whitaker

Career Exploration(직업 탐색) : 가족치료사 Rachel Henderson

Techniques for Generalist Practice(일반전문가 실천을 위한 기법) : Engaging the Hard-to-Read Client(파악하기 어려운 내담자에게 관여하기)

연구 주제

Carl Whitaker

David Keith

Walter Kempler

---

1 그러나 www.MySearchLab.com의 자료 접근 권한을 이 번역서에서는 제공할 수 없음

∧＝AAMFT 핵심능력자산, △＝사례연구

구조적 가족치료

Salvador Minuchin은 구조적 가족치료의 발달과 가장 자주 연관되는 사람이다. 제2장에서 보았듯이, 가족치료 분야에 미친 그의 영향은 지대하며 오늘날까지도 계속 그렇게 느껴지고 있다. Minuchin은 1965~1976년까지 필라델피아 아동지도클리닉의 소장으로서 가족치료 훈련을 맡아서 했다. 1981년 뉴욕으로 이사해서 자신의 센터를 열었고 미누친가족센터(Minuchin Center for the Family)로 개칭하였으며, 1996년에 그곳에서 은퇴하였다(Nichols & Schwartz, 2004). 오늘날 이 센터는 가족치료에 구조적 접근을 활용하는 작업을 계속하고 있다.

Minuchin 외에 구조적 가족치료의 발달에 기여한 이론가와 치료자는 Harry Aponte, Charles Fishman, Stephen Greenstein, Jay Haley, Braulio Montalvo, Bernice Rosman, Marianne Walters이다. 그러나 치료자가 누구든, 이 모델의 기본은 똑같기 때문에 이 치료적 접근을 구조적 가족치료로 칭하였으며, 특별히 Minuchin에게만 초점을 두기로 한다.

Minuchin과 그의 동료들이 가족치료의 창시자로 간주되지는 않지만, 구조적 접근은 그 대중성에 있어서 가장 영향력 있는 치료모델이 되어왔다. 이 모델은 분명하게 확립된 이론으로서, 사람들이 가족체계의 패턴, 과정, 상호 거래를 볼 수 있도록 하는 유용한 도구를 제공한다. 이제 여러분이 잘 알고 있듯이, 전체 가족치료 운동의 기저를 이루는 것은 바로 이러한 종류의 시각이다.

구조적 접근은 가족 안에서 무엇이 일어나야 가족이 기능적이 되는지에 관하여 구체적이고 개념적인 지도(map)를 임상가들에게 제시해준다. 또한 역기능적인 가족에서는 무엇이 이루어져야 하는지에 대한 지도를 제공한다. 구조적 접근은 학생들과 임상가들에게 치료과정이 어떻게 이루어져야 하는지에 대한 확실한 아이디어를 제공한다. 그러나 이러한 치료과정은 실제 치료 시 다양할 수밖에 없다. 왜냐하면 치료자의 성격과 가족의 특정 구조가 치료에 반영되기 때문이다(Aponte & Van Deusen, 1981).

　구조적 가족치료는 가장 많이 연구된 모델 가운데 하나이며, 다양한 **문제가족**을 대상으로 한 치료에서 그 효과가 입증되었다. 미성년 자녀의 비행문제가 있는 가족, 거식증 환자가 있는 가족, 약물 중독자가 있는 가족, 사회경제적 지위가 낮은 가족 그리고 알코올 중독자 가족은 구조적 가족치료를 이용하여 모두 잘 치료되었다(Aponte & Van Deusen, 1981). 또한 구조적 접근은 다른 가족치료 모델, 특히 전략적 치료에 영향을 미친 것 같다.

기본 개념/이론적 구념

가족의 생활사는 생활 속에서 경험하는 일련의 실험(experiment)이라는 것이 Minuchin의 시각이다. 구조적 가족치료는 안정과 변화 간 그리고 개방성과 폐쇄성 간의 정교한 균형을 기술한다. 구조적 모델은 가족을 위해 안정된 터전을 더 가치 있게 여기지만, 가족원에게 기능적으로 발달할 수 있는 환경을 제공하기 위해서는 가족구조에서 적당한 전이와 변화가 안정과 잘 조화되어야 한다고 본다. Minuchin이 만들어낸 이미지는 가족생활에서 일어나는 일련의 다양한 시나리오이다.

> 우리가 알고 있는 것은 각각의 시나리오는 생활 속에서 하나의 실험이라는 점이다. 그래서 실험은 당연히 눈에 보이는 함정과 눈에 보이지 않는 함정으로 가득 찬 불안정한 장(場)에서 이루어질 것이다. 확실한 것은 실험에는 실수가 있을 것이고, 실수 때문에 갈등과 해결 그리고 성장이 있을 것이라는 점이다(Minuchin, 1984, p. 45).

　구조적 가족치료는 가족을 통합한 전체, 즉 체계로 본다. 동시에 가족은 하위체계이기도 하다. 왜냐하면 가족원은 가족의 한 부분을 이루며 가족의 기본 구조와 패턴에 영향을 미치는 지역사회 내 기관이나 조직에 속하기 때문이다. 구조적 가족치료 이론에는 구조, 하위체계, 경계선이라는 세 가지 주요 이론적 개념/구성개념이 있다.

■ 구조

구조적 가족치료는 가족의 상호작용 패턴에 초점을 두는데, 그것을 보면 가족체계의 기본 구조(structure)와 조직(organization)을 파악할 수 있다. Minuchin(1974)에 의하면, 구조란 가족이 상호작용하는 방식을 조직하는 일련의 눈에 보이지 않지만 기능적인 요구 또는 일관성 있고 반복적이며, 체계화되어 있고 예측할 수 있는 가족의 행동양식이다. 즉, 가족이 기능적인 의미에서 구조를 이루고 있음을 생각해보면 된다. 그래서 가족의 상호작용 패턴을 관찰하면, 가족이 그 자체를 유지하기 위해 어떻게 구조되었는지를 파악할 수 있다. 가족은 가족원의 행동을 조절하는 반복적인 상호 교류 패턴을 통해 움직인다. 이러한 패턴은 가족원이 어떻게, 언제 그리고 누구와 관계를 맺는지를 말해준다. 그러므로 패턴과 구조의 개념은 가족원이 항상 의식적으로 깨닫고 있을 수는 없지만 가족원 간의 상호 교류를 일관성 있게 특징짓고 정의하는 암묵적인 규칙의 집합을 의미한다.

가족의 구조는 두 가지 일반적인 제한체계(constraint system)에 의해 지배된다. 첫 번째 제한체계는 보편적인(generic) 것으로, 모든 가족에는 일종의 계층구조가 있는데 그 구조에 의하면 부모가 자녀보다 더 많은 권위를 가진다. 보편적인 구조의 중요한 측면은 상호적 및 보완적 기능의 개념이다. 이는 가족원의 역할과 가족원이 수행하는 기능을 가리키는 가족원의 명칭을 보면 알 수 있다. 예를 들어, 부모 가운데 한 편이 지나치게 유능하다면, 다른 쪽 부모는 무능할 것이다. 한 자녀가 매우 착하다면, 또 다른 자녀는 덜 착할 것이다. 마찬가지로, 부모 중 한 편이 지나치게 간섭하면 다른 한 편은 무심할 것이고, 부모 가운데 한 편이 자상하면 다른 한 편은 엄한 부모로서 서로 보완을 이룰 수 있다. 따라서 구조에 따라 다르게 관찰될 수 있는 보편적인 제한체계의 일면은 상호성 또는 보완성의 개념이다. 가족의 기능을 수행하기 위하여 가족 안에서 행해져야 하는 일들이 있다. 가족원은 가족의 평형을 유지하고 가족이 계속 기능할 수 있도록 역할을 발전시키는데, 가족원은 자신의 역할을 의식적으로 깨닫지 못할 수도 있다. 이 역할들은 조화로우면서도 논리적으로 보완을 이룬다. 한 가족원에 대한 설명이나 은유(예 : 거칠고, 다루기 어렵고, 착하고, 건강한 등)와는 상관없이 가족원은 서로 구분될 수 있는데, 다른 가족원의 가족 내 역할은 논리적으로 상대방의 역할과 상호 보완을 이루어서(예 : 부드럽고, 다루기 쉽고, 나쁘고, 아픈 등) 조화를 이룬다.

두 번째 제한체계는 특정한 가족에 특수한(idiosyncratic) 것이다. 그래서 각 가족 안에서 독특한 규칙과 패턴이 발전될 수 있다. 그러한 규칙과 패턴이 발전하게 된 이유는 가족이 생활을 거듭하는 동안 사라질지 모르지만, 그러한 규칙과 패턴은 가족구조의 일부분이 된다. 가족의 구조는 가족 안에서 허용할 수 있는 역할, 규칙, 패턴을 정의한다는 점에서 가족을 지배한다. 관찰자는 시간이 지남에 따라 가족의 생활과정을 주시함으로써 그 구조를 파악할 수 있다. 사실 가족의 구조를 이해하기 위한 열쇠는 가족의 하위체계 안에서 그리고 하위체계 간에 일어나는 상호작용을 관찰하는 것인데, 이는 가족 내에 존재하는 여러 종류의 경계선을 나타낸다.

■ 하위체계

구조적 가족치료는 부부 하위체계, 부모 하위체계, 형제 하위체계라는 세 가지 하위체계를 정의한다. 기능적 가족의 경우 이 하위체계들 간의 규칙은 위계적이다. 구조적 가족치료 이론은 세대 간에 적절한 경계선이 있어야 한다고 주장한다. 다음에서는 이러한 규칙에 따라 각 하위체계를 고찰하고자 한다.

부부 하위체계

맨 처음에 Minuchin이 서술하였듯이 **부부 하위체계**[1]는 두 사람이 결혼을 해서 새로운 가족을 이룰 때 형성된다. 부부 하위체계를 형성하는 데 관련되는 과정은 조정(accommodation)이라는 것인데, 조정은 배우자 간의 역할에 적응하고 역할을 **협상**함을 의미한다. 각 배우자가 자기 원가족으로부터 어느 정도 독립성을 확보했을 때, 조정이 가장 잘 이루어질 수 있다. 각 배우자는 자기가 자란 가족에서 배우자와 부모가 된다는 것에 대한 기본적인 규칙을 가지고 결혼하지만, 결혼 후에도 원가족에 밀착되어 있는 배우자는 부부간의 역할을 조정하고 협상하는 데 어려움을 겪을 것이다. 사실 원가족에서의 경험은 새 배우자와 보완을 이루기 위하여 여러 역할을 성공적으로 협상할 수 있을 만큼 충분히 자율적이지는 않다.

보완성은 앞서 설명한 바와 같이 각 행동이 논리적으로 서로 보완됨을 의미한다. 예를 들어, 전통적 결혼의 성역할 특징은 남편은 집 밖에서 일하고 아내는 가사노동을 담당하는 것일 수 있다. 결혼 초기에 부부 하위체계를 형성할 때 이러한 보완적 역할을 발전시키는 것이 필요하다. 일시적인 역할도 있을 수 있고 지속적인 역할도 있을 수 있지만, 하나의 가족으로서 성공적인 생활을 영위하기 위한 열쇠는 협상과 조정인데, 규칙과 역할이 관련될 때 협상과 조정은 특히 중요하다.

보완성의 개념에는 가족이 효율적으로 영위되기 위해서는 가족의 어떤 기능이 반드시 수행되어야 한다는 생각이 담겨있다. 배우자 간의 적응은 쉽지 않으며 또한 천천히 이루어질 것이다. 왜냐하면 각 배우자는 여러 기능과 역할 수행에 관한 기대를 다르게 가지고 있기 때문이다. 적응과정에서 각자는 상대방의 욕구를 충족시키는 데 도움이 되도록 조정하고 적응하는 것을 배워야 한다. 이러한 과정은 아주 사소한 행동을 포함할 수도 있는데, 예를 들면 아침에 누군가가 혼자 있고 싶어 한다거나, 부엌에 상대방을 혼자 있게 두는 것 또는 각자 어떤 특별한 인사방법을 좋아하는 것 등이다. 어디에서 살고 집을 어떻게 꾸미는지와 같은 큰 문제도 조정과 적응의 초점이 될 수 있다. 그러나 조정과 협상의 주제가 무엇이든 부부 하위체계에서 이루어지는 결혼 초기의 협상과 조정과정은 가족이 기능적이도록 하는 기본 도구로서 중요하다. 각 배우자가 자기의 원가족이나 원가족의 규칙, 패턴과 역할에 지나치게 얽매이지 않고

---

1 오늘날 **부부/파트너 하위체계**는 두 사람이 결혼을 하거나 서로에게 헌신하는 관계에 들어가서 새로운 가족을 이룰 때 형성되는 것으로 말할 수 있다. Minuchin의 오리지널 작업에서는 이렇게 서술되지 않았지만, 그는 가능한 다양한 가족형태에 대해 매우 개방적이고 비판단적이었다. 그래서 부부 하위체계가 어디에서 언급되든지, 결혼한 파트너와 결혼하지 않은 파트너 둘 다의 측면에서 생각하는 것이 적합하다는 점에 동의하는 것이다(역주 : 부부 하위체계는 문맥에 따라 배우자 하위체계로도 표기함).

진정한 주체가 될 때, 협상과 조정이 잘 이루어질 수 있다.

마지막으로 배우자 하위체계에서 중요한 점은 각 배우자가 자신의 고유한 재능과 흥미를 개발시킴에 있어서 서로를 지원해주어야 한다는 점이다. 따라서 어느 한 편의 배우자만이 상대방에게 전적으로 적응해서 자신의 개별성을 잃게 되어서는 안 된다. 잘 기능하는 부부 하위체계에서 배우자 양편은 서로 주고받으며, 각자 한 사람의 주체로 존재한다. 또 각자 상대방의 개별성과 자원 및 독특성에 적응하기 때문에, 이들은 서로를 존중하는 동체가 된다.

부모 하위체계

구조적 가족치료 이론에서 말하는 두 번째 하위체계는 부모 하위체계이다. 자녀가 태어나면 가족체계는 변하는데, 부부 하위체계에서 조정과 협상이 성공적으로 이루어졌다면 이러한 조정과 협상의 기술은 부모 하위체계를 발전시킴에 있어서 매우 유용할 것이다. 자녀들이 있으면 가족의 기능을 성공적으로 수행하기 위해 부모 간에 보완성을 요하는 새로운 문제들에 직면하게 된다. 예를 들면, 부모됨의 양식과 선호하는 것(preference)에서 부부간에 차이를 보일 수 있는데, 이러한 차이는 협상되어야 한다. 더욱이 부모 하위체계가 형성된다고 해도, 부부 하위체계는 부모로서의 파트너 역할과 구분된 하나의 체계로서 계속 존재해야 한다. 부부는 싸우든, 놀든, 애정을 나누든, 계속해서 함께 보내는 시간을 가진다. 부모 하위체계는 자녀 양육에 관한 문제와 기능을 위해 존재한다. 그러나 부부 하위체계는 자녀 및 자녀 문제와 아무런 관계가 없다.

부모 하위체계에서 각 배우자는 자녀에게 엄격함과 자상함을 적절히 조화롭게 제공하기 위해서 상호 간에 서로 지원하고 조정하는 문제에 직면한다. 부모가 책임을 맡게 되는데, 무슨 문제에 관해 언제, 어떻게 책임을 맡느냐는 것이 또 하나의 중요한 문제이다. 부모는 자녀의 발달단계에 따른 욕구의 변화를 협상하고 조정할 필요가 있다. 예를 들어, 청소년 자녀에게 부모 노릇을 하듯이 세 살짜리 아이에게 부모 노릇을 하지는 않는다. 세 살짜리 자녀는 많은 관심과 지원을 필요로 하지만, 청소년 자녀는 독립성과 책임감을 점점 더 많이 필요로 한다. 가족 발달주기가 변함에 따라 현재의 가족구조는 도전을 받으며, 새로운 구조를 발전시키기 위해서는 일부 조정과 협상이 필요하다. 자녀는 부모 하위체계가 전하는 메시지를 포착해야 한다. 가족은 민주주의가 아니며, 자녀는 부모와 동등한 존재이거나 친구가 아니다. 부모가 소유하는 권위를 기초로 하여, 자녀는 권위를 대하는 방법과 권위가 불평등한 상황에서 상호작용하는 방법을 배운다.

형제 하위체계

부부 하위체계와 부모 하위체계를 확립하고 나서, 구조적 이론은 형제 하위체계도 규정한다. 형제 하위체계는 자녀가 자녀로 존재하도록 하며, 형제라는 동료관계를 대상으로 여러 가지 실험을 해보도록 한다. 부모는 형제들이 서로 협상하고, 경쟁하며, 차이를 해결하고, 또 서로를 지원하는 능력을 존중해주도록 하는 것이 좋다. 형제 하위체계는 어른에게 부과되는 책임감 같은 것이 없어 자녀들이 여러 가지 시도를 할 수 있는 사회적 실험인 셈이다. 또한 자녀들은 발달상 필요한 변화에 협상하는 과정에서 자녀들끼리 연합함으로써 부모 하위체계에 대항하는 법을 배운다.

가족 내 하위체계는 가족체계가 그 구조에 따른 기능을 수행하도록 돕는다. 하위체계 내의 개인에게 부여되는 권력에는 차이가 있으며, 개인은 자신의 역할에 적합한 능력을 발달시킨다. 가족의 구조를 규정하는 것은 하위체계 내의 관계와 하위체계들 간의 관계이다. 기능적인 가족에서 하위체계들 사이에 필요한 관계 배열은 위계의 개념이나 권위의 차원으로 묘사된다. 한 하위체계 내 구성원들 사이에서 필요한 관계는 연합이나 상호작용의 개념으로 말할 수 있다. 배우자 간의 연합, 부모의 연합 그리고 형제간의 연합은 각각 상대방에 대한 권력을 보호하기 위한 것이라고 할 수 있다. 각각은 상대방에 대하여 자신의 위치가 어디인지 알며, 각각 다른 정체감을 가진다. 하위체계들 안에서의 연합과 하위체계들 사이의 분명한 경계선은 가족의 안전과 복지를 향상시킨다.

■ 경계선

구조, 하위체계, 위계, 연합, 협상 그리고 조정을 논의할 때, 독자 여러분은 이미 경계선의 개념을 접하였다. 경계선은 눈에 보이지 않지만 개인과 하위체계의 윤곽을 그어주며, 가족원들 사이에 허용되는 접촉의 양과 종류를 규정한다. Minuchin에게 있어서 경계선의 개념은 가족 규칙 또는 가족의 하위체계 간의 어떠한 선호된 관계를 의미한다. 각각의 하위체계는 고유한 정체성과 고유한 기능을 가지며, 그 하위체계 안에는 고유한 관계 패턴이 있다. 이러한 정체성과 기능 그리고 하위체계 내 관계 패턴은 하위체계들 간의 관계에 의해 결정된다. 즉, 하위체계들 사이에서 일어나는 것은 하위체계 안에서 발생하는 것에 영향을 미치며, 그 반대의 경우도 가능하다. 이 말이 다소 복잡하게 들릴 수 있지만 어떤 면에서는 사실 복잡하기도 하다. 그러나 상호적 인과관계의 견지에서 생각해보면 이치에 맞는 말이다. 이런 아이디어를 더 많이 설명하기 위해 이 이론은 하위체계들 간의 대인관계적 경계선이 분명한 경계선, 경직된 경계선, 혼란한 경계선이라는 세 범주 가운데 하나에 속한다고 본다.

분명한 경계선

하위체계들 사이의 이상적인 관계는 분명한 경계선에 의해 규정되는 것이다. 분명한 경계선(clear boundary)은 경직되었거나 혼란한 경계선이라는 보다 덜 이상적인 관계와 대조를 이룬다. 분명한 경계선은 확고하지만 융통성이 있다. 경계선이 분명할 경우, 가족원들은 서로를 지원하고 보살펴주지만, 동시에 어느 정도의 자율성도 허용한다. 따라서 구조적 가족치료 이론은 한편으로는 지원, 보살핌과 관여를, 다른 한편으로는 실험하고, 개별화하며, 스스로 고유한 인간이 되기 위한 자유 사이에서 균형을 이루는 경우를 이상적으로 본다.

또한 분명한 경계선은 가족이 직면한 다양한 상황적 문제와 발달적 문제를 협상하고 조정하기 위하여 하위체계들 간의 교류를 격려한다. 그래서 가족체계 내에서 그리고 가족의 외부체계와의 관계에서 변화하는 상황을 다루기 위해 새로운 구조를 전개시키는 과정에 적합하도록 가족의 구조, 규칙과 역할이 바뀔 수 있다. 어느 가족생활에서나 공통된 것은 가족의 상황이 변할 것이라는 점이다. 사실 '각각의 새로운 상황(scenario)은 생활 속의 실험'으로, 가족이 '바르게' 될 때까지 새로운 구조와 계속 협상하고 조정하며 실험할 것을 필요로 한다. 비록 Minuchin이 이 문제를 구체적으로 언급하지는 않았지만, 이러한 협상과 조정 그리고 실험은 관심과 웃음이 균형을 이룬 분위기, 특히 웃음을 중시한 분위기에서 가장 잘 행해진다고 생각된다. 가족을 연구하는 전문가들에게 Minuchin은 다음과 같이 말하고 있다.

> 질문을 하는 방법에서 답을 찾아낼 수 있다. 사람들이 상호작용하는 모습을 진지하게 살펴보고, 이들의 상호작용을 측정하고 일반적인 규범을 적용하여 그 결과를 해석할 때, 그 결과는 관심이나 웃음을 자아낼 수 있다. 삶을 바라볼 때 나는 전반적으로 웃음을 더 좋아한다고 생각했다(Minuchin, 1984, p. 45).

Minuchin이 스스로 공부하는 가족에 관해서 위와 비슷한 말을 할 것이라 해도 이것이 Minuchin 이론을 너무 광범위하게 넓히는 것이라고 생각되지는 않는다. 즉, 가족을 공부하는 전문가와 스스로를 공부하는 가족은 스스로를 너무 진지하게 받아들인다고 생각한다.

마지막으로 가족의 경계선이 분명할 경우 하위체계들 간의 의사소통 빈도를 높이는 것을 받아들이며, 그래서 변화를 도모하기 위하여 성공적으로 협상하고 조정할 수 있어서 결과적으로 가족의 안정을 유지할 수 있다. 부모와 자녀는 가족의 일원이기도 하지만 동시에 각 개인이기도 하다. 독립성과 자율성을 허용하고 조장함으로써 순응하게 한다는 역설은 구조적 가족치료 이론에서 분명하게 드러난다.

경직된 경계선

경직된 경계선(rigid boundary)은 가족 내 하위체계 안과 사이에서 그리고 가족과 가족 외 체계들 사이에서 이루어지는 관계를 말하며 유리(disengagement)를 의미한다. 유리 상태에 있는 가족원들은 서로 고립되어 있고, 지역사회의 다른 체계들과도 고립되어 있다. 유리된 개인과 가족은 상당히 자율적이고 고립되어 있는데, 극단적인 경우 이 상황은 역기능적이 될 수 있다. 가족의 경계선이 경직된 경우, 자녀들은 부모 곁에 맴돌지 않고 스스로를 보호하면서 싸워나가고 협상하는 법을 배운다. 다시 말하면 협상이나 조정의 여지가 거의 없거나 전혀 없는 채로 부모는 부모이고 자녀는 자녀로 존재하며, 하위체계들 간의 왕래는 매우 제한되어 있다.

이렇듯 유리가 극심한 경우에는 심한 위기나 스트레스가 있을 때만 하위체계들 간에 서로를 지원한다. 극단적으로 흐르면 "너 혼자서 처리해." 또는 "나를 귀찮게 하지 마. 나도 처리해야 할 문제가 있어."와 같은 상황이 되는 것이다. 이런 가족의 경우, 부부, 부모, 자녀들은 각자의 문제에 지나치게 몰두한 나머지 다른 사람이 지원을 필요로 할 때 잘 알아차리지 못하거나 늦게 반응한다. 이와 같은 관계 배열은 특정 가족의 독특한 구조의 일부분일 수 있는데, '항상 그래왔기 때문에' 가족원들이 전혀 알아차리지 못할 수도 있다. 그래서 이러한 가족의 구성원들은 그들이 필요로 하고 바라는 지원과 보살핌을 가족 외의 체계에 의지하는 경향이 있다.

혼란한 경계선

혼란한 경계선(diffuse boundary)으로 정의되는 가족은 '밀착된' 관계를 보인다. 이런 가족은 경직된 경계선의 가족과 정반대이다. 이 경우에 모든 가족원은 다른 모든 가족원의 일에 관여하고, 극단적으로는 필요하지 않을 때조차도 서로의 주위를 맴돌고 지원을 한다. 부모에게 너무 쉽게 접근할 수 있고, 하위체계들 사이에 있어야 할 분리는 결여되어 있다. 협상과 조정이 너무 많이 이루어지고, 성장 발달하는 자녀와 부모 모두 독립성과 자율성, 실험의 결여라는 대가를 치른다. 배우자 하위체계는 부모로서의 기능에 거의 전적으로 헌신하며, 부모로서 이들은 자녀들과 너무 많은 시간을 보내고, 자녀를 위해 너무 많은 것을 행한다. 결과적으로 자녀들은 부모에게 너무 많이 의존하여 자신의 능력을 충분히 발휘하지 못하는 경향이 있다. 이런 경우 자녀들은 실험하기를 두려워할 것이며, 아마 성공하는 것도 실패하는 것도 두려워할 것이다. 자녀들은 부모가 제공하는 것을 받아들이고 싶지 않을 경우, 부모에게 불효한다고 느낄 수 있다. 이들은 아마 어떤 감정이 자신의 진짜 감정이며, 어떤 감정이 다른 사람의 것인지를 분간하지 못할 것이다. 또한 자녀들은 혼자서는 편안함을 느끼지 못할 것이며, 가족 외의 사람들과 관계를 맺는 데 어려움이 있을 것이다. 이런 자녀들이 결혼하여 집을 떠나 새 배우자와 협상하고 조정을 할 때 그리고 배우자와 보완적인 관계를 발전시킬 때 어려움을 가질 수 있다. 이들은 여전히 자신의 원가족과 매우 가까운 관계를 유지하면서, 특히 배우자가 원가족에서 경험한 정도의 지원과 관심을 제공해주지 않을 경우, 계속해서 원가족에 기대어 지원과 관심을 요청할 것이다. 이러한 가족의 자녀들은 너무 오랫동안 너무 어린 채로 있다고 할 수 있다. 그래서 자녀들이 성숙함에 따라 당연히 발생해야 하는 발달적 전환기도 없고, 성장하는 자녀에게 필요한 책임감과 자율성을 더 많이 부여하기 위해 가족구조를 조정하고 변화시키려는 노력도 없다.

경계선에 관한 논의를 하는 동안 구조적 치료이론의 이상적인 모델을 분명하게 제시하고자 한다. 즉, 분명한 경계선이 더 좋은 것으로 간주되는데, 이는 경직된 경계선과 혼란한 경계선을 적절히 조합한 것이다. 다시 말해 경직된 경계선과 혼란한 경계선 간의 균형이 이상적 모델의 열쇠인 것이다. 또한 협상과 조정이 균형을 이루어야 한다. 이상적인 가족에서 협상이 이루어지고 가치 있게 여겨지며, 어떤 때에는 조정이 가치 있게 여겨진다고 볼 수 있다. 경계선이 혼란한 가족의 경우 모든 가족원은 서로 지나치게 협상하고 조정하며 보살피고 지원한다. 반대로 경계선이 경직된 가족의 경우에는 독립성과 자율성이 지나침을 알 수 있다. 이 경우 가족원 간의 지원과 보살핌은 매우 적고, 대개 심한 스트레스하에서만 서로를 지원하고 보살핀다. 오히려 협상과 조정이 없는 것이 두드러진다.

요약하면, 가족의 변화는 기대된 것도 있고 기대되지 않은 것도 있는데, 가족의 어떤 변화든 모두 가족구조의 변화를 요한다. 분명한 경계선의 가족이 변화, 즉 가족에게 각각의 새로운 시나리오인 '생활 속의 실험'에 더 잘 대처하고 더 잘 적응할 수 있다.

■ 가족의 변천

이제 가족이 하나의 가족으로서 그 일대기에서 이루어야 하는 변화에 대해 잠시 생각해보자. 제5장에서 보았던 바와 같이, 여러 가지 가족발달 이론은 가족생활주기 단계와 같은 기대된 전환점(transition point)을 구분하고 있는데, 가족이 기능적으로 존속하기 위해서는 각 단계마다 구조적으로 변화할 필요가 있다. 이러한 변화가 어떤 순서로 일어나든, 결혼, 자녀 출산, 자녀의 입학, 청년기, 자녀의 분가 등은 존재한다. 이 변화는 미국 문화권에서 정상적으로 발생하며 예견되는 발달적 위기 또는 도전들이다.

그러나 일시적으로든 영구적으로든, 예기치 않게 가족구조의 변화나 역할의 재배치를 요하는 문제나 위기도 있다. 가족이 직면할 수 있는 이러한 변화 가운데에는 소득의 증가, 가족원의 사망, 이혼, 가족원의 질병, 조부모나 다른 가족원과의 동거, 자녀 입양, 가장의 실직, 부모의 외도, 가족원이 구속됨 또는 자녀의 취직 등이 있다.

예측된 위기든 그렇지 않은 위기든, 가족이 기능적이기 위해서는 가족구조가 변해야 한다는 의미에서 위기는 이전의 가족구조에 대한 도전이다. 사실 위기 시에 가족은 가장 취약하며, 가장 많이 치료를 요청하는 경향이 있고, 위기가 매우 중대할 경우 치료적 변화를 가장 잘 받아들인다. 그러나 Minuchin(1974)은 정상적인 발달상의 위기와 병리적인 고통을 혼동해서는 안 된다고 경고한다. 이 문제에 대해서는 치료전략과 개입에 관한 절에서 조금 더 논의할 것이다.

■ 가족의 구조적 지도

Bowen이 확대가족의 가족관계를 그림으로 나타내기 위하여 가계도를 제시한 것과 같이, 구조적 이론 또한 가족의 구조를 그림으로 나타내는 방법을 제시한다(Minuchin, 1974). 구조적 치료이론에 따라 그림으로 나타내기 위하여 사용되는 기호에는 경계선을 분명한, 혼란한, 경

그림 9.1 가족의 구조적 지도 기호(Nichols, 2006)

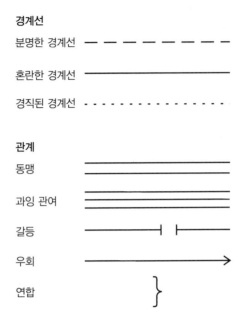

직된 것으로 구분한다거나 상호 교류를 밀착되거나 분리된 양식으로 구분하는 것이 있다. 그림 9.1에 가족의 구조적 지도(structural map)의 기호가 제시되어 있다. 그리고 이 지도의 기호에 따라, 다음과 같은 여러 가지 가족구조를 제시하고 있다.

다음은 부모 하위체계와 형제 하위체계 사이의 경계선이 명확하며 양친이 있는 기능적인 가족의 구조적 지도이다.

부모
— — — — — —
자녀

다음의 그림은 기능적인 한부모 가족을 구조적 지도로 나타낸 경우이다.

부 또는 모
— — — — — — —
자녀 \ 부 또는 모

다음은 기능적인 계부모 가족(step-parent family)의 지도이다.

다음은 청소년 자녀와 또 다른 자녀가 있고 양친이 있는 기능적인 가족의 구조적 지도이다.

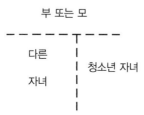

부부간에 갈등이 있으나 이 갈등을 자녀에게 우회하지 않은 가족의 구조적 지도는 다음과 같을 수 있다.

부부간의 갈등을 자녀에게로 우회한 가족의 구조적 지도는 다음과 같다.

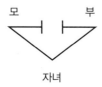

다음은 부부갈등이 있을 때, 부모 중 한 편이 자녀와 결탁하여 부모 하위체계를 손상시켜 세대 간 불화를 나타낸 그림이다.

다음은 아버지가 실직하고 어머니가 직업생활을 하며, 아버지가 가사일을 맡은 역할 전환을 나타낸 지도이다.

부   모

모   부

— — — — — 변형 — — — — —

자녀   자녀

만약 위의 경우에 조부모가 가족을 돕는 데 관여하고 부모 역할을 떠맡을 경우의 역할 전환은 다음과 같이 나타낼 수 있다.

조부모   모

— — —

부   부

전환 — — —

모   조부모

— — —   — — —

자녀   자녀

역기능적인 계부모 가족의 구조적 지도는 다음과 같을 수 있다.

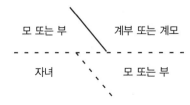

가족 내 대인관계의 기능과 성질을 나타내기 위해서 사용되는 지도는 매우 다양하다. 위의 지도들은 수많은 가능성 가운데 몇 가지만 나타낸 것이다. 그러나 어떠한 상황에서든 발달단계와 관련된 문제를 고려하고 가족과 관련 있는 가족 외의 체계뿐 아니라 가족의 모든 하위체계에 주의를 기울이는 것이 중요하다.

건강/정상성의 이론

이상적인 가족의 개념은 그 형태가 어떠하든 구조적 이론에서 분명하게 나타난다. 그러나 Minuchin(1984)이 친부모와 이들의 친자녀로 구성된 전통적인 가족만을 유일하게 용인할 수 있는 가족으로 보지 않았다는 점을 주목해야 한다. 사실 그는 벌써 25년 전에 전통적인 가족을 이상적으로 본 반면, 한부모 가족이나 계부모 가족 또는 복합(blended)가족 같은 가족형태를 비정상적이고 덜 이상적으로 간주하는 것은 이러한 다른 종류의 가족이 발달상 기능적인 맥락에서 자기 가족을 보는 데 역효과를 줄 수 있다고 제안하였다. 그는 또 "아직도 핵가족을 옹호하려는 경향에도 불구하고 변화는 불가피하며 심지어는 정상적인 것으로 인식해야 하고, 발달단계에 따라 가족을 돕는 작업을 시작해야 한다"(pp. 47–48)고 충고하였다.

Minuchin에 의하면, 이상적인 가족이란 부부 각자가 상대방에게 적응하고 서로를 보살펴주며 상대방의 고유성을 지원해주는 부부 하위체계를 갖춘 가족이다. 부부는 각자의 원가족으로부터 자율성을 적절히 획득하였다. 이상적으로 볼 때, 각 배우자는 원가족에서 지원을 받았고 보살핌을 받았으나 어느 정도의 자율성과 독립성 그리고 책임감도 경험하였다. 마찬가지로 배우자는 가까우면서도 적당히 먼 거리를 잘 유지할 수 있어야 한다. 이것을 기초로 하여 배우자는 안정적이지만 융통성 있는 역할을 보완적으로 수행하기 위해 협상한다. 또한 배우자는 협상과 조정과정을 통해서 변화하는 환경에 대처하기 위하여 다양한 구조와 역할을 발전시킨다. 자녀가 태어나 부모 하위체계와 형제 하위체계가 성립할 때도, 부부 하위체계는 고유한 하나의 하위체계로 존속한다.

위에서 언급하였듯이, 부모 하위체계는 자녀를 양육하고 가족을 조직하는 방식에 대한 의견 차이를 극복하여 자녀들이 권위와 보살핌을 적절히 받을 수 있도록 해야 한다. 그러나 건강한 가족에서는 자녀의 출생으로 인해 구조상의 변화가 있다고 해도 각 배우자와 부부 하위체계의 자율성이 손상되지 않는다. 이 점은 '이것 아니면 저것(either/or)'이 아니라 '이것과 저것 모두(both/and)'라는 식의 사고와 협상이 무엇인지를 생각하게 해준다. 그리하여 자녀들은 부부 하위체계의 안전성을 경험하게 된다. 이렇게 부모들이 안정적이며 또 자신을 지원하고 키워줄 것이라는 확신을 바탕으로 해서 자녀들은 발달단계에 맞는 독립성과 책임감을 가지고 여러 가지를 실험해볼 수 있게 된다.

이상적인 가족은 구조상 필요한 변화를 인식하고 조장함으로써 예측된 위기와 예측되지 않은 위기에 적절히 대처할 것이다. 이러한 행위는 상당한 인내와 지혜를 요한다. 부부가 "새로운 문화를 전개할"(Minuchin, 1984, p. 57) 때인 가족의 출발에서와 같이, 위기를 겪을 때마다 새로운 문화(구조)가 전개된다. 이 과정을 경험하는 사람은 이를 어떻게 이끌어야 할지에 대한 직접적인 경험이 없는 경우가 많다. 즉, "가족은 안정을 유지하는 한편, 계속적인 변화과정에 있는 유기체인 것이다"(p. 71).

자녀에게 있어서 자신이 속한 특정 가족구조는 자기가 알고 있는 유일한 가족경험이며, 자신의 안전은 자기의 가족구조에 근거를 둔다. 따라서 가족구조가 어떠하든, 그것을 정상으로 지각한다. 결과적으로, 이전의 가족구조의 상실을 슬퍼한 후에 흔히 이혼이 일어난다

(Minuchin, 1984). 이혼 후의 가족구조는 분명히 이혼 전과는 다를 것이다. 그러나 그러한 차이는 이혼 전의 가족구조가 제공하지 못했던 여러 가지 성장 가능성을 제공한다. 핵가족과 이혼가족은 다르지만, 어떤 가족형태가 더 좋거나 나쁘다고 할 수 있는 것은 아니다. 각 가족형태는 건강하게 될 수도 있고 역기능적이 될 수도 있다.

이상적인 가족에서 형제 하위체계는 부부 하위체계 및 부모 하위체계에 대해 안전과 힘 (strength)을 느낀다. 이러한 힘을 바탕으로 독립성과 책임을 점점 더 많이 시도해볼 수 있다. 자녀는 부모가 지원과 보살핌을 제공해줄 것임을 알고 있다. 사실 자녀들의 시도는 현실성이 없으며 어른과 같은 완벽한 책임을 수반하지 않는다. 자녀들은 일시적으로 행동을 중지할 것이며, 부모로부터 격려를 얻어서 성공을 하든 실패를 하든 다시 과감히 시도하려 할 것이다. 또한 형제 하위체계는 자녀들이 동료관계를 발전시킬 수 있는 첫 번째 장이다. 마찬가지로 형제들은 분명한 경계선을 통하여 부모 하위체계와 협상함으로써, 권위를 가진 사람에 대해 효과적으로 대처하는 법을 배운다. 따라서 가족은 실험실이며, 그 안에서 자녀들은 가족 밖의 체계에 그리고 궁극적으로는 자신의 배우자와 가족에 적용하기 위한 기술을 배운다.

구조적 이론이 제시하는 이상적인 가족에서는 자녀가 성숙함에 따라 부모와의 세대차가 점점 좁혀져서 부모 자녀 관계가 성인과 성인 관계에 가까워지게 된다. 자녀가 집을 떠나는 것은 공식적으로 집을 떠나는 첫 단계인 학교에 갈 때부터 시작하여 단계를 조금씩 밟아가면서 이루어진다. 자녀들이 집을 완전히 떠날 때, 자녀들은 그들 없이도 가족은 괜찮을 것이라는 사실을 알고서 안심하고 떠난다. 자녀들은 부모 하위체계와는 분리된 것이며, 세대 간에 그리고 세대 내에서 적절한 경계선을 유지하였던 부부 하위체계가 상호 의존적이고 부모들이 서로 잘 적응함을 줄곧 보았고 경험해왔다.

치료전략/개입

문제가 없고 모든 도전과 발달상의 문제에 순조롭게 대처하며 고통이 없다는 의미에서 볼 때, 이상적인 가족이란 거의 없을 것이다. 사실 모든 가족은 상황적인 문제와 가족발달의 전환기에서 스트레스를 경험한다. 가족의 성공 열쇠는 가족의 환경과 가족원의 발단단계에 상응하는 구조적인 변화를 적절히 이룰 수 있는 능력이다. 가족구조가 밀착되거나 분리되는 등 융통성 있지 못하고 구조적인 적응을 적절히 이루지 못할 때 행동문제가 발생한다.

증상, 또는 IP로 지목된 사람의 행동문제는 IP와 타인과의 관계에만 국한되는 것은 아니다. 그보다 IP가 타인과 맺고 있는 관계는 가족 내 다른 관계를 반영할 수 있는데, 그 관계는 IP를 직접 포함하지 않는다. 그래서 문제는 전체 가족을 반영하며, 구조적 치료자는 평가할 때는 물론 치료 시에도 전 가족원을 포함할 것이다. 더욱이 가족의 일부는 아니지만 가족구조나 가족

관계의 성격에 영향을 미치는 다른 사람이나 체계가 평가과정에서 고려되어야 한다(Elizur & Minuchin, 1989). 그 가운데에는 직장, 사회복지 체계, 무능력하게 된 조부모나 혼외관계의 대상 등이 있을 수 있다. 만약 이렇게 가족 밖의 사람이나 기관들이 가족구조를 성공적으로 변화시키는 데 영향을 미칠 것이라고 판단되면, 구조적 가족치료자는 이들을 대상으로도 기꺼이 일할 수 있을 것이다. 실제로 가족 밖의 사람이나 체계가 영향을 미칠 수 있다는 점을 놓고 볼 때, 가족만을 대상으로 치료할 경우 가족구조가 성공적으로 변화되기 어려울 수 있다.

구조적 치료는 가족의 구조에 일차적인 초점을 두지만, 치료자는 개인 내의 문제에도 주의를 기울인다. Minuchin, Rosman과 Baker(1978)는 치료자가 "체계를 너무 존중한 나머지 개인을 무시하지 않도록"(p. 91) 경고한다. 또 다른 책에서 Minuchin(1974)은 "병리는 환자의 내면이나 그의 사회적 환경 또는 이 둘 간의 피드백에서도 발생할 수 있다"(p. 9)고 말한다. 그러므로 구조적 가족치료자는 개인의 학습 부진이나 신경증적 문제의 가능성에도 당연히 주의를 기울이고 적절히 의뢰할 수 있어야 한다. 그러나 예를 들어 한 자녀에게 문제가 있더라도, 다른 형제들과 부부 하위체계의 발달적 욕구를 손상하지 않고 이 자녀에게 적합한 구조를 발전시키는 것은 구조적 가족치료자에게 있어서 중요한 쟁점이 된다.

문제 해결이 구조적 치료의 목적은 아니다. 증상행동은 가족구조의 기능으로 간주된다. 다시 말해, 현재의 가족구조 혹은 가족이 조직된 방식을 놓고 볼 때 증상행동은 가족 안에서의 논리적 반응이다. 따라서 구조적인 적응이 적절히 이루어질 때 문제는 자연스럽게 해결될 것으로 본다. 그러므로 문제 해결은 가족의 몫이며, 문제가 해결될 수 있도록 구조적 변화를 유도하는 것이 구조적 가족치료자의 몫이다. 구조적 가족치료의 관점에서 볼 때 구조적인 변화를 적절히 취하지 않고 증상을 제거하는 것은 성공적인 치료가 될 수 없다.

■ 구조적 치료의 목적

특정 문화 안에 어떤 일반적인 패턴과 구조가 있다는 것은 인정하지만, 구조적 치료의 목적은 가족마다 다소 특수한 것으로 본다. 다음의 일반적인 목적은 미국 사회에서 구조적 치료자에게 지침이 될 수 있을 것이다.

1. 가족에는 효율적인 위계구조가 있어야 한다. 부모가 모든 책임을 맡아야 하고, 따라서 부모의 권위를 바탕으로 세대 차이가 인정되어야 한다.
2. 부모 간의 연합이 있어야 한다. 부모는 서로를 지원하고 서로에게 적응하여 자녀에게 통일된 모습을 보여야 한다.
3. 부모가 연합할 때, 형제 하위체계는 동료체계가 된다.
4. 경계선이 분리된 가족을 대상으로 한 치료목표는 상호작용의 빈도를 증가시키고 경직된 경계선이 아닌 분명한 경계선을 갖도록 하는 것이다. 이러한 변화를 통하여 이전의 경직된

경계선으로 말미암은 가족의 독립성과 자율성을 보완해주기 위해 보살핌과 지원을 증가시킨다.

5. 경계선이 밀착된 가족을 대상으로 한 일반적인 치료목표는 개인과 하위체계의 분화를 조장하는 것이다. 이는 자녀의 발달단계 간 차이를 존중해주고 각 자녀가 연령에 맞는 활동을 독립적으로 시도할 수 있도록 하는 것을 의미한다.

6. 부부 하위체계는 부모 하위체계와는 분리된 하나의 실체로서 존재해야 한다.

■ 변화과정

Minuchin(1974)에 의하면, 구조적 치료는 다음과 같은 세 단계, 즉 (1) 치료자가 가족에 합류하여 지도자로서의 위치를 확립하고, (2) 치료자가 가족의 기본 구조를 확인하며, (3) 치료자가 가족구조를 변화시키는 단계로 이루어진다. 구조적 치료자는 가족에 합류하여 가족원과 가족이 조직된 방법을 존중해야 한다. 이렇게 합류하고 존중하는 과정은 인류학자가 상이한 문화를 연구할 때 행하는 것과 비슷하다. 인류학자는 자신이 속한 문화의 관점으로부터가 아니라 자신이 관찰하는 문화 그 자체의 관점으로부터 문화를 이해하려고 한다. 치료 시에 이러한 합류는 필수적이다. 왜냐하면 가족이 치료자를 받아들여야 하는데, 치료자가 먼저 가족을 받아들일 때 가족이 치료자를 더욱 잘 받아들일 수 있기 때문이다. 그래서 치료자는 가족에 개입하여 가족의 일상적인 생활양식에 적응한다. 이러한 합류는 재구조화를 위하여 우선적으로 이루어져야 하는 요건이다.

또한 구조적 치료자는 가족의 위계를 존중하며, 먼저 부모의 의견을 물어본다. 반대로 치료자가 먼저 자녀의 의견을 물어봄으로써 치료를 시작한다면, 치료자는 부모의 반대에 접하게 될 것이다. 치료자는 가족의 의견을 들으면서 사건에 대한 가족의 해석을 재구조화하여, 대개 개인적인 병리나 외부의 영향을 중시하는 관점으로부터 체계이론적인 관점이나 구조적인 관점으로 시각을 바꾼다. 여러 치료기법 가운데 재구성(reframing)은 구조적 치료의 중요한 일부분이다. 구조적 치료는 활동 지향적이며 치료시간에 발생하는 것에 영향을 미치는 데 목적을 둔다. 물론 치료 중의 논의 내용이 치료실 밖에서 일어나는 것에 관한 것일 수도 있지만, 치료자는 치료실에서 일어난다고 생각하는 것을 대상으로 일한다. 그래서 치료자는 자신이 받아들이고 관찰한 바에 따라 변화를 촉구한다.

구조적 치료자는 실연(enactment)과 자발적인 행동순서(spontaneous behavioral sequence)라는 두 종류의 '지금 여기' 활동에 초점을 둔다. 치료자가 실연을 요청한다면, 이는 결과를 관찰하기 위하여 가족이 특정한 종류의 문제를 어떻게 다루는지를 보여주라는 것이다. 이렇게 하여 치료자는 가족의 현재 구조에 대한 실마리를 잡을 수 있다. 예를 들어, 어머니와 아버지에게 자녀를 다루는 문제에 대해 논의하도록 요청할 수 있다. 두 사람이 논의하는 중에 치료자는 한 자녀가 아버지(또는 어머니)와 합류함을 관찰할 수 있는데, 이는 아버지(또는 어머니)와 이 자녀의 연합, 이 자녀가 세대 차이의 중개역을 하는 것, 부모 간의 연합이 약한 것, 아버지(또는 어머니)와 연합한 자녀 간의 혼란한 경계선 그리고 이 자녀와 어머니(또는 아버지)와의 경직된 경계선 등을 나타낼 수 있다. 실연할 때 가족이 상호 교류하는 것을 관찰한 후, 치료자는 가족이 실연을 변화시키도록 유도한다. 이는 비판을 함으로써 이루어지는 것이 아니라 가족 간에 상호 교류하는 다른 방법을 제시함으로써 이루어진다. 그래서 실연은 치료의 과정이며, 실연을 통해 치료자는 특정한 종류의 상호 교류가 일어나도록 하며 가족구조를 수정하기 시작할 수 있다. 앞의 예에서 치료자는 논의 중인 문제가 부모 간의 문제이므로, 자녀가 이를 방해하지 않도록 부모가 자녀에게 직접 확실히 알리도록 제안할 수 있다.

자발적인 행동순서는 가족의 자연스러운 패턴의 일부분으로서 가족에서 일어나는 상호 교류를 말한다. 만약 치료자가 성공적으로 가족에 개입한다면 가족은 상호 교류를 통해 가족구조의 부분들을 드러내기 시작할 것이다. 실연의 경우에서와 마찬가지로, 행동순서도 치료자에 의해 특별히 요청되는 것은 아니지만 상호 교류를 수정하고 그리하여 가족구조를 수정하기 위한 기회를 치료자에게 제공한다.

구조적 이론에 의하면, 치료자는 가족의 상호 교류를 관찰하여 가족의 패턴과 구조를 감지해야 한다. 치료자는 가족구조에 대한 눈짐작이나 사전 가정을 하지 않아야 한다. 그러나 가족원이 어떠한지에 따라 현재 제시된 문제와 관련된 어떤 특징적인 구조가 있을 것으로 본다. 그러므로 첫 번째 면담 전에 현재의 구조에 관하여 몇 가지 가정이 도출될 수 있다. 가족에 관한 주요 질문에 대한 답을 통해서 특정 구조와 이러한 특정 구조에서 흔히 일어날 수 있는 문제에 대한 실마리를 파악할 수 있다. 여러 가지 질문 가운데는 다음과 같은 것들이 있다.

1. 가족 구성원은 몇 명인가?
2. 가족 안에는 어떤 사람들이 있는가? 아이들인가? 어른인가?
3. 가족원들의 나이는?
4. 현재의 문제는 무엇인가?
5. 가족원들의 성별은?
6. 가족의 종교는?
7. 가족의 사회경제적 지위는?

다음 절에서 이러한 몇 가지 질문들에 대해 다양한 답이 줄 수 있는 몇 가지 실마리를 예로 제시한다.

한부모와 한 자녀로 구성된 가족

한 자녀를 둔 한부모가 치료를 요청할 때, 두 가족 구성원들(한부모와 그 자녀)이 서로 너무 밀착되어 있는 경향이 있다. 이 가족은 자녀가 제 나이가 되기도 전에 어른 역할을 하게 되어, 부모–자녀 관계가 아닌 두 사람의 성인관계를 보여줄 수 있다. 자녀는 어른들과 너무 많은 시간을 보내는 반면, 또래들과는 충분한 시간을 보내지 못하고 있다는 가정을 할 수 있다. 동시에 이 자녀는 개인적인 관심을 지나치게 많이 받고 있을 것이다. 실제로 부모와 자녀는 각자 상대방의 욕구와 기분에 지나치게 반응할 것이다. 이 가족의 주요 이슈는 그런 가족을 만들었을 상호 간의 과잉의존이다.

3세대 가족

3세대 가족은 흔히 할머니, 어머니와 자녀로 구성된 가족이다. 이런 가족이 문제를 겪을 때, 주요 쟁점은 누가 자녀의 어머니인가 하는 점일 가능성이 크다. 어머니는 할머니의 '자녀'이며, 그래서 자기 자녀에게 어머니는 부모라기보다 동료일 가능성이 더 큰 것은 아닌가? 어머니가 할머니의 집에서 사는 경우와 할머니가 어머니의 집에서 사는 경우의 가족구조는 다를 것이다. 할머니와 어머니는 자녀에 대한 일차적인 부모 역할을 두고 경쟁하는 사이인가? 할머니와 자녀 간에 부모 자녀 사이와 같은 연합이 있는가? 부모로서 일차적인 책임을 맡고 있는 사람은 누구인가? 이런 가족의 중심문제는 3세대 간의 역할을 적절히 분리하고 배치하는 것이다.

대가족

역기능적인 대가족에서 한 자녀, 흔히 장남이나 장녀가 부모적인 자녀(parental child)로서 책임을 떠맡는 경우가 매우 흔하다. 이것 자체가 문제가 되는 것은 아니지만, 이 자녀가 자기 능력 밖의 책임을 떠맡았거나 이 자녀를 부모가 지원하지 못한다면 문제가 될 수 있다. 부모가 지원을 하지 못하는 경우, 이 자녀는 부모적인 자녀가 되도록 요구되지만, 다른 자녀가 불평을 할 때에는 이러한 역할에 대한 정당성을 충분히 인정받지 못한다. 이 자녀가 형제 하위체계나 가족 밖에서 또래관계를 충분히 갖지 못하면, 문제는 더욱 복잡해질 수 있다. 이 가족의 주요 쟁점은 어떻게 해서 부모와 같은 권위가 이 자녀에게 이양되었으며, 이러한 권위가 어떻게 지지되었고, 어떻게 하면 이 자녀가 이러한 권위로부터 벗어날 수 있는가 하는 것이다.

복합가족

복합가족의 예로는 두 한부모 가족 또는 하나의 한부모 가족과 자녀가 없는 배우자가 합친 경우를 들 수 있다. 사실 이 경우들은 부부관계 차원에서만 결합한 두 가족이다. 복합가족이 문제를 보일 때, 이전의 한부모 가족과 지나치게 밀착했거나, 두 가족이 합치면서 새로운 구조를 발전시키는 문제가 자녀나 부부의 반대를 받을 가능성이 있다. 또 하나의 중요한 문제는 자녀 양육권을 포기한 생부나 생모와의 관계가 어떠하며, 이들과 복합가족과의 관계는 어떠한가 하는 것이다.

이상에서 서술한 예들은 단정적으로 말할 수는 없지만 그럴 수 있는 가능성을 제시하고 있음을 기억할 필요가 있다. 치료자는 위에서 제시한 패턴과 구조에 너무 집착하지 말고 가족을 평가하는 가장 타당한 자료로서 자신의 관찰을 믿어야 한다. 이것은 진단과정의 필수적인 일부이다. 그래서 치료자가 초기의 치료과정에서는 분명하지 않던 가족 간의 상호 교류를 치료를 계속하면서 여러 다른 패턴을 관찰하고, 이를 통해 가족구조에 관한 가설을 세우고 수정하게 된다. 다시 한 번 말하면 가족의 활동을 관찰하는 것이 중요하며, 무엇이 일어나고 있는지에 관한 가족의 보고에 의존하는 것은 중요하지 않다. 치료자는 관찰하면서 '누가 누구에게 무엇을 어떤 식으로 말하는가' 하는 중대한 문제를 마음속에 가지고 있는 것이 좋다. 관찰된 행동과정은 가족구조를 드러낸다. 예컨대, 치료 시에 정서적인 어려움에 대해 부모나 배우자가 자주 개입하는 것은 밀착을 나타내지만 너무 무관심한 반응은 분리를 나타낸다.

패턴이나 구조가 일단 확인되면, 패턴을 깨는 것이 다음 문제로 부각된다. 이것을 하는 데 특정한 기법이 있는 것은 아니다. 사실 특정한 기법은 가족원과 치료자를 모두 포함하는 새로운 '가족'의 자연스러운 흐름을 방해할 수 있다. 치료자는 자기가 말하고자 하는 바를 알아야 하고, 가족의 주의를 모을 수 있는 방법으로 그것을 말해야 한다. 치료자는 비언어적 의사소통 양식을 번갈아 사용함으로써 가족의 주의를 모은다. 다시 말해 메시지를 전달할 때, 강도를 높이기 위하여 치료자는 목소리, 말하는 속도, 크기, 반복, 단어 선택을 잘 이용한다. 메시지를 전달할 때의 강도(intensity)는 가족 안에서 무엇이 일어나고 있는지에 관한 메시지를 가족원들이 들을 수 있도록 하여 구조적 변화를 위한 단계를 설정하려는 것이다.

사실 강도는 구조적 가족치료의 중요한 도구이며, 유능감 조성(shaping competence)도 중요한 도구이다. 유능감 조성은 가족의 흐름의 방향을 바꾸는 것을 말하며, 가족원이 이미 알고 있을 긍정적이고 기능적인 대안을 발전시키도록 돕는 것이다. 가령 현재의 구조에서는 하기 어려운 어떤 힘든 행동을 행한 데 대하여 칭찬을 하면, 가족원들이 스스로 자신감을 느낄 수 있을 것이다. 치료자가 가족원은 능력이 있으며 해야 할 필요가 있는 바를 할 수 있다고 주장하는 것은 구조적 치료의 중요한 부분이다. 사실 구조적 가족치료자는 가족이 하도록 원하는 바를 치료시간에 하도록 만드는데, 치료 시 가족원들은 어려움을 견디도록 격려되며, 성공했을 때 많은 칭찬을 받는다.

구조적 치료자가 치료 시 할 수 있는 또 다른 활동은 다음과 같다.

- 가족의 하위체계 사이의 가까움과 거리를 물리적으로 변화시킴으로써 경계선을 재조정한다. 이것은 치료자가 경계선을 확고하게 하거나 인정하기 위해 하위체계 혹은 개별 구성원을 별도로 만남으로써 이루어질 수 있다.
- 경계선이 분리된 가족의 구성원들은 서로 접촉하는 빈도를 증가시키도록 돕는다.
- 두 사람의 관계가 다른 가족원의 침해를 받지 않고 자신들의 문제를 해결하도록 돕는다.

두 사람 관계는 형제와 형제관계일 수도 있고, 부모와 부모 또는 부모와 자녀일 수도 있다. 이 활동은 각각의 관계가 자체의 관계에 맞는 수준을 추구하도록 허용하는 것이라고 할 수 있다.

- 구조적 치료이론의 일부를 가족에게 가르쳐서, 가족이 스스로 치료자의 목표와 중재를 더욱 잘 이해할 수 있는 인지적 지도(map)를 갖추도록 한다.
- 가족원이 서로 간의 관계를 맺는 방법을 변화시켜 상대방을 다른 시각에서 지각할 수 있도록 한다. 구조적 치료자는 실재란 단지 하나의 관점에 불과하다고 생각한다. 가족원은 각자가 상대방에 대해서 갖는 관점이 타당하다는 생각을 바탕으로 행동한다. 또한 치료자는 가족원에게 실용적인 픽션(Nichols, 1984, p. 500)이라고 불리는 다른 인지적 구성을 제공하여, 가족 구성원들에게 그 경험에 대하여 다른 세계관 혹은 가족관을 제공할 수 있다.
- 역설을 이용함으로써 가족원을 혼란시키고, 그래서 가족원이 다른 구조를 발전시키도록 돕는다.

구조적 가족치료의 기본 과정은 다음과 같다.

1. 가족구조의 개념을 배우고 신뢰한다.
2. 구조를 의미하는 과정들의 특징인 상호 교류와 패턴을 관찰한다.
3. 현재의 가족 구성원과 환경을 놓고 볼 때, 가족의 이상적인 구조에 대한 생각을 정확히 갖는다.
4. 치료자는 지도자의 역할을 맡는 한편, 치료목표를 달성하기 위해 가족에 합류하고, 가족을 수용하며 존중한다.
5. 치료자는 일어나기를 원하는 바가 치료 시 일어날 수 있도록 가족을 존중하지만 확고한 방법으로 가족에 개입한다.
6. 가족원을 지원하고, 가족원이 치료시간에 새로운 방법을 시도해보도록 하며, 그들이 성공할 때 너그럽게 칭찬한다.

이러한 과정들은 역동적이고 강압적인 Minuchin의 방식으로 일어날 수도 있고, 또 다른 방식으로 일어날 수도 있다. 그러나 가족원의 주의를 얻기에 충분한 만큼의 강도가 있어야 한다. "말의 정감 있는 강도를 높이기 위하여 어조, 목소리, 말의 속도, 단어의 선택을 이용할 수 있다. 치료자가 말하고자 하는 바를 치료자 자신이 알고 있다면 도움이 된다"(Nichols, 1984, p. 494). 덧붙이자면 치료자가 가족에서 일어나기를 바라는 바를 스스로 알고 있다면, 이것도 큰 도움이 된다.

체계이론적 일관성

일반적인 구조적 가족치료, 특히 Minuchin은 제1단계 사이버네틱스 관점과 제2단계 사이버네틱스 관점을 특이하게 혼합하였다. 불일치와 일치 간에 균형을 이루는 방법을 통해서 구조적 가족치료는 선형적인 맥락에 비선형적인 틀을 채운 실행성 있는 모델을 제시한다. 제1단계 사이버네틱스와 제2단계 사이버네틱스의 구성요소들이 잘 섞여서 체계이론이 구조적 가족치료라는 살아있는 모델로 해석되었다.

예를 들어 Minuchin은 이상적인 구조와 행동 패턴을 명확하게 규정하는 가족과 치료에 관한 이론을 분명하게 제시하고 있다. 즉, 이론적인 맥락은 상대성을 강조하는 한편 절대적인 옳고 그름도 제시한다. 그러나 이러한 불일치는 건강과 역기능의 구성요소로 위계, 경계선, 규칙, 역할 조정 및 협상과 같은 과정의 차원에 초점을 둠으로써 조화를 이룬다.

마찬가지로 Minuchin은 치료자가 가족의 조직을 존중해야 하며, 가족에 합류해야 하고, 가족과 가까워짐에 따라 가족에 대한 가정을 수정해야 하며, 가족원 간의 지각의 차이를 인식해야 하고, 문제가 나타날 수밖에 없었던 구조와 맥락을 변화시키는 데 초점을 두어야 한다고 생각한다. 그러나 한편 치료자는 또한 지도자의 역할을 취하며 자신의 관찰에 우선권을 둔다. 그러므로 치료자는 주관성과 객관성을 겸비해야 하며, 블랙박스＋관찰자 모델과 블랙박스 모델이라는 두 모델 모두에 따라 일해야 한다.

상호 간의 영향, 피드백 그리고 내적 구조를 강조하는 점은 구조적 가족치료가 제2단계 사이버네틱스와 일치한다는 것을 또 한 번 말해주고 있다. 사실상 구조가 기능을 정의하고 결정하는 것으로 이해되는 만큼, Minuchin은 Maturana와 매우 비슷하다. 그러나 패턴을 깨기 위해 의도적으로 개입을 한다든가 개입과정에 내포되어 있는 진전에 대한 생각은 구조적 결합과 비의도적 표류에 관한 Maturana의 관점과 정반대되는 것이다.

극단적으로 말해, 제2단계 사이버네틱스의 이론적 맥락은 병리를 배제하며 따라서 치료의 필요성도 배제한다. 그러나 병리와 치료의 역할을 규정하는 문화적인 맥락에서 구조적 가족치료는 상당히 편안하게 존재할 수 있고 의학적 모델과 체계이론적 모델을 잇는 교량이 될 수 있는 접근으로 보인다. 이러한 점은 분명 구조적 가족치료자의 창시자인 정신과 의사요, 가족치료자인 Salvador Minuchin에 대한 찬사이며 그의 뜻을 나타내는 것이다.

제2단계 사이버네틱스/포스트모더니즘 관점에서의 질문과 성찰

1. 어떻게 모든 가족 구성원의 전문성을 인정하는 방식으로 가족에 합류하여 리더십을 맡을 수 있을까?
2. 가족구조를 확인하고 변화하는 데 초점을 두지 않는다면 무엇을 볼 수 있을지 궁금하다.
3. 내가 위계를 인정하는 것, 특히 남성 지배를 인정하는 것이 문제를 유지시키는 데 참여할

가능성이 있다는 것에 대해 충분히 민감한가?

4. 내가 관찰하고 있는 상호작용 패턴에 내가 어떤 영향을 미치고 있는지 궁금하다.

5. 다양한 가족에 대해 이전에 내가 가지고 있던 가설은 진실로 인류학적 입장에서 그 가족을 보도록 하는가?

6. 강조하지 않지만 그래도 전달될 수 있도록 어떻게 나 자신을 표현할 수 있는지 궁금하다.

실전문제

다음의 질문은 이 장에서 다룬 내용의 적용과 분석을 테스트하는 것이다. 임상실천과 더불어 이 장에 대한 추가적인 사정, 적용, 분석, 합성, 평가를 위해 다음 질문에 답하시오.

1. 구조적 가족치료의 주요 원칙을 서술하시오.

2. 구조적 가족치료와 전략적 가족치료를 비교하고 대조하시오.

3. 구조적 이론의 세 가지 하위체계를 설명하고 가족 하위체계의 예를 제시하시오.

4. 경계선을 정의하고, 치료자가 경계선의 개념을 사용하여 가족 구성원에게 협박을 당하는 내담자를 도울 수 있는 두 가지 방법을 설명하시오.

5. 가족의 구조적 지도와 가계도를 비교하고 대조하시오.

6. 치료자인 Minuchin이 역할극 상황을 만들어서 위기를 다루기 위해 가족들과 가족들의 능력에 어떤 견해를 가졌는지 논의하시오.

7. 구조적 가족치료자는 문제해결 행동을 어떻게 보는지 논의하시오.

8. 경계선이 없는 가족에 대해 구조적 가족치료의 6가지 목표를 적용하시오.

MYSEARCHLAB 살펴보기

www.MySearchLab.com에 다음의 비디오, 사례, 문서 등이 제시되어 있다.[2]

추천 비디오

Engage, Assess, Intervene, Evaluate Community Organization(지역사회 기관에 관여, 사정, 개입, 평가)
거시적 차원의 사회복지는 지역사회 구성원과 가족구조를 어떻게 돕는가?

Working Poor(가난한 노동자)
Minuchin 이론에 근거할 때 빈곤선 이하 가족의 가족구조와 가족역동은 어떠할 것인가?

Learning from the Client to Cocreate an Action Plan(행동계획의 공동창조를 위해 내담자로부터 학습하기)
Minuchin의 가족체계 관점에 근거하여, 가족과 작업하는 행동계획을 만들 때 치료자는 가족에게서 무엇을 얻을 수 있는가?

추천 사례/문서

△ Neglect(방임)
하느님이 아이를 치유할 것이라고 믿는 샐리앤의 가족과 어떻게 작업할 수 있는가? 그것은 우리 사회에서 방임으로 여겨질 수 있다.

△ Mrs. Smith and Her Family(스미스 부인 가족)
이 논문에 기초할 때, 치료계획을 만들 때 사회복지사는 융통성이 있어야 한다. 스미스 부인을 도울 때 비용이 문제이다. 그러므로 스미스 부인이 그럴 자격이 없을 때 당신은 어떻게 하겠는가?

△ Mothers versus the Board of Education(어머니 대 교육위원회)
지역사회 조직체는 가족의 성장을 어떻게 촉진하는가?

추천 자원

Professional Voices from the Field(가족치료 분야 전문가의 목소리) : Jack Fook

웹사이트 : Teen Pregnancy

Professional Voices from the Field(가족치료 분야 전문가의 목소리): Salvador Minuchin

연구 주제

Salvador Minuchin

Harry Aponte

Braulio Montalvo

---

2 그러나 www.MySearchLab.com의 자료 접근 권한을 이 번역서에서는 제공할 수 없음
∧=AAMFT 핵심능력자산, △=사례연구

의사소통 가족치료

학습 목표
- 초기 의사소통 이론가와 Satir 가족치료모델의 기본 개념/이론적 구념을 서술하고 비교한다.
- 초기 의사소통 이론가와 Satir 가족치료모델의 건강/정상성의 이론을 서술하고 비교한다.
- 초기 의사소통 이론가와 Satir 가족치료모델의 치료전략/개입을 서술하고 비교한다.
- 초기 의사소통 이론가와 Satir 가족치료모델의 체계이론적 일관성을 서술하고 비교한다.

의사소통 가족치료 이론은 가족치료 전 분야의 기초가 된다. 사실 의사소통 치료이론의 기본 전제는 구조적 모델과 전략적 모델의 기본이기도 하며, 효과적인 의사소통의 중요성을 인정하지 않는 접근은 아마 없을 것이다. 그러므로 오늘날 이 접근을 확실히 대표하는 특정 모델이나 주요 인물을 파악하기가 어렵다.

이 장에 포함시키기로 한 이론가들은 다른 가족치료 이론의 표제하에도 쉽게 논의될 수 있을 것이며, 실제로 어떤 경우에는 다른 표제로 논의되기도 하였다(제2장 참조). 우선 캘리포니아 주의 팔로알토 그룹의 초기 회원인 Don Jackson, John Weakland와 Paul Watzlawick에 초점을 둘 것이다. 이 이론가들은 또한 전략적 가족치료와 밀접한 관련이 있으며 전략적 가족치료의 대표자들이기도 하다. 그리고 이 장의 뒷부분은 Virginia Satir의 연구에 관한 논의가 있을 것인데, Satir는 흔히 경험적 가족치료 학파의 일원으로 간주되며, 실제로도 그렇다. 그러나 이 모든 경우, 이 치료자들과 연관된 특정 모델의 기본은 Gregory Bateson의 업적과 조현병의 영역에 관한 그의 연구팀으로부터 비롯된다. 그래서 두 경우 모두, 의사소통 이론이 핵심을 이룬다.

의사소통 가족치료 이론은 본질적으로 체계 내에서 그리고 체계 간의 의사소통과 상호작용의 반복 패턴에 초점을 둔다. 이러한 패턴은 체계의 규칙을 구성하는 것으로 보며, 체계 밖의 관찰자에 의해 유추될 수 있는 것으로 본다. 그래서 과거보다도 '지금 여기'를 강조하며, 일반적인 체계이론과 같이 "왜?"보다도 "무엇을?"이 주요 쟁점이다. 마찬가지로 인과관계는 순환적이고 회귀적인 것으로 이해되며, 가족은 실수에 의해 활성화되고 목표 지향적인 체계로 간주된다.

보다 구체적으로 말하면, 의사소통 이론가들이 관심을 두는 점은 (1) **구문론**(syntax), 즉 정보가 전달되고 받아들여지는 양식이나 방법, (2) **의미론**(semantics), 즉 의사소통의 송·수신 명료성 그리고 (3) **실용성**(pragmatics), 즉 언어적 및 비언어적 의사소통의 행동적인 영향이다 (Nichols, 1984). 그래서 이 책 전체를 통해서 나타나는 의사소통이라는 주제와 그 중요성은 이 분야의 초기 연구가 가족치료 전 분야의 발전에 미쳐왔던 영향과 일치한다.

초기 연구자들

■ Don D. Jackson

의사소통 이론 분야에서 최초의 연구자들 가운데 한 사람은 Don D. Jackson으로, 그는 1954년 Bateson의 팔로알토 연구팀에 합류하였다. Jackson은 정신과 고문으로 고용되어, 원래 회원이었던 Jay Haley, John Weakland와 William Fry의 조현병 환자의 의사소통에 관한 연구에 개입하였다. 그는 1956년 Bateson, Haley 및 Weakland와 공동으로 "조현병 이론의 모색(Toward a Theory of Schizophrenia)"이라는 획기적인 논문을 발표하였다. 1959년에 그는 팔로알토에 정신건강연구소(Mental Research Institute, MRI)를 창립하고, Virginia Satir를 초청하여 이 연구소에 합류시켰다.

Jackson의 중요한 기여는 인간의 상호작용 조직을 다루는 데 있다. 그래서 이중구속 개념을 발전시키는 데 있어서 그가 중요한 역할을 하였을 뿐 아니라, 항상성의 개념을 소개하는 데에도 일익을 담당하였다. Jackson은 가족이 특히 스트레스하에 있을 때, 가족의 안정을 유지하는 회귀적인 상호작용 패턴을 발달시킨다고 가정하였다. 그래서 가족은 규칙에 의해 지배되는 체계라고 말할 수 있다.

Jackson에 의하면 세 종류의 규칙이 있는데, 이 규칙들에 따라 체계가 움직인다. 이는 암묵적인 규범(covert norm), 명백한 가치(overt value) 그리고 메타규칙(metarule), 즉 규범과 가치를 변화시키기 위한 규칙을 말한다. 규칙을 정의하는 과정을 조정(calibration)이라 하는데, 이는 가족이 받아들일 수 있다고 생각되는 행동을 결정함을 의미한다. 따라서 증상을 경험하는 가족은 재조정(recalibration)이 필요하며, 규칙을 변화시킬 규칙이 없음을 나타낸다.

또한 Jackson은 관계에 초점을 둠으로써, Bateson이 최초로 서술하였던 대칭적 의사소통 패턴과 보완적 의사소통 패턴을 설명하였다. 독자 여러분이 기억하고 있듯이, 대칭적 관계란 유사한 행동을 교환하는 관계로 정의되며, 보완적 관계란 반대되는 행동을 주고받는 관계이다. Jackson은 또한 부부간 상응(marital quid pro quo)이라는 개념을 서술한 공적이 있다. 이 개념이 의미하는 바는 부부는 서로에 상응하는(this-for-that) 계약을 하며, 이를 수단으로 부부는 부지중에 차이를 해결하기 위하여 협동하고 실행할 수 있는 관계를 만든다는 것이다.

예를 들어, 프레드는 파티에 가거나 네다섯 사람 이상이 모인 집단에 참여하는 것을 싫어한다. 반면 아내인 린다는 매우 사교적이며 거의 모든 종류의 사교모임에 잘 어울린다. 이들이 결혼 초기에 기대하였던 바(암묵적인 규범)는 부부는 모임에 함께 참여해야 한다는 것이었다. 그래서 결혼 초기에 각자는 상대방을 기쁘게 해주려고 노력하였고, 프레드는 나가고 싶지 않을 때도 사교모임을 나갔으며, 린다 또한 나가고 싶을 때도 집에 그냥 있었다. 그러나 시간이 지나면서 이들은 이러한 규칙을 수정하였고, 그래서 현재 프레드는 어떤 사교모임 초대에는 가기 싫다고 말할 수 있고, 린다도 스스로 원한다면 혼자서 모임에 갈 수 있게 되었다. 이것은 기능적인 부부간 상응의 예이다.

반면에 만약 프레드와 린다가 결혼 초기에 기대를 잘 수정할 수 없었다면, 사교모임이 있을 때마다 프레드는 늦게 준비할 것이고 린다는 항상 서둘러서 준비하여 프레드에게 잔소리를 할 것이며 프레드가 늦을 때마다 화를 내는 장면이 벌어질 것이다. 이들이 모임에 항상 함께 참석하기로 결정한다 하더라도, 누구도 매우 유쾌한 시간을 가지지 못할 것이다. 이 경우에 부부간 상응계약은 "우리는 함께 나갈 것이지만 언제나 싸우게 될 것이고 어느 누구도 즐겁지 않을 것이 분명하다."는 것이다. 이러한 패턴이 되풀이되고 부부가 이와 비슷한 교류로 인해 더 심한 불쾌감을 갖게 됨에 따라 점점 더 어려움을 겪게 된다. 그래서 이와 같은 부정적인 상응계약으로 인해 부부는 결국 치료를 받으러 갈 것이다.

Jackson은 치료를 적극적인 과정으로 보며, 치료목표에는 위에서 서술하였던 것과 같이 가족의 규칙을 지적해주고 확실히 해주는 것이 포함된다. 그는 가족 내의 새로운 관계적 균형을 발전시키기 위하여 오래된 항상성을 깨고자 하였다. 그는 현재의 상호작용 패턴에 대한 통찰과 재구성 및 증상 처방 같은 역설적 개입을 모두 사용하였다. 또한 치료자는 더욱 기능적인 의사소통 패턴을 만들어가는 과정에서 모델과 교사가 되어야 한다고 Jackson은 믿었다.

■ John H. Weakland

John H. Weakland는 화학과 화학공학에서 학위를 받았으며 산업연구와 공장설계 분야에서 직업생활을 시작하였다. 그러나 6년에 걸친 공학 분야에서의 직장생활 후 그는 사회학과 인류학에 흥미를 갖게 되었고, 중국 문화와 가족, 성격 그리고 정치적 행위에 관한 연구에 관심을 두게 되었다. 1953년 그는 캘리포니아로 이주하여 인간의 의사소통에 관한 Bateson의 팔로알토 연구에 참여하게 되었다. 뉴욕 시에 있는 신사회연구소(New School for Social Research)에서 Weakland가 대학원 과정을 밟는 동안 Bateson은 그의 첫 번째 인류학 교수였다.

Bateson 연구팀(1954~1960)의 일원으로서 Weakland는 Milton Erickson과 함께 최면치료와 실제 치료를 연구하였다. 그는 또한 Don Jackson과 협동하여 정신병적인 행동과 가족치료에 관한 지식을 넓혔다. 게다가 그는 조현병 연구 프로젝트(1958~1962)의 공동 지도자였다. 또한 그는 단기 가족치료로 시간제 개업을 하기 시작하였다(1959).

Weakland는 1962~1968년까지 스탠퍼드대학교의 정치학연구소(Institute of Political Studies)의 연구위원이었다. 1965~1970년까지는 MRI의 "중국의 정치 테마 프로젝트"의 선임 연구원이었고, 1965~1971년까지 해군연구소(Office of Naval Research)를 위해 중국 영화를 분석하였다. 또한 그는 뉴욕과 샌프란시스코의 화교 지역과 나바호족 그리고 푸에블로 인디언에 대해 현지 조사를 하였다. 오랫동안 그는 스탠퍼드대학교와 캘리포니아 심리학대학, 버클리대학교의 라이트연구소(Wright Institute), 샌프란시스코대학교에서 가르쳤다.

1995년 7월 사망할 때까지 Weakland는 MRI에서 임상인류학자와 가족치료자로 일하였으며, MRI의 단기가족치료센터의 연구위원인 동시에 부소장(associate director)으로 일하였다. 게다가 그는 가족치료 학술지인 가족과정(*Family Process*)과 가족체계의학(*Family Systems Medicine*)의 편집고문이었다. 이렇듯 눈부신 경력을 쌓는 동안 그는 다섯 권의 책과 수많은 논문을 발표하였다.

처음에 Bateson 그룹은 일반적인 인간의 의사소통을 관찰하는 데 초점을 두었다. 그 초점을 바꾸어서 특별히 조현병 환자에게 관심을 갖게 된 것은 조현병 환자의 의사소통이 역설 또는 보고(report) 수준과 명령(command) 수준이 불일치함을 깨달았기 때문이며, 바로 이 점에 연구자들이 관심을 갖게 되었다. 즉, 조현병 환자는 두 가지 수준의 메시지를 구분할 수 없다는 것을 이해하게 되었고, 그 원인을 살피게 되었다. 그리하여 이중구속 이론이 탄생하게 되었고, 그러한 행동 패턴을 학습하고 유지함에 있어서 가족이 일익을 담당한다는 것이 Bateson 그룹의 이론 형성에 도입되었다(Watzlawick & Weakland, 1977).

가족항상성의 개념을 세우면서 연구자들은 조현병 환자와 그 가족 간의 의사소통을 연구하기 시작하였다. 이 연구에 착수하면서 이 연구집단은 상호작용적인 관점을 취하였고, 인류학적인 관점을 지향하였으며, 가족을 특수한 문화로 간주하였고, 가족이라는 문화 안에서 정상적인 행동 패턴과 비정상적인 행동 패턴을 모두 서술하는 데 목적을 두었다. 이렇게 가족을 대상으로 하는 치료가 원래 계획하였던 바는 아니었지만, 연구원들은 고통을 줄이고 문제를 해결하는 데 점점 더 많은 관심을 두게 되었다. 결국 이러한 관심의 결과로 단기치료라는 개념이 발전하게 되었다(Watzlawick & Weakland, 1977).

단기치료 모델의 가정에 의하면, 가족이 문제라고 정의하는 문제들만 변화의 초점이 되어야 한다. 치료에서 바라는 결과와 마찬가지로, 가족이 규정한 문제도 행동 용어로 분명하게 구체화되어야 한다. 치료자는 문제행위를 유지시키는 특정 상호작용 패턴과 의사소통 패턴을 추론한 후, 역설을 이용함으로써 그러한 패턴을 깨트린다. 치료는 최대 10회까지 이루어지며, 가족의 진전 여부는 치료 종료 후 몇 달 만에 실시되는 추후 연구 동안 평가된다. 1974년 Watzlawick, Weakland와 Fisch는 그들의 책인 변화: 문제 형성과 문제해결의 원칙(*Change: Principles of Problem Formation and Problem Resolution*)에서 단기치료 모델의 기본 원리를 설명하였는데, 여기에 1차적 변화와 2차적 변화에 대한 설명이 포함되어 있다(이 모델에 대한 자세한 설명은 제15장에 있음). Weakland가 이룬 업적을 특별히 구분하여 서술하는 것은 어렵지만 그가 팔로 알토 집단 전체의 연구방향과 이론의 발전에 중요한 역할을 담당하였다는 것은 의심의 여지가 없다.

■ Paul Watzlawick

Paul Watzlawick은 오스트리아 비엔나 출생이고, 처음에는 언어와 의사소통 및 문학에 관심을 가졌으며, 2007년 사망하였다. 그는 1949년 이탈리아 베니스에 있는 카포스카리(Ca' Foscari) 대학교에서 철학과 현대어로 박사학위를 받았으며, 스위스 취리히에 있는 C. G. Jung 연구소에서 정신치료를 연구하였다. 그 후 10년 동안 Watzlawick은 취리히에서 훈련분석가였고, 엘 살바도르대학교의 정신치료학 교수였으며, 펜실베이니아 주 필라델피아 소재의 템플대학교 의과대학의 연구위원이었다. 그러나 전통적인 방법에 의한 치료 결과가 불만족스러운 데 실망한 그는 1960년 MRI로 가서 연구조사자가 되었다(Bodin, 1981; Hansen & L'Abate, 1982; Kaslow, 1982).

1967년 MRI에서 단기치료센터가 문을 열었을 때, Watzlawick은 Arthur Bodin, Richard Fisch, John Weakland와 합류하여, 대인 간 의사소통 및 가족과 기타 다른 사회적 맥락에서 대인 간 의사소통과 그것의 장애요인에 초점을 두면서 행동변화를 연구하고자 하였다. 이 그룹이 주창하였던 단기 가족치료는 내담자의 현재 문제를 해결하는 데 성공을 거두었을 뿐 아니라, 그러한 해결로 인해 가족의 다른 영역도 긍정적으로 변화되었음을 발견하였다. Watzlawick이 공식적으로 은퇴한 이후에 사망할 때까지 그는 MRI 및 단기치료센터와 계속 연관을 맺었었다.

Watzlawick의 의사소통 이론의 기본 전제는 현상이란 그것이 발생하고 속한 맥락을 살펴보지 않고서는 완전히 이해될 수 없다는 것이다. 그래서 의사소통을 통해 명백히 드러나는 관계가 연구의 적절한 초점이다(Watzlawick, Beavin, & Jackson, 1967). 주로 실용성 또는 의사소통의 행동 결과에 관심을 두는데, 문제의 해결이 치료목표다. 문제는 상호작용의 어려움으로부터 비롯되는 상황적인 것으로 본다. 문제 해결을 위하여 내담자는 문제에 관한 의사소통을 할 때 사용한 언어를 변화시킴으로써 실재에 대한 지각을 바꾸어야 한다.

Watzlawick(1978)에 의하면, 변화의 언어는 아날로그 양식(analogic mode)인데, 이는 우뇌의 기능이다. 치료자는 좌뇌를 차단하는 동음이의어, 동의어, 애매한 표현, 재담(pun)을 사용하여 우뇌로 접근한다. 게다가 Watzlawick은 역설과 재구성을 이용하여 내담자에게 최악의 환상을 떠올려보도록 한다. 2차적 변화는 암묵적인 것을 분명하게 하고, 숨기기보다는 밖으로 드러내어 알리며, 저항을 이용함으로써 촉진된다(Watzlawick et al., 1974). 각각의 경우, 체계 밖에서 정보를 제공함으로써 체계의 규칙을 변화시키며 그래서 맥락을 변화시키는 것이 문제해결의 지름길이다.

더구나 Watzlawick(1978)은 치료자는 영향을 미치지 않을 수 없다는 규칙을 강조한다. 치료자는 적극적이며 자신이 내리는 도덕적 판단에 책임을 진다. 게다가 Weakland, Fisch와 뜻을 같이한 그는 행복, 개별화 또는 자아실현 등을 목표로 하는 정신치료 학파는 유토피아를 지향하고, 그래서 성취할 수 없는 결과를 지향한다고 생각한다.

> 이와 같은 것을 목표로 하는 정신치료는 끝이 없는 과정이 되며, 이것이 인간적일 수도 있지만, 환자의 고통이 구체적으로 지속되는 한 비인간적일 가능성이 더 크다. 최대한 노력한다는 시각에서 볼 때, 구체적이고 빠른 변화를 기대하는 것은 비합리적일 것이다…. 유토피아에 도달할 수 없다는 사실이 수반하는 고통은 매우 실제적이다(Watzlawick et al., 1974, pp. 56-57).

그리하여 비현실적인 기대 때문에 문제가 생기게 되며, 따라서 Watzlawick, Weakland와 Fisch는 치료로 인해 병리적 문제가 생기는 것을 예방하기 위해서는 치료활동을 고통의 경감에 국한해야 한다고 주장한다. Watzlawick은 모든 이론을 실재에 대한 관점으로 보며, 자신의 관점만을 유일한 실재로 주장하는 것은 잘못일 뿐 아니라 위험하다고 생각한다.

초기 연구의 고찰

팔로알토 이론가들을 중심으로 한 의사소통 이론의 기존 가정은 이 장과 다른 장에서 자세히 언급되었으므로, 여기서는 다른 장에서도 똑같이 다른 표제인 기본 개념, 건강과 정상성의 이론 그리고 치료전략 및 개입이라는 표제하에 간단히 요약하며, 이어서 의사소통 이론의 체계이론적 일관성 여부의 평가뿐 아니라 제2단계 사이버네틱스/포스트모더니즘 관점에서 몇 가지 질문과 성찰을 하고자 한다.

■ 기본 개념/이론적 구념

의사소통의 기본 규칙은 다음과 같다(Watzlawick et al., 1967).

1. 인간은 행동을 하지 않을 수 없으며, 따라서 당연히 의사소통하지 않을 수 없다. 모든 행동은 어떤 차원에서는 의사소통이다.
2. 모든 의사소통에는 보고(report, 디지털) 수준과 명령(command, 아날로그) 수준이 있다. 명령 수준이 관계의 성질을 규정한다.

3. 모든 의사소통과 행동은 맥락 안에서 검토되어야 한다. 맥락을 파악하지 않고서는 완전한 이해란 있을 수 없다.

4. 모든 체계의 특징은 규칙에 의해 나타나는데, 규칙에 따라 항상성적 균형이 유지되며 체계가 보존된다.

5. 관계는 대칭적이거나 보완적이다. 대칭적 관계에서 행동은 동등하게 교류되며, 반면 보완적 관계에서 행동은 한 사람이 지배하는 입장이고 다른 한 사람은 복종하는 입장에서 이루어진다. 어떤 관계가 반드시 더 좋다거나 안정적이라고 할 수는 없다.

6. 우리 각자는 각기 다른 방식으로 현실을 분별한다. 즉, 행동순서(behavioral sequence)에 대한 이해와 의미의 경험은 관찰자의 인식론에 따라 다르다.

7. 의사소통은 회귀적 피드백 루프를 통해 반복적으로 일어나는데, 이 맥락 안에서 문제가 유지된다.

■ 건강/정상성의 이론

의사소통 이론에 의하면, 정상적인 것은 기능적인 것과 똑같다. 즉, 정상적인 가족은 스트레스하에서도 기본적으로 통합할 수 있으며, 필요할 때에는 변화에 적응한다. 의사소통은 분명하고 논리적인 방식으로 이루어진다. 한편 역기능적인 가족은 고착된(stuck) 가족이라고 할 수 있다. 증상행동이 현재의 평행상태를 유지시키며, 변화가 필요할 때에도 변화를 피한다. 그러므로 문제는 체계의 역기능을 증상으로 나타낸 것이며, 따라서 가족 안에서 무엇이 일어나고 일어나지 않는지에 관해 말해주는 것이다.

역기능적인 가족에서 일어나는 의사소통의 고전적인 예는 이중구속이다. 따라서 하나는 언어적이고 다른 하나는 비언어적인 두 가지 메시지나 명령이 동시에 전달된다. 이 메시지의 각각은 다른 하나를 부정한다. 그러나 메시지를 받는 사람은 그러한 역설적인 메시지를 피할 수도 없고 그 메시지에 대해 의견을 말할 수도 없다. 결국 이 사람은 두 가지 수준의 메시지를 분간할 수 없어 그 상황을 '피하게' 되고, 그래서 관계의 성질을 규정하기 위한 모든 시도를 거부하게 된다.

■ 치료전략/개입

팔로알토 의사소통 이론가들에게 치료목표는 문제를 지속시키는 반복적인 의사소통 패턴을 변화시키는 것이다. 문제에 접근하여 이를 다루는 데는 다음과 같은 네 단계가 있다 (Watzlawick, 1978).

1. 문제를 분명하고 구체적인 용어로 정의한다.
2. 과거에 시도하였던 문제 해결책을 모두 조사한다.

3. 이루고자 하는 변화를 분명하고 구체적인 용어로 정의한다.

4. 변화전략을 명확하게 말하고 실행한다.

제11장을 읽을 때 독자는 이러한 단계들을 알게 될 것이다. 이 단계들은 전략적 가족치료의 특징을 나타내기도 한다. 전략적 가족치료는 의사소통 이론으로부터 비롯되었다. 중요한 차이점이라면 MRI 그룹은 세 사람 간의 상호작용이 아니라 두 사람 관계에 더 많은 초점을 두는 경향이 있다는 것이다(Nichols, 1984). 더욱이 최근에 MRI 집단은 체계 내의 단 한 사람과 치료하는 경향으로 바뀌었다.

치료는 의사소통을 변화시킴으로써 행동을 변화시키는 방향으로 이루어진다. 특히 감추어진 메시지를 밖으로 끌어내며, 잘못되었거나 역설적인 의사소통을 지배하는 규칙을 변화시킨다. 이 과정의 핵심은 치료관계이며, 역설적인 명령과 치료적 이중구속이 중요한 치료전략이다.

■ 체계이론적 일관성

의사소통 이론가들의 접근은 치료자가 먼저 일반적으로 가족에 관해 이론적으로 접근하고, 그다음에 가족의 특징적인 행동 패턴을 이론적으로 접근하는 것이다. 그리고 나서 치료자는 행동을 변화시키기 위해 가족에 개입하여 치료를 한다. 이는 분명히 블랙박스 접근으로 가족을 이해하고 치료에 임하는 것이다. 사실 역기능적이고 고착된 가족은 오직 체계 밖에서 제공하는 정보와 수정을 필요로 한다는 것이 이 이론가들의 믿음이다. 누가 보아도 실용적이라 할 수 있는 이 치료적 접근은 제1단계 사이버네틱스 수준과 체계이론적으로 매우 일치한다.

그러나 제2단계 사이버네틱스 수준에서는 의사소통 이론의 어떤 주장도 일치하지 않는다. 실재는 지각에 기초하는 것으로 이해되지만, 관찰자인 치료자는 관찰대상, 즉 가족에 포함되지 않는다. 체계는 투입과 산출에 의하여 외부 환경에 대해 개방적이며 또한 외부 환경과 관계가 있는 것으로 정의된다. 실제로 치료자의 투입은 내담자의 변화에 필수적인 것으로 간주된다. 증상은 맥락의 당연한 결과로 묘사되지만, 건강하고 역기능적인 가족은 여전히 양분되어 설명되어 이상적인 모델로 규정된다. 그러므로 이 모델은 여러 면에서 이론과 실행이 상충되는 만큼 모델 내적으로도 모순이 있다고 말할 수 있다. 물론 이러한 사실의 어느 것도 이 접근이 매우 유용하다고 입증되었음을 부인하거나, 대부분의 가족치료 분야에 기초가 되어왔다는 사실을 부인하지는 못한다.

제2단계 사이버네틱스/포스트모더니즘 관점에서의 질문과 성찰

1. 내가 하고 있는 관찰에 나를 어떻게 포함시킬 수 있는가?

2. 이 가족이 다른 치료자와 작업한다면 어떻게 다르게 행동할지 궁금하다.

3. 이 내담자를 묘사하기 위해 가장 유용한 방법은 '고착에 빠진'인가?

4. 내담자 편에서 그들 자신과 가족체계에 대한 어떤 지식이 내가 그들의 상호작용 패턴을 평가할 때 인정되고 있지 못하는지 궁금하다.

5. 언어의 실용성에 대한 나의 초점은 가족 구성원들이 어떻게 느끼고 있을지에 충분히 민감한가?

6. 내가 이 접근에서 작업할 때 나는 어떤 실재를 만드는 데 참여하고 있는지 궁금하다.

Virginia Satir

Virginia Satir는 교육학과 사회사업학을 공부한 후 가족치료를 공부하기 시작하였다. Don Jackson이 그녀를 초청하여 MRI에 합류시켰을 때까지 그녀는 여러 해 동안 가족치료를 시행하였으며, 시카고에서 가족역동성을 가르쳤고, 워싱턴 D.C.에 있는 Murray Bowen을 방문하였으며, 자신의 연구결과를 팔로알토에 있는 퇴역군인관리병원의 Bateson 그룹에서 발표하였다. MRI가 문을 연 직후에 가족치료 분야에서의 '연구'가 다소 따분한 일임을 알고서, 가족치료에서 훈련 프로그램이라고 할 수 있는 것을 처음으로 시작하였던 사람이 바로 Satir였다(Satir, 1982).

1964년 Satir는 가족치료 분야에서 최초의 주요 서적 중의 하나인 공동가족치료(*Conjoint Family Therapy*)를 출판하였다. 같은 해에 그녀는 또한 에설런성장센터(Esalen Growth Center)와 깊은 연을 맺게 되었고, 그 후 이곳에서 훈련 프로그램의 지도자가 되었다. 에설런에서 Satir는 감각적인 자각, 마사지, 집단만남(group encounter), 게슈탈트 치료, 무용, 신체, 기타 비전통적인 치료를 처음으로 접하게 되었다. 그 결과 그녀는 치료에 전체적인 접근을 지향하기 시작하였다. 비록 그녀의 모델이 의사소통에 기초를 두고 있지만, 본질상 매우 경험적이며, 그녀가 에설런에서 처음으로 접하게 되었던 많은 분야로부터 유추한 요소들을 통합하였다.

말년에 Satir는 가족치료 분야에 대한 자신의 비전과 다른 영향력 있는 지도자들의 비전이 상충하자 가족치료의 주류에서 벗어나 더 이상 직접 관여하지 않았다(Pittman, 1989). Satir는 자신의 길을 갔다. 그녀는 보다 인간적인 가족치료를 촉진하는 데 매우 적극적이었고 세계를 돌아다녔다. 그녀는 더 큰 체계에 영향을 미치는 데 전념했다. 인간의 삶의 향상뿐 아니라 인류의 구원이 주요 초점이 되었다. 그녀는 성장경험을 제공하고 다른 사람들을 훈련하기 위해 그녀의 언어 스타일에서 나온 모델과 방법을 썼다(Bandler, Grinder, & Satir, 1976 참조). 1977년 그녀는 아반타네트워크(Avanta Network)를 결성했는데, 그 구성원들은 세계 곳곳에서 열린 세미나에서 그녀가 영향을 미쳤던 많은 충실한 추종자들이었다. 아반타네트워크는 가족치료와 사회에 대한 그녀의 유산이었고 아직도 그렇다. Simon(1989)에 의하면, 1988년에 사망한 Virginia Satir는 문자 그대로뿐 아니라(키가 매우 컸음) 상징적으로도 '큰' 인물이었다(p. 37).

극도로 민감한 인물이었던 그녀는 깊이 보살피는 방식으로 주변 사람들과 연결될 수 있었다. 그녀의 성공 비결은 치료모델과 그녀 존재의 일치성이었던 것으로 말할 수 있다.

■ 기본 개념/이론적 구념

Satir(1982)는 자신의 접근을 과정모델이라고 명명하였는데, "이 모델에서는 치료자와 가족이 힘을 합쳐서 행복을 도모한다"(p. 12). 이 모델은 가족이 균형된 체계이고, 규칙에 의해 지배받는 체계이며, 의사소통과 자아존중감이라는 기본 요소를 통해 성장과 발달의 맥락을 제고한다는 시각을 전제로 한다. 이 모델은 다음과 같은 네 가지 기본 가정을 바탕으로 한다.

우선 Satir는 모든 사람은 건설적인 성장과 발달을 향해 자연스럽게 움직인다고 믿는다. 그러므로 증상은 성장과정에서의 곤경을 가리키며, 이는 보다 큰 체계 또는 가족에서 요구하는 것과의 균형과 어느 정도 관련이 있다. 구체적인 것은 사람과 가족에 따라 다르게 보일 수 있지만, 이 과정의 일반적인 특징은 항상 똑같다.

둘째로, Satir는 모든 사람은 건설적인 성장과 발달에 필요한 모든 자원을 소유하고 있다고 가정한다. 자신이 가진 신체적, 지적, 정서적, 감각적, 상호작용적, 맥락적, 영양적, 정신적인 자원을 이용하는 방법을 배움으로써 인간은 자신의 성장 가능성을 높일 수 있다. 그러므로 치료의 목표는 이 과정을 촉진하는 것이다.

Satir(1982)의 세 번째 가정은 상호적 영향과 책임의 공유에 관한 것이다. 즉, "모든 사람과 모든 것은 모든 다른 사람과 모든 다른 것에 영향을 미치기도 하며, 그것들로부터 영향을 받기도 한다. 그러므로 탓할 수 있는 것은 아무것도 없다. 수많은 자극과 수많은 결과가 있을 뿐이다"(p. 13). 따라서 치료자는 다양한 기법을 이용함으로써, 한 가족원을 희생양으로 만들거나 탓하는 것을 피하기 위해 특징적인 가족패턴을 가족원들이 의식적으로 깨달을 수 있도록 돕는데, 이때 모든 가족원을 개입시킨다.

네 번째 가정은 치료란 내담자와 치료자 간의 상호작용 과정이라는 것이다. 치료자는 성장을 도모하는 데 도움이 되도록 앞장서는 반면, 각 개인은 스스로를 책임진다. 사실 각 가족원은 될 수 있는 한 전체가 되도록 하며, 치료는 단지 그렇게 될 수 있도록 지원 분위기를 제공하는 것이다.

Satir(1982)는 이상의 언급에 대한 틀과 그 이상의 진전을 이루는 과정을 다음과 같이 요약하고 있다.

나는 사람이 각자 성장할 수 있다는 깊고도 흔들림 없는 신념을 발전시켜 왔다…. 내가 추구하는 바는 어떻게 하면 사람들이 이 신념에 접하게 되며, 사람들에게 이 신념을 보여주어 어떻게 사람들이 스스로 이것을 이용할 수 있는지 깨닫는 것이다. 이것이 바로 내 연구의 주요 목표였고, 아직도 그렇다(p. 16).

Satir 모델의 초석은 그녀가 생존을 위한 1차적인 **삼자관계**(primary survival triad)라고 부르는 것인데, 이 삼자관계는 자녀와 부모의 관계이다. Satir는 각 자녀는 정체감과 자아존중감을 필요로 하는데, 이는 삼자관계의 상호작용적 특징이 건설적이지, 아니면 파괴적인지에 달려있다고 생각하였다.

두 번째로 중요한 삼자관계는 **몸과 마음과 감정**의 관계이다. Satir에 의하면 몸의 부분들은 심리적 의미에 대한 은유가 될 수 있으며, 따라서 신체적 증상은 흔히 정서적 질환의 표현이다. 그러므로 조각이나 자세 취하기(posturing)는 치료의 중요한 일부분이다. 왜냐하면 이러한 기법을 통해 내담자는 안전한 환경에서 자기 자신과 자신의 기분을 경험할 수 있으며 새로운 자각을 하게 되어 결국 상황을 새롭게 해석할 수 있게 되기 때문이다.

Satir의 의사소통 이론에 관하여 가장 잘 알려진 예는 아마도 의사소통을 회유형, 비난형, 초이성형, 산만형, 일치형으로 나눈 것으로 보인다(Satir, 1972). Satir에 의하면 이러한 의사소통 유형은 언어적 행동뿐 아니라 몸의 자세로도 표현된다. 그래서 회유자(placater)는 수동적이고 미약하며 자기를 내세우지 않는 사람과 같아 보이고, 또 그렇게 말하며, 항상 다른 사람의 말에 동의한다. 반대로 비난자(blamer)는 대개 무엇이든 반대하고, 언제나 다른 사람의 잘못을 찾아내며, 독선적으로 조소를 일삼는 사람이다. 초이성적인(superreasonable) 사람은 감정이 없는 컴퓨터같이 딱딱한 자세를 취하지만, 적어도 겉으로는 매우 논리적이고 지적으로 보인다. 산만한(irrelevant) 사람은 아무런 연관도 없는 산만한 행동의 특징을 보이며 의사소통 과정에서 자신은 물론 다른 사람도 전혀 고려하지 않는 것으로 보인다. 마지막으로 일치적인(congruent) 사람은 단어와 감정이 일치하는 메시지를 보내며, 자신이나 상대방은 물론이고 상황을 부인하지 않는다. 사실 Satir가 초점을 둔 주요 부분은 의사소통 및 메시지의 여러 수준들 간의 불일치이다.

> 불일치는 다음과 같은 형태로 나타난다. 즉, (1) 느꼈지만 말할 수 없는 것(금지), (2) 느꼈지만 의식하지 못한 것(제지) 그리고 다른 것에 반응한 것(투사), (3) 의식적으로 느꼈지만 규칙에 들어맞지 않아서 그 자체를 부인하였던 것(억압) 그리고 (4) 느끼지만 중요하지 않다고 무시한 것(부정)의 형태로 불일치가 나타난다(Satir, 1982, p. 18).

Satir는 모든 행동을 의사소통으로 본다. 의사소통은 정보를 보내고 받는 과정이므로, 사람이 생존하고 발전하려면 가족 안에서 메시지가 분명하게 송수신되어야 한다. 분명한 의사소통을 할 때 어려움이 나타나는 이유는 동일한 메시지에 대해 수없이 많은 해석이 가능하기 때문이며, 또한 비언어적 의사소통 과정과 맥락에 따라 언어적 의사소통의 질이 달라질 수 있기 때문일 것이다. 그래서 의사소통은 복잡한 교류이며, Satir는 의사소통을 중심으로 역기능을 살핀다.

■ 건강/정상성의 이론

Satir에 의하면 가족은 균형을 이루고 유지하기 위하여 움직이는 체계이다. 따라서 증상행동은 가족의 고통을 반영하는 항상성적 기제이며, 모든 가족원은 어느 정도 증상행동을 경험한다. 더구나 증상을 보이는 자녀는 흔히 부부관계의 문제를 표현하는 것인데, 부부관계 문제는 부부간 의사소통의 불일치와 역기능적 부모됨에서 확연히 드러난다.

Satir(1964)는 자존감이 낮고 기대감은 높으며 성공 가능성에 대한 믿음이 부족한 부부에게서 문제가 발생한다고 본다. 가령 두 사람이 무언가를 주어야 할 필요성을 깨닫지 못하고 무언가를 받으려는 희망으로 결혼한다고 해보자. 완전한 동의를 기대하는 이 두 사람은 서로가 다르다는 것을 발견할 때 최악의 두려움을 맛보게 되며, 이를 곧 나쁜 것으로 단정 짓는다. 그로 인하여 부부간에 불일치하게 되고, 이것은 결국 사랑의 부족으로 해석된다. 그러나 그러한 불일치는 결코 공개적으로 논의되지 않고, 두 사람 간의 의사소통은 점점 더 은밀하고 간접적이 된다.

결혼생활에 불만족할 경우, 부부는 부모 역할을 다함으로써 자신의 욕구를 충족시키고자 노력하게 된다. 그러므로 이런 부부는 자존감을 유지시키는 수단으로 자녀를 이용한다. 따라서 자녀와 부부관계는 삼각관계를 형성할 수 있다. 그러나 역기능적인 부모는 자녀의 문제행동에 자신이 관계됨을 거의 깨닫지 못한다. 사실 이들은 자존감이 부족하기 때문에, 스스로 누군가에게 영향을 미칠 수 있다고 의식하지 못한다. 그보다 역기능적인 부모는 정서적 문제가 발달할 때 유전과 생리작용(chemistry)이 문제 발생에 어떤 역할을 하였는지를 살핀다.

Satir는 일방적이고 선형적인 과정에 의해 증상이 형성된다고 본다. 그럼에도 불구하고 Satir는 자녀의 자아존중감 발달에 있어서 부모의 역할을 강조한다. Satir는 부모는 한 인간으로서 자녀의 숙달감과 가치를 인정하거나 부정하는 힘을 가진다고 본다. 부모가 의도적으로 실패를 하지는 않지만, 자녀의 이탈행위에 대해 책임을 져야 하는 것은 바로 이러한 실패 때문이다.

따라서 부부간의 메시지와 자녀에 대한 부모 간의 메시지가 일치하지 않을 경우, 자녀는 이와 비슷한 방식으로 의사소통하는 것을 배운다. 더구나 간접적이거나 불일치한 의사소통 패턴의 본보기가 된 부모는 자녀의 자아존중감을 손상시키는 메시지를 보낸다. 이로 인해 자녀의 의사소통 패턴은 역기능적으로 발달하게 된다. 따라서 자아존중감이 낮은 부모는 불충분한 의사소통을 함으로써 자아존중감이 낮은 자녀를 기르게 되고, 자녀는 또 불충분한 의사소통을 하게 됨으로써 이 주기가 완성된다.

그러므로 질병은 역기능적인 맥락에 대한 당연한 반응이다. 증상을 보인 사람이 맥락에서 벗어나거나 맥락이 변화될 때 질병이 해결된다. 한편 건강한 맥락에서는 의사소통이 일치하며, 감정은 공평하고 판단적이지 않으며 또 솔직하게 표현된다. 더구나 필요에 따라 규칙이 경신되고 적절히 폐기되기도 한다. 그러므로 기능적인 가족에서는 구성원들이 필요로 하는 바를 요청할 수 있고 욕구가 충족될 수 있으며 개별성과 자존감을 가지려는 노력을 지원하는 일련의 관계가 있다. 따라서 건강한 가족에서는 구성원 간의 차이가 인정되고, 그 과정에서 성장과 발전이 촉진된다.

■ 치료전략/개입

Satir는 가족의 중요한 생활사건을 묘사하기 위해서 **가족생활사 연대기**(family life fact chronology)를 이용한다. 이 연대기는 큰할아버지와 큰할머니의 출생으로 시작하며, 가족의 재구조 기법에 매우 중요하다. 이는 가계도와 비슷한데, 이 연대기를 통하여 치료자는 여러 세대에 걸친 가족패턴의 특징뿐 아니라 증상이 나타나게 된 맥락을 감지할 수 있다.

Satir에 의하면 우리 모두는 오늘날 우리가 생각하고 느끼고 행동하는 방식에 영향을 미친 가족에서 자랐다. 더구나 우리 모두는 전체가 되기 위하여 애쓰며, 따라서 치료는 모든 사람을 위한 것이다. "우리는 자랄 때 전체가 아니었던 것으로부터 전체를 만들기 위하여 끊임없이 애쓰고 있다는 것이 나의 관점이다"(Satir, 1982, p. 23). 그래서 적절한 치료대상은 가족인데, 가족이 상처를 입을 수 있듯이 치료될 가능성도 있다. 치료의 목적은 가족의 의사소통 양식을 변화시켜서 인본주의적 목적을 성취하는 것이다. 치료자의 첫 번째 과업은 각 가족원과의 접촉인데, 이때 치료자 자신의 자존감을 본뜰 수 있도록 하고 동시에 모든 다른 사람의 가치를 인정하도록 한다. 또한 치료자는 자발적으로 내담자의 성장을 도와야 하며, 자진해서 실험을 해야 한다. Satir는 치료시간, 장소와 양식을 융통성 있게 하도록 주장하며 치료자의 가능한 행동에 제한을 두지 않는다. 실제로 '지금 여기'에 초점을 두며, "치료적 개입을 통해 무언가가 일어나도록 해야 할 순간에"(p. 25) 비유, 조각, 게임 및 유머 같은 기법이 시행된다.

Satir 접근에서 치료자는 촉진자, 자원인(resource person), 관찰자, 탐정 그리고 효율적인 의사소통 모델로 간주된다. 치료자는 내담자들이 그들 스스로와 그들의 행동을 더욱 분명하게 살필 수 있는 상황을 만들어낸다. 치료자는 내담자들의 두려움과 무력감을 인식하며, 따라서 편안하고 신뢰할 만한 상황을 만들어내려고 노력하는데, 이 상황에서 목적의식과 활동성을 느낄 수 있다.

치료에는 가능한 모든 가족원을 포함시킨다. 그러나 Satir는 흔히 부부를 먼저 보는 것을 좋아하며, 네 살 이하의 아이는 치료에서 결국 제외한다. 치료자는 역사적 관점을 취하거나 가족의 연대기를 이용함으로써 좋은 정보를 얻을 수 있으며, 치료 초기의 면접을 조직할 수 있고, 내담자의 불안감을 감소시킬 수 있다.

Satir는 직접적인 개입을 통하여 잘못된 의사소통을 변화시키고자 한다(Nichols, 1984). 그래서 그녀는 문제가 되는 의사소통 유형을 지적하고, 사람들이 자신의 감정에 접해보도록 하며, 기능적인 상호작용 패턴을 시범으로 보인다. 그녀는 또한 차이 또는 "개별성의 전 영역,

각 개인이 선천적으로 서로 어떻게 다른지"(Satir, 1967, p. 11)에 관해 내담자를 교육한다.

치료과정을 통하여 Satir는 서로 믿고 보살펴주는 맥락을 만들어내는데, 이 환경에서 가족원들은 더 이상 스스로를 방어하지 않게 되고, 자신의 감정을 나누려 하며, 새로운 행동을 배울 수 있다. Satir는 문제에 대처하기 위해 필요한 인적 자원을 일단 얻게 되면, 가장 어려운 가족문제도 해결될 수 있다고 믿는다. 그래서 가족은 이전의 패턴을 고집하기보다도 변화를 시작하고 새로운 선택을 할 수 있게 된다.

일단 가족이 더욱 효율적으로 의사소통하는 것을 배우면, 가족체계는 더욱 개방적이 되고 목적을 달성하기 위하여 더 잘 지원할 수 있게 된다. 내담자는 더욱 창조적이고 효율적으로 위기와 문제에 반응할 수 있다. 가족은 어느 정도의 잠재력과 장기적인 자원을 가지고 있으며, 이 자원으로 가족은 건강한 방식으로 기능할 수 있다고 본다.

■ 체계이론적 일관성

이 장의 앞부분에서 논의된 의사소통 이론과 마찬가지로, Satir 모델은 체계이론과의 일관성에 있어서 몇 가지 문제가 있다. 그러나 Satir가 과정을 강조한 점은 이러한 불일치를 어느 정도 무마하는 것 같다. 그래서 한편으로 Satir는 잘못된 의사소통과 역기능적인 부모됨에 기초를 두어 증상의 원인을 선형적으로 묘사한다. 마찬가지로 Satir는 개인과 가족이 건강하게 간주되기 위해서는 어떠해야 하는지에 대한 이상적인 모델을 규정하고 있다. 다른 한편 그녀는 문제란 맥락에 대한 당연한 결과이며, 실재란 지각적이고 자의적인 것이라고 이해한다. 치료자와 내담자가 성장과 발전을 도모하기 위하여 함께 노력하는 과정에 개입하는 면에서는 협동의 인식론을 찾아볼 수 있다. 그래서 치료자는 '지금 여기'에서 일어나고 있는 바에 반응하며, 체계가 균형을 이루는 성질이 있음을 보게 된다.

Satir의 모델이 확실히 체계이론적이기는 하지만, 그녀의 가족모델은 결국 블랙박스 모델이라고 할 수 있다. 그래서 치료자는 체계 밖에서 특징적인 패턴을 관찰하고 정보를 제공하는데, 이러한 것들이 없다면 변화가 일어나지 않을 것이다. 치료의 진전이 가능하다고 볼 뿐만 아니라 그것을 목표로 가정한다. 그래서 Satir의 치료적 접근은 실제로 제2단계 사이버네틱스의 필요조건을 충족시키지 못한다.

제2단계 사이버네틱스/포스트모더니즘 관점에서의 질문과 성찰

1. 부모의 행동 외에 무엇이 만족스러운 아동발달에 영향을 미칠 수 있는가?
2. 자존감이 높은 배우자들이 있는 맥락에서 부부문제는 어떤지 궁금하다.
3. 모든 가족은 역기능적인가? 혹은 다소 '건전하지 않은가?'
4. 인본주의적이며 '감정표현이 풍부한' 접근이 모든 내담자에게 적합한지 궁금하다.

5. 잘못된 의사소통 이외의 무엇이 나의 내담자에게 문제가 될 수 있는가?
6. 가족이 치료과정을 어떻게 정의할지 궁금하다.

실전문제

다음의 질문은 이 장에서 다룬 내용의 적용과 분석을 테스트하는 것이다. 임상실천과 더불어 이 장에 대한 추가적인 사정, 적용, 분석, 합성, 평가를 위해 다음 질문에 답하시오.

1. 팔로알토 집단의 전문적 배경과 의사소통 분야에 대한 공헌을 서술하시오.
2. Virginia Satir의 가족체계모델의 주요 개념을 서술하고 그녀가 가족 의사소통에 구체적으로 어떤 영향을 미쳤는지 서술하시오.
3. 잘못된 의사소통은 대부분의 갈등의 핵심이다. 5세와 7세의 자녀를 둔 4인 가족의 핵심 문제가 잘못된 의사소통으로부터 비롯되었을 때, Satir 모델을 사용하여 그들을 어떻게 교육할지 논의하시오.
4. Satir의 개념을 사용하여, 치료 시 자주 침묵을 지키는 청소년 딸과 더 효과적으로 의사소통하도록 치료자가 내담자를 도울 수 있는 두 가지 방법을 설명하시오.
5. Satir 모델이 체계이론적 일관성 영역에서 보여준 몇 가지 문제를 사정하시오.
6. Satir의 과정모델에 기본이 되는 네 가지 가정을 서술하시오.
7. Satir 치료자가 서로 이해하지 못한다고 불평하고 서로 언어적으로 학대하는 부부를 도울 수 있는 두 가지 방법을 파악하시오.
8. 가족에 대한 Satir 접근을 치료전략과 개입을 포함하여 설명하시오.

MYSEARCHLAB 살펴보기

www.MySearchLab.com에 다음의 비디오, 사례, 문서 등이 제시되어 있다.[1]

추천 비디오

Relinquishing Custody(양육권 포기)
부모는 특별한 요구가 있는 자녀와 어떻게 의사소
통하는가?

The Ecological Model Using the Friere Method
(Friere 방법을 사용한 생태모델)
치료자는 Friere 방법을 사용하여 문제를 어떻게
분석하는가?

Professional Demeanor(전문가 품행)
치료자가 내담자와 더불어 전문가로서의 톤을 확
립하기 위해 어떤 기술이 필요한가?

추천 사례/문서

△ Tiny Toddler Loses Her Taste: The Story of
the Russos(꼬맹이가 입맛을 잃었어: 루소 이야기)
치료자로서 아동과 작업할 때 치료적 접근이 어떻
게 무엇을 변화시키는가?

△ Travis(트래비스)
치료자는 학대가족에서 자라고 입양되어 현재는
입양가족에 적응하는 데 어려움이 있는 아동과 어
떻게 작업해야 하는가?

△ Family Dynamics and Alzheimer's Disease
(가족역동과 치매)
치료자는 가족이 치매로 고통받는 부모에 적응하
도록 어떻게 도울 수 있을까?

추천 자원

Techniques for Generalist Practice(일반전문가 실
천을 위한 기법): Michael White

Techniques for Generalist Practice(일반전문가 실
천을 위한 기법): Scale for the Selection of Foster
Parents(수양부모 선택 척도)

웹사이트 : National Families in Action(NFIA)

연구 주제

Don Jackson

Paul Watzlawick

Virginia Satir

---

1 그러나 www.MySearchLab.com의 자료 접근 권한을 이 번역서에서는 제공할 수 없음
∧ =AAMFT 핵심능력자산, △ =사례연구

전략적 접근과 밀란 접근

학습 목표

- 전략적 가족치료의 기본 개념/이론적 구념을 서술한다.
- 전략적 가족치료의 건강/정상성의 이론을 서술한다.
- 전략적 가족치료의 치료전략/개입을 서술한다.
- 전략적 가족치료의 체계이론적 일관성을 서술한다.
- Haley 접근과 초기 밀란팀 접근을 요약하고 비교한다.

다른 치료적 접근에 못지않게 전략적 접근도 미국 문화와 미국 문화에서 실행되는 전통적인 정신건강의 통념에 맞서는 치료적 접근이다. 여러 가지 가족치료 이론에 관해 읽으면서, 독자 여러분은 아마도 사람과 변화, 치료과정에 관한 여러분의 현재의 믿음체계에 각 이론이 적합한 정도를 평가하고 있을 것이다. 여러분이 전략적 가족치료 이론에 대해서 읽고 공부할 때 이러한 생각은 특히 더 깊어질 것이다. 미국 문화 통념의 중요한 일부분은 정신역동적 심리학의 가정이다. 정신역동적 심리학의 몇 가지 가정에 의하면, 문제는 사람들 내면에 있으며, 그 뿌리가 깊을 뿐 아니라, 문제를 해결하기 위해서는 그 원인의 뿌리를 파악해야 한다. 이러한 가정에 미치지 못하는 것은 어떤 것이든 피상적이거나 일시적인 변화로 본다. 그러한 정신역동적 심리학의 관점에서 볼 때, 전략적 가족치료는 피상적이며 일시적이다. 그러나 다른 치료적 접근과 마찬가지로 전략적 가족치료도 일관성 있는 치료적 접근일 뿐 아니라 논리적인 기본 가정에 따라 확립되었다.

정신역동적 심층심리학의 제창자들에 의해 제기된 전략적 접근에 대한 비평은 그들의 관점이 '실재'와 '진실'을 서술한다는 믿음에 기초한다. 이러한 가정을 바탕으로 하면, 다른 이론들도 비판의 대상이 된다. 그래서 하나의 이론적 학파가 다른 학파의 이론과 치료를 비난하는 논란을 일삼고 있는데, 어떤 학파든 자체적으로 타당한 기본 가정이 있으며, 그 가정은 단지 다른 학파의 기본 가정과 차이가 있을 뿐이다. 그러나 이론적인 상대성의 견지에서 볼 때 각 이론은 그 자체의 장점에 관하여 그 자체의 틀 안에서 그리고 그 틀의 가정과 일치하는지에 관하여 비판을 받을 수 있다.

이러한 현상에 주의를 기울이는 이유는 (제12장에서 논의될 다양한 행동적 접근과 마찬가지로) 전략적 접근도 미국 문화의 통념과 매우 다른 가정 위에서 형성되었으며, 그래서 이 두 치료적 접근에 대해서 여러분이 약간의 반감을 가질 수도 있다고 생각되기 때문이다. 역설적으로 말하면 필자인 우리는 여러분이 반발할 수도 있다고 예상함으로써 독자인 여러분이 전략적 치료를 경험하도록 할 수 있다. 즉, (1) 우리는 여러분이 서양 문화에서 사회화된 사람이며, 따라서 서양 문화의 통념의 일부분인 정신역동적 심리학에 의해 사회화된 사람이라는 가정을 기초로 할 때 여러분이 상당히 반발할 것이라고 예상하며, 또한 (2) 이 과정에서 우리는 여러분이 반발하는 원인을 지적하고 반발하는 것이 당연하다고 말함으로써, 전략적 치료에 대한 여러분의 반발을 통제한다. 물론 우리가 무엇을 하고 있는지를 설명함으로써 우리가 취했던 역설을 효율적으로 부정하였다. 그렇지 않았는가? 우리가 행하고 있는 바를 설명함으로써 우리는 여러분과 함께 통제를 나누었다. 그렇지 않았는가? 여러분이 반발할 수도 있고, 여러분의 반발을 우리가 억제할 수 있으며, 그다음에는 여러분의 생각을 우리가 어떻게 통제하였는지를 '솔직히' 설명함으로써, 우리는 '솔직히'라는 표현을 유도하는 과정을 통하여 더 높은 수준의 역설을 취하는 것이 가능하지 않았는가?

이상에서 논의된 점으로 인해 여러분이 혼란스러웠다면 우리의 목적은 달성된 것이며, 여러분이 역설을 경험하도록 도운 것인데, 이는 치료자인 우리가 내담자인 여러분에게 부과한 것으로, 역설적 치료의 가정과 일치하는 것이다. 이것을 약간 다르게 말하면 처음에 우리는 매우 조작적이었다. 그다음에 우리는 솔직했다. 누가 봐도 알 수 있는 솔직함도 조작적이라고 할 수 있는가? 전략적 치료자의 시각에서 볼 때, 그 답은 "맞습니다. 분명히 그렇습니다. 그렇지 않을 수가 없습니다!"이다. 전략적 치료이론에 의하면, 사람과 관계의 성격에 관해서 가정할 때 조작(manipulation)은 피할 수 없다. 이와 같이 조작이 비윤리적이지는 않지만, 이 사실로 인해 전략적 치료자는 비난의 대상이 되기도 한다. 이 관점에서 볼 때, 사람이 조작을 피할 수 있다고 주장하는 것이 더욱 비윤리적이다.

조작이 나쁘다고 가정하는 것은 사람이 조작할 수 없다는 믿음을 바탕으로 할 때 가능하다. 반대로 전략적 치료자는 사람은 '행동하지 않을 수 없으며', '의사소통하지 않을 수 없다'고 가정하는데, 일반적으로 이른바 조작이라는 것을 인간관계에서 필연적으로 나타나는 결과라고 설명하며, 조작에 의해 서로를 통제하려 하고 관계의 성격을 규정하려 한다고 가정한다. 그래서 사람은 조작을 하지 않을 수 없다. 더구나 '아무것도 감춰놓은 것이 없다'는 의도를 솔직하게 표현하는 것이 상대방을 진정으로 조작하지 않으려 함을 나타낼 수 있지만, 이와 같은 솔직함도 여전히 아무것도 감춰두지 않는다는 규칙에 의해 관계가 규정되도록 영향을 미치려는 시도이다. 그리고 물론 이것도 또한 감춰둔 것이다. 자신의 목적이나 감춰놓은 것을 분명하게 시인하는 것은 단지 더 높은 차원에서 감춰놓은 것을 드러내는 것에 불과하다. 사실은 감춰놓은 것이 없는 관계는 없고, 조작이 없는 관계도 없다.

'아무것도 감춰놓은 것이 없다'는 예로 흔히 설명되는 이론과 치료는 따뜻함, 감정이입, 진실성, 존중 그리고 판단적이지 않은 성향을 지닌 Carl Rogers의 이론과 치료이다. 이것은 확실히 진실하고 성실하게 느껴지지만, 전략적 치료자의 관점에서 볼 때 이것도 물론 조작이다. Rogers 치료자들은 치료의 기본 이론에 내포된 의제를 내담자에게 알리지 않는다. 즉, "나는 적극적인 관심과 감정이입을 가지고 당신의 말에 귀 기울일 것이다. 나는 당신에게 진실할 것이다. 나는 당신을 판단하지 않을 것이다. 나는 당신의 생활이나 결정에 책임을 지지 않을 것이다. 내가 당신에게 이러한 것들을 행할 때, 나는 당신이 자아실현을 이루기 위하여 그리고 충분히 기능하는 사람이 되기 위하여 '당신 스스로 움직일 것'이라고 믿는다. 나는 내가 당신에게 진실하고, 따뜻하며, 수용적이고 감정이입을 하지 않는 한, 내 이론의 가정에 따라 당신이 이것을 할 수 있다고 생각하지 않는다." Rogers 치료자는 조작적이지 않은가? Rogers 이론의 관점에서 볼 때, 이 치료자는 조작적이지 않다. 그러나 전략적 치료자의 관점에서 볼 때, 이 치료자는 조작적이지 않을 수 없으며, 그래서 역설인 것이다.

전략적 이론가와 치료자로 간주되는 사람은 많다. 그러므로 우선은 일반적인 전략적 접근에 초점을 두고, 이 장의 뒷부분에서는 특정한 전략적 치료모델에 관해 논의할 것이다. 전략적 접근에 속하는 사람들 중에는 Milton Erickson, Jay Haley, Cloé Madanes, Prggy Penn, Richard Rabkin, Richard Fisch, John Weakland, Paul Watzlawick, Arthur Bodin 등이 있다. 밀란협회라는 집단의 구성원들, 즉 Mara Selvini Palazzoli, Luigi Boscolo, Gianfranco Cecchin, Guiliana Prata도 이 장에 포함되며 전략적 접근이 이들의 이론 발전에 미친 영향에 주목할 것이다. 그러나 '체계이론적'이라는 은유는 일반적으로 이 집단의 초기 작업과 이 집단의 개별 구성원들의 후기 작업을 나타내는 데 더 적합하다. 사실 전략적 치료는 문제해결 치료, 단기 치료, 체계적 치료와 같은 다른 이름으로도 알려져 있다.

전략적 접근은 가족치료 운동과 더불어 시작되었다. 그러나 흔히 전략적 치료의 특징을 나타내는 역설적 개입과 증상 처방 등의 개념은 오랜 역사를 지닌다(Dunlap, 1928, 1946). 역설적 치료는 Watzlawick, Beavin과 Jackson(1967)의 책인 인간 의사소통의 실용성(*Pragmatics of Human Communication*)의 출판으로 가족치료 분야의 주류로 들어서게 되었다. Haley(1963)의 초기 저서인 정신치료전략(*Strategies of Psychotherapy*)은 역설이 모든 치료적 접근의 공통 요인임을 밝히려 하였는데, 이는 Milton Erickson의 연구를 기초로 하였다. Haley는 비상한 치료(*Uncommon Therapy*, 1973)에서 Erickson의 최면기법을 더욱 발전시켰다.

전략적 가족치료는 (제10장에서 논의되었던) 의사소통이론과 일반체계이론으로부터 발전하였다. 게다가 Milton Erickson으로부터 개입에 관한 많은 아이디어를 유도해냈으며, 여러 개념들은 캘리포니아의 정신건강연구소(MRI)에 있는 Satir, Jackson, Watzlawick, Weakland, Haley와 함께 Gregory Bateson(1972)의 연구를 기초로 하였다.

기본 개념/이론적 구념

전략적 치료자들은 인간의 본질과 문제의 성격에 관해 공통된 가정과 개념을 기초로 하여 모델을 확립하였다. 그러나 전략적 치료자들마다 강조하는 면이 달랐고, 그래서 다양한 치료적 접근이 발전하게 되었다. 우선 이들의 공통점에 대해 논의하고, 이어서 여러 치료적 접근의 차이점을 지적할 것이다.

흥미롭게도 전략적 치료자는 내담자가 자신의 변화를 통찰하도록 하는 데 가치를 두지는 않지만, 전략적 치료를 이해하기 위해서는 적어도 개념틀에 대한 전략적 치료자의 시각을 알아야 한다. 개념틀(conceptual framework)은 세계관 또는 세상에 대한 일련의 가정으로 정의되며, 개념틀에 따라 사람들 간의 유사성이나 차이점이 구분된다. 또한 개념틀에 따라 무엇을 '문제'라고 하는지가 구분된다. 더구나 개념틀에 따라 문제가 일단 문제로 간주되면, 개념틀은 문제를 다루는 방법도 제공한다. 즉, 문제에 대한 해결책은 그 개념틀과 논리적으로 일치하는 것으로 제한된다. 그래서 어떤 사람이 피곤을 문제로 규정한다면, 이에 대한 논리적인 해결책은 잠을 자는 것이다. 마찬가지로 어떤 사람이 다른 사람의 행동, 예를 들면 다른 사람이 화를 내는 것을 보고서 이것을 문제로 가정한다면, 이 사람의 개념틀과 일치하는 논리적인 해결책은 화를 내지 않도록 하는 것이다. 그러므로 이 이론에 의하면, 문제라고 하는 것은 문제라고 규정한 준거틀에서만 문제이다. 게다가 문제를 어떤 식으로 규정하면 문제 해결방법에도 한계가 있고, 해결방법을 선택하는 규칙도 문제를 규정하게 된 개념틀과 논리적으로 일치해야 한다. 그러나 다른 준거틀에서 볼 때, 처음에 문제로 규정하였던 것은 더 이상 해결해야 하는 문제가 아닐 수도 있다.

전략적 치료자는 내담자의 개념틀에 관심을 둔다. 전략적 치료자가 내담자의 은유나 말을 통해 묘사되는 문제를 살펴보면, 내담자의 개념틀과 내담자가 시도했던 해결책에 대한 실마리를 파악할 수 있다고 생각한다. 그래서 만약 부모가 아이를 '버릇없는 녀석'이라고 설명한다면, 내담자(즉, 아이)는 '버릇없는 녀석'이라는 은유와 일치하는 방식으로 행동하며, 반대로 자녀는 부모를 '완고하고, 벌을 잘 주며, 엄한 사람'이라고 말할 수 있음을 치료자는 알고 있다. 전략적 치료자는 기본적으로 사람들이 그들의 개념틀과 논리적으로 일치하는 방식으로 행동할 것이라고 가정한다. 전략적 치료자는 또한 내담자가 "지도는 지형이 아니다"(Bateson, 1972; Chase, 1938; Korzybski, 1958)라는 것을 알지 못한다고 가정한다. 즉, 내담자의 개념틀은 내담자 자신이나 다른 사람들이 '실제 있는 그대로'를 나타내는 방식이 아님을 알지 못한다고 가정한다. 그래서 내담자들은 대개 자신의 개념틀이 동일한 경험에 부여될 수 있는 수없이 많은 설명들 중의 하나에 불과하다고 생각하지 않는다.

그러므로 내담자들(사람들)은 다음과 같은 두 가지 한계점을 갖는다. 첫째로, 사람들은 의식하고 있는 마음을 넘어서지 못하고, 스스로 의미를 경험하게 되는 자신의 개념틀 안에서만 합리적인 해결책을 생각해낸다는 한계가 있다. 둘째로, 사람들은 여러 다른 개념틀에 접할 수 없다는 한계가 있다. 사람들은 스스로 문제라고 부르는 것이 실제로 재명명될 수 있고, 다른 개념틀에서는 문제가 아닌 것으로 볼 수 있음을 알지 못한다. 왜냐하면 사람들은 '지도가 지형이 아니다'는 더 높은 수준의 관점이 제공하는 여러 대안을 의식적으로 깨닫지 못하는 경우가 많기 때문이다. 반대로 높은 수준의 관점을 지닌 사람들이 미해결된 문제와 마주칠 때, 이들은 그 상황에 대한 여러 가지 가정에 관하여 질문을 한다. 그리하여 이들은 또 다른 개념틀로 나아가 그 개념틀 안에서 문제를 살펴볼 것이다.

'지도가 지형이다'고 믿는 내담자는 여러 대안을 갖지 못한다. 그러나 대안적인 개념틀은 일단 다른 관점을 갖게 되면, 역설적으로 말해 더 이상 동일한 현상은 아니지만 동일한 현상에 대해 타당한 설명이 된다. 즉, 이 관점에서 볼 때 실재는 지각을 기초로 한다. 전략적 치료자는 사물이 있는 그대로의 방식대로 존재한다고 생각하지 않는다. 그보다 사물은 우리가 사물을 지각하고 개념화했던 방식대로 존재한다. 그러므로 치료자는 이러한 믿음과 일치하는 방식으로 행동함으로써, 사람들이 동일한 상황에 대해 다른 관점을 갖도록 한다. 1979년에 Milton Erickson은 자신의 행동을 다음과 같이 설명하였다. 즉, "사람들은 자신이 해결할 수 없는 문제를 가지고 온다. 나는 사람들이 해결할 수 있는 문제를 준다." 그는 계속해서 "이성적인 마음은 사실이라고 믿은 바에 의해 제한되어 있는 둔하고 어리석은 마음이며, 논리라는 것에 제한되어 있다."고 말한다. 그래서 그는 최면술을 이용하여 논리적이고 제한된 선택의 폭과 의식적인 마음의 편협함을 제지하였다. Erickson은 최면술로 몽환의 경지를 유도해냄으로써, 내담자가 창조적이고 광활한 잠재의식이라고 생각했던 것을 활성화시키도록 하였는데, 의식적으로 알 수 있는 이성적인 마음 밖의 잠재의식 속에 해결책이 있다고 믿었다.

지도가 지형이 아니며, 어떠한 현상에도 다르지만 똑같이 타당한 설명이 수없이 주어질 수 있다는 관점은 전략적 치료의 중요한 치료기법인 재구성의 본질을 나타낸다. 그러나 지도가 지형이고, '내가 부르는 바가 실제 있는 그대로'라고 믿는다면, 재구성은 논리적으로 가능한 치료기법이 아니다.

이상의 논의에서 중요한 점은 개념틀과 논리(logic)이다. 논리의 개념에는 또한 비논리(illogic)의 개념이 수반된다. 논의를 계속 행하면서 논리와 비논리의 개념이 자주 언급될 것인데, '논리'는 이치에 맞다(making sense)로 정의되며, '비논리'는 이치에 맞지 않으며 그래서 역설적인 것으로 정의된다. 그러나 잠시 우리는 논리와 비논리를 양분하지 않고자 한다. 이것 때문에 Paul Dell(1986c)은 그의 논문에서 다음과 같은 질문을 하였다. 즉, "왜 우리는 아직도 그것을 '역설'이라고 부르는가?" 이것은 음미해볼 만한 질문이다. 왜냐하면 비논리적으로 또는 역설적으로 보이는 것은 그것이 단지 이치에 맞지 않는 준거틀에서 볼 때에만 그렇기 때문이다. 특정 개념틀에서 볼 때에는 이치에 완벽하게 맞을 수 있으며 그래서 더 이상 비논리적으로 간주되지 않는다. 조금 달리 말하면 무엇인가를 비논리적이거나 역설적으로 보는 것은 그것의 의미를 해당 맥락 안에서 보는 것이 아니다. 사실 모든 것은 의미가 있으며, 특정 개념틀에서 볼 때 이치에 맞는다고 가정한다.

예를 들면, 한 내담자가 스스로 '우울증'이라는 문제를 가지고 있다 생각한다고 가정해보자. 그런데 우울증은 우리 사회가 문제시하는 것으로 구분한 정서상태이다. 우리 문화의 논리에 따라 그는 자신의 우울증을 없애기 위하여 의식적으로 수많은 시도를 한다. 그는 의사를 찾아갈 수도 있는데, 의사의 항우울증약 처방은 우울증이란 나쁜 것이며 따라서 우울증을 가라앉히기 위해서 모든 노력을 다해야 한다는 그의 믿음을 확신시킨다. 가족과 친구들은 이른바 '우울증'이라 불리는 문제를 해결하기 위해 자신들의 상식을 말해줌으로써 도와주려고 한다. 그러나 시도하였던 모든 해결책들은 실패한다. 우울증이 더 지속될 뿐 아니라 더 악화된다. 그러나 이렇게 시도된 해결책의 효과에 관한 어떠한 자료도 우울증을 없애려는 노력을 다하는 내담자나 치료자들 그리고 몇몇 일반 대중과 전문가의 기세를 꺾지 못한다.

전략적 치료자에게 가보라. 전략적 치료자는 우울증이 납득이 된다고 믿는다. 즉, 우울증은 내담자가 구성원으로 속한 사회적 맥락과 깊은 관련이 있는 행동이라고 생각한다. 사실 우울증은 가족문제의 증상으로 보인다. 치료자는 내담자가 속한 맥락에서 볼 때 우울증은 정상이며, 역기능적인 맥락에서 우울증이라는 증상은 비정상이 아님을 알게 된다. 더욱이 우울증은 체계 내의 관계에 대한 의사소통으로 보인다. 만약 증상이 지속되면, 이것은 그 맥락이 우울증 환자가 변화시키고자 하는 행동을 유지시키는 것과 논리적으로 일치한다는 것을 말해주는 것이다.

전략적 치료자는 소위 '자발적으로 되라(be spontaneous)'는 역설을 믿는다. 즉, 우울증 같은 행동을 통제하려는 의도적인 시도는 이성적이고 논리적인 수단에 의한 의도적인 통제로 다스려지지 않으며, 그러한 시도는 단지 우울증적인 행동을 지속시킬 뿐이다. 또한 그러한 시도는 우울증의 강도를 더 높이며, 우울증 환자가 할 수 있다고 예상함에도 불구하고 우울증을 없앨 수 없는 것에 대해 분노나 죄책감 같은 더 높은 차원의 또 다른 감정을 갖게 한다.

그러므로 전략적 치료자는 내담자가 우울증을 지속해야 할 뿐만 아니라 우울증의 정도를 더 심화시켜야 한다고 제안한다. 이러한 제안을 하기 위해서 치료자는 여러 가지 자세한 이유나 재구성을 제시할 수도 있고, 전혀 아무 설명도 하지 않을 수도 있다. 이러한 처방은 우울증을 나쁜 것이며 반드시 없애야 하는 것으로 보는 개념틀에서 볼 때 비논리적이다. 왜냐하면 내담자는 우울증을 가족의 역기능에 대한 의사소통 또는 역기능을 드러내는 것으로 보지 않기 때문이다. 그러나 증상을 처방함으로써 치료자는 개념틀 안에서 문제를 보며, 이 개념틀에 따라 (1) 증상은 증상이 나타난 맥락에서 볼 때 이해가 되며, (2) 이전에 시도된 해결책이 실패하였다든가 '자발적으로 되라'는 역설의 관념을 놓고 볼 때 증상의 악화도 이해가 되는 것이다. 사실 증상은 특정 개념틀 안에서는 분명 납득이 된다. 만약 그렇지 않다면, 그것은 치료자가 의미와 무의미를 정하기 위해 사용하는 개념적인 '상자(box)'를 이해할 수 없기 때문이다.

전략적 이론과 치료에서 증상은 대인관계 전략 또는 관계의 성격을 규정하기 위한 노력으로 간주된다(Haley, 1963). 증상은 가족의 관계망에 깊이 묻혀있고, 가족의 중요한 목적에 부합한다. 그리하여 증상의 유지는 체계 안에서 그리고 체계 간에 이루어지는 복잡하고 상호적인 피드백 기제와 관련된다.

따라서 증상은 별개의 분리된 행동으로 간주되지 않는다. 증상은 가족의 사회적 맥락의 중요한 일부분으로, 가족 내 상호적 역할이 증상을 논리적으로 보완한다. 증상은 유발되는 것이 아니다(즉, 선형적인 시각으로 증상을 보지 않는다.). 그보다 증상은 가족의 유지를 위해 당연히 필요한 역할로 발전하게 된다. 그러므로 전략적 치료자는 병의 원인론에 관심을 두지 않는다. 동일결과성과 동일잠재성의 개념을 가정하면서, 대부분의 전략적 치료자는 패턴, 특히 삼자관계(triad)의 패턴 또는 일련의 맞물린 삼자관계라고 할 수 있는 것에 초점을 두는데, 이는 Bowen과 Minuchin이 강조하는 점이기도 하다.

삼자관계의 전형적인 패턴은 주변에서 겉도는 아버지와 무력하고 지나치게 관여하며 독재적인 어머니 그리고 버릇없는 아이의 관계이다. 버릇없는 아이는 아버지가 개입할 때까지 어머니와의 관계를 심화시킨다. 그러나 어머니의 관점에서 볼 때 아버지의 개입은 너무 강압적이다. 어머니는 아이를 지나치게 보살핌으로써 아버지의 무모함을 보완하며, 따라서 어머니 자신의 독재적 기능을 와해시킨다. 그렇게 해서 어머니는 자신의 무력함을 계속 드러내고, 아버지는 주변에서 겉돌던 역할로 되돌아간다.

여기서는 이러한 순서를 선형적으로 구분하였음을 주목하라. 그러나 체계이론적 관점에서 볼 때 원인, 즉 순서의 시작은 없다. 단지 실제적·이론적 또는 치료적인 목적을 위해서 원인을 구분할 뿐이고, 삼자관계에 있는 사람들 각각이 동시에 원인과 결과의 순환적 패턴을 강조한다.

이 순서는 또한 '끝없는 게임'의 형태를 설명한다. 다른 삼자관계가 기존의 시나리오에 끼어들 수도 있다. 아버지가 외도를 하게 되어 아버지와 어머니 그리고 버릇없는 자녀의 삼자관계에 어머니와 아버지 그리고 아버지의 정부의 삼자관계가 형성된다. 또는 어머니가 친정 어머니와 삼자관계를 맺고 있을 수 있으며, 따라서 또 다른 삼자관계가 나타날 수도 있다. Haley(1976), Selvini Palazzoli, Boscolo, Cecchin, Prata(1978) 그리고 Hoffman(1981)은 심지어 부부간의 관계도 핵가족 안이나 밖에 있는 제3자에 의해 안정화된다고 가정한다.

병리가 더욱 심해지는 특징을 보이는 가족은 안정과 변화 사이에서 무도(舞蹈, dance)를 시작한다. 주로 문제를 '일으킨' 것으로 구분된 사람을 시작으로 하여 변화가 시도되고, 반면 다른 사람들은 현 상태를 유지한다. 그와 같은 1차적 변화는 아이는 버릇없으며, 아버지는 주변에서 맴돌고, 어머니는 지나치게 관여하고 무력한 사람으로 묘사하는 개념틀의 논리와 일치한다. 이것은 순서에 관한 고전적인 예, 즉 "당신이 움츠리니까 내가 잔소리를 한다."는 순서와 같은 것으로, 순서 안에서 한 사람의 행동은 문제의 책임을 상대방에게 투사함으로써 정당화된다. 그래서 한 사람이 상대방을 변화시키려고 시도하는 것은 논리적이다.

그러나 그와 같이 상대방을 변화시키려는 시도는 실패하기 마련이다. 왜냐하면 그러한 시도는 상대방을 일방적으로 변화시키려는 시도인데, 사람은 상대방과 관계를 맺고 있으며, 그 관계는 당연히 양방향적이기 때문이다. 여기서 문제가 되는 인식론은 자신의 행동을 가족의 병리적인 삼자관계 패턴의 일부분으로 보지 못한다거나, 버릇없는 아이, 곁에서 맴도는 아버지 그리고 지나치게 관여하는 어머니 사이에서 당연히 일어나는 결과를 보지 못한다거나 또는 다른 예로 잔소리하고 움츠리는 행위를 문제를 더 심화시키는 상호 간의 무도로 보지 못한다는 점이다. 가족문제 패턴에서 논리적이고 상호적인 역할을 인식하지 못하는 변화의 시도는 그 어떤 것이든 1차적 변화를 나타낸다. 그러한 시도가 가끔 성공할 때도 있지만, 계속 실패하게 될 때 2차적 변화를 생각해보는 것이 좋다.[1]

2차적 변화는 '끝없는 게임'의 패턴이 깨지는 과정이다. 그러나 사건을 선형적으로 구분하는 관점과 원인을 한 사람에게만 돌리는 관점에서 볼 때, 2차적 변화는 이해가 되지 않을 것이다. 아버지에게는 곁에서 더욱 맴돌게 하고, 어머니에게는 더 지나치게 관여하고 무력하도록 하며, 아이에게는 더욱 버릇없게 굴도록 요구하는 것은 이 가족의 개념틀에서 볼 때 비논리적이다. 가족의 개념틀에 의하면 1차적 변화를 계속 시도하는 것이 논리적인 것이다. 그래서 비록 2차적 변화를 위한 요구가 가족의 준거틀에서 볼 때는 비논리적일지라도, 그러한 요구는 역설적으로 간주된다. '끝없는 게임'의 시각에서 볼 때 또는 각 가족원이 다른 각 가족원과 상호 관계를 맺고 있으며 잘못된 인식론을 기초로 움직이는 자기파괴적인 주기(cycle)를 심화시킬 때, 그들이 지금까지 행해왔던 바를 계속 더 많이 하도록 처방하는 것은 매우 논리적이다. 따라서 다른 개념틀의 논리에서 볼 때, 이 처방은 역설적이지 않다.

그러므로 전략적 치료자는 사람과 증상을 맥락 안에서 본다. 더욱이 대부분의 전략적 치료 이론가는 삼자관계를 가족의 조직과 역기능적인 가족 패턴의 지속에 기본이 되는 것으로 본다. 이론적으로 말해서, 가족원들이 서로 상호적인 역할관계를 맺는다고 본다면, 다른 사람의 행동을 자신의 행동과 무관한 것으로 보지 않는다면 그리고 상대방에 대한 변화를 시도할 때 자신을 함께 변화시키고자 한다면, 가족은 병리적이지 않을 것이다. 그러나 병리적이지 않다는 것이 가족이 정상임을 의미하는 것인가? 이것은 매우 중요한 질문이며, 이에 대해서는 아

---

1 1차 및 2차 변화에 대한 더 자세한 내용은 제15장을 참조하라.

주 일반적인 답만이 가능하다.

건강/정상성의 이론

전략적 가족치료의 관점에서 건강이나 역기능을 말하는 것은 모순에 가깝다. 전략적 치료자는 가족의 패턴과는 상관없이 그리고 가족의 관점에서 역기능적으로 분류될 수 있는 가족원의 행동과는 무관하게, 어떤 패턴의 가족에서든 정상성과 응집성 그리고 적합성을 찾아낼 수 있다. 모든 행동은 가족체계 안에서는 완벽하게 논리적이며, 모든 가족은 정상적이거나 비정상적이라기보다 기능적으로 간주된다.

가족이 치료를 받고자 할 때, 가족은 조현병인 10대 자녀, 우울증인 어머니, 버릇없는 아이 또는 곁에서 맴도는 아버지를 만들어내는 데 가족이 '성공'하였음을 알지 못한다. 그러나 가족은 가족원이 그와 같이 되도록 잘 조직되어 있다. 이것은 무엇이 병리를 의미하는지에 관한 문화적인 합의를 반영할 수 있다. 그러나 문화가 가족원에게 '기대하는 대로' 가족원이 존재하도록 일방적이고 논리적으로 시도하는 것은 '병리'의 일부분일 것이라고 생각할 수 있다. 가족의 조직은 가족의 정상성을 반영한다.

전략적 이론가는 문화적인 합의에 의해 이른바 역기능이나 병리라는 것의 발전과 연관된 가족 패턴을 아주 일반적인 말로 기술할 것이다. 그래서 또한 전략적 이론가는 증상행위와 관련이 적어 보이는 패턴의 의미에서 정상적으로 생각될 수 있는 것을 짐작할 수 있다. 체계이론에 의하면 건강과 정상성의 구분은 문화적 합의의 관점에서만 이루어질 수 있으며, 반면 가족의 논리와 합의를 참고로 하지 않는다. 그래서 전략적 치료자는 가족을 역기능적이라거나 비정상적이라고 칭할 수 없다.

한편 Haley(1976)는 위계적으로 조직된 가족에 가치를 둔다. 그는 또한 제5장에서 논의된 것과 비슷한 생활주기상의 발달적 개념틀(developmental framework)을 지지한다(Haley, 1973). 게다가 Selvini Palazzoli와 동료들(1978)은 증상이 없는 가족은 은밀한 연합과 결탁을 하는 경우가 거의 없다고 지적한다. 건강한 가족에서도 연합과 결탁이 있을 수 있지만, 이것은 대개 있는 그대로 분명히 인정된다. 의사소통 이론에서도 증상이 없는 가족은 규칙이 분명하며 안정성과 융통성 간에 균형이 있다고 생각한다.

어떤 가족이든 가족 그 자체에서 볼 때는 나름대로 정상이라는 전략적 이론가의 시각에서 보면, 치료가 논리적으로 필요한 역할은 아니다. 치료를 행하면서 전략적 치료자는 전략적 치료이론의 기본 가정을 위반한다. 치료실이라는 맥락과 치료자라는 은유는 정상 가족과 비정상 가족이 있다는 가정에 동의함을 가리킨다. 전략적 이론임에도 불구하고 치료자의 역할을 인정하는 것은 정상적인 사람과 가족이 있는가 하면 비정상적인 사람과 가족도 있다는 문화적인 합의에 참여하는 것이다. 전략적 치료자가 이러한 딜레마로부터 스스로 어떻게 빠져나오는지는 다음 절의 주제이다. (계속 지켜보기 바란다. 과연 이중성을 찾을 수 있을 것인가? 전략적 치료자는 정신을 차려서 소위 말하는 정상가족을 치료하고 고친다는 역설에 대한 해결책을 찾을 것인가?)

치료전략/개입

앞 절의 마지막 부분에서 전략적 가족치료자는 역설에 직면한다는 점을 지적하였다. 치료자는 한 가족을 변화시키도록 요청받는데, 전략적 이론에 의하면 가족은 그 자체에서 볼 때 논리적이고 조리가 있다. 그러나 문화는 조현병 환자, 우울증 환자 그리고 버릇없는 아이를 만들어내는 것을 용납할 수 없다고 일러주며, 가족은 이에 동감한다. 그러나 Haley의 위계구조와 발달적 개념틀을 제외하면, 전략적 가족치료자는 가족이 어떠해야 한다는 것에 대하여 특정한 모델을 갖지 않는다. 특정한 모델을 갖지 않는 전략적 치료자가 특정한 조직을 강요할수는 없다. 사실 치료자가 기본적으로 가치를 두는 것은 가족원의 특성에 어울리는 여러 양식의 조직을 존중하는 것이다.

그래서 전략적 치료자는 각 가족은 고유하며, 개별 가족은 가족조직과 정체성을 규정하는 고유의 규칙과 패턴을 가지고 있는 것으로 본다. 전략적 치료자는 이러한 패턴들을 조사하며, 가족원들이 서로에게 부여한 명칭에서 드러나는 가족의 개념틀을 추론한다. 특정 가치를 강요할 수 없는 전략적 치료자는 실제로 개입하는 데 초점을 두어 현재의 패턴을 제지하고 새로운 패턴이 발전되도록 한다. 치료자는 이렇게 발전된 새로운 패턴이 가족에게 고유하며 더욱 유용하기를 바란다.

전략적 치료자는 역사적인 관점에서 가족이 '왜' 현재와 같은지에 관심을 두지 않는다. 그보다 가족 안에서 '무엇이' 일어나고 있는지가 현재 있는 그대로의 가족에 대한 필요충분한 설명이라고 믿는다. 전략적 치료자가 가족에게 '무엇이 일어나고 있는지'에 관한 설명을 하면, 가족은 새로운 패턴의 조직을 발전시키기보다 가족의 현재 상호작용 패턴에 이러한 새로운 정보를 흡수할 것이다.

전략적 치료자는 원인의 뿌리를 밝혀낸다는 고전적 의미의 병원론에 관심을 두지 않는다. 그보다 가족은 그것이 현재와 같은 식이기 때문에 현재와 같다고 본다. 더 실제적으로 Watzlawick, Weakland와 Fisch(1974)는 가족원들이 다음과 같다고 제안한다. 즉, (1) 가족원들은 문제가 아닌 문제를 해결하려고 한다(조니는 쓰레기를 갖다 버리라는 부탁을 받을 때 웃지도 않고 기운이 없다.). (2) 가족원들은 잘못된 차원에서 해결을 시도한다(마르타에게 권위도 주지 않고 형제들의 부모가 되라고 요구한다.). (3) 가족원들은 문제가 존재한다는 것을 부정하는데, 이 경우에 행동이 필요하지만 취하지는 않는다(셰릴은 방과 후에 집에 혼자 있는 것을 무서워하는데, 이러한 사실에 대해 "셰릴이 곧 익숙해질 거야."라는 입장으로 반응한다.).

전략적 치료자는 가족 밖에서 가족을 들여다보고 있다고 생각하지 않는다. 더욱이 치료자는 가족의 저항을 불러일으키거나 동기를 유도하지 않는 허영을 부리지 않는다. 왜냐하면 저항이라든가 동기와 같은 개념은 체계이론과 부합하지 않기 때문이다. 만약 치료가 성공하지 못하면, 이는 치료자가 일을 잘하지 못하였기 때문이다. 가족을 탓하는 것은 가족도 역시 가족의 문제 해결에 책임을 져야 함을 의미할 것이다.

전략적 치료자는 문제 있는 피드백 루프가 잘못 순환되는 것을 차단하고자 할 뿐이다. 특정 문제를 파악하고 목표를 분명히 설정한 후, 현재의 문제를 유지하는 패턴을 바꾸는 데 치료의 초점을 둔다. 설정된 목표가 "조니는 좀 더 착한 행동을 하는 아이가 될 것이고 화를 그만 내게 될 것이다."는 것이 될 수 있으며, 반면 치료자의 머릿속에 있는 목표는 전략적 이론에 의해 문제라고 규정된 항상성적 패턴을 깨는 것이다. 그러나 어떤 경우에든 가족과 가족원을 병든 것으로 간주하지 않고, 그보다 곤경에 빠져있는 것으로 본다.

가족과 가족원이 곤경에 빠진 정도를 알면 어느 정도 개입의 형식을 설정할 수 있게 된다. 곤경에 덜 빠진 가족은 인지적인 정보를 사용할 수 있는데, 비교적 솔직한 방법으로 대할 수 있다. 즉, 치료자가 스스로 관찰한 패턴을 가족원들에게 설명할 수 있고, 그래서 모든 가족원은 서로 어떻게 다른지에 관해서 관찰하고 추론할 수 있다. 어떤 가족은 정보를 이용하여 적절한 변화를 이룰 수 있다. 그러나 전략적 치료자는 그와 같이 솔직하게 다루어질 수 없는 가족도 있음을 알고 있다. 왜냐하면 이런 가족은 치료자의 분석을 가족원끼리 서로 대항하는 데 이용할 것이기 때문이다. 따라서 이들의 기본적인 상호작용 패턴은 계속 변하지 않을 것이다.

바로 이 시점에서 역설(paradox)을 이용하는데, 역설은 전략적 가족치료가 적절한 치료기법으로 명성을 얻게 되었던 비논리적인 책략(tricks)이다. 역설 또는 역설적 개입은 변화를 위한 의식적인 시도가 한계에 다다를 때, 특히 가족의 패턴이 오래 지속되었고 감정적으로 치우쳤을 때 치료에서 이용되는 지시(directive)이다. 역설적 개입은 가족에게 비논리적으로 보일 것이다. 왜냐하면 치료의 맥락이 변화를 의미하기 때문이다. 그러나 전략적 가족치료 이론의 가정을 놓고 보면, 역설적 개입은 논리적이다.

근본적으로 역설적 개입(paradoxical injunction)은 특정 가족원을 변화시키려는 뚜렷한 시도가 전혀 없이, 어떤 것이 제기되든 바로 그 제기된 것을 가지고 치료를 '행하는' 전략이다. 역설적 개입은 정상적으로 일어나는 것을 인식할 수 있게 하고, 현재 일어나는 것을 정상화한다. 가령 수전이 시험공부를 매우 열심히 하였는데도 시험을 잘 못 봤을 때, 수전에게 화를 내고 실망하며 당황하라고 말하는 것은 이치에 맞는 일이다. 화를 내고, 실망하며, 당황하는 것이 정상이다. 만약 수전이 이러한 감정을 느끼지 않는다면 '비정상'이라고 말할 수 있을 것이다. 수전이 이러한 감정을 느끼지 않으려고 하면 고통은 더 가중될 것이다. 역설적으로 그녀가 이러한 기분을 모두 정상적으로 받아들이면, 그 강도는 낮아질 것이다.

역설적 개입은 기본적으로 오랫동안 지속된 관계의 맥락에 스며있는 습관적이고 자발적인 행동을 무시하려는 시도가 장기적으로 볼 때 그다지 효과적이지 못할 것이라고 가정한다. 더구나 증상행동을 처방하는 것(버릇없는 아이에게 좀 더 버릇없게 굴라고 요구하는 것)은 행동에 의식적으로 개입하여 행동의 자발성을 제거하고자 하는 것이다.

Rohrbaugh와 동료들(1977)도 두 가지 다른 종류의 역설적 전략을 설명한다. 그 가운데 하나는 제지(restraining)로, 치료자가 다른 개념틀에서 봤을 때 저항이라 불릴 수 있는 바를 인식하고, 이것을 계속할 뿐만 아니라 변화의 가능성을 갖지 않도록 하는 것이다. 이 전략에 의하면, 개인이나 가족생활에 있어서 증상이 어떤 방식에서는 오히려 쓸모 있는 것일 수 있으며, 따라서 아마도 증상은 유지되어야 한다. 또 하나의 역설적 전략은 입장 취하기(positioning)로, 이는 극단적인 저항을 희망이 없다고 과장함으로써 다루는 방법이다. 예를 들면 내담자가 일이 잘 풀리는 것 같다고 얘기할 때, 치료자는 아마 그 일은 별로 희망이 없는 것 같다고 덧붙인다. 이러한 두 가지 역설적 전략은 치료관계가 내담자나 가족원이 변화하도록 설득하는 것이어서는 안 된다는 것을 시사한다.

대부분의 전략적 치료자는 치료를 행할 때 지시를 내린다. 치료 중에 주어지는 지시도 있지만, 대부분의 지시는 회기와 회기 사이에 완수하도록 주어진다. 지시가 역설적이든 그렇지 않든, 가족체계의 고유성에 맞도록 설계되어야 한다. 그러나 치료자는 '역설적'이라고 불리는 개입을 사용할 수 있지만, 체계이론의 관점에서 볼 때 여러분은 아마도 "나는 내담자들을 속일 거야."라고 말하면서 반농담조로 그렇게 할 것이다. 그러나 여러분이 문화적으로 병리적이라고 불리는 것 안에서 정상성을 보기 시작할 때, 역설적 기법이 완벽하게 납득이 될 뿐 아니라 역설적 전략을 매우 진지하게 사용하게 될 것이고, 따라서 가족이 현재의 상호작용 패턴을 깨뜨리도록 돕는 데 성공할 가능성을 더 높일 수 있다.

역설적 과제는 아무 설명 없이 주어질 수 있고, 또 그런 경우가 흔하다. 그러나 치료자가 가족원과 가족원의 가치관 그리고 현재 가족조직의 양식을 이해하게 됨에 따라, '역설'이라는 명칭이 시사하듯이 가족원들에게 분명히 비논리적인 과제를 더 이상 비논리적이지 않은 식으로 치료를 고안할 수 있다. 이러한 처방은 가족원들이 볼 때 납득이 되는 것으로 고안될 수 있는데, 이는 가족원들의 개념틀을 이해하기 때문에 가능하다. 사실 치료자가 정상과 비정상, 기능과 역기능의 이분화를 염두에 두지 않고 각 가족으로부터 그리고 가족의 고유한 조직으로부터 정상성을 찾는다면, 재구성은 더욱 쉬워진다. 즉, 문제나 패턴을 개념화하는 특정 방식의 옳고 그름은 외부의 어떤 타당한 기준에 달려있는 것이 아니라 가족원에게 유용한 정도에 따라 달려있다. Keeney(1983)는 이것을 '의미 있는 소음(meaningful noise)'이라고 부른다.

이상과 같은 맥락적 재구성의 한 가지 예는 다음과 같을 수 있다. "나는 당신이 변화되고 싶어 하고 자신에 관해 좀 더 좋은 감정을 갖고 싶어 한다는 것을 안다. 이것은 상당히 간단하게 들린다. 그러나 나는 당신이 알고 있는 사람들 그리고 지금까지 있는 그대로의 당신을 알고 있는 사람들과 오랫동안 관계를 맺고 있음을 당신이 깨닫기 바란다. 당신은 변화될 수 있다. 그러나 이것은 당신의 어떤 중요한 대인관계를 변화시키며 어떤 경우에는 그 관계를 끝내는 것을 의미할 수도 있다. 당신은 이것을 심사숙고해봐야 한다. 이것은 단지 당신의 변화가 어느 누구도 예측할 수 없는 많은 결과를 가져올 수 있음을 지적해주는 것이다. 당신이 어떤 식으로든 달라지려고 시도하기 전에, 나는 당신이 당신 주변 사람들에게 얘기하고, 당신이 변화할 때 당신과의 관계에 대한 결과를 함께 분석해야 한다고 생각한다. 그때까지 나는 당신이 변화되지 않기를 권한다."

Haley(1976)는 일단 우리가 체계이론적으로 생각하기 시작하면 내담자들에 대해 윤리적 의무를 가질 뿐 아니라 치료결과에 의해 영향을 받을 수 있는 모든 사람들에 대해 윤리적 의무를 갖게 된다고 주장한다. 우리가 설명하였던 개입은 변화를 제지하는 것이었다. 그러나 그것은 내담자가 이해할 수 있는 이유로 표현되며, 또한 Haley가 제기한 윤리적 문제를 다루는 것이다. 그래서 역설적 지시는 우리가 부여하였던 새로운 의미와 더불어 더 이상 역설적이지 않게 된다. Dell(1986c)의 "왜 우리는 아직도 그것을 '역설'이라고 부르는가?"라는 역설에 대해 대답을 한다면, 더 이상 역설이라고 부르지 않는 것이 좋겠고, 만약 아직도 역설이라고 부른다면, 그것은 우리가 그 의미를 알지 못하기 때문이다.

두 가지 예

처음에 말하였듯이, 전략적 치료자들의 일반적인 개념틀은 모두 비슷하다. 이들은 모두 증상에 초점을 두며, 문제를 분명하게 정의하고, 치료목표를 명확하게 설정한다. 또한 이들 모두는 치료에 각 가족원이 포함되도록 적극적으로 노력한다. 이들 모두는 가족을 현재 있는 그대로 받아들이며, 가족이 문제에 대해 두는 초점과 정의를 인정한다. 전략적 치료자들은 모두 가족이 스스로를 이해하는 대로 가족을 이해하고자 한다. 이들은 어떠한 설명도 제공하지 않는다. 이들은 모두 치료시간 밖에서 완수할 과제를 부여한다. 그러한 과제 가운데 어떤 것은 의식적으로 변화를 시도하는 것일 수 있다. 대부분의 과제는 역설적인 경향을 띤다. 그러나 전략적 치료이론의 틀을 시행하기 위해서 치료자들은 제각기 다른 모델을 고안하였다. 다음에서는 Jay Haley와 밀란 그룹을 예로 들어서 논의하고자 한다.

■ Jay Haley

Jay Haley는 가족치료 분야의 선구자 가운데 한 사람이다. 그러나 대부분의 선구자들과는 달리, 그는 정신의학이나 정신분석학에서가 아니라 예술과 의사소통 분야에서 학위를 받았다. Haley는 조현병 환자 연구를 위한 프로젝트(Project for the Study of Schizophrenia)에서 Gregory Bateson과 함께 일하면서 가족치료에서의 경력을 쌓기 시작하였다. 그는 정신건강연구소 (MRI)로 발전되었던 그룹의 일원으로서, 특히 가족의 의사소통 패턴에 초점을 두었다.

1967년 Haley는 MRI에서 필라델피아 아동지도클리닉의 가족치료연구 위원장으로 자리를 옮겼다. 이곳에서 그는 Salvador Minuchin, Braulio Montalvo, Bernice Rosman과 1976년까지 함께 일하였다. 필라델피아 아동지도클리닉에 있는 동안 Haley는 가족치료자 훈련을 받기 시작하였다. 사실 Haley와 Minuchin이 가족치료 분야에서 아무런 경험도 없었던 치료자들을 훈련하려고 하였던 점은 주목할만하다. 이들은 이전에 가족치료 경험이 없던 사람들이 오히려 치료 시 체계이론적 사고를 더 잘 구체화시킬 수 있다고 생각하였다. 왜냐하면 이 사람들은 이전에 개인적 병리 및 정신역동적 병리와 치료모델에 의해 사회화된 경험이 없기 때문이다. 1976년 필라델피아를 떠난 이후 Haley는 그의 아내인 Cloé Madanes와 함께 워싱턴 D.C.에 가족치료연구소(Family Therapy Institute)를 설립하였다. 2007년 사망할 때까지 Haley 역시 메릴랜드대학교, 하워드대학교, 펜실베이니아대학교 등에서 교수로 일했다.

Haley 이론의 발전은 그의 저서에 잘 드러나 있다. MRI에서 그는 개인치료로부터 단기 가족치료와 체계이론적 관점으로 바꾸었다. 또한 여러 해 동안 Minuchin과 관계를 유지하면서 이 두 사람은 유명해졌는데, Minuchin과의 연합은 Haley가 가족의 위계적 구조를 중시한 점과 안정성을 유지하는 가족단위의 삼자관계에 초점을 둔 점에서 잘 나타나 있다. Haley 이론에서 가장 분명한 것은 가족치료가 개인의 문제를 다루기 위한 뭔가 색다른 치료양식을 나타내는 것이 아니라 변화와 안정의 개념에 대해 색다른 관점을 나타낸다고 보는 시각이다.

Haley는 항상 자신을 전략적 치료자라고 소개했는데, 전략적 치료라는 명칭은 그가 Milton Erickson에 관한 책을 쓸 때 만들어낸 것이다. 다른 전략적 가족치료자들과 마찬가지로, Haley도 행동순서, 의사소통 패턴 그리고 '지금 여기'에 초점을 둔다. 그는 행동을 변화시키기 위하여 지시와 활동계획을 이용하며, 가족의 고유성에 어울리는 전략을 만들어낸다. 그의 치료적 접근은 방법 지향적이고 문제 중심적이며, 통찰력을 주입시키려는 시도는 거의 혹은 전혀 하지 않는다. 다른 전략적 치료자들과 달리, 그의 모델은 위계적 가족구조를 중시한다.

Haley는 또한 가족패턴을 기술할 때 권력과 통제의 개념을 이용한다. 왜냐하면 그는 의사소통의 순서와 증상을 통제하거나 영향을 미치려는 시도로 보기 때문이다. 이와 같이 통제를 모든 인간관계의 동기로 구분한 점은 Haley와 Gregory Bateson 사이에서 논쟁의 대상이었다. Bateson은 통제라는 개념의 존재를 인정하였지만, 통제가 가능하다는 믿음은 실용적인 면에서뿐 아니라 인식론의 견지에서 볼 때 병리적인 개념이라고 생각하였다. Bateson은 이 이슈에 대해 "통제를 원하는 것은 병리이다. 통제를 못해서가 아니라 통제란 결코 할 수 없기 때문이다"(Brand, 1974, p. 16)라고 하였다. 그러므로 Bateson은 통제의 개념을 없애기를 원하였다. 통제가 가능하다는 환상 때문에(체계이론에 따르면 통제는 가능하지 않다.) 사람들은 생태학적으로 또는 대인관계적으로 파괴적인 행동을 일삼을 수 있다는 것이다.

한편 Haley는 실용적인 차원에서 통제의 개념을 사용하며, 모든 체계와 가족의 특징적 패턴을 서술하는 데 통제의 개념이 유용하다고 보았다. Haley(1963)에 의하면, 사람들은 어쩔 수 없이 의사소통을 통해 관계의 성질을 통제하려고 한다.

> 어떤 두 사람이 상호 간의 문제를 제기하였다. (a) 무슨 메시지가 또는 어떤 종류의 행동이 이 관계에서 일어나며, (b) 이 관계에서 일어나는 것을 통제하는 사람, 그래서 이 관계의 성질을 통제하는 것은 누구인가…. 어느 누구도 타인과 맺은 관계의 성질을 둘러싼 분쟁에 개입하지 않을 수 없다(p. 9).

그래서 사람은 행동하지 않을 수 없다는 행동 역설과 사람은 의사소통하지 않을 수 없다는 의사소통 역설을 넘어서, Haley는 사람은 관계의 성질에 영향을 미치려는 시도를 하지 않을 수 없다고 덧붙인다. 더욱이 그는 "관계에서 통제권을 쥐려는 시도는 병리적인 것이 아니라고 본다. 우리 모두는 이렇게 한다. 그러나 사람이 통제권을 쥐려는 시도를 부정할 때, 그 사람은 증상행동을 보이는 것이다"(p. 16)라고 주장한다.

이러한 믿음에 따라, Haley는 증상을 통제하기 위한 수단으로 본다. 정의에 의하면 그리고 전통적인 정신신체적 건강치료에 의하면, 증상은 한 사람의 통제권 밖의 행동을 말한다. 그러나 증상은 증상 보유자와 관계를 맺고 있는 어떤 다른 사람에게 유용한 대안의 견지에서 볼 때, 매우 통제적이다. 증상이 사람이 어찌할 수 없는 행동이나 상태를 나타내는 것처럼, 증상은 동시에 통제를 부정하는 것이다. 그러나 대인관계에서 증상이 없는 사람은 비교적 힘이 없는 위치에 있는데, 그 이유는 어떤 사람이 행하지 않을 수 없는 것을 힘이 없는 사람(즉, 증상이 없는 사람)이 그만하도록 말리는 것이 적절치 않기 때문이다. 그래서 Haley는 특정 관계나 가족을 형성하여 유지시키기 위한 책략(tactics)으로서 증상을 정의한다. 반대로 비록 통제하려는 시도가 필요하다 하더라도, 공평한 관계에서는 한 사람이 상대방의 행동에 대해 적절한 의견을 제시할 수 있다.

관계를 통제하려는 노력이 불가피하다고 믿는 Haley는 가족 내 통제의 본질에 대해서도 주의를 기울인다. 여기에서는 Minuchin의 구조적 모델의 영향을 볼 수 있는데, Haley는 여러 위계 간 연합이 발생할 때 조직은 문제에 빠진다고 믿는다. 더구나 한 사람에 대한 두 사람의 연합은 건강하지 않은 것으로 여겨지며, 반면 필요한 세대차가 무너질 때 이러한 연합은 특히 파괴적일 수 있다. 연합이 비밀리에 이루어지고 또 의견이 제시될 때 부정되면, 이러한 연합은 더 심한 문제가 된다.

세대에 걸친 연합으로 가족이 안정된 조직 패턴을 보일 때, 가족은 혼란 상태나 모호한 상태에 빠진다. 이러한 분위기에서는 한 사람 이상의 가족원에게서 증상행동이 나타날 가능성이 매우 높다. 사실 증상은 가족의 위계적 구조가 혼란에 빠졌으며 재구조화를 필요로 한다는 것을 알리는 단서이며, 그래서 병리적인 삼각관계 혹은 삼자관계에 비추어서 문제를 관찰한다.

Haley에 의하면 치료자는 자신을 문제를 가진 사회단위의 일원으로 생각해야 한다. 사실 그는 전문가를 가족이 변화를 요청하기 위해 가져오는 문제를 정의하는 데 참여하는 사람으로 본다. 더욱이 문제의 명명이나 파악 또는 규정과 같이 치료자의 편에서 행하는 모든 행동은 치료자를 가족에 합류시키는 것이며, 그래서 치료자와 가족은 하나의 단위가 된다.

이 시점에서 몇 가지를 정의해볼 필요가 있겠다. Haley(1976)는 구조를 "사람들 간에 반복되는 행동"으로 정의하며, **치료적 변화**를 "자기규제적 체계의 반복적 행동에 있어서의 변화, 되도록 한층 더 다양성 있는 체계로의 변화"로 정의하고, **병리**를 "좁은 범위 안에서 경직되고 반복적으로 행동을 되풀이하는 것"(p. 105)으로 정의한다. Haley는 치료 시 문제가 '왜' 존재하는지를 묻는 것이 유용하다고 믿지 않는다. 즉, 문제가 유지되도록 '무엇'이 행해지고 있는지 묻는 것이 중요하다. 그는 사람들에게 스스로 무엇을 잘못하고 있는지 말하는 것은 유용하지 않을 뿐 아니라, 가족의 저항을 불러일으키기 쉽다고 믿는다. 더구나 그는 행동을 변화시키면 감정과 지각이 변화되지만, 그 반대는 아니라고 생각한다.

Haley의 일반적인 치료전략은 눈에 보이지 않는 위계구조(이것은 반복되는 행동순서에서 드러난다.)가 유지될 수 없도록 개입하는 것이다. 이와 같이 가족의 구조에 변화의 초점을 두는 것은 Haley와 다른 전략적 가족치료자 사이의 중요한 차이점이다. 게다가 그는 증상에 대한 은유를 변화시켜서 보다 더 적응을 잘할 수 있도록 한다. 다음의 일반적인 절차는 Haley 모델의 치료과정을 서술한 것이다.

1. 전체 가족을 봐야 한다. 전체 가족단위를 살핌으로써 치료자는 치료를 더 잘 통제할 수 있을 뿐 아니라 패턴을 더 잘 볼 수 있고 구조를 더 잘 추론할 수 있으며, 치료과정에 모든 가족원을 포함시킬 수 있어서 증상 보유자의 문제를 가족체계의 문제로 바꿀 수 있다.

2. 권력이라는 은유를 설정함으로써 단 한 사람의 치료자만이 가족을 대상으로 치료를 행하는 것이다. 이렇게 하여 치료자는 치료를 더욱 신속하고 결단력 있게 할 수 있게 되며, 따라서 통제권을 쥘 수 있게 된다.

3. 두 번째 치료자나 치료팀은 일방경 뒤에서 가족을 관찰하며 자문위원으로 일한다. 가족에 합류하는 것이 중요하지만, 만약 효과적인 통제가 확립되지 못하면 두 번째 치료자의 합류는 위험하게 된다. 일방경 뒤의 관찰자(들)는 통제권을 유지할 수 있도록 도와주고, 가족구

조에 관한 통찰을 제공할 수 있으며, 지시를 제안할 수 있다.

4. 기법이나 과제 등에서는 융통성을 둘 수 있지만, 첫 번째 면접의 중요성에 관해서는 융통성이 없다. 치료를 성공적으로 끝마치기 위해서는 치료의 시작이 성공적이어야 한다. 그러므로 첫 번째 면접은 다음과 같은 다섯 단계를 모두 포함해야 한다.

　a. 가족에 대한 사회적 개입 : 치료자는 가족원 한 사람 한 사람에게 개입한다는 점을 분명히 하여, 가족원 모두가 더 편안함을 느낄 수 있도록 돕겠다고 약속해야 한다. 제기된 문제가 '조니만의 문제'이며, 대부분의 가족원은 아마 자기가 왜 치료에 왔는지 궁금해할 것이기 때문에, 각 가족원의 중요성을 확인시키고 문제를 체계적인 것으로 재정의하며 통제권을 확고히 하기 위해 사회적 개입은 기초가 되어준다. 이 단계에서 치료자의 행동을 적절히 표현하자면, 치료자는 '주인(host)'이라는 은유일 것이다.

　b. 문제의 정의 : 치료자는 자신과 자신의 역할을 소개하며, 가족에 대해 이해한 바를 함께 나누고, 왜 자기가 모든 가족원이 참석하도록 요구하였는지에 관한 설명을 하는 데 시간을 할애한다. 가족원은 보통 가치 있는 통찰력과 의견을 가진 자원으로 규정된다. 가족원들에게 문제에 대한 각자의 견해를 표명하도록 요구한다. 모든 대화는 치료자를 향하도록 하며, 치료자는 주의 깊게 듣고 각 가족원의 견해를 중요한 것으로 인정한다. 가족원들 사이의 논의는 허락되지 않는다. 각 가족원의 견해를 주의 깊게 들은 후, 치료자는 '조니(IP)의 문제'를 가족원 공동의 문제로 재규정한다.

　c. 상호작용 단계 : 가족원들 간에 문제를 토론하도록 하는 데 초점을 둔다. 치료자는 이 토론에 참여하지 않는다. 이와 같이 가족원들이 서로 비교적 솔직히 토론하는 동안, 치료자와 관찰자는 패턴과 구조(권력, 통제, 연합 등)를 파악할 수 있게 된다.

　d. 바라던 변화의 규정 : 치료목적은 제기된 문제를 해결하는 측면에서 언급되고, 행동상의 용어(예 : 화를 멈춤)로 구체화된다. 그리하여 특정 문제를 해결하는 데 초점을 두며, 통찰력이나 의사소통 향상과 같은 보다 더 일반적인 목표에 초점을 두지는 않는다.

　e. 지시를 내리고 다음 약속을 정하면서 첫 번째 면접을 끝냄 : 첫 번째 면접 때에는 언제나 지시를 내리면서 마무리하지는 않는다. 그러나 첫 번째 면접을 하는 동안에는 줄곧 성공할 수만 있다면 치료자는 치료과정에 관한 지시로 면접을 끝낼 수 있을 것이다. 만약 마지막 지시를 내린다면, 이는 역설적 개입이나 과제를 직접 주어서 변화를 도모하는 형태일 것이다.

지시는 Haley의 전략적 치료에서 매우 중요한 부분이다. 일반적으로 지시는 가족이 치료실 밖에서 수행하는 과제로 간주되지만, 치료시간 중에 행하는 치료자의 모든 행위가 지시라는 것이 Haley의 믿음이다. Haley는 지시가 다음과 같은 세 가지 목적을 갖는다고 본다. 즉, (1) 지시는 변화를 촉진하고 일이 일어나도록 만든다. (2) 지시는 치료하는 일주일 내내 치료자가 가족에 있는 것처럼 함으로써 치료에 치료자를 포함한다. (3) 지시는 하나의 자극인데, 지시에 대한 반응은 치료자에게 가족구조, 규칙, 경계선 등에 관한 정보를 제공한다. 그러므로 모든 가족원은 주어진 과제에서 한 가지 역할을 담당해야 한다. 그러나 이것은 한 가족원이 다른 가족원에게 과제를 상기시키는 것과 같이 매우 단순한 것일 수도 있다.

모든 지시가 반드시 그런 것은 아니지만, 어떤 지시는 증상을 처방하거나 저항을 처방한다는 의미에서 역설적이라고 할 수 있다. 어떤 경우든 치료자는 치료에 대한 가족원들의 반응을 예측함으로써 통제권을 유지한다. 가족원들이 색다르게 할 수도 있는 특정한 일을 제안하는 것같이 조작적인(operant) 지시도 줄 수 있다. 그러나 그러한 지시는 비교적 사소한 문제일 경우를 제외하고는 거의 효과를 보지 못하는 것 같다. 그래서 조작적인 지시를 내리는 동안 치료자는 실패 가능성을 예측하고 "이것은 행하기가 불가능할 수도 있다."라고 말할 수 있을 것이다. 조작적인 제안을 하면서 저항을 예측하면 이중구속을 이루게 되고, 그래서 가족이 무엇을 하는지와는 상관없이(지시를 따르든 그렇지 않든 간에) 치료자는 여전히 통제권을 쥐게 된다. 게다가 가족이 비록 변화를 이루는 데 성공하였다 하더라도, 치료자는 역설적으로 변화가 장기간 지속될 것인지는 장담할 수 없다는 태도를 취할 수 있으며, 심지어는 재발을 처방할 수도 있다.

일반적으로 변화시키지 않으려는 역설적 지시는 가족원들의 반항을 불러일으키도록 고안된다. 예를 들어, 치료자는 만약 조니(IP)가 더 이상 울화를 터뜨리지 않는다면, 가족 안에서 다른 문제가 일어날 수 있고 가족원들은 이것을 피하고 싶어 할 것이라고 말함으로써 가족원들의 반항을 재구성하고 가족원들이 더 심하게 반항하도록 할 것이다.

또 다른 형태의 지시는 은유적 과업(metaphoric task)이다. 치료기간 동안 치료자는 가족이 논의하지 않은 문제나 논제를 상징적으로 나타내는 은유를 들어 말할 수 있다. 그래서 치료자는 변화의 씨앗을 간접적으로 심는다. 이러한 종류의 치료자 행위는 Milton Erickson의 치료작업과 유사하다. 치료시간 동안의 지시나 치료시간 밖의 지시로써 치료자는 가족이 문제와는 상관없는 대화를 해보도록 할 수 있지만, 과업과 과업내용의 상징성 때문에 변화를 간접적으로 촉진할 수 있다. 예를 들면 부모에게 다음과 같은 지시를 주는 것이다. 즉, 2명의 지휘자가 오케스트라를 얼마나 훌륭하게 연주할 수 있으며, 두 지휘자는 동일한 곡을 각각 약간 다르게 해석하고 연주방법을 달리 해석한다는 사실을 논의하도록 부모에게 요청한다.

가족의 위계가 모호하면 가족구조를 변화시킬 필요가 있다. 이를 위하여 치료자는 원하는 위계를 조장하도록 새로운 연합을 처방할 수 있다. 또한 치료자는 세대에 걸친 연합을 차단하기 위해서 역설적 지시를 이용할 수 있고, 이로써 권력구조를 재배열한다. 예를 들면, 문제를 아버지와 논의하기 전에 아들과 상의하도록 어머니에게 지시함으로써, 공개적으로 연합하게 하고 연합의 자발성을 차단하는 것이다.

Haley(1984)가 이용한 또 하나의 지시는 시련치료(ordeal therapy)라는 것이다. 이 지시 또한 Milton Erickson의 몇 가지 치료기법과 유사한 것이 우연이 아니다. 여기에는 증상에 맞먹거나 그보다 더 심한 시련을 처방함으로써, 이것을 포기하는 것보다 내담자가 문제를 가지고 있는 것이 더 어렵도록 만드는 기막힌 책략이 있다. 다이어트나 운동같이 내담자에게 유익한 것을 이른바 시련으로 선택하는 것이 필수적이다. 또한 시련은 내담자가 할 수 있고, 내담자가 행하는 데 대해 합법적으로 반대를 할 수 없는 것이어서는 안 된다. 그래서 증상 초기에 내담자에게 유익하지만 행하기 어려운 것으로 보이는 행동에 내담자가 개입하도록 지시한다. 예를 들면, 비판적인 시어머니에게 내담자가 친절하게 대하라는 지시는 충분히 고된 것일 수 있어서 내담자로 하여금 자신의 증상을 포기하게 만들 수 있다. 이 예에서 시련은 사회적 맥락을 바람직한 방향으로 유도한다. Haley가 말하였듯이, 무언가 가치 있는 것은 희생과 고통을 요구한다는 것이 문화적인 전통이다.

Haley의 관점에서 보면, 변화의 개념에 따라 내담자가 속한 사회단위의 상호작용 양식을 변화시킬 필요성이 있다. 사실 이것은 체계 자체의 변화이다. 지시가 증상을 완화시킬 수도 있는 반면, Haley는 변화가 지원되고 지속될 필요가 있다고 주장한다. 체계의 한 측면의 변화는 체계의 다른 측면과 관련되므로 체계의 다른 측면도 변화되어야 한다.

■ 밀란 체계적/전략적 치료

가족치료에 대한 밀란 접근은 Bateson의 순환적 인식론의 전통에서 체계이론적이라고 불렸다(MacKinnon, 1983). 그러나 처음 개발되었을 때, 적어도 초창기 팀인 Mara Selvini Palazzoli, Luigi Boscolo, Gianfranco Cecchin, Guiliana Prata(1978)가 서술했던 바에 의하면 매우 전략적인 가족치료 느낌이었다. 그러한 이유로 밀란 모델을 이 장에 포함시켰다. '모델'이라고 말한 이유는 1980년 밀란 그룹은 두 집단으로 분리되었고 각자 약간 다른 길을 가기로 했기 때문이다. Selvini Palazzoli와 Prata는 단일한, 일관된, 불변의 개입효과를 연구하는 데 초점을 두었다. 한편 Boscolo와 Cecchin은 새로운 훈련방법을 개발하는 데 열중했다(Tomm, 1984a). 더욱이 1982년 이후 Selvini Palazzoli와 Prata는 서로 떨어져서 작업을 하였다. 그래서 초기 접근과 초창기 팀 구성원들의 후속 작업의 여러 면을 다루고자 한다.

초창기 밀란팀은 이탈리아에서 첫 번째로 가족과 부부치료를 실행했다고 여겨졌다. 처음에는 정신분석학적 모델을 기초로 일을 추진하였지만, 곧 MRI 모델을 실험하기 시작하였다(Bodin, 1981). 정신분석이론에서 체계이론 모델로 바꾸는 전환기에서, 이들은 Haley(1963), Watzlawick, Beavin과 Jackson(1967) 그리고 MRI의 체계이론적 의사소통 관점을 대표하였던 다른 사람들을 연구하였다. 이들은 점차로 이들 자신의 이론적 기초와 기법을 발전시키기 시작하였고 자신들의 이론이 일관성을 갖추도록 노력하였다. 밀란 그룹의 첫 번째 주요 출판물은 역설과 반대역설(*Paradox and Counterparadox*, Selvini Palazzoli et al., 1978)이다. 이 책은 역기능적 가족을 대상으로 일련의 시행착오적 학습과정을 상세히 설명하고 있는데, 만약 가족이 변화되면 가족 스스로 다른 형태의 가족으로 서서히 변화되도록 도울 "병리적 마디점(nodal point)"(Tomm, 1984a, p. 115)을 찾아내는 데 초점을 두었다. 이 책은 또한 가족치료 분야에 중요한 기여를 한 것으로 보인다. 그래서 오늘날에도 계속 유용한 모델이 되고 있는 밀란 집단의 초창기 팀 접근을 서술하는 것이다.

밀란 그룹은 치료자와 내담자가 본질적으로 정신 내적이고 선형적인 방식으로 사고하게 하는 '언어의 강제성'을 극복하는 데 초점을 두었다. 그래서 그들은 가족을 색다른 방식으로 이해하기 위해 그들 스스로 색다른 언어를 쓰도록 강요하였다. 치료과정에서 이들은 '보인다(to seem)'와 '보이다(to show)'는 동사를 '사실이 그렇다(to be)'는 동사로 바꾸어 사용하였다(Selvini Palazzoli et al., 1978). 그들은 "조현병 환자 가족의 모든 행동과 태도는 가족게임의 영속이라는 유일한 목적을 향한 움직임에 불과한 것처럼"(p. 27) 그 가족이 행동하는 것으로 보았던 관점으로 점차 옮아갔다. 가족은 변화하기 위하여 치료에 왔지만, 가족체계의 각 구성원의 조치는 변화가 일어나는 것을 방해하고자 하였다는 점에서 이런 가족은 역설적으로 설명되었다. 이런 가족들이 보이는 공통적인 메시지는 "우리 집에는 반드시 변화되어야만 하는 문제 가족원이 있다…. 그러나 가족으로서 우리는 괜찮다…. 그래서 우리는 변화되지 않은 채로 있고 싶다"(Tomm, 1984a, p. 115)이다. 밀란 그룹은 가족체계의 주요 부분은 전체 가족 안에서 그에 상응하는 변화 없이는 변화될 수 없음을 점차적이지만 확실히 깨닫게 되었다.

가족원들 모두 상보적인 변화가 필요함을 이해하게 되자, 밀란 그룹은 안정과 변화를 모두 다 원하는 가족의 역설적 요구에서 비롯되는 어려움을 깨뜨릴 수 있는 치료기법을 고안하였다. 이러한 치료기법은 반역설(counterparadox)의 형태를 취하였는데, 이는 가족이 취하였던 역설을 효과적으로 떠맡은 것이었다. 예를 들면, "치료자인 우리는 비록 사회적으로 변화의 촉진자(change agent)로 정의되지만, 우리는 어떠어떠한 것이 좋은 것이기 때문에 당신이 변화되어서는 안 된다고 생각한다"(Tomm, 1984a, p. 115)는 식이다. 그래서 밀란 그룹은 항상성적 패턴의 모든 행동에 긍정적인 의미를 부여하며, 가족을 치료적인 이중구속 상태로 몰아넣음으로써, 변화(치료)를 원하는 맥락에서 어떠한 변화도 지시하지 않는다(Selvini Palazzoli et al., 1978).

Bateson(1972)의 책인 마음의 생태학의 단계들(*Steps to an Ecology of Mind*)은 밀란 그룹에 더 많은 영향을 미쳤으며, 이들은 체계가 전혀 움직임이 없는 것처럼 보일 때도 항상 발달하는 것으로 보게 되었다. 그들은 또한 그들과 Bateson이 '인식론적 실수'라고 불렀던 것을 실재(reality)에 대한 오래된 지도로 구분하기 시작하였다. 그리하여 그들은 '의미 수준과 행동 수준'을 구분 짓기 시작하였고, 치료적 개입을 "사고나 행동을 새롭게 관련짓거나 구별 짓는 것을 소개하는 것"(Tomm, 1984a, p. 115)으로 보기 시작하였다. 따라서 재구성을 통해서 분명하게 또는 가족의례에 관한 지시를 통하여 은연중에 정보가 소개된다. 어떤 경우든 치료자는 촉매자로서 행동하며, 치료목표는 가족이 새로운 패턴의 행동과 신념을 만들어내는 과정을 활성화하는 것인데, 이는 더욱 새로운 패턴 창조의 뒷받침이 된다(Tomm, 1984a).

초창기 밀란 그룹이 서술하는 과정(Selvini Palazzoli et al., 1978)은 체계이론과 사이버네틱스 그리고 정보이론을 기초로 한다. 이 그룹은 세상을 질량과 에너지로 본다기보다 주로 패턴과 정보로 본다. 밀란 그룹의 접근방식은 이론과 임상적 실제가 치료에서 나온 피드백에 대한 반응이라는 점에서 회귀적이다. 그들은 그들 스스로 관찰한 가족에 참여하며, 그 가족의 일원이 된다.

밀란 그룹의 구성원들은 정신현상은 사회현상을 반영하며, 이른바 정신적인 문제라고 불리는 것은 실제로 사회적 상호작용의 문제라고 생각한다. 이러한 생각은 치료 시 도움이 되는데, 치료는 개인이나 정신 내적 문제에 초점을 두기보다 은연중에 나타난 상호작용 패턴에 초점을 둔다. 치료모델은 순환적 인식론을 기초로 하며, 따라서 관찰자는 가족의 부분들 간에 이루어지는 상호작용의 회귀성과 전체적인 패턴을 살피는 데 초점을 둔다. 가족원들은 이러한 회귀적인 패턴에 빠져있는 것으로 이해되며, 예외가 있기는 하지만 비판적이지 않고 호의적으로 관찰된다. 순환적 인과론을 옹호하면 도덕적 판단을 배제하고 중립적인 위치를 취해야 되는데, 중립적인 위치를 취하면 가족이 여러 가지 변화를 탐색할 때 가족에게 더 많은 자유를 부여하게 된다. 마찬가지로 체계이론적 관점은 치료자에게 더 많은 자유와 창조성을 부여한다(Tomm, 1984a).

밀란 그룹은 선형적인 사고를 잘못된 것으로 보지 않는다. 그러나 선형적 사고는 더욱 큰 전체의 부분만을 구분 짓기 때문에 자칫 오도될 수 있다고 본다. 따라서 순환적 관점이 더욱 완전하고 일관성 있는 관점으로 간주된다. 또한 이 그룹의 구성원들은 치료자는 자신이 관찰하고 있는 패턴의 일부분으로서 스스로를 봐야 한다고 강경히 주장한다.

앞에서 언급한 바와 같이, Chase(1938)가 '단어의 강제성'이라고 서술하였던 것과 Shands(1971)가 '언어적 조건화의 강제성'이라고 명명하였던 것에 주의를 돌리면, 밀란 그룹의 중요한 관점의 일부를 알 수 있게 된다(Selvini Palazzoli et al., 1978, p. 51). 우리는 사람들이나 사람들의 행동에 부여한 명칭을 기초로 사람들을 구별 짓는 것을 당연하게 여기는 경향이 있다. 그러므로 "아이가 공격적이다(is)."라고 말하는 것보다 "아이가 공격적으로 행동한다(act)."라고 말하는 것을 더 좋아한다고 말한다. 게다가 영어와 영어문법의 구조는 선형적 사고와 선형적 서술문을 강조하는 경향이 있다. 그래서 "아버지가 우울증을 보이신다(Father is showing depression)."보다 "아버지가 우울하다(Father is depressed)."라고 말한다. "아버지가 우울하다."라고 말하는 것은 맥락과는 상관없이 '아버지'를 보는 것이다. 한편 "아버지가 우울증을 보이신다."라고 말하는 것은 아버지의 행동이 맥락의 일부분임을 암시하며, 이와 같이 우울증을 보이는 것이 가족관계에 어떠한 영향을 미치는지에 대해 생각해볼 계기를 준다. 강압적인 언어 사용을 완전히 벗어날 수는 없지만, 의식적으로 노력한다면 (맥락을 염두에 두면서 말하는 언어 사용 태도인) 순환성(circularity)과 비슷한 것을 만들어낼 수 있다. 또한 언어는 은유와 이야기를 통해 이미지를 만들어내는 데 큰 도움이 될 수 있다.

가족의 변화는 의미나 행위의 변화를 통해 이루어질 수 있다. 그러나 행위는 직접 접근하기가 쉽지 않다. 한편 의미는 접근하기 쉬우며, 의미의 변화를 통해서 행위의 변화가 일어날 수 있다. 그러므로 직접적으로는 재구성을 통하거나, 간접적으로는 가족의례를 처방함으로써 새로운 의미가 소개될 수 있는데, 재구성과 가족의례의 처방은 밀란 그룹의 두 가지 중요한 치료전략이다.

전체 치료과정은 치료의 기본 모델과 일치하도록 주의 깊게 조직되어야 한다. 약속을 정하기 위하여 전화를 하는 것이 내담자와의 첫 번째 접촉이 되는 경우가 많다. 치료자는 전화를 건 사람과 결탁한다는 암시를 피하기 위하여 처음부터 중립적인 자세를 유지하려고 한다. 따라서 치료자가 정보를 입수할 때 조심스럽게 질문한다. 가령 전화를 건 사람에게 "당신의 아들이 언제부터 문제를 갖기 시작하였습니까?"라고 묻는 것보다 "당신은 당신의 아들과 언제부터 문제를 갖기 시작하였습니까?"라고 묻는 것이 더 좋은데, 후자의 경우 문제를 개인적으로 보지 않고 사회적인 것으로 구별한다는 차이가 있다.

Tomm(1984a)은 밀란 그룹의 치료적 접근을 "장기적 단기치료(long brief therapy)"(p. 122)로 묘사한다. 치료는 단 10회만 계획되지만, 한 달 간격으로 치료가 시행되도록 계획한다. 이렇게 한 달 간격으로 치료를 시행하는 것은 정해진 치료모델로 치료적 변화를 이루기 위해서는 이만큼의 시간이 필요하기 때문이라고 내담자에게 설명한다.

만약 치료자가 치료시간 중간에 가족원의 전화를 받는다면, 치료자는 계속 중립적인 입장을 유지하고 전화를 건 사람과 결탁하지 않도록 조심해야 한다. 전화를 건 사람이 제기한 문제가 급한 것이 아니라면, 다음번 치료 시에 그 문제를 가지고 오도록 권유한다. 자살이나 살인의 위험과 같은 다급한 사건의 경우에 치료자는 치료자로서의 역할을 그만두고 사회적 통제의 대행자(social control agent)가 된다. 그러나 문제가 급한 것인 경우에 치료자의 역할이 바뀌는 것에서 입증되는 것과 같이, 이러한 차이가 치료의 주요 양식을 변화시키지는 않는다.

치료가 진전을 이루지 못하면, 치료 시 가족 외의 다른 사람들을 포함시켜서 관찰의 폭을 넓힐 수 있다. 또한 치료자는 팀의 다른 구성원을 포함시켜서 감독이나 자문을 통해 여타의 정보를 입수함으로써 자원의 크기를 증가시킬 수 있다. 사실 밀란 그룹의 치료적 접근은 팀으로 시행하는 접근이며, 한 팀으로서 그들 자신에게 제시된 의식을 따른다. 이 의식에는 다음과 같은 다섯 가지 구성요소가 있다. 즉, (1) 치료가 시작되기 전에 팀의 구성원들이 가족에 대해 5~20분간 논의하기, (2) 치료팀 가운데 한 사람이 50~90분간 가족을 인터뷰하고 나머지 팀원들은 관찰하기, (3) 치료 도중에 팀원들이 가족에 대해 15~40분간 논의하고 치료를 계속하기, (4) 담당 치료자가 팀의 결론을 가족에게 5~15분간 전달하고 다른 팀원들은 관찰하기 그리고 치료가 끝난 후에 5~15분간 팀원 전체가 치료에 대해 간단히 논의하기(Tomm, 1984a)가 그것이다. 이렇게 팀을 이루어 치료를 행하는 것을 은유적으로 표현하자면 집합적인 '체계적 마음(systemic mind)'과 같다고 할 수 있다. 팀이 이용하는 원칙은 가설 세우기(hypothesizing), 순환성(circularity), 중립성(neutrality), 긍정적 의미 부여(positive connotation)이다.

치료가 시작되기 전의 논의에서 치료팀은 가족에 관하여 가설을 세우기 시작한다. 치료자가 이러한 가설을 갖고 있지 못하면, 치료자는 가족이 문제를 규정하고 문제를 다루는 방식에 합류하도록 가족에 의해 설득당할 수도 있다는 것이 이들의 믿음이다. 이러한 가설들은 증상이 가족 내에서 어떤 목적에 이바지하며 가족은 증상을 둘러싸고 어떻게 조직되어 있는지에 관한 은유적인 설명들로 표현될 수 있다. 이렇게 출발한 시점으로부터 치료자는 정보 수집과 관찰을 통하여 가족에 관해 알게 됨에 따라 치료시간 중에 자신이 세운 가설을 부정하거나 확인하기 시작한다. 팀이 내담자의 증상을 뒷받침해주는 가족역동성을 가장 잘 이해할 수 있는 가설(설명)을 세울 때까지, 가설은 무시되거나 수정될 수 있다.

가설은 순환성을 나타낼 수 있는 것이어야 한다. 그래서 한 사람 안에 자리 잡은 증상의 견지에서라기보다 상호작용과 관계의 견지에서 사고한다. 치료자는 정보를 수집할 때 가족 내의 관계를 파악하기 위해서 질문을 만든다. 예를 들면, 치료자는 아이에게 어머니와 아버지 간의 관계와 어머니와 다른 형제와의 관계를 말해보라고 질문할 수 있다. 순환성의 관념에 따라, 치료자는 증상 그 자체에 대한 설명을 요구하기보다 가족원들이 증상에 대해 어떻게 반응하는지에 관한 정보를 요구한다. 증상에 대한 반응은 가족이 어떻게 조직되는지에 관하여 더욱 유용한 정보를 제공하며 가족의 의례적인 모습을 나타내준다. 즉, 행동의 의미는 맥락 및 다른 행동과의 관계에 따라 달라진다.

밀란 그룹이 이용한 관계에 관한 순환적 질문양식은 가족원들에게 "이런 식으로 너의 가족에 대하여 생각해보라."고 직접 말하지 않고, 다른 가족원들의 행동에 부여할 수 있는 의미를 변화시키는 방식이다. 이것은 간접적인 형태의 재구성으로 해석될 수 있다. 이것은 또한 영어 문법에 의해 필연적으로 나타나는 언어의 강제성과 선형적으로 구별 짓는 행위를 변형시킬 수도 있다. 이것은 체계적인 재구성이며, 그 결과 가족원들은 자신들의 신념의 기초를 이루는 가정에 의문을 갖기 시작할 수 있는데, 이는 행동에 영향을 미칠 수 있다.

Penn(1982)은 순환적 질문과 Bateson의 이중 서술의 원칙 간의 유사성에 주목했다. Keeney의 말을 인용하면서 그녀는 다음과 같이 말했다.

한 수준의 서술에서 다른 수준으로 옮아가기 위해서는 이중 서술 행위가 요구된다. 혹은 관계의 모든 측면에서의 시각은 전체 관계에 대한 감을 잡는 것과 함께 이루어져야 한다. Bateson에 의하면 이중 서술은 관계이다(p. 267).

순환적 질문의 과정은 밀란 모델의 기본 개념이다. Boscolo, Cecchin, Hoffman, Penn(1987)에 의하면 다음과 같다.

가장 자주 사용되는 질문들은 다음과 같은 몇 가지 범주, 즉 관계에 대한 지각의 차이에 관한 질문("아버지, 딸, 아들과 더 가까운 사람은 누구입니까?"), 정도의 차이에 관한 질문("1~10점 척도에서 이번 주의 싸움은 몇 점이라고 생각합니까?"), 지금/그때 차이("그녀의 체중이 줄어들기 시작했던 것은 여동생이 대학에 가기 전이었습니까, 아니면 그 후였습니까?"), 가설과 미래 차이("만일 딸이 태어나지 않았다면, 오늘날 당신의 결혼생활은 어떻게 다를까요? 만일 당신이 이혼을 한다면 자녀들은 어떤 부모와 살까요?")에 해당한다. 그러한 질문은 복잡하고 비선형적인 순환성을 만들면서 일련의 상호적 영향의 사슬을 구성한다(p. 11).

이 과정은 자율적·독립적 개인과 선형적 인과관계에 대한 가족 구성원들의 지각을 상호성과 상호 의존의 세계관으로 변형하는 데 도움이 된다고 할 수 있다. 이렇게 새로운 시각은 특성 혹은 속성이 개인 안에 있다는 사고와 대조를 이룬다. 이는 또한 이러한 차이에 대한 지각과 타당성의 차이에 대해 인식하도록 도와준다. 순환적 질문과정은 증상, 개입, 가족, 치료자를 공동 진화과정에 합류하도록 한다. 순환적 질문은 사람들 사이의 연결과 차이 모두에 초점을 두며, 시간에 따라 변하는 사람들 관계의 본질에 초점을 둔다. 이는 순환적 질문이 사건에 대한 자연스러운 적응으로 가족의 패턴이 변화할 때 시간을 구분 짓기 때문이다(Feinberg, 1990).

순환적 질문의 기초가 되는 중요한 가정은 "건강한 관계에서는 관계의 양편 모두 발전한다"(Penn, 1982, p. 271)는 것이다. 치료를 청하는 대부분의 가족은 말 그대로 양방향적인 관계를 일방적으로 통제하고자 한다. 순환적 질문은 어떤 관계든 상호성과 공동 정의를 강조하고 그래서 공동 진화를 촉진한다.

순환적 질문에 대한 반응은 치료자가 '틈새(openings)'(예 : 경쟁, 질투, 고정된 연합)에 민감할 수 있게 하며, 이는 더 많은 순환적 질문을 할 수 있게 하는 유용한 가설로 이끌 수 있다(반드시 사실은 아님). 그 과정은 '중립성'을 요하는 "비연대기적이며 비선형적 결정나무"(Boscolo et al., 1987, p. 11)로 이해될 수 있다. 이 모델에서 **중립성**은 치료자가 도덕과 관계없는 입장을 취하고 또 누구와도 연합하고 있지 않음을 가족 구성원들이 느끼도록 촉진하는 것을 말한다. 그래서 중립성은 '입장을 취하지 않음'이라기보다 '다양한 입장에 있음'이라고 여길 수 있다. 체계적 가설이 요구되는 것 외에도, 문제를 가족의 맥락에서 의미 있는 것으로 본다는 생각과 함께한다. 중립성은 또한 어떤 특정 치료모델과도 연합하지 않음을 의미하며, 가족이 반드시 취해야 하는 형태를 처방하지도 않는다(Cecchin, Lane, & Ray, 1994).

중립성을 유지하는 동안, 치료팀은 치료 담당자를 통하여 가족원 한 사람 한 사람의 편을 들고 지원한다. 이것은 가족을 독립적인 부분들의 집합으로 본다기보다 유기체적 전체로 보는 시각을 나타낸다. 어떤 사람도 나쁘거나 좋은 사람으로 구별되지 않는다. 가족은 현재 있는 그대로이며, 이것이 현재 이 시점에서 있을 수 있는 유일한 방식이다.

증상행동과 모든 다른 가족원의 행동에 대한 긍정적 의미 부여라는 관념은 가족원들에게 역설적이며 가족원들을 혼란시키는 것이다. 증상은 어떻게든 바람직하지 못한 것으로 비난받거나 구분되지 않는다. 증상은 물론 모든 가족원들의 행동도 가족 및 각 가족원의 행복과 응집성에 중요한 것으로 구분된다. 또한 과정을 거치면서 모든 가족원들의 행동은 연결된다. 치료자는 가족체계를 비난하지 않으며, 따라서 가족체계를 위협하는 외부인(outsider)으로 여겨지지 않는다.

변화(치료)의 맥락에서 의례의 처방과 현상의 유지라는 처방은 당연히 역설적이다. 더욱이 치료자는 매우 실제적으로 자신을 가족체계의 일부로 본다. 치료자는 치료가 성공하지 못할 때 가족에게 책임을 투사하지 않으며, 치료자가 변화의 책임을 지는 것을 인정하지도 않는다. 치료자는 또한 가설을 수정하고 가족에게 새로운 처방을 내리기 위하여 비효율적인 처방에 관한 새로운 정보를 이용한다. 그래서 치료자는 치료에 대한 책임을 인정하지만, 변화에 대한 책임은 인정하지 않는다. 치료가 성공하지 못한 것은 가족이 치료팀의 허를 찔렀던 증거로 구분될 수 있다. 한편 이것은 가족이 자기 가족에게 무엇이 최상인지를 가장 잘 알고 있다는 증거일 수도 있다. 만약 중립성과 긍정적 의미 부여가 가족을 변화시키기 위한 책략이 아닌 있는 그대로의 가족을 존중하는 것으로부터 비롯된다면, 치료의 성공 확률은 더 높아질 것이다. 사실 치료자들은 가족이 현재 상태 이상의 어떤 다른 방식으로도 될 수 없다고 생각한다. 가족의 현재 상태와 가족이 현재 행하는 바는 이 가족에게 정상적이다. 긍정적 의미 부여와 더불어 증상 보유자가 현재 행동을 계속하도록 하고 증상을 보완하게 하는 다른 가족원의 행동에 대한 처방은 어느 날 변화가 이루어질 것이라는 제안과 결부될 수 있다. 그래서 "당분간 먹지 않도록 결정하는 것이 아마 좋을 것이다. 왜냐하면 그렇게 하면 당신의 부모가 서로 의미 깊은 대화를 나눌 수 있기 때문이다. 당분간 이것은 당신의 가족을 도울 수 있는 유익한 방법이다."라고 말할 수 있다.

의례의 처방은 매우 신중하고 정확하게 행해진다. 이 처방은 무엇이, 누구에 의해, 어디에서, 언제, 어떤 순서로 행해져야 하는지를 말해준다. 의례가 가족원들 생활의 영구적인 부분이 되지 않도록 하는 것에 주목해야 한다. 밀란 그룹의 이론은 가족이 의례의 처방을 수행하지 못하는 것을 가족이 순응하지 않고 도전하는 근거로 보지는 않는다. 반대로 가족이 의례의 처방을 수행하지 못하는 것을 치료자의 책임으로 구분하는 경향이 더 짙다. 마지막으로 의례는 세대 간 경계선을 중시할 뿐 아니라 가족 내의 중요한 관계를 명확히 해주도록 고안된다.

처방될 수 있는 의례의 예를 들면 다음과 같은 두 가지가 있다. 즉, (1) 어머니와 아버지가 그들의 소재를 가족원 누구에게도 말하지 않고 함께 외출하도록 하고, 그들이 어디에 갔었는지를 미궁으로 둔다. (2) 네 핵가족이 문을 걸어 잠그고, 전화선을 빼놓고, 매일 저녁 1시간 동안 단절된 채 있으라고 요구하는 것이다. 각 가족원은 15분 동안 가족에 관해 얘기할 수 있거나, 아니면 얘기할 수 없다. 선택은 가족원에게 달려있으며, 이 15분은 가족원의 것이다. 어떤 가족원도 이 시간 동안에는 의견을 제시하지 못한다. 탁자 위에 시계를 두는 것은 처방된 의례의 일부분일 수 있고, 발언하러 일어선 사람을 중단시키는 수단일 수 있다.

처방된 의례는 앞에서 예로 제시된 바와 같이 특별한 내용 없이 행동이나 과정 또는 구조에 초점을 둘 수 있다. 각 가족원이 다른 가족원들에게 읽어주는 데 필요한 문서를 치료팀원들이 준비하는 경우처럼, 내용에 초점을 둔 처방도 있을 수 있다. 그 메시지는 가족원들이 가족에서 경험할 수도 있는 모순과 이중구속 등을 나타낼 수 있다.

마지막으로 치료의 종결에 대해 알릴 필요가 있는 것 같다. 왜냐하면 이렇게 하면 치료적 개입의 성질과 '비개입성(非介入性, unobtrusiveness)'이 설명되기 때문이다. Tomm(1984b)은 이를 다음과 같이 설명한다.

> 주요한 변형이 일어났을 때 가족은 일반적으로 그것을 치료의 공헌으로 보지 않는다. 가족은 이 변화를 치료 외의 사건과 결부시키는 경향이 있으며, 흔히 치료를 시작하였다는 사실조차 기억을 못한다. 흥미롭게도 아무런 변화도 일어나지 않았을 때, 가족은 훨씬 더 분명하게 치료적 개입을 기억하는 경향이 있다. 치료 때문에 분명히 변화가 일어났다고 가족에게 말하는 것은 치료적 실수로 간주된다. 그렇게 하는 것은 가족의 자격을 박탈하는 것이다. 만약 실제로 어떤 실질적인 변화가 발생하였다면, 가족원들 스스로 변화를 이루었음이 분명하다(p. 269).

치료는 치료자나 가족에 의해 또는 상호 간 합의에 의해 종결될 수 있다. 치료팀은 언제나 치료를 종결하고자 하는 가족의 결정을 존중하고 따른다. 밀란 그룹의 치료모델에 의하면, 가족은 재발할 수도 있다는 충고 또는 효력을 발휘해왔던 변화가 지속될지 장담할 수 없다는 충고를 받는다. 재발 가능성을 예측하는 목적은 치료 종료 후의 사소한 차질은 정상이며 기대되는 것임을 알려주기 위한 것이다.

앞서 언급했듯이, 창립 밀란팀은 1980년에 갈라섰다. 갈라선 이후 2004년 사망한 Boscolo와 Cecchin은 창립집단의 많은 아이디어를 확장하고 정리했다. 제2단계 사이버네틱스와 일관되게, 치료단위는 가족이라기보다 "아이디어들의 생태"(Boscolo et al., 1987)였다. Maturana와 뜻을 같이한 Boscolo와 Cecchin은 "어떤 '유익한 상호작용'도 없고 단지 체계 자체의 구조 면에서의 반응인 체계의 교란만 있을 것이다"(p. 18)라고 믿게 되었다. 그들은 긍정적 의미 부여의 개념을 증상이 필요하다는 암시에서 증상은 논리적이라는 의미로 바꾸었다. 또한 제2단계 사이버네틱스와 일관되게, 그들은 "상호적이고 집단적으로 문제를 정의하는 '관찰하는 체계'와 상관없이 문제가 존재하지 않는다"(p. 14)는 아이디어를 지지했다. 그들은 자신들의 노력을 '배우기 위한 배움'으로 개념화했고, 이 목적을 향해서 "복제할 수 없는 그들의 바로 그 본질에 의해 많은 다른 맥락으로 확장하는"(p. 28) 팀의 네트워크를 발전시켰다. 그래서 그들이 꿈꾸었던 모델은 모델로서의 지위를 얻는 것이 아닌 관찰하는 체계로서 가족 및 팀과 공동으로 발전하는 팀의 과정을 위한 모델이다. Cecchin의 공헌 가운데 하나는 불경: 치료자의 생존전략(*Irreverence: A Strategy for Therapists' Survival*, Cecchin et al., 1992)으로, 이는 치료자가 총체화 이론과 치료적 실천의 '진실'을 거부하도록 돕고, 내담자들이 그들에게 도움이 될 수 있는 선택권을 가지고 놀 수 있도록 돕는 내용이며, 또 하나의 공헌은 심리치료실천에서 편견의 사이버네틱스(*The Cybernetics of Prejudices in the Practice of Psychotherapy*, Cecchin et al., 1994)이다. Boscolo와 Bertrando(1993)가 쓴 시간의 시대(*The Times of Time*)는 시간이라는 주제의 다양성 및 시간이 사람들의 삶과 치료과정에서 하는 부분을 탐구한다.

Selvini Palazzoli와 Prata는 1982년까지 가족체계 연구를 계속했고, 그때 Selvini Palazzoli(Selvini, 1988; Selvini Palazzoli, 1986)는 동료집단을 결성해서 1999년 사망 때까지 조현병과 식이장애 환자 가족을 대상으로 작업했다. 이 가족의 과정은 가족게임으로 서술되는데, 가족게임에서 아동은 도발하는 부모가 수동적인 부모를 이기는 것을 관찰한다. 물론 이것은 아동 편에서는 잘못된 사정이다. 지는/수동적인 부모의 편을 든 후에 아동은 지게 되고 수동적인 부모가 아동 대신 도발한 부모와 합류하는 것을 알게 된다. 아동은 배신감을 느끼고 문제행동을 더 많이 함으로써 반응한다. 그래서 문제행동은 이기고 도발한 부모를 어떻게 패배시킬 것인지를 수동적인 부모에게 보여주기 위한 시도로 여겨진다. 각 가족원은 그 상황에서 이득을 보려는 시도 속에 '정신병적 가족게임'에 기대기 때문에 가족은 문제행동을 둘러싸고 안정적이 된다.

정신병적 가족게임을 깨기 위해 치료자는 먼저 전체 가족을 만나고 그다음 회기에 부모만 따로 만난다. 두 번째 면담을 시작할 때 부모는 다음과 같은 **불변의 처방 지시**를 받으며, 다음과 같은 것을 하도록 요구받는다. 이 처방은 세대 간에 분명하고도 안정적인 경계선을 확립하도록 고안된다.

이 회기에서 다룬 모든 것은 집에서 절대로 비밀을 유지하세요. 종종 저녁식사 전에 나가기 시작하세요. 누구에게도 먼저 알려서는 안 됩니다. "우리 오늘 밤에 집에 안 들어올 거야."라는 메모를 써놓고 그냥 나가세요. 집에 돌아와서 당신 (딸)이 어디에 갔다 왔냐고 물으면, 그냥 조용히 "이건 우리 둘만의 문제야."라고 대답하세요. 그리고 부모님들은 각자 노트를 간직하고 아이들이 닿지 않는 곳에 조심해서 숨겨놓으세요. 이 노트에 부모님 각자 날짜를 쓰고 각 아이들 혹은 당신들이 따랐던 처방과 연관이 있었던 것 같은 다른 가족원의 언어적·비언어적 행동을 써놓으세요. 이것은 어느 것도 삭제되거나 잊어버려서는 안 되는 매우 중요한 것이기 때문에 이 기록을 간직하는 데 성실해야 합니다. 다음번에 당신의 노트를 가지고 혼자 다시 올 것이며, 그동안 무슨 일이 있었는지 크게 읽을 것입니다 (Selvini Palazzoli, 1986, pp. 341-342).

불변의 처방은 부모 간 동맹을 강화하고 세대 간 경계선을 촉진할 뿐 아니라 동맹과 연합을 깨기 위한 것이다.

체계이론적 일관성

전략적 접근은 사이버네틱스와 가장 일치하는 가족치료 모델 중 몇 가지를 제시한다. 따라서 치료자와 가족은 하나의 체계를 구성하는 것으로 간주된다. 그래서 이 체계는 관찰자+블랙박스를 포함하며, 관찰자는 관찰대상의 일부분이다. 더욱이 실재는 지각을 기초로 하며 자기준거적으로 이해된다. 중요한 쟁점은 "왜?"라기보다 "무엇?"이며, 부적 피드백과 상호적 영향 및 회귀성이 체계와 체계의 특징적인 상호작용 패턴을 규정한다. 증상은 맥락에 대한 논리적 결과로 이해되며, 어떤 가족패턴이든 나름대로의 정상성과 일관성 그리고 적합성이 있다고 가정한다. 그래서 증상 형성의 논리는 구조적 결정론의 개념과 일치한다. 마찬가지로 오래된 패턴을 파괴하고 새로운 패턴이 나타날 수 있도록 시도하는 전략은 교란(perturbation)의 개념과 다르지 않다.

한편 이론이 이 치료모델의 기초를 이루고 있다는 사실 때문에 사이버네틱스 관점으로부터 약간 벗어난다. 즉, 문제가 규정되고 문제 해결을 위한 전략이 고안되면, 병리와 건강을 구성하는 바에 대한 믿음을 추론해낼 수 있다. '곤경에 빠진' 가족 같은 구분이 유익할 수도 있지만, 제2단계 사이버네틱스 차원에서 볼 때 역기능과 건강을 구분하는 것은 존재하지 않는다. 그보다도 모든 것은 현재 기능하는 대로 기능한다. 반대로 Haley는 위계를 중요한 것으로 여기며 병리를 경직성의 기능으로 규정한다. 마찬가지로 밀란 그룹은 분명한 규칙과 개방적으로 표현된 동맹을 가치 있게 여기며, 실재에 대한 '오래된 지도'뿐 아니라 가족 내 '병리적 마디점'에 초점을 둔다. 그러나 모든 치료모델은 어쩔 수 없이 이러한 역설과 마주치는데, 전략적 접근은 역설의 존재를 인정하고 가치판단을 최소로 줄임으로써 역설을 다루려는 시도에서 선두를 차지하고 있다.

제2단계 사이버네틱스/포스트모더니즘 관점에서의 질문과 성찰

1. 어떤 대안적 틀에서 볼 때 나의 '역설적' 개입은 이치에 맞는가?
2. 위계에 초점을 두는 것이 이 가족에게 가장 유용한지 궁금하다.
3. 이 관계에서 일어나는 것을 통제 이외의 어떤 다른 것으로 이해할 수 있는가?
4. 동맹을 할 필요성에 대한 나의 이야기가 도움이 될지 아니면 상처가 될지 궁금하다.
5. 내담자가 팀의 시각을 들을 기회를 갖게 한다면 이론적으로 더 일치적인가?
6. 나의 처방이 각 내담자 체계의 고유성을 어떻게 인정할 수 있을지 궁금하다.

실전문제

다음의 질문은 이 장에서 다룬 내용의 적용과 분석을 테스트하는 것이다. 임상실천과 더불어 이 장에 대한 추가적인 사정, 적용, 분석, 합성, 평가를 위해 다음 질문에 답하시오.

1. 전략적 치료자와 Rogers 치료자를 비교하시오.
2. 전략적 치료자가 만성적이고 낮은 수준의 우울증(기분저하증)을 가지고 있는 내담자를 어떻게 도울 수 있을지 설명하시오.
3. 치료자로서 부부가 효과적으로 의사소통하도록 돕기 위한 두 가지 전략적 개입방법을 선택하시오.
4. Jay Haley의 치료전략과 가족치료 분야에 미친 영향을 요약하시오.
5. 정상성 및 가족체계에 대한 전략적 치료자의 시각을 설명하시오.
6. 가족을 대상으로 작업할 때 전략적 접근에 대한 밀란 집단의 관점을 서술하시오.
7. 해고를 당한 후 분노에 대해 기본 신념을 가진 내담자를 돕기 위해 전략적 접근을 사용하여 치료계획을 세우시오.
8. 전략적 이론의 접근과 개입을 평가하시오.

MYSEARCHLAB 살펴보기

www.MySearchLab.com에 다음의 비디오, 사례, 문서 등이 제시되어 있다.[2]

추천 비디오

Internet Dating(인터넷 데이트)
미래의 잠재적 배우자를 만나기 위한 보다 현대적인 접근이 인본주의 이론에 어떻게 도전하는가?

∧ Genograms: The Tool That Brings Resilience to Life — Exploring Perspectives(Part 3 of 12)(가계도: 삶에 회복탄력성을 가져오는 도구 — 관점 탐색하기)
가계도는 가족의 상호작용 역동을 보여준다. 밀란 집단이 이러한 치료적 기법에 어떻게 도전할 수 있는가?

The Great Contradictions of the Twentieth Century(20세기의 위대한 반론)
전략적 가족치료에 대한 밀란 집단의 영향에 기초하여 의례들(rituals)은 20세기에서 21세기로 어떻게 변해왔는가?

추천 사례/문서

△ Alice and Eric(앨리스와 에릭)
엄마에게서 지지를 별로 받지 못했던 에릭이 할아버지의 죽음을 슬퍼하고 있는데, 에릭을 대상으로 작업할 때 전략적 이론이 어떻게 이용될 수 있는가?

△ Annie(애니)
전략적 치료자들은 사람과 문제의 본질에 관한 공통적인 가정과 개념 위에 모델을 구축하였다. 이러한 전제를 기초로 하여, 애니가 사람들과 문제와 상호작용한 것이 어떻게 노숙자가 되는 결과를 가져왔는가?

△ Black Women(흑인 여성들)
이 논문은 흑인 여성들을 중심으로 한 주제에 대해 대중매체의 몇 가지 사정을 보여준다. 전략적 접근은 상이한 젠더와 민족성과 작업할 때 어떻게 도전을 할 수 있겠는가?

추천 자원

Techniques for Generalist Practice(일반전문가 실천을 위한 기법): Using Checklists in Goal Selection(목표선택 시 체크리스트 이용하기)

웹사이트 : National Organization for Women

웹사이트 : Psychological Maltreatment of Women Inventory

연구 주제

Jay Haley

Paul Dell

Paradox and Counter Paradox(역설과 반역설)

---

2 그러나 www.MySearchLab.com의 자료 접근 권한을 이 번역서에서는 제공할 수 없음

∧＝AAMFT 핵심능력자산, △＝사례연구

12

행동적/인지적 접근

학습 목표

- 가족치료에 대한 행동적/인지적 접근의 기본 개념/이론적 구념을 서술한다.
- 가족치료에 대한 행동적/인지적 접근의 건강/정상성의 이론을 서술한다.
- 가족치료에 대한 전통적인 행동적/인지적 접근과 가족치료에 대한 인지행동 접근의 치료전략/개입을 서술한다.
- 가족치료에 대한 행동적/인지적 접근의 체계이론적 일관성을 서술한다.
- 행동주의 부모훈련, 행동주의 부부치료, 기능적 가족치료, 합동 성치료 접근을 요약하고 비교한다.

부부가족치료에 대한 행동적/인지적 접근을 개념화할 때, 치료와 과학적 방법의 견지에서 생각해보는 것이 도움이 된다. 왜냐하면 행동주의 접근은 치료와 과학적 방법을 복합적으로 상호 연결시키고 있기 때문이다. 즉, 이 접근에서의 치료절차는 논리적인 실증적·경험적 연구 전통에 따라 행동을 과학적으로 연구하는 절차에 견줄 수 있다. 이 전통에서의 연구는 감각경험, 즉 관찰될 수 있고, 볼 수 있으며, 들을 수 있고, 냄새나 맛을 알 수 있고, 만질 수 있는 것에 기초를 둔다. 행동주의 치료는 응용과학으로서 절차가 검증 가능해야 하고 기각 가능해야 한다는 점에서 과학적인 접근임이 분명하다. 그래서 행동주의 치료를 행하는 것은 실증적인 전통의 과학을 행하는 것이다. 행동주의 치료모델은 다음과 같은 구성요소를 갖는다.

1. 검증 가능하고 명확한 개념틀
2. 실험심리학의 내용 및 방법과 일치하는 치료
3. 객관적으로 측정될 수 있을 만큼 정확하게 서술된 치료기법
4. 치료방법과 개념에 대한 엄격한 실험적 평가

행동주의는 주관성과 정신주의를 심하게 비평하였던 J. B. Watson이 주도한 1900년대 초반의 운동으로부터 비롯되었다. Watson은 '객관적인' 행동연구의 기초를 추구하였다. 사실 눈에 보이는 행동만이 심리학이라는 과학에 적합한 자료라고 주장하였던 사람이 바로 Watson이었다. B. F. Skinner의 시각은 행동주의 심리학의 주제가 공적인 사건이든 사적인 사건이

든 상관없이 바로 사람이 실제로 행한 바라고 주장하였다는 점에서 훨씬 더 확장되었다. 일찍이 1938년에 Skinner는 행동이 사고, 감정, 꿈, 기억 같은 현상을 포함한다고 믿었다(B. Thyer, 사적인 대화, 1992). 러시아에서는 Ivan Pavlov가 이른바 조작적 조건화의 기초를 다졌다. E. L. Thorndike의 연구는 행동에 대한 보상과 처벌의 결과에 주의를 기울이게 하였다. 조건화와 학습원칙의 확립에 관한 연구의 초점은 동물연구 실험실로부터 비롯되었는데, 이는 실험심리학의 기초가 되었다.

많은 사람들이 행동주의 치료의 발전에 기여하였다. 1924년 Mary Cover Jones는 아동의 공포를 치료하는 데 행동주의 접근의 적용이 효과가 있음을 밝혀주었다. 1938년 Mowrer와 Mowrer는 야뇨증 치료에 조건화의 원칙을 이용하였다(Ross, 1981). 그러나 실험실 연구로부터 비롯된 원칙을 이용한 초기의 시도는 전통적인 정신역동적 심리학에 입각하여 환자를 치료하였던 정신치료자들로부터 공감을 얻지 못하였다. 실제로 실험심리학자와 임상심리학자 사이에는 근본적인 차이가 있었다. 실험심리학과 임상심리학 사이의 차이를 좁히려는 시도가 있었지만, 행동주의는 당시의 연구 상황에 도전하였다. Dollard와 Miller(1950)의 연구가 좋은 예가 될 수 있는데, 이들은 정신역동적 개념을 학습이론으로 재해석하였다.

정신역동적 심리학자들의 비난에도 불구하고, 행동주의는 발전을 거듭하였다. Joseph Wolpe(1958)는 성인의 신경질환을 치료하기 위하여 고전적 조건화 원칙에 입각한 치료절차를 개발하였다. 이 치료는 실험실에 있는 동물의 공포 감소에 관한 연구로부터 비롯되었다. Wolpe의 치료절차는 체계적 둔감화(systematic desensitization)로 알려지게 되었는데, 이 절차에 의하면 불안(자율신경계의 반응)은 그것과 반대되는 반응인 이완(relaxation)을 동시에 일어나게 함으로써 감소된다. Eysenck(1959)는 행동주의 치료를 응용과학으로 보았고, 행동연구와 치료(*Behavior Research and Therapy*)라는 학술지를 창간함으로써 행동주의 운동을 촉진하였다. Skinner(1953)의 책인 과학과 인간행동(*Science and Human Behavior*)은 정신치료를 행동주의 용어로 설명하였다. 1968년에 응용행동분석 학회지(*Journal of Applied Behavior Analysis*)의 개발도 중요하며, 이제는 고전이 된 Ullman과 Krasner(1965)의 책인 행동수정의 사례연구(*Case Studies in Behavior Modification*)는 동일한 문제에 대하여 의학적 치료와 심리적 치료의 관점을 대조하였다는 점에서 중요한 공헌으로 보인다.

행동주의 치료가 발전을 거듭함에 따라 나타난 중요한 특징은 이 모델이 서구 문화의 통념에 도전하였을 뿐만 아니라 과학적 방법에 충실하였고 접근방식이 엄격하였다는 것이다. 그러나 오늘날 행동주의 치료는 과거의 행동주의 치료와는 다르다. 엄격한 접근방식과 과학적 방법에 대한 신념은 여전히 남아있으며, 현대의 증거 기반 치료의 움직임에 의해 강조되었다(Dattilio, 2006b). 또한 이 형태의 치료는 Bandura(1969)의 사회학습이론을 포함할 만큼 확장되었다. 사회학습이론은 대리학습(모델링), 상징적 및 인지적 과정 그리고 자기규제(self-regulation)를 강조한다. 또한 매개변인으로서 인지과정을 점점 더 중시하고 있다(Beck, 1976; Mahoney, 1974; Meichenbaum, 1977). 게다가 자극-반응-강화의 순서는 최근의 행동적 부부치료에서 약간 수정되었다. Bandura(1982)의 '상호적 결정론(reciprocal determinism)'은 그 자체가 체계이론적이지는 않지만, 관계의 역동성을 서술함에 있어서 유용한 방향을 제시한다. 그리고 오늘날의 행동주의 가족치료는 Jacobson과 Margolin(1979)이 다음과 같이 말하였듯이, 가족관계의 상호작용 과정을 고려한다.

> 부부는 각자 계속해서 상대방에게 결과를 제공하기 때문에 그리고 각자 상대방의 행동에 중요한 영향을 미치기 때문에, 부부관계는 순환적·상호적으로 연결되는 행동과정으로 가장 잘 이해된다. 이 과정에서 각 배우자의 행동은 상대방에 의해 영향을 받기도 하고 영향을 미치기도 한다(p. 13).

이것과 아주 비슷한 것으로 Thibault와 Kelley(1959)의 사회교환이론은 행동주의 치료자로 하여금 가족의 상호작용에 초점을 두도록 한다. 사회교환이론의 관점에 의하면, 상호작용은 관계를 맺고 있는 사람들에게 가정된 보상과 대가의 상대적인 양에 따라 분석된다. 관계를 맺고 있는 사람들은 보상을 최대화하고 대가를 최소화하고자 한다는 것이 이 관점의 가정이다. 시간이 지남에 따라 상호성을 갖게 되고, 그래서 평형이 이루어진다. 따라서 긍정적인 행동은 긍정적인 행동을 초래하고, 부정적인 행동은 부정적인 행동을 일으킨다. Thibault와 Kelley가 설명한 기본 접근은 행동주의 부부치료의 발달에 영향을 미쳐왔으며, 이 장의 끝부분에서 더욱 자세히 논의될 것이다.

행동주의 치료는 시간이 흐르면서 진화하였지만, 대부분은 논리적인 실증적·경험적 연구전통을 바탕으로 하며, 행동은 선행사건에 의해서보다도 결과에 의해서 더 많이 결정된다는 신념을 취한다. 행동주의 치료접근은 문제를 가진 것으로 지적된 사람의 바람직하지 못한 행동의 결과를 변화시키고, 결국 행동 자체를 변화시킴으로써 치료가 된다는 의미에서 다소 개인주의적인 접근이다. 이 접근은 선행사건(행동에 앞선 사건)과 결과사건(행동에 따른 사건) 간의 차이를 구별 짓는다는 점에서 선형적인 접근이다.

동시에 행동주의 치료는 치료관계의 중요성을 인정하기도 한다. Brady(1980)는 다음과 같이 말하고 있다.

> 치료자와 환자 관계의 질적인 면이 치료과정의 좋고 나쁨에 분명히 많은 영향을 미친다. 일반적으로 환자와 치료자와의 관계에서 치료자의 유능감(지식, 지적 교양, 훈련)에 대한 믿음이 보인다면, 그리고 환자가 치료자를 훌륭한 사회적·윤리적 가치관을 가진 정직하고 믿을만하며 고상한 사람이라고 생각한다면, 환자가 스스로 치료에 몰두할 가능성이 더 크다(p. 285).

더욱이 행동주의 치료자는 결정론적이면서 낙관적인 경향이 있다. 기능적인 행동뿐 아니라 문제행동도 생활상 병리적이지 않은 문제로 간주된다. 그러한 행동은 학습된 것이며, 따라서 학습되지 않을 수도 있다. 마찬가지로 새로운 행동도 학습될 수 있다. 이 접근은 행동의 현재 결정요인에 관해서만 평가하고, 문제를 그 구성요인에 따라 분석한다는 점에서 현재 이전의 시간을 상관하지 않는다. 행동주의 치료는 정신역동적 심리학의 특징인 '왜'보다도 '어떻게', '언제', '어디에서' 그리고 '무엇을'에 관심을 둔다. 치료는 이런 평가를 기초로 하며, 특정한 구성요소나 부분에 치료의 목적을 둔다. 치료의 기본 원칙은 행동 결과를 변화시키는 데 열쇠가 되지만, 치료는 각 개인의 문제에 맞게 고안된다. 사실 한 사람에게 보상이나 처벌로 간주되는 것은 보상이나 처벌이 내려진 후에만 알 수 있으며, 보상이나 처벌이 행동의 빈도를 증가 또는 감소시켰는지 여부를 측정함으로써만이 알 수 있다. 만약 행동의 빈도가 증가하였다면, 결과는 보상으로 간주된다. 반대로 행동의 빈도가 감소하였다면, 결과는 처벌로 간주된다.

행동주의 치료의 목적은 내담자에 의해서 결정되는 것이지 개인이나 관계가 어떠해야 한다는 등의 사전의 어떤 개념틀에 의해 결정되는 것은 아니다. 치료방법은 치료자에 의해 결정된다. 행동주의 치료자는 결정론을 법칙으로 생각하며, 모든 형태의 사회적 개입은 사회적인 영향력을 행사한다고 본다. 행동주의 치료자는 이러한 영향을 알고 있으며, 따라서 치료방법을 결정할 때 사회적인 영향력을 이용한다. 사실 사회적인 영향력은 행동주의 치료자에게 중요한 윤리적인 문제이며, 치료과정은 인간의 권리와 존엄성을 보호하도록 설계된다(Stolz, 1978; Wilson & O'Leary, 1980).

전통적인 행동주의 접근에 대한 비판 중 하나는 인지적·정서적 과정에 대한 관심의 부족, 부부와 가족치료 역동과정의 순환성에 대한 자각의 부재였다(Dattilio, 2010; Dattilio, Epstein, & Baucom, 1998). 그래서 행동주의 접근에서의 중요한 발전은 인지와 정서조절에 대한 인식으로서 이는 가족 구성원들 간의 관계에 의해 매개된다(Baucom & Epstein, 1990; Dattilio, 2010; Dattilio et al., 1998; Falloon, 1991; Jacobson, 1991). 초기 Bandura의 공헌과 함께, 합리적 정서치료의 A-B-C 이론(Ellis, 1977; Ellis & Harper, 1961)에서는 부부문제가 부부관계 및 서로에 대한 비현실적인 기대(신념)를 갖는 배우자와 직접적인 관계가 있다고 주장한다. 사실 Ellis는 부부관계에서 인지를 살펴본다는 생각을 도입한 최초의 사람 중 하나이다(Dattilio et al., 1998). 더욱이 부부 각자가 어떻게 느끼는지는 자신이 경험한 행동에 의해서만이 아니라 상대방의 행동에 대한 자신의 해석에 의해서도 결정된다(Ellis, Sichel, DiMattia, & DiGuiseppe, 1989). Dattilio와 동료들(1998)에 의하면, "그러나 중심원칙은 서로의 행동에 대한 가족 구성원의 평가와 해석이 서로에 대한 정서적·행동적 반응의 본질과 정도에 영향을 미친다는 것이다"(p. 5).

그래서 행동변화가 중요하지만 태도, 사고, 기대도 행동에 영향을 미치는 것으로 여겨진다. 인지행동치료는 개인이 자신의 환경과 타인에 대해 어떻게 생각하는지를 수정하고자 한다(Beck, 1976; Mahoney, 1974; Meichenbaum, 1977). Baucom과 Epstein(1990)은 이 과정을 다음과 같이 서술한다.

> 행동, 인지, 정서가 부부 상호작용에서 서로 연결되어 있기 때문에, 부부문제의 사정은 세 요인들이 서로 영향을 미치는 방식뿐 아니라 세 형태의 요인을 모두 포함해야 한다. 더욱이 배우자의 결혼만족도에 영향을 미치는 데 있어 행동, 인지, 정서의 복합적인 상호작용은 치료적 개입 시 이 세 가지 영역 각각을 다룰 필요성을 말해준다(p. 16).

행동주의 관점에서 추가된 최근의 개념은 부부수용(couple acceptance)이다(Christensen, Jacobson, & Babcock, 1995; Cordova & Jacobson, 1993; Jacobson, 1991, 1992). 이 개념은 관계의 문제가 다 해결될 수 있는 것은 아님을 말해준다. 그래서 부부가 이룰 수 있는 그 어떤 행동변화만큼 중요한 변화는 아마 변하지 않을 것을 수용하도록 학습하는 것이다. 흥미롭게도 행동주의 틀의 일부는 아니지만 행동주의 접근의 이 측면은 시도하였던 해결책이 바로 문제이며, 그래서 문제를 해결하지 않으려는 시도는 부부가 차이를 수용하고 차이와 더불어 살도록 학습하게 되면 역설적으로 해결될 수 있다는 Watzlawick과 동료들(1974)의 사고와 일치한다.

요약하면, 행동주의 치료는 실험연구로부터 발전되었다. 이 전통에 따라 행동주의 치료의 궁극적인 목적은 행동의 이해와 예측 그리고 통제이다. 행동주의 치료는 주의 깊게 고안된 치료과정을 통해서 과학의 발전을 도모하는 응용과학이다.

기본 개념/이론적 구념

가족치료에 대한 행동적 접근은 하나의 확립된 이론이라기보다 기술(technology)이다. 그러므로 이 절에서는 행동주의 치료에 기본적인 중요 개념과 원칙을 소개한다. 그러나 이 장의 후반부에서는 이 모델이 보다 현대적인 접근으로 어떻게 진화하였는지에 초점을 둘 것이다.

■ 정의

고전적 조건화

고전적 조건화(classical conditioning)는 무조건자극(음식)이 무조건반응(침 분비)과 연관되고, 무조건자극이 조건자극(종소리)과 연합되는 과정을 설명한다. 개에게 종소리와 음식을 동시에 제공하면 침을 흘린다. 음식과 종소리를 반복해서 함께 내놓게 되면, 음식을 내놓지 않아도 종소리만 울리면 점차로 침을 흘리게 될 것이다. 이 과정은 자율신경계와 관계되며, 의식적으로 통제할 수 있는 것이 아니다.

조작적 조건화

조작적 조건화(operant conditioning)는 대상이 자발적으로 행동에 개입하는 과정을 말한다(반응). 반응의 빈도는 행동에 따른 결과에 의해 조절된다. 조작(operant)이란 원인을 의미한다. 긍정적 결과는 긍정적 강화자라고 부르는데, 선행하는 행동의 빈도가 증가함을 말한다. 만일 한 사람의 행동이 처벌 혹은 뺨을 때리는 것같이 혐오하는 반응(처벌자의 반응조건 제시)에 의해 일어나고, 또는 외출금지처럼 긍정적인 것의 철회(강화자의 반응조건 제거)에 의해 일어나거나 혹은 행동이 무시된다면, 행동이 나타나지 않고 사라질 때까지(소멸) 행동의 빈도가 감소할 것이다.

부적 강화

부적 강화(negative reinforcement)는 행동 빈도의 증가가 싫어하는 자극을 피하는 것과 관련되는 과정이다. 잔소리하는 남편을 피하기 위해 집을 나가는 것이 한 예가 될 수 있다.

구별학습

구별학습(discrimination learning)은 한 맥락에서는 일어나지만 다른 맥락에서는 일어나지 않도록 조건화된 반응을 말한다. 구별학습은 선택된 행동이 어떤 특정한 상황에서만 기대되는 것일 때 중요한 개념이다. 이 개념은 여러 상황에서 있을지도 모를 강화와 처벌에 의해 영향을 받는다. 아동이 운동장에서 뛰어노는 것은 권장되지만 교실에서 그렇게 하는 것은 허락되지 않는다.

일반화

일반화(generalization)는 구별학습과 관련된 과정이다. 일반화는 여러 상황 간에 구별을 두지 않고, 행동이 획득된 상황 외의 다양한 맥락에서 동일한 행동에 개입하는 것이라 할 수 있다. 상담시간 동안에 모의로 시행해본 직장 인터뷰는 실제 직장 인터뷰 시 그대로 행할 수 있는데, 이것을 일반화라고 한다.

사회학습이론

사회학습이론(social learning theory)은 내담자가 자신의 행동 결과와 관련된 규칙과 유관조건(contingency)을 알고 있다는 것의 중요성을 나타낸다. 이 개념은 인지과정을 인정하며, 대리학습이나 모델링과 관련된다. 즉, 사람은 다른 사람이나 사건을 관찰함으로써 새로운 행동을 학습할 수 있다. 그래서 사람은 변화하기 위하여 스스로 행동에 직접 개입할 필요가 없으며 직접적인 보상이나 처벌을 경험하지 않아도 된다. 그러나 사람들은 보상을 상상하거나 예측할 수 있다. 강화조건(contingency of reinforcement)이 수반될 수도 있다는 점에서 볼 때 환경의 영향은 여전히 중요하다. 그러므로 다른 사람을 직접적으로 관찰하거나 비디오테이프 등을 통해 간접적으로 관찰함으로써 학습이나 행동의 변화가 충분히 일어날 것이다.

1차 및 2차 강화와 처벌

1차 및 2차 강화와 처벌 개념은 생물학적인 또는 자연적인 것이라고 생각되는 것과 학습을 통해서 획득되는 것의 차이를 나타낸다. 1차 강화자는 음식이 될 수 있다. 1차 처벌은 뺨을 때리는 것일 수 있다. 2차 강화자는 등을 토닥거리는 것이 될 수 있고, 2차 처벌은 비난하는 것일 수 있다. 2차 강화자와 처벌은 사회학습을 통하여 획득된다고 본다.

강화계획

강화계획(reinforcement schedule)은 하나의 행동에 대한 강화조건의 여러 기초를 나타내며, 행동과 결과 간의 관계를 확고히 한다. 계속적인 긍정적 강화계획은 원하는 행동이 일어날 때마다 보상을 주는 과정을 나타낸다. 간헐적인(intermittent) 강화계획은 행동을 지속시키기에는 충분하고, 어떤 보상도 더 이상 없을 것이라고 믿지 않을 만큼 적당한 간격을 두지만, 불규칙적으로 긍정적인 반응을 주는 것이다.

행동조성

행동조성(shaping)은 복잡한 행동이 하위요소(subpart)로 나누어지며, 전체를 이루는 모든 행동이 일어날 때까지 보상과 처벌조건이 하위요소에 제공되는 과정을 말한다. 그래서 한 아이가 자기 의자에 조용히 앉아서 선생님에게 주의를 기울이고 손을 들어 의견을 말하도록 허락받기까지 기다린다면, 전체의 첫 번째 하위요소로 '앉아있는 것'에 우선 보상을 줄 수 있다. 이 과정은 또한 연속적인 근접(successive approximation)이라고 불린다.

유관계약

유관계약은 양자 간에 소망하는 행동을 협상하는 과정이다. 상호작용을 위한 명백한 규칙을 정의함으로써 강압적이지 않고, 공개적인 협상 후에 계약이 맺어진다. 유관계약은 어떤 행동이 누구에 의해, 어떤 조건에서 이루어질 것인지를 구체화하고, 각자 수행한 것에 대한 특정 보상을 계약에 포함한다. 대표적으로 유관계약은 양자가 서로 긍정적이고 보상적인 행동을 교환하는 데 동의함을 명시한다.

자동사고

부부와 가족관계에 관련된 자동사고는 현재의 경험에 반응하여 이끌어낸 자발적이며 지속적인 사고와 정신 이미지이다. Dattilio와 동료들(1998)에 의하면, 많은 인지치료자들이 이러한 자각에 대한 타당성에 의문을 품지 않고 받아들이는 대부분의 사람들의 성향을 지적하였다. 자동사고는 매일매일의 순간적인 사고이며, 개인이 가지고 있는 도식의 하위요인이다.

도식

도식(schema)은 변화와 모든 것을 아우름에 저항하는 경향이 있는 세상에 대해 개인이 가지고 있는 기본적인 가정으로 정의된다. 도식은 "개인의 삶의 과정 동안 경험을 부호화하고 범주화하며 평가하는 기초이다"(Dattilio et al., 1998, p. 7). 그러므로 인지행동 가족치료자는 가족 구성원들이 서로에 대해 그리고 전체로서의 가족에 대해 핵심 신념이 존재한다고 가정한다. 비록 일반적으로는 의식적인 자각 밖에서 작동하지만, 도식은 가족 구성원들이 서로에 대해 반응하는 방식에 영향을 미치며, 인지적, 정서적, 행동적 요소를 포함한다(Dattilio, 2005, 2010).

인지 재구조화

인지 재구조화는 사고와 지각을 수정하여 행동변화를 이끄는 것뿐 아니라 사람들이 자기 신념의 타당성을 모니터링하고 테스트하기 위한 기술을 발전시키도록 돕기 위해 고안된 치료과정이다. 사람들은 흔히 인지왜곡(다른 사람들이나 환경에 대한 비현실적 해석)을 하며, 이러한 비현실적 해석 혹은 비합리적 사고가 행동문제를 유지하는 데 책임이 있다고 여긴다. 소크라테스식 질문방법은 인지행동치료의 기본이다(Beck, 1995).

우리는 이 절에서 많은 다른 개념들을 정의할 수 있다. 다양한 용어들이 행동수정 원칙을 부모훈련, 부부치료, 성치료에 적용할 때 발전되어 왔다. 하지만 이 용어들은 이 장의 후반부에서 다른 더 적절한 제목으로 제시될 것이다.

건강/정상성의 이론

이 장의 앞부분에서는 내담자가 '치료목표'를 정하고 치료자가 '치료방법'을 정한다고 하였다. 그러나 행동주의 치료는 사람이 어떻게 되어야 하고 무엇을 해야 하는지에 관해서는 거의 말하지 않는다. 실제로 행동적 접근은 이 점에서 많은 비난을 받아왔다. 왜냐하면 행동주의 치료는 아무런 가치도 시사하지 않으면서 이론적으로 어떤 행동을 조장하는 데 이용될 수 있기 때문이다. 조지 오월의 소설인 1984년(1949)과 마찬가지로 Skinner의 월든 2(*Walden II*, 1948)도 이러한 근거로 비판을 받았다. 누가 결정하는가? 이미 말하였듯이, 행동주의 치료자는 이러한 기술이 저지를 수 있는 오용을 알고 있기 때문에 인간의 권리와 존엄성을 보호하기 위한 원칙을 확립하였다(Stolz, 1978; Wilson & O'Leary, 1980).

행동주의 치료 문헌에서는 무엇에 가치를 두고 있는지가 분명하게 나타나있지 않지만, 치료현장에서 나온 자료는 무엇이 '좋은' 관계이고 '좋은' 결혼이며, '좋은' 가족으로 불릴 수 있는지에 관한 실마리를 제공한다. Thibault와 Kelley(1959)의 사회교환이론에 입각할 때, 좋은 관계란 대가에 비해 보상이 더 많은 관계라고 유추할 수 있다. 더욱이 좋은 관계를 맺고 있는 두 사람의 이익은 서로 비슷하다. 즉, 한 사람의 이익이나 대가는 다른 한 사람의 이익이나 대가와 비슷하다. 중요한 것은 이익과 대가에 있어서 두 사람 간의 균형이다.

Wills, Weiss와 Patterson(1974)의 연구에 의하면, 좋은 관계에서 유쾌한 행동의 빈도는 높고 불쾌한 행동의 빈도는 극히 낮다. 사실 이는 정적 강화가 더 많이 있다면 관계가 더 좋을 것이라는 생각을 뒷받침한다. Gottman, Markman과 Notarius(1977)는 훌륭하고 분명한 의사소통이 중요하다고 제안한다. 의견의 일치가 필수적인 것이 아니라 경청하는 것이 필수적인데, 경청을 하면 상호 관련된 행동에 이익이 된다.

Jacobson과 Margolin(1979)에 의하면, 좋은 관계란 문제가 없는 관계가 아니라 관계의 구성원들이 실제 이용할 수 있는 문제 해결 능력을 가지고 있는 관계이다. 또한 이러한 관계에서는 의사소통이 효율적이며, 구성원들은 문제를 의논할 수 있고, 서로의 관점을 존중한다. 행동주의 모델에 따르면, 좋은 관계를 위하여 필요한 기술(skill)은 학습된다. 훌륭한 의사소통과 문제 해결 능력은 학습될 수 있다. 이러한 능력은 발전하는 가족의 기초를 이루는데, 발전하는 가족은 융통성이 있어야 하고 변화하는 환경에 적응할 수 있어야 한다.

행동적/인지적 접근에서 추구하는 또 하나의 중요한 목표는 내담자가 자동사고, 인지왜곡, 도식에 대한 의식적인 자각을 발전시킨다는 것으로, 이러한 자각은 대안적 신념의 가능성을 열고 결국 정서적·행동적 변화를 일으킬 수 있도록 할 것이다. 다양한 인지 재구조화 기법은 이러한 목적을 위해 고안된다. 이는 사람들이 그 자체에 대해 의식적 자각을 하는 인식론을 분명히 갖는다는 Bateson(1972)과 Keeney(1983)의 신념과 비슷하다.

치료전략/개입

이 절에서는 전통적인 행동주의 및 행동적·인지적 전략과 개입 간의 차이를 다룬다. 두 영역의 기법들이 자신을 인지행동치료자로 여기는 사람들의 작업으로 통합되기는 하지만, 어떤 사람은 전형적인 행동주의 치료접근을 옹호하고 인지기법을 전혀 사용하지 않기도 한다(Forgatch & Patterson, 1998).

■ 전통적 행동주의 전략/개입

행동주의 치료의 목적은 내담자에 의해 결정되며 현재의 행동유형을 수정하는 것으로 제한된다. 증상 완화가 치료에서 바라는 결과이다. 증상 치료에 관한 의학적 모델과 일치하는 이른바 실제 문제를 치료하는 것에 관해서는 아무런 가정도 하지 않는다. 치료목적은 바람직하지 않다고 규정된 행동 대신에 바람직한 행동을 하게 하는 것이다. 그래서 '증상 대체(symptom substitution)'는 행동주의 치료모델의 개념도 아니고 행동주의 치료의 관심사도 아니다. 동시에 행동주의 가족치료자의 주요 제창자 중 한 사람인 지금은 작고한 Ian Faloon(1998)은 행동주의 부부가족치료자가 개방체계 접근을 채택해서 가족 내에 작동하는 다중의 힘을 살펴보기를 권고했음을 주목해야 한다. 그래서 Faloon은 맥락적 접근을 더 옹호하였는데, 이 접근에 의하면 개연성 있는 각각의 원인요인은 다른 요인들과의 관계에서 고려되어야 한다.

부적응행동은 적응행동과 마찬가지로 학습과 수정이라는 동일한 원칙에 의해 지배된다. 그래서 '학습경험의 수정'에 초점을 두는데, "내담자는 새로운 대처능력과 향상된 의사소통 능력을 습득하고, 부적응적인 습관을 어떻게 타파하고 자기파괴적인 정서적 갈등을 어떻게 극복하는지를 배운다"(Wilson, 1984, p. 253).

일반적인 원칙으로서 행동주의 치료의 기초를 이루는 기본 가정은 강화조건이 변화됨에 따라 행동이 변화할 것이라는 점이다(Nichols, 1984). 치료의 첫 번째 단계는 문제를 규정하고, 변화의 대상이 된 행동을 기능적으로 분석하며, 이 행동의 선행사건과 결과를 평가하는 것이다. 그래서 치료자나 연구자는 주의 깊게 관찰한다. 행동주의 치료자는 자신이 행한 바를 예술(art)로 기술하지 않을 것이다. 왜냐하면 행동주의 치료자가 행하는 바는 학습이론의 기본 원칙으로부터 비롯되기 때문이다. 따라서 변화의 대상이 된 행동의 빈도에 대한 기준선을 마련하기 위해서 기능적인 분석을 한다. 동시에 변화의 대상이 된 행동의 선행사건과 결과사건에 주목할 필요가 있다.

행동주의 치료는 전형적으로 조작적(자발적) 행동에 초점을 둔 활동 지향적 치료이다. 흔히 치료시간 밖에서 행해야 하는 과제가 주어지는데, 이완훈련을 실행하는 것, 특정 행동의 빈도를 스스로 관찰하는 것, 새롭게 학습된 의사소통 기술이나 공격적인 훈련기술을 이용하는 것, 불안감을 조성하는 상황에 직면하는 것 등의 과제가 있을 수 있다. 조작적 모델에서 새로운 행동을 행하는 것은 중요하다. 새로운 행동을 실제로 행하면 보상을 준다. 내담자는 자신의 강화조건을 모니터링하고 변화시키도록 배운다. 실제로 행동변화는 감정이나 태도변화에 앞서서 일어난다.

행동주의 치료의 중요한 측면은 변화의 대상이 된 행동이라기보다는 행동 결과에 주의를 둔다는 점이다. 행동 결과가 정적 강화로 보이더라도 해당 행동에 이익이 되는 것으로 가정된다. 그래서 내담자에게 "존(IP)이 X를 할 때 당신은 무엇을 합니까?"라고 질문할 수 있다.

행동주의 치료는 부정적인 행동의 감소보다 긍정적인 행동의 증가를 강조한다(Nichols, 1984). 긍정적인 행동을 강조하면 부정적이거나 강압적인 행동이 일어나지 않는 경우가 많다. 또한 이 모델에 의하면 행동주의 치료자는 내담자의 행동변화를 강화한다. 강화가 처음에는 계속적이고 1차적일 수 있지만, 궁극적으로 치료자는 간헐적인 2차(대개 사회적인) 강화로 바꾼다. 아주 실제적인 의미에서 치료자는 치료자라기보다 교육자라고 말할 수 있다.

왜냐하면 치료자는 내담자가 자신의 행동을 모니터링할 지식과 기술을 습득하도록 돕기 때문이다.

또한 과학적 관찰방법에 따라, 치료의 진전은 매우 신중하게 감시되고 측정된다. 또한 정확하게 규정되고 분명한 행동에 초점을 둔다. 행동주의 치료에서 이용되지 않는 또 하나의 개념은 '저항'임을 주목해야 한다. 다른 치료적 관점에서 볼 때 저항이라고 할 수 있는 것이 나타난다면, 이것은 치료자나 연구자가 실험을 충분히 신중하게 고안하지 못한 결과로 본다. 그래서 실험, 즉 치료는 행동의 선행사건과 결과를 재정의하고 재평가함으로써 다시 계획될 필요가 있을 것이다. 따라서 치료는 행동변화를 위한 실험이다(Liberman, 1972).

■ 인지행동적 전략/개입

앞서 언급하였듯이, 인지행동접근의 개입은 어떤 것이든 생리적 과정뿐 아니라 인지, 행동, 정서를 사정하는 것으로 가정된다. 이 원칙은 앞 절에서 서술한 전통적인 행동주의 접근과 일치한다. 그러나 인지행동치료와의 주요 차이는 체계이론적 틀의 맥락에서 그렇게 한다는 것이다. 말하자면 가족 구성원들 서로 간의 상호작용뿐 아니라 그 상호작용이 사고, 행동, 정서에 미치는 영향이 고려된다(Dattilio & Epstein, 2005; Watts, 2001). Dattilio(2010)는 이 모델을 상당히 확장하여 신경생물학, 정서, 인지 간의 상호작용 그리고 부부가족 기능에서의 도식이 다세대 패턴에 의해 어떤 영향을 받으며 가족 상호작용을 통해 어떻게 유지되는지에 초점을 두었다.

인지행동 관점은 전통적인 행동주의 접근을 보완하는 많은 새로운 전략과 개입을 제공한다. 인지의 사정 절차는 관계신념척도(Relationship Belief Inventory)(Eidelson & Epstein, 1982), 특정 관계기준 척도(Inventory of Specific Relationship Standards)(Baucom, Epstein, Ranken, & Burnett, 1996), 가족신념척도(Family Beliefs Inventory)(Vincent-Roehling & Robins, 1986) 같은 자기보고식 질문지를 포함한다. 인지의 사정은 치료자가 가족 구성원들에게 '일련의 사고'에 관해 질문하는 면접에서 행해질 수 있다(Dattilio et al., 1998). 소크라테스식 방법 혹은 질문과 대답에 의해 이해를 구하는 것이 이 과정에서 또 하나의 중요한 기법이다(Dattilio & Padesky, 1990).

앞서 언급하였듯이, 가족 상호작용에 대한 기능적 분석 역시 이루어지며, 선행사건과 결과에 대한 치료자의 관찰을 포함할 수 있다. 사정은 한 번에 이루어지는 사건이 아니다. 사정은 계속적인 과정으로 치료회기 안에서 그리고 치료회기 사이에 새로운 시나리오가 제시된다.

인지 재구조화 기법은 신념과 태도에 대해 직접 작동하는 것이다. 이러한 개입은 개인이 자동사고를 파악하도록 돕는 것, 부정적 귀인에 도전하도록 하는 것, 내담자가 "자신이 사고하는 새롭거나 대안적인 처리방식"(Dattilio et al., 1998, p. 23)을 학습하도록 돕는 것을 포함한다.

네 가지 예

가족치료에 대한 행동적/인지적 접근은 계속 진화하고 있다. 인지, 정서, 행동은 서로 연결되어 있음을 반복하여 말하고자 한다. 그래서 이들 영역 중 어느 한 영역에서의 변화는 다른 두 영역에 반드시 영향을 미친다. 그러나 결혼생활이나 가족에 극도의 지속적인 갈등이 있는 상황에서 이 접근을 사용하는 치료자는 행동변화만으로는 지속적인 변화를 일으키기에 충분하지 않다고 생각한다(Dattilio, 1994; Epstein & Baucom, 1989). 치료자들은 왜곡된 신념과 부정적 도식이 변화되어야 하고, 관계 내 모든 사람들이 현재 경험하고 있는 고통에 책임이 있음을 인정해야 한다고 주장한다. 인지적 개입은 귀인, 즉 자동사고, 자동사고의 기초가 되는 가정, 도식(Dattilio & Padesky, 1990)과 비합리적 신념 혹은 인지왜곡을 변화시키는 데 초점을 둔다. 더욱이 가족 구성원들의 사고를 부정적 기질(게으름, 동기 부족)의 투사로 보는 시각으로부터 다른 가족 구성원들의 행동을 포함하는 시각으로 변화시키려는 시도도 있다. 그러면 가족 구성원들이 가족 내 다른 사람들의 삶에 영향을 미친다는 느낌도 더 많이 갖게 된다(Barton & Alexander, 1981; Morris, Alexander, & Waldron, 1988). 체계이론적 사고의 여러 면들이 몇 가지 인지행동적 문헌에도 분명히 나타나며(Birchler & Spinks, 1980; Spinks & Birchler, 1982), 최근의 인지행동 가족치료에서는 더 분명하게 드러난다(Dattilio, 2001a, 2010).

사실 인지행동 가족치료가 선형적 관점에 뿌리를 두고 있지만, 보다 최근에 Dattilio(2001a, 2005, 2006b, 2010)는 인지행동적 접근이 그가 인지행동 가족치료라고 부른 바에서(적어도 제1단계 사이버네틱스 수준에서) 체계이론적 사고를 통합한다고 상당히 설득력 있게 주장했다. 그는 다음과 같이 말했다.

> 가족관계, 인지, 정서, 행동은 서로 상호적인 영향을 미치는 것으로 여겨진다. 그래서 인지적 추론은 정서와 행동을 불러일으킬 수 있고, 마찬가지로 정서와 행동은 인지에 영향을 줄 수 있다. 가족 구성원들 간에 그러한 순환이 시작되면, 역기능적 인지, 행동, 정서는 갈등을 초래할 수 있다(Dattilio, 2001a, p. 7).

따라서 인지행동 가족치료는 개별 가족구성원들의 도식을 다룰 수 있다. 그 도식은 원가족에서 가져온 '가족 도식'이며 가족 구성원들이 일반적인 용어로 가족생활에 대해 가지고 있을 수 있는 도식이다. 변화가 일어날 가능성이 가장 크게 존재하는 영역은 후자의 두 영역이다.

다음 절에서 가족 혹은 가족의 하위단위에 대한 행동주의 개입의 특징을 갖는 네 가지 모델을 제시한다. 특히 행동주의 부모훈련, 행동주의 부부치료, 기능적 가족치료, 합동 성치료의 관점과 절차에 대해 다룬다.

■ 행동주의 부모훈련

새롭게 부각되는 분야인 행동주의 부모훈련은 행동주의 부부가족치료의 기술과 잘 맞는다. 이 분야에서 인정받는 리더들은 오리건 사회학습센터(Oregon Social Learning Center)의 Gerald Patterson과 John Reid이다(Forgatch & Patterson, 1998; Patterson, Reid, Jones, & Conger, 1975). 이들의 작업은 행동주의와 미세분석적 연구의 결합을 잘 보여준다. 즉, 자녀와 관련된 문제가 있는 가족을 대상으로 작업할 때, 이 집단은 주로 성공적인 치료결과에 저항하는 내담자와 연관이 있는 과정변인들에 주로 초점을 둔다(Chamberlain, Patterson, Reid, Kavanaugh, & Forgatch, 1984).

행동주의 부모훈련의 목적은 부모가 자녀의 행동을 더 효과적으로 통제하는 방법을 배우도록 돕는 것이다. 본질적으로 초점은 자녀의 관리와 바람직하지 않은 행동의 수정에 둔다. 체계이론적 치료자와 달리, 행동주의 치료자는 처음에 부모가 자녀를 문제를 가진 사람으로 정의하는 것을 인정한다. 치료자의 보다 더 공식적인 관찰과 체크리스트를 가지고 하는 사정은 문제에 대한 부모의 정의를 확장해준다. 또한 자녀와 부모됨에 관한 부모의 자동사고, 인지왜곡, 도식도 평가한다. 행동주의 부모훈련은 주로 자녀의 행동을 변화시키기 위해 행동하는 도구로서 부모에 구두점을 찍는다는 면에서 선형적이지만, Patterson과 Reid(1967)는 상호적으로 파괴적인 부모-자녀 관계에 주의를 기울여 작업하는 것이 중요하다고 믿었다.

치료의 형태로든 워크숍의 형태로든, 치료자는 사회학습 교육자로서 일한다. 치료자는 부모의 자문인인데, 부모는 학습이론과 사회학습이론의 원칙에 따라 자녀를 직접 치료하도록 기대된다. 치료자는 교육자이고 실험자로서 자신의 훈련절차에 정확을 기한다. 다음의 단계는 부모기술 훈련과정의 전형적인 예이다.

1. 부모가 알아야 하는 사회학습이론의 원칙을 설명한다.
2. 변화의 대상이 된 문제행동을 정확하게 규정한다.
3. 문제행동을 중심으로 하여 선행행동과 결과행동을 분석한다.
4. 차트를 그리는 것과 같은 방식으로 기준선을 정하거나 치료 전의 문제행동을 세어봄으로써 문제행동의 빈도를 주의 깊게 모니터링한다.
5. 문제행동을 변화시키기 위하여 구체적인 절차에 따라 부모를 훈련시킨다. 그 절차는 다음과 같을 수 있다.
   a. 자녀에 대한 규칙과 기대를 세심하게 규정한다.
   b. 문제행동 발생 이전의 상황을 변화시킨다.
   c. 강화형태, 이용할 강화계획 그리고 보상의 시기(즉각 혹은 지연 만족)와 같이 순응에 대해 긍정적으로 보상을 주기 위한 절차를 엄격히 정한다.

d. 치료의 중지 또는 특권의 철회 등의 훈련절차를 엄격히 정한다. 이 단계에서 부모가 자연스러운 결과를 가능한 많이 이용하도록 배운다.

사정(assessment)은 부모와 자녀 두 사람 관계에 있다고 생각되는 법칙과 규율을 찾아내도록 조정된다. 부모가 집에 있는 대표적인 날을 기술하도록 부모에게 질문할 수 있다. 또한 부모에게 루이빌 행동점검 목록(Louisville Behavior Checklist)(Miller, 1979)이나 워커 문제행동 점검목록(Walker Problem Behavior Identification Checklist)(Walker, 1976) 같은 질문지에 답하도록 요구할 수 있다.

사정하는 과정의 중요한 일부분은 부모가 자기 자녀에 대하여 현실적인 기대를 하고 있는지 확인하는 것이다. 그래서 치료 중이나 부모교육 워크숍의 전반부는 부모들이 자녀에 대해 현실적이고 연령에 적합한 기대를 설정하도록 하는 데 목적을 둔다. 자녀에 대한 부모의 기대는 가족의 전통과 관련될 뿐만 아니라 인지적·행동적 자기진술(self-statement, 부모 자신의 인지적·행동적인 의견)과 관련될 수 있다.

사정단계에서 치료자는 성공적인 부모교육 훈련을 방해할 수도 있을 가족의 다른 관계 문제에도 주의를 기울인다. 그러나 행동주의 치료모델은 행실이 나쁜 자녀가 있다고 해서 반드시 부부문제가 있다고 무조건 가정하지는 않는다. 그래서 치료자는 만약 부모들 간에 겉으로 드러난 문제가 보이지 않는다면 부모훈련을 계속 진행하고, 부모훈련이 성공적이지 못할 때만 가족의 다른 관계 문제에 초점을 둘 것이다. 치료자는 면접이나 직접관찰 자료 대신에, 필요한 경우 부부적응 질문지를 사용할 수 있다.

선행사건과 결과사건에 대한 분석은 부모들이 수정하고자 한 행동을 정확히 구별하고 지적하는 것을 포함한다. 그래서 구별학습이 필요한데 구별학습은 자녀의 행동과 부모 자신의 행동에 관한 설명을 포함한다. 실제로 부모는 바람직한 행동과 바람직하지 않은 행동을 구별해야 하며, 자녀의 행동을 주시할 때 적절한 결과(보상이나 처벌)를 정해야 한다.

Gordon과 Davidson(1981)은 부모기술 훈련을 실행하기 전에 다음과 같은 네 가지 요인을 고려해야 한다고 제안한다.

1. "첫째, 환경을 통제할 수 있는 정도를 사정해야 한다"(p. 526). 즉, 환경의 통제가 충분하여 한 사람이 수정할 수 있는 선행사건과 결과사건에 영향을 미칠 수 있어야 한다. 한부모에게 3명의 '괴물 같은 전문가'가 부담을 더하여 한 사람이 수정할 수 있는 선행사건과 결과사건에 영향을 너무 많이 주는 경우를 예로 들 수 있다.

2. "둘째, 부모들 간의 관계문제는 부모가 협동하여 함께 일하는 것을 방해할 수 있다"(p. 526). 이것은 부부생활에 만족한 부모가 무조건 훌륭한 부모일 것임을 의미하지는 않는다. 한편 어떤 불행한 결혼에서는 부모가 자녀에 대한 사랑을 최우선으로 삼고 부모들 간의 차

이는 염두에 두지 않을 수 있다. 즉, 부모기술 훈련은 부모가 서로 협력하여 일할 수 있는 만큼 효과를 거둘 수 있다.

3. "셋째, 우울증, 불안 등 개인 내적인 방해요인은 부모가 행동적 부모훈련에서 얻을 수 있는 혜택을 심하게 제한할 수 있다"(p. 527). 따라서 부모훈련에 부가적으로 필요한 것은 체계적 둔감화, 인지 재구조화 그리고 부모의 행동에 앞선 사건과 결과를 변화시키는 것일 수 있다.

4. "마지막으로, 자녀의 자원과 동기에 따라 치료형태가 달라질 수 있다"(p. 527). 즉, 특정 자녀가 자제심을 갖도록 어떻게 도울 것인지에 초점을 두는 것이 필수적이다.

행동주의 부모훈련 시 사정과 모니터링을 계속하는 것이 중요하다. 이 모델은 사정과 치료를 분명하게 구분하지 않는다. 왜냐하면 진전을 보이는 것을 나타내는 차트를 계속 모니터링하는 것은 부모들, 특히 현재 완벽한 자녀를 원하는 부모들에게 중요한 보상이기 때문이다. 또한 모니터링을 함으로써 얻어지는 자료는 교육절차가 정확하게 적용되고 있으며 상황에 적합한 것인지에 관한 정보를 제공하며, 치료가 재설계될 필요가 있는지를 나타내준다. 부모들이 중간에 그만두려 하지 않고 치료에서 긍정적인 결과를 이루려고 노력하면서 부모기술 훈련을 잘 따른다면 보상을 받을 것이다(Hansen & L'Abate, 1982).

부모기술 훈련절차는 언어적 방법과 실제적 방법이 있을 수 있다. 언어적 방법에는 문서화된 자료뿐 아니라 구술적인 지시가 있을 수 있다. 실제적 훈련방법에는 역할놀이, 모델링, 행동 리허설, 대사 일러주기(prompting)가 있다. 비디오테이프를 이용하는 것도 실제적 방법의 일부분일 수 있다. 그래서 부모와 자녀가 한 상황에 배치되어 모니터링되고, 지도와 지시를 받으며, 신호를 받고, 격려된다. 게다가 어떤 분위기에서는 부모상담이 지시될 수도 있다. 부모상담의 목적은 성공적인 부모기술 훈련을 방해하는 요인들을 부모가 확인하여 해결하도록 돕는 데 있다. 자녀들과 마찬가지로 부모들도 부모로서 성공적이기 위해 적절한 사회적 학습의 장을 필요로 한다. 그러므로 부모기술 훈련이 효과적이려면 부모들이 생활의 다른 역할에서도 어느 정도의 성공을 경험할 필요가 있다.

Richard Stuart(1969, 1980)가 부부와 작업할 때 개발한 유관계약 역시 행동주의 부모훈련에서 사용할 수 있다. 유관계약은 관계에 있는 당사자들이 긍정적 행동을 교환하기로 합의하는 공식적인 서면동의이다. 이것은 보상으로 뭔가를 주기로 합의하는 것(quid pro quo agreement) 혹은 관계에 속한 각 당사자가 "나는 이 조건하에, 이곳에서, 이 시점에서, 이것을 할 것이다." 라는 진술이다. 이 계약은 당사자들 간에 공개적으로 협상된다. 왜냐하면 강요되거나 양방적이 아니라 일방적으로 만들어지면 성공할 가능성이 더 낮기 때문이다. 동시에 모든 부모-자녀계약에는 강요의 면이 있음을 주목할 필요가 있다. 왜냐하면 자녀는 부모와의 유관계약에 참여하기 위해 수용 혹은 거부 면에서 보다 더 낮은 지위에 있기 때문이다. 그러나 유관계약은 청소년들에게 특히 더 유용하다. 부모가 '어려운' 청소년 자녀와 문제를 가지고 있을 때, 자녀가 더 어렸을 때 효과가 있었을 부모됨 절차로 자주 되돌아간다. 그러나 청소년 자녀는 자신의 목소리와 마음을 발전시키고 행사하고 있기 때문에, 보다 더 평등한 방법이 적합해진다. 유관계약은 청소년 자녀에게 거의 효과적이지 못한 협박이 아니라 협상하는 관계로 만들려는 시도이다. 더욱이 계약을 협상하는 과정은 의사소통 채널을 열어주고 그래서 계약 그 자체만큼 중요할 것이다. 계약은 양 당사자들의 구체적인 행동에 관한 합의를 구체화한다.

■ 행동주의 부부치료

행동주의 부모훈련에서와 같이, 인지와 사회학습이론은 행동주의 부부치료에서 매우 중요하게 되었다. 많은 초기 모델(Liberman, 1970; Liberman, Wheeler, deVisser, Kuehnel, & Kuehnel, 1980; Stuart, 1969)은 조작 원칙과 관찰할 수 있는 행동에 거의 독단적으로 의존했던 반면, 보다 최근의 모델(Dattilio, 2010; Dattilio & Padesky, 1990; Holtzworth-Munroe & Jacobson, 1991)은 행동변화의 필요성뿐 아니라 태도와 신념체계 변화의 중요성을 인식하고 있다. 그래서 인지행동 치료자는 행동주의 부부치료 과정을 통해 도식과 부정적인 핵심 신념, 인지 왜곡에 초점을 둔다. 그들은 비현실적 기대의 변화를 포함하여 인지 재구조화가 부부가 더 행복하고 지속적인 결혼생활을 구축하도록 돕기 위해 통합해야 할 부분이라고 믿는다. 앞서 언급하였듯이, 중요한 태도변화는 '배우자의 수용'(Jacobson, 1991; Jacobson & Christensen, 1996)이다. 사실 수용은 부부가 둘 간의 차이에도 불구하고라기보다 둘 간의 차이 때문에 친밀감을 갖도록 돕는다. 왜냐하면 부부는 서로에 대해 가지고 있을 수 있는 이상화된 기대에 따라 살고 또 그 기대를 포기하도록 학습하기 때문이다. 의사소통과 문제 해결 기술 훈련이 오랫동안 행동주의 부부치료의 일부였지만, Markman(1992; Markman, Renick, Floyd, Stanley, & Clements, 1993)은 그 중요성을 매우 강조했다. 사실 잘 기능하는 부부는 더욱 긍정적인 의사소통 기술을 가지고 있었고, 덜 기능하는 부부는 보다 부정적인 의사소통을 보였으며 더 많은 부부폭력을 행사했다.

이미 간략히 언급하였듯이 또 하나의 접근은 Thibault와 Kelley(1959)의 사회교환이론이다. 이 이론은 관계에서의 만족 수준을 평가하기 위해 보상과 대가의 은유를 이용한다. 부부는 결혼을 할 때 대가에 비해 보상이 더 크리라고 예측할 것이다. 각 배우자의 대가가 보상보다 훨씬 클 때, 부부불화를 경험하게 된다. 그래서 교환이론은 사람은 보상(만족)을 최대화하고자 하고 대가(불만족)를 최소화하고자 한다고 보며, 각 배우자는 상대방에 대해 만족과 불만족을 통제한다고 가정한다.

더욱이 만약 주어진 보상이 상대방에 의해 보상으로 지각된다면, 그 보상은 더 큰 가치를 지닌다고 본다. 모든 관계는 구성원에 의해 대가와 이익의 비율을 기초로 판단된다. 이것이 비교 수준(comparison level)이다. 그러나 비교 수준은 아무런 근거 없이 발생하는 것이 아니다. 그보다 대가와 이익의 비율은 한 사람의 기대치 및 유용한 대안적인 관계와 밀접한 관련이 있다. 이러한 비교들은 미화될 수 있지만 각 배우자가 현재의 관계를 평가하는 데 매우 현실적인 부분이다.

그래서 두 사람은 대가와 기대에 대한 경향과 기대 수준을 가지고 관계를 맺게 된다. 배우자는 각자 약간의 대가를 치르면 그에 버금가는 이익을 경험할 것이다. 만약 이익이 대가보다 크다면 그리고 이익이 기대치에 부합한다면, 배우자는 높은 만족감을 느낄 것이다. 한편 대가와 이익의 비율은 결코 불변하는 것이 아니며, 관계를 맺고 끊는 경험에 따라 바뀐다. 그래서 안정적인 관계란 만족한 관계라고 할 수 있다. 그러나 만족은 각 배우자에 의하여 매우 개인적으로 경험되며, 지속적인 관계에 내포된 다양한 문제들에 의해 영향을 받는다. 결혼 첫해에 행하였던 행동과 똑같은 행동을 결혼 50년째에 행한다고 하더라도, 그 행동의 가치는 다를 수 있다. 결혼 초기에는 대가에 비해 보상이 훨씬 클 것이다. 시간이 지남에 따라 새로움과 진기함이 점차 사라지면 보상이 더 커질 것이다. 여러 해에 걸친 계속적인 조정에는 이익뿐 아니라 대가도 따른다.

인지이론과 사회학습이론은 부모기술 훈련에서보다 행동적 부부치료에서 더 잘 드러난다. 이 모델은 여전히 행동을 변화시키는 데 초점을 둔다. 그러나 수정된 사고(인지)와 감정은 변화된 행동의 선행사건이자 결과임을 인정한다. 이 접근에서 치료 순서는 인지, 행동 그리고 교육자 역할을 하는 치료자에 대한 인지의 순서인 것으로 보인다. 내담자는 인지적 정보를 이용할 수 있고 실제로 이용하며, 인지 정보는 특정한 행동경험에 의해 강화될 수 있는데, 이는 결국 행동과 이해에 영향을 미치고 강화되는 것으로 본다. 행동적 부부치료에서 사회학습이론은 관계를 맺고 있는 사람들 간의 상호 간 결정론을 인정한다. 따라서 인간의 상호작용은 개인적·행동적·상황적인 영향요인에 의해 결정된다고 본다. 만약 관계의 역동성과 관계의 변화 가능성을 이해하고자 한다면 이러한 영향요인에 대한 사정이 필요하다.

행동주의 부부치료의 목표는 (1) 긍정적 (보상) 행동의 빈도를 증가시키고 부정적 (처벌) 행동의 빈도를 감소시키며, (2) 의사소통 기술을 향상시키고, (3) 문제 해결 능력을 향상시키는 것이다. 이와 같은 세 가지 범주에 부합하는 행동은 치료의 초기와 중간 사정에서 중요한 부분이다.

이상과 같은 세 가지 목표는 내용과 과정 간의 차이를 구분 짓는다. 특정 행동과 특정 내용의 과제에 중점을 두며, 아울러 긍정적인 행동의 빈도를 증가시키고 부정적인 행동의 빈도를 감소시키는 데 초점을 두고, 부부에게 미래에 일어날지도 모를 문제에 어떻게 대처할 것인지를 가르친다. 의사소통과 문제 해결 능력은 부부로서 계속 함께 잘 살기 위한 도구로 간주된다. 사실 의사소통과 문제 해결 능력 훈련은 행동주의 부부치료의 주요한 초점으로 발전되어

왔다(Nichols, 1984).

행동주의 부부치료 시 첫 번째 면접은 현재 결혼생활 문제의 역사적인 선행사건뿐 아니라 부부관계의 발달적 역사에 관한 중요한 자료원으로 간주된다. 배우자의 자기보고가 이용될 수도 있지만, 치료자가 더 선호하는 자료는 부부간 상호작용을 관찰하는 것이다. 문제행동을 확인하고 구체적으로 정의하는 과정에서 치료자는 부부가 불쾌하게 여기는 행동이 아니라 바라는 행동을 말하도록 한다. 일반적으로 부부는 자신들이 싫어하는 행동은 상당히 잘 묘사하지만, 그들이 바라는 행동을 묘사하는 데는 훨씬 덜 능숙하다. "나는 당신이(남편 또는 아내가) 나한테 잔소리 좀 그만하면 좋겠어요."를 "좀 더 사랑해주세요."로 바꾸는 것이 매우 중요하다. 그러나 이것이 건설적이라 하더라도, 이러한 목표는 너무 일반적이다. 목표를 설명할 때 목표 수행에 대한 구체적인 행동 이미지를 유추할 수 없으며, 목표가 정해지지 않은 것으로 여겨진다. 예를 들어, 목표는 "남편이 내게 하루에 한 번씩 나를 사랑한다고 말하는 것이다."라거나, "아내가 일주일에 두 번씩 내 등을 긁어주는 것이다."라고 구체적인 행동으로 표현되어야 한다. 행동을 정확하게 규정하는 것은 중요하다. 왜냐하면 행동이 구체적일수록 행동이 수행될 가능성이 커지며, 일단 수행되면 적절하게 보상받을 확률이 더 커지기 때문이다.

또한 행동주의 부부치료자는 결혼을 평가할 수 있는 도구를 많이 가지고 있다. 그 가운데는 변화영역 질문지(Areas-of-Change Questionnair, A-C)(Weiss, Hops, & Patterson, 1973), 결혼상태목록(Marital Status Inventory, MSI)(Weiss & Cerreto, 1975), 로크–월러스 결혼적응검사(Locke-Wallace Marital Adjustment Test, MAT)(Locke & Wallace, 1959), 관계적응척도(Dyadic Adjustment Scale, DAS)(Spanier, 1976)가 있다. 이와 같은 공식적인 도구 외에, 부부에게 일주일 동안 상대방에 대한 유쾌한 행동과 유쾌하지 못한 행동의 빈도를 기록하도록 요구할 수 있다.

행동주의 부부치료는 바람직하지 못한 행동의 빈도를 감소시키기보다는 유쾌한 행동의 빈도를 증가시키는 것이 더 쉽다고 가정한다. 사실 사람은 행동을 하지 않을 수 없으며, 행동의 부재는 단지 어떤 행동도 일어나지 않았다는 것을 의미한다. 그래서 그것은 다른 어떤 것에 의해 대체되어야 한다. 그리하여 불쾌한 행동을 대신하는 행동에 초점을 둔다. 평가는 관계의 강점(strength)을 중심으로 한다. 치료자는 부부로 하여금 그들이 싫어하는 행동으로부터 좋아할 행동으로 초점을 바꾸도록 한다. 따라서 일주일 동안 배우자가 행하였던 즐거운 행동을 집에서 기록하도록 하는 숙제를 준다(Azrin, Naster, & Jones, 1973). 부정적인 통제수단으로부터 긍정적인 통제수단으로 바꾸는 것이 변화 목표이다. 그러나 치료자는 치료과정의 너무 초기에 이런 개입을 사용하지 않도록 주의한다. 왜냐하면 부부가 변화할 준비가 되어있지 않으면 역효과를 낳을 수 있기 때문이다.

치료의 특별한 면은 부부가 '마음 읽기'를 줄이고 각자 무엇을 싫어하고 좋아하는지 분명히 표현하도록 돕는 것이다. 그러한 표현은 정교한 행동용어로 말하며, 이는 효과적 의사소통과 문제해결의 중요한 구성요소이다.

치료 시 초기 단계에서, 특히 심한 스트레스를 받고 있는 부부(서로 간에 부정적인 통제행위를 심하게 일삼는 부부)를 대상으로 하는 치료의 초기 단계에서, "나는 당신이 …을 하면 좋겠어요."와 같은 표현을 '서로 한 가지씩 나누기(quid pro quo exchange)' 위한 기초로 쓸 수 있다. 치료자는 부부가 논쟁을 할 때 각자 무엇을 줄 것이고 무엇을 얻을 것인지를 조목조목 명확하게 밝힌 계약을 맺도록 도울 수 있다. 그래서 부부간의 상호 교류가 긍정적인 것이든 부정적인 것이든, 상호 간 계약에 의한 것임을 인식하게 한다.

부부간 상응계약(quid pro quo contract)은 유관계약(contingency contract)의 한 형태, 즉 상대방이 무엇을 하느냐에 따라 자신이 할 것을 정하는 계약이다. 이 계약이 갖는 어려움은 계약을 지키는 상대방 배우자에 따라 여러 다른 행동이 발생한다는 점이다. 심각한 문제가 있는 결혼에서 이 계약은 "난 내 일을 하였는데, 당신은 하지 않았어."같이 부정적인 통제방식을 지속시키는 근거로 쓰일 수도 있다.

또 다른 형태의 계약은 좋은 믿음 계약(good faith contract)이다. 이 계약을 하면, 각 배우자는 상대방 배우자가 행하기로 한 부분을 제대로 지키는지와 상관없이 각자 계약된 행동을 해야 한다. 특별히 정한 행동을 행한 배우자는 미리 준비된 보상을 받게 된다. 그러나 그와 같은 유관계약의 중요한 부분은 남편에 의해 선택된 보상이 아내에게 반감을 주는 것이어서는 안 되고, 그 반대의 경우도 마찬가지라는 점이다.

개별적인 좋은 믿음 계약은 관계의 발달사를 기초로 하는 비(非)유관계약의 형태를 띤다(Becvar & Becvar, 1986). 예를 들면, 부부에게 부부관계의 초기 단계에서 각자가 상대방을 위해 하였던 작지만 소중한 보상행위에 대해 시각적 이미지를 떠올려보도록 요청한다. 치료자는 부부가 일상생활에서 필요한 일에 매달려있기 때문에 최근에는 이러한 행위를 하지 않았음을 지적해줄 수 있다. 그동안 전개된 계약은 위에서 금방 서술하였던 의미에서 볼 때 계약이 아니다. 그보다도 그것은 각 배우자가 긍정적인 행동의 빈도를 증가시키고 좋은 결과에 보상을 주기 위하여 자기 자신과 맺은 개인적인 계약이다. 배우자들은 상대방 배우자가 긍정적인 행동을 증가시키는지 여부에 주의를 기울여 배우자에게 보상을 주라는 지시를 받을 수 있다. 그러나 특별히 긍정적인 상호 교류는 각 배우자에게만 사적으로 알려지며, 따라서 부부관계에 보상이 될 수 있는 놀라움을 더해준다는 것이 이 계약의 비결이다.

유관계약은 보통 특정 행동을 변화의 대상으로 삼는다는 점에서 내용에 초점을 두는 계약이다. 내용은 부정적인 행동을 감소시키기보다는 유쾌한 행동을 증가시키는 것에 관한 것임을 다시 한 번 주목해야 한다. 실제로 사람들은 부정적인 행동을 그만두는 것이 아니라 긍정적인 행동을 부가적으로 행한다. 그러나 긍정적인 행동을 덧붙이는 것은 부정적 통제방식을 긍정적 통제방식으로 대체하고, 통제가 상호적이라는 시각으로 대체할 때 부정적인 행동의 발생을 막을 수 있다.

내용을 강조하는 것은 중요하다. 그러나 치료자는 동시에 부부가 특정 내용을 협상하고 전개함에 따라 과정에 초점을 두어야 한다. 그래서 의사소통과 문제 해결은 계속해서 치료의 일부분이 된다. 부부는 의사소통과 문제 해결이 일어나고 있다는 것을 구체적으로 알고 있을 수도 있고 그렇지 않을 수도 있다.

의사소통과 문제 해결 능력 훈련 시, 공식적으로 초점을 두는 것은 부부가 더욱 효율적인 의사소통 기술과 문제 해결 능력을 학습하고 있다는 것을 의식적으로 알도록 하는 것이다. 여기에는 부부에게 효율적인 의사소통과 문제 해결의 기본 원칙을 가르치는 것이 포함된다. 이 원칙은 구두로나 모델링으로 설명될 수 있다. 그런데 모델링이 더 효과적인 것으로 간주된다. 왜냐하면 '전문가'인 치료자를 관찰하고 모방함으로써 부부는 '존경하는' 사람을 흉내 내고 대신 보상을 받을 것이기 때문이다(Jacobson, 1981).

의사소통과 문제 해결 능력의 또 하나의 중요한 부분은 행동 리허설이다. 이것은 치료시간에 변화를 원하는 새로운 행동을 행하고 치료자와 배우자로부터 행동수행에 관한 피드백을 받는 것을 의미한다. 그래서 피드백을 주는 과정에서 치료자는 모델이 되며, 부부는 이 과정을 관찰함으로써 대리적으로 배울 수 있다. 치료자는 또한 부부가 서로에게 어떻게 피드백을 주는지에 관하여 각 배우자에게 피드백을 준다. 비디오 촬영이나 녹음은 부부가 서로 피드백을 주는 데 대해서는 물론이고 의사소통과 문제 해결 능력에 대해서 피드백을 주는 훌륭한 도구이다.

이 모델의 기본 가정에 따르면, 전체 행동은 부분으로 나누어지고, 치료과정은 행동조성 또는 새로운 기술을 학습함에 있어서 이득을 본 것에 대한 피드백과 강화로 여겨질 수 있다. 학습될 수 있는 구체적인 의사소통 기술 가운데에는 시선 마주하기(eye contact), '나-전달법' 사용하기("나는 …라고 생각해." 또는 "나는 …게 느껴."), 감정의 소유를 표현하기("나는 … 하였어." 또는 "나는 기뻤어."), 바꿔 설명하기(paraphrasing)와 감정이입 기술("나는 네가 …라고 말하는 것을 들었어." 또는 "내가 일주일에 두 번씩 당신 등을 긁어주면 정말 좋겠군요."), 무엇을 바라는지 행동용어로 직접 상세히 말하기("내가 당신 등을 긁어줄 때 어떤 부분을 긁어주기를 바라는지 얘기해주면 좋겠어요.") 등이 학습될 수 있다. 필수적으로 간주하는 기술은 치료자마다 다를 수 있다. 그러나 부정적인 감정의 정화나 분출보다 과업과 이슈에 초점을 둔다(Becvar & Becvar, 1997). 행동적 접근은 이와 같은 과업 중심을 중시한다. 왜냐하면 감정의 정화나 분출은 부부가 일상적으로 좋지 않은 수단에 의해 통제하려는 시도에 다시 말려들게 함으로써 문제를 더 악화시킬 수 있기 때문이다. 효율적인 의사소통은 효율적인 문제 해결의 기본으로 간주된다. 문제 해결 능력 훈련은 특정 문제에 초점을 두며, 과거사를 논의하는 형식을 취하기보다도 "미래 지향적이고 해결 중심적"(Jacobson, 1981, p. 576)이다. 또한 Jacobson에 의하면, 문제 해결 능력 훈련의 중요한 일면은 "행동주의 치료자의 목적이 분노를 없애고 분노로 인한 결혼생활의 문제점을 없애는 것이 아니라, 단지 부부가 논쟁과 문제 해결의 차이를 구분하도록 도와주는 것이다"(p. 576).

행동주의 부부치료는 문제를 정의하고 그에 상응하는 해결책의 개발이라는 두 단계로 분명하게 나누어지며, 이 두 단계를 계속 분리시키는 것을 중시한다(Jacobson, 1981). Jacobson이 제시한 문제 해결의 일반적인 규칙은 (1) "한 번에 단 하나의 문제만 논의한다." (2) "다른 말로 바꾸어서 설명하여" 각자가 잘 듣도록 하고 상대방이 이해하도록 하여, 각자가 상대방의 관점을 이해하고 생각할 수 있는 가능성을 증대시킨다. (3) "마음 읽기 또는 상대방에게 동기를 갖게 하는 것을 피한다." (4) 한 사람이 동기를 문제발언으로 곡해할 때 나타나게 되는 "욕설과 혐오스러운 언쟁을 피한다"(p. 577) 등이 있다.

문제를 정의하기 위한 보다 구체적인 기술에는 다음과 같은 것들이 있다. 즉, (1) 문제를 언급할 때 언제나 긍정적인 것으로 시작한다("당신이 지난 몇 주 동안 행한 여러 가지 작은 것들에 감사해요."). (2) 문제는 행동용어로 명확하게 규정한다("당신보다 내가 밖에 나가자고 한 적이 더 많다는 것을 알고 있어요. 그러나 당신이 밖에 나가서 여러 가지 일을 하자고 나보다 더 자주 말하면 참 좋겠어요."), (3) 감정을 표현한다("우리가 외출할 때 나는 책임감을 느껴요. 나는 당신이 즐거운 시간을 보내고 있는지 궁금해요."). (4) 부부가 모두 문제를 지속시키는 데 상호적인 역할을 하고 있음을 확실히 인정한다("당신이 먼저 시작하지 못하게 내가 계속해서 먼저 시작했어요.", "당신이 먼저 시작하도록 내가 노력하지 않았어요." 또는 "당신이 더 많이 시작할수록 나는 그렇지 못하고, 내가 먼저 시작하지 않을수록 당신이 더 많이 시작하죠."). (5) 문제 규정을 간략히 한다(Jacobson, 1981).

문제를 정의한 후에는 해결에 초점을 두고 논의한다. 가능한 해결책의 모색은 제한이 없다. 엉터리 같지만 유머가 담긴 제안들은 가능한 해결책에 창조적인 차원을 더해줄 수 있다. "행동변화는 상호성과 타협을 기초로 해야 하기 때문에"(Jacobson, 1981, p. 579), 양 배우자 모두의 행동변화가 필수적이다. 더욱이 배우자 한 편에게만 더 큰 부담이 되는 행동변화를 요구하는 해결책은 수용되지 않는다. 이러한 규칙은 부부는 일심동체이며 두 사람 모두 문제 해결에 책임이 있다는 관점을 강조하는 것이다. 의견의 일치를 본 해결책이 무엇이든 정확하게 말해져서 문서화되어야 한다. 어떤 행동변화가 언제, 얼마나 오랫동안, 어떤 조건하에서 각 배우자에 의해 동의되었는지를 문서로 작성한다.

공통적인 오해에도 불구하고, 정서는 늘 인지행동치료의 치료과정의 중요한 부분을 담당한다는 점을 주목할 필요가 있다. 인지적 · 행동적이라는 용어가 정서와 어떤 관계가 있다는 것을 시사한다고 보이지 않을지라도, 정서적 반응의 많은 측면들은 사실 인지행동 접근의 핵심

요소이다. 인지행동치료 뒤에 있는 이론은 인지가 정서, 생리적 반응, 행동에 큰 영향을 미치며 이런 영역들 간에는 상호 과정이 존재한다는 생각을 지지한다. 인지행동치료는 사고, 감정, 행동, 생물생리학 간의 복잡하고 학제적인 관계에 관심을 둔다. 이 이론은 부부와 가족 구성원들의 변화를 돕도록 추구함에 있어서 이러한 요소들을 다룰 특별한 방법을 선택했다. 그래서 정서처리는 생존에 중요하게 여겨지며, 정보처리에서 인지도식만큼 매우 중요하게 여겨진다. Epstein과 Baucom(2002)은 개인이 중요한 타인에 대한 감정을 표현함에 있어서뿐 아니라 친밀한 관계의 맥락에서 정서적 경험에서의 결핍이나 자산을 포함하여 문제에 대해 자세한 서술을 제공한다. 가족뿐 아니라 부부를 대상으로 한 현대의 인지행동치료는 매우 확장되어 정서 개념을 보다 분명하게 포함하였고, 수용에 기반한 기법과 마음챙김 사용같이 최근에 개발된 수많은 보조적인 기법을 통합하였다(Dattilio, 2010).

행동주의 부부치료의 이러한 일반적인 원칙은 내용과 과정의 이슈를 모두 포함하며, 실제 치료과정에서 둘 다를 통합한다. 비록 다양한 모델이 만들어져 왔지만, 모두 공통의 주제를 공유하며 기본 가정에서의 차이보다 치료양식과 선호에서 차이를 더 많이 보인다.

■ 기능적 가족치료

기능적 가족치료(Alexander & Parsons, 1973, 1982; Barton & Alexander, 1981; Morris et al., 1988)는 체계이론, 행동주의, 인지치료를 통합적으로 접근한다. 이 접근을 사용하는 치료자는 모든 가족 구성원의 모든 행동은 적응적이라는 입장을 취한다. 초기의 사정 단계에서, 치료자는 가족 구성원들의 행동의 기능 혹은 종점을 찾으려 한다. 즉, 왜 어떤 행동이 존재하며, 다른 가족 구성원들에 의해 유지되는지 찾고자 한다. 치료자는 가족체계의 각 구성원에 대한 대인관계적 결과(payoffs)를 발견하고자 한다. 초점은 인지와 행동에 둔다. 즉, 가족 구성원들이 서로에 대해 스스로 말하고 있는 것 그리고 각 구성원이 보일 특정 문제에 초점을 둔다. 행동변화와 기술훈련(교육)은 기능적 가족치료자의 작업에서 중요하다. 재명명도 역시 중요한데, 이는 가족 구성원들이 자기 행동에 대해 다른 귀인(인지변화)을 하거나 다른 해석을 하는 것으로, 문제가 가족에서 담당하고 있는 기능에 대한 명백한 진술이 될 것이다. 재명명은 자동사고, 정서, 행동을 중단하기 위한 시도이기도 하다. 문제행동이 가족 안에서 담당하고 있는 기능은 중요하며, 치료자는 이러한 기능을 변화시키고자 아무 시도도 하지 않는다.

■ 합동 성치료

Masters와 Johnson의 인간의 성적 부적응(*Human Sexual Inadequacy*, 1970)의 출판과 더불어 합동 성치료(conjoint sex therapy)가 시작되었다. 사실 성(sexuality)은 모든 가족관계의 일부분이며, 성문제가 부부간의 다른 문제의 증상인지(Kaplan, 1974), 아니면 하나의 고유한 문제인지에 관한 질문은 가족치료 분야의 공개된 이슈이다. 그러나 어떤 문제에서나 마찬가지로, 하나의 문제로 간주되기 위해서는 문제가 어떻게 지속되거나 지속되지 않아야 하는지에 관한 개념화와 기대치를 가져야 한다. 오랫동안 여러 제도를 통해 성을 금기시한 사회가 현재의 갈등 분위기를 만들어냈다. 다시 말해, 최근 성행위를 인정하는 것의 중요성과 성적 쾌락에 관한 대중적인 출판물과 전문서적의 변화를 놓고 볼 때, 이 분야의 긴장은 피할 수 없다. 또한 비교적 최근에 남성과 여성의 역할 변화는 어쩔 수 없이 침실에까지 슬며시 파고들고 있다.

행동주의 부부치료에 관한 것 가운데 많은 것이 합동 성치료에도 적용된다. 그래서 행동적 성치료자는 성생리와 성기법을 가르치고, 부적응적인 행동 패턴과 인지를 변화시키며, 불안을 감소시키고 기술을 향상시키기 위하여 직접적인 방법을 이용하는 교육자이다. Heiman, LoPiccolo와 LoPiccolo(1981)는 "성교육, 의사소통 기술과 성기법에 관한 기술훈련 그리고 태도 변화과정은 여전히 '행동주의 치료'와 성치료의 공통 요소가 되고 있다"(p. 594)고 말한다.

건강한 성관계

이미 설명한 바와 같이, 문제를 정의하는 것은 기대치와 실제 경험에 따라 다르다. 그래서 각 부부의 고유한 경험을 고려하지 않고 성적 기능의 정상과 비정상을 논의하는 것은 부적절하다. 그러나 문제로 제시된 것에 초점을 둠으로써 바람직한 것이 무엇인지를 유추할 수 있다. 그래서 일반적인 쟁점은 성행위로부터 쾌락의 정도, 성행위의 다양성, 발기와 오르가슴의 정도, 자신의 성적 욕망과 상대방의 성적 욕망의 인정에 관한 것이다. 어떤 관계에서든 '정상성'의 기초는 당연히 부부가 상호 만족스러운 것으로 합의를 본 것이다.

Heiman과 동료들(1981)은 성관계에서 중요한 일반적인 요인을 (1) 성역할의 "융통성", (2) "개방성" 또는 "수용적이고 표현적", (3) "적극적인 친밀감과 관여" 또는 "두 사람 관계에서 존중을 받고 상대방에게 보살핌이나 관심을 표현하기, 가깝게 있고 싶은 바람을 의사소통하기, 상대방의 반응에 귀 기울이기", (4) "신뢰와 책임감" 또는 설득이나 유혹에 귀를 기울이고, 자발적이며, 노골적이고자 하는 의지, (5) "사랑", (6) "에로틱한 매력" 그리고 (7) "자유, 자율, 책임"(pp. 597-598) 등이라고 설명한다.

다시 한 번 말하자면, 기대와 실제의 불일치 때문에 문제를 경험한다. 이상과 같은 일반적인 요인은 기대에 영향을 미칠 수 있고, 현실과 비교하기 위한 표준이 되며, 그래서 문제를 일으킬 수 있다. 이것은 물론 성문제에 국한되는 것만은 아니다.

치료전략/개입

성적 역기능을 치료하기 위해서는 문제를 개념화하는 몇 가지 방법을 구별할 필요가 있다. Kaplan(1974)은 세 단계로 구분된 모델을 제시하였다. 첫 번째 단계는 성적 소망(sexual desire)으로, 이는 너무 많거나 너무 적을 수 있다. 두 번째 단계는 성적 흥분과 관련되는데, 여성의 경우는 성적 흥분이 부족한 형태일 수 있고, 남성의 경우는 발기부전의 형태일 수 있다. 세 번째 단계는 오르가슴이라 하는데, 남성의 경우는 조루와 지루(retarded ejaculation)가, 여성의 경우는 오르가슴의 억제가 있을 수 있다.

성적 역기능의 이해에 중요한 쟁점은 역기능이 신체적 근거로 인하여 비롯될 가능성으로서, 상해, 신경 손상 또는 약물과 같은 것에서 비롯될 가능성이다. 그러므로 사정과정에서는 이와 같이 중요한 차원을 고려해야 하며 내담자는 건강진단을 받고 필요하다고 여겨지는 그 단계를 꼭 밟아야 한다.

심리적인 요인으로는 현재 상황의 일부분이 되기까지의 기간을 되돌아보는 것이 있다. 심리적 요인에는 성에 관한 기대와 죄책감, 신뢰, 종교교육, 성행위에 대한 불안, 낮은 자존감이 있다. 부부는 개인적인 경험을 부부관계에도 적용하며, 그 가운데는 자신과 결혼, 성 그리고 관계에 관한 태도가 있다.

관계요인 또한 고려되어야 하는데, 관계요인은 현재 부부관계의 역동성뿐 아니라 이전의 관계를 생각해볼 수 있다. 이 점에 대해서 Heiman과 동료들(1981)은 다음과 같은 견해를 표명한다. "역기능은 관계의 구조와 각 개인의 심리적 욕구에 매우 유용한 목적을 제공할 수 있다"(p. 601). 다시 말해 성적 역기능은 부부간의 상호작용 패턴을 유지시키도록 한다는 점에서, 부부관계 문제의 증상일 수 있다.

지금까지 서술한 여러 가지 차원을 놓고 볼 때, 성적 역기능에 대한 사정은 다차원적이어야 한다. 그러므로 지나온 나날(history), 현재의 성행위, 신념, 성에 관한 태도와 기대, 성에 관한 것 외에 부부관계의 전반적인 패턴이 평가되어야 한다. 거듭 말하지만, 생리적 또는 의학적 요인 또한 고려되어야 한다.

행동주의 부부치료와 같이 행동적 성치료에서도 구체적인 목적을 설정한다. 목적 설정은 성관계에 관한 기대 차이를 타협하거나 조정하는 것 같은 요소를 포함할 수 있다. 일반적으로 궁극적인 목적은 부부가 기대와 태도, 경험에서 더 많은 합의를 보도록 하는 것이다. 이러한 타협이 상호 간에 이루어진다는 생각은 매우 중요하다.

또한 행동주의 부부치료에서와 같이 의사소통 기술의 향상(자신이 좋아하는 것을 직접 말하고 서로를 이해하는 것)은 합동 성치료의 중요한 초점이다. 이러한 의사소통의 일부분에는 성에 관한 지식과 성적인 쾌락을 향상시키는 수단 그리고 여러 가지 성행위 기법을 다양화하는 것에 관한 교육이 포함된다.

합동 성치료의 또 하나의 중요한 부분은 현재의 성적 역기능 문제 이외에 결혼생활에서 무시되고 있는 문제에 주의를 기울이며, 필요하다고 여겨지면 그 문제에 초점을 돌리거나, 성치료 시 결혼생활 문제를 참고로 하는 것이다. 행동주의 치료의 관점에서 볼 때, 치료에 대한 부부의 동기 차이는 물론 부부 각자의 정신병리에 주의를 기울이는 것도 중요하다.

이 접근에서 치료자는 적극적인 역할을 한다. 치료자는 정보를 제공하고 의사소통을 촉진시키며, 잘못된 정보를 바로잡아줄 수 있다. 치료자는 내담자에게 성적인 반응에 대한 생리와 해부구조에 관한 정보를 제공하는 영화와 책 그리고 여러 다른 방법 등의 다양한 수단을 이용하여 가르칠 수 있다. 치료자는 개방적인 의사소통을 촉진한다. 치료자가 유식하고 유능해 보이는 것은 중요하다. 이는 성이라는 주제 또는 일반적으로 금기시되어 온 관계의 일면을 솔직하게 논의하는 데 필요한 라포(rapport)를 형성하는 데 기초가 된다. 사실 그와 같은 개방적인 대화는 문제에 대한 충분한 치료가 될 수 있다. 왜냐하면 그러한 대화는 성적 상호작용에 영향을 미치는 더욱 일반적인 관계 개선의 일부분일 수 있기 때문이다.

행동주의 성치료의 기법에는 불안을 줄이기 위한 체계적 둔감화(Wolpe, 1958), 성적인 억제와 사회적 금기를 극복하기 위한 자기주장 훈련(Lazarus, 1965) 또는 개인의 취향을 표현하기 위한 학습이 있다. 자기주장 훈련은 부부가 친밀한 분위기를 만들어냄으로써 성행위를 시작하도록 배운다는 점에서 의사소통 기술훈련과 밀접한 관련이 있다. 이러한 의사소통에는 부부가 성적인 친밀감 또는 부부관계의 다른 면에 대해 해롭지 않은 방식으로 "아니요."라고 말할 수 있도록 하는 것이 있다. 즉, 부부가 어떻게 성행위를 시작하고 거절하는지를 배우는 것이다.

성적인 억제는 치료될 수 있고, 성적인 의사소통은 이른바 감각 초점(sensate focus)이라는 것, 즉 성기 외의 성적인 메시지에 의해 향상될 수 있다(Kaplan, 1974). 이러한 기법은 부부가 피부 접촉(touch)으로 상대방의 몸에 대해 더 많은 것을 알 수 있게 하고, 몸의 어느 부분이 쾌감을 주는지에 관해 의사소통하는 것을 알 수 있도록 한다. 감각 초점을 애무하는 동안 성기의 접촉이나 성교는 허락되지 않는다. 감각 초점 애무는 불안 감소에 중요하다. 사실 불안 감소와 성행위 억제의 극복 그리고 태도의 변화는 성적 역기능 치료 시 사용되는 수많은 기법 가운데 중요한 부분인 것 같다.

특정한 성적 역기능에 대해서 여러 다른 기법이 이용된다. 실제로 치료가 필요한 역기능 가운데는 조루(압착 훈련 기법), 발기부전(성행위에 관한 불안 감소, 남성이 반드시 발기되어야 하는 것은 아니라는 역설적 지시) 오르가슴 불능(자위의 유도나 자신의 성기에 익숙해지는 것 그리고 자신의 성욕을 받아들이기)이 있다. 이러한 기법들을 상세히 살펴보는 것은 이 책의 범위 밖이다. 그러나 가족치료자는 현재 제시된 문제로서 성적 역기능에 대한 생리적·의학적·심리적·관계적 차원은 물론이고 행동적 성치료의 여러 기법을 잘 알아두어야 한다.

체계이론적 일관성

가족치료에 대한 행동주의 접근은 개인심리학과 신실증주의적 세계관의 가정을 기초로 한다.

그래서 체계이론과 사이버네틱스의 가정을 기초로 행동적 접근을 비평하는 것은 거의 적합하지 않은 것 같다. 더 중요한 질문은 행동적 접근이 가족치료의 표본으로서 적합한지에 관한 것이다. 만약 가족치료가 이론에 관한 것이며 부모, 결혼 또는 가족과 같은 특정 이익집단에 관한 것이 아니라는 가정을 받아들인다면, 이에 대한 답은 "아니요."이다.

한편 행동주의 접근의 어떤 실용적인 측면은 사이버네틱스 관점과 상당히 일치한다. 즉, 문제는 내담자에 의해 규정되며 건강이나 정상성에 관한 이상적인 모델을 제시하지 않는다. 중점을 두는 것은 기술(skill)과 과정이다. 상호적 결정론이 이해되는 만큼, 순환성과 상호적 영향이 인정된다. 더욱이 행동의 선행사건과 결과가 일반적으로 선형적으로 설명되지만, 이것은 임의적인 구분이며 반대방향으로 규정될 수도 있다.

치료모델이자 전통적인 과학적 모델인 행동주의 접근은 이 책에서 논의되었던 치료적 접근들 가운데 어떤 접근보다도 평가되기 쉽다. 과학을 가치 있게 여기는 문화에서 행동주의 접근은 높이 추천할 만한 접근이다. 사실 행동적 접근은 여러 다양한 상황에서 효과가 있는 것으로 입증되며, 따라서 체계이론적으로 불일치한다고 해서 무시할 수는 없을 것이다.

제2단계 사이버네틱스/포스트모더니즘 관점에서의 질문과 성찰

1. 나는 기술훈련의 필요성에 대한 신념을 중단하고 내담자에게 가장 유용하다는 것을 들을 수 있는가?
2. 영향이란 모든 사람들이 참여하는 상호적인 과정이라는 것을 내가 어떻게 기억할 수 있을지 궁금하다.
3. 우리의 실재를 만드는 데 참여하는 정도에 대한 자각을 촉진하기 위해 내가 도식에 대해 이해하고 있는 바를 어떻게 사용할 수 있는가?
4. 내담자에게 관심의 이슈가 행동반응 패턴 이상일 것이라는 점을 내가 어떻게 자각할 수 있을지 궁금하다.
5. 내담자에게 현재 일어나고 있는 것에 영향을 미칠 수 있을 더 광범위한 체계적 이슈와 요인을 고려하기 위해 나의 시각을 확장할 수 있는가?
6. 나의 이론은 많은 이야기 가운데 하나에 불과하며 사물이 실제로 존재하는 방식을 반드시 나타내지는 않는다는 점을 인정할 수 있을지 궁금하다.

실전문제

다음의 질문은 이 장에서 다룬 내용의 적용과 분석을 테스트하는 것이다. 임상실천과 더불어 이 장에 대한 추가적인 사정, 적용, 분석, 합성, 평가를 위해 다음 질문에 답하시오.

1. 행동주의의 주요 원칙을 서술하시오.
2. 2개의 별도 이론(인지적 및 행동적)이 인지행동접근으로 어떻게 합쳐졌는지 설명 시오.
3. 인지적 접근이 밀실공포증 내담자와 작업할 때 어떻게 도움이 될 수 있는지 논의하시오.
4. 인지이론과 행동이론을 비교하고 대조하시오.
5. 불안장애가 있는 자녀들을 위한 개입 시 부모집단을 위한 행동주의 접근을 구성하고 설계하시오.
6. 다음의 시나리오에 대해 당신이 사용할 접근(인지적 혹은 행동적)을 선택하고 그 근거를 제시하시오.

피고용인인 존의 분노조절 문제 때문에 상사가 존을 당신에게 의뢰했다. 존은 사무실에서 동료들에게 계속해서 고함을 지른다.

7. 조작적 조건화와 고전적 조건화를 비교하고 대조하시오.
8. 다음의 시나리오에 대해 당신이 사용할 접근(인지적 혹은 행동적)을 선택하고 그 근거를 제시하시오.

앨리스는 장기적인 관계를 유지하는 데 어려움이 있다. 동료에게서 어떤 정보에 대한 질문을 받으면, 그녀는 정확한 정보를 제공하지 못할지 모른다는 점 때문에 두려워진다.

MYSEARCHLAB 살펴보기

www.MySearchLab.com에 다음의 비디오, 사례, 문서 등이 제시되어 있다.[1]

추천 비디오

∧ Genograms: The Tool That Brings Resilience to Life — Exploration of Recent Loss(Part 8 of 12)(가계도: 삶에 회복탄력성을 가져오는 도구 — 최근 상실의 탐색)

가계도를 사용하여 상실과 관련된 가족이슈를 알아낼 때 인지적 접근을 어떻게 적용할 수 있는가?

Intervention(개입)

인지적, 행동적 혹은 인지행동적 접근은 개입 동안 적절한 이론이 될 수 있는가? 왜 그런가? 왜 그렇지 않은가?

Social and Economic Justice: Understanding Forms of Oppression and Discrimination(사회경제적 정의: 억압과 차별의 여러 형태에 대한 이해)

민족성 때문에 사람을 차별한다고 여겨졌던 내담자와 작업할 때, 인지적 혹은 행동적 접근 중 어느 것이 더 효과적인가? 치료자는 다른 사람의 민족배경에 대한 누군가의 신념을 변화시킬 권리가 있는가?

추천 사례/문서

Cognitive Theory(인지이론)

조셉과 작업할 때 당신은 어떤 인지기법을 사용할 것인가?

△ Dan and Ellen(댄과 엘렌)

인지행동 접근은 댄과 엘렌 가족을 어떻게 도울 수 있을까?

△ Family Dynamics and Alzheimer's Disease(가족역동과 치매)

행동적 접근은 치매로 고통받는 내담자를 어떻게 도울 수 있을까?

추천 자원

Techniques for Generalist Practice(일반전문가 실천을 위한 기법): The ABC Model and Behavior Matrix(ABC 모델과 행동매트릭스)

Techniques for Generalist Practice(일반전문가 실천을 위한 기법): Animal-Assisted Interventions(동물을 이용한 기법)

웹사이트 : Trauma-Focused Cognitive Behavioral Therapy

연구 주제

Behavioral Parent Training(행동적 부모훈련)

Functional Family Therapy(기능적 가족치료)

Conjoint Sex Therapy(합동 성치료)

---

1 그러나 www.MySearchLab.com의 자료 접근 권한을 이 번역서에서는 제공할 수 없음

∧＝AAMFT 핵심능력자산, △＝사례연구

13

포스트모더니즘 접근

학습 목표

- Tom Andersen의 반영팀 접근을 서술한다.
- William O'Hanlon의 해결 지향 접근을 서술한다.
- Steve de Shazer의 해결 중심 접근을 서술한다.
- Michael White와 David Epston의 이야기 접근을 서술한다.
- Harlene Anderson과 Harry Goolishian의 치료적 대화 접근을 서술한다.

이 장에서 우리는 가족치료의 다양한 주요 접근들에 대한 박물관 여행경로를 포스트모더니즘이라고 명명되는 몇 가지 새로운 접근들에 대한 고찰로 바꾸고자 한다. 한편으로, 각 치료자는 누구나 치료에 대해 자기 자신만의 접근법을 서서히 발전시키지만, 다른 한편으로는 각 전문 영역에서 전반적으로 인정을 받을 만큼 충분히 훌륭한 몇 가지 새로운 접근법들이 등장하기도 한다. 그러한 접근들은 궁극적으로 그 분야 표준의 일부가 될 수 있다. 그러나 그 접근들이 그렇게 되든 되지 않든, 어떤 새로운 접근법은 사람들이 상이한 질문들에 도전하게 하거나, 상상력을 자극하거나 또는 그 반대의 질문들을 묻게 하는 데 도움이 된다는 점에서 유용하게 이바지한다. 운용되는 새로운 방법들은 모든 분야들이 차이를 만들어내는 무계획성 혹은 차이들의 원천을 필요로 한다는 점에서 중요하다. 그런 차이들이 없는 상태에서는 그 분야의 과정들이 순환적일 것이다. 즉, 그 분야의 과정들은 새로운 방식이 생겨나지 않으면 기존의 방식들로 굳어버린다.

이 장에서 제시된 가족치료 접근들은 포스트모더니스트의 관점과 일치시키기 위한 노력에서 만들어진 것이다. 이러한 지향을 바탕으로, 이 접근들은 또한 제2단계 사이버네틱스 관점과도 일치한다는 것이 우리의 신념이다. 접근들은 Tom Andersen, William O'Hanlon, Steve de Shazer, Michael White와 David Epston 그리고 Harlene Anderson과 Harry Goolishian의 접근들도 포함한다.

여러분이 기억하듯이 제2부 도입부에서 우리는 모더니스트/구조주의자 및 포스트모더니스트/사회구성주의자 전통들 간의 차이를 강조하였다. 그래서 제6~12장까지 우리는 몇 가지 모델들을 제시하였는데, 이 모델들에서는 독특한 맥락을 초월하는 보편적인 규칙들, 관습들, 구조들, 행동들을 기본 가정으로 하거나 추구하며, 모든 것을 포함하는 과정들도 파악된다. 우리들은 이 모델들이 일반적으로 결혼 및 가족치료 분야의 표준이 되는 관점을 기술한다고 본다. 예외는 정신건강연구소(MRI)의 의사소통 접근법인데, 저자들은 이것이 제2단계 사이버네틱스/포스트모더니스트 접근과 일치하는 모델들과 유사하다고 본다. 모더니스트/구조주의자 전통과 일치하는 치료적 접근들에서, 치료자는 전문가(예를 들면, 코치, 지도자, 안무가)가 된다. 치료자는 자신의 이론에 따른 목표를 세우고 '진짜' 문제를 다루며, 내재된 구조적 결함이나 그 체계에 만들어진 잘못된 과정들을 이해한다.

대조적으로, 우리는 제2단계 사이버네틱스/포스트모더니스트 치료자를 "위대한 주제들과 모든 것을 포함하는 이론들에 대해 의심하고 있는데… 왜냐하면 어떤 사회이론도 특정 맥락과 가치체계 밖에서는 타당하다고 주장할 수 없기 때문이다"(Doherty, 1991, p. 40)라고 묘사하였다. 우리는 또한 포스트모더니즘 양식에서의 이론과 제2단계 사이버네틱스에 관한 우리의 관점 사이를 비교하였다. 포스트모더니스트 치료자들은 치료를 치료자와 내담자 체계 간의 협력적인 과정으로 보는 참여자-관찰자들로서의 특징을 가진다. 치료자들은 내담자와 그 내담자가 치료에 가져오는 보편적인 진실 이야기를 해체하는 데 참여하며, 제시된 이야기에 의해 정의된 문제들을 해결/해제하는 새로운 이야기를 구성하는 데 내담자와 협력한다. 치료자는 그러므로 '이론 중심'이라기보다는 '내담자 중심'(Rogers가 재발견한 것과 같이)으로 파악된다. 즉, 초점은 내담자 체계에서 무엇이 '진실로' 일어나고 있는가 하는 선입관보다는 내담자에게 더 맞춰진다. 목표는 그 내담자 체계가 그러해야 한다는 어떤 규범적 방식(치료자의 이론에 따른)을 강요하는 것이 아니다. 이런 전통에서 치료는 대화를 더 닮았다.

제2단계 사이버네틱스의 기본 가정들을 간략히 살펴보자.

1. 실재로 칭해지는 차이들과 특징들을 강조하는 관찰자이다.
2. 창작된 현실은 그래서 자신, 개인의 관계, 인식된 문제들과 세상을 향한 한 개인의 태도와 행동들을 지향한다.
3. 하나의 '진실된' 의미에 (맞서는) 많은 가능한 의미들이 있다. 그래서 우리는 우리의 상상에 의해서만 제한되는 많은 새로운 세계들을 만들어낼 수 있다.
4. 각각의 살아있는 체계는 '구조적으로 결정된' 것이다. 체계는 그것의 구조(세계관 혹은 사고의 생태)가 허용하는 것만을 결정하며, 그래서 그것의 레퍼토리에서 이용 가능한 양식들의 한계 내에서만 관련될 수 있다.
5. 살아있는 체계들은 자율적인 체계들이며, 그들의 구조와 일치하는지, 언제 변화할지, 어떻게 변화할지, 어떤 형태의 변화를 할지 혹은 존재하는 것을 그만둘지 여부에 관해서도 자신만의 결정을 내릴 것이다.

이런 가정들과 일치하게, 치료자들은 (1) 그 체계의 기존 구조를 존중하는 대화를 하며, (2) 그 체계는 체계의 실재를 구성하는 기존 사고의 생태하에서 할 수 있는 가장 최상의 것을 한다고 이해하며, (3) 체계의 기존 구조와 '구조적으로 연결하는' 같은 세계에 대한 다른 해석을 공유한다. 그 세계에 대한 그러한 다른 해석들은 다음의 조건에서 "차이를 만들어내는 차이"(Bateson, 1972, p. 453)의 근원이 될 수 있다. 즉, 만약 그것들이 (1) 알아차리기에 너무 작지도 않고 그 체계를 해체하기에 너무 크지도 않다면, (2) 체계의 기존 구조를 존중하는 대화를 한다면, (3) 충분히 주제넘게 참견하지 않는다면(즉, 개입이라기보다는 마음의 동요), (4) 충분히 흥미롭거나 구조적 연결이 가능하다면 그리고 (5) 안전한 분위기에서 대화한다면 가능하다. 뒤따르는 각 접근들이 이런 가정들과 일치하는 방식으로 실천되는 정도에 따라 포스트모더니즘으로 정의 내려진다. 동시에 만약 우리가 제2단계 사이버네틱스/포스트모더니즘 관점과 전적으로 일치한다면, 내담자 체계가 행하는 것이 무엇이든 그 체계에 합리적이며 그래서 치료가 더 이상 필요 없다는 사실을 우리가 존중한다는 것을 기억하는 것이 중요하다.

반영팀 : Tom Andersen

우리의 관점에서 Tom Andersen과 그의 노르웨이 동료들(Andersen, 1987, 1991, 1992, 1993)은 포스트모더니즘/제2단계 사이버네틱스 관점과 명백하게 일치하는 접근법을 개발하였다. 의과대학에서 시작된 이 입장에 대한 Andersen의 여행은 4년간 이어진 가족 주치의로서의 일을 통해 계속되었는데, 그 기간 동안 그는 질병의 사회적 맥락에 관하여 관심이 고조되었고 호기심을 가지고 있었다. 정신의학으로의 행보도 아무런 해답을 주지 못하였고, 오히려 많은 질문만 제기되었다.

'정신적으로 아픈 환자들'을 건강해지도록 이끈다는 신념에 대한 대안들이 있을 것인가? '정신적으로 아픈' 사람들을 그들의 가족, 친구, 직장 등으로부터 분리시키는 것에 대한 대안들이 있을 것인가? '환자들'은 '환자들'이라기보다 다른 명칭으로 불릴 수 있을 것인가? 표준처치(즉, 닫혀진 문 뒤에 갇혀있는 것, 한 개인의 의지에 반하여 투약하는 것, 행동수정 등)가 '환자'-가족-친구-직장-이웃의 맥락과 더 조화를 이루는 대안들이 있을 것인가?(Andersen, 1992, p. 56).

위와 같은 질문들에 대한 고려는 Andersen과 동료들이 Minuchin, Haley, MRI 학파의 업적으로부터 도래된 원칙들을 공부하고 시도하게끔 하였지만, 희망했던 것보다는 덜 성공적이었다. 그들은 가족들과 그들의 문제들에 대한 '명석한' 이해를 구하였고 그것들을 다루는 법에 관한 '명석한' 지침을 구하였다. 그들은 Boscolo, 밀란팀의 Cecchin, 애커먼연구소의 Hoffman

과 Penn의 아이디어뿐만 아니라 Bateson의 아이디어도 공부하였다. 그러나 전문가 관점에서 밀란팀의 아이디어를 적용하기 위한 시도들은 타당하다고 느껴지지 않았고, "'이것이 우리가 보고 있는 것' 혹은 '이것이 우리가 이해하는 것' 혹은 '이것이 우리가 당신이 하기를 바라는 것'"과 같은 관찰들은 "'우리가 보았던 것을 당신이 보는 것 외에도' 혹은 '우리가 이해했던 것을 당신이 이해했던 것 외에도' 혹은 '당신이 스스로 시도하려고 했던 것 외에도, 당신이 이것을 하려고 할지 우리는 궁금해한다.'"로 바뀌었다(Andersen, 1992, p. 57).

Aina Skorpen의 도움으로, Andersen은 치료과정에 대한 중요한 질문을 천명하였다. 즉, "왜 우리는 가족에 관한 우리의 숙고를 숨겨왔는가?"(Andersen, 1992, p. 57)이다. 1985년에 가족과 면담자 모두가 자신들을 관찰하고 있었던 팀의 생각을 듣게 하는 것이 제시되었을 때, 이 질문은 **반영팀**이라는 개념을 가능하게 하였다. 가족에 대한 반영팀의 생각의 공유는 '공적 언어'와 '사적 언어' 간의 차이를 강조하는 것이었는데, 후자는 전문가들, 지성인들, 학자들의 언어이다. 개방된 반영은 "일상적 언어를 지향하는 전문가적 언어"(p. 58) 혹은 보편적 이해를 허용하는 언어로 옮겨가게 하였다.

과정에서의 이러한 이동은 또한 치료자가 참여자-관찰자의 역할로 옮겨가게 하였다. 그러나 그 과정은 아직 완료되지 않았고, 그 진전은 Tom Andersen과 동료들이 차이의 개념을 반영함에 따라 계속되었다. 즉, '정보의 기본 단위'로서의 차이와 '차이를 만드는' 차이에 관한 Bateson의 개념이다. Tom Andersen과 동료들은 얼마만큼의 차이가 차이를 만들기에 너무 많은 차이인지(너무 비정상적인지) 고려하기 시작했다. 내담자들이 단서를 준다는 것에 주목하면서 그 팀은 관찰을 시작하였고, 내담자들의 참여 수준과 대화를 불편해하는 것에 민감해지기 시작하였다. Maturana와 Varela가 제공한 언어를 사용하면서 그들은 차이가 중요하다는 것에 주목하였지만, 통합될 수 없는 차이는 체계의 분해를 의미한다는 것에도 주목하였다.

Andersen(1992)은 또한 반영팀이 조용하게 관찰했을 때보다 서로 얘기했을 때 더 적은 아이디어를 가졌다는 것도 주목하였다. 그 외에도, 반영팀은 반영 인터뷰를 하면서 발생했던 사건을 묘사하는 것이 중요하다는 것을 인식하게 되었다. 예를 들면, "내가 …를 들었을 때" 혹은 "내가 …을 보았을 때 나는 …에 대해 생각했다."와 같은 것이다. 더욱이, 그들은 반영이 진실로 반영되어야만 한다고 믿었다. 즉, 불확실성으로 제공되어야 하거나 시험적으로 부드럽게 제공되어야만 한다는 것이다. 즉, "'나는 확실치는 않지만 그것은 나에게는 …' 혹은 '그것에 대한 내 생각은 나를 궁금하게 한다.'"(p. 60)와 같은 것이다. 다른 중요한 아이디어는 내담자들이 그 팀이 말한 것을 들을지 말지 선택할 수 있는, 즉 "아니요."라고 말할 수 있는 능력을 가졌다는 것이었다.

"그 자체로는 어느 것도 부정적이지 않다. 경청자가 그것을 부정적이라고 인식했을 때 그것은 부정적이 된다"(Andersen, 1992, p. 60)는 아이디어에 바탕을 두고, 팀 구성원들은 '부정적' 진술을 주지 않도록 격려되었다. 그래서 "나는 그들이 왜 이것 혹은 저것을 시도하지 않는지 이해할 수 없다."는 표현은 "나는 그들이 …을 시도한다면 무슨 일이 일어날까 궁금하다."가 되었다. 반영과정의 다른 중요한 측면은 팀 구성원들이 서로 쳐다봐야 하며 듣는 사람을 보아서는 안 된다는 것이다. 그래서 내담자들은 그들의 판단으로 그 팀의 반영을 들을지 말지 선택하는 데 자유롭다.

대화가 가족과 면담자에게로 다시 돌려지면서, 새로운 대화나 새로운 이해가 서서히 전개된다. 그 과정에 내재된 중요한 가정은 하나의 상황을 설명하기 위해 하나의 정당한 혹은 옳은 방법보다는 많은 방법들이 있다는 신념이다. Andersen(1992)의 표현처럼, "정직하게 말하자면, 우리는 인생 '그 자체'가 아니라 그것에 대한 우리의 이해와 관련이 있다"(p. 61).

Andersen은 면담에서 처음 두 가지 질문들이 중요하다고 믿었다. "귀하는 이 면담을 어떻게 활용하고 싶으신가요?"는 어떤 예정된 행동계획이 있다는 생각을 피하게 하며, "이 면담에 오게 된 이면에 있는 생각의 이력은 어떠하였나요?"는 말을 하고 싶지 않은 사람들뿐만 아니라 간절히 말하고 싶어 하는 내담자들을 위한 맥락을 만든다. 사실 Andersen(1987)은 전형적으로 가족 중에는 변화에 덜 개방적인 사람이 있으며, 이 사람은 치료과정의 통제를 떠맡기를 원하는 경향이 있다고 믿었다. 이러한 가능성에 대한 인식 외에도, 가족 구성원들이 '이 말에 대해서 이야기'할 만큼 충분히 편안하게 느끼도록 돕는 것도 중요한 일이다. 이것은 팀의 활용에 관한 대화를 포함할 수 있다. 즉, 어디서 만날 것인지, 가족 내 누구와 무슨 주제들에 대해 얘기할 것인지와 같은 것이다.

만약 팀이 이용 가능하지 않다면, 면담자는 가족 구성원들이 다른 가족 구성원들이 말하는 것에 대해 무엇을 들었는지 반영하도록 질문하고, 그 가족 구성원에게 다른 가족 구성원들의 반영에 관한 그/그녀의 반영에 대해 질문하면서 '내적 및 외적 대화'를 가질 수 있다. 면담자는 또한 자신의 생각에 관하여 반영할 수 있으며 가족 구성원들에게 그들이 들은 것에 대해 반영하도록 요청할 수 있다. Andersen(1992)은 이것을 "반영과정"(p. 63)으로 칭하였다.

Andersen(1993)은 단지 경청만 하는 것과 관련된 개인적 어려움과 내담자들이 말하고 있었던 것에 대해 의미를 지어내려는 유혹을 피하는 것의 개인적 어려움을 주목하였다. 그러나 그는 그가 '공존'라고 칭하였던 것을 경청하고 화자가 방금 말한 것에 연결되는 질문들만을 묻는 것이 중요하다고 믿었다. 그는 화자가 '말하기'와 '생각하기'를 끝낼 때까지 기다리도록 격려하였다[1991, p. 63(강조 더해짐)]. 은유와 언어의 사용에 대해 우리의 관심을 끄는 Heidegger, Gadamer와 Gergen의 업적에 바탕을 두면서, Andersen은 다음을 관찰하였다.

> 자신 혹은 다른 사람과 말하는 것은 자신을 정의하는 한 방법이다. 이런 관점에서 우리가
> 사용하는 언어는 그것을 사용하는 순간에 우리가 누구인지 만들어준다…. 새로운 의미들
> 을 위한 탐색은 종종 새로운 언어의 탐색을 포함하는데, 우리가 가장 편안하게 느끼는 자

신이 되고자 하는 탐색이다. 소위 '치료적' 대화란 탐색의 형태로 간주될 수 있다. 이는 새로운 설명에 대한 탐색, 새로운 이해, 새로운 의미, 언어의 새로운 뉘앙스 그리고 궁극적으로 자신에 대한 새로운 정의를 위한 탐색이다(Andersen, 1992, p. 65).

Andersen이 사망한 2007년에 그는 이 과정을 스웨덴의 감옥체계, 남아프리카에서 HIV/AIDS를 다루는 지역사회, 아르헨티나의 교육체계, 브라질의 노숙자를 위한 서비스, 북독일의 정신건강 요양시설의 외래환자에게 도입하면서, 반영팀의 활용을 확장하였다(Anderson & Jensen, 2007). 표적 인구에 관계없이, 그는 항상 내담자들을 존중하고, 협력적 관계를 만들어 내고, 의미 있는 대화에 참여해야 할 필요성을 강조하였다. 다음 절에서는 이러한 강조와 일치하게 Andersen(1987)이 제안한 치료자와 팀 행동에 대한 요약을 하고자 한다.

■ 치료자 행동

치료자와 팀 구성원들 중 한 사람은 환경 설정과 그 과정을 설명하여야 한다. 내담자들은 일단 반영팀의 활용에 동의하고, 마음의 동요를 야기시키는 것은 질문의 형태를 취하며, 치료자는 내담자들이 대답들을 제공함에 따른 감정의 표현들에 주목한다. 먼저 치료자의 질문들은 누가 그 생각을 소개했는지, 이에 대해 다음으로 얘기를 나누었던 사람은 누구였는지, 다른 사람들이 보였던 반응들은 어떠하였는지, 그 생각을 누가 가장 좋아하였는지, 누가 가장 싫어하였는지를 포함하여 치료에 오게 된 결정이 어떻게 내려졌는지에 초점을 맞추어야 한다. 그 결정에 관한 부가적인 질문들은 첫 번째 사람이 그렇게 하지 않았다면 어떤 다른 사람이 그것을 제안하였을지 여부, 참석에 대해 어떠한 대화가 있었는지 여부, 참석에 대해 누가 가장 좋아했는지 여부, 각자는 무엇을 성취하기를 바랐는지에 초점을 맞춰야 한다.

이러한 대화 다음에는 치료자가 각자에게 문제를 정의하도록 질문하고, 제시된 정의 각각에 대해 어떤 사람이 동의 혹은 동의하지 않는지를 체크하면서 문제의 탐색을 시작한다. 다음 질문들은 그 문제가 언제 시작되었는지, 시간이 흐름에 따라 발생하였던 변화와 이것들이 어떻게 설명되고 있는지, 그 문제를 해결하기 위해 어떤 가족 구성원들과 기관들이 노력하고 있는지 그리고 이 노력들에 대해 다른 사람들은 어떻게 반응하였는지, 발생한 다른 성과들은 어떻게 다르게 시도되었는지 그리고 어떤 일이 진행되고 있었던 것에 대해 다른 이야기의 영향은 무엇이었을지를 포함하면서, 문제의 역사에 초점을 둔다.

그러한 질문들에 대한 대답들에 충분한 시간을 보낸 뒤에, 치료자는 팀이 공유할 아이디어들을 가지고 있을 가능성에 대해 알고 싶어 하는 것이 적절할 것이다. 내담자들로부터 계속하겠다는 허락을 구한 뒤에, 치료자는 내담자들에게 팀이 말하는 것을 들을지 말지, 반영할지 말지 여부를 자유롭게 결정할 수 있다는 것을 상기시킨다. 팀이 반영을 공유하면서 치료자는 내담자들의 반응을 관찰한다.

팀이 코멘트를 마쳤을 때, 치료자는 내담자들에게 좋았던 점 혹은 싫었던 점, 흥미로운 점 혹은 그렇지 않은 점, 자신들의 관점에 적합한 아이디어들, 뭔가 불쾌했던 것을 들었는지 여부에 대해 질문하면서, 추후과정을 이끌어나간다. 또한 치료자는 팀이 말하고 있는 동안 자신이 들었던 어떤 점의 영향에 관해 자신의 반영을 공유할 수도 있다. 팀과 함께 그러한 반영은 부드럽고 사색적인 태도로 제공된다.

■ 반영팀 행동

치료자와 내담자와의 첫 번째 면담의 첫 부분 동안, 팀의 과제는 무슨 일이 벌어지고 있는지를 조용하게 듣고 관찰하는 것이다. 그들은 대화에서 다양한 상황에 누가 가장 동의 혹은 반대하는 가족 구성원들인지뿐만 아니라 앉아있는 위치도 고려해야 한다. 그들은 또한 가족 내에서 연결의 정도를 주목해야만 한다. 그다음 팀은 치료자가 부를 때까지 기다리고, 적절한 시기에 치료실 문을 노크할 수 있으며 치료자와 내담자들에게 그들이 공유하고 싶은 몇 가지 아이디어가 있다는 것을 알려준다.

그다음 팀은 서로 코멘트를 주고받으면서 자신들의 인식을 공유한다. 모든 관찰은 이것 혹은 저것에 대해 궁금해하는 느낌으로 시험적으로 주어진다. 해석을 제공하거나 비언어적 행동을 언급하기보다는 내담자들에게 수용될 수도 혹은 되지 않을 수도 있는 새로운 아이디어들의 씨를 뿌린다. 이런 방식과 함께 팀 구성원들은 가족의 스타일과 일치하는 방식으로 의사소통을 시도한다. 내담자들에 대한 존중은 이 과정의 특징이다.

해결 지향 치료 : William O'Hanlon

Bill이라고 불리기를 더 좋아한 William O'Hanlon은 최면치료자 Milton Erickson, O'Hanlon과 그의 동료들인 Weiner-Davis와 Wilk의 해결 지향 치료를 함께 공부하였는데, 이는 Erickson 업적의 많은 부분에서 발견되는 동일한 실용주의를 반영한다. O'Hanlon은 특정 개념틀에 의해 정의된 문제와 일치하는 동일한 해결법들을 더 탐색하는 것뿐만 아니라 문제를 문제로 정의하는 의미의 개념틀에서 사람들을 이해하고자 하였다. 어떤 개념틀이 대안들의 수를 제한하더라도, 문제가 되는 점은 문제와 시도된 해결들을 정의하는 그 개념틀의 가정들이 의문시되지 않고 있다는 것이다. 만약 개념틀의 과정들이 검토된다면 문제들은 재정의되고 새로운 해결들이 나타날 것이다.

O'Hanlon의 업적은 현실은 다관점적이라는 포스트모더니즘의 입장을 가정한다는 데 있다. "해결 지향 치료자들은 한 개인의 인생을 살기 위해 어떤 하나의 '옳은' 혹은 '타당한' 방식이 있다는 것을 믿지 않는다"(O'Hanlon & Weiner-Davis, 1989, p. 44). 따라서 현실은 주어

지는 것이 아니다. 의미와 인식은 언어에 깊이 새겨져 있고, 언어는 사용되는 단어에서 반영 되면서 변화를 위한 견인차가 된다. 세계관은 언어에 반영된다.

언어는 세 가지 목표가 협상되는 것을 통해 상호작용적 과정으로 묘사된다. (1) "문제로 인식되는 상황의 '행함'을 변화시켜라.", (2) "문제로 인식되는 상황의 '보는 것'을 변화시켜 라.", (3) "문제로 인식되는 상황에 불러올 자원, 해결과 강점들을 끌어내라"(O'Hanlon & Weiner-Davis, 1989, p. 126). 치료자는 치료적 상호작용을 통해 내담자의 불평을 '조성'시키 려 한다. 정상 가족에 대한 어떠한 단일 모델도 해결 지향적 관점에서는 지지되지 않았다. "우 리는 어떤 가족이나 사람에게는 수용되지 않는 어떤 행동이 다른 상황에서는 바람직한 행동 이 되는 것을 이해해야 한다"(O'Hanlon & Wilk, 1987, p. 44). 게다가 가족에서의 문제는 어 떠한 내재된 목적 혹은 숨은 동기가 없다고 가정된다. 사람들이 문제를 해결하기 위한 시도를 하는 것에 의해서가 아니라 해결책을 세우는 것에 의해서, 자신들의 문제를 해결하기 위한 강 점들과 자원들을 가지고 있다고 신뢰된다. 그러므로 치료자는 내담자가 작은 변화를 성취하 는 것에 의해 격려를 받았다고 느끼도록 도와주려 한다. 왜냐하면 "일단 작은 긍정적인 변화 가 이루어지면, 사람들은 낙관적으로 느끼게 되고, 더 많은 변화들을 만들어내는 것에 좀 더 자신감을 가지게 되기 때문이다"(O'Hanlon & Weiner-Davis, 1989, p. 42). O'Hanlon(1993a) 은 치료에 대한 그의 접근에서 두 가지 지도원칙들을 내담자들이 존중되고 정당화된다는 사 실을 뜻하는 인정과 해결과 변화는 가능하다는 가능성의 태도 혹은 신념으로 묘사한다.

O'Hanlon의 해결 지향 치료는 좌담식이며 보통 언어의 사용을 강조한다.

> 우리가 심리치료를 하고 있었다는 것을 몰랐던 '벽에 붙은 파리'는 우리가 무엇을 하고 있 었는지를 꼭 의심하지는 않을 것이다. 그 파리는 단지 일상적인 대화만을 보고 들을 것이 다. 대화를 심리치료로 정의하는 것은 대화를 구성하는 데 있어서 진정한 우리의 목표이다 (O'Hanlon & Wilk, 1987, p. 177).

더욱이 치료는 "합류", "문제를 기술하는 것", "문제에 대한 예외들을 찾는 것", "문제 묘 사", "표준화하는 것", "목표 설정"을 통하여 문제 지향에서 해결 지향으로 옮겨간다(O' Hanlon & Weiner-Davis, 1989, pp. 75-103). 치료자는 목표 지향적 해결을 향해 적극적인 역 할을 하고 대화를 이끌어간다.

O'Hanlon(1993a, p. 14)은 "사람들의 일생에서 세 가지 영역", 즉 경험, 행동 및 이야기 사 이에서의 특징을 만들어낸다. 그의 관점에서는 무엇보다도 내담자의 **경험**을 정당화하는 것이 중요하다. 정당화는 '인정하기' 혹은 내담자들의 경험이 정당화되고 존중되는 의사소통을 하 는 것, 내담자에게 '느끼고, 경험하고, 생각하거나 어떤 일을 하기 위해 허락을 주는 것' 그리 고 '포함' 혹은 해결을 향한 움직임을 방해하지 않고 내담자의 경험을 대화로 구체화하는 것

을 포함한다.

두 번째 영역인 **행동**은 "사람들의 교묘한 영향 아래 실질적으로 혹은 잠재적으로 사람들이 행동하는 것을 구성한다"(O'Hanlon, 1993a, p. 15). 치료적 대화를 통해 치료자는 내담자가 "기술된 목표들을 향해" 움직이게 하는 행동들에 관한 대화와 "기술된 목표들로부터 멀어지게 하는"(p. 15) 행동으로부터 멀어지게 하는 대화에 초점을 맞춘다.

O'Hanlon의 세 번째 영역은 이야기이다. 이 영역은 "내담자와 그/그녀의 친밀한 사람들이 치료에서 관심사를 제시하는 것에서 보여주는 아이디어, 신념, 준거틀 그리고 언어의 습관을 구성한다"(p. 15). 행동과 함께, O'Hanlon은 그 이야기가 내담자를 제시된 목표를 향해 혹은 목표로부터 멀어지게 이끄는 이야기인지 여부에 따라 어떤 이야기들은 수용되며 다른 것들은 수용되지 않는다고 기술한다.

이 접근에서, 치료자는 협력적인 해결 지향적 대화를 창조하는 데 전문가이지만, 치료자는 내담자들이 자신의 인생에서 전문가라고 간주한다. 그래서 내담자들은 강점들과 자원들을 가지고 있다고 이해되지만 성공적이지 않은 해결 시도들을 반복하는 패턴에 갇혀있다고 간주된다. 치료자는 문제들을 해결하는 대안적인 방법들이 있다고 믿으며, 과거에 내담자들이 경험하였던 성공에 관하여 내담자들이 집중하도록 도울 수 있다. 치료자들은 희망과 격려를 지속적으로 제공한다. 부부와 함께 치료자는 내담자들이 '그들의 사랑 이야기들을 다시 쓰도록' 도우며(Hudson & O'Hanlon, 1992), 그들의 관계에서 이 사랑 이야기들이 살아나게 한다. 다음 절에 제시되는 것은 O'Hanlon의 접근과 일치하는 치료자의 행동들에 대한 요약이다(Gale, 1991; O'Hanlon, 1993a; O'Hanlon & Weiner-Davis, 1989; O'Hanlon & Wilk, 1987).

■ 치료자 행동

O'Hanlon 접근법의 기본 목표들은 이러한 문제와 인식되는 방식뿐만 아니라 문제 상황과 관련된 행동의 새로운 패턴들을 창조하는 것을 포함한다. 이는 해답들을 정의하고 달성하는 데 목적을 둔 이용 가능한 관련 자원들과 강점들에 초점을 맞추고 접근하는 것에 의해 이루어진다. 치료과정 동안 치료자는 인정과 가능성의 관점에서 생각하고 행동한다. 그 과정의 단계들은 합류하기, 문제를 묘사하기, 문제에 대한 예외 찾기, 정상화시키기, 목표 설정을 포함한다.

Gale(1991, pp. 43-44)은 O'Hanlon과 Wilk(1987), O'Hanlon과 Weiner-Davis(1989)의 업적을 고찰하였는데, O'Hanlon의 해결 지향 치료와 일치하는 10가지 개입들을 설명하고 있다. 그러나 O'Hanlon과 Wilk(1987)에 따르면, 어떠한 목록도 완전하다기보다는 더 예시적인 것이며, "엄격한 절차가 아니라 치료자들을 위한 지침"(p. 110)으로 여겨져야 한다. 그 조건을 명심하기 바라며, 이러한 지침들은 다음과 같다.

1. 내담자가 이해받았다고 느끼게 하기 위해 내담자의 언어(단어, 구문 혹은 은유)뿐만 아니라 준언어(정서적 어조)의 측면들을 사용함으로써 합류하려는 시도를 한다.

2. '예상하는 변화' 질문들을 사용하는 것으로, 변화가 다가오고 있다는 가정이 암시된다. 이것들은 '언제' 질문들이며 '만약' 질문들이 아니다.

3. '다중 선택 질문들'을 사용하는 것으로, 치료자가 내담자가 바뀌기를 원하는 방향으로 가도록 하는 것이 가능한 대답들이 포함된 질문들이다.

4. '치료적 방해'를 사용하는 것으로, 가장 건설적인 혹은 목표 지시적인 해답을 향해 대화를 재지시하기 위한 개입이다.

5. '문제를 정상화시키는 것'으로, 문제를 병리라기보다는 일상적 현상으로 정의하는 개입의 일반적 범주화이다.

6. '비틀어서 요약하는 것'으로, 선행한 대화를 요약하는 것인데, 해결 지향적인 방향으로 향하도록 요약하는 개입이다.

7. '활용'으로, 내담자의 관점을 거부, 반대 혹은 저항하기보다는 수용하는 과정이다. 이것은 "현재 그 내담자가 있는 지점으로부터 궁극적인 목표로 다리를 만드는 것"(O'Hanlon & Wilk, 1987, p. 133)을 포함한다.

8. '명백한 해결방법들을 제공하는 것' 혹은 새로운 행동들이나 대안적 표현들과 같은 상식적인 제안들을 제공하는 것이다.

9. '의심을 소개하는 것'으로, 문제가 깊이 내재된 내담자의 가정과 신념들에 의문을 제기하는 개입의 유형이다.

10. '미래 초점'은 성공하는 데 예상되는 방해들을 포함할 수 있는 구체적이고 확실한 목표들을 향한 활동방식이다.

해결 중심 치료 : Steve De Shazer

Steve de Shazer는 2005년에 사망할 때까지 위스콘신 주 밀워키에 있는 단기가족치료센터의 공동 설립자이자 선임연구원이었다. 단기치료에 대한 그의 지향에서, de Shazer는 MRI와의 초기 작업의 영향을 반영하고 있다. 게다가 de Shazer와 그의 부인이자 동료인 Insoo Kim Berg는 사회구성주의자들의 관점을 받아들였고, 언어가 한 인간의 경험된 현실을 구성한다는 생각에 대해 강력한 믿음을 가지고 해결 중심 치료를 개발하였다.

de Shazer와 O'Hanlon의 치료 사이에 많은 유사점들이 있지만, 많은 차이점들도 있는데, 특히 치료가 어떻게 이야기되는지에서 차이점이 발견된다. 우리가 두 접근들을 분리하여 다루는 것은 강조하는 차이점들과 각 접근이 치료를 풀어내는 다른 방식들에 대한 고려 때문이다.

그러나 O'Hanlon과 같이 de Shazer의 치료는 문제를 해결하기보다는 내담자들이 해법을 찾도록 돕는 데 초점이 맞춰져 있다.

de Shazer(1991)는 그의 접근의 철학적이고도 이론적인 토대를 분명히 밝혔으며, 학생들이 질문을 하였던 것과 그의 작업의 정수를 구성하였던 대답들에 공로를 돌렸다. 그는 학생들이 종종 '인과적 과정들'(즉, 그 일은 어떻게 효과가 있는가?)에 관한 정보를 요구했던 것을 주목하였다. de Shazer의 입장은 그의 철학과 이론 그리고 우리가 메타철학적 입장이라고 부르는 것에 대한 단서를 제공하는데, 그것이 어떻게 효과가 있는지는 누군가 알 수 있는 것이 아니라는 것이었다. 그것이 효과가 있다는 것을 알 수 있는 유일한 점이다. 어떤 것이 어떻게 효과가 있는지 알기 위한 시도는 숙고, 스토리텔링 및 가공을 필요로 한다. 그의 치료와 일치하게, de Shazer의 반응은 "당신 자신의 설명을 만들어내라. 그것은 나의 것과 똑같이 좋거나 더 낫다"(p. xviii)는 것이었다.

더 전통적인 사고와 MRI에서의 그의 초기 훈련 모두와 대비해서, de Shazer(1991)는 상당한 숙고를 필요로 하는 놀라운 주장을 하였다. 즉, "'문제를 해결하기 위해 무엇이 문제인지 알 필요는 없다.' 혹은 '그 문제 혹은 불평은 반드시 해결과 관련된 것은 아니다.' 혹은 '해법은 반드시 문제와 관련되어 있는 것은 아니다.'"(p. xiii). 이런 주장들은 문제와 해결이 불가피하게 연관되어 있다는 일상적인 연합에 이의를 제기하는 것이었다.

설명을 요청하는 것에 응하여 그의 업적에 내재된 철학/이론을 강조하기 위한(창안하기 위한) 시도에서, de Shazer는 가족치료, 체계들, 구조주의자와 후기 구조주의자의 생각과 언어에 관하여 일상적 정의들을 다수 제공하였다. 다른 사람들 중에서도 Wittgenstein과 Derrida의 업적에서 유래된 관점으로부터, 그는 우리들에게 무엇이 제2단계 사이버네틱스/포스트모더니즘 입장인지 설명하였다. 우리가 이 치료의 과정들과 형태를 설명하는 데 초점을 두면서, de Shazer가 내담자들과 가진 '대화' 중에 사용하였을 수 있는 몇 가지 전형적인 행동들을 제시하는 것이 가장 유용할 것 같다. 이런 행동들이 암시하는 것은 그의 철학적/이론적 가정들이다.

"당신이 우울하다는 것을 당신은 어떻게 압니까?"라는 질문은 내담자가 우울하다는 자기인식 주장을 언어화시키도록 요청하는 것에 의해 구성주의자 관점을 제시해주고 있다. de Shazer는 이것을 "당신에게 은유적 우울을 부과하는 기준들은 무엇입니까?"로 고쳐 말했을 것이다. 그 질문은 "무슨 일이 일어나고 있는지에 대한 의미(들)는 잠재적 의미들의 바다에서 표류하는 상태로 두는 것이다"(de Shazer, 1991, p. 66)라는 말과 같이 문 혹은 창문을 열려고 노력하는 것이다. 즉, 단어를 해석하는 유일하게 중요하면서도 가능한 방법은 어떤 특정 대화에서 어떤 특정인이 그것을 어떻게 사용하였는지를 따르는 것이다.

내담자들이 자신이 우울하다는 것을 어떻게 아는지에 관한 질문들에 내담자들의 반응들은 "나는 일을 미룬다.", "나는 밤에 깨서 누워있다.", "나는 과거에 그랬던 것처럼 내 친구들과 시간을 보내지 않는다." 등을 포함한다. 각 반응은 내담자의 '우울한'이라는 단어의 정의에 관한 자료뿐만 아니라 내담자의 경험을 재구축하거나 다시 이야기를 하게 하고 치료를 위한 내담자의 목표의 대안적인 해법을 발전시키기 위한 자료도 제공한다. 실로 de Shazer에게 첫 번째 우선권은 내담자가 묘사한 문제들에 있다기보다는 내담자가 원하는 목표와 해결책에 주어져야 한다는 것이었다. 그래서 de Shazer는 문제와 해결 사이에 급진적인 특징을 만들어냈다. 더구나 재구축 혹은 다시 이야기하는 것을 위한 이런 시작의 중요한 부분은 정상적인 어려움에 대한 해결들이 유아기에 깊은 뿌리를 둔 병리적 문제를 위한 해결보다 더 찾기 쉽다는 신념이다.

또 다른 개입은 "당신이 괜찮거나 좋다고 느끼는 시간, 당신이 어떤 것을 성취했을 때, 친구들과 즐기고 있을 때 등에 대해 이야기해주세요."가 될 수 있다. 치료자는 해결을 위한 좌담으로 반전을 만드는 데 내담자의 협력을 요구한다. 이것은 또한 내담자가 '항상 우울한 상태'에 대한 예외들, 즉 치료자에 의해 유도되지 않았다면 완전히 주목받지 못한 채로 남아있을 내담자에 의해 사소한 것으로 종종 간과된 예외들이 있다는 것을 내담자가 알도록 적응시킨다. 그러나 내담자는 이미 효과가 있는 어떤 일을 하고 있으며, 그래서 치료의 주요 부분은 내담자가 이미 한동안 하고 있는 것을 계속 하도록 요청하는 것이다. 이런 예외들(행동, 인식, 생각 및 느낌)은 불평과 대비되어 도움이 되며, 불평을 해체하는 잠재력을 가진다. de Shazer의 해결 중심 치료에서는 내담자가 우울하지 않은 기간이 문제를 해체하고 해결책을 고안하는 데 모두 중요하다.

예외의 개념을 상세히 설명하면서, de Shazer(1991)는 "무작위의 예외들은 무작위가 아니고" 오히려 맥락들과 패턴들에 깊이 새겨져 있는데, "이것은 설명하자면 그것들이 예측되고 그래서 처방받도록 허용할 것이다"(p. 88)라고 주장하였다. 내담자에게 '예외들을 예측할' 것을 요구함으로써, 치료자는 내담자로 하여금 '자기충족 예언'을 창조할 것을 요구한다. 그래서 내담자는 잠자리에 들기 전에 다음 날이 우울에서 자유로운 날이 될 것인지 혹은 어느 정도로 우울에서 벗어날 것인지를 예측하도록 요청을 받는다. 예외들은 내담자의 불평들과 관련될 수 있지만, 또한 그것들은 "목표와 해결책에 대한 전조로서 읽힐 수 있다"(p. 90).

'독창적으로 오해하기' 개념은 이 접근법에서 관찰팀 구성원들과 치료자 모두에게 중요하다. "열역학의 두 번째 법칙을 따르면, 오해(혼란)는 이해(질서)보다 훨씬 더 잘 발생한다"(de Shazer, 1991, p. 69). 그래서 치료자는 내담자가 "더 만족스러운 현실을 구성하도록"(p. 69) 돕기 위해 독창적인 방법으로 더 그럴듯한 오해를 사용한다. 이것은 내담자가 일상생활에서 자신을 경험하는 새로운 방법을 가지도록 돕기 위한 시도의 시작일 수 있다. 즉, Wittgenstein과 일치하게 de Shazer는 언어게임의 개념에 동의하였는데, 이것은 내적 상태 혹은 사적 경험을 암시하는 의미이지만 필연적으로 공적 개념틀(즉, 공유된 의미)을 필요로 한다. 치료과정을 포함하는 언어게임들은 "인간의 의사소통 전체와 완전한 체계들"을 구성하는 법칙들을 가지고 있으며, "공유된 의미들과 공유된 행동의 체계들로서 이해"될 수 있다(p. 76). 이해하기 위한 시도에서 한 개인은 공유된 의미를 서서히 발전시키는 언어게임에 관여하는데, 이것은 문제 X로부터 문제 Y로의 반전을 수반할 수 있다. 치료라는 언어게임에서 '쌍안 시력' 혹은 깊은 인식을 허용하는 언어게임은 내담자와 치료자 사이의 상호작용에서 점진적으로 변화한다. 내담자와 치료자는 필연적으로 두 가지 다른 묘사(양안시성)를 가지고 있으며, 이것들은 함께 종합된다. 치료가 가족 혹은 치료적 팀을 포함할 때, '다중 시각적' 관점이 있다. 개인들의 묘사들 간의 차이는 너무 크지도 너무 작지도 않아야 한다. 즉, 묘사들은 유사해야 하지만 달라야 한다.

de Shazer는 또한 내담자와 치료자 사이의 대화들을 이야기 혹은 내러티브로 묘사하였는데, 이야기는 시작, 중간, 끝이 있으며 줄거리도 가지고 있다는 것에 주목하였다. 치료는 대부분의 이야기처럼 인간의 딜레마, 문젯거리, 해결책 및 시도된 해결책들을 다룬다. 치료의 대화에서 이야기는 줄거리를 바꿀 수 있고 예외들과 예상치 못한 사건들이 발생하면서 수정될 수 있다. Gergen과 Gergen에 의해 만들어진 모델에 기초하여, de Shazer(1991)는 세 가지 종류의 내러티브에 주목하였다.

1. **진보적 내러티브**는 사람들과 상황들이 그들의 목표들을 향하여 진보하고 있다는 결론을 정당화한다.
2. **안정성 내러티브**는 인생은 불변이라는 결론을 정당화한다.
3. **지엽적 내러티브**는 인생은 목표들로부터 멀어지고 있다는 결론을 정당화한다(p. 92).

각 이야기 유형은 체계의 특징을 지니게 되는데, 이것은 "내담자와 치료자가 세션 중에 공동으로 애기하는 것으로 각 부분들의 합과는 다르며, 상황에 대한 내담자의 묘사와 다른 관점으로부터의 치료자 서술을 포함한다"(pp. 93-94). 치료자들은 진보적 내러티브를 선호하는데, 이것은 그들이 "예외와 변화주제를 해결주제들로 확장하고 발전시키면서 변형과 불연속을 만들어내는 것, 바라던 변화가 일어나고 있는지 여부를 측정하는 것, 내담자들이 그들의 이야기를 상세히 설명하고 '확인'하는 것을 허용하는 것을 가능하게 한다"(pp. 92-93). 진보적 내러티브는 불평 중심 내러티브와 대비되는데, 진보적 내러티브는 치료적 이야기 구성의 일상적인 형태이다. 내담자들에게 숙제의 결과들을 질문하기보다는 일이 어떻게 잘 향상되었는지 설명하도록 질문함으로써, 치료자는 내담자를 진보적 내러티브 궤도에 계속 머무르게 한다.

변화의 개념을 토론하면서, de Shazer(1991)는 다음과 같은 것을 주목하였다. 변화는 인생에서 상수이다. 즉, 어떤 것도 똑같이 동일한 형태로 결코 되풀이되지 않으며, "각각의 반복은 최소한 미묘하게 다르다"(p. 103). 내담자들은 치료 종료시점에 치료 전에 그들이 경험하였던 것과는 다른 인생을 경험할 것이라는 점에서, 목표는 내담자들에게 차이를 만들어내는 변화이다. 그들의 경험은 불연속성의 1차 혹은 2차적 변화일 수 있다. 그러나 de Shazer는 Maruyama, Thom 및 Hoffman을 인용하였는데, 이들은 "연속적인 원인들은 불연속적인 결과들로 이끌 수 있다"(p. 96)라고 하였다. Maruyama(1963)가 주목한 것은 다음과 같다.

> 일단 체계가 올바른 방향으로 움직이기 시작하면 충분한 최초의 추진으로 이탈을 증폭시키는 상호적인 긍정적 피드백이 그 과정을 이어받으며, 결과로 초래되는 발전은 초기 반동과 비교하여 불균형적으로 커질 것이다(p. 166).

치료의 목표와 관련하여 de Shazer(1991)는 치료에서 내담자들이 상황 그 자체보다는 문제 상황에 대한 그들의 관점들을 제공한다고 저술하였다. 그러한 관점들은 해결책의 달성을 목표로 삼는 언어게임의 한 부분으로 치료적으로 오해될 수 있다. 그래서 목표를 세우는 것은 불평 내러티브로부터 해결 내러티브로 맥락을 변화시키는 과정에서 중요한 부분이 된다. de Shazer에게 목표는 만약 문제가 해결된다면 무슨 일이 일어날 것인지에 관한 내담자들의 그림을 구성하는 것이다. 그는 실행할 수 있는 목표들이란 내담자에게 작고 의미 있으며 분명하고 명확한 용어로 설명하고, 성취 가능하며, 내담자가 힘든 일로 인식하는 것을 포함하며, 끝이라기보다는 새로운 시작과 관련되어 있고, 이미 발생한 어떤 것의 소멸이라기보다는 뭔가 새로운 것에 대한 증거라고 정의하였다. 내담자들이 실행 가능한 목표들을 세우는 것을 도우면서, de Shazer(1991)는 '기적 질문'을 묻기도 한다.

> 어느 날 밤에 기적이 일어나서 당신이 잠들어있는 동안에 당신이 치료를 받으러 오게 한 그 문제가 해결되었다고 가정해보세요. 당신은 어떻게 알 수 있을까요? 무엇이 달라져 있을까요? 당신은 그다음 날 아침에 당신에게 기적이 일어났다는 것을 말해줄 다른 것을 알아차릴 수 있을까요? 당신의 배우자는 무엇을 알아차릴까요?(p. 113).

de Shazer가 만든 바와 같이, '기적 질문'은 내담자들로 하여금 대부분의 치료의 언어게임을 구성하는 불평 내러티브에 함유된 구조적·인과적 가정을 회피하도록 도울 수 있다. 그리고 문제의 부재를 향해 노력하는 것의 목표는 바람직한 미래를 향해 노력하는 것과는 분명히 다르다. de Shazer(1991)에 따르면, 후자의 과정은 다음과 같다.

> 이 과정은 내담자들의 역사적·구조적 관점과 무엇이 진짜 문제인지에 관한 불일치들을 회피하도록 도와준다. 일단 해결책이 발전되면, 내담자들은 문제가 해결된다는 것을 알게 되고, 문제가 되어왔던 것들이 더 이상 그들에게 문제가 되지 않는다…(p. 115).

de Shazer의 접근이 발전되면서, 내담자들을 해결 중심으로 향하게 하는 다른 처방 과제들도 개발되었다. 그중 하나는 현재 내담자에게 혹은 그들이 지속하기를 원하는 관계들에서 일어나고 있는 것에 대한 질문이다. 이 질문은 내담자의 인생에서 어떤 좋은 일들이 일어나고 있으며, 나쁜 일들에 관한 지배적인 초점으로부터 떨어져서 탐색을 하도록 하는 것을 암시한다.

예외들에 관한 질문들은 어느 것도 항상 혹은 결코라고 할 수 없는데, 이는 과거에 짧지만 문제가 경험되지 않았던 시기와 상황들이 있었다는 것이다. 예외들에 관한 초점이 일단 만들어지면, 그 문제는 다소 덜 억압적이고 광범위하게 느껴지며, 이런 예외들의 숫자 그리고/혹은 기간의 확대로 문은 개방된다.

척도 질문들은 "처음에 치료자와 내담자가 우울과 의사소통 같은 구체적이지 않은 주제들에 관해 말하도록 돕기 위해 개발되었다"(Berg & de Shazer, 1993, p. 22). 척도 질문은 문제(예를 들면, 우울증)를 도표와 단계들로 측정하려는 관점에서 정의한다. 자신을 우울 정도표에 배치시키는 것은 우울하다거나 우울하지 않은 경험과는 다르다. 그래서 치료자는 "0에서 10까지의 척도에서, 10은 우울이 사라진 상태를 의미하고 0은 약속을 잡기 위해 전화를 걸 때 당신이 어떻게 느꼈는지를 의미한다면, 지금 당신이 느끼는 것은 어디쯤에 표시하시겠습니까?"와 같은 질문을 할 수 있다. 내담자는 자신이 3 정도라고 할 수 있다. 더 부가적인 질문은 다음과 같다. "당신은 사흘 만에 어떻게 0에서 3까지 바뀔 수 있었습니까?" 혹은 "당신은 4로 가기 위해 무엇을 할 수 있을까요?"

치료는 내담자의 서술이 목표(들)가 달성되었다는 것을 나타낼 때 종료된다. de Shazer에 의해 명백하게 기술되지는 않았지만, 2차적인 목표는 추론될 수 있는데, 이것은 내담자들이 문제와 해결 사이의 새로운 관계를 배우게 된다는 것이다. 즉, '진짜' 문제는 없으며, 해결에 이르기 위해 문제가 필요하지도 않고, 불평들과 해결책들도 반드시 관련되어 있지는 않다는 것을 알게 된다는 것이다. Berg와 de Shazer(1993), de Shazer(1985, 1988, 1991, 1994)가 제안하였던 치료자 행동들은 다음 절에 요약되어 있다.

■ 치료자 행동

초점이 해결책에 주어져야 한다는 것을 기억하면서, 치료자는 만약 어떤 일이 잘되고 있다면, 그것을 고치려고 하는 시도들은 불필요하다고 상기시킨다. 오히려 어떤 일이 잘되고 있다면 그것을 더 하는 것이 중요하다. 그 외에도, 잘되지 않는 행동은 반복되어서는 안 되며 대신에 뭔가 다른 것을 하는 것이 적절하다. 따라서 치료자는 예외들 혹은 내담자가 괜찮다고 느끼는 때나 잘 기능하는 시기를 탐색해야 한다. 내담자는 또한 예외들을 예측하도록 요청받을 수 있다. '기적 질문'은 만약 그 문제가 해결되었다면 각 내담자가 생각하는 것이 어떻게 진행되고 있는지를 확인하기 위해 사용된다. 그다음에 치료자는 누가 무엇을 주목할 것인지 그리고 각자는 어떻게 반응할 것인지에 관한 질문들로써 기적에 대한 내담자의 묘사를 따라야만 한다.

약간의 노력과 새로운 무엇인가를 시작하는 것을 요구하는 실행 가능한, 명확한, 현실적인 목표들을 내담자들과 공동으로 만들어내라. 내담자들이 변화과정을 용이하게 할 수 있는 차이들에 주목할 수 있도록 하기 위해 오해를 창의적으로 활용하라. 언어의 중요성을 기억하면서, 대화는 불평과는 다르게 이루어져야 한다.

치료자는 내담자들이 처한 정도, 어떤 종류의 진척을 나타내었는지, 척도에서 높은 단계로 가기 위해 무엇이 요구되는지를 명확히 하기 위해 척도 질문들을 사용할 수 있다. 또한 일이 어떻게 더 좋아지는지에 대하여 항상 질문하면서, 진보적 내러티브를 창조하는 것도 중요하다. 마지막으로 치료자는 내담자들에게 그들이 지속하기를 원하는 삶의 측면들을 묘사하기를 요청해야만 한다.

외재화와 인생과 관계를 다시 쓰기 : Michael White와 David Epston

Michael White는 2008년에 사망할 때까지 오스트레일리아 남부 애들레이드에 있는 덜위치센터(Dulwich Centre)의 공동 센터장이었고, David Epston은 뉴질랜드 오클랜드에 있는 가족치료센터의 공동 센터장이었다. 그들의 업적은 제2단계 사이버네틱스와 포스트모더니즘과 일치하는 해방철학을 반영하는데, 그들은 보편적이고 포괄적인 원칙들을 만들어내려는 시도들을 피하고 치료에서 내담자들이 자신에 대한 독특한 이야기들과 내러티브를 발전시키는 권한을 주려 한다. 실로 White와 Epston은 서구 사회에서 사람들이 사회화되는 방향으로, 논리적 실증주의의 전통에서 형성된 증거에 의해 지지받는 '궁극적인 진실 이야기들'은 소위 '정신적 질병'과 '가족 역기능'이라 칭하는 것의 발달 및 이어지는 과정에서 발생되는 문제가 아니라면, 문제의 한 부분이라고 주장한다는 입장을 명확히 하였다. Michel Foucault를 인용하면서, 그들은 인문학 전공이 하는 일이 "특징짓고, 분류하고, 전문화하는 것이라는 것에 주목한다. 그들은 계층에 따라 분산하고, 규범을 둘러싸고, 서로의 관계에서 개인들을 위계화하고, 만약 필요하다면 자격을 박탈하고 무효화시킨다"(White & Epston, 1990, p. 74). 그래서 사람들은 객관화되며 그들의 풍부한 개인적인 경험들과 개인적인 이야기들은 사람들이 서구 사회의 일원이 되기 위해 스스로 경험하도록 되어있는 방식으로 제공되는 규범적인 분류체계를 위해 예속되고/억압되고/부인된다. 핵심은 사람들이 인문학 전문가들에 의해 설명되고 정당화된 '객관적' 범주(들)의 정체성을 내재화하고 지니게 된다는 것이다. 그러면 그들은 그 범주 혹은 분류를 그들 내부나 그들 및 타인들로 묘사한다(예를 들면, "나는 조현병 환자이다."—스스로/조현병 환자, "나는 행동장애를 가지고 있다."—스스로/행동장애, "나는 편집증 환자이다."). 그에 맞춰 사람들은 그들의 관계와 가족들의 문제들을 표준화된 문제로 포화된 이야기들과 논리적으로 일치하는 방식으로, 스스로에 대해 생각하고 경험하기 시작한다. 그리고 그러한 내재화된 규범적인 문제들에 대한 해결책은 규범적인 이야기들과 논리적으로 일치하는 선택들로 제한되어 있다. Foucault의 용어에 따르면, 서구 사회의 일원이 되는 것은 규범화의 과정에 참여하고 '강제적인 객관화'에 굴복하는 것인데, 그는 강제적인 객관화를 서양 전통에서 정상적인 인문학의 실천이 필수라는 것에 대한 사회적 통제의 교묘한 방법이라고 묘사한다. 사람들은 제시되는 규범적 경험을 내재화시키면서, 그들의 '살아온 경험'의 많은 부분과 이렇게 살아온 경험이 어떻게 이야기되는지를 부인한다.

딜레마는 인문학에서 전문가들에 의해 설명되는 규범적 이야기가 실화로 제시된다는 것인데, 그것은 세상에 대한 직접적인 지식 혹은 사물과 사람들이 정말 있는 그대로 존재하는 방식을 대표한다는 것이다. 그리고 실제 이야기의 표현은 대안적 이야기들을 위한 추구를 차단한다. 그러나 어떤 규범적 이야기도 살아온 경험의 전체 스펙트럼을 포함하기에 충분하지 않다.

> 이야기들은 사람들이 이야기가 실행되도록 하기 위해 채워야 하는 간격들로 가득 차 있다. 이런 간격들은 사람들의 살아온 경험과 상상을 보충한다. 모든 행위에서 사람들은 자신들의 인생을 다시 쓰고 있다. 인생의 점진적 변화는 이야기를 다시 쓰는 과정과 이야기를 인계받고 자기 자신의 이야기로 만들면서 사람들이 이야기에 진입하는 과정과 유사하다 (White & Epston, 1990, p. 13).

그러므로 치료에 대한 White와 Epston의 접근법은 포스트모더니즘 입장을 가정하고 내담자가 대안적 이야기를 만들어내도록 돕는 것에 초점을 두는데, 이 대안적 이야기는 자신의 살아온 경험으로부터 유래되고 사람들이 어떻게 살아야 하며 관계를 창조해야 하는지에 관한 지배적인 이야기들에 대해 대안을 제공한다. 이것들은 이전에 부인되어 왔었고 사회에 의해 강요된 규범적 '진실' 이야기에 예속된 이야기들이다.

그 혹은 그녀 스스로 내담자의 경험을 구성하는 문제/규범적 범주의 내재화에 대한 반응으로, 치료는 외재화라고 불리는 것을 요구하는데, 외재화는 문제로 충만한 이야기와 문제 모두를 포함한다. "그 문제가 어떻게 당신의 인생에 영향을 주고 있습니까?"와 같은 질문들을 묻는 과정을 통해, 치료자들은 그 문제를 그 사람으로부터 분리하고자 한다. 외재화는 그 사람 내부에 존재하는 불평으로 가득 찬 이야기의 습관적 읽기와 다시 말한 이야기를 깨뜨린다. 그 것은 또한 사람들에게 그 이야기를 개인화시키고 독립적 본질이지만 사람들의 인생에 영향을 주는 존재를 이야기에 부여함으로써, 개인적 의지를 주고자 한다. 그래서 외재화된 이야기는 가족의 다른 구성원이 된다. White와 Epston(1990)에 따르면, 외재화의 실제는 또한 다음과 같다.

1. 문제에 누가 책임이 있는지에 관한 논쟁들을 포함하는 사람들 사이의 비생산적인 갈등을 감소시킨다.

2. 문제를 해결하기 위한 사람들의 시도에도 불구하고 문제의 계속되는 실재에 대한 반응으로 많은 사람들이 발전시켜 온 실패감을 손상시킨다.

3. 사람들이 서로 협력하는 방식, 문제에 대한 투쟁에서 통합하는 방식 그리고 그들의 인생과 관계가 그 영향으로부터 벗어나는 방식을 쉽게 한다.

4. 사람들이 그들의 인생과 관계들을 문제와 문제의 영향으로부터 회복시키기 위해 행동을 취하는 새로운 가능성들을 열어준다.

5. '대단히 심각한' 문제에 대한 더 가볍고, 더 효과적이며 덜 스트레스를 받는 접근을 취하도록 사람들을 자유롭게 한다.

6. 문제에 대해 독백이라기보다는 대화를 위한 선택들을 제시한다(pp. 39-40).

외재화를 증가시키는 관련 질문들은 상대적 영향력 질문들의 두 가지 형태를 포함한다. 예를 들면, "그 문제(조니가 아니라)는 당신과 당신의 인생과 당신의 관계들에 어떻게 영향을 주었습니까?"라는 질문은 내담자들의 인생에서 문제의 영향을 정확히 서술하며 영향의 한 가지 방향을 강조한다. 질문 방향을 바꾸는 것은 영향의 다른 방향을 강조하는 것이다. "인생에서 그 문제에 처했을 때 당신은 어떤 영향을 받았습니까?" 목표는 사람들이 자신들의 이야기로부터 분리되도록 돕는 것이며, 아마도 인간경험의 가정된 '진실한' 본성보다는 이야기된 것을 알아차리게 돕는 것이다. 상대적 영향력 질문들은 사람들을 "고정되고 정체된 세상, 사람들과 관계들에 본질적인 문제의 세상으로부터 벗어나 경험의 세상으로, 끊임없이 변하는 세상으로"(White & Epston, 1990, p. 42) 이끈다.

어떠한 규범적 이야기도 살아온 경험의 모든 것을 설명할 수 없다는 것을 믿으면서, 치료자는 그다음에 독특한 성과들을 찾는 질문들을 할 수 있는데, 독특한 성과들은 내담자의 살아온 경험이 이야기에서 '간격들'을 나타낼 때나, 인생에서 그들의 성취가 규범적 이야기를 부인할 때의 경우나 예시 같은 것이다. 살아온 경험은 불평으로 가득 찬 이야기와 불일치하는 독특한 성과를 포함한다고 가정된다. 독특한 성과들을 이끌어내도록 설계된 질문은 "불안이 당신이 하기를 원했던 것으로부터 당신을 멀어지지 않게 한 시기에 대해 말해주세요."와 같은 질문일 수 있다. 이러한 독특한 성과들은 모든 사람들에게 존재하지만, 그것들은 종종 중요하지 않거나 사소한 것으로 버려진다고 가정된다. 그러나 이전에 무시되었던 '사실들'을 드러내는 독특한 성과는 문제로 가득 찬 인생에 대한 묘사를 반박하는 것과 관련된 사람들에게 충분히 의미 있어야 한다. 문제로 가득 찬 도표는 긴 역사를 가지고 있을 수 있고 자격 있는 전문가들에 의해 규범적 '진실'로 목록화되어 왔을 수 있다. 그러나 충분히 의미 있는 독특한 성과에 대한 보고는 사람들이 자신들의 인생을 다시 쓰기 시작하도록 고무시킬 뿐 아니라 불평으로 가득 찬 이야기의 한계를 부정하는, 적어도 한계에 대해 지적할 수 있는 새로운 자료를 인정하게 한다. "이런 상황에서 당신은 그 문제의 영향에 어떻게 저항하셨습니까?"(White &

Epston, 1990, p. 17)와 같은 질문은 새로운 개인적인 이야기의 개발을 이끈다.

독특한 성과의 증거와 독특한 성과를 설명하는 요청을 통해 대안적 이야기들을 위한 토대가 놓여지는데, 이것은 그다음에 실행되고, 반복되고, 확대된다. 그래서 사람들은 "이런 대안적 이야기들의 실행을 위한 관객"이 되도록 유도되며, 대안적 이야기들은 "이야기의 생존과 개인적 숙달감"을 강화시킬 수 있다(White & Epston, 1990, p. 17). 자기 자신의 실행에 대해 관객이 된다는 아이디어는 외재화와 이야기 내에 살고 있는 자신을 관찰하는 것을 가정한다. 독특한 성과에 대한 설명에 의해 촉진되어 왔던 새로운 이야기의 실행에 외부 관객이 된다는 것은 새로운 의미들을 만들어 기여하는 것에 의해 다시 쓰기를 증대시킬 수 있고, 새로운 이야기의 지속성을 강화할 수 있으며, '그 문제'에 대한 관객의 관계에 영향을 미칠 수 있다.

White(1991)는 외재화를 "사람들의 인생을 형체화하는 관점에서 실제 효과들을 결정하는"(p. 28) 내러티브 이야기들의 해체 형태라고 설명한다. 외재화는 어떤 "인생과 생각양식"이 우리 존재를 형성하는 정도를 더 인식하도록 하기 위하여 "친숙한 세상의 객관화"에 관여하며, 그러면 우리는 다른 "인생과 생각양식들"(p. 29)에 의해 사는 것을 선택하는 입장에 서게 된다. 그러므로, 외재화를 통한 문화적 이야기들의 해체는 사람들이 "이런 문화적 지식들에 모순되는 그들의 경험 측면들에 자신들을 적응시키도록 돕는다…. 이런 모순들이 '독특한 성과들'이다"(p. 29). White는 또한 **행동 질문들의 전망**과 **자각 질문들의 전망**을 포함하는 다양한 질문들을 물음으로써 사람들의 인생 다시 쓰기를 촉진시키는 것을 추구하였다.

행동 질문들의 전망은 특정 계획들에 따라 시간을 거쳐 펼쳐지는 사건들의 연속에서 독특한 성과들을 위치시키도록 사람들을 격려한다. 자각 질문들의 전망은 행동 전망에서 일어나는 그러한 발전들의 의미에 대해 반영하고 결정하도록 사람들을 격려한다(p. 30).

White는 그들이 대체해야 하는 문화적 병리 이야기의 역사에도 불구하고 독특한 성과들에 신뢰를 주면서, 최근의 역사와 오래된 역사 모두 독특한 성과들을 부여하는 것이 중요하다는 것을 믿었다. 그래서 독특한 성과의 확인은 내담자들에게 어떻게 그들이 특정 단계를 취하도록 스스로 준비했는지 질문하면서 최근의 역사 질문들로 이끌어가며, 그들의 역사에서 그런 단계를 대처하는 것이 어떻게 가능하였는지를 치료자가 이해하는 데 무엇이 도움이 되는지에 관한 오래된 역사 질문들로 이끌 수 있다. 자각 질문들의 전망은 특정 투쟁의 역사는 무엇을 암시하는지, 그 내담자가 믿고 있는 것이 그녀의 인생에서 중요한지 혹은 그녀는 무엇을 찬성하는지에 대해 물어보는 것을 포함한다.

다른 중요한 질문들은 **경험 질문들의 경험**인데, 이것은 "사람들이 믿고 있는 것을 위하여 혹은 다른 사람의 경험이 되어보는 것을 상상하도록 사람들을 격려한다." 예를 들면, "내가 이것을 알고 있는 것이 한 인간으로서 당신에 대한 나의 관점에 어떻게 영향을 주었다고 생각합니까?"이다(White, 1991, p. 32).

접근법은 여기 요약된 바와 같이, 구술 전통에서의 이야기하기와 다시 쓰기를 설명하고 있다. 그러나 이것의 적용에서 다른 중요한 차원은 쓰기의 활용이다. 이는 구술 전통에서는 가능하지 않은 방법인데, 쓰기는 어떤 사람이 사건들의 순서를 기록하는 것을 가능하게 하거나 "시간적인 차원으로 경험을 도표화하기"(White & Epston, 1990, p. 36)를 가능하게 한다. 이것은 "지역적인 대중 지식의 의례화, 정당화 및 연속성, 사람들의 독립된 권위와 새로운 발견들과 가능성들의 출현을 위한 맥락의 창조"(p. 35)를 촉진시킨다.

이 입장과 일치되도록, 치료회기 후에 내담자들에게 편지를 쓰는 것은 Epston의 성과에서 중요한 초점이다. Epston(1994)에 따르면, 대화는 몇 가지 유용한 새로운 생각을 만들어내지만, 이것들은 생생하게 되는 대화의 맥락에서 제거될 때 사라져버린다. Epston(1994)은 다음과 같이 적고 있다. "편지에 있는 말들은 대화가 하는 방식을 희미하게 하거나 사라지게 하지 않는다…. 내담자는 손에 편지를 잡을 수 있고, 치료회기 후에도 여러 날, 여러 달, 여러 해 동안 그것을 읽고 다시 읽을 수 있다"(p. 31).

편지 쓰기에서 Epston(1994)은 그의 생각과 치료에 대해 명료하며, 내담자에 대해 치료회기 외에 말하는 것과 그가 내담자에게 말하는 것 사이에 구별을 하지 않는다. 그의 편지들은 그의 사례노트이며, 그가 회기 중에 '주의 깊은' 메모들을 남기면서 내담자와 공동으로 창조한 것이고, "펼쳐지지 않은 대안적 이야기에 완전히 초점을 맞춘… 그리고 편지에서 그것에 대해 다시 쓰는 데 완전히 동화되는"(p. 63) 것이다.

내담자들에 의해 제시된 문제의 해결은 White와 Epston의 접근에서 중요한 목표인 반면에, 이런 치료자들 역시 그들의 내담자들이 인간경험의 이야기된 본성에 대해 배우도록 돕기를 원하였다는 것은 분명하다. 그래서 내담자들은 사회과학 전문가들이 선호하는 규범적 이야기들에 자동적으로 따르지 않고, 자기 자신의 개인 생활경험과 이야기들을 소중히 하는 것을 배우게 된다. 그들은 또한 과정을 배우게 되고, 이것에 의해 만약 그들 자신의 인생이나 다른 사람들의 인생에서 미래에 문제로 가득 찬 이야기들을 마주치게 된다면, 수준을 한 단계 상승시키고, 문제를 외재화하며, 자기 자신의 인생을 다시 쓰거나 다른 사람들의 인생에서 다시 쓰기를 촉진시키게 된다.

이 접근법은 명백하게 반체제적이고, 사실의 이해가 규정되고 있다는 암시를 통해 인문학에서 수행되는 것처럼 규범과학이 문제들을 창조하고 유지하는 데 참여한다는 신념과 일치된다. White와 Epston(1990)은 이를 다음과 같이 서술하였다.

문제들의 외재화와 관계있는 실제는 사람들과 그들의 신체에 대해 객관화시키는 문화적 관행에 대한 비관행으로 간주된다. 이 비관행들은 대안적 이야기들이나 지식에 따라, 사람들이 자신들을, 서로를, 그들의 관계를 다시 쓰거나 구성하기 위한 공간을 연다(p. 75).

White(1991)와 Epston(1994; White & Epston, 1990)의 연구에 바탕을 둔 실제들의 요약은 다음 절에 나와있다.

■ 치료자 행동

치료자들은 언어에 항상 민감하면서 내담자들의 강점에 초점을 맞춰야 한다. 문제들이 일단 묘사되면, 그것들을 내담자 외부에 있는 어떤 것으로 외재화시켜라. 그다음에 그 문제의 효과들을 끊임없이 면밀히 계획화시켜라. 적절한 질문들의 예는 "그 문제는 당신의 인생에 어떻게 영향을 주고 있었습니까?"와 "당신은 언제 그 문제가 당신에게 영향을 주는 것을 방지할 수 있었습니까?"를 포함한다.

치료자는 또한 독특한 성과들, 대비 혹은 생기 넘치는 사건들로 묘사되는 예외들을 찾는 과정을 시작해야 한다. 이 범주에 있는 질문들은 "당신은 그 문제의 영향에 어떻게 버틸 수 있었습니까?"를 포함한다.

다음 단계는 내담자가 그들의 인생과 관계들을 다시 쓰도록 돕는 것과 관련된다. 이 시점에서 치료자는 내담자가 묘사한 독특한 성과들과 관계있는 행동 질문들과 자각 질문들의 전망을 활용하여야 한다. 새로운 이야기들이 일단 창조되었으면, 치료자와 내담자는 그것들을 정당화하기 위한 관객들을 찾는다. 이것은 친구 혹은 가족 구성원을 데려오는 것을 필요로 한다. 대안적으로, 내담자들은 그들의 성공 이야기들을 다른 내담자들과 공유하도록 요청할 수도 있다.

마지막으로, 필요할 때 치료자는 각 회기 후에 내담자에게 편지를 쓰고 싶어 할 수 있다. 이 편지에서 치료자는 내담자가 이루어낸 성과들과 최근에 만들어진 새로운 이야기에 관하여 강조하면서, 회기 중에 일이 펼쳐진 방식에 대한 그의 관점을 공유한다.

치료적 대화 : Harlene Anderson과 Harry Goolishian

작고한 Harry Goolishian은 우리가 가족치료 분야에서 '조용한 목소리'로 인식하는 사람이지만, 그럼에도 불구하고 많은 다른 이론가들과 치료자들에게 큰 영향을 주었던 사람이었다. 1950년대에 이미 그는 입원한 청소년들의 재발률 감소를 돕기 위해 복합적 충격치료를 개발하였다. 혁신적인 치료자로서 그의 진전은 그가 MRI의 연구원들과 협력하면서 그리고 전략적 치료자가 된 뒤에도 계속되었다. 그의 마지막 변천은 구성주의, 포스트모더니즘 사상 및 사이버네틱스로부터 멀어지는 추이라고 그가 인식했던 '언어체계' 접근으로의 움직임이었다. Harlene Anderson 그리고 나중에 Tom Andersen과 Lynn Hoffman과 같이 일했던 Goolishian의 업적에서 이 변천은 "극도의 간섭주의자, 과거에 대한 변화 지향적인 가족치료자로부터의 외면을 상징하였다. 그들의 모델에서 치료자는 이끌어나가지 않으며, 내담자도 이끌어나가지 않고 오히려 협동으로 창조되는 치료적 대화가 이끌어나간다"(Hoffman, 1993, p. 101).

Goolishian과 Anderson의 접근(Anderson, 1997; Anderson & Goolishian, 1988; Anderson, Goolishian, & Winderman, 1986; Winderman, 1989)은 많은 이름으로 불리는데, 그중 몇 가지는 '치료적 대화', '협력적 언어체계' 접근 혹은 '이야기치료'이다. 그것은 판에 박힌 방식을 거부한다는 점에서 제2단계 사이버네틱스와 포스트모더니즘과 (다소) 일치하는 접근들 중에서도 독특하다. 그래서 특정한 기법들의 설정이 있을 수 없다. 실제로, 치료적 대화접근을 일종의 태도로 칭하는 것이 더 적절할 것이다. Anderson(1997)이 저술한 것처럼, "포스트모더니즘 가설들은 주로 사회적 혹은 관계적 창조 혹은 현실 배태성을 강조한다. 예를 들면, 의미, 패턴, 진단적 범주 및 이야기들은 인간관계들과 의사소통의 상호작용의 부산물이다"(p. 27).

Anderson과 Goolishian은 치료를 돌보고 공감하는 대화의 과정으로 이해하는데, 이 대화에서는 내담자들과 새로운 의미들을 점진적으로 발달시킨다. 치료적 대화접근은 "덜 위계적이고, 더 평등하고, 상호적이며, 존중하고, 인간적이어서 치료자가 개인의 깊이, 존재 및 경험들을 알아차리게 하는 치료"(Anderson, 1993, p. 21)가 되기를 추구한다. 포스트모더니즘과 일치하게, Anderson과 Goolishian은 전문가의 의견을 주장하지 않으며, 복합적인 관점들을 존중한다. 즉, "그 치료자의 지식, 경험 및 가치들은 내담자의 것보다 더 진실되지 않으며 더 최종적이지도 않다"(p. 343). 또한 포스트모더니즘과 일치하게, 그들은 만약 자신과 타인에 대한 자신의 감각이 사회적으로 구성되었거나 대화를 통해 구성되었다면, 그것은 다른 대화에서 재구성될 수 있다고 믿는다.

협력적 대화는 치료자가 전문가의 역할을 떠맡을 때에는 가능하지 않는데, 그래서 Goolishian과 Anderson은 '알지 못함'의 입장(Anderson 1993) 혹은 Hoffman(p. 127)이 "일종의 고의적인 무시"라고 부르는 입장을 옹호한다. 더구나 "그 치료자의 이전 경험과 이전 지식들은 이끌어나가지 않는다. 이 과정에서 치료자와 내담자의 전문지식이 모두 그 문제들을 푸는 데 관여한다"(p. 325).

그 과정이나 태도에 대해 추가적으로 살펴보면, Goolishian(1991)이 말한 다음의 진술을 통해 마음속에 그려볼 수 있다.

> 이야기가 변하는 것은 이야기하기와 다시 이야기하기를 통해서이다. 우리는 치료자를 새로운 의미의 공동구성에 관여하는 참여 이야기 예술가로 간주하는데, 이 새로운 의미는 오래된 이야기들의 기억의 조각들과 일관되는 새로운 의미와 이야기이다. 그것은 마치 치료자가 이야기 편집인이 되는 것에 반대하는 대화 참여자인 것과 같다(p. 1).

Anderson(1997)도 다음을 주목하였다.

치료는 특별한 형태의 사회적 노출로 볼 수 있으며 목적이 있는 대화로서 가장 잘 묘사되
는데, 그 목적은 치료자와 내담자가 의미의 공동 생성과 공동 구성을 통해 새로운 이야기
로 이끌어가며 그래서 새로운 기능을 가지는, 과정을 촉진시키는 환경을 창조하는 것이다.
문답을 통해 새로운 가능성들이 서서히 발전된다(pp. 67-68).

사실상 Anderson과 Goolishian은 가족체계의 개념을 배제하는데, 특히 체계가 문제를 만들어
낸다는 아이디어를 배제한다. 그들은 대신 문제(객관화된 병리로서)가 그 체계를 만든다고 제
안한다. 그래서 그 체계는 그 문제 주위로 조직된 대화 혹은 의미체계로 이루어진다. Hoffman
(1990b)이 묘사한 바와 같이, 그것은 "문제에 대한 대화에 의해 형성되는 체계"(p. 12)이다.
그러므로 묘사되는 것은 모더니스트/구조주의자 치료적 자세(치료적 성과의 형식을 압박하
거나, 면밀히 계획하거나, 디자인하는)와는 달리 치료자의 의식을 최소화하는 대화 혹은 담
론이다. Anderson과 Goolishian은 그들이 구상하는 치료개념의 일관된 모델을 분명히 표현
하지 않았다. 그러나 그들의 신념들과 일치되기 위해 그렇게 하지 않은 것이다. Anderson과
Goolishian은 행동을 다음과 같이 요약하였다.

■ 치료자 행동

치료적 대화접근에서 치료자의 주요 역할은 대화들을 관리해야 하고, 참여-관찰자로서 행동
하며, 이런 상호작용에서 드러나는 의미체계들을 탐색하는 것을 필요로 한다. 내담자들의 이
야기들을 위한 공간을 창조하면서, 치료자는 새로운 의미들의 출현을 허용하는 맥락의 창조
에 참여하면서 아이디어의 생태환경과 언어로 상호작용한다. 이것은 차례로 내담자들이 의사
소통하였던 문제에 의해 창조된 언어체계를 분해하는 것을 돕는다.

반영팀 접근과 마찬가지로, 마음의 동요를 야기시키는 것은 대화를 만들어내는 것을 돕고
이전에 말한 적이 없는 대화들을 찾는 질문의 형식을 취한다. 치료자는 어떤 화제에 대해 전
문가 지식을 가진 것으로 인식되지 않도록 하기 위해 한 가지 화제에 너무 오래 머무르는 것
을 피한다. 알지 못한다는 입장을 유지하면서, 치료자는 아이디어들을 시험적으로 제안하고,
내담자들이 변화과정에 있는 동안 내담자들과 함께 변화되고 싶어 한다. 치료과정을 통틀어
내담자들은 그 문제가 '분해되면서' 새로움을 구상하거나 창조하도록 허용된다.

■ 체계이론적 일관성

우리가 주목한 것처럼, 이 장에서 소개된 다섯 모델들은 제2단계 사이버네틱스 수준(각자가
치료자를 참여-관찰자로 보며 치료관점을 대안적 현실을 창조하는 상호적 과정으로 지지하
는)에서 체계이론적 관점과 일치된다. 그러나 제2단계 사이버네틱스 접근들은 Golann(1988a)
에 의해 앞에 설명된 조건들에 대한 권력을 부인하는 것을 통해 치료에서 조작의 교활한 형태

와 권력 획득의 표본으로 비판되어 왔다. "모호하게 된 권력은 궁극적으로 드러나게 된다. 즉, 2차 수준의 양(sheep)의 모습으로 위장한 치료하는 늑대와 같은 모습이다"(p. 56). Golann에 따르면, 각 모델은 변화과정과 어떻게 변화가 발생하는지에 대해 각각의 가정이 있다. 그는 또한 '무의식적인 설득'에 대해 주의를 촉구하였는데, "왜냐하면 이것은 잠재적으로 부정직하기 때문에 그리고 대다수 다른 형태의 실제보다 치료자에게 유리한 훨씬 더 큰 권력위계를 창조하기 때문에, 과도하고 명백한 전략적 개입보다 윤리적으로 더 반대할만하다고 말할 수 있다"(p. 63). 그래서 그는 관찰된 체계에 대한 입장을 가지지 않고 체계를 관찰하는 것의 가능성과 치료자를 전문가로서 정의하는 맥락에서 공동으로 진전하는 가능성에 이의를 제기한다. 그가 말했을 수 있는 그러나 명백하게는 말하지 않은 이런 접근들은 그것들이 제시된 것과 같이 훈련 중인 치료자들(그들의 이상주의에서 그리고 치료 실제에서 존중하고, 비조작적이며, 비규범적인 양식들의 가능성을 추구하고 믿는)에게는 전통적인 모델들만큼이나 매력적이다.

다른 말로 하면, Golann은 다른 렌즈를 통해 2차 수준의 치료들의 이론과 실제를 관찰한다. 그의 관찰은 1950년대에 Carl Rogers의 '비지시적' 상담에 대한 토론과 유사하다. Rogers 접근에 대해 진정한 믿음을 가지고 있는 사람들에게 그 모델은 우아하고, 존중할만하며, 진정으로 비강요적이었다. 그러나 다른 사람들은 그것을 교묘한 조종 혹은 '2차 수준의 양(sheep)의 모습으로 위장한 치료하는 늑대'로 보았다.

실제로, 제2단계 사이버네틱스와 일치하지 않는 공동으로 진전하는 체계들과 관찰하는 체계들에 대한 개념의 측면들이 있다. 즉, 어떤 사람은 치료의 맥락이 치료자의 가장 좋은 의도에도 불구하고 관찰하는 체계들을 관찰된 체계들로 필연적으로 전환시킨다고 주장할 수 있다. 그러므로 어떤 사람이 내담자 체계가 도움을 받았다면 그것이 차이를 만들어내는지 여부를 궁금해할 수 있지만, 이것은 실용적 동기이지 심미적인 동기가 아니다. 명백하게, 그것이 문제가 되는 사람들이 있으며, 치료자가 전문가 역할을 당연하게 여기고 내담자 체계를 소위 규범적 기능의 방향으로 이동하게 하는 것이 치료자가 2차 수준 치료들의 무의식적인 설득에 의해 체계를 조종하는 것보다 더 윤리적이라고 생각하는 사람들이 있다.

그 문제의 일부는 제2단계 사이버네틱스인 형이상학/철학을 치료에 형식적 · 실용적인 접근법으로 전환시키는 것의 과정에서 찾을 수 있다. 이 과정은 필연적으로 내담자 체계의 관여 없이 치료과정에 대한 대화에 관여한다. 다른 말로 하면, 어떤 모델 혹은 접근법의 창조는 제2단계 사이버네틱스와 일치하지 않는데, 그 과정이 필연적으로 관찰하는 체계를 관찰된 체계로 전환시키기 때문이다. 이 이슈는 아마도 논쟁을 계속 불러오겠지만, 한 수준에서 추상개념의 차이를 강조하는 것은 더 높은 차원 수준의 추상개념에서 연결을 창조한다는 것을 주목하는 것이 중요하다. 만약 Golann의 관찰을 타당하다고 본다면, 제2단계 사이버네틱스 수준에서 일하는 치료자들의 장점은 내담자 체계들이 그러해야 한다는 어떤 규범적인 방식을 강조하지 않는 그들의 자세에 있다. 그러나 어떤 규범적 방식이 Golann이 묘사하는 무의식적 설득의 과정을 통해 내담자 체계에 스며드는 것은 가능하다.

다른 한편으로, 특권적 지식을 가진 전문가(이들의 임무는 치료자의 세계관, '본래의' 전문적 교육을 받지 않은 대중의 세계관보다 더 우수하다고 믿어지는 세계관으로의 치료적 '식민지화')로서의 모더니스트, 제1단계 사이버네틱스 관점의 치료자를 제쳐두는 것은 가능한가?(Amundson, Stewart, & Valentine, 1993). 내담자에 대한 사적인 대화에서 진전되어 기법, 개입 및 조작의 개념을 넘어서 이동하는 것이 가능한가?(Andersen, 1992). Rogers와 '치료적 대화주의자들'은 그들에게 도움을 청하러 온 사람들(내담자들이나 환자들이 아닌)을 진지하게 존중하는 것이 가능한가? 우리는 학대, 빈곤, 불의 및 불평등에 대한 염려를 저버리지 않고서도 독특함이나 많은 반대되는 의견을 존중할 수 있는가? 만약 우리가 모더니스트, 사람들에 대한 1차 구상, 인간의 경험 및 치료를 넘어서 제2단계 사이버네틱스와 2차 수준의 치료에 의해 제공되는 가능성들로 이동할 수 있다면, 우리는 돌봄을 통한 영향력의 에너지 장을 창조하는 개념으로 문을 여는 것이다. 우리는 문제에 대한 담론에 의해서만 해결될 수 있다고 믿는 문제들은 2차 수준의 치료들에 의해 묘사되는 돌봄, 존중하는 치료적 대화의 중용을 통해 사라진다는 것을 꼭 발견할 것이다.

제2단계 사이버네틱스/포스트모더니즘 관점에서의 질문과 성찰

1. 나는 내담자가 방금 말했던 것에 혹은 그 코멘트가 나에게 무슨 의미인지에 반응하는가?
2. 나는 내담자의 현실에 대한 현재 경험을 정당화시키는 '변화를 예상하는' 질문들을 어떻게 물을 수 있는지 궁금하다.
3. 만약 내가 내담자에게 '창조적으로 오해하기' 전략을 활용하면, 지금처럼 존중받을 수 있을까?
4. 내담자들을 격려하는 시기가 있다면, 이야기 관점에서 현실을 이해하는 것은 적절하지 않을 것인지 궁금하다.
5. 만약 내가 내담자가 대화를 이끄는 대로 흘러가게 허용한다면, 내담자의 가장 큰 관심사를 위해 일하고 있는 것인가?
6. 나는 전문가이지 않으려는 나의 권리의 미덕에 의해 나에게 권리로서 확립된 권력을 인식하고 있는 걸 유지할 수 있을지 궁금하다.

실전문제

다음의 질문은 이 장에서 다룬 내용의 적용과 분석을 테스트하는 것이다. 임상실천과 더불어 이 장에 대한 추가적인 사정, 적용, 분석, 합성, 평가를 위해 다음 질문에 답하시오.

1. 제2단계 사이버네틱스의 가정들과 포스트 모더니즘 치료자의 역할을 조사하시오.

2. 가족치료에 미친 Andersen의 기여를 설명 하시오. 여러분은 치료에서 반영팀을 어 떻게 장려하겠는가?

3. 포스트모더니즘 입장에서 William O' Hanlon은 현실이 복합 관점이라고 가정한 다. 이것이 무슨 의미인지 논하시오.

4. 해결 중심 치료의 주요 원리들을 설명하 고, 치료자가 남편과 사별하여 애도하고 있는 내담자에게 어떻게 해결 중심 접근 을 적용할 수 있는지 설명하시오.

5. 해결 중심 치료에 관한 de Shazer의 사회구

성주의자 관점은 언어가 현실을 구성한다 는 신념에 대한 강력한 믿음을 가지고 있 는데, 이것의 특징을 묘사하시오.

6. 인지행동주의 치료자의 목표들과 개입들 을 해결 중심 치료자의 목표 및 개입들과 서로 비교하고 대조하시오.

7. 외재화의 실제를 서술하고, 치료자가 섭 식장애를 가진 내담자에게 이 접근을 어 떻게 적용할 수 있는지 서술하시오.

8. 치료에 대한 Anderson과 Goolishian의 이 해를 수업 중 및 가족치료 중에 약자를 괴 롭히는 행동을 나타내는 열 살 된 남자 내 담자를 돕기 위해 적용하시오.

MYSEARCHLAB 살펴보기

www.MySearchLab.com에 다음의 비디오, 사례, 문서 등이 제시되어 있다.[1]

추천 비디오

Relinquishing Custody(양육권 포기)
가족치료는 위기의 부모들을 어떻게 도울 수 있는가?

Engagement(관여)
치료자는 비밀이 제한적인 상황에서는 지켜질 수 없을 때 비밀에 대한 내담자의 염려를 어떻게 다룰 수 있는가?

Recognizing Personal Values(개인적 가치들을 인식하기)
치료자들은 치료에서 개인적 가치들을 다루면서 어떤 도전들에 직면하고 있는가?

추천 사례/문서

△ Chinese Americans(Health and Human Services)[중국계 미국인들(건강과 인간서비스)]
치료자의 문화적 및 민족적 배경은 다른 배경을 가진 내담자들을 돕는 것을 어떻게 방해하는가?

Narrative Therapy(이야기 치료)
이야기 치료는 원가족 이슈를 가지며, 이것은 앤서니의 부모들과 그의 HIV 진단에 관해 공유하는 것을 방해할 것인데, 그렇다면 앤서니를 어떻게 도울 수 있는가?

△ Community to Community: A Unique Response to Long-Term Disaster Relief(지역사회에서 지역사회로: 장기간 재해 원조에 대한 독특한 반응)
지역사회는 마이크와 그의 가족이 자연재해의 정신적 외상으로부터 벗어나도록 도와주기 위해 반응팀 접근을 어떻게 사용할 수 있는가?

추천 자원

Interactive Case Study(상호작용 사례연구) : School Social Work(학교사회사업)
웹사이트 : Foundation Center
웹사이트 : SAMHSA's National Mental Health Information Center

연구 주제

Steve Madigan

Karl Tomm

Sally St. George and Dan Wulff

---

1 그러나 www.MySearchLab.com의 자료 접근 권한을 이 번역서에서는 제공할 수 없음
∧＝AAMFT 핵심능력자산, △＝사례연구

제3부

체계이론적 치료자

우 리 여행의 마지막을 시작할 때이다. 먼저 우리는 이론적 분야에서 체계이론/사이버네틱스 관점을 소개하였고, 그다음에 가족치료의 다양한 접근에 대하여 기술하였으며, 이제 더 실용적인 영역인 체계이론적 치료자의 세계로 이동하고 있다. 우리는 일상세계에서 가족을 평가하고 치료적 개입과 전략을 형성하며 훈련과 슈퍼비전에 관여하는 것과 관련된 도전과 기회에 직면한다. 또한 우리는 가족치료의 연구에 참여하고 또 의지한다. 그러나 체계이론적 치료자에게 가장 중요한 것은, 아주 다른 것으로 특징지어진 맥락에서 체계이론/사이버네틱스 관점을 지지하는 데 내재된 도전이다.

그래서 가족평가(제14장), 치료적 개입/교란(제15장), 훈련과 슈퍼비전(제16장), 가족치료의 연구(제17장)에서 체계이론/사이버네틱스 관점과의 일관성과 관련된 쟁점에 대하여 논의한다. 마지막으로, 인식론적 도전(제18장) 그리고 신념과 행동 간의 일관성을 성취하기 위하여 우리의 사고에 대하여 생각할 필요성을 다룬다.

아는 데 대한 여러 적합한 방식이 있으며, 가족을 평가하기 위해 한 가지 접근이나 한 가지 연구방법론에 초점을 두고 사용하는 것은 부적절하며 한 가지 방법의 치료만큼 해롭다고 우리는 믿는다. 더구나 각 가족치료 접근의 입증 가능성과 설명성에 대한 외적·경험적 기준을 자세히 고려하지 않는 데 대해 잘못이 있을지라도, 이러한 비판은 또 다른 세계관으로부터 생기며 체계이론/사이버네틱스 패러다임과 일관적이지 않다.

반면에, 좋은 것과 나쁜 것의 지정을 배제하는 관점의 맥락에서 인식론의 병리를 다룬 제18장에서 우리 자신의 비일관성에 대하여 인식한다. 그러나 제1단계 사이버네틱스 수준에서의 치료 실제에 관하여 고려해야 하는 쟁점들을 알고 있다. 그래서 병리란 문화적 맥락에서는 논리적일지라도 제2단계 사이버네틱스 수준에서는 비일관적인 신념을 뜻한다.

가족평가

가족평가의 영역은 논쟁의 여지가 없는 것으로 가정하는 것이 논리적일 수 있다. 우리 사회에서 과학의 적절한 실제와 매우 일관적인 논리적 실증주의자-경험적 패러다임의 연구배경은 물론, 개인심리의 특성 및 요인 분류체계와 일관적인 평가과정에 대하여 여러분은 아마 알고 있을 것이다. 이 장을 사회과학에서의 이러한 연구전통에 대한 짧은 역사로 시작할 것이다. 그리고 여러 가족평가/분류 모델의 위치에 대하여 고찰할 것이다. 그다음에 제2단계 사이버네틱스 관점에서 가족평가의 고전적 모델들의 가정과 연구 패러다임을 검증할 것이다. 마지막으로, 제1단계 사이버네틱스/모더니즘과 제2단계 사이버네틱스/포스트모더니즘 모두를 통합하는 것으로서 평가에 대한 체계이론적 관점의 사용을 기술한다.

역사

우리 문화에서 발전해왔으며 책임 있고 엄격한 과학의 실제와 동일시되어 온 연구에 대해 받아들여진 견해는 논리적 실증주의자-경험적 전통의 관점이다. 우리 문화에서 과학이란 단어는 실험, 인과관계, 통제, 숫자, 반복, 확률, 가설검증, 종속변인, 독립변인 같은 개념들과 자주 연관된다. 이러한 과학은 데카르트, 뉴턴과 베이컨의 작업으로부터 성장하였다. Capra(1983)가 말한 대로, "17세기 이후 물리학은 '정확한' 과학의 예였고, 모든 다른 과학에 대한 모델로서 공헌해왔다"(p. 42). 따라서 약 300년 동안 이론가들과 연구자들은 고전 물리학의 패러다임을 발달시키고 다듬는 과정에서 기계론적 세계관을 채택해왔다. 이 관점과 일관적으로, 존재는 물질에 대해 전제되고, 물질적 세계를 규정하는 데 사용된 은유는 기계의 은유이다. 다른 기계들처럼 이른바 우주적 기계는 기본적인 부분들로 구성된다고 가정되며, 그 발견은 기계의 작동에 대한 지식을 제공할 것이다. 그래서 이해는 환원주의에 대한 초점을 필요로 하며, 수 세기 동안 고전 물리학의 기계론적·환원주의적 관점은 실재에 대한 정확한 설명인 것으로 가정되어 왔다. 그래서 심리학, 사회학, 인류학 분야에서 과학적 신뢰성에 대한 탐구는 유사한 관점을 채택하게 하였다(Capra, 1983).

증거에 기초한 실제에 대한 중시를 강화한 이 뉴턴적 연구모델의 주요 가정들은 다음을 포함한다.

1. 타당한 지식 주장은 관찰되는 것(즉, 보여지고, 듣고, 냄새 맡고, 맛보고, 접촉된 것)에만 기초될 수 있다.
2. 통제와 반복은 특히 인과관계를 결정할 목적과 관련하여 필수적이다.
3. 인과관계는 절대적인 것으로서 시간(time)의 개념과 관련된다.
4. 실재는 관찰자로서의 우리와는 독립적으로 존재한다.
5. 실험적 방법은 과학의 실제로부터 주관적 판단을 배제하거나 적어도 감소시킬 수 있다.
6. 관찰은 이론을 검증할 목적에 기여한다.
7. 확고한 이론의 획득은 연구의 목적이다. 과학적 활동은 이론의 검증이 반증되도록 한다.
8. 실재는 계속적·정적·절대적 현상이다.
9. 정신은 정신과는 독립적인 실재를 초월한다.

과학적 심리학이 출현하기까지, 인간 정신과 사회(정신과학, moral science)에 대한 연구는 철학의 영역이었다. 그러나 19세기 중반은 뉴턴 물리학의 전성기였고, 기계은유는 물론 이 세계관과 일관적인 연구방법은 물리학을 존경받는 과학의 선두에 서게 했다. John Stuart Mill (1806~1873)은 사회과학을 향상시키기 위하여 자연 물리과학의 방법과 목적을 사회과학에 적용하였던 연구자였다.

Mill에 의해 요구된 바와 같이 인간의 정신에 대한 연구에 고전 물리학의 방법을 적용시키려는 초기 시도와 관련된 명칭들은 경험적 철학, 생리심리학과 실험심리학을 포함한다. 실험심리학의 명칭은 방법에 대한 초점을 반영한다. 철학으로부터 사회과학이 벗어나게 된 것은 주로 자연과학의 방법 채택을 통해서였다. 과학적 방법론의 채택을 통한 이 해방의 목적 중 하나는 지식 주장을 타당하게 만드는 것, 즉 철학의 방법론이었던 합리적·논리적 논쟁보다는 지식의 확실성과 사실의 설명에 대한 기초를 갖는 것이었다.

과학적 심리학의 발달은 19세기 후반의 시대사조와 맞물렸다. 많은 사람들은 어떻게 과학적 방법을 사회과학에 적용하는지에 몰입하였다. Wilhelm Wundt는 일반적으로 심리학의 태동연도로 간주되는 1879년에 독일에서 심리학 실험실을 설립하였다. 좀 더 일찍 Francis Galton은 "어떤 지식 분파의 현상이 측정과 수를 따를 때까지는 과학의 존엄성을 가질 수 없다."라고 제시하였다(Misiak & Sexton, 1966, p. 57). William James는 "나는 심리학을 자연과학처럼 취급함으로써 심리학이 자연과학이 되도록 돕기를 바란다."라고 하였다(Gadlin & Ingle, 1975, p. 1003). James McKeen Cattell은 1892년에 "심리학은 물리학과 수학의 방법과 개념을 사용함으로써 명확성과 정확성을 얻을 것이다."라고 주장하였다(Sokal, 1973, p. 279). 1893년에 George Fullerton은 "심리학자는 자연과학의 기초인 가정을 의문 없이 받아들여야 한다. 외적 세계, 즉 물질과 운동의 세계를 받아들여야 한다."라고 기술하였다(p. 286).

그래서 자연과학의 방법론과 가정은 사회과학에서 받아들여진 관점으로 발전하였고, 오늘날 우리 문화에서 매우 중시되는 것으로서 과학의 책임 있고 엄격하며 적절한 실제와 동일시되어 왔다. 그 실제는 전문가는 물론 많은 문외한에게 지식 주장을 타당하게 만드는 단 하나의 수단이 되어왔다. 사회과학은 고전 물리학의 세계관과 기계론적 은유를 채택하였다. "기계로서의 세계와 인간 존재에 대한 은유는 물리적 힘과 에너지, 분리된 원인과 결과 그리고 [Braginsky와 Braginsky(1972)에 의해 당구공 인과성으로 언급된] 선형적 사고의 개념화를 표현하였다"(Dayringer, 1980, p. 38). 덧붙여, 실험적 방법은 연구자의 주관적 판단을 배제하는 것을 추구하였다. 객관성은 인간에 대한 과학적 연구에서 필수적인 것으로 믿어졌다. 왜냐하면 그것은 자연에 대한 과학적 연구를 위한 것이었기 때문이다. 그리고 자연과학과 사회과학 간에 일치점이 있다는 것이 가정되었다.

심리학이 자연과학의 방법론을 채택하고 정통적 분야 또는 학문으로서 신뢰성을 추구함에 따라, 철학의 합리적·논리적 논쟁과는 다른 방법론이 추구되었다. 그러나 변화의 과정에서 자주 발생하는 것처럼, 우리는 한 입장으로부터 이동하려고 할 때 그 반대의 극으로 이동한다. 그래서 심리학은 체계적 관찰에 의존하지 않는 완전히 주관적인 분야로부터 관찰할 수 있는 것을 전적으로 중시하는 분야가 되었다. 따라서 감각과 주관적 판단은 불신되었다. 왜냐하면 그것들은 관찰될 수 없고 그래서 혼동된 형태의 아는 것(knowing, 데카르트의 정신의 세계)이 되었기 때문이다.

오늘날 사회과학 연구자들이 객관적이고 관찰할 수 있으며 통제된 실험을 극단적으로 강조하지 않을지라도, 정확성을 추구하는 방법론에 여전히 머물러있다. 인식과 신념의 형태로, 주관성 그 자체는 이제 질문되고 있는 주관성의 특정 측면을 측정하기 위해 타당도와 신뢰도를 갖는 다양한 척도를 사용하는 체계적이고 통제된 관찰에 적합한 주제이다. 더구나 신실증주의자들(neopositivists)은 궁극적이고 고전적인 의미에서 인과관계를 말하지 않는다. 차라리 이 입장은 다변량분석에서 예시된 것으로서 중다 인과관계와 인과관계에 대한 확률진술의 하나가 되었다.

또한 가치중립적(value-free) 과학의 생각은 연구설계에서의 통제를 통하여 연구자의 편견과 가치를 최소화하고 인정하려는 노력으로 대치되었다. 그러나 방법론은 여전히 세계에 대한 정확한 지도(map)가 되기를 의도하는 이전의 이론들에 대한 가설검증을 포함한다. 더구나 연구설계는 대안적 가설로 진술된 것으로서 이론적으로 예측된 결과를 부정(Popper, 1959)하는 것을 추구한다. 검증되는 이론이 특정 연구의 목표가 될 수 있는 반면, 다른 이론들이 동시에 작동된다는 것이 인식된다. 이들은 사용된 도구나 기계에 내포된 측정의 이론 그리고 연구의 특정 조건들을 포함한다. 반면에 Dawis(1984)가 지적한 대로, 연구의 목적은 확고한 이론이며, 이는 이론을 부정하려는 많은 시도들이 성공할 수 없다는 것을 의미한다. 이론이 거의 보편적으로 수용될 때, 이는 사실로 불린다. Dawis는 사실(fact)이란 용어는 라틴어로 '만드는 것'을 의미하는 *facere*라는 단어에서 기원한다고 지적한다. 따라서 사실은 만들어지는 것, 즉 구성(construction)이다. 그래서 수정이 발생하나 기본 가정은 동일하게 남아있다. 또는 Kuhn(1970)의 용어로, 우리는 패러다임 내 변화에 의한 변칙을 다루어왔다. 당연히 가족을 평가하기 위해 발달되어 온 많은 모델들은 전통적인 연구 패러다임과 일관적이다. 이제 이 모델들을 고려하고자 한다.

가족평가와 분류 — 일반적 모델

가족치료의 개념은 가족이 기능적이고 건강한 것으로 또는 역기능적이고 건강하지 못한 것으로 평가될 수 있는 일련의 범주들이 있다는 가정을 포함한다. 제2부에서 제시된 가족치료의 접근들을 통해 대부분의 접근이 기능적·역기능적 가족을 규정하는 데 대한 개념틀을 제공한다는 것을 알았다. 따라서 치료의 성공적인 결과는 특정 모델에 따라 기능적으로 규정된 방향으로 가족을 진행시키는 것에 의해서 측정된다. 문헌 고찰을 통해, 이 접근들을 사용하는 치료자가 이론에 의해 기술되는 것과 일관적으로 관찰할 평가범주, 즉 차원, 과정, 구조를 강조하고 싶다.

Boszormenyi-Nagy의 맥락적 접근은 다른 가족원의 복지에 대한 고려와 신뢰성으로의 이동을 중시한다. 이 모델은 또한 자율성, 관계적 공정성, 공평함, 융통성의 중요성을 강조한다. 이 특성들의 부재는 병리가 아니라도 적어도 문제를 나타내는 것이다.

대상관계 가족치료의 관점에서 가족 건강은 적절한 발달과업을 수행하고 성인으로서 성숙된 관계를 잘 형성하는 개인의 능력과 관련하여 평가된다. 가족이 구성원에 대해 이러한 발달을 지지하는 맥락을 제공할 수 있는 정도는 그 기능성의 척도이다. 건강한 가족원들은 이해와 연민을 표현하면서 서로 완전히 관련될 수 있다.

Bowen 관점으로부터의 평가는 자율성과 정서적 친밀을 제공하는 원만한 결혼생활의 바탕이 되는 자아분화 정도와 관련된다. 건강한 가족에서 자녀는 자신의 개인적 자율성을 발전시키도록 허용되고 다양한 상황에서 잘 기능할 수 있다. Bowen에게 스트레스는 삶의 정상적인 부분이며, 만성적 스트레스 조건에서는 증상이 발전할 수 있다. 그러므로 증상의 존재는 역기능적으로 보여지지 않는다.

치료자로서 Whitaker는 가족을 체계로서 그 자체에 대한 인식을 가진 통합된 전체로 보는 것의 중요성을 강조한다. 가족역사와 전통에 대한 감각은 물론 확대가족과 가족 외부 체계와의 유대가 존재하나 또한 핵가족에 대한 충성심도 존재한다. Whitaker의 정상 가족은 안정성이 있으며, 시간의 경과에 대한 의식으로 의존성과 자율성의 균형에 적응하고 유지할 수 있다.

Kempler의 경험적 모델은 개별성과 개인적 욕구를 지지하는 가족맥락을 중시한다. 이 모델은 또한 모든 가족원에 의한 차이의 수용과 자율성은 물론 자발적인 생활양식을 중시한다. 극단적 함께함(togetherness)과 가족에 대한 충성심의 압력은 역기능적인 것으로 보여진다.

Minuchin의 구조적 모델에서 치료자는 구조, 세대 간 경계, 위계, 밀착과 유리 정도는 물론, 시간에 따른 변화에 대한 준비를 다루는 이론에 의해 지시된다. 자율성과 상호 의존성의 증진도 중요하다. 또한 평가는 가족과 그 상황의 독특성과 문화적 다양성을 고려해야 한다고 제시한다.

MRI 집단의 의사소통 관점에서 기본 가치는 가족이 기능적이어야 한다는 것이다. 정상 가족은 그래서 스트레스 기간 동안에도 기본적인 통합성을 유지할 수 있다. 적절한 변화와 안정성이 요구되며, 의사소통은 명확하고 직접적이다.

Satir의 접근은 자아존중감은 물론 명확하고 직접적이며 정직한 의사소통을 중시한다. 덧붙여 다양한 상황에 적절한 것으로서 명확하고 구체적이며 융통적인 가족규칙을 요구한다.

전략적 치료자로서 Haley는 위계, 명확한 규칙, 부모 연합의 중요성에 관한 구조적 관점을 채택한다. 또한 그는 Minuchin처럼 다양성을 중시하며, 절대적 의미에서 정상성과 비정상성을 얘기하지 않는다. Haley에게 있어서 주요 이슈는 가족이 과업을 성취하고 있는지이다.

초기 밀란 그룹에게 있어서 가족은 시간상 이 시점에 존재할 수 있는 오직 하나의 방식으로서 그 자체로 존중된다. 그래서 치료자는 각 가족원을 지지한다. 치료자는 어떤 특정 가족형태나 조직에 동조하지 않는 반면, 이 접근은 부부 연합에 대한 선호 그리고 가족 외부 체계로부터 일정 수준의 폐쇄성을 드러내는 의례를 제시한다. 이 모델의 '가치중립성'은 정직한 평가인 동시에 치료적 전략이다.

행동적/인지적/사회교환 접근들은 기능적 의미에서만 건강한 가족과 건강하지 못한 가족을 다룬다. 본질적으로 좋거나 나쁜 행동은 없다. 바람직한 행동이 긍정적으로 강화되고 바람직하지 않은 행동은 강화되지 않는다는 점에서 이 접근의 초점은 과정에 있다.

가족평가와 분류 — 과학적 접근

만일 일반적 법칙이 우리의 목적이라면, 특정한 이론적 모델에 특유한 분류체계(schema)는 과학적 연구의 실제에 적합하지 않다. 기껏해야 그 구념들이 지지될 수 있을 뿐이며 그래서 이론들은 각 이론에 의해 형성된 가설의 검증을 통해 확인된다. 그러나 만일 건강한 기능성을 특징짓는 것과 관련하여 바라는 결과가 각 이론에 따라 다르다면, 그들 간 비교의 적절성은 결정적으로 제한된다. 여러 이론적 모델을 초월하는 가족의 연구에 대한 공통적인 접근이 발전될 때에만, 더 큰 모집단에 대한 일반화가 가능하다. 이 같은 접근들의 목표는 여러 치료학파에 의해 가정된 이상을 포함할 수 있지만 그에 한정되지는 않는 다양한 차원 위에서의 가족 기능성에 대한 평가와 분류이다. 이런 모델들은 여러 가지가 있는데, 그중에서도 특히 Kantor와 Lehr의 가족유형(1975), Olson, Russell과 Sprenkle(1983)의 순환모델, Beavers 모델(1981), McMaster의 가족기능성 모델(MMFF)(Epstein, Bishop, & Levin, 1978), 관계적 기능성의 전반적 평가(GARF)[American Psychiatric Association(APA), 1994]를 들 수 있다.

Kantor와 Lehr는 가족구조의 다양한 유형을 확인하기 위하여 거의 10년 동안 수많은 가족을 관찰했다. 그들의 초점은 가족 내 과정 그리고 외부 세계와 접촉하기 위해 가족에 의해 사용된 과정에 있었다. 그들은 세 가지 가족유형, 즉 개방적, 폐쇄적, 임의적 가족을 기술했다. 이 중 어떤 유형도 순수한 형태는 아니며 각각은 다른 두 유형의 측면들을 갖는다고 하였다.

개방적 가족은 가족 내 그리고 외부 환경기관과 작동하는 방식에 있어 민주적인 것으로 기술되었다. 이 가족에서는 질서가 명백히 존재하지만 또한 융통적이며, 구성원들은 서로 타협하고 개인적인 권리가 존중된다. 여기서는 자신과 가족에 대한 충성심이 기대된다. 또한 가족원들과 가족 외부의 사람들과의 개방적이고 정직한 교환이 뚜렷하게 나타난다.

폐쇄적 가족은 집단 요구가 개인적 요구보다 우선됨에 따라 구조, 규칙, 권력위계로 특징지어진다. 이 가족에서는 전통을 통한 안정성이 있다. 엄격한 가족 스케줄이 고수되며, 자녀는 집을 나가고 들어오는 데 대하여 부모에게 알려야 한다. 또한 매체, 사람, 독서자료 같은 외부의 영향력은 주의 깊게 감독된다.

임의적 가족은 그 과정이 분열된 것으로 보이기 때문에 그렇게 명명되었다. Kantor와 Lehr는 이 가족이 직관을 통해 '탐색의 목적'을 갖는다고 기술했다. 즉, 각 개인은 자신의 일을 하며, 다른 가족원이 하고 있는 것에 연결되지 않는다. 규칙이 별로 없다. 경계는 변화하며 쉽게 교차된다. 외부의 사람들은 가족원처럼 가족을 통해 왕래한다.

Kantor와 Lehr는 한 가족유형을 다른 것보다 더 나은 것으로 기술하지 않았다. 폐쇄적 가족에서 만일 구조가 너무 엄격하면 반항이 가능하다. 임의적 가족에는 혼돈에 달하는 분위기가 있기도 하다. 개방적 가족조차도 권위주의나 임의성의 방향으로 벗어나며, 그래서 문제가 발전될 수 있다.

대조적으로, Olson, Sprenkle, Russell(1979; Olson et al., 1983)은 가족기능성의 두 가지 차원, 즉 응집성과 적응성을 포함하는 '순환'모델을 만들었다. **응집성**은 '정서적 유대'의 정도로서 기술된다. Minuchin(1974)의 언어로 가족은 밀착 또는 유리된 것으로 분류된다. 적응성은 안정(형태안정성)과 변화(형태변형성) 간의 균형을 이루는 가족의 능력을 기술한다. 두 차원의 주요 측면은 균형으로서, 한편은 밀착과 유리 간의 균형(응집성) 그리고 다른 한편은 안정성과 변화 간의 균형(적응성)이다.

가족은 응집성과 적응성 차원 위에서 네 범주로 분류될 수 있다. 그 정도가 가장 낮은 것으로부터 가장 높은 순서로 보면 다음과 같다.

1. **응집성**
   a. 유리된
   b. 분리된
   c. 연결된
   d. 밀착된
2. **적응성**
   a. 경직된
   b. 구조적
   c. 융통적
   d. 혼돈적

순환모델로부터 16개 범주가 나타난다. 이 범주들은 그림 14.1에 제시되어 있다.

순환모델의 또 다른 측면은 '촉진적(facilitating)' 차원이라 불리는 가족 의사소통의 차원이다. 즉, 효과적 의사소통은 가족의 적절한 기능성에 필요한 것으로서 적절한 수준의 유대와 적응성을 발달시키는 데 필수적으로 보인다.

Beavers 모델(Beavers, 1981, 1982; Beavers & Voeller, 1983)은 가족체계이론을 발달이론과 통합하고, 가족을 2개의 차원 위에서 분류한다. 첫 번째 축은 가족을 가족 **상호작용** 방식의 질과 관련하여 기술한다. 그러므로 가족이 그 자체에 의존하고 외부 세계는 신뢰하지 않는 경우에는 **구심성**(centripetal), 가족원들이 가족 외부의 관계에 더 의지하고 신뢰할 경우에는 원심성(centrifugal)이 될 수 있다. 또 다른 축 위에서 가족은 적절한, 적당한, 중간의, 경계의, 매우 혼란된 가족으로 분류된다. 가족은 구조, 가능한 정보 그리고 체계의 적응적 융통성을 바탕으로 이 두 번째 축 위에서 분류된다.

체계 용어로 이는 니겐트로픽 연속선(negentropic continuum)으로 불릴 수 있다. 왜냐하면

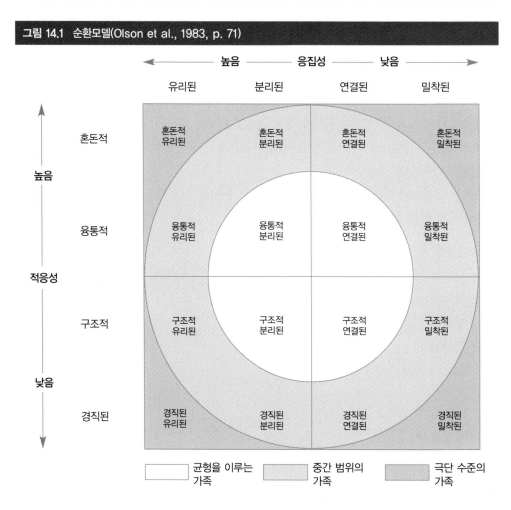

그림 14.1 순환모델(Olson et al., 1983, p. 71)

더 니겐트로픽할수록(더 유동적이고 적응적일수록), 가족은 더 잘 협상하고 기능하며 스트레스 상황을 더 효과적으로 다룰 수 있게 되기 때문이다(Beavers & Voeller, 1983, p. 89).

그림 14.2는 Beavers 모델의 두 차원을 제시한 것이다.

MMFF 모델(Epstein et al., 1978; Epstein, Bishop & Baldwin, 1982)은 가족을 통합적 전체로 본다는 점에서 체계이론적 접근을 기반으로 한다. 이 모델의 가정에는 가족의 상호작용 패턴은 물론 가족의 구조와 조직의 중요성이 포함된다. 이에 따라 가족기능성의 6가지 차원들이 규정된다. 이는 (1) 문제 해결, (2) 의사소통, (3) 역할, (4) 정서적 반응성, (5) 정서적 몰입, (6) 행동 통제이다.

가족 문제 해결 차원은 가족원을 위해 기능적 환경을 잘 유지하는 방식으로 도구적·정서적 문제를 해결하는 가족의 능력을 기술한다. 가족 의사소통은 가족생활의 도구적·정서적 차원에서 정보의 교환을 기술한다. 의사소통은 그것이 직접적 또는 간접적인지, 명확한지 또는 숨

그림 14.2 Beavers 모델(Beavers & Voeller, 1983, p. 90)

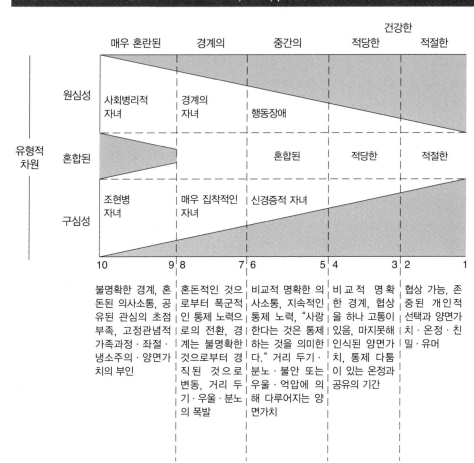

자율성 : 가족 구성원들이 선택을 하고 자신에 대한 책임을 맡으며 타인과 협상하는 데 있어서 유능하게 기능하도록 허용하고 격려하는 가족체계의 능력과 관련된 연속적 또는 무한한 차원

적응성 : 변화를 이루고 가족 구성원들의 분화를 용인하는 데 있어서 유능하게 기능하는 가족의 능력과 관련된 연속적 또는 무한한 차원

구심성/원심성 : 매우 혼란된 가족과 가장 유능한 가족과 관련된 극단적 유형이 있는 곡선적 차원

비융통성 : 변화에 대한 무능력, 가장 혼돈된 가족은 공유된 관심의 초점이 부족하기 때문에 가장 융통적이다.

매우 혼란된 : 비자율적 가족 구성원들이 명확하고 책임 있는 의사소통을 용인하지 않기 때문에 명확히 규정되지 않은 하위체계의 경계와 혼돈에 의해 나타나는 적응성 연속체 위에서의 가장 낮은 가능성 수준

경계의 : 단편적이고 거친 통제 노력에 의해 체계의 혼돈을 제거하려는 지속적이고 비효율적인 노력에 의해 나타나는 매우 혼란된 것과 중간 범위 사이의 기능성 수준

중간의 : 비교적 명확한 경계가 있으나 통제하고 통제되는 것에 대한 계속된 기대가 있으며, 건전하나 한계가 있는 자녀를 형성하는 가족

겨진 것인지에 따라 분류된다. 가족 역할은 가족원이 가족기능을 수행하는 패턴을 뜻한다. 역할에는 자원의 공급, 애정과 지지, 성인의 성적 만족, 개인적 발달의 지지, 가족체계의 유지와 관리가 있다. 모든 가족기능이나 역할이 한 구성원 또는 더 많은 구성원들에게 과중한 부담을 지우지 않고 수행되는 것이 중요하다.

정서적 반응성은 특정 상황에 관하여 적절한 수준의 강도(질적)와 적당한 양(양적)으로 반응하는 가족의 능력을 말한다. '행복의 감정'(예 : 온정, 다정다감, 애정, 위로 같은)과 '위기 감정'(예 : 분노, 두려움, 슬픔)을 포함하여 모든 감정들이 중시된다.

5번째 차원인 정서적 몰입은 가족원이 다른 가족원의 독특한 관심에 관여하는 정도를 기술한다. MMFF는 이 차원 위에서 몰입의 부족, 자기도취적 몰입, 감정이입적 몰입, 과도몰입과 공생적 몰입을 포함하는 여러 종류의 몰입을 규정한다.

6번째 차원은 행동통제로, 이는 가족이 "세 영역에서의 행동을 어떻게 취급하는지 기술한다. 이 세 영역은 신체적으로 위험한 상황, 심리생물적 욕구 및 충동의 충족과 표현을 포함하는 상황 그리고 가족원 간, 가족 외부 사람들과의 대인 간 사회적 행동을 포함하는 상황이다"(Epstein et al., 1982, p. 128). 행동통제의 방식은 경직된, 융통적, 자유방임적, 혼돈적인 것을 포함한다. MMFF 모델에서는 융통적 행동통제가 선호되고 '혼돈적' 행동통제는 가장 덜 효과적인 것으로 보인다.

마지막으로, GARF는 DSM-IV(APA, 1994)의 "부록 B"의 "후속 연구를 위해 제공된 기준과 축(Criteria Sets and Axes Provided for Further Study)"이라는 제목하에서 찾아볼 수 있다. GARF는 이미 기술된 Beavers 체계모델, Olson의 순환모델, McMaster 모델 세 가지의 통합이다(Group for the Advancement of Psychiatry, 1996). Yingling, Miller, McDonald와 Galewater(1998)에 의해 기술된 대로, GARF는 "개인적 기능성보다는 관계체계 기능성을 위해 고안된 평가도구이다"(p. 9). 이것은 체계 밖의 관점(제1단계 사이버네틱스)으로부터 임상가 또는 관찰자나 연구자 팀에 의해 사용되는 것이다. GARF는 관찰된 것으로서 가족의 현재 기능성에 대한 관심에 초점을 두며, 가족에 대한 초기의 정보를 제공하고, 치료의 진행을 추적하며, 외부의 평가자에게 유용한 결과척도를 제공하는 데 치료자에게 유용한 것으로 기술된다.

GARF 척도는 관찰자에게 점진적인 평가척도를 제공한다. 평가 또는 기능성의 전반적인 측정(GAF)은 1~100점의 범위를 가지며, 다섯 범주로 나뉜다. 1~20은 혼돈적, 21~40은 별로 만족스럽지 않은, 41~60은 매우 불만족스러운, 61~80은 다소 불만족스러운, 81~100은 만족스러운 범주이다(Yingling, 1998). 관찰자는 세 가지 영역에서 "가족이나 다른 관계 단위가 그 구성원의 정서적 · 도구적 욕구를 충족시키는 정도를 측정한다"(APA, 1994, p. 758).

A. 문제 해결—목표, 규칙, 일상을 협상하는 기술, 스트레스에 대한 적응성, 의사소통 기술, 갈등을 해결하는 능력

B. 조직 ― 대인 간 역할과 체계 경계의 유지, 위계적 기능성, 권력, 통제와 책임의 연대와 분배

C. 정서적 분위기 ― 감정의 톤과 범위, 애정, 감정이입, 관여와 애착/몰입의 질, 가치의 공유, 상호 애정적 반응성, 존중과 관심, 성적 기능성의 질(APA, 1994, p. 758)

GARF는 비교적 배우고 적용하기 쉽게 고안되었으며, 임상가에게 요구된 관찰기술은 부부 및 가족치료에서 제1단계 사이버네틱스 실제와 일관적인 기본 관찰적 · 치료적 개입기술과 일치한다. 이 장에서 기술된 다른 가족평가와 분류기술은 물론 GARF는 임상가가 문화적 · 인종적 차이에 민감하며 가족의 생활에 대한 더 큰 체계의 관여에 대해 인식할 것을 요구한다. 이러한 민감성은 포스트모더니즘 관점과 일관적인 협력적 태도로 GARF를 사용하도록 한다 (Yingling et al., 1998).

이 밖에도 여러 가지 공식적인 평가모델들이 있다. 공식적인 모델은 그 가정이 이론적 구념을 조작화하기 위한 과학적 과정에 의해 분석되었다는 것을 의미한다. 그래서 모델을 사용하고 검증하기 위한 체계이론적인 과정이 기술된다. 가족이나 부부 기능성의 차원들을 평가하는 다양한 공식적인 평가척도 역시 존재한다. 가장 광범위하게 수집된 척도들이 *가족측정 기법*(*Handbook of Family Measurement Techniques*, Touliatos, Perlmutter, & Strauss, 2001)이라는 책에 포함되어 있다. 세 권으로 된 이 책은 수많은 척도들의 요약을 제공하며, 수년간 가족 분야의 연구자들에 의해 척도가 발전되고 적용되어 온 방식을 나타내고 있다.

이 장에서 지금까지 제시된 모든 모델들은 제1단계 사이버네틱스/모더니스트 전통에서의 가족평가 실제와 일관적이다. 이것들은 관계나 가족에서 실제로 일어나고 있는 것을 기술한다. 다음에서는 이 같은 평가과정을 제2단계 사이버네틱스/포스트모더니스트 관점으로부터 비판하고자 한다.

가족평가와 분류 ― 몇 가지 관심사

위에서 기술한 다섯 가지 평가모델은 다양한 가족구조와 유형에 맞는 구체적인 범주를 규정하려는 시도를 나타낸다. 각 모델은 각각의 방식으로, 모델에 의해 규정된 일반적 주제 위에서 다양성을 고려해야 한다고 제시한다. 이런 집단화에서는 특정 가족의 독특성에 대한 많은 정보를 잃게 된다. 그러나 평가모델들은 그것들이 발전된 문화에 잘 맞는 경향이 있으며, 서구 사회의 가치에 맞는 모델들의 공통 줄거리가 있다. 모델들은 연구와 치료의 목적에 유용하다. 그러나 체계이론적 인식론의 관점에서 중요한 관심사는 모델들에 의해 기술된 범주가 치료적 또는 연구의 목적을 위해 가족을 이해하는 데 사용하는 범주로서보다는 가족에 대한 정확한 기술로서 취급되는지이다. 불행히도 범주들의 은유는 종종 실재가 된다. 왜냐하면 각 평가모델은 가치 틀을 기술하기 때문이며, 모델에 의해 규정된 목표로 개입을 이끌기 위해서 일

정 모델을 사용하는 치료자는 문화적·조건적 상황을 중시하라는 경고에도 불구하고 가치를 부과하기 때문이다.

이와 관련된 우려는 가족이 가족에 대한 적절성과 상관없이 치료자의 개념틀을 채택할 가능성이다. 즉, 평가는 가족에게 일련의 요구와 금지를 암묵적으로 부과한다. 치료자가 가족에 대한 기술(이 가족은 '혼돈적'이다.)을 구체화할 때, 평가는 다양한 것으로부터 선택된 가능한 명칭이라기보다는 "~이다."가 된다. 체계이론적 관점으로부터 우리의 지도와 평가은유와 명칭은 지형이 아니라는 것을 인식해야 한다. 더욱 책임 있게 우리는 "'가족이 혼돈적이다.'라는 기술이 유용하며, 그것을 치료자로서 우리의 행위에 대한 안내자로 사용할 것을 당분간 가정하자."라고 말할 수 있다. 이 관점과 일관적으로, 우리는 가족의 통제 시도에서 가족이 더 융통성 있게 되도록 도울 것이다. 이는 우리가 사용하고 있는 MMFF 모델의 경직되고 혼돈적인 범주들 간에 더 적절한 균형을 만들 것이다. 그러나 이는 우리가 가족을 돕는 한 가지 방식에 지나지 않는다.

과학적·의료적 모델에 기초한 전통적인 심리치료 실제에서 평가는 치료 이전에 발생하는 것으로 보이기 때문에, 체계이론적 지향을 가진 사람들에게 또 다른 중요한 이슈가 생긴다. 그러나 체계이론적으로 볼 때, 평가와 개입은 차이에 대한 독자적인 규정을 만든다. 치료자가 다루는 것은 주로 치료자가 문제라고 평가하거나 개념화한 것이다. 그래서 가족 단위에 이론적인 또는 더 일반적인 평가모델을 부과하는 치료자에 의해 다루어지는 문제들은 개념적 모델에 의해 규정된 것이다. 가족이 가족의 문제에 대한 자신의 평가(아마도 증상을 지닌 사람 또는 IP인 개인에게 초점을 둔)를 갖고 오는 것이 사실인 반면, 가족에게 참여하도록 요청함으로써 우리는 이미 가족 단위에 체계 패러다임을 부과하였다. 사실상 다루어지는 문제들은 가족 또는 치료자에 의해서 다루어지기로 만들어진 것이다. 다시 말해서, 우리가 다루는 문제들은 그것들을 어떻게 부르기로 선택하는지에 의해서 우리가 선택하는 것이다. 예를 들어, 만일 '우울'이라는 은유가 부과되면, 우울이 우리가 다루는 것이다. 그러나 Adler의 용어로 '낙담한' 또는 Rollo May의 용어로 '사기가 저하된'을 동일한 현상에 부과할 수도 있다. 어떤 문화권에서는 우울의 개념이 존재하지 않으며 그 사용은 '식민지주의'의 형태를 나타낸다(Gergen, 1994a)는 것을 인식하는 것이 중요하다.

체계이론적 관점으로부터 만나는 부가적인 딜레마는 가족 또는 치료자에 의해 평가된 문제가 그것을 문제로서 규정하는 준거틀에서만 문제가 된다는 것인데, 이 준거틀은 문화의 가치를 반영한다. 제1단계 사이버네틱스 수준에서 우리는 문제가 가족의 맥락에서 갖는 역할을 평가할 수 있다. 그러나 제2단계 사이버네틱스 수준에서, 우리는 재구성 또는 재규정해서 이른바 문제를 더 이상 문제가 되지 않는 다른 맥락에 놓는다. 이 이슈는 제17장에서 더 직접적으로 언급할 것이다. 우리는 단지 관찰하거나 평가할 수만은 없으며, 관찰하고자 하는 현상은 그것을 관찰하거나 평가하는 바로 그 행위에 의해서 변화된다. 더구나 우리가 개인, 가족 또는 관계를 규정하기 위해 사용하는 명칭들이 매우 중요하다. 내담자와 부부, 가족들은 우리가 그들에게 부여하는 평가은유 또는 명칭을 사실로 받아들이는 경향이 있으며, 이 은유 또는 명칭에 의해 기술된 특성을 받아들이기 시작한다.

그래서 가족의 평가와 분류에 사용된 모델에 대한 고려는 우리의 평가와 분류활동의 결과만큼 가족치료자에게 중요하다. 우리 이론들의 영향은 일반적으로 가정된 것보다 훨씬 더 클 수 있다. 우리 사회에서 정상적인 과학을 이끄는 전통적 패러다임이 객관적인 관찰자 자세를 지지함에도 불구하고, 주관성과 영향은 불가피하다. 이러한 인식을 인정하면서, 이미 기술된 관심사들을 언급하기를 시도하는 평가에 대한 접근을 고려하고자 한다.

체계이론적 분석/다차원적 평가

제2단계 사이버네틱스/포스트모더니즘 관점으로부터 치료 그 자체의 과정이 일관적이 아니라는 인식은 관찰자가 관찰된 것의 일부라는 것을 인정하는 방식으로 행동하는 시도로 균형 지어진다. 따라서 내담자와 그들이 치료받으러 오는 문제를 평가 또는 이해해야 하는 도전에 직면할 때, 치료자는 자신의 전문성과 내담자의 전문성을 가능한 존중하며 받아들이는 태도를 갖는다. 또한 내담자는 물론이고 치료자는 일어나고 있는 것에 대한 절대적 진실보다는 오직 이야기만을 갖는다는 것을 인식한다. 그러므로 치료자는 병리화하거나 내담자의 실재가 될 수 있는 문제로 가득 찬 이야기의 형성에 참여하는 명명이나 은유의 사용을 가능한 피한다. 또한 이론은 개인과 가족이 어떻게 되어야 하는지 또는 되지 않아야 하는지 그 방식에 대한 일반적인 기준이라기보다는 보편적인 지침을 제공하는 것으로 본다. 이는 더 큰 맥락의 다른 체계와의 상호작용은 물론 내적 체계 역동성의 영향을 고려하는 것으로, 초점은 전체론적이다. 측정과 평가는 피드백, 반영, 상호적 영향의 지속적이고 공유된 과정의 측면으로 이해되며, 치료과정을 통하여 내담자로부터 투입을 찾아낸다.

이러한 접근과 일관적인 체계이론적 분석/다차원적 평가를 위한 틀은 표 14.1에서 볼 수 있다. 특히 중요한 것은 치료자 자신의 견해는 가능한 여러 견해 중 하나에 불과하다는 것과 자신도 가족원처럼 다양한 관점을 가진 다중 우주의 일부라는 것을 치료자에게 알려주는 '이야기'라는 용어를 사용하는 것이다. 또한 중요한 것은 이야기, 목표, 치료적 개입 또는 교란에 대한 반응에 관하여 내담자로부터 투입을 지속적으로 요청하는 것이다. 또한 내담자와 함께 치료자는 자신의 이야기는 물론 특정 배경의 영향 그리고 치료과정의 영향요인 및 제약은 물론 어느 시점이든지 생길 수 있는 가치 및 윤리적 이슈에 대하여 인식하고 반영하도록 초대된 것이다. 마지막으로, 치료자의 개인적 특성과 이론적 지향뿐만 아니라 치료자가 택할 수 있었던 다른 접근에 대한 반영의 영향도 고려된 것이다.

이러한 형식으로 제공되는 과정에 관여하는 것은 각 내담자 체계의 독특성을 인식하게 한다. 평가가 개입을 만든다는 것, 관찰하는 행위에 의해 우리가 이해하고자 하는 것에 영향을 미친다는 것을 인식하게 한다. 이는 제2단계 사이버네틱스와 일관적인 방식으로 제1단계 사이버네틱스 접근으로부터 나온 전략을 사용하는 것으로서, 모더니즘과 포스트모더니즘의 혼합이다. 또한 이는 일반적 접근으로서, 제15장의 치료적 개입과 전략에서 논의될 변화이론과 일관적인 것이다.

표 14.1 체계이론적 분석/다차원적 평가

I. 내담자 체계의 기술

A. 이름, 연령과 발달단계에 대한 치료자의 이야기 그리고 개별 성원과 전체로서의 체계에 관한 기타 관련 정보
B. 구성원/체계의 강점과 자원
  1. 내담자가 인식하는 것
  2. 치료자가 인식하는 것
C. 가계도
  1. 이름, 연령, 출생일, 결혼, 이혼, 재혼, 사망, 교육, 인종, 지리적 위치, 건강과 질병 패턴, 직업, 종교에 대한 정보를 포함한다.
  2. 치료자가 가계도로부터 추론하는 경향/패턴을 논의한다.

II. 내담자 맥락의 기술

A. 상호작용의 패턴
  1. 가족 상호작용으로부터 추론하는 체계규칙과 경계 논의
  2. 가족원의 해석적 틀에 대한 치료자의 이야기 기술
  3. 의사소통이 일어나는 방식에 대한 치료자의 이야기 기술
B. 관련된 다른 체계
  1. 소개된 방식에 대한 치료자의 관점 기술
  2. 법원이 명령했다면 법원의 관여에 대한 이유 기술
  3. 내담자 체계의 더 큰 네트워크 기술
C. 에코 맵
  1. 내담자 체계에 영향을 미치는 다른 체계 포함
  2. 치료자가 에코 맵으로부터 추론하는 경향/패턴 논의

III. 제시하는 문제의 기술

A. 각 가족원이 규정하는 문제
  1. 처음에 접촉한 개인이 기술하는 대로 문제 기술
  2. 첫 면접 동안 각 개인이 기술하는 대로 문제 기술
  3. 서로의 기술에 대한 가족원의 반응 기술
B. 시도된 해결책
  1. 문제가 경험되었을 때 다른 가족원들이 내담자에게 반응했다고 말한 방식을 기술
  2. 전문적인 도움을 찾은 다른 시도 기술
  3. 치료를 위해 치료자에게 오기로 결정한 것에 대한 내담자의 이야기 기술
C. 제시하는 문제의 논리
  1. 제시하는 문제가 특정 내담자 맥락에 '맞거나' '이해되는' 방식 기술
  2. 새로운 맥락이 생기기 위해 변화해야 하는 패턴 기술

표 14.1 체계이론적 분석/다차원적 평가 (계속)

IV. 분석/평가의 과정에 대한 반영

A. 과정의 각 단계 동안 치료자가 내담자에 대하여 말하고 있던 이야기 기술
B. 사건의 진행에 대한 당신의 영향 논의
C. 다른 이야기가 사건의 진행에 대하여 가질 수 있었던 영향 논의

V. 목표 설정

A. 원하는 방식대로 되었다면 무슨 일이 일어났을까에 대한 내담자의 견해 기술
B. 내담자와 당신의 관점으로부터 내담자의 욕구, 바람과 관련하여 가능한 자원 기술
C. 목표의 선정에 대한 당신의 영향 기술

VI. 개입 실행/체계 교란

A. 제시하는 문제가 더 이상 논리적이지 않고 바라는 결과가 잘 맞게 되는 새로운 맥락의 형성을 촉진하기 위해 선택된 행동 기술
B. 목표 성취를 위한 특정 과제/개입과 관련하여 내담자와 계약을 맺는 과정 기술
C. 개입과정에 대한 당신의 생각과 그 영향 논의

VII. 평가

A. 개입이 실행되었을 때 무슨 일이 일어났는지를 기술
B. 과정에 대한 피드백의 영향, 당신과 내담자가 받은 정보로 무엇을 했는지 기술
C. 당신과 내담자가 성공과 실패에 대하여 말했던 이야기 논의

VIII. 전반적으로 분석/평가의 과정에 대한 반영

A. 당신의 실제 분야와 배경의 영향 기술
B. 시간의 영향 기술
C. 선정된 실제 양식/접근의 영향 기술
D. 계층, 인종, 성별, 연령, 성적 지향, 신체적 문제와 관련하여 치료자/내담자 특성의 영향 기술
E. 가치와 윤리적 쟁점의 영향 기술
F. 전반적으로 사례에 대한 간단한 요약/이야기 제공

실전문제

다음의 질문은 이 장에서 다룬 내용의 적용과 분석을 테스트하는 것이다. 임상실천과 더불어
이 장에 대한 추가적인 사정, 적용, 분석, 합성, 평가를 위해 다음 질문에 답하시오.

1. 사회과학의 발달에 특유한 객관성 대 주관성과 관련된 과학의 발전을 설명하시오.

2. Bowen에게 스트레스는 삶의 정상적인 부분이며 만성적 스트레스 조건하에서 증상이 발전한다. Bowen 관점이 어떻게 스트레스와 만성적 스트레스를 보는지 설명하시오.

3. 역기능적으로 간주되는 것과 정상적으로 간주되는 것과 관련하여 Kempler와 Whitaker의 접근을 비교하시오.

4. 체계이론/사이버네틱스 관점으로부터 가족을 특징짓는 행동패턴을 규칙이라 한다. 가족이 명확하고 구체적이며 융통성 있는 규칙을 발전시키도록 돕는 치료적 접근을 설명하시오.

5. 치료적 평가가 어떻게 포스트모더니즘 관점과 제2단계 사이버네틱스 관점으로부터 개입을 만드는지를 설명하시오.

6. Minuchin에 따르면 가족은 밀착되거나 유리된 것으로 분류된다. Minuchin의 분류와 순환모델의 분류를 비교하시오.

7. 치료자는 내담자가 절대적 진실이 아니라 하나의 이야기를 갖는다는 것을 인식한다. 제2단계 사이버네틱스 관점으로부터, 치료자는 내담자와 어떻게 상호작용하는가?

8. 2차원적 Beavers 모델에 기초해서, 결혼한 지 9년이 된 두 부모(두 여성)와 17세와 15세 남자 의붓형제로 이루어진 가족을 평가하시오. 주 부양자가 해고된 직후 자신들의 집을 떠나 임시 거처로 옮겼음에도 불구하고 그들은 함께 있는 경우이다.

MYSEARCHLAB 살펴보기

www.MySearchLab.com에 다음의 비디오, 사례, 문서 등이 제시되어 있다.[1]

추천 비디오

Applying Critical Thinking(비판적 사고 적용하기)
MMFF에 따라, 면접자가 내담자를 평가하는 데 사용하는 차원(영역과 유형 포함)을 밝히시오.

Assessment(사정)
내담자가 방어에서 벗어나 개방적이 될 수 있도록 면접자는 무슨 말을 했고, 어떤 행동을 했는가?

Genograms: Cultural Influences(가계도: 문화적 영향)
평가과정에서 가계도의 구성은 가족이 체계로서 가족의 차원을 탐색할 수 있도록 하는 효과적인 도구이다. 이 비디오로부터 내담자가 경험한 중요한 정서적 사건을 기술하고, 자신의 문화를 기술하면서 그가 느끼고 있다고 생각하는 것을 기술하시오.

추천 사례/문서

△ **Betty and Charlie Bristol Case Study(베티와 찰리 브리스톨 사례연구)**
사례연구에서, 치료사는 자신의 치료방식과 Satir의 이론을 비교한다. 치료사는 어떤 의도이며, 이것이 사이버네틱스의 개념과 어떻게 관련되는가?

△ **Alice and Eric Case Study(앨리스와 에릭 사례연구)**
앨리스와 에릭에 대한 다체계적 평가를 검토하시오. 평가 시점에서 이 가족이 기능적인 정도를 측정하고 그 추론을 제시하시오.

△ **Oliver Case Study(올리버 사례연구)**
올리버 사례연구에서 다체계적 평가는 치료사의 역할을 가능하게 하는 것을 확인할 수 있었다. 그러나 이 사례에서는 현재의 중요한 사람을 규명하지 못했다. 이 중요한 사람이 올리버에게 미칠 영향을 밝히고 예측하시오.

추천 자원

Techniques for Generalist Practice(일반전문가 실천을 위한 기법) : Engaging the Hard-to-Read(파악하기 어려운 내담자에게 관여하기)

Techniques for Generalist Practice(일반전문가 실천을 위한 기법) : Multiworker Family Assessment Interviews(가족 사정 면접)

Techniques for Generalist Practice(일반전문가 실천을 위한 기법) : Family Sculpting(가족 조각)

연구 주제

Carl Popper

Ronald Chenail

Jon Amundson

---

1 그러나 www.MySearchLab.com의 자료 접근 권한을 이 번역서에서는 제공할 수 없음

∧ =AAMFT 핵심능력자산, △ =사례연구

치료적 개입/교란

이 장에서는 동일한 기본 가정에 기초한다는 점에서 체계이론/사이버네틱스 관점과 일관적인 변화이론에 초점을 둔다.

변화이론

변화이론은 1974년 Watzlawick, Weakland와 Fisch가 쓴 변화: 문제 형성과 문제해결의 원칙 (*Change: Principles of Problem Formation and Problem Resolution*)라는 책에서 서술되었다. 이 이론은 꽤 오래되었지만 그 적용성은 시대를 초월한 것으로 보이며, 모더니스트와 포스트모더니스트 접근 모두에서 문제 형성/해결과정을 이해하는 데 사용될 수 있다. 이 장의 제목에 나타난 것처럼, 제1단계 사이버네틱스 관점에 의하면 치료자는 체계 외부의 위치에서 개입하며, 제2단계 사이버네틱스 관점에 의하면 치료자는 체계 내 위치에서 교란한다는 것이 주요 차이이다. 어느 경우이든지 변화이론은 매우 유용할 수 있다. 그 적절성은 Hoffman(1998)에 의해 기술되었는데, 그는 "단기적 결과에 관심을 가진 관리의료제도의 혁명은 MRI의 단기 치료접근을 확신했다."(p. 146)라고 하였다. Hoffman은 또한 문제의 원인에 대한 초점은 이 이론의 일부가 결코 아니었다고 기술한다.

이 이론의 저자들에 따르면, 문제를 해결하는 방법을 이해하기 위해서는 문제 발생과 유지와 관련된 역동성을 이해하는 것이 필요하다. Watzlawick과 동료들은 결국 시도된 해결책이 문제가 되며, 만일 문제가 해결되려면 변화에 초점을 두어야 한다고 믿는다. 그들의 관점에 따르면, 변화는 사실상 1차적 변화 또는 2차적 변화일 수 있다. 1차적 변화는 체계 내에서 일어나며, 그 체계의 규칙과 일관적이다. 2차적 변화는 체계의 규칙 변화, 따라서 체계 자체의 변화를 포함한다. 이 두 가지 유형의 변화 간 차이에 대한 고전적인 예시는 그림 15.1에 제시된

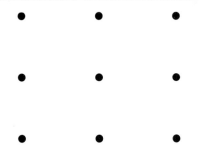

'9개의 점' 문제를 통해 볼 수 있다. 이 문제에 대한 오직 하나의 지시는 종이로부터 연필을 떼지 않고 9개의 점을 4개의 직선으로 연결하라는 것이다.

해결을 위한 첫 번째 시도들은 9개의 점이 하나의 사각형을 이룬다는 가정(내재적 규칙)에 대체로 빠져든다. 그러나 이 '규칙'을 따르고 사각형 내에 머무르는 것으로 해결책을 발견하려는 모든 시도는 1차적 변화 해결책의 예들이다. 그리고 이 경우에 그 시도들은 실패할 수밖에 없다. 대조적으로, 그림 15.2에서 보는 것처럼 사각형을 벗어나 확장시키는 선을 그리는 가능성을 허용하도록 규칙을 변화시키자, 곧 해결이 가능해지고 2차적 변화가 일어난다.

체계이론의 관점에서 볼 때, 변화는 맥락(context)의 변화를 필요로 한다. 위에서 본 대로 사각형의 가정에서 사각형이 아닌 것의 가정으로 이동하는 것처럼 게임의 규칙 변화는 맥락의 변화를 의미한다. 규칙을 변화시킴으로써 우리는 우리의 인식 또는 문제를 보는 우리의 인식이나 방식을 변화시키며, 새로운 행동적 대안들이 그 과정에서 가능해진다. 9개의 점을 다르게 봄으로써, 우리는 연필을 사각형 밖으로 나가게 하고 문제를 해결할 수 있다.

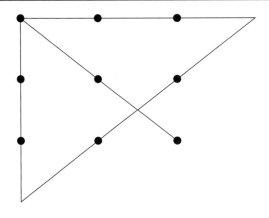

2차적 변화는 창조의 순간에서 경험되는 상상력의 도약에 비유된다. 현존하는 규칙의 틀 내에서 고려될 때는 맥락에 비논리적이고 역설적인 반응을 요구한다. 모든 변화가 효과적이기 위해 2차적 변화일 필요는 없지만, 많은 경우에 있어서 2차적 변화만이 오직 해결책에 대한 희망을 제공한다.

> 체계이론적 변화, 즉 2차적 변화를 초래하지 않고 모든 가능한 내적 변화를 낭비하는 체계는 끝이 없는 게임에 붙잡혀있다고 말할 수 있다. 그것은 그 자체의 변화를 위한 조건인 그 자체 내에서 발생할 수 없다. 그것은 그 자체의 규칙 변화에 대한 규칙을 낳을 수 없다 (Watzlawick et al., 1974, p. 22).

1차적 변화는 문제에 대한 논리적인 해결책으로 생각되는 것이다. 예를 들어, 밖이 추워질 때 실내의 온도를 올리는 것이 논리적이다(적은 열에다 더 많은 열을 더하는 것은 따뜻함과 동일하다.). 마찬가지로 어두워질 때 불을 켜는 것이 논리적이다(적은 빛에다 더 많은 빛을 더하는 것은 볼 수 있음과 동일하다.). 이 두 가지 상황에서 문제는 일어난 것의 정반대를 행함으로써 해결된다. 그러나 이 예들은 논리적인 1차적 변화의 효과를 나타내지만, 다른 많은 경우에서 이 수준의 변화는 바라는 결과를 가져오지 못한다. 왜냐하면 정반대는 동일한 것의 더 많은 것과 같기 때문이다.

정반대는 동일한 것의 더 많은 것이며, 그래서 문제가 있을 수 있다는 견해를 설명하기 위해 열띤 논쟁을 하고 있는 수지와 해리 부부의 경우를 예로 들어보자. 처음에 이 부부는 그냥 서로 의견이 달랐다. 곧 의견의 차이는 부부가 서로 상대 배우자에게 소리를 치는 상황으로 발전했다. 그러나 자신에게 큰 소리를 지르는 상대방에게 다시 소리를 지르는 것은 당면한 문제를 해결하지 못할 것이다. 그래서 부인은 전략을 바꾸기로 결정하고 남편을 무시한다. 그러나 소리를 지르고 있는 상대방을 무시하는 것은 정반대의 행동이며, 아마도 이 역시 문제를 해결하지는 못할 것이다. 사실상 문제를 더 악화시킬 수도 있다. 왜냐하면 무시하는 것은 소리를 지르는 것보다 더 조용한 방법이고 양방적 관계에서의 일방적 통제 시도이기 때문이다. 이때 남편과 부인은 차가 진흙탕에 빠진 경우처럼, 바퀴를 돌릴수록 더 깊게 빠지게 된다. 이 경우에 시도된 1차적 해결책은 문제가 된다. 이 난관을 극복하려면 2차적 변화가 필수적이다.

이제 초점을 맥락의 변화(남편과 부인이 서로 소리를 지르고 무시하는 적대적 맥락에 대한 비논리적인 반응)가 요구된다는 고려 그리고 시도된 해결책으로 돌려보자. 이런 비논리적인 반응은 그것이 맥락을 재규정하는 새로운 틀의 일부이므로 새로운 행동을 가능하게 할 것이다. 만일 부인의 소리 지르거나 무시에 대해 남편이 물구나무서기로 반응을 한다면, 게임의 규칙은 즉각 바뀌어 소리 지르기가 유지되는 패턴이 깨질 것이다. 물구나무서기는 어리석음의 맥락에서 논리적이며, 그래서 적대감의 맥락이 재규정된다. 남편이 이런 이상한 행동을 하자마자 부인은 오랫동안 소리를 지르거나 무시하기를 계속할 수 없을 것이다. 남편이 부인에게 다르게 반응한 것처럼 부인은 남편에게 다른 방식으로, 아마도 웃음으로 반응하기 시작할 것이다.

그러므로 문제의 형성과 해결을 이해하는 데 대한 핵심은 행동의 상호적 특성에 대한 인식과 행동을 규정해서 특정 행동이 의미를 갖게 되는 맥락의 중요성 그리고 과정의 중요성이다. 그러므로 수지와 해리가 '무엇'에 대해 싸우고 있는지는 중요하지 않다. 논쟁의 '내용'은 문제 해결책에 대한 실마리를 제공하지 않는다. 동일결과성(equifinality)의 견해에 따르면, 논쟁의 주제와 상관없이 '끝없는 게임'에 들어갈 때마다 패턴은 반복되고 문제는 해결되지 않는다. 이 시점에서 중요한 것은 그들이 '어떻게' 싸우고 있는가, 즉 '과정'이다. 따라서 필요한 것은 규칙의 변화이며 이를 통해 해결이 가능하다. 왜냐하면 맥락을 변화시키는 것은 규칙을 변화시키는 것과 동일하기 때문이다.

또 다른 예는 우리가 여기에서 기술하고 있는 변화과정을 더 잘 이해하는 데 도움이 될 것이다. 아인슈타인의 창조적 재능에 의해 제공된 예를 언급하고자 한다. 아인슈타인은 이른바 초보자의 마음으로 수십 년 동안 물리학자들을 난감하게 해왔던 문제를 재규정했고, 그럼으로써 상대성 이론을 만들었다. 훨씬 더 복잡한 과정이었던 것 중에서 전형적인 것은 관찰자의 운동 상태에도 불구하고 빛의 속도가 어떻게 항상 초당 186,000마일인지에 관한 질문을 다루는 것이었다.

> 독창적인 전환으로 아인슈타인은 이 난제를 가정으로 바꾸었다. 그것이 어떻게 발생할 수 있는지에 대해 고심하는 대신에, 그는 그것이 발생한다고 하는 실험적으로 논박할 수 없는 사실을 간단히 수용했다. 이 확실한 것에 대한 명백한 인정은 논리적 과정에서의 첫 단계였고, 이는 빛의 일정한 속도 같은 난제뿐 아니라 더 많은 것을 설명하는 것이었다(Zukav, 1980, p. 135).

우리들 중 어느 누구도 아인슈타인의 재능을 가질 수 없지만 우리는 2차적 해결책을 필요로 하는 문제들에 대한 우리의 반응에 있어서 똑같이 창조적일 수 있는 잠재력을 갖고 있다. 아마도 우리 모두는 우리의 행동적 전략에 기초가 되는 원리들을 인식하지 못한 채 어느 때건 이런 종류의 행위에서 성공을 경험한 적이 있을 것이다. Watzlawick과 동료들(1974)은 Erickson과 Satir와 같이 창조적인 치료자의 성공을 연구한 후에 그리고 그것을 설명하기 위해 변화이론을 만들었다. 그 결과는 문제가 형성되고 유지되며 해결될 수 있는 방식에 대한 이론을 기술한 것이었다. 문제의 존재를 부인하든 잘못된 수준에서 해결을 시도하든 해결이 가능하지 않기 때문에 문제가 해결될 수 없는 것으로 보이든 간에, 우리가 문제(맥락)를 어떻게 인식하고 규정하는지가 변화의 초점이다.

■ 재구성

사각형을 보는 것으로부터 사각형이 아닌 것을 보는 것으로의 게슈탈트 전환을 특징짓는 인식의 변화는 재구성으로 규정되어 왔다(Watzlawick et al., 1974). 재구성의 기법은 가족치료 분야 역사의 초기에 종종 가족치료와 동일시된 역설의 사용을 기초로 한다. 그러나 그 당시에는 재구성이 비교적 새로운 명칭이었던 반면, 그것이 뜻하는 과정은 그렇지 않다.

재구성은 어떤 상황을 택해서 이전의 맥락(이전의 규칙)으로부터 그것을 똑같이 잘 규정하는 새로운 맥락(새로운 규칙)으로 옮겨놓는다. 그러나 이 새로운 맥락은 새롭고 다른 반응들이 논리적이고 그래서 가능해지는 것에 대한 대안적 이해 또는 새로운 의미를 제공한다. 예를 들어, 오빠와 여동생이 끊임없이 싸우면 부모는 형제간 경쟁과 그 나쁜 영향에 대해 걱정한다. 부모는 둘을 떼어놓음으로써, 각기 또는 함께 남매에게 설교함으로써 그리고 여러 가지 벌을 줌으로써 싸움을 중지시키려고 하지만, 싸움은 계속되고 부모의 걱정은 증가한다. 부모가 행한 시도된 해결책 모두는 1차적 변화이고 먹혀들지 않는다. 이 시도된 해결책은 부모가 싸우는 것을 문제로 규정하는 사실 때문에 나타난 것이다. 반면에 치료자는 싸우는 것을 정상적인 형제간 행동이라고 부모에게 규정해주고 싸움이 일어나는 것을 허용하라고 요구한다. 만일 자녀가 서로 싸울 때 부모의 걱정과 관심이 줄어든 것을 자녀가 인식하게 되면, 싸우는 데서 재미가 사라져 싸움이 감소할 것이다. 마찬가지로, 치료자가 자녀에게 싸우는 것을 애정적인 행동으로 재구성할 수 있다. "네 동생이 너를 때릴 때마다 동생은 자기가 너를 얼마나 사랑하는지 너로 하여금 알게 하기 위해 그런다는 것을 알고 있니?" 또는 "너만 한 나이일 때는 남매가 서로 포옹하는 것이 멋있는 것이 아니라 대신에 서로 때린다는 것을 알고 있단다. 그러나 정말로는 서로 얼마나 좋아하는지를 말하는 방식이란다." 이는 재구성의 예들이다.

성공적인 재구성에 대한 핵심은 내담자에게 수용될 수 있는 새로운 틀 또는 상황을 보는 방식을 제공하는 능력이다. 그러므로 치료자는 내담자가 현재 작동시키고 있는 것에 따른 세계관에 대한 감각을 가질 필요가 있다. 즉, 치료자는 내담자가 이해하고 신뢰할 수 있는 용어로 재구성을 제시해야 한다. 자녀의 싸움을 정상적인 것으로 규정하는 것은 그것이 상황에 잘 맞고 또 부모의 준거틀과 일치하는 언어로 표현될 경우에만 효과적일 것이다. 마찬가지로, 자녀는 자신들의 행동을 애정적인 것으로 규정하는 것을 받아들일 수 있어야 한다. 그러나 그들이 받아들인다면, 새로운 의미와 일치하는 새로운 행동이 이전의 행동을 대치할 수 있으며, 이전의 인식에 따라 행동하는 것이 매우 어렵게 될 것이다.

재구성에는 실재란 우리가 인식하거나 규정하는 방식의 함수로서 형성된다는 인식이 포함된다. 이 실재 형성의 과정에서 대상과 사건을 특정 의미를 가진 행동부류로 범주화한다. 대상이나 사건을 이런 행동부류에 부과하면, 그것을 다른 부류에 속하는 것으로, 그래서 다른 의미를 가지는 것으로 보는 것이 매우 어렵다. 반면에 성공적인 재구성은 대상이나 사건의 부류를 변화시킨다.

재구성을 매우 효과적인 변화도구로 만드는 것은 우리가 '실재'에 대한 이전 견해의 덫과 고민으로 쉽게 돌아갈 수 없는 대안적 방법을 인식하는 것이다. 누군가가 '9개의 점' 문제에 대한 해결책을 우리에게 설명해준 이상, 해결책의 가능성에 대한 이전의 무력과 절망으로 되돌아가는 것은 거의 불가능하다(Watzlawick et al., 1974, p. 99).

■ 역설적 개입

재구성과 같이 역설적 개입은 2차적 변화의 한 예이다. 재구성이 맥락을 규정하여 상황에 대한 의미를 변화시키고 새로운 행동적 대안을 초래하는 것처럼 역설적 개입도 그렇게 작용한다. 역설적 개입의 고전적인 예는 증상을 처방하는 것이다. 즉, 우울한 사람에게 기운을 내라고 얘기하는 것(논리적인 1차적 반응)보다 그 사람에게 우울해질 필요가 있으며 변화하려고 해서는 안 된다고 얘기를 해준다(2차적 반응). 전자의 경우, 기운을 내라는 말은 '기분이 좋지 않은 것은 괜찮지 않은 것이다'라는 내재적 규칙을 가진 맥락과 일관적이다. 그러나 딜레마는 기분이란 우리가 통제할 수 있는 것이 아니라는 것이다. 오히려 기분이란 자발적으로 일어나기 때문에, 누군가에게 자발적으로만 될 수 있는 것을 의식적으로 하라고 말하는 것은 그를 '자발적' 역설(이중구속)에 놓는 것이다. 기분이 좋지 않은 것과 더불어 그는 아마 기분이 좋지 않은 것에 대해 죄책감(이중 타격)을 느끼게 될 것이다. 우리의 돕고자 하는 좋은 의도를 가진 상식적 노력은 문제를 유지하는 것을 도울 뿐만 아니라, 문제를 더욱 악화시키는 것을 도울 수 있다. 반면에 후자의 경우, 우울한 사람에게 우울하게 느끼도록 허용하는 치료적 역설은 '기분 안 좋은 것이 괜찮다'는 내재적 규칙을 가진 맥락을 재규정한다. 일단 개인이 느끼고 있는 것을 느끼도록 하면, 그는 일어나고 있는 것에 대해 싸우려는 것을 멈춰서 문제의 자발적인 감소가 일어날 것이다. 우울이 사라지면 2차적 변화가 발생했다고 할 수 있다.

더 친숙한 예는 불면증의 문제와 관련된 것이다. 대개 잠을 이루기 어려울 때, 잠을 이루려 노력하면 할수록 더 정신이 맑아진다. 앞의 예처럼 우리는 자신을 '자발적' 역설에 놓는 것이다. 잠이 들 수 없으면 깨어있으려 노력하도록 권한다. 이 상황에 대한 재구성은 다른 것들을 하도록 만들 것이다. 다른 것들을 하는 도중에 아마도 졸리게 될 것이고 문제는 저절로 해결될 것이다. 이 경우에 다시 2차적 변화가 발생한 것이다.

■ 문제 형성/해결

문제 형성/해결의 과정에 대하여 생각할 때, "실제적인 것으로서 상황을 규정하면 그것은 그 결과에서 실제적이다"(Thomas & Thomas, 1928, p. 572)라는 현명한 언급을 떠올리게 된다. 유사하게, Maturana에 따르면(Efran & Lukens, 1985), 문제는 어떤 상황을 문제라고 부를 때 생긴다. 문제가 그렇게 인식되고 명명될 때까지 문제 같은 것은 없다. 따라서 체계처럼 문제는 보는 사람의 눈에만 존재한다.

> 더구나 문제의 형태(그것이 존재하는 영역)는 '치유'의 형태를 결정한다. 질문을 언급하는 것은 만들어질 수 있는 대답의 종류를 설명하는 것이다. '재구성'이 효과적일 수 있는 것은 문제가 발생하는 영역이 변화해서 새로운 대답들이 가능해지고 수용될 수 있기 때문이다 (Efran & Lukens, 1985, p. 28).

또는 Watts(1972, p. 55)의 말대로, "계속 해결할 수 없는 채로 남아있는 문제는 잘못된 방식으로 언급된 질문으로 의심된다." Maturana(Efran & Lukens, 1985)는 또한 문제란 그것에 대해 얘기하는 사람에게만 존재한다고 한다. 그래서 부모가 자녀를 문제로 명명하는 한, 문제를 가진 사람은 부모이지 자녀가 아니다. 더구나 가족문제에 대해 얘기하는 것은 인식론적으로 문제가 있다. 가족은 말을 할 수 없으며, 따라서 어떤 것을 문제로 명명할 수 없다. 차라리 각 가족원은 특정 이슈를 문제인 것으로 규정할 수 있다. 이 경우에 행동이 동시에 일어날 수 있는 반면, 각 개인은 문제를 가지고 독특한 방식으로 그 이슈에 대해 상호작용할 것이다. 그러므로 체계변화는 개인이 그들의 인식을 변화시키고, 그래서 특정 이슈에 대한 상호작용을 변화시킴에 따라 나타나는 개인 변화의 함수이다. 그러므로 치료자가 개입 또는 교란할 때 변화가 일어날 것이라고 예측할 수 있으나, 그 변화가 어떤 것일지 정확히 예측할 수는 없다.

■ 확률적 과정

체계관점으로부터의 변화는 '확률적으로' 또는 부분적으로 무작위 방식으로 발생한다고 할 수 있다. 맥락이 변화해서 새로운 행동을 논리적인 반응으로 규정할 수 있을지라도, 이 반응의 정확한 소란을 예측할 수 없다. 체계가 구조적으로 결정되어 있고(구조는 체계가 할 수 있는 것의 한계를 규정한다는 것을 의미한다.), 모든 행동적 반응이 부적 피드백 또는 자율성의 수준에서 안정을 유지하는 목적을 가진 반응의 경우로 이해될 때, 가능한 행동의 수에 제한이 있다. 그러나 어떤 특정 행동이 맥락의 특정 변화와 관련되어 선택될 것인지는 미리 알 수 없다. 따라서 치료자가 개입 또는 교란할 때, 치료자는 변화가 일어날 것이라고 예측할 수 있으나 변화가 어떤 것일지 정확히 예측할 수 없다.

■ 교란자 대 변화의 대행자

우리가 논의해온 이론에 따르면, 변화는 맥락의 변화와 동일하다. 제2단계 사이버네틱스 관점에 따르면, 우리는 가족에게 말할 수 없는 것처럼 가족에 합류할 수 없고 또한 가족을 다루거나 변화시킬 수 없다. 차라리 우리의 존재로 새로운 맥락을 규정하도록, 그래서 구성원들이

다르게 행동하는 새로운 가족(가족 구성원＋치료자)을 규정하도록 돕는다. 내담자 체계가 우리와 함께 치료적 관계로 들어가도록 선택할 때, 우리 자신을 변화의 대행자로 생각하기보다는 우리가 "가족원들과 함께 헤매도록 초대되었다."라고 할 수 있다(Efran & Lukens, 1985, p. 74). 우리의 목표는 체계가 체계에 대해 더 기능적인 행동으로 보상하는 방식으로 체계를 교란시키는 것이다. 다시 말해, 체계가 자기유지를 촉진시키는 자기교정적인 과정으로 통합하기 위해 선택할 수 있는 새로운 정보를 제공해야 한다. Keeney(1983)에 의하면 안정과 변화를 인정하는 방식으로 의미 있는 소란이 제공됨에 따라 맥락의 변화가 발생한다.

의미 있는 소란

다음과 같은 Varela(1981)의 언급으로 이 부분을 시작하고자 한다.

> 소란으로부터의 질서라는 잘 알려진 원리에서 소란은 중복성을 증가시킬 수 있다. 이 증가는 체계의 요소들이 체계의 질서 증대에 기여하는 주변 소란으로부터의 교란을 '선택'할 많은 방식에 주목함으로써 이해될 수 있다(p. xiii).

새로운 방식으로 행동하거나 대안적 이야기와 구조를 형성하기 위해 체계에는 무엇인가 의지할 새로운 것이 있어야 한다. 내담자가 치료받으러 올 때, 그들은 고착되어 있으며 현 준거틀에서 그들에게 가능한 모든 해결책을 다 시도해보았다고 가정하는 것이 안전하다. 그들이 필요로 하는 것은 사물을 다르게 보고 그래서 다르게 행동하도록 할 새로운 정보이다. 치료자가 제공하는 새로운 정보는 소란이라고 할 수 있다. 그러나 이 소란은 의미가 있어야 한다. 즉, 그것은 내담자의 언어로 표현되어야 하고 그들의 세계관과 맞아야 한다.

■ 언어와 세계관

재구성을 기술할 때 언급한 대로, 내담자는 우리가 얘기하는 것을 받아들일 수 있어야 한다. 또한 "의미에 대한 탐색은 새로운 구조와 패턴을 낳기 때문에"(Keeney, 1983, p. 170), 발견될 의미가 있다는 것을 가정해야 한다. 의미 있는 소란의 형성과 제시를 위해서 치료자는 내담자의 세계관을 이해하고 내담자의 언어로 얘기할 필요가 있다. 이는 내담자가 작동하는 것에 따라 은유에 대해 인식하는 것을 의미한다. 예를 들어, 우리가 컴퓨터 프로그래머와 일하고 있는 경우, 우리가 말하는 것은 프로그램 작성, 시스템 작동 같은 컴퓨터 용어로 언급할 수 있다면 더 쉽게 이해되고 더 잘 수용될 것이다. 그러므로 우리가 어떤 것을 어떻게 말하는지(과정)는 우리가 무엇을 말하는지(내용)보다 더 중요하다.

■ 안정과 변화

앞서 지적한 바와 같이, 새로운 정보 또는 의미 있는 소란은 안정과 변화 모두를 인정하는 방식으로 제시되어야 한다. 즉, 내담자들이 치료받으러 올 때 그들은 치료자가 그들을 변화시키는 것과 그대로 동일하게 있도록 허용하는 것 모두를 동시에 요청하는 것이다. 아무도 문제를 가지고 있는 것을 좋아하지 않을지라도, 적어도 우리는 우리가 갖고 있는 문제에 친숙하다. 문제와 관련된 우리 행동의 예측성 때문에 문제는 보장된다. 반면에, 변화는 알려지지 않은 것(unknown)과 동일하며, 알려지지 않은 것은 예측성과 친숙성의 부족 때문에 두려운 것이다. 그러므로 우리 또는 우리의 내담자들은 변화를 요청하는 동시에 의식적으로는 아닐지라도 '변화를 바라지 않는다'는 또 다른 메시지가 있다. 그래서 치료자의 과업은 두 가지 요청 모두 처리되는 방식으로 반응하는 것이다.

여기에 포함된 과정은 2차적 변화로 규정된 변화에 대한 변화의 과정이다. 체계가 안정적으로 유지되기 위해 체계가 변화하는 방식을 변화시킬 필요가 있다. 치료자는 내담자가 그 안에서 의미를 발견할 수 있고, 그래서 새로운 실재를 형성·인식하는 방식으로 생각과 정보를 제시하여 이러한 변화가 일어날 수 있는 맥락을 제공하는 것을 돕는다. 동시에 안정과 변화에 대한 체계의 요구는 지지된다.

예시하자면, 문제적 상황을 다루는 데 유용한 방식으로서 내담자가 시도할 수 있는 일련의 대안적 행동들에 대해 우리는 종종 설명한다. 그것들이 효과적인 해결책일지도 모른다는 장황한 설명과 내담자의 인정 이후에, 우리는 내담자가 아직 그 실행을 시도하지 않기를 요구한다. 내담자가 문제를 좋아하지 않는다는 것을 알지라도, 문제가 하룻밤 사이에 발달되지는 않았다는 것을 제시할 근거를 우리는 제공한다. 우리는 변화는 어렵고 천천히 실행될 필요가 있으며 아마도 내담자가 변화에 대해 아직 준비가 되지 않았다고 말한다. 그러므로 적어도 당분간은 그대로 있고 조금 더 오랫동안 문제를 갖고 있기를 요청한다.

이 접근은 한편으로 내담자에게 이해되는 방식으로 새로운 정보를 제공하면서도 안정과 변화를 위한 이중적 요청에 대해 반응을 제공한다. 우리는 의미 있는 소란의 제시에 대한 기준을 충족시켰다. 내담자가 우리에게 교정하도록 요청한 문제를 우리가 내담자에게 가지고 있도록 요청하기 때문에 이 전략을 역설적 개입으로 인식할 수도 있다.

덧붙여, 체계이론/사이버네틱스 접근으로부터 문제 형성과 해결의 논리를 기억해보자. 즉, 모든 증상은 맥락에 논리적인 것으로 이해된다(문제가 이해되고 유지되는 방식이 있다.). 변화에 대한 노력은 체계 안정성의 부분이고 체계는 변화하는 방식을 변화시킴에 따라 그 안정성을 유지할 필요가 있다. 오직 체계만이 이것을 할 수 있다. 체계는 스스로 교정하며, 치료는 단지 이 자기교정적 과정이 촉진되는 맥락을 제공한다. 따라서 내담자가 답과 해결책을 찾으러 올지라도 그리고 우리의 제안을 이런 용어로 표현할 수 있을지라도, 우리가 제공할 수 있는 대부분은 새로운 정보라는 것을 우리는 알고 있다. 이는 내담자는 물론 치료자의 측면에서 교란, 반응, 학습, 피드백과 적응의 끊임없는 순환과정을 포함한다.

■ 정보와 교란

치료자가 교란시키고 내담자가 반응함으로써, 상호작용을 통해 자기교정을 가능하게 하는 정보를 치료자가 갖게 됨에 따라 치료자도 교란된다. 치료자는 '실수'를 하지 않으며 내담자의 행동들도 '실수'로 간주될 수 없다. 정보는 수용되거나 수용되지 않을 수 있으나, 무슨 일이 일어나지 않는지는 무슨 일이 일어나는지만큼 많은 정보를 제공한다. 거부된 정보 하나하나는 치료자가 수용할 수 있는 가능한 대안들의 범위를 좁힐 수 있게 한다. 그러므로 문제행동을 유지하는 반응이 더 이상 논리적이지 않은 것으로 규정된 맥락 내 관계로 치료자/내담자 체계가 진전한다는 의미에서 이른바 모든 실수는 치료적 기회가 된다.

만일 내담자가 우리의 제안을 무시하고 새로운 행동을 하기로 결정한다면, 우리는 그들이 변화할 준비가 되어 있다는 정보를 갖게 된다. 또한 우리는 우리의 제안 중 어떤 것을 그들이 실행하기로 선택했는지, 어떤 것을 실행하지 않기로 선택했는지, 그들이 시도한 것이 어느 정도 효과가 있었는지 알게 된다. 그들이 변화할 준비가 되지 않은 것에 대해 그들의 관점에서 보면 우리가 '옳지 않았을'지라도, 그들이 우리의 제안을 시도하기에 충분히 괜찮은 것이라고 생각한 만큼 우리는 '옳았다'. 만일 그들이 시도한 것이 작동했다면 훨씬 더 좋을 것이다. 그들이 시도한 것이 작동하지 않았다면, 그들이 아직 변화할 준비가 되지 않았다는 점에서 우리가 옳았다. 그러나 이 마지막의 경우, 내담자에게 그렇게 말할 수 있지만 만일 변화가 일어나려면 우리가 상호작용하고 있는 방식이 변화되어야 한다는 것을 알아야 한다. 만일 내담자가 우리의 지시를 따르고 문제를 갖고 있기를 결정한다면 이는 우리가 갖게 되는 동일한 정보이다. 즉, 의미 있는 소란이 인식되지 않았다는 것을 나타내는 피드백을 갖게 된다. 만일 우리가 자기교정을 촉진하는 맥락을 규정하도록 도우려면 우리의 접근을 바꾸어야 할 것이다. 이는 내담자가 의미 있는 소란을 인식하고 변화된 인식과 관련하여 그들의 구조를 변화시킴에 따라 내담자가 반영시킬 동일한 과정이다.

이제까지의 논의에서 주요 개념은 다음을 포함한다.

1. 2차적 변화는 맥락 또는 체계 규칙의 변화와 같다.
2. 맥락의 변화는 인식 또는 문제를 보는 방식의 변화에 의해 촉진된다.
3. 맥락은 행동을 규정하고 그 안에서 특정 행동이 의미를 갖는다.
4. 재구성은 하나의 상황을 택해 이전의 맥락으로부터 해제하여, 그것을 똑같이 잘 규정하나 새로운 의미를 제공해서 새로운 행동대안을 제공하는 새로운 맥락에 놓는다.
5. 문제와 해결책은 관계의 맥락에서 발전하며, 특성상 상호적이다.

6. 체계는 개인이 인식을 변화시킴에 따른 개인 변화의 함수로서 그 자체가 변화한다.

7. 치료의 역할은 변화가 촉진될 수 있는 맥락을 제공하는 것이다.

8. 치료자의 역할은 의미 있는 소란을 제공함으로써 교란자가 되는 것이다.

9. 의미 있는 소란은 내담자에게 수용될 수 있는 임의적인 것이며 안정과 변화 모두 인정한다.

10. 의미 있는 소란을 제공하기 위해 치료자는 치료자의 세계관을 이해하고 치료자의 은유에 민감하며 치료자의 언어로 얘기해야 한다.

이 개념들은 이 책의 제2부에 기술된 접근들에 의해 예시된 것으로서, 여러 다른 방식으로 실제에 옮겨온 과정을 규정한다. 그러나 대부분의 초기 접근들(제6~12장)은 제1단계 사이버네틱스 관점과 더 일관적이라서 1차 수준 치료의 범주에 속하는 것으로 볼 수 있다. 제2단계 사이버네틱스와 일관적인 접근들의 발달 또는 2차 수준 치료(제13장)는 비교적 새롭지만, 위에서 설명한 개념들 역시 포스트모더니스트 임상실제에 특징적인 임상치료를 기술한다.

변화이론, 의미 있는 소란, 포스트모더니즘 관점

제4장에서 기술한 대로, 포스트모더니즘은 사회적 상호작용의 맥락에서 언어의 역할을 강조한다. 우리가 문화적 규범과 가치세계에 동화하고 영향을 주는 것은 언어를 통해서이다. 우리는 언어로 인식하고 의미를 만들며, 그래서 우리의 실재를 형성하는 데 참여한다. 그리고 모든 참여자가 내러티브를 저술한 결과인 계속적으로 상호적인 대화로 내담자와 치료자가 이야기를 공유하는 것은 언어를 통해서이다. 치료는 그래서 모두가 전문가이며 그 누구도 '진실'을 갖지 않는 협력적 과정이다. 치료적 대화는 '지금 여기'에 초점이 있다. 이해는 항상 변화하며 대화적 질문의 맥락에서 계속 생긴다. 치료자가 독특한 결과를 추구하고(White & Epston, 1990) 해결책에 초점을 둠(de Shazer, 1985, 1988)에 따라 존중과 민감성이 기본적으로 중요해진다. 따라서 내담자 맥락의 변화는 "치료자가 신념과 행위 간의 반영적 순환의 일관성에 도전해서 다른 관점을 택할 때 촉진된다"(Fruggeri, 1992, p. 51). 그래서 행동에 내재하는 의미체계는 언어에 대한 초점을 통해 변화된다.

이 과정을 변화의 이론으로 규정하기 위해 치료자와 내담자가 이전의 문제로 가득 찬 이야기를 해체하고 호혜적 상호작용과 피드백을 통해 새로운 해결 중심 이야기가 쓰여지는 새로운 맥락을 함께 형성함에 따라 2차적 변화가 촉진된다. 이는 상황이 다르게 인식되어 재구성되는 대화의 과정에서 발생한다. Lax(1992)가 기술한 대로, "문제가 존재하지 않는 또 다른 담론에 내담자가 관여하도록 담론을 변화시키는 것으로 생각하는 것이 여기서 가장 유용하다는 것을 발견한다"(p. 74). 치료자는 체계를 변화시키려고 시도하기보다는 차라리 질문, 반영, 코멘트로 교란을 제공한다. 이상적으로 치료는 내담자에 의해 의미 있는 것으로 그리고 미래에 대한 새로운 가능성이나 새로운 행동적 대안을 낳는 것으로 경험되는 대화이다.

여기서 변화과정과 의미 있는 소란의 형성을 규정하고 포스트모더니스트, 사회구성주의자, 내러티브 임상실제와 관련하여 이 과정에 대해 간략하게 기술했을지라도, 치료의 내용을 어디에서 얻을지 궁금할 것이다. 이 질문에 대한 답은 매우 간단하다. 거의 모든 것이다. 정신내적 이론과 개인치료에 의해 설명된 많은 기법은 물론 여러 가족치료 학파에 의해 요약된 기법을 이용할 수 있다. 차이란 전자는 체계이론적 틀로 바뀌어야 된다는 것이고, 후자의 경우에는 이것이 이미 되었다는 것이다. 더구나 치료 영역 밖으로 이동할 수도 있다. Falicov(1998)가 말한 대로, 중요한 조건은 우리의 행동이 묻혀지고 우리의 실재가 인식/형성되는 것과 관련되는 순환적/피드백 과정에 대한 인식의 필요성이다. 또 다른 중요한 조건은 체계이론/사이버네틱스의 틀과 관련하여 윤리적 이슈에 대해 인식하는 것이다.

윤리적 이슈

몇 가지 이유 때문에 이 시점에서 윤리에 대한 논의를 포함하고자 한다. 첫째, 윤리적 이슈는 치료의 맥락 그리고 변화의 촉진에서 생기며 특정 접근이나 방식과 상관없이 존재한다. 둘째, 치료가 체계이론/사이버네틱스 인식론의 바탕에서 작동할 때 전적으로 새로운 윤리적 이슈가 생긴다. 셋째, 포스트모더니즘의 가정과 일관적인 치료의 특성은 윤리에 대한 강조이다. 따라서 윤리적 이슈에 대한 인식은 논리적으로 일관적인 방식으로 작동할 잠재력과 완전한 이해에 핵심적이다.

2012년 7월에 미국부부가족치료학회(AAMFT)는 개정된 부부가족치료자를 위한 윤리규약 (*AAMFT Code of Ethics*)을 출판하였다. 치료의 실제와 같이, 이 규약은 제1단계 사이버네틱스 수준에서 실용적인 이슈들을 기본적으로 다룬다. 이는 자체적으로 윤리규약을 갖고 있는 다른 전문집단의 윤리적 행위에 대한 표준과 뚜렷하게 다르지 않다. 이 규약들은 유사한 가정에 기초하고, 치료의 본질과 관련된 유사한 이슈들에 관여하는 것이기 때문에 이 규약들 간에 공통점이 존재한다.

■ 윤리와 제2단계 사이버네틱스

AAMFT 지침은 내담자를 보호하고 가장 높은 표준의 직업적 행동을 보급하고자 한다. 전문가로서 우리는 이런 규약에 친숙해지고 최선을 다해서 이 규약을 따르는 것이 중요하다고 믿는다. 그러나 가족치료자로서 우리는 또 다른 윤리적 이슈도 역시 다루어야 한다고 믿는다. 제2단계 사이버네틱스 수준에서 우리 관심사의 특성과 우리가 요청해야 하는 질문의 유형은 다소 달라진다. 몇몇 이슈들은 AAMFT 윤리규약에 의해 함축된 실제에 도전할 수도 있다. 다음은 몇 가지 관심사와 질문을 언급하려는 시도이다.

사이버네틱스 개념틀의 적용으로 생기는 윤리적 이슈는 이론처럼 우리가 전통적으로 다루는 것들보다 더 포괄적이다. 이 이슈는 우리로 하여금 관계, 회귀 그리고 "끊임없이 연합된 우주"(Bronowski, 1978)를 규정하도록 하는 생태학적 인식으로부터 생긴다. 그러나 체계이론/사이버네틱스 실재의 인식자와 형성자로서 우리가 그렇게 규정하도록 선택하기 때문에 그것은 윤리적 이슈일 뿐이다.

문제 형성에 대한 부분에서, 문제가 인식되고 그렇게 명명되기까지 문제 같은 것은 없다고 하였다. 또한 제3장에서 구조적 결정론의 견해에 따르면, 체계가 하는 것은 항상 옳다고 하였다. 그래서 본질적으로 문제로 인식하지 않아 이전에 가지지 않았던 문제를 그 체계에 주기 때문에, 우리는 가족이나 그 구성원의 행동을 '미친' 또는 '나쁜' 것으로 명명하는 딜레마에 직면해야 한다.

한 예로 어떤 방식으로든 우리가 용서하지 않는 학대적 행동을 고려해보자. 오랜 역사 동안 아동과 부인 학대는 받아들여졌을 뿐만 아니라 공공연하게 용인되었다. 즉, 미국 역사의 초기에 가족폭력은 사회적으로 지지되었다. 그래서 '좋은' 부모들은 그들의 자녀로부터 '악' 또는 '죄의 본질'을 빼내기 위해서 자주 자녀를 때렸고, '좋은' 남편들은 부인을 복종시키기 위해서 일상적으로 부인을 때렸다(Morgan, 1956). 그러므로 오늘날 학대가 존재한다는 사실은 우리가 종종 믿는 것처럼 이른바 가족붕괴의 증거가 실제로 아니다. 그것은 사실 새롭고 달라진 것이 아니다. 달라진 것은 우리가 이 행동을 어떻게 인식하는지와 그것을 나쁘고 잘못된 것으로 현재 규정한다는 사실이다.

그러나 이러한 행동을 문제로 규정하는 과정에서, 학대적 행동을 부모로부터 물려받은 가족에게 우리가 의도했던 것보다 더 큰 문제를 줄 수 있다. 그 행동을 수용할 수 있는 것으로 규정한 문화적 맥락에서 그들의 행동이 논리적인 반응일 수 있었던 시기에서조차 이 가족의 조상들은 '나쁜' 것으로 보일 수 있다. 또한 우리는 이 문제의 부정적인 결과가 틀림없이 평생 남아있을 것이라고 이 가족원들에게 말해왔다. 그리고 적어도 부분적으로는 이 인식에 기초하여 개인들이 자신의 실재를 형성하는 한, 아마 계속 그럴 것이다. 이는 '전문가'로서 우리가 절대적 의미에서 가질 수 없는 지식을 주장한 사례 중 하나이다.

사실상 우리가 문제를 규정하는 것이며, 우리는 아마도 계속 그렇게 할 것이다. 행위에 대한 적절한 규칙을 발전시키는 사회 구성원으로서 우리는 항상 수용할 수 있고 수용할 수 없는 행동들을 규정하는 맥락의 일부일 것이다. 그러나 병리화하는 것을 피하고, 우리가 진실에 접근한다는 암시를 피하며, 질병이 아닌 선까지 건강의 범위를 좁히는 것을 피하는 것이 윤리적 의무이다. 예를 들어, 우리 사회에서 행복의 이슈를 고려해보자.

Schofield(1964)에 따르면, 정신병리에 대한 규정의 자유화는 불행 또는 불안으로부터 자유로워지는 데 대한 실패가 정신병리의 범주로 구분되는 단계에 도달하게 했다. 치료자로서 돕고자 하는 우리의 시도에서, 우리는 불안으로부터 자유로워지는 데 대한 실패 또는 불행 같은 이른바 병리에 대한 치유가 알려져 있으며 처치가 가능하다는 인상을 의도적이건 아니건 간에 준 것으로 보인다.

> 변화하는 것은 인간의 상태에 대하여 생각하고 불안에 대하여 걱정하는 인간의 상대적 자유이며, 어떤 종류의 개인적 좌절도 비정상적이고 불안의 회피는 기본적인 개인의 목표가 되어야 하며 사회는 불행의 성공적인 방지를 위해 지식과 전문가를 모두 제공할 수 있다는 전제를 받아들이는 문화적 시대에서 살 인간의 상대적 자유이다(p. 44).

그래서 우리 자신과 우리의 기술을 파는 과정에서 우리의 주장들이 해결하는 것보다 더 많은 문제를 형성하지 않도록 주의해야 한다. 우리에게 중요한 주제인 것을 반복하자면, 돕고자 하는 우리의 노력에서 "먼저 아무 해가 없도록 하자"(Becvar, Becvar, & Bender, 1982, p. 385).

증상이 일부이고 만일 가정된 치유가 획득되면, 혼란될 생태에 대한 인식 없이 증상을 치료할 때 유사한 이슈가 제기된다. 몇 년 동안 가족치료자들은 문제를 개인 병리의 표시라기보다는 체계 역기능의 증상으로 얘기해왔다. 이는 확실히 제1단계 사이버네틱스 수준에서는 이해가 된다. 그리고 확실히 이런 개념화는 우리가 전통적으로 병리를 이해해온 방식과 관련하여 큰 변화를 나타내는 것이다. 그러나 제2단계 사이버네틱스 수준에서 우리는 모든 행동의 논리를 볼 수 있으며, 그래서 역기능을 규정할 수 없다. 차라리 모든 행위는 고차적인 부적 피드백/체계 유지적 행동의 부분으로서 이해된다. 우리의 개념틀이 믿을 수 없을 정도로 광대한 우주라는 명백한 사실은 물론 이 틀에 의해 가정된 모든 현상의 상호 관련성을 고려한다면, 우리는 우리의 치료적 개입이 갖는 전적인 영향을 결코 알 수 없다. 그러므로 그것은 우리가 자갈을 연못에 던지기 전에 가능한 파동들을 주의 깊게 고려하도록 한다. 우리가 우리 행동의 전적인 영향을 평가할 수 있을 무렵에는 그것을 변화시키기에 너무 늦을 수 있다. 우리가 휘저었던 물이 작은 아이의 배를 전복시킬 것이라는 것을 깨달을 때, 우리의 자갈은 이미 연못의 바닥에 있다. 따라서 "심각하게 이 딜레마에 직면하는 치료자는 항상 고차적 결과에 대한 안목을 갖고 개입에 대하여 주의 깊게 계획할 것이다"(Keeney, 1983, p. 122).

또 다른 이슈는 조작으로 알려진 치명적인 병폐에 관한 것인데, 이는 몇몇 이론에 따르면 모든 희생을 감수하고서라도 회피해야 하는 것이다. 그러나 만일 개인이 영향을 주거나 영향을 받을 수 없다면, 개인은 조작하거나 조작될 수 없다. 또 다른 사람이 존재할 경우 어떤 행동이라도 그 관계의 성질에 대한 무엇인가를 의사소통하며, 그럼으로써 그 관계에 영향을 준다. 내담자의 존재하에서는 어떤 치료자의 행동도 적어도 그만큼 그리고 아마도 더 많이 그 관계에 대한 영향력을 행사한다. 영향력과 조작(둘 다 다른 사람의 행동을 수정하거나 결정하는 것을 뜻한다.)은 불가피하기 때문에, 우리는 다소 다르게 이 이슈를 고려해야 한다. "그러므로 문제는 어떻게 영향력과 조작이 회피될 수 있는지가 아니라, 그것들이 어떻게 내담자를 위해서 가장 잘 파악되고 사용되는지이다"(Watzlawick et al., 1974, p. xvi).

그러므로 조작은 일어나는 반면, 그 좋고 나쁨은 오직 맥락에 관련되어서만 결정될 수 있다. 제2단계 사이버네틱스 관점으로부터 조작은 "그 생태의 조직적 논리의 부분으로서 증상"(Keeney, 1983, p. 8)을 고려하지 않는 맥락에서는 나쁘다. 또한 "요리책 같은 치유" 기법들이 "그 생태에 적절히 연결되지"(Keeney & Sprenkle, 1982, p. 16) 않고 실행될 때 역시 나쁘다. 그래서 매우 실제적인 의미에서 자신을 반이론적으로 규정하고 자신의 치료를 특징짓는 경험적 과정을 오직 기술하고자 하는 가족치료자들은 적어도 이 측면에 관해서는 제2단계 사이버네틱스 관점과 가장 일관적이다. 그들은 시도되고 사실적인 치료적 개입을 제공하지 않기 때문에 모방하기에 매우 어려울지라도, 그 특정 맥락에 논리적인 방식으로 내담자와의 각 접촉에 반응하는 시도로 볼 때 훌륭한 모델이라고 할 수 있다. 제13장에서 기술된 더 새로운 포스트모더니즘 접근에서 치료자가 무례하거나 비윤리적인 것으로 해석되는 행동을 피하려 하는 의식적인 시도의 예를 보았다.

따라서 우리가 특정 이론적 관점에 따라 내담자와 상호작용할 때 건강에 대한 우리의 규정이 너무 이상화되어 대부분의 부부와 가족이 획득할 수 없을 가능성을 고려해야 한다. 또한 우리는 우리의 모델이 주어진 문화적 맥락에서 특정 가족에게 기능적인지 그리고 효과적 가족과정에 대한 우리의 이론이 이 가족에게 바람직한지를 질문해야 한다. 우리는 그것이 제공할 수 있는 가정된 선(善)과 관련된 개입의 성질 그리고 그것이 잠재적으로 건설적인지 또는 파괴적인지를 주의 깊게 고려해야 한다. 이론적 모델에 대한 신념이 종교적 열정에 가까운 전문가들의 가장 진실한 목적은 반드시 긍정적인 결과를 낳지는 않을 것이다. 우리 자신이나 다른 사람들을 위해 과거에 치료를 성공적으로 지지해온 것으로 보이는 특정 모델에 대한 우리의 열의에도 불구하고, 우리는 모든 이론들의 한계를 인식해야 하며, 그것들에 해당되지 않는 확실성을 부여하지 않아야 한다. 그렇게 하지 않는다면 우리의 이론적 구념들이 병리의 근원이 되는 것을 허용하는 것이다.

포스트모더니스트들은 우리의 이야기를 멈추고 치료적 상호작용의 맥락에서 발전하는 내담자의 이야기가 초점이 되게 할 필요가 있다고 말한다. Tom Andersen(2001)은 치료적 대화를 위한 다음의 세 가지 지침을 제시한다.

"나는 말하기를 원하는 사람들과 말하기를 원하나, 훨씬 더 중요한 것은 말하기를 원하지 않는 사람들과 말하지 않기를 원한다.", "나는 그들이 논의하고 싶어 하는 것에 대해 말하기를 원하는 사람들과 말하기를 원하나, 훨씬 더 중요한 것은 논의하고 싶지 않은 것에 대해 말하지 않기를 원한다.", "나는 다른 사람이 말하도록 하고, 그래서 자신이 선호하는 언어로 구성되도록 하는 것을 좋아한다"(p. 12).

포스트모더니스트들은 또한 우리가 더 큰 사회적 맥락에 대한 고려를 포함해야 한다고 말한다. 우리는 예를 들어 남성과 여성 관계 그리고 권력 역동성 같은 것에 대한 담론을 인식하고 이에 민감해야 된다. 우리는 우리가 말하는 것과 말하지 않는 것 때문에 어떻게 우리의 언어가 억압적인 것으로 계속 경험될 수 있는지 고려해야 한다. 또한 우리는 모든 행동과 우리가 내뱉는 모든 단어가 윤리적 함축성을 가진다는 것을 인식해야 한다.

마지막으로 우리는 일반적으로 경제학의 이슈 그리고 특히 제3자 지불의 이슈에 도달했다. 치료자이기 위해서 우리는 해결할 문제들을 가질 필요가 있다. 치료자로서 생계를 유지하기 위해, 우리에게는 문제를 해결하도록 도와주는 데 대해 사례비를 지불할 내담자가 있어야 한다. 이론적으로, 우리가 우리의 일을 효과적으로 한다면, 우리는 해결할 더 이상의 문제가 없다는 사실 때문에 치료일을 그만두게 될 것이다. 그러나 우리가 이렇게 될 가능성은 아주 적다. 사실 우리는 오류 활성화된 체계이며, 문제를 규정하는 사회에서 산다. "우리의 관점은 부정적·문제 지향적 관점이며"(Becvar, 1983, p. 18), 우리의 전통적 지향은 "정상성보다는 병리에, 예방과 증진보다는 치료와 재활에"(Dempsey, 1981, p. 132) 있다. 그러므로 윤리적 요구는 우리가 문제를 규정하는 것을 중단하는 것이 아니라, 우리 자신을 계속 일하도록 하기 위해 문제를 규정하지 않는 것이다. 마찬가지로, 문제로 규정된 상황에 대한 우리의 반응은 그것을 해결하는 만큼 그 문제를 유지시킬 잠재력을 가진다는 것을 우리 스스로 상기할 필요가 있다.

제3자 지불의 이슈는 몇몇 수준에서 까다롭다. 먼저 우리 사회가 현재 구조화된 대로 내담자의 보험회사로부터 서비스에 대한 변제를 받을 수 있는 정신건강 전문가들은 심리치료사와 심리학자로 제한된다. 이 같은 변제는 DSM-IV(American Psychiatric Association, 1994)에 구분된 범주에 따라 개별적인 진단을 요구한다. 간단한 해결책이 없지만 그럼에도 불구하고 당신의 고려를 위해 다음과 같은 질문을 제기하고 싶다.

- 제1단계 사이버네틱스 수준에서조차 개인의 역기능보다는 가족을 보는 관점으로부터 치료하는데, 가족치료사가 개인에게 진단적 명칭을 부여하여 그를 역기능적으로 규정하는 것이 윤리적인가?
- 제2단계 사이버네틱스 수준에서 내담자에 대한 개인적 진단 명칭 부여의 결과는 무엇인가? 맥락적으로서보다는 개인적으로 규정된 병리에 대한 신념을 형성·유지하는 것이 사회에 주는 결과는 무엇인가?
- 진단적 범주와 질병 명칭은 우리가 만든 것이며 우리의 구성 밖에서는 존재하지 않는다는 것을 인식하면서 우리가 병리화하는 담론에 참여하고 있다는 것을 깨달을 때 우리의

윤리적 책임은 무엇인가?

확실히 가족치료자는 심리치료사와 심리학자들만큼 그들의 서비스에 대해 마땅히 지불되어야 한다. 그리고 우리의 많은 내담자들은 보험회사에 의지하지 않고서는 사례비를 지불할 능력이 없는 것이 현실이다. 그러나 우리는 또한 지불을 받는 방법에 대해 우리 자신에게 물어보고, 이 과정과 관련하여 우리의 현재 행동이 누구에게 가장 큰 이득이 되는지를 질문할 필요가 있다. 우리는 우리 행동의 더 큰 생태학을 고려해야 하며, 만일 우리가 맥락을 다른 것으로 규정해서 다른 실재를 형성하는 데 참여하기를 바란다면, 우리는 다른 방식으로 그리고 동일한 것의 더 많은 것이 아닌 방식으로 행동해야 한다는 것을 인식해야 한다. 이상적일지라도, 우리는 "어떤 순간에서도 원하는 미래를 향해 자유롭게 행동한다"(Foerster, 1981, p. 199)는 Foerster에게 동의한다.

중요한 것은 우리가 체계이론적 인식론과 일관적이려면, 우리의 행동이 내담자와 함께하는 일 뿐만 아니라 개인적·직업적 생활의 모든 측면에서 이 신념체계의 전제들을 반영해야 한다는 것이다. 윤리적 행동은 제1단계 사이버네틱스와 제2단계 사이버네틱스 수준 모두에서 일관성을 요구한다. 그러나 이는 특성상 반드시 윤리적인 것은 아닌 또 다른 딜레마를 제기한다. 제18장에서 이에 대해 더 논의할 것이다.

실전문제

다음의 질문은 이 장에서 다룬 내용의 적용과 분석을 테스트하는 것이다. 임상실천과 더불어 이 장에 대한 추가적인 사정, 적용, 분석, 합성, 평가를 위해 다음 질문에 답하시오.

1. 1차적 변화와 2차적 변화 간의 차이를 기술하시오. 치료자는 1차적 변화전략과 2차적 변화전략 각각을 통해 문제에 어떻게 반응하는가?

2. 가족치료에 사용된 2차적 전략과 개입을 기술하시오. 옷을 훔친 전력이 있는 여자 청소년을 치료자가 도울 수 있는 두 가지 방식을 설명하시오.

3. 치료가 어떻게 가족치료에서의 관점 변화를 형성할 수 있는가?

4. 가족치료에서 변화이론과 의미 있는 소란의 주요 견해를 기술하시오.

5. 포스트모더니즘 관점으로부터 가족치료에서 이론과 진단이 내담자를 돕는 것을 방해하는 두 가지 방식을 설명하시오. 또한 잠재적인 문제를 밝히시오.

MYSEARCHLAB 살펴보기

www.MySearchLab.com에 다음의 비디오, 사례, 문서 등이 제시되어 있다.[1]

추천 비디오

Big Brother(빅브라더)
화난 언어는 어떻게 화난 행동을 이끄는가?

Advocating for the Client(내담자를 위한 옹호)
서로 다른 단체와 기관의 치료사가 어떻게 협력하는가?

Professional Roles and Boundaries(전문적 역할과 경계)
치료사는 어떻게 내담자와의 경계를 형성하고, 내담자로 하여금 치료사와 다른 사람과의 경계를 형성하도록 도와주며, 순응을 보장하는가?

추천 사례/문서

△ Trauma-Organized versus Trauma-Informed Organizational Culture(외상)
외상이 어떻게 치료사 소진과 관련되는가? 치료사는 수전, 다코타, 랄프와 작업하며 소진을 어떻게 방지하겠는가?

△ Decision, Decision, Decision(결정, 결정, 결정)
폴이 행한 윤리적 위반은 무엇인가? 그리고 당신은 이 같은 위반을 방지하도록 폴을 어떻게 코치하겠는가?

△ Domestic Violence: Betty and Charlie Bristol(가정폭력: 베티와 찰리 브리스톨)
치료사는 베티와 찰리를 치료할 때 재구성과 역설적 개입을 어떻게 사용하는가?

추천 자원

Career Exploration(직업 탐색) : 프로그램 지도자 Karen Cowan

웹사이트 : Civic Practice Network

Techniques for Generalist Practice(일반전문가 실천을 위한 기법) : What Can You Expect from a Career in Human Services? Your Future Plans(당신은 인간 서비스 직업으로부터 무엇을 기대할 수 있는가? 당신의 미래 계획)

연구 주제

Morality(도덕성)

Ethics(윤리)

Paul Watzlawick

---

1 그러나 www.MySearchLab.com의 자료 접근 권한을 이 번역서에서는 제공할 수 없음
∧＝AAMFT 핵심능력자산, △＝사례연구

훈련과 슈퍼비전

학습 목표

● 이 영역에서의 지식의 한계를 고려하여 적절한 슈퍼비전 행동에 관해 논의한다.
● 슈퍼비전과 훈련에 관계있는 법적 및 윤리적 이슈들을 서술한다.
● 슈퍼비전 계약의 주요 요소들을 정의해주는 슈퍼비전 계약의 의의를 평가한다.
● Kitchener의 윤리적 정당화 모델의 요소들을 서술하고 정의한다.
● 제2단계 사이버네틱스/포스트모더니즘 관점으로부터 슈퍼비전의 주요 측면들을 서술한다.

우리는 여행 본부를 방문하면서, 훈련과 슈퍼비전의 영역을 통해 우리가 떠나려는 여행을 비교할 것이다. 비유해서 말하자면, 이곳은 지도와 여행 안내서가 창조되고 유포되는 곳이며, 여행 가이드로 행동할 사람들이 훈련되는 곳이며, 시민들의 사회화에 관한 이슈들이 결혼과 가족치료의 영역으로 지속적으로 다루어지는 곳이다. 학생과 전문적인 부부가족치료 임상가로서 여러분 모두는 기본 교과과정의 특질들, 면허 혹은 자격증을 위한 준비 그리고 여러분이 선택한 임상 분야에서 윤리적 행동과 능력을 확보하기 위한 가이드라인을 통하여, 이 분야에 의해 지속적으로 영향을 받는 것을 발견하게 될 것이다. 다른 정신건강 분야에서 훈련받은 많은 전문가들도 가족치료를 할 수 있지만, 대체로 이 분야와 거주하는 주와 지역에 관련된 훈련, 슈퍼비전 및 특정한 규제사항들을 충족시키는 사람들만 스스로를 부부가족치료 자들이라고 칭한다. 더구나 여러분은 부부가족치료 분야가 슈퍼바이저들을 위한 훈련과정의 발전에서 독특한 리더 역할을 해왔다는 것을 아는 것에 자부심을 가질 수 있는데, 그래서 슈퍼바이저들은 미국부부가족치료학회(AAMFT)와 면허/자격제도의 임상회원 자격을 추구하는 학생들과 새롭게 훈련받은 전문가들을 멘토링할 자격을 갖추었다고 이해된다.

체계이론/사이버네틱스 관점을 가르치고 배우기

여러분이 의심할 여지없이 지금 잘 알고 있는 것처럼, 부부가족치료자가 되기를 원하거나 부부가족치료에 종사하기를 원하는 사람에게 첫 번째 그리고 아마도 가장 벅찬 도전은 우리가 그것에 대해 생각하는 것처럼, 체계이론/사이버네틱스 관점과 일치하는 방식으로 생각하고 상호작용하는 것을 배우는 것과 관련되어 있다. 이 도전은 쉽게 달성되지도, 완전히 극복되지도 않는다. 처음에는 당황과 혼란을 느끼는 것이 전형적이며 이는 여러분의 교과과정을 통해 어떤 수준까지 지속될 수 있다. 동시에 학교 혹은 학위 후 프로그램에 참여하는 동안, 학생으로서 여러분은 비슷한 경험을 가지고 있을 가능성이 높은 다른 훈련생들의 지지를 받게 된다. 게다가 어드바이저들과 다른 강사들도 일반적으로 질문들에 대답하고 그 방식에 격려를 하게 된다. 그래서 조만간 여러분이 체계이론/사이버네틱스 관점에 대한 지식과 부부가족치료 임상가로서 기술적인 부분에서 일정 수준의 자신감을 달성할 수 있을 것이라고 기대하는 것은 합당하다.

치료를 실제로 할 수 있는 능력에 대해서는 두 번째 도전이 등장하는데, 특히 처음에 한 번에 한 사람보다 많은 사람들과 일을 하는 것이 예상될 때이다. 압도된 느낌이나 압도되는 것을 피하기 위한 필요, 합리적으로 생각할 수 있고 일할 수 있는 필요 그리고 갈등적인 가족역동성이 종종 존재할 때에도 마음의 평정을 유지해야 할 필요는 신경을 괴롭히며 어쩌면 두려운 상황을 만들 수 있다. 비디오카메라, 오디오 장비 혹은 일방경 어느 것을 통하든지, 관찰이 추가될 때에는 여러분의 걱정이 급상승하기 쉬우며, 여러분은 내담자의 약속 취소를 위해 기도할 수도 있다.

그럼에도 불구하고, 특정 상황에서 참여자들의 인식들과 전부는 아니지만 몇 가지 이야기에 대해 듣고 배우는 기회는 내담자들이 해결방법을 찾고 있는 문제들에 관하여 더 충만하고 더 공평한 관점을 얻게 되는 훌륭한 수단을 제공한다는 것을 기억하는 것이 중요하다. 더구나 인간발달과 가족연구 분야의 교과과정, 부부가족치료의 이론적 기초 그리고 부부가족치료의 실제는 방 안에 사람들이 몇 명이 있든지에 상관없이 여러분이 내담자와 상호작용하면서 지탱할 군건한 기초를 제공한다. 그리고 여러분이 치료를 하는 동안 관찰하면서, 슈퍼바이저와 여러분의 작업에 대한 치료 후 분석과 평가를 하면서, 여러분은 혼자가 아니며 도움은 항상 이용 가능하다는 것을 인식하면서, 팀의 일원인 것과 관련된 혜택들에 감사하게 될 것이다. 따라서 현장 슈퍼비전이나 녹화된 비디오로 슈퍼비전을 먼저 시작하고 내담자들과의 치료과정에 관한 개방과 반영의 포스트모더니즘 입장으로 발전해가면서, 부부가족치료자들은 참으로 훈련과 슈퍼비전의 과정에서 의미 있는 기여를 만들어냈다.

부부가족치료자가 되고자 하거나 궁극적으로 되는 것과 관련된 세 번째 도전은 여러분이 일단 훈련 프로그램의 보호받는 환경을 떠나 체계이론/사이버네틱스 관점에 대해 특히 우호적이지 않은 맥락에서 임상 실제를 진행하는 도전에 직면했을 때, 여러분의 지식과 기술들과의 일치성을 유지하는 것이다. 우리가 반복하여 주목하였듯이, 이것은 반체제적인 패러다임이다. 그것은 또한 관리의료와 의학적 모델의 영향이 지속적으로 팽창함에 따라 점차 높이 평가되는 것이 줄어드는 패러다임이다. 그래서 Carl Whitaker가 종종 '포용 집단'이라고 말하였던 사람들 혹은 서로의 관점을 이해할 수 있고 임상적 딜레마에 대해 상호적인 피드백을 제의할 수 있으며, 효과적인 체계이론적 임상가가 되려는 노력에 대해 정기적이고 지속적인 지지를 제공할 수 있는 유사한 마음을 가진 동료들 간에 맥락을 공유하는 것을 찾는 것이 중요해진다. 또래 슈퍼비전과 자문은 그러므로 여러분의 경력을 통틀어서 전문가 인생에서 필수불가결한 요인이 될 것이다.

그러나 처음에 먼저 교과과정을 마치기 위해, 그다음에는 스스로 임상을 하기 위한 면허나 자격증을 받기 위해 상급훈련과 슈퍼비전의 필요는 일반적으로 요구된다. 지속적인 슈퍼비전은 여러분이 일하는 그 당시 기관에서 요구하거나 혹은 단독 치료사무실을 개업했을 때, 안전감을 위해 선택할 수 있다. 그리고 궁극적으로 여러분은 다른 사람들, 새로운 훈련생들을 위해 슈퍼비전을 하도록 높게 평가된 기관들에 합류하기를 원할 수도 있을 것이다. 그러므로 여러분에게 요구되는 수준이나 관여하기를 결정하는 수준에 관계없이, 훈련과 슈퍼비전 과정을 주의 깊게 검토하는 것은 중요해진다.

슈퍼비전 : 양식, 신화 및 현실

현장 슈퍼비전은 종종 가족치료와 동의어로 인식되어 왔지만(Smith, Mead, & Kinsella, 1998), 그것은 논리상으로는 언제나 실행할 수 있는 것은 아니다. 더구나 한 연구(Lee, Nichols, Nichols, & Odom, 2004)에서는 현장 슈퍼비전이 1986년에는 AAMFT 공인 슈퍼바이저들에게 선호되던 방법이었지만, 2001년에 실시된 설문조사에서는 세 번째로 높았다는 것을 보여준다. 다행스럽게도 비디오테이프 리뷰 혹은 사례 자문과 같은 많은 다른 양식들도 이용 가능하며, 이것들도 슈퍼비전 과정을 촉진시키는 똑같이 효과적인 방법이다(Todd & Storm, 1997). 비슷하게 훈련 환경, 서비스되는 내담자 인구 혹은 슈퍼바이저의 일차적인 전문가 역할과 경험 수준의 영향에 관하여 정말 많은 논란이 있어왔지만, 수련생의 만족은 슈퍼바이저와 수련생 간의 관계뿐만 아니라 슈퍼바이저의 신뢰성과 전문지식의 다양한 대인적 차원들과 가장 밀접하게 관련되어 있다고 보고되어 왔다(Anderson, Schlossberg, & Rigazio-Digilio, 2000). 이런 관점에서 가장 중요한 것은 높은 수준의 슈퍼바이저와의 접촉이며, 솔직하고 실수들을 수용하고 실험을 격려하는 의사소통이며, 훈련생에 대한 존중과 슈퍼바이저의 선호모델이나 접근에 순응하기보다는 창의적으로 생각하는 능력에 대한 존중이다. 더구나 Morgan과 Sprenkle(2007)은 "다양한 연구들로부터 나온 압도적인 증거는 수련생이 그 관계가 얼마나 지시적이지 혹은 협력적인지에 상관없이, 그들의 슈퍼바이저들로부터 항상 높은 수준의 지지를 받기를 선호한다는 것을 보여준다"(p. 10)는 결과에 주목한다.

실로 그 과정이 시간에 따라 발전하면서, 슈퍼비전이 어떻게 다루어져야 하는지에 대해 다양한 가정들과 공통적인 실천들이 근본적인 진리로 자리 잡게 되었다. 그러나 문헌에 관한 고찰은 이런 가정들의 많은 부분은 검증되지 않았을 뿐만 아니라 경험적 지지의 부족을 감안하면 앞으로 나아갈 가장 좋은 방법을 반드시 대표하는 것도 아니라는 것을 보여준다(Storm, Todd, Sprenkle, & Morgan, 2001). 다음은 이 설문조사에 의해 드러난 우리 지식의 격차에 바탕을 둔 성공적인 실제를 위한 추천 목록이다. 슈퍼바이저들은 다음을 하도록 조언을 받았다.

1. 일반적으로는 슈퍼비전의 효과성과 특별하게는 그들의 접근법과 관계있는 그들의 주장에 겸손하라. 그리고 소비자들을 보호하기 위한 능력 혹은 적절한 전문 문지기 역할을 확보하기 위한 슈퍼비전의 능력에 관하여 현실적이 되어라.

2. 슈퍼비전 과정에 관여하는 사람들의 역할과 책임을 명백하게 묘사하기 위하여 공식적인 문서화된 계약을 활용하라.

3. 수련생이 수행하는 모든 치료의 감독에 관한 슈퍼바이저의 법적·윤리적 책임을 조화시키기 위하여 사례 부담과 슈퍼비전 세션들을 조정하라.

4. 치료와 슈퍼비전 모두에 영향을 미칠 수 있는 맥락적 문제들과 영향들에 관한 일관된 인식을 유지하고 초점을 맞추라.

5. 슈퍼비전을 하기 위한 어떤 단일한 방법은 없다는 것과 그 과정은 각각의 독특한 설정의 기회와 제한점에 맞추도록 조절되어야 한다는 것을 인식하라.

6. 슈퍼비전을 하기 위해 계약을 하기 전에 법적 및 윤리적 이슈들과 관련된 추가적인 복잡성을 이해하라.

7. 다중관계에 관여할 때에는 증가되는 책임에 대해 민감하여야 하며, 수련생을 이용하거나 이용으로 해석될 수 있는 어떠한 행동도 피하라.

8. 이론적 일관성을 확보할 뿐만 아니라 실제 이슈들도 포함하기 위하여 슈퍼비전에 대한 자신의 개인적 모델에서 높은 수준의 고결성을 추구하라.

9. 특히 특정한 치료접근들과 관련 있는 치료와 슈퍼비전 간의 차이를 이해하고 적응하라.

10. 수련생들과 안전하고, 경청하고, 지지되는 슈퍼비전 관계를 발전시키는 것의 중요성을 인식하라.

11. 슈퍼비전 관계가 사적이고 비밀을 지킬지 혹은 아닐지에 대해 그 수준과 정도를 명백하게 하라.

12. 슈퍼비전 맥락의 내재적 일부인 권력 이슈들을 개방적으로 인정하라.

13. 수련생들이 그들의 관점들을 표현하는 데 솔직해질 수 있는 맥락을 만들면서, 수련생들이 피드백을 하도록 권유하고 그것에 반응하라.

14. 수련생들이 그들의 사례들에 대해 자료를 제공하는 다양한 방식들은 각 방식이 서로 다른 이점들과 제한점들을 가지고 있지만 귀중하다는 사실을 수용하라.

여러분이 이 목록에서 추측하는 바와 같이, 훈련과 슈퍼비전에 참여하는 것은 관여한 모든 사람들이 여러 수준의 책임을 지니는 복잡한 과정이다. 슈퍼바이저와 수련생 사이의 관계는 이상적으로는 두 사람 모두에게 성장과 변화에 도움이 되어야만 한다. 동시에 가장 중요한 우선권은 내담자들의 웰빙을 보호하고 그들의 목표 달성을 용이하게 하는 데 주어져야 한다. 그리고 치료와 슈퍼비전에서 충돌할 수 있는 많은 법적 및 윤리적 이슈들에 대한 인식과 민감성이 항상 있어야만 한다.

훈련과 슈퍼비전에서의 법적 및 윤리적 이슈들

포스트모더니즘 세상에서 임상 슈퍼비전을 하는 것은 종종 윤리적 딜레마와 무거운 법적 책임들에 도전을 받는 것에 의해 복잡해진다. 슈퍼비전의 목표가 수련생의 능력을 개발하고 치료과정을 촉진시키는 것뿐만 아니라 내담자의 웰빙을 확보하는 것이라 하더라도, 슈퍼바이저는 법적으로 사실상 수련생의 행동에 책임이 있으며, 윤리적 및 법적 파급효과를 가지는 수련생의 행위들에 세심한 주의를 기울여야 한다. 수련생들과 내담자들 모두에 대한 슈퍼비전 책임의 균형을 맞추려는 시도는 특히 수련생의 독립성, 정당한 법적 절차, 비밀보장 및 손상된 치료자 기능의 문제와 관련하여 윤리적 딜레마를 일으킬 수 있다. 상급자 책임의 법적 원리에서는 슈퍼바이저가 문제시되는 행위에서 어떠한 역할을 하지 않았고, 그것을 도와주거나 격려하는 것을 전혀 하지 않았으며, 그 슈퍼바이저가 그것을 예방하기 위해 할 수 있는 모든 일을 다했다 하더라도, 슈퍼바이저들은 그들의 수련생에 대한 태만으로 고발당할 수 있다.

슈퍼바이저들은 그러므로 수련생에게 도덕적 및 윤리적 딜레마를 고려하기 위한 맥락과 도움을 제공할 수 있어야 하고, 전문 영역에서의 평판과 공공 확신을 모두 보호해야 하며, 윤리적으로 민감한 슈퍼비전 관계를 만들어야 한다(Haber, 1997). Haber가 더 주목한 바와 같이, 실무 수준에서는 윤리적 이슈들이 지속적으로 문제로 정의되는데, 누구를 치료에 참석시켜야 하는지 결정해야 하고, 토론의 초점이 선정되어야 하며, 다른 행동보다 이 행동을 각각 선택한 것의 영향에 대해 지속적인 인식이 있어야만 한다. 인식할 만한 가치가 있는 추가적 요인은 문화적 가치들을 고수하는 것이 항상 윤리적이지는 않다는 것이다. 예를 들면, 직접적인 눈맞춤을 고집하는 것은 미국 원주민들에게는 복종의 경험을 촉발할 수 있다는 것을 이해하는 것이 중요하다. 전체로서의 체계와 개인들 사이에 서로 상충하는 욕구의 문제 또한 고려되어야 한다. 그리고 슈퍼바이저들은 수련생들에게서 그들이 기대하는 윤리적 행동을 모델링하는 것, 내담자들과 수련생들 모두와 관계있는 비밀보장 이슈를 중점적으로 다루는 것, 피할 수 없는 이중관계의 맥락에서 적절하지 않은 행동을 피하는 것, 수련생들이 그들의 치료회기와 관련 있는 것을 똑같이 자세히 기록하도록 확실하게 하면서 합당한 기록을 유지하고, 각 슈퍼비전 회기에서 무슨 일이 있었는지 문서화하는 것의 중요성을 인식하여야만 한다. 마지막으로, 슈퍼바이저와 수련생은 그들의 위계관계에 내재된 권력 이슈들을 다루는 것을 배워야만 한다. 아마도 이 차원의 가장 명백한 측면은 슈퍼바이저들이 그들의 수련생들을 평가하는 지위를 가진다는 것과 보살피고 존중하는 태도로 그 책임을 다룰 수 있어야 한다는 데 있을 것이다.

슈퍼비전 계약은 열거된 것과 같은 책임들을 성공적으로 관리하며 그래서 그것에 의해 문제들을 예방하기 위한 중요한 수단을 제공한다. 이 계약은 슈퍼비전의 초기에 쌍방적으로 만들어진 문서화된 서류이며 슈퍼바이저와 수련생 양쪽에 의해 약속된 것이다. 그것은 기간이 명확하게 서술되어 있고 그래서 양쪽 당사자들에게 도움이 되는 관계의 창조를 촉진시킨다. 그러한 계약의 예가 그림 16.1에 나와있다.

우리는 잠재적인 슈퍼비전 관계를 토론하기 위한 첫 모임에서 훈련 지망생에게 빈칸으로 되어 있는 계약서를 주는 것이 유용하다는 것을 알게 되었다. 그 지망생에게 계약서를 집에 가지고 가서 할 수 있는 것은 채워 넣고 할 수 없는 것은 빈칸으로 남기면서, 그것을 완성하는 과정을 시작하도록 요구하였다. 수련생은 그다음에 그것을 다음 슈퍼비전 모임에 슈퍼바이저와의 추후 토론과 궁극적으로 양쪽이 모두 만족하는 최종 서류의 공동작성을 위해 가지고 오기로 되어 있다.

슈퍼바이저와 수련생이 서비스와 슈퍼비전 계약의 필요조건들의 각 요소들을 토론하면서 기대들과 가정들을 명확히 하는 기회를 가지며, 잠재적인 오해들을 최소화시키기 바란다. 그런 서류는 또한 문제들이 미래에 생긴다면, 문제들을 다루기 위해 동의하는 과정을 만들기 위한 기회를 제공한다. 실제로 세부사항들이 처음부터 더 자세히 명시될수록 모든 사람의 필요들이 더 잘 충족될 것이다. 계약하는 과정은 또한 긍정적인 슈퍼비전 경험에 필수적인 일종의 개방적이고 존중하는 관계를 만드는 것을 착수시킨다.

그 계약에 일단 서명하면, 내담자들이 목표를 달성하도록 촉진시키는 동시에 지식을 공유하고 수련생들의 치료적 기술들의 발전을 지지하는 것이 주요 초점이 된다. 슈퍼비전 과정을 통틀어 핵심적인 요소는 윤리적인 태도로 임상을 하는 능력의 격려이다. 윤리규정들에 익숙해지고 관련 윤리규정을 준수하는 것은 슈퍼비전 계약에 명시된 것처럼 이러한 인식의 한 측면이다. 다른 중요한 측면은 윤리적 딜레마가 발생할 때 결정하기 위한 다양한 절차들과 모델들의 탐색이다. 왜냐하면 관여된 모든 사람들의 가장 좋은 의도에도 불구하고 윤리적 문제들과 딜레마들은 치료와 슈퍼비전 과정들의 내재적인 부분이기 때문이다.

윤리적 의사결정을 위한 한 가지 모델은 Kitchener(1986)에 의해 만들어진 것이다. 이 모델은 그림 16.2에 제시되어 있다. 메타윤리 모델에서 설명된 것과 같이, 이 모델은 윤리적 딜레마들에 대한 잠재적인 반응들이 고찰되고 평가되며 임상적 결정을 내리기 위해 세 가지 수준

그림 16.1 슈퍼비전 계약

슈퍼비전 계약

이 계약은 _____와 _____사이의 _____에 성립된
(슈퍼바이저) (수련생) (월/일/연도)

슈퍼비전 관계에 관한 합의의 차원들을 명시한다. 슈퍼비전은 _____에서
(장소)

이루어지며 _____까지 계속될 것이다.
(월/일/연도)

I. **맥락**
   a. 이론적 접근(들)
   b. 치료양식(들)
   c. 형태(예를 들면, 개인, 집단)
   d. 회기 기간과 횟수
   e. 슈퍼비전 형태(예를 들면, 사례 발표, 현장, 비디오 리뷰)
   f. 필수요건 준비
   g. 평가와 피드백 과정
   h. 불만 처리절차
   i. 슈퍼바이저에 대한 기대사항들
   j. 수련생에 대한 기대사항들
   k. 비밀보장 고려사항
   l. 윤리규정(들)

II. **행정적 고려사항**
   a. 보수
   b. 책임보험 범위
   c. 자격증
   d. 외부 기관 참여와 승인
   e. 문서화 과정
   f. 취소
   g. 치료실 외 보험범위
   h. 응급사항들
   i. 계약 변경

III. **서명**

_____ 날짜 _____
(수련생)

_____ 날짜 _____
(슈퍼바이저)

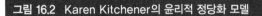

그림 16.2 Karen Kitchener의 윤리적 정당화 모델

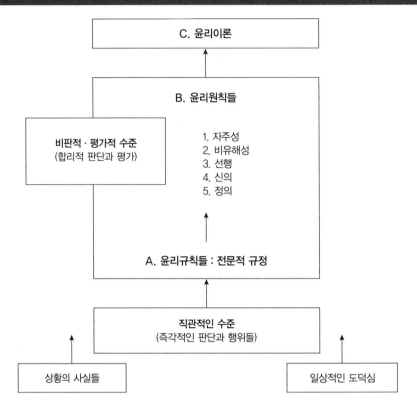

으로 이루어져 있다.

　의사결정 과정은 일반적으로 직관적인 수준에서 시작하는데, 임상가들이 어떤 상태의 당면 상황에 대한 반응으로 윤리적 신념, 지식 및 기본 가정들에 근거하여 직관적인 수준의 반응에서 행동하는 것과 같다. 이것은 윤리적인 방식으로 어떻게 가장 최선으로 반응할지 결정하기 위한 첫 번째 수준의 스크리닝이다. 예를 들면, 어떤 내담자가 스스로에게 해를 가하겠다고 위협할 때, 능력 있는 임상가는 입원 주선을 하거나 주요한 다른 사람들을 접촉하는 것을 통해서 그 내담자의 안전을 확보하기 위한 단계들을 취할 필요성을 인식한다. 또한 만약 그 임상가가 훈련 중에 있다면, 슈퍼바이저에게 알릴 필요성을 직감적으로 인식한다. 직관적인 수준에서의 의사결정은 일반적으로 믿을만하다. 그러나 그것이 항상 충분한 것은 아니다.

　상황들이 도덕적 및 윤리적 판단을 다듬고 평가하기 위해 추후 지도를 필요로 할 때, 적절한 반응들을 결정하는 과정은 비판적 · 평가적 수준으로 옮겨간다(Kitchener, 1986). 이 수준에서는 내담자들의 의지에 맞서서 내담자들의 인생에 개입하는 것에 관한 윤리적 기준들의 선택 그리고/혹은 결정들에 관한 것과 같은 이슈들이 발생할 것이다. 첫째로 의지할 것은 윤리규정들에 명확히 설명된 윤리적 규칙들이다. 그런 규칙들은 적절한 전문가 행위를 위한 지침들을 제공하도록 의도되었지만, 내담자의 복지와 전문가의 복지 사이에의 갈등 혹은 내담자의 비밀보장을 위반할 가능성과 관련된 갈등 같은 회색지역 혹은 명쾌한 대답들이 없는 복잡한 상황들이 있다. 실제로 윤리규정은 보수적인 경향이 있고, 임상가들은 서로 상이한 지침을 제시하는 규정의 제한에 처할 수 있다. 그런 경우에는 윤리규칙에 우선하는 윤리원칙들에 의지할 필요가 있을 것이다.

Kitchener(1986)가 설명한 다섯 가지 윤리원칙들은 자주성, 비유해성, 선행, 신의 및 정의이며, 그것은 더 복잡한 결정들이 내려질 수 있는 기반이 되는 것들이다. 자주성의 원칙에 따르면, 임상가는 선택과 행동의 자유가 아닌 내담자의 능력과 권리를 고려해야만 한다. 비유해성은 내담자에게 해를 줄 수 있는 어떤 일을 하는 것에 대한 금지를 말하고, 반면에 선행은 내담자의 건강과 복지를 촉진시키기 위한 명령을 용인하는 것이다. 신의의 원칙은 안전하고 신뢰할 수 있는 치료관계를 만들어내는 것의 중요성을 말한다. 마지막으로, 정의의 원칙에 따르면, 치료자들은 모든 내담자들에게 공정하고 동등한 치료를 제공하여야 한다.

불가피하게, 적용 가능한 윤리원칙들이 충돌할 때조차도 의사결정의 제3수준으로 옮겨가야 하거나 혹은 윤리이론에 의존해야 하는 것이 필요한 때가 있다(Kitchener, 1986). 이 수준에서는 두 가지 높은 차원의 서로 충돌하는 윤리원칙이 관련 행동의 결과를 평가하기 위해 활용된다. 보편화의 원칙은 임상가가 윤리적 딜레마와 관계있는 특정한 결정이 비슷한 성격의 다른 문제들에 일반화될 수 있는지 여부를 고려하도록 하는 것이다. 그리고 **균형원칙**을 사용하여 임상가는 혜택들을 극대화시키고 피해의 잠재적 가능성을 최소화시키는 목표를 달성하기 위해 모든 가능한 성과들의 비용/혜택 분석을 수행하도록 조언된다.

여러분이 이미 주목한 바와 같이, 윤리적 민감성의 주제는 이 책의 전체에 걸쳐 우리의 거의 모든 토론에서 상수이다. 또한 이제 명백해지길 바라는 바와 같이, 슈퍼비전 계약의 이용뿐만 아니라 실행 가능한 윤리적 의사결정 과정에 관한 윤리적 이슈들과 지식은 훈련과 슈퍼비전 과정이 의미 있게 그리고 잘 진행될 수 있도록 돕는다. 이 부분 각각에 대한 강조는 내담자들뿐만 아니라 이 전문직업도 보호하도록 돕는다. 그리고 그런 강조들은 또한 제2단계 사이버네틱스/포스트모더니즘 관점의 슈퍼비전과 훈련의 특징인 윤리적 민감성과 투명성 그리고 개방성 모두와 일치한다.

제2단계 사이버네틱스/포스트모더니즘 관점의 슈퍼비전

제3, 4, 13장에서의 논의를 참고하여, 우리는 이야기되는 현실이 제2단계 사이버네틱스/포스트모더니즘 관점으로부터 가정된다는 것을 다시 상기시키고자 한다. 현실은 그래서 더 큰 사회적 구성의 맥락에 영향을 주고 그것에 의해 영향을 받는 개인의 인식기능으로 창조된 다중 우주라고 이해된다. 따라서 치료뿐 아니라 슈퍼비전은 참여자들이 특정 사건들이나 상황에 관해 언어로 상호작용하는 것과 같이 작은 변화와 보상의 순환적인 과정에 관여하는 것으로 서술될 수 있다. 그러한 맥락에서 내담자, 치료자 및 슈퍼바이저들은 모두 가치 있고 존중받는 전문지식을 가진 것으로 이해되며 치료와 슈퍼비전 모두 강점에 기반을 두고 있고 해결중심적이다. 내담자의 목표 도달이 가능해지는 새로운 현실들을 모든 참가자들이 공동 창조하는 것에 도움이 되는 제안들과 개입들은 시험적이고, 제안적인 방식으로 정보로 제공된다. 슈퍼바이저들은 내담자들이 삶을 살아가기 위해 다른 이야기들이나 거주를 엮어나가도록 관여하는 치료자들에게 관여한다. 언어를 이용하여 다른 행동들을 실험하고, 수련생들과 내담자들을 위한 대안적 경험들을 제공하는 것은 모두 기존의 이야기들에 도전하고 새로운 이야기들을 다시 쓰는 수단이 된다. 슈퍼바이저들은 치료자들과 내담자들이 살아오고 있는 '현실' 사회는 최소한 어느 수준에서 단지 구상화되어 온 이야기라는 것을 깨닫도록 도와주려 한다. 그래서 슈퍼바이저, 치료자 및 내담자는 내담자들이 더 만족스러운 경험을 하는 삶을 살아가도록 허용하는 다른 일관된 이야기들을 공동으로 발전시켜 간다.

치료에서, 임상가는 내담자가 할 이야기가 있다는 것을 인식하는데, 그 이야기는 아마도 문제로 가득 차 있고 최소한 부분적으로는 건강과 역기능에 관한 지배적인 사회적 신념들의 기능으로 드러나게 된 것이다. 내담자는 좋아하지 않으며 바꾸고 싶어 하는 삶의 측면들이 있다는 것을 알고 있다. 그러므로 그가 그렇게 말하지 않더라도, 그는 일이 어떻게 되어야 할지에 대해 마음속에 암묵적인 이상형을 최소한 가지고 있다. 임상가는 비록 성공적이지 않은 범주에 속하게 된 일이 초점이 되고 있더라도, 내담자의 인생에서 모든 것이 나쁘거나 성공적이지 않다는 것은 아니라는 것을 알고 있다. 더구나 치료자는 문제가 있다고 서술된 이슈들이 맥락에 논리적이고 그래서 어떤 면으로는 그 내담자가 이해를 하지 못하거나 의미가 통하지 않는다고 가정한다.

제2단계 사이버네틱스/포스트모더니즘 관점에서는 임상가가 다양한 윤리적 이슈들에 맞추게 된다. 그녀는 자신을 다음과 같은 치료적 대화의 모든 수준, 즉 자신과 내담자 사이, 자신과 자신의 슈퍼바이저 사이 그리고 훈련 맥락의 일부라면 자신의 슈퍼바이저와 슈퍼비전의 슈퍼바이저 사이에서 참여자-관찰자로서 인식한다. 더구나 내담자의 보험이 치료 비용을 보장하도록 하기 위해 임상가가 진단을 해야 할 필요가 있다는 사실에도 불구하고 임상가는 자기 내담자가 진단받을 만한 범주가 아니라는 것을 인식하고 있다. 만약 이것이 그 경우라면, 그 임상가는 다음과 같이 자신의 입장을 설명할 수 있다. 자신은 내담자의 현실의 부분이 되는 문제로 가득 찬 이야기들의 추가 창조에 참여하는 진단적 꼬리표를 믿지 않는다. 그 임상가는 내담자와 함께 만약 이 길을 추구하는 것이 내담자의 선택이라면 어떤 진단이 될 것인지 그리고 그 이슈에 관해 어떻게 진행할 것인지 내담자에게 물어보는 것뿐만 아니라, 진단을 선택하는 것의 파급효과를 고려할 수 있다. 임상가는 또한 효과가 있도록 하는 자신의 능력이 비용을 지불하는 제3자의 요구들에 의해 어떤 방식으로든 타협된다면 이를 내담자에게 알려주는 것에 동의한다. 참으로 그 임상가는 내담자의 필요와 욕구들(그 이야기)이 독특하며 그래서 임상가가 내담자와 그 내담자의 독특함에 맞는 치료를 위한 과정을 고안한다는 사실에 예민하다.

치료를 진행할 때 임상가는 자신의 머릿속에 있는 변화과정에 관해서뿐만 아니라 개인, 가족, 체계 행동에 관한 설명과 지침들을 제공하는 많은 이야기들을 가지고 있지만, 자신이 소위 전문가가 아니라는 것을 알고 있다. 임상가는 자신의 가장 중요한 역할이 내담자가 자신의 이야기를 하는 것을 듣는 경청자의 역할이라고 믿는다. 임상가는 자신의 내담자의 전문지식을 인식하고 내담자가 가능한 해결책들을 원하는 목표들의 형태로 분명히 말하도록 돕는다. 임상가는 또한 내담자가 성공을 경험하였을 때의 과거 예시들을 찾는다. 임상가가 반영과 아이디어들을 제공할 때, 임상가가 그 상황의 절대적 진실에 대한 입장을 가지고 있지 않다는 인식을 알아차리는 시험적이고 존중하는 태도로 그렇게 한다. 오히려 임상가는 내담자가 유용 혹은 유용하지 않다는 인식을 인정하는 정보와 아이디어들을 끌어낸다. 내담자와 임상가는 함께 내담자가 원하는 목표들이나 해결방법들을 지지하고 논리적인 맥락을 공동 창조하는 과정에서 서로를 혼란시키는 대화를 한다.

슈퍼비전에서 임상가는 특정 내담자, 미팅에서 임상가 자신이 원하는 목표 그리고 슈퍼바이저가 치료과정에 대해 이해하도록 하는 충분한 정보를 제시하기로 선택한 자신의 이유들을 서술함으로써 시작한다. 임상가는 내담자의 이야기뿐만 아니라 그들이 함께한 작업에 대한 임상가 자신의 이야기를 공유한다. 임상가는 내담자가 분명히 서술한 목표들뿐만 아니라 자신이 내담자가 그 목표들을 성취하도록 도왔던 시도들에 대해서도 설명한다. 임상가는 성공했던 방식들, 어디에서 곤경에 빠졌다고 느꼈는지와 도움 혹은 새로운 정보가 필요한지를 서술한다. 윤리적 이슈들에 대한 관심을 지속시키면서, 자기 내담자가 자신들의 이야기를 슈퍼바이저에게 말할 수 없다 하더라도 임상가는 그것을 자신의 능력껏 대변하려고 할 수 있으며 자신과 내담자의 이야기 간에 구별을 지을 수 있다. 임상가는 또한 슈퍼바이저와 함께 자신이 어떠한지는 자신과 함께하는 슈퍼바이저가 어떠한지에 영향을 주며, 그 반대도 마찬가지라는 사실에 민감하다. 임상가는 자신이 강조하는 것과 자신의 이야기를 어떻게 말하는지가 슈퍼비전 과정의 성공에 영향을 준다는 것을 알고 있다. 더구나 제2단계 사이버네틱스/포스트모더니즘 관점과 일치하기 위해 자신의 슈퍼바이저와 슈퍼비전의 슈퍼바이저 사이에서 일어날 수 있는 치료적 대화 수준에서 참여자-관찰자가 된다는 것을 인식하고 있다.

임상가처럼 슈퍼바이저는 머릿속에 개인, 가족 및 체계행동, 변화과정 및 슈퍼비전의 과정에 관한 설명과 지침들을 제공하는 많은 이야기들을 가지고 있지만, 자신이 소위 전문가가 아니라는 사실도 알고 있다. 슈퍼바이저는 자신의 가장 중요한 역할을 임상가가 자신의 이야기를 하는 경청자와 지지자로 본다. 슈퍼바이저는 임상가의 전문지식을 인식하고 임상가가 가능한 해결방법들을 슈퍼비전을 위해 원하는 목표들의 형태로 분명히 말하도록 돕는다. 슈퍼바이저는 또한 임상가가 성공을 경험하였을 때의 과거 예시들을 찾는다. 슈퍼바이저가 반영과 아이디어들을 제공할 때, 슈퍼바이저는 자신이 그 상황의 '절대적 진실'에 대한 입장을 가지고 있지 않다는 인식을 인정하는 시험적이고 존중하는 태도로 그렇게 한다. 오히려 슈퍼바이저는 임상가가 유용 혹은 유용하지 않다고 인정하는 정보와 아이디어들을 끌어낸다. 임상가와 슈퍼바이저는 함께 임상가와 내담자가 원하는 목표들이나 해결방법들을 지지하고 논리적인 맥락을 공동 창조하는 과정에서 서로를 혼란시키는 대화를 한다. 그리고 슈퍼바이저는 이 과정의 동일 구조의 본성 혹은 유사점들을 인식하면서, 체계의 다양한 수준에서의 임상가의 맥락과 제한들에 민감하다.

윤리적 이슈들과 관련하여 슈퍼바이저는 내담자가 존재하는 것이 아니라 자신이 알 수 있는 것은 단지 내담자의 이야기에 대한 임상가의 이야기라는 사실을 인정한다. 그러므로 슈퍼바이저는 질문들을 물으려고 하며, 변화를 위한 맥락을 창조하는 임상가의 능력을 촉진시키는 반영들과 임상가의 성장과 발전을 격려하는 반영들을 제공하려고 한다. 더구나 슈퍼바이저는 치료자의 내담자 웰빙에 대해서뿐만 아니라 치료자의 부분에 관한 윤리적 행동에도 민감하다. 그리고 슈퍼바이저가 자신의 슈퍼비전에 대한 슈퍼비전을 받고 있다면, 슈퍼바이저는 내담자, 치료자 및 슈퍼바이저 사이의 관계를 특징짓는 동일한 역동성과 시나리오들도 치료적 대화의 수준에서 반복된다는 것을 인식한다.

훈련생 집단의 맥락에서 슈퍼비전을 실시할 때, 현실에 관한 잘 알려진 복합적인 관점의 특성은 그 집단의 각 구성원이 적극적인 역할을 하게 함으로써 더욱 촉진될 수 있다. 임상가가 자신의 이야기를 말하듯이, 각 참여자는 내담자 체계의 관점으로부터 경청한다. 각 경청자는 그다음에 내담자가 이야기하는 동안 마음에 떠올랐던 생각과 아이디어들을 공유한다. 그래서 그 집단에 의해 다양한 정보와 잠재적으로 유용한 자료들이 내담자가 자기 목표들을 달성하는 것을 돕기 위한 방식으로 제공되고 고려될 수 있다. 슈퍼비전이 진행되면서 동일한 상황이 여러 가지 방식들로 이해될 수 있다는 인식과 아무도 '절대적 진실'에 이를 수 없다는 인정에 대한 인식이 있다. 그것은 또한 관여하는 모든 사람들에게 생생하고 즐거운 학습 환경을 만들도록 해준다.

참으로 학습은 일생에 걸친 과정이며, 바라건대 항상 즐겁게 경험될 수 있는 것이다. 선호하는 지향에 상관없이 그리고 학생이든 새로운 임상가이든 혹은 충분히 면허를 획득한 전문가이든 관계없이, 훈련과 슈퍼비전은 결코 정말로 끝이 없다. 우리는 항상 우리의 기술들을 연마할 책임이 있고, 실제와 연구 모두에서 나온 최신 정보들의 사조를 유지할 책임을 항상 지고 있다. 그 생각을 마음에 간직하면서, 이제 우리의 관심을 연구가 생성되는 영역으로 돌리는 것이 적절할 것이다.

실전문제

다음의 질문은 이 장에서 다룬 내용의 적용과 분석을 테스트하는 것이다. 임상실천과 더불어 이 장에 대한 추가적인 사정, 적용, 분석, 합성, 평가를 위해 다음 질문에 답하시오.

1. 부부가족치료의 실제와 연관된 스트레스 요인들을 상쇄시키기 위해, 슈퍼바이저들을 위한 훈련과정을 확립하는 데 역할을 주도해왔던 전문가 집단을 파악하고 훈련과정을 자세히 조사하시오.

2. 체계이론/사이버네틱스 관점의 실천가들은 전문적 고립감에 직면하기 쉽다. 치료자는 이런 딜레마에도 불구하고 어떻게 이 접근에 일치하게 남을 수 있을지 설명하시오.

3. 소비자를 보호하고 전문적인 권한을 확보하기 위한 궁극적인 책임은 슈퍼바이저에게 있다. 정신건강 슈퍼바이저들을 위한 가장 좋은 다섯 가지 실제를 조사하시오.

4. 어떤 슈퍼바이저가 피해를 예방하기 위해 가능한 한 모든 것을 다하였고, 피해를 돕거나 격려하는 어떤 일도 하지 않았으며, 그 행위에서 어떤 역할을 하지 않았다는 것을 고려하면서 슈퍼바이저가 태만으로

직면할 수 있는 법적 원칙을 설명하시오.

5. 슈퍼바이저와 치료자 사이의 슈퍼비전 계약은 어떻게 양쪽 당사자들에게 도움이 되는지 설명하시오.

6. Kitchener의 세 가지 수준, 메타윤리 모델에 따르면, 직관적 수준에서 윤리적 결정을 할 때 치료자는 언제 비판적 · 평가적 수준으로 이동하는 것을 고려해야 하는지 설명하시오.

7. 윤리적 딜레마에 직면했을 때 Kitchener의 마지막 방책을 분석하시오.

8. 치료자들은 효과적이게 하는 능력이 비용을 지불하는 제3자의 요구들에 의해 타협되는지 여부를 내담자에게 말해야만 한다. 치료자로서, 여러분은 내담자에게 치료비용을 지불하기 위한 보험 필요조건을 만족시키기 위해 진단(꼬리표)의 지정과 관련된 윤리적 이슈들에 대해 어떻게 말할 것인지 설명하시오.

MYSEARCHLAB 살펴보기

www.MySearchLab.com에 다음의 비디오, 사례, 문서 등이 제시되어 있다.[1]

추천 비디오

Applying Critical Thinking(비판적 사고 적용하기)
이 비디오의 끝 즈음에, 사회복지사는 내담자가
혼외임신을 하였다는 것을 공유할 때 인정하는 태
도인 것으로 보이는 미소를 짓는다. 이 사회복지
사의 슈퍼바이저로서, 임상가는 자신이 겁이 날
때 가볍게 미소를 짓는 자신의 걱정을 공유하였
다. 이 비디오를 시청할 때, 이것은 이 복지사에게
피드백을 주기 위한 '아하' 순간으로 당신에게 감
명을 준다. 그 대화가 어떻게 일어났을지 당신이
생각하는대로 담화를 구성하시오.

Tolerating Ambiguity in Resolving Conflicts(갈
등을 해결하는 데 있어서 모호성을 인내하기)
이 비디오에서 이 상담자가 보여주는 기술들을 주
목하시오. 슈퍼바이저로서 당신은 강점으로 무엇
을 강조하겠는가?

The Code of Ethics(윤리규정)
슈퍼바이저들도 슈퍼비전을 필요로 한다. 당신이
슈퍼바이저의 슈퍼바이저이고 슈퍼바이저에게
피드백을 제공하는 것처럼 이 비디오를 자세히 검
토하시오.

추천 사례/문서

△ The Reluctant Divorce: The Story of the
Wilsons(내키지 않는 이혼: 윌슨가의 이야기)
주의 깊은 자아성찰 순간 접근(Mindful Self-
Reflection Moment approach)은 제2단계 사이버
네틱스/포스트모더니즘 관점과 어떻게 상호 관련
되어 있는가?

△ Ethical Dilemmas(윤리적 딜레마)
연구에서 당신은 질적 그리고/혹은 양적 연구를
수행할 수 있다. 사례 #1을 검토한 후에, 전국사회
복지가협회의 윤리규정에 바탕을 둔 윤리적 딜레
마에 대한 전문가적인 반응을 보여주시오.

△ Making Decisions in Impossible Circum-
stances(불가능한 상황에서 의사 결정하기)
치료자인 Cheryl은 슈퍼바이저인 당신에게 접근
하여, Reamer의 개념틀에서 다섯 번째 단계에 도
달한, 어떤 윤리적 딜레마를 제시한다. Cheryl에게
슈퍼비전을 제공하는 데에서 당신의 다음 단계는
무엇인가?

추천 자원

웹사이트 : American Psychological Society

웹사이트 : Association for Behavior Analysis

웹사이트 : Canadian Research Institute for Social
Policy

연구 주제

Cheryl Storm

Thomas Todd

Russell Haber

---

1 그러나 www.MySearchLab.com의 자료 접근 권한을 이 번역서에서는 제공할 수 없음

∧ =AAMFT 핵심능력자산, △ =사례연구

17

가족치료 연구

학습 목표

● 증거에 바탕을 둔 연구가 부부가족치료의 효과성을 증명하였던 주요한 일곱 분야들을 설명한다.
● 효율성 연구와 경과 연구를 비교하고 대조한다.
● 양적 및 질적 연구방법론과 이 방법론들의 체계이론적 관점과의 일관성을 비교하고 대조한다.
● 새로운 물리학 이론과 사회과학을 위해 그 이론이 주는 시사점들을 서술한다.
● 연구 수행을 위해 사이버네틱스 관점이 주는 시사점들을 서술한다.

우리가 이제 가족치료에서 연구 영역으로 접근하면서, 우리는 대부분의 학생들이 이 영역에 다소 마지못해 들어가며 그렇게 해야 하는 필요조건의 부분으로 들어가게 된다는 것을 인정한다. 그러나 연구 노력들에서 활용되는 이론과 방법론들에 굳건한 토대를 가지는 것과 그것으로부터 생성된 정보를 읽고 이해할 수 있는 능력은 내담자들 그리고/혹은 훈련생들과 일을 하는 것만큼 체계이론적 실천가 역할의 많은 부분이고, 이것은 혼자서도 적극적인 참여자가 되게 한다. 무엇이 효과적 혹은 효과적이지 않은지에 대한 지식에 반응하여 지속적으로 학습하고 변화하면서, 부부가족치료자가 하는 일에 대한 타당성을 증명할 수 있는 것은 이 분야의 지속적인 긍정적 발전에 필수적이다. 그리고 관리의료와 정신건강 서비스 제공자들 사이에서 경쟁이 이루어지는 현시대에서 이것은 훨씬 더 중요한 책무로 설명되어 왔다(Hawley, Bailey, & Pennick, 2000). 그러므로 우리는 연구 영역의 몇 가지 현장들을 방문하고, 먼저 더 전통적인 접근들을 훑어보고 다음에 이 영역에서 최근 발전으로 옮겨감으로써, 우리의 여행을 계속해갈 것이다. 그다음에 우리는 체계이론/사이버네틱스 관점과 더 일치하는 이론과 방법론들에 특히 초점을 두는 정류소들뿐만 아니라 체계이론적 실천가들로서 어떻게 연구가 착수되어야 하고 결과들이 널리 보급되어야 하는지에 대해 우리가 내리는 선택들에서 파생되는 문제들을 포함하기 위해 우리의 방향을 변경할 것이다.

논리적 실증주의자 전통의 가족치료 연구

제14장에서 우리는 역사적 개관뿐만 아니라 논리적 실증주의자 혹은 뉴턴 학설 신봉자의 연구 핵심 가정들을 살펴보았다. 이 전통과 일치하는 성과 연구는 개념틀로서보다는 치료양식

으로서의 가족치료의 사고에 바탕을 두고 있다. 그래서 그것은 Gordon Paul(1967)이 제기한 복잡한 질문들에 대한 해답들을 찾고자 한다. "어떤 환경에서 어느 기준에 따라, 어느 치료자가 치료하는 무슨 치료가 어떤 문제들에 가장 효과적인가?"(p. 111).

여러 해에 걸쳐 많은 저자들은 가족치료에 관한 연구를 고찰하였다. 초기 고찰들 중 가장 주목할 만한 것은 Gurman과 Kniskern(1978, 1981), Gurman, Kniskern, Pinsof(1986), Pinsof(1981), Pinsof와 Wynne(1995), Pinsof, Wynne, Hambright(1996), Todd와 Stanton(1983)이 수행한 것들이다. 이 고찰에서 다루어진 핵심 질문들은 다음을 포함한다.

- 가족치료는 얼마나 효과적인가?
- 어떤 가족치료가 가장 효율적인가?
- 어떤 치료자 요인, 내담자 요인, 치료 요인이 가족치료의 효과성에 영향을 주는가?
- 가족치료 성과연구에서 주요한 측정문제들은 무엇인가?
- 추후 연구를 위한 핵심 방향들은 무엇인가?(Piercy, Sprenkle, & Associates, 1986, p. 330)

이 질문들이 제기하는 일반적인 이슈에 대한 대답으로, Gurman과 동료들(1986)은 가족치료의 효율성에 관하여 다음의 관찰들로 결론지었다. "안심되게도 … 가족치료 방법들이 엄격하게 검증되어 왔는데, 이 방법들은 예외 없이 효과적인 것으로 밝혀져 왔다"(p. 528). 더 구체적으로 그리고 초기 고찰에 바탕을 두고 Gurman(1983a)은 다음 요점에 대한 가족치료 연구의 요약자료를 제공하였다.

1. 가족 관련 이슈로서는 많은 다양한 가족치료들이 개인 심리치료보다 더 효과적이다.
2. 행동결혼치료 및 이를 제외한 다른 결혼치료들에서는 향상된 부부 의사소통이 성공적인 성과의 핵심으로 보인다.
3. 결혼문제들을 위해서는 합동 부부치료가 개인치료보다 명백히 더 낫다.
4. 결혼문제들이 합동치료보다 개인치료에서 다루어지면, 부정적인 성과들은 2배로 더 발생하기 쉽다.
5. 가족치료들과 개인치료들에서 긍정적인 성과들은 동일한 비율의 사례에서 발생된다.
6. 가족치료에서 퇴보가 발생할 수 있다. 그런 퇴보의 가능성은 치료자 행동의 특정 스타일과 관련되어 있다.

Gurman과 동료들(1986)이 수행한 가족치료 연구에 대한 추후 고찰은 추가적이고도 다른 통찰력을 제공해준다. 그중에서 우리는 다음과 같은 일반적인 관찰들을 선택하여 해석하였다.

1. 알코올과 관련된 결혼에 선호되는 치료는 집단에서의 합동 부부치료이다. 그런 치료는 알코올 중독 배우자와의 개인치료보다 우수하다.

2. 행동치료가 아닌 합동 부부치료는 결혼문제에 대해서는 개인치료보다 더 효과적이다.

3. 아동기 혹은 청소년기 행동문제들은 다양한 가족치료 방법들 중 어떤 하나라도 활용될 때, 약 71%에서 향상을 기대할 수 있다.

4. 조현병 치료에서는 밀란 혹은 전략적 가족치료를 지지하는 어떤 경험적 증거도 없다. 재입원 발생 감소의 경험적 지지는 환자의 가족들에게 심리교육 모델들을 사용했을 때 찾아볼 수 있다. 이것은 전자에 대한 이용 가능한 증거가 부족한 상태에서 후자를 자동적으로 지지하고 있다.

5. 행동적 가족치료는 나이 든 부부보다 서로 더 헌신적이고 배려하는 젊은 부부들에게 더 효과적이다.

6. 이혼치료의 형태로서 조정은 상대적으로 덜 복합적인 인생 상황을 가진 동기 수준이 높은 내담자들에게 효과적이라고 증명되어 왔다.

7. 강화 경험에 참여하는 부부들은 긍정적 성과의 측면에서 짧지만 만족감을 더 경험하기 쉽다. 일부 부부에게서 볼 수 있는 퇴보효과는 강화 경험 후에 추가 부부치료뿐만 아니라 경험을 위한 더 나은 사전 선별의 필요성을 제시하고 있다.

8. 부부가족치료자들의 훈련의 효율성에 관한 경험적 연구는 부족하다. 그러나 훈련은 훈련 중인 치료자들이 활용할 수 있는 치료적 대안들의 숫자를 증가시킬 수 있다는 간접적인 증거들이 있다.

9. 가족치료에서 변화나 성과 측정은 다중 관점들로부터 선택되어야 하며 치료적 과정에 맞추어야 한다.

10. 성과 연구들은 제시되는 문제들에서의 변화뿐만 아니라 체계이론적 변수들도 측정해야 한다.

11. 과정 연구는 초기 단계에 있으며, Pinsof(1980; Pinsof & Catherall, 1984)와 Patterson의 오리건 학파(Chamberlain, Patterson, Reid, Kavanaugh, & Forgatch, 1984)에 의한 모델들은 차이를 만드는 치료적 개입들을 분명히 보여주지만, 이론과 관련된 특정한 혹은 일반적인 과정 분석에 관한 문제들은 여전히 남아있다.

12. 임상가들은 가족치료 연구를 활용하지 않는 경향이 있다. 그러나 임상가들이 활용하는 연구는 치료에서 겪게 되는 문제들을 다루는 방법들에 관한 과정 이슈들과 관련되어 있다.

Gurman과 동료들(1986)은 또한 가족치료에 관한 초기(Gurman & Kniskern, 1978) 연구 고찰에 바탕을 둔 다른 해석들도 보고한다. 이 중 일부는 다음과 같다.

1. 아무런 치료를 하지 않았을 때와 비교하여, 행동 부부가족치료가 아닌 다른 부부가족치료들은 사례들의 3분의 2 정도가 효과적이다.

2. 지목된 환자가 아동이든 청소년이든 성인이든 관계없이 치료성과에서 차이가 나지 않는다.

3. 성공적인 성과는 행동 부부가족치료를 포함한 모든 부부가족치료들에서 상대적으로 적은 회기 수(1~20회기)에 발생한다.

4. 치료에서 퇴보는 "거의 체계화시키지 않는" 그리고 "매우 정서적인 요소"(Gurman et al., 1986, p. 572)에 관여하는 치료자 스타일과 관련되어 있다. 만약 치료자가 상호작용을 촉진시키고 지지를 준다면, 퇴보 확률은 줄어든다.

5. 공동치료는 단독 치료자에 의한 부부가족치료보다 우월하다고 입증되지 않았다.

6. 높은 수준의 '치료자 관계기술들'은 치료의 긍정적인 성과를 위해 필요한 것으로 보인다. 기본 '기술적인 기법들'은 문제의 악화를 예방하고 가족의 치료 전 상태를 유지시킨다.

Pinsof와 Wynne(1995), Pinsof와 동료들(1996) 그리고 Sprenkle(2002, 2003)이 수행한 가족치료 성과 연구에 관한 몇 가지 최근 고찰들은 가족치료의 효과성을 위한 추가적인 지지를 보여준다. 더 중요하거나 아마도 똑같이 중요한 것은 합동치료에서의 가족들은 그들의 경험에 의해 해를 입지 않는다는 이들 연구자들의 관찰이다. 부부가족치료의 효과성에 관한 **부부가족치료학회지**(*Journal of Marital and Family Therapy*) 특별호 서문에서, Pinsof와 Wynne(1995)은 다음과 같이 적었다.

> 부부가족치료자들과 연구자들은 여기서 고찰된 부부가족치료의 효력에 관하여 상당히 축적된 증거에 의해 정당하게 고무된다고 느낄 수 있다. 우리 분야는 건강하고, 강하고, 성장하고 있다. 고찰된 거의 모든 영역에서, 성과는 훌륭하거나 심리치료의 다른 접근들보다 더 좋은 것으로 나타나고 있다(p. 342).

더욱 긍정적이게도, Sprenkle(2003)은 1995년 연구의 시험적인 결론들을 더욱 명백하게 만드는 결과들을 제시하면서, "연구의 거의 모든 분야에 걸쳐 연구 논문의 수와 질에서 눈부신 증가"(p. 85)를 보고하였다. 더구나 2007년 미국부부가족치료학회(AAMFT)의 연차학술대회에서 부부가족치료(MFT)의 공통 요인들에 관한 파워포인트를 이용한 발표에서, Davis와 Sprenkle(2007)은 "MFT는 효과가 있다! 결혼치료의 84%, 부부가족치료의 65%에서 그렇다." 라고 보고하였다. 그리고 **부부가족치료학회지**(*Journal of Marital and Family Therapy*)의 부부가족치료 문헌에 관한 가장 최근의 광범위한 고찰에서, 특별호에서 서문을 썼던 Sprenkle(2012)은 "치료방식의 효과를 보여주는 강력한 증거가 있다. 즉, 관계적으로 지향하는 부부가족치료법들을 사용하는 것은 분명히 가치를 더하고, 많은 개입들을 사용했을 때에는 관계가 정말 달라진다는 결과들을 성취하였다"(p. 24)라고 결론지었다. 따라서 21세기로 진입하면서 부부가족치료(MFT)는 더 증거에 바탕을 둔 학문 분야가 되기 위한 노력의 긴 여정을 거쳐온 것 같다.

독자가 더 알기를 원하는 다른 선택된 고찰 혹은 메타분석들은 연대순으로 다음 연구들을 포함한다. Wells, Dilkes, Trivelli(1972), DeWitt(1978), Borduin, Henggeler, Hanson, Harbin(1982), Ulrici(1983), Tolan, Cromwell, Brasswell(1986), Hazelrigg, Cooper, Borduin(1987), Bedner, Burlingamen, Masters(1988), Markus, Lang, Pettigrew(1990), Shadish, Ragsdale, Glaser, Montgomery(1995), Dunn과 Schwebel(1995), Chamberlain과 Rosicky(1995), Brosnan과 Carr(2000), Wampold(2001), Bakersman-Kranenburg, van Ijzendoorn, Juffer(2003, 2005), Shadish와 Baldwin(2003), McFarlane, Dixon, Lukens, Lucksted(2003), Beutler, Chacko, Fabiano, Wymbs, Pelham(2004), Chronis, Chacko, Fabiano, Wymbs, Pelham(2004), Herschell과 McNeil(2005), Austin, Macgowan, Wagner(2005), Beutler, Consoli, Lane(2005).

가족치료 양식들의 효과성과 관련 이슈들의 고찰을 제공하고 있는 특정 인구 혹은 문제 상징들에 관한 연구논문들은 다음의 목록에서 찾아볼 수 있다.

1. **중독** : Stanton, Todd와 동료들(1982), Szapocznik, Kurtines, Foote, Perez-Vidal, Hervis(1986), Szapocznik와 동료들(1988), Joanning, Newfield, Quinn(1987), Black, Gleser, Kooyers(1990), Lewis, Piercy, Sprenkle, Trepper(1990), Todd와 Selekman(1991), Joanning, Quinn, Thomas, Mullen(1992), O'Farrell, Choquette, Cutter, Brown, McCourt(1993), Edwards 와 Steinglass(1995), Liddle과 Dakof(1995), Fals-Stewart, Birchler, O'Farrell(1996), Muck과 동료들(2001), Rowe와 Liddle (2003), O'Farrell과 Fals-Stewart(2003), Austin, Macgowan, Wagner(2005), Rowe(2012), O'Farrell과 Clements(2012).

2. **아동기 행위장애, 정서문제, 청소년 비행** : Alexander와 Parsons(1973), Alexander, Barton, Schiavo, Parsons(1977), Borlens, Emmelkamp, Macgillarry, Mark-voort(1980), Fleishmann 과 Szykula(1981), Satterfield, Satterfield, Cantwell(1981), Alexander와 Parsons(1982), Patterson(1974, 1982), Patterson, Chamberlain, Reid(1982), Barton, Alexander, Waldron, Turner, Warburton(1985), Tolan과 동료들(1986), Kazdin(1987a, 1987b), Kadzin, Esveldt-Dawson, French, Unis(1987), Miller와 Prinz(1990), Chamberlain과 Reid(1991), Friedrich, Luecke, Beilke, Place(1992), Henggeler, Borduin, Mann(1992), Estrada와 Pinsof(1995), Chamberlain과 Rosicky(1995), Barnett, Dadds, Rapee(1996), Henggeler와 Sheidow(2003), Northey, Wells, Silverman, Bailey(2003), Chronis와 동료들(2004), Crane, Hillin, Jakubowski(2005), Corcoran과 Dattalo(2006), Zilberstein(2006), Henggeler와 Sheidow(2012), Kaslow, Broth, Smith, Collins(2012), Baldwin, Christian, Berkeljon, Shadish, Bean(2012).

3. **부부문제와 관계 강화** : Jacobson(1981), Baucom(1982), Hahlweg, Schindler, Revenstorf, Brengelmann(1984), Jacobson, Schmaling, Holtzworth-Munroe(1987), Jacobson과 Addis(1993), Markman과 Hahlweg(1993), Markman, Renick, Floyd, Stanley, Clements(1993), Minuchin과 Nichols(1993), Bray와 Jouriles(1995), Prince와 Jacobson(1995), Jacobson과

Christensen(1996), Walker, Johnson, Manion, Cloutie(1996), Johnson(2003), Beach(2003), Halford, Markman, Kline, Stanley(2003), Carroll과 Doherty(2003), Doss, Simpson, Christensen(2004), Brynne, Carr, Clark(2004), Babcock, Green, Robie(2004), Garfield(2004), Glade, Bean, Vira(2005), Cowan, Cowan, Heming(2005), Blow와 Hartnett(2005a, 2005b), Davis와 Piercy(2007a, 2007b), Lebow, Chambers, Christensen, Johnson(2012), Markman과 Rhoades(2012).

4. **정신신체장애와 신체적 문제들** : Liebman, Minuchin, Baker(1974), Minuchin, Baker, Rosman, Liebman, Milman, Todd(1975), Minuchin, Rosman, Baker(1978), Minuchin 과 Fishman(1981), Brownell, Kelman, Stunkard(1983), Morisky와 동료들(1983), Schwartz, Barrett, Saba(1985), Russell, Szmukler, Dare, Eisler(1987), Dare, Eisler, Russell, Szmukler(1990), Knutsen과 Knutsen(1991), Campbell과 Patterson(1995), Campbell(2003), Shields, Finley, Chawia(2012).

5. **정신건강 문제들, 불안 및 우울을 가진 가족의 심리교육** : Falloon과 동료들(1982), Leff, Kuipers, Berkowitz, Eberlein-Vries, Sturgeon(1982), Falloon, Boyd, McGill(1985), Anderson, Reiss, Hogarty(1986), Hogarty와 동료들(1986), Goldstein과 Miklowitz(1995), McFarlane 과 동료들(2003), Siqueland, Rynn, Diamond(2005), Gillaim과 Cottone(2005), Lucksted, McFarlane, Downing, Dixon, Adams(2012).

6. **아동과 배우자에 대한 정서·신체학대** : Brunk, Henggeler, Whelan(1987), Trepper와 Barrett(1989), Lipchik(1991), Estrada와 Pinsof(1995), Stith, Rosen, McCollum(2003), Cicchetti와 Toth(2005), Lundahl, Nimer, Parsons(2006), Gerard, Krishnakumar, Buehler(2006), Stith, McCollum, Amanor-Boadu, Smith(2012).

7. **정서장애** : Beach와 Whisman(2012).

이들 고찰과 연구에는 동향과 추천을 포함하는 풍부한 정보가 제공된다. 그러나 가족치료 임상가들은 전형적으로 특히 도움이 된다고 서술된 결과들을 발견하지 못하는데, 이것은 "MFT에서 특히 퍼져있는" 격차일 수 있다(Sprenkle, 2003, p. 87). 실제로 Hawley와 동료들 (2000)이 관찰한 바와 같이, 내내 치료과정의 상세한 점들에 관한 특별한 강조와 함께 연구노력에서 더 임상적으로 관련된 초점을 맞추고자 하는 반복적인 요구들이 있어왔다. 다소 최근까지도 이런 요청에 반응한 사람은 거의 없었다. 그러나 근래에는 임상가와 내담자 모두의 관점으로부터 치료에서 어떤 것들이 효과가 있는지를 조사하는 연구에 관한 강조로 바꾸려는 노력들이 이루어지고 있다.

효력 연구에서 진전 연구로

전통적인 성과 연구는 가족치료의 효력을 보여주는 것에 집중되었고 다양한 치료접근법들의 경험적인 타당성을 추구하였다. 무작위로 추출하는 임상실험의 활용은 이상적인 방법론으로 여겨지며, 이것은 치료과정의 엄격한 정의 혹은 조작화의 사용을 통해 과학적 정당성을 제공한다. 그러한 연구의 결과들이 평이한 표현으로 방향을 제공하더라도, Pinsof와 Wynne(2000)이 지적하는 것처럼, 대부분의 부부가족치료자들이 업무를 수행하는 동안 그러한 결과들의 영향은 최소한이었다. 이러한 문제에 대한 설명은 "임상실험에서 심리치료나 CFT(부부가족치료)를 연구하기 위해서는 계획과 적용에서 매우 조직화되어야만 하므로 실제 업무와는 유사점이 거의 없다"(p. 2)는 것이다. 그리고 이 선호되는 방법론을 향상시키기 위한 노력이 클수록, 그 결과들은 관계가 적어질 것이다.

그러므로 많은 사람들이 연구접근법들을 유용성에 집중하는 접근법들로 바꾸기 위한 필요에 주목하고(Amundson, 2000) 치료에 도움이 된다고 발견한 것들에 관해 내담자들의 관점을 포함(Miller & Duncan, 2000; Davis & Piercy, 2007a, 2007b)하기 시작했다는 것은 놀랍지 않다. Pinsof와 Wynne(2000)은 치료를 교육과정으로서 이해하는 것에 바탕을 두고, 자신들이 명명한 '진전 연구'의 발전을 제시하였다. 그러한 연구는 치료의 즉흥적인 본성을 조화시키는 것을 목적으로 하는데, 치료자와 내담자 사이의 상호적인 영향과 피드백이 진행되는 과정에 의해 특징지어진다. 필요로 하는 것은 내담자 쪽에서 발생하는 학습의 방식뿐만 아니라 치료자들이 그런 학습을 지지하기 위해 무엇을 할 수 있는지에 대한 방식 모두에 관련된 가정들을 포함하는 이론들이라는 것을 그들은 주목한다. 그들이 필요로 하는 것은 "이론적인 출발점으로서의 가족체계의 학습과학"(p. 5)이다. 이것은 치료접근법에 관한 연구에서 가족들이 치료회기 중일 때, 치료회기에 있지 않을 때, 가족 내에서 학습과 변화가 어떻게 일어나는지 그리고 치료기간 동안 그들이 학습하고 변화하는 것에 어떻게 도움을 받는지를 포함하는 변화과정을 조사하는 연구로 초점이 변경되는 것을 수반하게 된다.

여전히 초기 단계에 있지만, 치료과정에 있는 모든 내담자들이 학습하고 변화하는 방식을 이해하기 위한 노력에 바탕을 둔 연구접근법들의 발전은 내담자들을 위해 그러한 연구들을 더욱 의미 있고 유용하도록 만드는 잠재력을 가지고 있다. 그들은 또한 관찰이 수동적 과정이 아니며, 한 사람의 관찰은 항상 치우쳐있다는 것을 인식하는 방향으로 긴 여정을 떠날 것이다. 동시에 현실의 본질에 관한 연구자의 기본 가정들은 바뀌지 않는 범위에서는, 특히 제2단계 사이버네틱스 수준에서 체계이론/사이버네틱스 관점과의 일치는 가능하지 않을 수 있다. Blow, Sprenkle, Davis(2007)는 이 점에 관하여 다음의 진술을 한다.

우리는 모델들이 치료자를 통해 그리고 주로 치료자 요인에 더하여 작용된다고 더 믿는다. 모델은 논문에서는 효과가 있지만, 스스로는 '효과적'이지 않다. 오히려 모델들은 치료자들이 효과적이도록 돕는다. 비슷하게, 치료자들은 모델들이 효과적이게 보이도록 도와준다. 모델들은 치료자를 통해 살아나거나 죽게 된다(p. 308).

실제로 접근법들을 초월하는 공통 요인들과 관련된 상대적으로 최근의 연구는 치료자들이 '성공적인' 모델들에 생명을 불어넣는 것이 얼마나 효과적인지에 초점을 맞춘다(Blow et al., 2007; Sprenkle & Blow, 2004). 최초의 발견들은 접근법에 상관없이 치료자들이 다른 행동들 중에서도 자신들이 내담자들과 동맹을 맺을 수 있고 관여할 수 있으며, 희망의 느낌과 긍정적 성과들에 대한 기대를 만들어내고, 문제들을 이성적으로 이해하고, 의미의 변화에 초점을 맞추고, 내담자들이 처해있는 지점에서 내담자들을 만날 수 있을 때 가장 효과적이라는 것을 제시해준다. 따라서 이런 관점을 가지고 성과를 연구하는 것에서 언제 치료자들이 가장 효과적인지를 관여하는 과정을 조사하는 쪽으로 초점이 바뀌게 된다. 물론 관련되는 것은 증거에 바탕을 둔 실천(EBP)에 대한 현재 수요 상황이다.

증거에 바탕을 둔 실천(EBP)

의학계에서 건강관리의 성과를 향상시키기 위한 노력이 나타난 것처럼(Chenail, 2012), EBP에 관한 강조는 지금은 다양한 학문 분야와 많은 국가에서 볼 수 있다. EBP는 "현재 개인들의 관리에 대한 의사결정을 내리는 데 가장 좋은 증거에 관한 양심적이고, 명백하고, 현명한 활용"으로 정의되어 왔다(Sackett, Richardson, Rosenberg, & Haynes, 1997, p. 2). 관여되어 있는 것은 치료자의 전문지식, 외부 연구로부터의 증거 그리고 내담자 목표들과 가치들의 통합이다(Gambrill, 1999). 무작위 임상실험(RCT)의 적용을 포함하여 양적 방법론을 활용하면서 수행된 연구는 금본위제도처럼 간주되고, 그래서 EBP의 핵심 측면이다(Sprenkle, 2012). 그러한 접근법에 따라 행동하라는 압력은 특히 제3자 지불인들로부터 오고 있는데, 이들은 특정 전문 분야의 일반적 통념이나 그 실천가들의 영감에 의지하기보다는 특정 실천의 과학적인 정당성을 요구하고 있다.

따라서 임상가들은 그들의 업무에서 그러한 모델들과 논리적 실증주의자-경험 패러다임에 따라 특정 이슈들, 내담자들 그리고/혹은 상황들에 효과가 있는 체계이론적 관찰들과 엄격한 추론을 통해 증명되어 온 관련 개입들을 사용하도록 기대된다. 이 점에서 핵심적인 것은 현재 연구문헌의 지식, 보고된 결과들을 비판적으로 조사하는 능력, 각각의 독특한 내담자 체계를 맞추기 위한 치료의 개별화 그리고 상황들이 요구하는 것에 대한 적응뿐만 아니라 치료 과정의 지속적 평가이다(Chenail, 2012). 치료의 효과성에 대해 지속적으로 그리고 마지막으로 고려할 점들은 치료자가 바라던 목표들의 진전과 획득에 관하여 내담자의 피드백뿐만 아니라 자신의 반영들도 고려하고 포함하면서 실천에 바탕을 둔 증거를 필요로 한다는 것이다.

최상의 실천들을 사용하여 행동하는 것은 분명히 바람직하지만, EBP에 관하여 실천가들을 규제하고 통제하기 위해 증가되는 노력과 관련된 염려가 제기되어 왔다(Webb, 2001). 더욱이 지식을 구하는 것에는 많은 타당한 방식들이 있고(Gambrill, 1999) 그래서 효과성으로 이끌어 가는 중요한 정보를 제공하는 많은 원천들이 있다는 것을 기억하는 것이 중요하다. 그러므로 Chenail(2012)은 치료자들에게 RCT뿐만 아니라 사례 시리즈와 사례보고들, 사례통제 연구, 코호트 연구, 체계이론적인 고찰 및 메타 분석들에서 유래된 자료를 수단으로 사용할 것을 추천한다.

실제로 EBP의 잠재적인 유용성에도 불구하고, 논리적 실증주의자-경험학파의 전통에서 소위 정상 과학의 실천과 체계이론/사이버네틱스 패러다임 사이에는 현실적인 긴장상태가 있다. 뉴턴 물리학의 전통에서 가족치료와 그 효과성에 대해 연구가 행해질 수 있다는 것이 현실이다. 그러나 그런 모든 연구는 반드시 체계이론적인 패러다임에 의해 가정되는 전체 중 일부에 관한 연구이다. 그것은 그러므로 제1단계 사이버네틱스 수준에서의 연구이다. 명백하게도 많은 사람들이 두 가지 다른 세계관 사이에서 화해를 이루려고 하는데, Keeney(1983)가 제안하는 것과 같이 우리는 우리의 역사적 전통들을 포기할 필요가 없다. 그 문제의 가장 어려운 부분은 "지도가 영역이 아니라는 깨달음은 우리가 우리의 옛날 지도들을 모두 팽개치는 것을 요구하지는 않는다는 것이다. 그러나 우리는 지도는 지도일 뿐이라는 것을 마음속에 간직해야 한다"(Kniskern, 1983, p. 61).

양적 및 질적 연구에 관한 제2단계 사이버네틱스/포스트모더니스트 고찰

MFT에서의 연구에 관한 다양한 이슈들은 이론가/치료자의 관점과 직접적으로 관련되어 있다. 제1단계 사이버네틱스(세상은 관찰자들을 제외하고 모두 연결되어 있다.)와 제2단계 사이버네틱스(세상은 '관찰자들'을 포함하여 모두 연결되어 있다.) 사이의 긴장의 핵심은 이 이슈들의 많은 부분에 내재되어 있다. 대부분의 연구와 평가는 제1단계 사이버네틱스의 수준에서 실행되는데, 규범적인 사회과학과 규범적인 정신건강 실천의 모더니스트 및 구조주의자 전통과 일치한다. 정말로 MFT가 전문 분야로 살아남으려면, 우리는 부부가족치료자들로서 우리의 역할을 인가하는 정치적 및 경제적 청중에게 영향을 미쳐야 한다. 다른 말로 하면, 우리는 체계이론/사이버네틱스 사고의 효력을 다른 임상가들, 우리 내담자들, 치료 서비스를 위한 기금을 통제하는 사람들에게 보여주어야 한다(Yingling, Miller, McDonald, & Galewater, 1998). 그렇게 하는 데 실패하는 것은 "가족치료의 주변화"를 증가시킨다(Shields, Wynne,

McDaniel, & Gawinski, 1994, p. 117). 따라서 사이버네틱스와 포스트모더니즘의 사이버네틱스의 관점에서 보면, 우리는 우리가 해결하고자 노력하는 문제의 주요 부분이 되는 제1단계 사이버네틱스의 상자 내에서 머물러야 한다. 즉, 그것은 행동의 종류에 따라 가정되는 상징들이 정말 우리가 우리의 경험과 다른 사람의 경험에 대해 '이해'하기 위해 고안하였던 구성들로서보다는 '거기에 있는 현상'으로서 구상화되고 간주되는 사회과학 연구의 기능으로서이다. 그래서 전통적인 연구 사업에 참여하는 것은 우리 자신의 관점과 불일치한다.

　대부분의 사회과학연구 현장인 학계에서는 보상(승진, 정년제, 급여인상)들이 일반적으로 전통적인 양적 연구방법론을 활용하여 기금을 주는 기관들에서 수용되는 의문들에 관해 연구함으로써 기금을 얻을 수 있는 사람들에게 배정된다. 더구나 건강관리체계의 최근 변화에 관하여, Sprenkle(1994, 2012)은 제3자 지불인과 영역 외부의 사람들에게 타당한 전문직으로 이해된다는 것은 잘 통제되며 과정과 성과에 초점을 두는 MFT의 연구들을 요구한다는 자신의 신념을 다시 강조하고 있다.

　다른 딜레마는 전통적인 양적·경험적 연구가 타당한 지식 주장을 하기 위한 주요한 방법으로 많은 분야에서 인식된다는 점인데, 전통적인 사회과학은 그 사회의 관념과 일치하는 사회적으로 인가된 연구질문들에만 초점을 맞추는 경향이 있다. 즉, "조사하는 데 중요하다고 생각되는 질문들은 과학이 수행되는 사회적/문화적 맥락과 과학연구에 내재된 문제들과 퍼즐들에 의해 결정된다"(Longino, 1990, p. 84). 연구와 가정폭력에 대한 담화(Avis, 1994; Gelles, 1994; Jacobson, 1994a, 1994b 참조)는 정치와 연구 그리고 연구문제들과 해답들이 가치와 정치적 민감성을 활성화시킨다는 아이디어 간의 상호 연관성을 그려내고 있다. 비슷하게, 우리 사회에서 개인(인성 혹은 개체)은 분석의 주요 단위로 남아있으며, 그래서 "사회문제들의 설명을 비난하는 개인"(Caplan & Nelson, 1973, p. 206)은 더 지지받고 기금을 받기 쉽다. 더구나 이런 프로젝트들은 "인정받는 고정관념들을 강화하고 그것에 의해 '문제'집단의 상태를 영속화시키는 잠재력 또한 가지고 있다"(p. 206). 한 예로서, Caplan과 Nelson(1973)은 기금은 연구자가 비행의 일탈행동을 연구하는 데 이용 가능하지만, 슬럼가의 악덕 집주인들의 일탈행동에는 이용할 수 없다는 것에 주목한다.

　그러므로, MFT의 연구자들과 실천가들은 이중구속에 처해있다. 한편으로는 적절한 연구 계획안을 가지고 효과성에 대한 우리의 주장들을 정당화시킴으로써 조금 전에 서술된 체계의 규칙들에 순응하지 않는 것은 MFT의 실천의 지지와 기금을 배제하는 것이다. 이것은 이 분야의 소멸을 가져오거나 전문적 실천을 제1단계 사이버네틱스의 모델로 바꾸게끔 할 수 있다. 물론 전통적인 과정과 성과 연구방법론의 결과들은 한 개인의 임상실제에 지식을 주는 데 유용하다. 다른 한편으로는, 그 규칙들에 순응하는 것은 우리의 이론적 관점과 일치하지 않는 것이며, 우리 자신들과 내담자들 모두를 위해 우리가 피한다고 말하고 있는 현실을 창조하는 데 참여하는 것이다.

이러한 이슈들은 질적 연구의 관심을 불러오는데, 문헌에서 이것은 종종 양적 연구와 병행된다. Sprenkle(1994, p. 227)은 "만약 이 분야가 질적 대 양적 연구 내분으로 양분된다면, 나는 괴로울 것이다."라고 하였는데, 이것은 그가 계속 취하고 있는 입장이다(Sprenkle, 2012). 실제로 우리들에게 이것은 확실하게 의미 있는 구별은 아닌데, 왜냐하면 어떤 구별도 두 가지 개념 사이의 관계를 반드시 만들어내기 때문이다(Bateson, 1972; Flemons, 1991; Keeney, 1983). 오히려 우리는 이 두 가지 방법론들을 논리적 보완으로 보는 것을 선호하는데, 각각은 맥락에 관련되는 유용성을 가지고 있다고 이해된다.

우리는 한 사람의 개념틀 내에서의 논리적 일관성의 문제가 주요한 이슈라고 본다. 전통적인 양적 연구는 제1단계 사이버네틱스, 모더니스트 전통과 일치한다. 더구나 전통적, 정상적, 의료모델 정신건강 실천은 그 자체와 일치하는 양적 연구를 필요로 한다. 그러나 제2단계사이버네틱스, 연구에 대한 포스트모더니즘 접근은 어떤 다른 것을 필요로 하는데, Logino(1990)는 이를 "진실과 표상에 사로잡히는 것"을 포기하고 정치학, 경제학 및 문화의 과학적 이론들에 관한 영향력을 인식하는 것으로 설명하였다. 과학이 객관적이지도 "실제 세상에 대해 편견 없는 관점"(p. 9)을 생산하지도 않는다는 인식은 모두 중요하다. Longino는 또한 이론이 '효과가 있더라도', 그것이 반드시 진실하다는 것을 의미하지는 않는다는 점을 주목하면서, 가족치료 접근들의 효력에 관한 연구자료의 사회구성주의자 해석에서 중요한 차이를 강조한다. 그녀는 "'효과가 있다는 것'은 인식론적 관념이 아니다"(p. 93)라고 진술한다. 참으로 우리는 임상실제에서뿐만 아니라 연구에서도, 무엇인가 효력이 있기 때문에 고로 진짜 진실을 이루고 있다고 우리가 믿는 것에 홀릴 수 있다는 것을 깨닫고 있어야 한다.

우리는 질적 연구의 정신과 내재된 철학은 제2단계 사이버네틱스 수준에서의 치료실천과 더 일치한다고 믿는다. 질적 연구는 정상 사회과학과 정신건강 실천의 갑갑한 상자로부터 사람들을 해방시키는 관점의 느낌을 가지고 있다(Lather, 1986). 그것은 광대한 깊이에서 개인적인 인간경험을 이해하려고 한다(Gerhart, Ratliff, & Lyle, 2001). 양적 연구처럼, 그것은 인류학자가 다른 문화의 세계관을 이해하려고 하듯이 인간경험에 걸친 공통성을 찾고자 한다. 그러나 이러한 공통점들이 사람들을 서로 비교하는 규범적 기준으로 해석되지는 않는다. 질적 연구는 우리의 주관성을 인정하며 우리는 세상에 관한 우리의 표현에 관해서만 연구를 할 수 있다는 사실을 인정하고 있다. 그것은 "관찰은 이론에 준거되어 있다.", "의미들은 이론에 의존한다.", "사실들은 이론에 준거되어 있다."는 것을 수용한다(Hayward, 1984, pp. 76-77). 질적 연구는 형식적인 면에서 이론에 해박할 수도 아닐 수도 있다.

질적 연구의 정신은 관심을 가진 질문들이 수용되는 연구계획들에 맞는 질문에만 국한되어야 한다기보다는 그 디자인을 지시해야 한다는 것을 제시한다. 연구디자인의 내적 및 외적 타당성을 저해하는 통제변수들을 찾으려고 하기보다는, 질적 연구자들은 모든 변수들을 맥락의 일부로 보고 조사에 그것들을 포함한다. 질적 연구의 어떤 형태는 연구자를 관찰과 자료에 대한 자신의 해석이 연구 대상자보다 더 낫다고 믿는 전문가의 역할로부터 벗어나게 한다. 연구 대상자들은 연구 프로젝트 전체에 걸쳐 연구자와 함께 참여하고 대화하도록 초청된다. 실제로 질적 연구와 치료적 대화는 서로 구별되지 않을지도 모른다.

특정 시간과 장소에서 특정 프로젝트의 독특한 조건에서만 타당하다고 여기면서 자료와 연결되는 해석들을 이해하는 것도 질적 연구의 정신에 속한다. 프로젝트는 가설검증 연구라기보다는 발견 지향 탐구이기 쉽다(Chenail, 1994). 질적 연구는 "실천 지향적이다." 즉, 그것은 "지배와 싸우는 것이며 사회 형성의 실천에서 … 엄격한 재검증 쪽으로 매진하는 것이다"(Benson, 1983, p. 338). 그리고 그것은 정신질환, 결혼가족 역기능 및 성별과 인종적 이슈들과 같은 일에 대한 전문적 담론의 결과에 관한 질문들을 제기한다. 이것이 강점인데, 그것은 전통적인 양적 연구와 관련되어 있는 책임을 반드시 드러나게 한다. 한 개인은 표준화된 계획을 디자인함으로써 그것을 제압할 수 있지만, 그렇게 하는 것은 그 정신의 일부를 잃게 한다.

동시에, 우리는 또한 최근 *JMFT*의 특별호의 한 논문을 주목하는 것이 중요하다고 느끼고 있는데, 그 논문에서는 부부가족치료의 질적 연구의 유용성이 묘사되어 있다(Chenail et al., 2012). 우리의 관점에서 보면 공식 근거이론으로 발전한 많은 부부가족치료 모델들을 설명하는 49개의 질적 연구논문들에서 보고된 합동 부부가족치료에서, 내담자들의 경험에 대한 질적인 메타통합은 특정 치료모델들을 초월하는 공통 요인들에 대한 관찰들의 많은 부분을 확인해준다(Sprenkle, Davis, & Lebow, 2009).

사회과학과 정신건강 직업에서 양적 및 질적 연구는 모두 임상실천에 정보를 줄 수 있다. 만약 MFT가 정통 건강관리 직업으로 여겨져야 한다면, 우리는 우리 사업에 기금을 주는 연구소들과 기관들이 수용하는 정보를 제공하여야 한다. 이것이 필요하지만, 제2단계 사이버네틱스와 포스트모더니즘의 관점에서는 또한 아이디어들, 연구소들, 실천을 위한 지지도 제공한다. 조사를 위해 기금을 잘 받을 수 있는 연구문제들의 기능으로서 그 지지는 '정신질환'과 결혼가족 '역기능'의 발생 증가를 역설적으로 만들어낸다. 그러므로, 연구의 중요성과 그것이 성취할 수 있는 것을 확인하면서 Anderson(1994)은 MFT 전공자들도 그들이 "발견하거나 증명하고 싶은 것이 무엇인지 그리고 무슨 목적인지, 그들이 배우기를 원하는 것은 무엇인지, 대화하고 영향을 미치기를 원하는 청중들은 누구인지, 기금의 원천은 어디로부터인지"(p. 148)를 고려해야 한다고 제안한다. 참으로, 이 토론은 우리를 인식론의 병리라고 부르는, 제18장에서 매우 상세하게 다룰 영역으로 옮겨가게 한다. 지금은 양적 및 질적 연구에 대한 간략한 고려를 결론 내리는 것에 초점을 두려고 한다.

다양한 영역에서 많은 관심을 불러일으키면서, 질적 연구는 다소 반체제적인 느낌을 종종 주었다. 하지만 이 영역의 관심은 증가되는 것 같으며(Faulkner, Klock, & Gale, 2002; Gerhart et al., 2001), 질적 연구 논문들은 MFT 영역의 주요 학술지에서 게재되고 있다(Gale & Newfield, 1992; Garwick, Detzner, & Boss, 1994; Hoshmand, 1989; Moon, Dillon, & Sprenkle, 1990; Sells, Smith, & Moon, 1996). 질적 및 양적 연구계획들을 모두 활용하는 보고서들도 전문 학술지들에 받아들여지고 있다(Jacobson et al., 1987; Joanning et al., 1987; Sells, Smith, & Sprenkle, 1995). 그러나 질적 접근들로부터의 연구와 질적 접근들에 관한 이론화는 양적 연구 보고서들만큼 쉽게 이용 가능하지 않다(Faulker et al., 2002).

이러한 고려할 점들을 마음에 두고, 우리는 이 시점에서 인과성, 관찰, 객관성뿐만 아니라 사이버네틱스 관점의 암시와 이 패러다임에 일치하는 연구의 의미에 대한 추가 토론으로 옮겨가고자 한다.

체계이론적 일관성

여러분이 지금은 확신하는 바와 같이, 논리적 실증주의의 전통에서 연구의 의미와 타당성은 여러 면에서 체계이론적 관점과 부합되지 않는다. 특별한 관심 분야는 다음을 포함한다. (1) 하나의 우주(하나의 객관적 현실)보다 다중 우주(많은 관점들)를 얘기하는 것이 더 적절하다. (2) 원인에 대해 이야기해야 한다면, 관찰하는 데 사용되는 준거틀과 관련하여 판별할 수 있는 복합적인 원인들을 참조해야 한다. (3) 하위단위보다는 전체 체계 혹은 더 큰 맥락은 분석에서 고려되어야 한다. (4) 종속변인들에 영향을 미치는 독립변인의 개념들은 인과성의 직선적 관념을 설명한다. 그리고 (5) 전통적 연구모델들의 능력은 우리가 인간체계들의 복잡성을 이해하도록 도와줄 수 있는 범위로 제한된다.

체계이론적 관점에서 보면 이런 반론들은 타당하다. 그러나 전통적 연구모델들에 대한 대안 문제들은 아직 남아있는데, 최근에 발표되었던 것이 거의 없거나(Gurman, 1983a; Schwartz & Breunlin, 1983), 이미 발표된 것은 여전히 발달 초기 단계에 있다. 아마도 이것은 논리적 실증주의에 대한 많은 비판이 있는 반면에, 이 연구 패러다임에 대한 대안들은 과학이라기보다는 다른 어떤 일을 하거나 기껏해야 열등한 것으로 종종 인식된다는 사실에 의해 부분적으로 설명될 수 있을 것이다. 따라서 고전적인 물리학의 연구모델은 인정받는 견해의 일부가 되었고, 타당한 지식 주장을 하는 데 선호되는 방식(단 하나의 유일한 방식이 아니라면)이 되었다.

Koch(1976)는 "시작부터 심리학은 그 맥락에 선행하는 심리학의 제도화와 심리학의 문제들에 선행하는 심리학 방법들의 범위에서 독특하였다"(p. 485)는 것에 주목한다. 즉, 과학 영역으로 포함되는 것도 인정되고 존중되는 지식의 주체를 획득한 후에야만 이루어졌다. 예를 들면, 물리학이 세계적인 학문 분야의 지위를 획득하는 데 수백 년이 걸렸다.

　　만약 심리학의 내용과 문제들이 그 방법들에 선행하였다면, 그것이 만들어낸 차이에 대해 숙고할 수 있다. 인문 '과학'은 무엇처럼 보일까? 그 문제들은 무엇이었을까? 만약 우리가 고전적인 물리학의 방법론에 의해 제한되지 않는다면, 우리는 사람들과 사회에 관해서 무엇을 알고 있을까? '기계적인' 은유는 적절할까? 심신이원론과 '극히 드문' 본성에 관한 가정들은 마음과는 독립적이거나(이것은 물질이 아니다.) 사람들에 대한 연구에서 타당한가? 물론 우리는 그 성과가 달랐다는 것을 알 수 없지만, 그랬을 것이라고 미심쩍어한다.

　　현재까지도 사람들은 물질이 아니며 반응적이지 않다는 점에서 사람들은 다르다는 것에 대한 강한 논쟁이 있을 수 있다. 그들은 적극적인 주체들이다. 그래서 Bronfenbrenner(1979)는 다음을 주목한다. "아동의 진화하는 현상학적 세계는 현실의 단순한 대변이라기보다는 진실로 실재의 구성이다"(p. 10). Kelly(1955)는 사람들을 전문가인 사회과학자와는 다른 방식으로 자신들의 세상을 이해하고, 예측하고, 통제하려고 노력하는 과학자들로 보았다. 실로 연구 대상자로서 사람들의 삐뚤어짐에 대한 인식(그래서 연구 대상자들로부터 연구의 진짜 목적을 숨기기 위한 기만 혹은 시도를 포함하는 연구를 디자인하는 이유)은 사람들을 물질처럼 더 행동하도록 만드는 노력으로 이끈다. 그래서 '과학자로서의 연구 대상자'와 '과학자로서의 실험자'는 서로 '혼란시키는' 춤에 참여한다고 볼 수 있다. Watzlawick, Beavin, Jackson(1967)은 물건들에 관한 연구와 살아있는 사람에 관한 연구는 아주 다른 이치라는 우리의 신념을 그려내는 예를 제공한다.

> 걸어가는 남자의 발이 조약돌을 치면, 에너지는 발에서 그 돌로 전달된다. 후자는 대체될 것이며 궁극적으로 에너지가 전달된 양, 조약돌의 형태와 무게, 그것이 구르는 표면의 성질과 같은 요인들에 의해서 충분히 결정되는 위치에서 다시 정지하게 될 것이다. 다른 한편으로는, 만약 그 남자가 조약돌 대신에 개를 찼다면, 그 개는 뛰어올라 그를 물 수도 있을 것이다. 이 사례에서는 차는 것과 무는 것 사이의 관계는 아주 다른 이치에 관한 것이다. 그 개는 자신의 물질대사로부터의 반응으로 그 에너지를 취하는 것이지 발길질로부터가 아니라는 것은 명백하다. 그러므로 전달된 것은 에너지가 아니라 오히려 정보이다(p. 29).

　　인간은 또한 논리적 실증주의·경험적 전통의 가정들의 다른 측면을 위반하는 것 같다. 즉, 그들은 일관적이지 않으며, 정지상태가 아니며, 완전한 사람들이 아니다. 실험에 참여하는 바로 그 과정에 의해 그들이 아마도 달라졌으며, 그들에 대해 그 연구 결과가 제의하는 결과에 더 이상 있지 않을 수 있다. 연구의 윤리적 수행을 위한 기준들은 이런 현상을 인식하며, 연구방법론 학자들은 뉘앙스 요인이라고 불리는 이것을 통제하려고 한다.

　　심리학과는 대조적으로, 체계이론과 가족치료 분야는 이런 주장들을 지지하는 연구 증거 없이 타당성을 위한 주장과 과격한 이론 구축을 통해 그 내용이 발전해왔다는 이유로 비판받아 왔다(Gurman, 1983a). 명백하게도 이것은 다음의 더 최근의 관찰에서 지적된 것과 같이 우려로 남아있다.

> 우리 분야는 여전히 카리스마가 있는 개인이 가족치료 모델을 만드는 것이 가능하고, 워크숍 순회여행에서 성공적으로 되며, 개인적 증언 외에 그 효력에 관한 증거를 제공하지 않고도 모델을 널리 퍼뜨리기 위해 벌이가 되는 저서 계약을 하는 분야로 남아있다(Crane, Wampler, Sprenkle, Sandberg, & Hovestadt, 2002, p. 76).

따라서 많은 사람들이 치료모델들에 현재 결과들이 보장하는 것보다 더 확실성을 부여하기 전에 치료모델의 효력을 보여주기 위해 윤리적 의무라고 간주하는 것을 표현하였다. 그리고 많은 고찰들이 초기에 나타낸 바와 같이, 이 점에서는 확실히 많은 것이 성취되어 왔다. 그러나 우리는 전통적인 모델들에 대한 우리의 신의가 문제를 발생하게 만들 가능성과 다른, 아마도 더 도움이 되는 모델들이 발달하는 것을 방해할 가능성을 민첩하게 살펴야 한다.

Kuhn(1970)은 체계이론/사이버네틱스 관점과 같은 새로운 패러다임의 등장은 또한 그 패러다임과 논리적으로 일치하는 방법론의 등장을 암시한다고 제안한다. 그래서 다른 윤리적 의무는 우리 연구를 열등하다고 보는 비우호적인 부담에 직면해도 우리 내부에서 그리고 우리 패러다임으로 논리적으로 일관되도록 추구하는 것이 될 것이며, 연구방법론이 진전되도록, 활용되도록, 발표되도록 추구하는 것이 될 것이다. 가족치료/체계이론적 연구자들에게 이용 가능한 다른 방법론들이 있다. 그러나 그래서는 안된다. 그것들은 부정확하며, 결과가 모호하며, 확실성으로 이끌지도 않는다.

제2단계 사이버네틱스/포스트모더니즘 관점과 더 호환될 만한 연구 대안들은 존재하지 않는다. 예를 들면, Lather(1986)는 최신 정치적 안건들을 가지고 있거나 지식을 생산하는 과정에 조사 대상자들을 포함하는 연구수행을 제안한다. 그런 참여적, 민속적 연구는 과학자들의 관찰 덕택으로 간주하는 의미에 관해 협력하는 연구 대상자들을 가질 것이며, 그것에 의해서 그들이 자기 인생을 경험하는 것을 통해 현실 창조에 참여하는 연구 대상자들에게 권한을 준다. 실로 다양한 형태의 질적 및 민속연구는 상당한 논쟁을 일으킨 대안들이다(Atkinson, Heath, & Chenail, 1991; Cavell & Snyder, 1991; Moon et al., 1990; Moon, Dillon, & Sprenkle, 1991). 과정연구도 대화분석(Gale, 1991) 혹은 담론분석(Chenail, 1991)을 포함할 수 있다.

그런 대안들에도 불구하고, 논리적 실증주의자-경험적 전통에서의 연구 선호는 계속될 것인데, 주로 그것은 서양 문화권의 관념과 논리적으로 일치하기 때문이다. 그러므로 그것은 대부분의 과학 분야에서 지식 주장들이 타당하다고 간주되도록 하기 위한 선택의 방법으로 남는다. 그러한 연구는 출판되고 지원 신청이 기금을 받을 가능성이 더 높아진다. 그것은 우리 서비스의 소비자들이 익숙해하고 그들이 믿음을 가지고 있는(이 믿음이 정당화되는지 여부에 관계없이) 모델이다.

그러나 질적 대 양적 연구의 타당성에 대한 논쟁에서 많은 이슈들은 해결되지 않을 것이다. 즉, '객관적' 지식의 아이디어는 제2단계 사이버네틱스/포스트모더니즘 입장이 가정될 때는 더 이상 존재하지 않는다. 비슷하게, 직선적 인과성도 자기파괴적이며, 최신의 원인론 개념도 그러하다. 비록 성공적인 치료에서 우리가 활용하는 설명들과 원인의 발견들을 동일시하겠지만, 아마도 더 중요한 질문은 "우리는 어떻게 우리 자신과 우리가 반드시 부분으로 되어있는 체계들을 적절하게 연구하는가?"일 것이다. 우리는 불가피하게 우리 자신의 주체이며, 명백하게 어떤 사람은 자신을 초월할 수 없다. "어떤 인식의 양식이나 어떤 종류의 세계 해석을 (그 사람이) 선택하더라도, 그들은 여전히 자기 자신이다"(Seidler, 1979, p. 52). 사실상 우리는 인문과학을 가지고 있지 않다. 우리는 우리 자신에 대한 우리의 서술에 관한 과학을 가지고 있는 것이다.

우리는 치료노출과 정상과학의 실천을 통해, 사람들이 스스로 경험을 창조하는 데 우리가 참여한다는 것을 믿는다. 즉, 사람들은 자신들을 경험하며, 치료자들과 사회과학자들이 제공하는 설명들을 내재화시키고 구상화시킨다. 인간 경험의 디자이너들로서 우리는 우리 설명들을 '발견'했다 하고, 이것은 '관찰되는 패러다임으로부터 분리된 관찰자'들이 제안하는 것과 일치하는데, 의사소통하는 범위만큼 문제가 된다. 과학자들과 소비자들은 모두 그들의 생각에 사로잡혀있고 글자 그대로 자신들의 상상과 창조를 하기 시작한다. 우리는 과학을 우리가 믿는 것에 따라 수행하고 따라서 믿음이 부여되며, 그 믿음은 과학적이고 문화적 현실도 된다.

우리는 그래서 우리의 대상자들/내담자들이 스스로 그들 자신의 설명과 경험 및 그들의 관계를 창작하는 데 참여해야 한다고 믿는다. 우리들에게 이것은 중요한 윤리적 이슈인데, 이것은 어떠한 인문과학 직종의 어떤 윤리규정에서도 다루어지지 않는다. 아마도 인문과학은 과학의 형태라기보다는 토론을 위한 초점을 제공함으로써 우리에게 더 도움이 되도록 하는 것 같다. 아마도 우리는 뉴턴 물리학으로부터 배우고 뉴턴 물리학에 필적하려는 방식과 비슷한 양식으로 새로운 물리학으로부터 배울 수 있을 것이다.

새로운 물리학

Capra(1983)에 따르면, 물리학자들은 그들이 고전적인 개념의 측면에서 원자물리학을 이해하려고 할 때 역설에 부딪힌다고 한다. 실로, 양자물리학으로부터의 관찰과 통찰은 고전적 감각에서의 물질로서 물질의 개념에 도전하고 데카르트의 심신이원론의 전통에서의 물질과는 분리된 마음의 개념에 도전한다. 또한 도전받는 것은 환원주의를 통해 현실에 대한 어떤 기본 필요소재를 발견할 수 있다는 아이디어이다.

그래서 20세기에 물리학 분야에서 발생하였던 개념적 혁명은 "기계적 세계의 한계들은 세계에 대한 유기적·생태적 관점을 고찰하고 이 관점으로 이끄는데, 이 관점은 모든 시대와 전통에 대한 신비주의자들의 관점과 아주 유사한 점들을 보여준다"(Capra, 1983, p. 47)는 것을 드러낸다. 즉, 환원되는 것으로의 분리된 존재물로 구성된 기계의 상징을 활용하기보다는, 양자물리학은 이제 우주를 관찰자들뿐만 아니라 관찰되는 쪽의 마음도 포함하는 역동적인 관계들로 만들어진 눈에 보이지 않는 전체로 본다. 이런 입장의 파급효과는 의미가 있는데, Briggs와 Peat(1984)가 주목하는 것처럼, "과학 실험의 전체 아이디어는 관찰자가 자신의 실험 기기와 그 기기(Popper의 용어로는)가 이론을 '검증'하는 것"(pp. 32-33)으로부터 궁극적으로 분리될 수 있는 기본 가정에 기초를 두고 있기 때문이다. 그러나 새로운 물리학에서 '물질'의 개념은 에너지의 특성을 가진 만큼 도전되며 관찰자와는 독립적으로 보이지 않는다. 참으로 이것은 '우주를 보는 거울'(Briggs & Peat, 1984)로 참조되는데, 데이터는 패러다임들의 변경에 따라 변하고, 패러다임들은 자기 자신의 파괴의 씨를 생성한다. 따라서 관찰자와 관찰되는 쪽은 서로 영향을 주고, 과학연구의 활동은 연구되는 대상을 변화시킨다.

이 입장은 아인슈타인의 진술의 핵심을 반영하는데, 그 진술은 이론이 우리가 관찰할 수 있는 것을 결정한다는 것이다. 다른 말로 하면, 우리가 볼 수 있는 것과 '바깥 거기에' 있는 것은 우리 머릿속에서 우리가 가진 구성에 의해 결정된다는 것이다. 그래서 우리 머릿속에 있는 것이 진짜 '바깥 거기에' 있는 것이 되고 우리 관찰에서 사용되는 패러다임과 기기의 특징을 가지게 된다. 우리는 거울에서 보고 있고, 우리가 보는 것은 거울에서 우리를 바라본 우리 자신의 반영이다.

이 현상이 소위 자연과학인 물리학에서 묘사되고 있다는 것을 특별히 주목할만하다. 명백하게 그것은 많은 물리학자들이 수용하기에 쉬운 개념은 아니었다. 실제로 오늘날에도 양자물리학을 수용하지 않는 많은 물리학자들이 있다. Werner Heisenberg는 역설과 자기준거 혹은 현상을 보는 거울의 딜레마와 직면하였을 때 그의 경험에 대해 다음을 관찰하였다.

> 나는 밤늦게까지 여러 시간 동안 진행되었지만 거의 절망 속에서 끝났던 Bohr와의 토론을 기억한다. 그 토론의 끝에 나는 근처 공원으로 산책을 갔는데, 스스로에게 다음 질문을 하고 또 하였다. 자연은 이러한 원자 실험들에서 보이는 것처럼 그렇게 터무니없는 게 가능할까?(Capra, 1983, p. 76).

서로의 특징을 취하고 서로 비춰주는 관찰자와 관찰되는 것의 현상은 수용하기 어려운 생각이다. 그러나 물리학의 세계에서 물질(관찰되는 것)과 마음(관찰자) 사이의 분리가 도전된다면, 그러한 관념은 아마도 사람들 사이의 관계들에 더 쉽게 맞춰질 것인데, 왜냐하면 우리는 여기서 관계에서 존재의 기능으로 서로 영향을 미치고 상대방의 변형에 참여하는 상호작용에서 개인들의 적극적인 의지를 인정하기 쉽기 때문이다. 그래서 역설과 자기준거의 궁극은 우리가 우리 자신을 연구하는 것이다. 실제로 이 현상의 조각들은 속담의 지혜에서 발견된다. "당신의 적을 주의 깊게 선택하라, 왜냐하면 당신이 그들처럼 되기 때문이다." Minuchin(1984)도 어떤 것이 불리게 되는 것에 의한 은유의 변형적인 능력을 참조한다. "마술 주문들을 통해 이름 붙여진 것은 자기 자신의 형체를 잃어버리고 점점 더 그들이 부르는 것이 된다"(p. 50). 양자물리학의 관점과 아마도 사람들과 하는 연구 관점으로부터, '물건들'은 그 자신의 형체를 가진 적이 없었고 가지고 있지도 않다. 그것들은 그것들이 불리는 대로 된다.

사회과학을 위한 시사점

만약 새로운 물리학의 세계에서 관찰되는 이 현상이 정확하다면 그리고 우리가 그것을 심리학의 세계에 맞춘다면, 정신건강 직업을 위한 시사점은 심오하다. 주관성 혹은 연구자의 가치와 편견은 더 이상 방해요인들로 단순히 취급되어서는 안 된다. 우리가 사용하는 이론들과 패러다임들이 단순히 서술되기보다 변형된다면, 우리는 사람들을 단지 연구만 하지 않고 그들이 누구인지 그리고 그들은 무엇이 될 것인지에 영향을 미칠 것이며 그 반대도 마찬가지이다. 이 이슈는 앞 절에서 방금 토론하였던 것의 일부인 정신건강 전문가들과 사회과학자들의 많은 활동들에 관한 중요한 윤리적 의문들을 제기한다. 우리는 제18장에서 연구 외 이슈들을 토론하고 여기서는 윤리와 실천 측면에서 사회과학 연구를 위한 시사점에 국한시키고자 한다.

새로운 물리학과 체계이론/사이버네틱스는 고전 물리학으로부터 유래된 논리적 실증주의자–경험과학에서의 근본적인 가정들에 도전한다. 다음은 이 도전들 중 일부이다.

1. 현실은 우리들과는 독립적으로 존재한다. 그러나 우리는 그 현실을 알 수 없다.
2. 우리를 위해 존재하는 현실, 우리가 관찰할 수 있는 현실은 우리가 그 현실을 위한 은유로 사용하는 이론에 상대적이다.
3. 우리가 관찰할 수 있는 것은 우리가 관심 현상들(기구, 도구 및 기계들)과 우리 이론들을 측정하기 위해 사용하는 수단의 기능이며, 그 이론들은 '바깥 거기에' 있는 것이 무엇인지 제안한다.
4. 현실은 역동적이고, 진전되며, 변화하는 현상이다.
5. 현상을 관찰하는 것은 관찰하는 현상의 본질을 바꾸는 것이다.
6. 관찰된 현상들은 관찰들을 이끌고 종합하기 위해 사용되었던 이론 혹은 모델의 특징들을 띤다.
7. 분석의 적절한 단위는 기본적인 부분들이 아니라 관계들이며, 그것은 모든 정의의 기초가 되어야 한다.

데카르트의 통찰력은 과학이 확신 속에서 다루는 신념을 반영한다. 이 통찰력은 우리가 본성을 서술하기 위해 사용하는 모든 개념들과 이론들은 제한적이며 우리가 성취하기 위해 희망할 수 있는 가장 좋은 방법은 "현실에 대한 대략적 서술"(Capra, 1983, p. 48)이라는 관념에 길을 튼 것이다. 데카르트의 낙관론과 확신은 불확실성으로 대체되어 왔다. 소립자들은 뉴턴 물리학의 근본적인 감각에서는 기본이 아니며, 전체에 대한 관계에서만 의미가 있다. 즉, '부분'은 분리될 수 없고, '암흑'의 개념은 그 정체감의 구성인 '빛' 없이는 무의미하다는 면에서, '전체'의 맥락에서 분리되면 무의미하다.

체계이론/사이버네틱스는 하나의 유기체를 구성하는 우주를 제안한다. 이 관점의 가장 순수한 감각에서는 전체의 부분들이나 하부조직들을 볼 수 없을 것이다. 우리의 경험은 우주와 완전한 일체가 될 것이다. 그것은 Capra(1983)가 묘사한 우주의 신비주의와 유사하다. 이것은 권력, 통제, 환경 및 부분들과 같은 개념들은 창안되지 않았을 세계관이다. 체계이론적 사고가들에게 그것은 우리가 명령을 부과하는 임의의 세계이다. 그 명령은 우리와는 독립되어 발견되기를 기다리면서 '바깥 거기에' 있지 않다. 그것은 우리가 거기에 있다고 믿기 때문에 그곳에 있는 것이다. 단지 "보는 것이 믿는 것이다." 대신에, 우리는 또한 믿는 것이 보는 것이라는 것을 인식한다. 우리가 관찰할 수 있는 것을 결정하는 것은 그 이론인 것이다.

이 관점으로부터, 우리가 사회화되어 들어가는 문화들과 관념들은 부분들, 원인들, 하위체계들, 차이들, 소위 자주적이고 다른 창조물들과는 분리되어 있는 세계에서 독립된 구성체들로서 우리 자신들의 자아 경험을 정의한다는 것을 인정한다. 즉, 문화와 관념들은 우리에게 다양한 현상을 설명하기 위해 사용하는 개념들과 이론들을 제공한다. 이 이론들과 관련된 은유들은 그 문화의 언어로 표현되고 그 문화의 조직에 기본이 된다. 참으로, 우리는 문화로 사회화하지 않을 수 없다. 놀랍지 않게도, 문화는 당신이 그 문화에서 경험하는 것은 만약 다른 문화에서 사회화되었더라면 했을 경험이 아니라는 메시지를 그 사회화의 일부로 일반적으로 제공하지 않는다. 그래서 그 문화는 그 구성원들에게 그들이 사회화되는 그 세계관은 하나의 세계관이라는 인지를 제공하지 않는다. 그 문화는 그 세계관이라고 암시한다.

체계이론/사이버네틱스의 순수론자들은 우리는 전체에 대한 우주의 인식만을 경험한다고 말하는 것을 선호한다. 그렇게 순수하지 않은 사람들은 문화 수준에서 우리는 다름을 창안하고, 부분들을 분리하며, 그 문화에 특정한 문제들, 가치들, 미학을 강조한다는 것을 시인한다. 사실상 우리는 한 문화에서 사는 것과 현실을 구성하는 독특한 방식을 경험하는 것을 제외하고는 선택권이 없다.

참으로, 만약 우리가 문화에 참여해야 하고 그 문화의 구성원들과 의미 있게 의사소통해야 한다면, 문화의 은유, 구성 및 개념들에 상대적인 경험의 본질에 대한 적당한 합의가 있어야 한다. 비슷하게, 어떤 문화권에서 치료자가 된다는 것은 우리가 그 문화의 세계관을 이해하는 것을 필요로 한다(Frank, 1974). 가족치료자로서, 우리가 지목된 환자의 치료에서 전체 가족의 참여를 요구할 때, 우리는 우리의 문화적 전통으로부터 급격한 이탈을 꾀하고 있다는 것을 종종 발견한다. 전체 가족과 일하는 것 혹은 최소한 우리가 사회체계의 측면에서 맥락으로 생각하는 것을 정당화시키는 이론은 그 개인을 '정신적으로 아프다고' 생각하는 개념을 대단히 기본적인 방식에서 도전하고 있다. 다른 한편으로는, 체계이론/사이버네틱스와 문화는 서로 영향을 준다. 그들은 다른 방법으로는 그렇게 할 수 없다. 우리는 가족치료 이론들이 그 문화의 언어와 개념들을 약간 반영한다는 것을 발견한다. 최소한 이것은 그들을 더 이해할 수 있게 만든다. 다른 수준에서 문화는 가족치료자로서의 우리 역할을 인가하고 소위 정신질환의 발단에서 맥락의 측면들을 어느 정도 포함해왔다. 그래서 우리 이론과 문화가 세계에 대한 서로의 대안적 개념들에 관대해지는 것이 필요하다. 그러나 체계이론/사이버네틱스의 관점으로부터 우리의 문화적 관점은 단지 하나의 세계관이라는 인식의 부족에 대해서는 덜 관대한 점이 있다.

우리는 우리 자신과 학생들의 경험들에 바탕을 두고 우리의 개인적인 패러다임 혹은 인생관(세계관)을 자각하고 있어야 한다. "당신은 아무런 인식론을 가지고 있지 않다고 주장할 수 없다. 그렇게 하는 사람들은 나쁜 인식론만 가지고 있는 사람이다"(Bateson, 1977, p. 147). 그러나 우리 패러다임을 의식하고 있다는 것은 종종 불편하다. 그것은 탈출구가 없는 것으로부터의 자유의 경험이다. 역설적으로 대안들 중에서 선택하는 것을 제외하고는 아무 선택권이 없는 것이다. 즉, 어떤 사람은 불확실성으로 살아가야만 한다.

우리는 논리적 실증주의자-경험적 연구전통과 일치하는 방법론의 유용성에 도전하지는 않는다. 그러나 다른 세계관처럼, 이 연구전통이 단지 앎의 한 방법이지, 앎의 방법 자체는 아니라는 것이다. 그것은 우리의 주관성을 객관적으로 만들기 위한 구체적인 계획을 명확히 함으로써 우리의 주관성을 초월하는 우리의 발명품이며, 우리의 시도이다. 더구나 그 연구전통은 그것이 부각되는 패러다임과 일치한다. 동시에, 우리는 지식을 향한 우리의 추구를 인도하기 위해 똑같이 유용한 다른 발명품들의 잠재력에 대해 논쟁을 할 것이다. 우리가 창조한 어떤 방법론들이라도 우리가 사용하는 패러다임의 가정들과 논리적으로 일치해야 한다.

가족치료자가 되는 것의 도전은 체계이론과 사이버네틱스가 제안하는 대안적 패러다임을 배우고 내재화시키는 것을 포함한다. 추가적인 도전은 연구를 구성하는 것이 무엇인지에 대한 당신의 구상을 확장시키는 것을 포함한다. 실행 가능하기 위해서는 어떠한 패러다임이라도 그 자체 내에서 논리적으로 일치해야 한다. 많은 사회과학들은 체계이론적으로 생각하지만 동시에 데카르트, 뉴턴, 베이컨, 우주를 하나의 기계로 보는 것에 따른 패러다임으로부터 유래된 완전히 다른 패러다임에 기초한 연구에 관여한다. 이 은유와 일치하는 기계 은유와 연구 방법론은 체계이론/사이버네틱스 패러다임과 일치하지 않는다. 마치 양자물리학의 현재

모델들과 일치하지 않는 것처럼 말이다. 그러므로 체계이론적 일관성의 요구들을 만족시키는 연구방법론의 종류를 간략하게 살펴보자.

사이버네틱스 관점의 시사점

제2단계 사이버네틱스 수준에서, 우리는 체계이론을 메타이론으로 본다. 만약 우리가 이 관점으로부터 세상을 경험한다면, 우리는 부분들 혹은 전체들을 구별하지 않을 것이며 자신들을 전체와 분리된 것으로 경험하지 않는다. 더구나 해결되어야 할 어떤 문제들도 없다. 그러나 일반적으로 Dell(1986b)이 주목하는 바와 같이, 우리는 세상을 직선적으로 경험하는 경향이 있는데, 그것은 우리 문화적 전통과 일치한다. 우리는 또한 원인/결과를 본다. 우리는 부분들을 본다. 우리는 차이를 분별한다. 그리고 우리는 좋고/나쁜, 도덕적/비도덕적, 아름다운/못난, 문제들/해결들을 강조하면서 평가한다.

따라서 우리가 치료를 하고 연구를 수행하는 것은 문화의 수준, 제1단계 사이버네틱스의 수준에 있다. 사회과학 연구자들로서 우리는 특정 방식에서 경험을 강조하는 사회의 구성원들이다. 문화의 패러다임은 문제들을 규정하는 틀을 제공한다. 그래서 연구자들 혹은 치료자들에게 문화에 의해 규정된 문제를 연구나 치료로 수용하는 것은 일반적으로 직선적으로 강조된 현실에 대한 편협된 인식을 의미하는데, 그것은 특정한 틀이며 세계에 대한 제한된 관점에 기초하고 있다. 우리는 Churchman(1979)이 '환경적 오류'라고 부르는 것을 기억한다.

> 그것은 '환경을 무시한 것의 오류'라고 불릴 수 있다…. 체계접근의 더 넓은 관점에서는 그 자체의 기반에서는 어떤 문제도 해결될 수 없다. 훨씬 더 광범위한 관점에서는 어떤 문제도 그것을 문제로 정의하는 신념의 틀과는 독립적인 문제가 없다. 뒤엉켜서 통합되는 정도까지, 각각의 모든 문제는 환경을 가지고 있다(p. 5).

이 관점의 타당성을 가정하면서, 체계이론적 연구자들은 문제가 존재하는 그 환경의 의미 있는 측면을 달성하기 위해 연구문제의 경계를 확대하려 하고 체계이론적 전체의 더 많은 조각들을 포함하기 위해 신념들의 틀을 확대하려고 한다. 그렇게 함으로써, 그들은 문제에 대한 해법들이 의미 있고 가능해지는 확률을 높인다. 물론, 이 틀은 우주 전체를 포함하도록 확장될 수 있고, 소멸되는 문제를 정의하고 초월하는데, 사례연구 그 자체는 의미심장해지는 것이 중지된다.

체계이론적 치료에 필적하는 것이 이 점에서 보여진다. 체계이론적 치료자는 제시된 대로 그 문제의 맥락에서 변화에 참여하려고 한다. 그래서 그는 의식적으로 그 문제가 맥락적으로 타당한 신념들의 틀을 알아차리고 있다. 재구성 혹은 개념들의 확장은 치료에서 체계이론/사이버네틱스 관점과 일치하는 일상적인 치료적 도구이다.

만약 체계이론적 연구자가 문화적으로 정의된 그 문제를 수용하고 기금을 주는 기관들이 개념화한 대로 이 문제에 관한 연구를 수행한다면, 책임 있는 보고서 저술은 그 연구의 한계들에 대한 기술을 포함하고 그것을 사용된 방법론과 연관시킬 것이다. 우리가 제안하는 것은 확대된 틀의 묘사이다. 그런 틀은 그 문제가 존재하는 환경에 대해 밀접하게 관련된 정보뿐만 아니라 그 문제를 다르게 정의하거나 해결할 수 있는 신념의 대안적 틀도 포함할 것이다.

그러한 연구 지향에 내재되어 있는 가정은 밀접하게 관련되어 있고 환경에 얽매인 틀이 책임 있는 체계이론적 연구에 중요한 것과 같이, 그 문제의 의식적인 인식이다. 연구 결과들은 정치적 영향력을 가지고 있고 사회 정책에 영향을 준다. 그래서 사회과학자들은 그들이 사회의 현상을 지지하든지 혹은 그 문화나 사회의 다른 관점을 제공하든지 간에 정치적 활동가들이다. 체계이론적 연구자들이 그들이 수행하는 연구에서 맥락에 관한 인식을 가지고 있고 어떤 것이 연구자로서의 그들의 역할을 제재하는지에 관해 인식하는 만큼, 논리적으로 일치되려면 그들이 이 인식을 인정하는 것을 필요로 한다.

체계이론적 연구자들은 체계이론적 가족치료자들처럼, 절대론적인 현실 규범들을 강제하지는 않는다. 그들은 이것들이 '신의 눈 관점'이 없는 유한한 인간들로서 우리에게 이용 가능하지 않다는 것을 알고 있다. 만약 그것들이 동일한 참조 맥락에서 발생한다면, 명백한 모순들은 모순으로만 여겨질 것이다. 체계이론적 가족치료자들은 각 가족 구성원은 보고 있으며 그래서 다른 가족에서 산다는 것을 인식함에 따라, 각 가족 구성원은 다른 참조 맥락에서 오고 있다는 것을 감안하면, 체계이론적 연구자들은 자기 자신들과 다른 사람들의 연구에 관한 사실을 맥락과 관련 있는 것으로 관찰하여야 하며, 타당하고 그 참조 맥락 내에서부터 내적으로 일치하는 것을 주장해야 한다. 그들은 사용된 참조의 맥락에 따라 '사실'에 대한 그들의 주장을 확실히 제한한다.

반복하면, 우리는 알아야 할 실용적인 방식으로서의 논리적 실증주의자-경험적 전통의 공인된 견해에 도전하지 않는다. 오히려 우리 이슈들은 방법론적이고 윤리적인 것이며, 이 두 가지 고려점들은 관련되어 있다. 우리 문화는 공인된 견해를 수용하여 왔고 아마도 그것에 타당하지 않을 수도 있는 확실성을 부여하여 왔다. Goldman(1982)은 "정확성은 사람들의 마음에서 숫자와 실험적이고 상호 관련된 연구방법들과 연관되는 듯하다. 그러나 그러한 전통적인 방법에 대하여 정확성에 대한 거짓 분위기가 있으며, 'X' 방법에 대해서도 똑같이 모호성에 대한 거짓 분위기가 있다"(p. 88)는 것에 주목한다. Suppe(1977)는 "과학의 철학자들로 일하는 절대 대다수는 기본적으로 부적절하고 지킬 수 없는 인정된 관점을 신봉하는 그 스펙트럼의 부분에 빠져있는 것 같다"(p. 116). 하지만 Sarason(1981)이 지적하는 것처럼, 사회과학자들은 문화의, 문화에 의한, 문화를 위해서 있으며, 우리 문화는 확실성을 추구한다. Goldman

이 얘기하는 정확성은 우리의 높은 기술적인 사회에 들어맞고 기술이 현존하는 걱정의 경험을 완화시키는 수단을 제공할 것이라는 희망에도 들어맞는다. 그러나 논리적 실증주의자-경험적 전통의 방법론은 누릴 자격이 없는 확실성의 분위기를 만들어낸다. 참으로, Koch(1981)는 사회과학자들을 "방법론-맹목적 숭배"와 "비본체론주의"로 표현되는 "무의미한" 생각을 하고 있다고 비난하고 우리에게 Bertrand Russell의 진술인 "숙고하는 마음에 있는 관심의 대부분에 관한 거의 모든 질문들은 과학이 대답해줄 수 없는 것들이다"(p. 262)라는 것을 상기시킨다. Koch에게 "무의미"란 "부인에 의한, 문제가 있는 것, 복잡한 것, 미묘한 것의 은밀한 소멸에 의해 달성된 가짜 확실성의 형태에 의한, 공포에 쫓긴 인류의 인지적 속박감, 불확실성의 축소"(p. 264)를 말한다.

관련되는 윤리문제는 Churchman(1979)이 '학문 분야의 정치학'이라고 서술한 것과 관계가 있다. 따라서 특정 학문 분야의 연구전통으로 사회화 과정을 거쳐, 도량이 큰 학생들은 좁은 시야의 교수들로 변형된다. 최대 다수를 위한 최대 행복의 관심에서 큰 문제들에 대한 해결책들의 이상적인 탐색은 종종 그 학문 분야의 수용된 한계 내에 있는 작은 문제들에 관한 초점으로 대체된다. 이 초점은 그 학문 분야가 존재하는 문화의 권한과 일치한다.

제2단계 사이버네틱스의 수준에서는 우리가 구상하는 그 '전체'를 과학으로 실천하는 것은 가능하지 않다. 과학은 우리가 임의로 다르게 구별한 전체의 부분에 대해 우리가 수행하는 활동이다. 부분들은 순환적이고 전체의 개념에 논리적이지만, 우리가 연구하는 그 부분들은 전형적으로 그 문화에 의해 강조된 그 부분들, 차이들, 문제들이다. 이 틀은 만약 그 연구자가 지속적으로 그 문화의 한 부분이 되어야 한다면, 그 연구자에게 이용 가능한 관련된 질문들의 범위를 제한한다. 사회는 또한 우리가 그 질문들에 대한 확실한 답을 제공하도록 한다. 그렇게 하는 것은 타인의 눈에서는 우리 학문 분야에 신뢰성을 주겠지만, 그것은 현실에 대한 우리의 구상과 우리가 그 현실을 발견하기 위해 그 취지를 사용하는 방법들에 내재된 불확실성을 잘못 전하는 것이다.

이 질문들에 대한 답을 제공하기 위한 그리고 그 문제들을 해결하기 위한, 그 문화적 권한에 대한 책임 있는 답변은 본질에 관한 그 문화와 우리 지식의 한계를 재교육시키는 것일 것이다. 이 교육의 한 부분은 다음 정보를 제공하는 것을 포함할 수 있다

1. 우리는 무엇이 현실인지 모른다. 우리는 세계에 대해 신의 눈 관점을 가지고 있지 않다.
2. 제기된 그 질문에 대해 우리가 주는 답변들은 그 질문들을 연구하기 위해 활용한 이론적 틀과 방법론에 의해 제한된다.
3. 우리가 제공하는 해답들은 주어진 이론적 및 방법론적인 한계들을 감안하면, 한 부분에 관한 연구에 근거한 것인데, 이것은 전체를 구성하는 다른 부분들과 순환적으로 연결되어 있다. 우리의 제한 준거틀 때문에, 그런 해결책들은 더 고차원의 다른 문제들을 초래하는 한

가지 문제만 해결할 수도 있다.

4. 우리가 연구해온 현상은 우리가 그것을 연구하기 전의 그 상태가 아니다. 그것은 관찰의 바로 그 행위에 의해 달라진 것이다.

5. 그 문제에 대한 우리의 논리를 감안하면, 그것이 제기되고 연구된 것처럼, 우리의 시도된 해결책들의 목적은 우리 모델에서 암시하는 그 이론의 특징들을 지니게 것이다.

Polkinghorne(1984)에 따르면 이는 다음과 같다.

아는 것의 행위는 인간의 현상 그 자체이다. 우리는 우리가 그 도구 제작자일 때 우리 자신들에 대한 지식-만들기의 도구들을 어떻게 이용할 수 있을까? 조사하려는 관점에서는 인간 현상들을 제외하고는 아무런 절대적인 점이 없다. 더구나 우리 자신들을 연구하면서 획득한 지식은 우리가 연구하는 대상을 변화시킨다(p. 427).

Polkinghorne의 진술은 우리에게 Brand(1974)가 Gregory Bateson에게 제기하였던 질문을 상기시켜 준다. "거울에 비친 카멜레온은 무슨 색깔입니까?"(p. 20). Bateson과 Brand는 그다음에 우주 그 자체에서 사라지려고 하는 동물의 기분에 대해 숙고하였다. Briggs와 Peat(1984)의 우주를 보는 거울, 새로운 물리학의 세계에서 우리 자신들의 우주에서 우리 자신들을 발견하려고 하는 비슷한 딜레마를 시사한다.

우리는 부분들에 관한 우리의 연구를 수행할 수 있다는 것이 우리의 결론이며, 우리는 아마도 그럴 것인데, 왜냐하면 그것이 우리 학문의 과학이 존재하는 곳의 정치적 맥락의 현실이기 때문이다. 이것이 실용적이다. 그러나 우리 도구들의 제기된 정확성과 연구방법들은 그 상대성과 내재적인 불확실성을 잘못 전하고, 우리에게는 연구의 미학적이고 도덕적인 도전이 된다.

그래서 그 문제를 다루는 가능한 질문들의 세계를 지도자들과 함께 고려하면서, 정치적, 심미적, 도덕적 지도자들과 그들이 제기하는 그 질문들을 탐구하는 것은 우리의 의무이다. 우리는 그 문제의 본질을 개념적으로 변경하거나 그 문제를 그 문제가 스스로 해체되는 체계이론적/개념적 추상의 더 고차원에서 다룰 수 있다. 우리가 이것을 한다면, 우리는 한 수준에서는 신뢰성을 잃겠지만, 다른 수준에서는 신뢰성을 얻을 것이다.

다시 한 번, 우리는 이 과정에서 치료의 그것과 평행하는 것을 본다. 내담자들은 우리에게 살아가는 것에 그들의 실제적인 문제들을 제시하면서, 실용적인 설명, 그 해결을 구하면서 온다(만약 우리가 우리 치료에서 적절한 조건을 만들었다면). 우리에게는 그들의 문제에 대해 무엇이 그 설명, 그 대답 그리고 그 해결책인지에 대해서 확신을 가지고, 우리는 그들을 확신시키고, 설득하고, 조력해줄 수 있다. 이것이 실용적이지만, Keeney(1983)의 감각에서는 그것은 '심미적'이지 않은데, 왜냐하면 그것은 더 고차원인 문제들로 이끌 수 있기 때문이다. 우리는 내담자들에게 우리에게 이용 가능한 개인적 치료 및 가족치료의 많은 이론들에 기초를 둔 실용적인 관점을 제공하지만, 우리는 우리 이론들에게 마땅하지 않은 자신만만한 태도로 이 것을 한다. 우리들에게 '심미적' 치료는 내담자와 치료자가 추상의 더 고차원에서 우리에게 이용 가능한 다른 실용적인 설명들을 탐구하기 위해 파트너십을 형성하는 상호 호혜적이고 질적인 과정이다. 그 목표는 내담자와 함께 제기된 문제에 대한 더 고차원의 해결책을 발전시 켜 나가는 것이다.

참으로, 만약 과학의 내용과 문제들이 그것의 제도화와 방법들을 선행하였다면, 과학하는 사람들은 무엇처럼 보일까? 탐구대상으로서 사람들의 독특한 특징들은 과학의 목적과 목표 에서 수정을 필요로 한다. 그들은 과학의 알려진 관점이 심지어 가능한지 혹은 바람직한지 여 부에 관한 숙려를 필요로 한다. 우리는 관찰자가 관찰되는 대상의 부분이라는 역설에 직면한 다. 우리의 것은 우주를 보는 거울이며, 전체인 우주를 발견하거나 창조하는 것은 이런 통찰 력을 통해서이다.

실전문제

다음의 질문은 이 장에서 다룬 내용의 적용과 분석을 테스트하는 것이다. 임상실천과 더불어 이 장에 대한 추가적인 사정, 적용, 분석, 합성, 평가를 위해 다음 질문에 답하시오.

1. 가족치료의 효력과 관련된 Gurman의 관 점들을 고찰하시오.
2. Gurman은 이 장에서 관찰의 몇 가지 리스 트를 제공한다. 가족치료의 효과성과 관 련된 그의 연구결과들을 요약하시오.
3. 이 장에서 제공된 7가지 항목 중 한 가지 로부터의 연구 논문들 중 하나를 선택하 여 그 논문의 주제뿐 아니라 여러분의 전 문적인 해석을 논의하시오.
4. EBP가 어떤 이론적 접근에 어떻게 적용되 는지 설명하시오.
5. 제1단계 사이버네틱스와 일치하는 방법론

들은 일반적으로 정신건강 연구에서 사용 된다. 왜 그런 방법론들이 문제가 되는지 제2단계 사이버네틱스 관점에서 설명하 시오.
6. 양적 연구결과들은 질적 연구결과들을 보 완한다는 생각에 대해 논의하시오.
7. 연구자 편견과 관련되는 '새로운 물리학' 의 세계관의 시사점들을 서술하시오.
8. 새로운 물리학의 시사점들이 데카르트의 이원론과 게슈탈트 이론과 어떻게 연결되 는지 서술하시오.

MYSEARCHLAB 살펴보기

www.MySearchLab.com에 다음의 비디오, 사례, 문서 등이 제시되어 있다.[1]

추천 비디오

Working Mother(일하는 어머니)

일하는 어머니들은 가족과 직장 양쪽의 의무에 직면한다. 비디오에서 살펴본 시나리오들에 근거하여, 집단 관리자로서 당신은 증거에 기반한 치료를 활용하여 일하는 어머니들의 집단과 어떻게 작업할 수 있는가?

Contracting with the Client to Select an Evidence-Based Therapy(증거에 기반한 치료를 선택하는 내담자와 계약하기)

EBP는 정신건강 전문지식, 과학적 증거 및 내담자의 관점들을 통합한다. 이 비디오에 근거할 때, 이 내담자를 치료의 조직화된 모델로 조종하는 것처럼 보이는 EBP에 대한 당신의 생각은 어떠한가?

Building Alliances(동맹 구축)

최근에 정신적 외상적 사건(강간)을 경험한 한 여성과 함께 일하는 데 치료자가 동원할 수 있는 동맹들은 무엇인가?

추천 사례/문서

△ Genetic Research(유전적 연구)

유전적 연구는 이 논문에 따르면, 생물학적 관점으로부터 정신건강 이슈들을 가진 가족들을 잠재적으로 도울 수 있다. 당신은 이 정보를 조현병으로 고통받는 가족 구성원을 가진 어느 가족이 정신질환을 극복하도록 돕는 데 어떻게 사용할 수 있는가?

Research-Based Practice(연구에 기반한 실천)

연구에서 당신은 질적 그리고/혹은 양적 연구를 수행할 수 있다. 그러나 연구의 부분은 연구자(들)에 기반한 주관적인 것이다. 당신은 당신의 연구에서 개인적 및 전문가적 편견을 어떻게 제거할 수 있는가?

△ A Qualitative Inquiry to Adult Child-Parent Relationships and Their Effects on Caregiving Roles(돌봄 역할에 관한 성인 자녀-부모 관계와 그들의 효과에 대한 질적 탐구)

Silverstein과 Bengtson은 다섯 가지 다른 종류의 관계들을 통해 세대 내 응집성을 연구하였다. 그 다섯 가지 종류는 무엇이며, 그것들은 가족치료에서 어떻게 활용되겠는가?

추천 자원

웹사이트 : American Psychological Society

웹사이트 : Association for Behavior Analysis

웹사이트 : Canadian Research Institute for Social Policy

연구 주제

Effectiveness Research(효과성 연구)

Process Research(과정 연구)

Progress Research(경과 연구)

---

1 그러나 www.MySearchLab.com의 자료 접근 권한을 이 번역서에서는 제공할 수 없음

∧＝AAMFT 핵심능력자산, △＝사례연구

18

인식론적 도전 :
우리 생각에 대해 생각하기

학습 목표

● Gregory Bateson이 제시한 7가지 개념적 병리에 대해 정의하고 논의한다.

● 체계이론을 지지하는 치료자들이 범하는 모순에 대해 평가한다.

● 부부치료 및 가족치료에 대하여 계속해서 제기되고 있는 문제에 대해 논의한다.

● 체계이론적 관점을 가르치고 학습하는 과정에 대해 살펴본다.

이 책 전체를 통해 치료과정에서 내담자의 경험과 내담자가 자신 및 자신의 문제에 대해 사고할 수 있도록 학습하는 방법은 치료자가 추구하는 이론적 지향점의 영향을 매우 많이 받는다는 사실을 강조해왔다. 교재의 선별에 대부분 참여한 강사진의 관점이 들어간 교재의 영향으로, 가족치료 장면에서 당신의 경험에 있어서도 이와 상당히 유사한 결과가 나타날 수 있다. 우리는 가족치료와 관련된 모든 교재, 나아가 가족치료의 각 영역에 대하여 집필된 모든 서적은 그 자체로 독특한 시각을 창출해낼 수 없으며, 독립된 하나의 이론서로 출판될 수 없다는 사실을 분명히 인식하고 교재 편집 작업에 임하였다. 이 책에서는 주로 은유적 표현을 사용하였는데, 우리가 활용한 은유는 대부분 우리가 보고 생각하고 믿는 방식에 있어 새로운 길을 제시해주는 동시에 모호한 것들을 새롭게 인식할 수 있도록 한다. 이 책의 초판의 한 독자는 "마지막 2개의 장은 마치 사설을 읽는 것처럼 매우 잘 읽혔다."라고 하였다. 우리는 이와 같은 독자의 논평을 비판적으로 고려할 수 있어야 한다. 원고에 드러난 편집자의 생각에 대한 독자의 반응은 제2단계 사이버네틱스와 포스트모더니즘의 정신에 입각하여 볼때, 저자와 독자 간의 원활한 대화의 형태로 이해할 수 있으며, 독자의 비판도 긍정적으로 받아들일 수 있게 되는 것이다. 교재를 통해 저자와 독자가 직접적인 대화를 나눌 수는 없으나교재 내용에 무엇이 포함되고 무엇이 배제되어야 할지 또한 무엇이 중요하고 중요하지 않은지에 대하여 독자가 판단을 내리는 과정에서 저자들은 독자와 함께 '대화'를 나누기 원한다. 이 책이 추구하는 궁극적 목표는 가족치료의 각 영역이 지니고 있는 비전을 제시함으로써 가족치료의 각 영역에 대하여 자신만의 인식론을 정립할 수 있도록 하는 것이다.

　　Keeney의 변화의 미학(*Aesthetics of Change*, 1983)에 실린 한 평론에는 Keeney의 관점에 동의

하는 입장을 취하는가 하면, 그를 조롱하고 그의 편향된 관점을 지적하기도 했던 어떤 독자에 대한 이야기가 실린 적이 있다. 이 평론은 독자들에게 책의 내용보다는 독자에 대한 정보를 보다 구체적으로 제공해주었다. 이 평론에 녹아있는 Keeney의 관점은 제2단계 사이버네틱스의 관점과 크게 다르지 않다. 직접적으로든 간접적으로든 우리는 Keeney가 보인 관점들을 인정해왔으며, 각종 서적을 통해 이와 같은 관점의 틀을 한결같이 유지하고자 노력해왔다. 우리의 목표는 학생, 교수자, 치료자들이 체계이론적으로 생각할 수 있도록 도와 이를 통해 치료가 개인, 부부, 가족들이 사고방식을 전환할 수 있도록 돕는 교수/학습 도구를 제공하고자 하는 것이다. 그러므로 경우에 따라서는 한 권의 책이 한 편의 사설이 될 수도 있는 것이다.

우리는 체계이론/사이버네틱스 이론이 추구하는 관점에 대해 우리가 이해하고 있는 것과 당신이 현재 이해하고 있는 것 사이에 큰 차이가 존재한다는 사실을 알고 있다. 이와 같은 이해의 차이를 얼마나 좁힐 수 있는지는 우리가 체계이론/사이버네틱스 이론들을 얼마나 적절하게 기술하는지 그리고 당신이 이 책을 읽기 전에 알고 있던 것과 책의 내용을 얼마나 잘 연결 지을 수 있는지에 달려있다. 즉, 당신이 이 책을 읽기 시작함에 따라 당신은 당신의 세계관을 이루고 있는 아이디어와 이러한 틀에 여과된 새로운 아이디어의 생태를 갖게 된다. 타인, 신념 혹은 개념을 '이해(understand)'하게 되었을 때 비로소 우리는 우리를 둘러싼 세계를 이해할 수 있게 해주는 개념틀에 따라 의미를 창출할 수 있게 된다(Barnlund, 1962). 따라서 "어느 누구도 다른 사람의 경험을 그대로 경험할 수 없으며, 어떠한 순간에 그 사람이 무엇을 경험했는지는 그 사람의 행동을 보고 추론할 수 있을 뿐이다"(Sieburg, 1985, p. 41). 따라서 이론체계에 대한 우리의 이해를 이해하는 데 있어서 당신은 당신의 편향을 필연적으로 포함하는 자기 자신만의 의미를 반드시 창출해낼 것이다. 그리고 이 책을 읽는 과정에서 당신은 책의 내용 자체보다 당신 자신에 대해 보다 많은 것들을 발견하게 될 것이다.

이 책이 제1단계 사이버네틱스만 다루었다면, 이해와 집필이 훨씬 수월했을 것이다. 제1단계 사이버네틱스 수준에서는 가족치료의 실제 장면에 경계를 긋는 철학, 이론, 연구로 구성되어 있는 '일반적으로 받아들여지는 관점'의 지식체가 존재한다. 제1단계 사이버네틱스 차원에서 우리의 과제는 제1단계 사이버네틱스에 대해 정립된 내용에 대하여 당신이 이해한 수준과 당신이 치료적 맥락 안에서 적절하게 사회화된 정도를 측정하기 위한 검사 도구를 제작하는 것이라 할 수 있다.

반면 제2단계 사이버네틱스에 대한 집필과 학습에는 보다 많은 어려움이 따른다. '바깥 거기에(out there)'라는 개념에 대해 '정립된' 공식적인 내용이 없기 때문에 이에 대해 성립된 생각을 당신과 비교적 자유롭게 공유할 수 있다. 따라서 제2단계 사이버네틱스의 주제는 당신에 관한 것인 동시에 나에 관한 것이고, 우리에 관한 것이라 할 수 있으며, 주제, 사고에 관한 것, 우리가 무엇을 어떻게 알고(인식하고) 있는지, 우리가 어떠한 지식을 구성하는지에 관한 것이라 할 수 있다. 이는 보다 큰 철학이자 존재론이다. 제1단계 사이버네틱스와 제2단계 사이버네틱스 간의 이와 같은 차이를 규명하는 데는 많은 어려움이 따른다. 제2단계 사이버네틱스는 여전히 많은 부분이 수수께끼로 남아있으며, 전통적인 정신건강 실무와 연구에서 추구하는 신념과 행동에 도전적인 입장을 취하고 있다. Kuhnian(1970)의 관점에서, 제2단계 사이버네틱스는 우리에게 패러다임의 전환 또는 '과학적 혁명'으로 나타나게 된다.

제2단계 사이버네틱스에서 파격적이고 논란의 여지가 있는 부분은 당신이 제2단계 사이버네틱스의 입장을 취할 경우에 당신의 사고에 대한 당신 스스로의 도전을 포함하는 제2단계 사이버네틱스의 도전이다. 당신이 현상의 외부에 서서 현상과 분리된 관찰자로 자신을 인식하지 않는 것은 (분리된 관찰자로서가 아닌 위치에서) 당신이 관찰하고자 하는 현상과 또 다른 관계를 형성한다는 것을 의미한다. 또한 기존의 사상에서 포스트모더니즘으로 옮겨가는 가교로서의 제2단계 사이버네틱스에서 우리가 보는 '바깥 거기에(out there)'는 '여기(in here)'에서 보는 거울 속 형상에 불과하다는 개념 또한 될 수 있다.

제2단계 사이버네틱스 관점에서 우리가 참여관찰자라는 것은 개념적 구조 또는 개념적 틀 내에서의 기능 및 생태학적 견해에 기초한 개인의 생각이 그 자신의 인식론에 근거하고 있음을 의미한다. 다시 말해, 우리는 우리가 관찰한 것을 규정한다(차이와 구별을 강조함). 보는 것이 믿는 것이라는 일반적인 입장 대신, 우리는 믿는 것이 보인다는 개념과 맞닥뜨리게 되며, 우리 스스로 거울을 보고 있다는 것과 거울을 들여다보는 우리 자신을 보는 것을 인식하게 된다.

세 번째로 논란이 되는 부분은 전문가로서 우리 자신에 대하여 갖고 있는 신념과 관련된 문제이다. 제2단계 사이버네틱스는 가족에 초점을 두고, 이를 분석 단위로 하여 가족치료를 하나의 독립된 전문적·학문적 분야로 규정하고 있으며, 이러한 움직임은 제1단계 사이버네틱스 수준에서 볼 때 중요한 의미를 갖는다고 할 수 있다. 하나의 독립된 전문 분야로서 그 정체성을 추구하고자 하는 입장은 초기 가족치료 학자들이 가족치료의 편협성을 극복하고자 쏟았던 노력과 유사한 측면이 있다. 가족에 대하여 실시한 그들의 작업은 정신건강 분야에서 통용되는 치료적 관점에서 볼 때, 반체제적·반전통적인 성격을 띠고 있었다. 다시 말해 초기 가족치료자들은 가족치료를 하나의 독립된 학문 분야로 정립하기 위해서가 아니라 당시 정신건강 임상가들이 사용한 개념틀을 가족치료의 영역으로 확대하여 그 효율성을 증대시키기 위해 많은 노력을 기울였다고 볼 수 있다. 그들은 치료과정에 소위 정신질환의 사회적 맥락을 포함시켜 가족치료를 합법적인 치료활동으로 정립시키고자 하였다.

처음 체계이론적 가족치료가 등장했을 때, 전통적인 정신건강 전문가들은 그 안에 내재되어 있는 획기적인 개념에 대하여 개방적인 태도를 취하지 않았고, 이러한 이유로 체계이론적 가족치료는 불가피하게 하나의 독립된 전문 분야로 발전할 수밖에 없었다. Kuhn(1970)의 모델이 제시하는 바와 같이 패러다임 전환과정에 대한 이와 같은 반응은 자연스러운 것으로 인식되었다. 가족치료의 새로운 발상에 대한 적대적 반응은 두 편의 대표적인 논문에 잘 나타나 있는데, Haley의 논문과 Framo의 논문이 바로 그것이다. "정신건강 클리닉은 왜 가족치료를 피해야 하는가(Why a Mental Health Clinic Should Avoid Family Therapy)"(Haley, 1975)와 "지역사회 정신건강센터 내에 가족 부서를 설립하기 위한 노력의 연대기(Chronicle of a Struggle to Establish a Family Unit within a Community Mental Health Center)"(Framo, 1976)에는 가족치료의 새로운 패러다임에 대한 이 두 치료자의 저항적인 관점이 잘 나타나있다. 각 논문에서 그들은 새롭게 등장한 패러다임에 대하여 반대 입장을 기술한 Kuhn(1970)의 견해 및 지역사회에 새로운 정신건강 클리닉 설립을 주창한 Sarason(1972)의 견해를 지지하고 있다(이러한 논문의 내용과 '저항'하는 가족에 대하여 치료과정을 기술한 내용 간의 유사점에 대해 깊이 살펴보는 일은 흥미로울 것이라 생각한다.).

그러나 체계이론 관점에서 봤을 때, 제2단계 사이버네틱스 수준에서 가족치료를 하나의 독립된 분야로 보고 그 정체성을 정립하고자 하는 움직임은 타당하지 않다. 제2단계 사이버네틱스 수준에서 체계이론은 가족치료 그 자체에 관한 것이 아니라 개인, 가족, 지역사회, 국제관계, 우주에 관한 것이라 할 수 있기 때문이다. 이것은 인식론, 다시 말해 우리가 무엇을, 어떻게 알고 있는지의 문제, 우리가 얻을 수 있는 지식의 한계, 자기준거적 일관성에 관한 것이다. 하나의 메타이론으로서 체계이론은 경험방식이나 방법론을 구별하지 않는 통합된 틀이라할 수 있다. 제1단계 사이버네틱스가 반체제제적이라면 제2단계 사이버네틱스는 Kuhn이 언급한 바와 같이 패러다임의 전환이며 또한 혁명인 것이다. 여기서 한 가지 의문이 제기된다. 제2단계 사이버네틱스의 논리를 기초로 살펴보면 이 세상에 문제란 없고, 다른 것보다 더 아름다운 것도, 더 도덕적인 것도 없다. 제2단계 사이버네틱스의 관점은 부분과 이들 간의 구분을 강조하지 않고, 전체를 임의로 쪼개어 구체화하지 않으며, 각 개인이 그 자신의 유한성에 대해 인식해야 한다는 점을 강조한다. 제1단계 사이버네틱스 수준에서 우리는 우리 존재가 갖는 의미에 대해 의문을 제기할 수 있고, 이에 대한 해답을 찾을 수 있다. 또한 문제를 발견하거나 만들어낼 수 있으며, 문제를 해결하고자 할 수 있다. 그러나 제2단계 사이버네틱스 수준에서는 그렇게 할 수 없다.

제2단계 사이버네틱스에 의하면, 우리는 지식을 추구하는 데 있어 한계에 부딪치고, 자신의 내면에서 스스로 설정한 한계들을 뛰어넘을 수 없다는 생각을 하게 된다. 이는 우리가 우주(그것이 사물인가, 타인인가와 관계없이)와 분리되지 않은 하나이며, 우리가 우리 자신의 실재를 다른 대안들 가운데에서 자의적으로 선택하는 동시에 정의 내리고 창출해내는 과정에 참여함으로써 자유와 책임을 온전히 경험한다는 개념을 나타낸다. 이 수준에서 우리는 자유로울 수 있으나 동시에 고통이 따를 수도 있다. 또한 어떤 특정 시기에는 모든 사람들이 이를 완전한 자유로 경험할 수 있으나 제1단계 사이버네틱스 수준에서 대부분의 사람들은 과학자, 치료자, 종교 지도자를 비롯하여 소위 여러 분야의 전문가들이 가지고 있는 전문지식을 추구함으로써 이러한 자유를 기꺼이 저버리고자 한다.

제2단계 사이버네틱스의 논리는 우리가 실존의 의미와 목적에 대해 깨닫도록 해준다. 다시 말해 제2단계 사이버네틱스에서 추구하는 관점은 필연적으로 인간이 지닌 유한성과 자유, 불확실성을 기억하도록 해주고, 우리가 관찰한 실재는 발견하는 것이 아니라 창조하는 것임을 깨닫게 해준다. 이 관점에서는 개인이 현실에서 특정한 정치적 · 도덕적 · 심미적 질서를 창출하고 이를 지켜나가기 위해 문제를 만들어낸다고 본다. 여기서 말하는 문제는 우리의 상상력과 이성적 사고의 산물이기 때문에, 문제 없이 새로운 질서가 존재할 수 없다 할지라도 새로운 질서를 창조하기 위해 문제를 만들어내지는 않는다. 만약 우리가 우주라는 맥락을 적절한 수준으로 확장시킴으로써 Bateson(1979)이 '인식론의 병리'라 언급했던 바를 피할 수 있다면, 문제를 악화시킬 수도 있는 문제 해결의 부적절한 시도를 최소화할 수 있다는 것이다. 이는 Watzlawick, Weakland와 Fisch(1974)가 지적한 내용으로, 문제 해결을 위한 노력이 부적절하게 이루어질 경우 오히려 문제가 발생할 수 있음은 물론 악화될 수 있음을 의미한다. 이와 같은 과정을 통해 우리는 Keeney와 Thomas(1986)가 보다 높은 차원의 문제로 지적했던 부분들을 최소화할 수 있게 된다.

그러므로 이 장에서는 제2단계 사이버네틱스 관점에서 세상을 바라볼 때에만 분명해질 수 있는 제1단계 사이버네틱스 인식론의 몇몇 병리적 문제에 대해 알아보고자 한다. 또한 특정한 관념적 차원에서 불가피하게 마주해야 하는 역설이 존재하는 경우, 이러한 역설과 해결할 수 없는 문제를 깨닫는 데 도움이 되는 치료법과 삶의 함의에 대해서도 살펴볼 것이다. 그러나 우리는 그 어느 누구도 문제에서 자유로울 수 없음을 거듭 강조하는 바이다. 이성적 사고는 한계가 있으므로 그 역할과 논리에 대해 반드시 다루어주어야 한다. 한편 우리는 Bartlett(1983)이 말한 '개념적 치료(conceptual therapy)'를 실행할 수 있다. 그는 다음의 두 가지 비유를 들어 개념적 치료에 대해 설명하였다.

1. 인간이 자기파괴적으로 행동하여 정신치료를 받아야 할 때가 있는 것처럼, 개인이 갖고 있는 개념에 대해서도 받아야 하는 경우도 있다.
2. 정신치료 이론이 자기파괴적인 행동을 치료하기 위한 치료 형태를 표현해야 한다는 차원에서 본다면, 개인이 갖고 있는 역기능적 개념에 대해서도 이를 표현함으로써 일반적인 인식론적 치료가 이루어질 수 있다고 할 수 있다(p. 21).

Albert Ellis(1962)는 실용적이고 단순한 사이버네틱스 수준에서 개념적 치료(이 책에서 저자들이 활용하는 용어에 입각하여)라 할 수 있는 합리적 정서치료(rational-emotive therapy) 접근을 발전시켰다. 다시 말해, Ellis가 제시한 모델은 사람들이 과거에 한 번도 검토하지 않았던 자신의 신념체계를 검토하도록 함으로써 강력한 형태로든 다소 유연한 형태로든 자기태만과 관련된 문제를 다룬다. 한편 제2단계 사이버네틱스 수준에서의 개념적 치료에서는 과거에 검 토된 적 없는 특정 신념과 가정들을 다루게 되는데, Bateson은 이와 같은 개인의 신념과 가정 들을 문화와 사상 차원에서의 병리적 인식론으로 규정하였다. 전통적 과학과 치료의 실무 작 업을 수행하는 데 있어 병리적 인식론에 대한 지식 습득을 통하여 개념적 치료를 적용하는 것 은 많은 의미를 갖고 있다. 따라서 (제2단계 사이버네틱스 관점에서 볼 때 개념적 병리인) 몇 몇 병리적 인식론과 이것이 치료에 미친 파급효과에 대하여 깊이 고려해야 한다. 우리는 또한 제2단계 사이버네틱스 관점을 지닌 현대 가족치료자들이 당면한 과제들에 대해서도 간략하 게 조명해보고자 한다. 다만 제2단계 사이버네틱스 관점에서 가족치료자들보다 앞서 실재에 대한 고민이 이루어진다면 이러한 논의들은 보다 타당해질 것이다.

정신과 자연 그리고 이야기들

Bateson(1979)은 그의 체계이론적 관점에 입각하여 '정신(mind)과 자연(nature)'을 동일한 것으 로 간주했다. Bateson은 "인간에게서 발견되는 과정과 구조는 자연계에서도 발견되며, 인간과 자연 간의 관계를 조직하는 것은 이야기를 구성하는 것과 같다"(Plas, 1986, p. 79)고 하였다. Bateson(1972)의 우주론적 사고에 있어 삼나무 숲과 말미잘은 하나의 우주인 것이다. 즉, "전 체적으로 상호 연결된 사회적 체계와 행성 생태계에는 개인의 생각이 하위체계에만 머무르는 보다 큰 사고체계가 존재한다"(p. 461). 또한 그는 사람들이 공유하고 있는 보편적인 생각을 토대로 구성된 이야기에 대해 고려해보아야 한다고 믿었는데, 그러한 이야기들은 "살아 존재 하는 것들의 근간"(Bateson, 1979, p. 14)이 되는 각 부분들을 연결해준다. 정신과 자연의 개념 은 단순하다. 그러나 각 개인의 세계 내에 존재하는 자기 자신과 타인의 경험, 모든 생명체 및 물질들과의 관계가 갖는 의미들은 매우 심오하다.

실재가 아닌 이야기에 대해 언급하는 것은 논리와 실증주의를 추구하는 전통적인 관점에 서 절대적 진리라 여기던 것들이 더 이상 우리에게 유효하지 않음을 의미한다. 이야기로 재구 성된 실재라는 것은 우리가 우리 자신 및 타인에게 이야기하는 방식을 취함으로써 나 자신과 타인, 이 세상에 존재하는 생명체 및 물질과 관계를 형성해나간다는 것을 의미한다. 만약 어 떤 사람이 갖고 있는 특정 측면에 대해서만 이야기한다면, 이는 그 사람 안에 존재하는 독립 적인 영역이 형성한 관계에 대해서만 설명할 수 있을 것이다. 만약 우리가 자연을 '지배'하는 차원에서가 아니라 성서적 차원에서의 '지배권'에 대해 이야기한다면, 우리는 세상에 존재하 는 생명체 및 물질과 매우 다른 관계를 창조하게 될 것이다. 만약 우리가 진화론의 '적자생존'

개념에 대하여 이야기한다면, 우리는 몇몇 문화/창조물들이 다른 것들보다 우월하다는 다원설에 입각하여 설명하게 될 것이다. 우리가 '두 가지 모두'가 아닌 '둘 중 어느 하나'에 대해 이야기한다면, 우리는 양극성의 개념을 정립하게 될 것이다. 예컨대 만약 우리가 이야기를 하는 과정에서 포식자와 먹잇감의 개념을 구분 짓고자 한다면, 자칫 이와 같은 개념들을 아우르는 보다 큰 체계들의 개념을 놓칠 수 있다. 또한 "포식자 또는 먹잇감 둘 중 하나의 입장을 취하는 것은 보다 큰 상호작용" 및 "생태계의 균형을 유지하는" 생태계/종들(species)의 상호작용 패턴을 깨뜨릴 위험이 있다(Keeney & Ross, 1985, p. 48).

Bateson의 관점에서 볼 때, 제2단계 사이버네틱스는 우리가 우리 자신에게 하는 이야기에 관한 것이라 할 수 있으며, 우리는 현실에서 우리의 경험을 통해 형성된 인생극장 안에서 살아간다고 할 수 있다.

> 이야기는 우리의 거주지이다. 우리는 우리가 만들어낸 이야기 내에 살고 또한 이야기를 통해 살아간다. 이야기는 하나의 세계를 만들어낸다. 우리는 이야기를 통해 형성된 세계 이외의 다른 세상에 대해서는 알지 못한다. 또한 이야기는 삶에 대해 알려준다. 이야기는 우리로 하여금 어떠한 행동을 유지하도록 하고, 어떤 행동들은 그만두도록 하기도 한다. 우리는 문화를 통해 보다 광범위한 이야기를 만들어내기도 한다. 우리는 우리가 속한 민족과 우리의 현재 위치에 대한 이야기들을 토대로 살아가게 된다. 이와 같이 이야기를 둘러싼 환경들은 이야기를 보다 풍부하게 이해하는 데 있어 매우 중요하다. 그러나 우리는 우리 각자의 공간과 시간에 대한 이야기들을 부분적으로밖에 언급할 수 없는 상황에 놓여있다(Mair, 1988, p. 127).

Howard(1991)는 이야기와 관련하여 다음과 같이 구분하였다. "삶은 우리가 살아가면서 만드는 이야기이다. 정신병리는 이야기가 비정상적인 상태임을 나타내며, 심리치료는 이야기 개선을 위한 활동이다"(p. 194). 또한 우리의 이야기들은 우리가 살고 있는 집, 가족, 지역사회, 문화, 국가 그리고 우주라 할 수 있다. 다시 말해, 우리가 어떠한 삶을 사는지에 따라 이야기가 수행하는 기능에 있어 큰 차이가 있는 공간에 살게 된다. 이와 같이 Howard는 치료를 사람들이 그들의 이야기들을 다시 쓰고 새로운 거주지를 마련할 수 있도록 도와주는 과정으로 이해하였다. 그는 원칙주의자 환자들로 하여금 그 자신의 이야기를 그 자신만의 방식으로 다시 쓸 수 있도록 존중해주고 허용해주는 것이 치료자로서의 윤리적 행위인가에 대하여 근본적인 의문을 갖게 되었다. 그는 "페미니스트의 신념체계를 약화시키기 위해 반(反)페미니스트들의 노력에 갈채를 보내는 것 이상의 관여를 하지 않는 것처럼, 나는 치료를 통해 원칙주의자들이 그 자신의 세계관으로부터 빠져나오도록 하기 위한 노력을 기울이지 않을 것이다"(p. 195)라고 하였다.

　　제2단계 사이버네틱스 관점에서 치료자들은 환자가 그들의 삶을 영위해나가는 데 있어 다른 이야기들 혹은 주거지들을 창조해낼 수 있도록 개입한다. 또한 치료자는 다양한 접근방법을 통해 환자들이 그들이 살아왔던 '실재'세계도 구체화되어 온 하나의 이야기 수준으로 인식할 수 있도록 조력하게 되는데, 그 과정에서 기존의 이야기에 문제를 제기할 수 있는 관점과 아이디어를 제공한다. 요컨대 치료자와 환자는 환자가 보다 의미 있는 삶을 살 수 있도록 논리 정연한 이야기들을 다양하게 나누면서 함께 발달해간다.

　　Watzlawick(1984)은 "무엇이 개인의 세계를 그 자신의 의미로 구성한 실재로서 충분히 그리고 온전하게 수용할 수 있도록 하는가?"(p. 326)라는 의문을 제기하였다. 그는 각 개인의 수용 수준이 개인을 특징짓는다고 하였는데, 각 개인은 수용 수준에 따라 다른 사람들과의 관계 형성에 있어 차이를 나타낸다. 두 번째 특징은 각 개인이 구성한 의미세계를 통해 창조된 실재와 관련되어 있는 윤리적 책임이라 할 수 있다. 이와 같은 책임감은 자유와 동등한 의미를 갖는다고 할 수 있는데, "자신을 실재를 구성하는 설계자로 인식하는 모든 사람들에게는 그 자신만의 현실을 구성할 자유가 동일한 수준으로 존재하기" 때문이다(p. 327). 실제로 이와 같은 사람들은 "자신이 구성한 실재에 대한 의식적인 인식을 포함하고 있는" 패러다임에 맞춰 사회화된다(Keeney, 1983, p. 13).

　　만약 사람들이 그 자신이 구성한 실재 자체에 대한 의식적인 인식으로서의 인식론을 가지고 있다면, 인생관, 세계관 또는 생태학적 사고의 개념을 다음과 같이 이해할 것이다.

　　누군가는 인생관을 갖고자 하지 않는다. 이러한 생각은 인생 전체를 통해 드러나고 또한 발달해나간다. 인생관의 특정 측면이 변할 수도 있지만, 인생관은 근본적으로 개인에게 있어 암묵적으로 명백하게 존재하는 자신의 근원과 본질적인 것을 의미한다고 할 수 있다. 개인의 인생관은 지식 이상이지만 언어 이하이다. 개인이 지식이라 여기는 것은 자신이 지닌 인생관의 결과라 할 수 있으나, 지식이 인생관 형성의 요인으로 작용한다고 볼 수는 없다. 지식은 타인으로부터도 얻을 수 있는데, 지식을 얻고 이를 조직하는 방법은 그 사람의 관점과 세계관을 반영한다고 할 수 있다. 유아와 아동은 이러한 과정을 인식하지 못하지만 자녀에 대한 양육의 책임을 이행하는 과정에서 부모들은 자신과 세계를 바라보는 방법을 자녀들에게 가르치게 되며, 자녀들은 성장하면서 부모의 이러한 가르침을 깨닫게 된다. 그러나 자녀들은 부모들이 얼마나 특별한 인생관을 각인시키고자 노력했는지에 대해서는 인식하지 못한다(Sarason, 1981, pp. 46-47).

　　Pearce(1988)는 또한 세계관의 획득에 대해 다음과 같이 설명하였다.

　　개인이 다른 사람들과 공유하는 사회적 세계관은 타인들에 의해 침범당하는 상황에서 이에 대하여 보이는 우리의 반응을 확인함으로써 생애 발달 초기부터 형성되는 구조화된 생각이라 할 수 있다. 생각(mind)은 다른 많은 생각들과의 대립관계로서의 의미가 아닌 그 자체의 의미를 발견하는 것이라 할 수 있다. 우리는 서로를 통해 형성된다. 우리는 실제 세계에 적응하는 것이 아니라 다른 사상가들이 만들어놓은 실재에 적응하는 것이다. 아동 스스로 무엇인가를 판단해야 하는 상황에서 우리는 그들에게 '현실을 객관적으로 보도록' 설득하거나 요구하게 되고, 아동이 이에 따라 행동할 때 우리는 그들이 현실을 직시하는 존재가 되어간다는 생각에 안심하게 된다. 여기서 우리가 의도하는 것은 아동들이 우리의 헌신을 본받고, 그들이 보다 나은 삶을 위해 우리가 어떠한 노력을 기울였는지에 대해 확인하는 것이며, 이를 통해 우리의 문화가 추구하는 세계관을 강화하고 보존해나가는 것이라 할 수 있다(p. 48).

우리는 개인이 어떠한 삶을 사는지에 따라 인생관, 세계관 그리고 생태론적 사고/이야기/가치관의 개념이 어떻게 달라지는지에 대해 주목함으로써 보다 고차원적인 인식을 발달시켜 나갈 수 있도록 돕고자 한다. 즉, 우리는 당신이 생각하고 행동할 때 자신의 생각, 사고 및 그러한 생각과 관련되어 있는 개념, 이러한 사고에 따라 논리적으로 행동하는 것에 대해 스스로 의식하는 것이 중요하다고 생각한다. 포스트모더니즘의 관점은 우리가 이러한 인식을 갖도록 하며 또한 사회적으로 구조화된 실재에 대하여 의식하도록 한다.

특히 이와 같은 고차원적 인식은 다른 정신건강 전문직 종사자들뿐 아니라 사회과학자를 비롯하여 부부가족치료자들에 대한 교육에 있어 중요하다. 우리는 모든 전문가 집단에 대한 평가가 사회적으로 봤을 때 일반적으로 인정되는 견해로 구성되어야 한다는 사실, 보다 큰 수준 혹은 작은 수준에서 특정 전문직이 수행하는 역할을 인정하는 데 있어 사회적으로 구성된 세계관과 일치해야 한다는 견해에 대하여 민감해지는 것이 중요하다고 생각한다. 이와 같은 민감성은 치료의 목표 달성에 있어 내담자의 더딘 변화에 대한 책임감 차원이 아니라 '치료에 진전이 없을' 때 치료자 자신의 가정, 이야기, 가치관에 대해 스스로 질문을 던져볼 수 있도록 돕는다. 실재에 대한 고차원적 '지식'을 인식하는 것은 또한 '전문가'로서의 치료자 개념을 견고하게 해주는데, 이러한 관점에서 볼 때 치료자가 하는 말은 내담자의 말에 비해 우수하고, 결정적이라 할 수 있다. 또한 이러한 인식은 사회과학자와 정신건강 전문가가 자신 '그리고 사회'를 분리해서 보는 것이 아니라 '사회 안에서' 그 자신을 볼 수 있게 해준다. 실제로 이러한 관점은 Gergen(1994a)이 성별, 인종, 민족적 차이를 존중하지 않는 치료자들을 묘사할 때 '식민주의'라 표현했던 개념에 영향을 미쳤으며, 그가 주창했던 견해에 힘을 실어주었다.

이에 우리는 지금부터 가족치료의 배경이 되는 다양한 주제들이 갖는 의미에 대하여 우리가 갖고 있는 관점을 설명하고, 개념적 병리에 대하여 구체적으로 고찰해보고자 한다.

개념적 병리

■ 문제는 '바깥 거기에' 존재한다

제2단계 사이버네틱스 관점에 따르면 우주에 문제란 없다. 통일된 전체 안에 모든 것이 들어 맞고, 일치하며, 의미가 있다. 우리가 다루는 문제들은 일정한 준거틀 혹은 세계관의 문제이다. 가령 사람들이 읽는 것을 원하지 않는다면 읽기와 관련된 문제는 존재하지 않을 것이다. 우선시되는 성역할(gender role)에 대하여 구체적으로 명시한 틀이 존재하지 않는다면 성역할과 관련된 논쟁이나 문제는 존재하지 않을 것이다. 우리가 양친 부모와 자녀로 구성된 전통적 가족구조에 가치를 부여하지 않는다면, 이혼 가정이나 편부모 가정을 문제시하지 않을 것이다. 학교에서의 학업 중단 문제는 교육에 대하여 우리가 부여하는 가치, 강제적인 출결 규정 및 미성년 노동법 시행 등과 관련되어 있으며, 이와 같은 요인들이 서로 복잡하게 얽혀있다. "귀한 자식 매로 키워라(아이에게 매를 아끼라. 그러면 아이를 망치리라.)."는 개념과 '아동 학대'라는 개념은 각각 서로 다른 개념틀에서 생성된 견해라 할 수 있으나, 도의적·심미적 틀과 관련하여 생각하면 이 2개의 개념은 모순관계에 있다고 할 수 있다.

이와 같이 우리가 의미를 경험하기 위하여 활용하는 틀은 무엇이 문제이고, 무엇이 선호되는지를 구분 짓도록 해준다. 제1단계 사이버네틱스 또는 문화에 기초한 모든 체계틀에서는 반드시 좋고 나쁨, 기능적/역기능적, 정상적/비정상적으로 구별된다는 점에서 우리는 오류를 수반하여 작동하는 체계라 할 수 있다. 제2단계 사이버네틱스를 통해 우리는 문제와 문제 해결이 개인의 개념틀과 관련되어 있음을 알 수 있다. 예컨대, 다음과 같다.

> 막대의 일부가 물에 잠겨있을 때 그것은 마치 구부러진 것처럼 보이지만, 실제로 막대를 만져보면 구부러지지 않았다는 것을 알 수 있다. 그러나 실제로 굽어있으면서 곧을 수는 없다. 실재는 다른 존재와 상반된 입장을 취할 수 있으며, 하나의 일관된 성격을 띤다. 실재에 대한 정확한 판단의 효과는 실재와 겉으로 나타난 모습을 구분하여 생각할 수 있도록 해주는 것이다(Perelman & Olbrechts-Tyteca, 1969, p. 416).

위와 같은 현상에 부딪칠 때, 우리는 실재와 실재가 아닌 것 사이의 차이를 조정하고, 이에 대한 생각을 정리하고자 하며, 외관상의 불일치를 제거하고자 한다. 이를 위해 우리는 유의미한 자료와 잘못된 자료를 구분해야 한다. 막대는 구부러져 있으면서 동시에 곧을 수 없지만 '실제로' 우리가 본 막대는 구부러져 있었고 또한 '실제로' 우리가 만진 막대는 곧은 형태를 유지하고 있었다. 우리는 단 하나의 막대만을 보기 원하지만 우리가 관찰한 막대의 두 가지 형태는 모두 사실이다. 따라서 우리는 무엇이 사실인지에 대해 제대로 이해해야 한다.

'사실' 여부에 대한 판단은 일정한 추론틀 안에서 합의된 일련의 규범이나 기준에 따라서만 이루어질 수 있다. Perelman과 Olbrechts-Tyteca가 제기한 문제에 대한 일반적인 반응은 막대가 실제로 곧은지에 대하여 '알고 있는지' 여부이다. 그것이 바로 '진정한' 사실인 것이다. 그 후에 우리는 막대가 물에 잠겨있을 때 구부러져 있었다는 '사실'에 대한 설명을 진전시키게 된다. 후자는 단지 구부러져 있는 '외관'을 의미할 뿐이다. 이러한 활동을 통해 우리는 일련의 기본적인 근거를 상정하고, 이러한 근거를 토대로 하여 자신의 의견을 주장하는 것이다. 그러나 우리가 또 다른 추론틀을 활용한다면 사실 여부를 판단하기 위해 또 다른 일련의 규범이나 기준을 적용할 것이다. 그러나 또 다른 추론틀을 활용할 경우, 막대를 실제 구부러진 것으로 보고 곧은 상태의 막대에 대한 설명은 하지 않을 수도 있다.

그러므로 하나의 개념틀에서 볼 때 겉으로 드러나는 모습이 또 다른 개념틀에서 볼 때는 사실일 수도 있다. 경험주의적 전통에서 추구하는 방법론에 따라 감각적 자료를 토대로 판단하면 막대는 실제로 곧을 수도, 굽어있을 수도 있다. 그러나 우리는 동일한 막대를 원하며, 진정한 막대의 실체를 파악하기 위해 보다 높은 차원의 설명에 호소하며, 명백한 모순을 제거하고자 한다. 하나의 명제와 이에 대한 부정 명제 모두가 진실일 수 없다는 원리에 의하면 막대는 곧거나 구부러져 있어야 하는 것이다.

한편 어떤 이론에서는 하나의 명제와 이에 대한 부정 명제가 모두 사실일 수 있는데, 이는 그 이론과 논리적으로 일치하는 기능이 작용하기 때문이다. 이것은 상호 보완적인 성격의 사실로서, 준거 맥락을 고려하지 않을 때 명백한 모순이 드러나게 된다.

> 설령 사실을 확인하고, 이를 참명제로 표현해내며, '객관적으로 타당한 결과'에 도달하는 과정에 우수한 체계들이 수없이 존재한다 해도, 경우에 따라 다수의 서로 다른 사실들이 존재할 수 있고, 이와 같은 사실들 간의 관계는 상호 보완적일 수 있다는 관점을 간과해서는 안 된다는 사실을 수용해야 한다(Bartlett, 1983, p. 129).

따라서 굽은 막대와 곧은 막대 간에 모순 혹은 충돌이 존재한다는 주장은 절대론자가 추구하는 실재의 규준틀에서만 성립된다. 그와 같이 분명한 모순은 개인이 가지고 있는 지식이 타당하다는 사실을 주장하는 데 있어 합법적 토대가 되는 수많은 준거틀의 원칙을 받아들이는 경우에는 성립될 수 없다. 서로 다른 준거 맥락 내에서 발생한 사실을 동일한 기준으로 판단하는 것은 적절하지 않기 때문이다. 사실의 일치 또는 불일치는 그 사실이 동일한 준거 맥락에서 발생하였는지, 아니면 다른 준거 맥락에서 발생했는지에 따라서만 판단이 가능하다. 마찬가지로 어떤 문제에 대한 경험은 일정한 추론틀과의 관련성 안에서만 이루어질 수 있다.

포스트모더니즘 사상에서 논쟁이 되고 있는 개념 가운데 하나는, 문제는 사회적으로 구성되어 있으며 사회적 가치 및 관습과 관련되어 있다는 견해이다. Dell(1983)은 "임상적 인식론은 병리라는 개념 자체를 해체시키고 우리가 추구하는 가치의 세계 속에 살도록 해준다."라고 설명하였다(p. 64). 다시 말해 문제 자체를 다루기보다는 가치를 다루어야 한다는 것이다.

또한 우리는 해결이 필요한 문제들에 대하여 이를 해결하는 과정에서 새로운 문제를 발견하기도 한다. 우리는 개인으로 하여금 "당면한 문제, 자신의 결점 또는 무능함에 주의를 기울이도록 함으로써" 이러한 작업을 진행해나간다(Gergen, 1991, p. 13). 다시 말해 바람직하지 않다고 여겨지는 행동을 이해하고 설명하는 데 초점을 두는 모더니즘 시대의 정신건강 전문가들은 "결핍을 나타내는 기술적 용어"를 꾸준하게 만들어냈다(p. 14). 문제를 규정하는 용어는 점진적으로 일반 대중들이 사용하는 언어로 편입되었고, 그 과정에서 사람들은 이 용어에 맞추어 그들 스스로와 다른 사람들을 설명하기 시작했다.

또한 우리는 비현실적인 기준 또는 Watzlawick과 동료들(1974)이 언급한 '유토피아 신드롬'을 창출해내기도 하는데, 이는 개인이 자신 및 자신의 대인관계에 대하여 철저히 검토하는 과정에서 진화해간다. Barsky(1988)는 이러한 현상을 신체적 건강과 비교하여 논의하였다. 그는 지난 20~30년 동안 일반적인 건강 상태가 향상되었음에도 불구하고 개인은 자신의 건강이 나빠진 것으로 느끼고 있다는 사실에 주목하였다. 즉, 자신의 신체, 건강한 생활양식, 위험요소를 줄이고자 하는 노력에 대한 개인의 관심은 상당히 증가했지만, 개인이 체감하는 행복의 수준은 오히려 낮아졌다는 것이다. 다시 말해 "수요가 증가해가는 정밀검사 자체는 건강에 대한 사람들의 불편감과 역기능을 증폭시키고, 이는 결과적으로 개인이 자신의 건강을 보다 부정적으로 평가하는 상황을 야기했다"(Barsky, 1988, p. 416). 또한 Barsky는 다음과 같이 말했다.

> 사소하게 여겼던 감각 및 기능장애가 불길하게 느껴지고, 이전에는 인식하지도, 진단되지도 않았던 질병에 대한 전조 현상들이 나타날 때, 개인은 자신의 건강에 대해 확신을 갖기 어렵다. 모든 아픔에 대하여 치료가 필요하다고 생각하는 경우, 모든 통증을 악성질환의 징후로 치부하는 경우, 모든 점과 주름을 제거하기 위해 수술을 받아야 한다는 생각을 가지고 있는 경우, 질병과 장애에 대한 개인의 부정적 태도는 증폭될 수밖에 없다(pp. 416-417).

Barsky의 견해는 정신 · 부부 · 가족문제의 발생 정도를 감소시키고자 하는 노력이 이러한 문제들을 '예방'하기 위한 노력과 관련되어 있다는 것이다. 예방을 위한 노력은 제1단계 사이버네틱스 수준에서는 이해할 수 있지만 제2단계 사이버네틱스 수준에서는 이로 인해 또 다른 문제가 야기될 가능성이 있다고 본다. 따라서 문제에 대한 이해는 우리가 창출해낸 틀 안에서 이루어져야 한다.

■ 지도가 지형이다

지도가 지형이라는 생각은 또 다른 병리적 인식론을 나타낸다. 이러한 병리적 인식론은 사람들이 의미를 경험하는 틀이나 지도는 실재로서의 지형을 설명하거나 안내할 수 있을 뿐이라는 사실을 깨닫지 못할 때 명확하게 드러난다. 전통적인 관점에 의하면, 사물은 그것이 지칭되는 바대로 존재한다. 따라서 '우리의 머릿속에' 있는 것과 '바깥 거기에(out there)' 존재하는 것 사이에는 일대일의 대응관계가 성립된다는 것이다. 이 견해에 따르면 우리는 우리의 개념과 생각들을 구체화하는 경향이 있다.

우리가 추구하는 패러다임은 개인과 독립적으로 존재하는 '실재'를 관찰함으로써 실제 세계를 '발견'할 수 있다는 생각을 취하고 있으며, 이와 같은 패러다임에 내재되어 있는 상대성이 반영된 고차원적 의식은 서구 문화에서 다소 결여되어 있는 것이 사실이다. 따라서 문화적 틀은 절대적 현실에 대한 이해를 통해 실재와 함께 다루어야 한다. 우리가 경험하는 세계는 개인의 사고틀에 따라 달라질 수 있다는 관점이 수반되지 않으면 문제를 경험할 수밖에 없고, 우리가 활용하는 사고틀을 통해 논리적으로 문제를 해결하고자 하는 시도에도 한계가 따르게 된다. 지도는 지형이 아니라는 의식의 결여는 우리가 다른 사람들에게 절대적인 현실 규범을 적용시키고자 할 때(다른 사람들도 우리에게 이와 같이 함) 반드시 모순을 경험할 수밖에 없으며, 이로 인해 갈등이 일어나게 된다.

자신이 추구하는 신념만이 옳은 방법 또는 진실을 나타낸다는 가정에 기반하여 일련의 특정 신념 또는 이념을 추구하는 것은 우리가 다른 사람의 독단적인 태도에 직면하여 이와 모순된 입장을 견지할 때 많은 논란을 불러일으킬 수 있다. 낙태 반대론자와 낙태 옹호론자 간의 논쟁은 이 두 집단 모두 각각의 지도에 대한 인식 없이 지형을 안다고 주장함으로써 발생하는 갈등의 예를 보여준다. 이러한 갈등이 극단으로 치닫는 경우, 우리는 전쟁과도 같은 논쟁을 하고 있는 자신을 발견하게 된다. 실제로 LeShan(1996)에 따르면, 모든 질문에는 하나의 진실된 답만이 존재하고, 진실을 발견하는 옳은 방법은 오직 하나밖에 없으며, 모든 진실은 서로 양립할 수 없다는 태도를 고집할 때 '극단적인 생각'을 하게 된다는 것이다. 모든 상황들을 막론하고 "상대방의 의견을 배제한 채 독단적인 신념만을 맹목적으로 고집한다면 개인 상호 간의 소통은 차단될 것이다"(Bartlett, 1983, p. 26).

지도가 지형이라는 생각에 내재되어 있는 병리적 인식론은 일상생활 및 치료자로서의 직무 수행에 많은 영향을 미친다. 즉, 내담자들이 자신의 체계틀(framework)에 의해 사고가 제한을 받게 되는 것과 같이 치료자들은 하나의 이론을 토대로 형성된 체계틀 안에서 제한적인 형태의 대안들만을 산출해내게 된다. 이는 가족 안에서 가족 구성원 상호 간의 상충된 의견으로 발생하는 갈등 및 완고하게 지켜가는 가족 내 이념과 유사한 부분들이 있다.

치료 상황에서 우리는 부분적인 설명을 제공하는 이론의 견지에서 확인된 내담자(IP, Identified Patient)를 '삼각관계에 있는', '관심을 바라는', '희생양이 된', '세대 간의 단절을 연결해 주는 가교', '구조적이지 않은', '양육되지 못한' 등의 의미로 이해할 수 있을 것이다. 사실상 지도가 지형이 아님을 지각한다면, 그 어떤 은유적 표현도 가족의 실재를 제대로 그려내지 못한다는 사실을 알게 된다. 다만 이와 같은 표현들은 가족에 관한 이야기들을 최대한 많이 제공해주고, 치료자가 취할 수 있는 여러 가지 대안책들을 풍부하게 제시해줄 수 있다. 예컨대 치료의 성공에 대한 유혹은 "세대 간의 차이는 원만하게 해결되어 왔다."라는 전제에 기반하여 우리가 취한 행동에서 비롯된다. 그리고 치료를 통해 가족의 문제가 진전이 있을 경우에는 치료가 제시한 설명이 '진실'이라고 믿게 된다. 하지만 많은 설명, 이야기 중 어느 것이든 성공을 통해 '진실'을 입증받게 된다.

어떤 하나의 설명이 갖는 실용적인 유용성은 절대적인 의미에서 '진실'과 동일시되어서는 안 된다. 하나의 설명이 계속해서 치료의 성공을 이끈다면 치료자는 그 설명을 구체화함으로써 모든 가족에 적용되는 설명으로 채택하고자 할 것이다. 그러나 이후 치료에 성공을 거두지 못함으로써 유용한 설명이 아니라는 사실이 밝혀질 경우, 치료자는 치료의 실패를 이론이나 치료법에 대한 설명 및 그에 따른 적용의 문제가 아닌 치료에 대한 가족 구성원들의 저항 또는 동기 부족의 문제로 투사할 것이다. 이때 치료자는 절대주의자가 실재에 대해 그 기준을 설정하는 것과 같은 성향을 보인다. 다시 말해 치료자는 막대의 실제 모습, 있는 그대로의 가족에 대해 알고 싶어 한다는 것이다.

실재는 '바깥 거기에(out there)' 존재할 수 있지만, 유한한 존재로서의 인간인 우리는 절대적인 의미에서의 실재에 대해서는 알 수 없다. 우리를 위해 존재하는 실재, 우리가 관찰할 수 있는 실재는 우리가 그것을 여과시키는 틀에 따라 다른 형태로 존재한다. 우리가 하는 모든 설명은 은유라 할 수 있으며, 실용적 수준에서 이루어지는 모든 설명은 제1단계 사이버네틱스 수준에서 이루어지게 된다.

■ 차이를 분리하여 정의하기

모든 사건이나 현상은 상호 간의 관계 내에서 형성된 우주와 온전히 결합되어 있다는 가정하에, 하나의 현상을 하나의 독립된 실체로 설명하는 것은 병리적인 개념 정의 방식이라 할 수 있다. Bateson(1972)은 모든 현상은 관계라는 측면에서 정의되어야 한다고 주장하였다. 모든 현상은 그 자체로 의미나 정체성을 갖지 못하고, 그 현상에 대하여 논리적인 보완이 이루어질 때 비로소 의미와 정체성을 갖게 된다. 우리는 그 차이를 구분할 수 있다. 다만 그러한 구분은 차이와 관련하여 정의될 때에만 가능하다. 이러한 차이를 구분하는 것은 임의적인 것으로, 차이를 이해하기 위해서는 관계적 맥락 내에 존재하는 사실에 대한 판단이 이루어져야 한다. 다시 말해 하나의 상(figure)이 여러 가지로 구분될 수는 있으나 그러한 구분이 이루어지기 위해 상은 배경과의 관계 속에 존재해야 하는 동시에 배경의 일부가 되어야 한다. 이것이 바로 게슈탈트심리학의 기본 논리이다.

이와 같은 병리적 인식론은 관찰자와 관찰대상을 별개로 간주하는 고전적인 뉴턴 과학 모델의 가정에서 비롯되었다. 그러나 그러한 가정은 '관계'를 부정하고 있는데, 관계에 대한 고려가 전제되지 않은 관찰대상은 아무런 의미도 갖지 못한다. '바깥 거기에' 무엇인가를 기술하는 과정에서 우리는 불가피하게 그 사실과 관계를 맺을 수밖에 없기 때문이다.

개념을 서술하는 데 활용되는 하위개념과 단어 또는 은유적 표현 간의 관계에 있어서도 마찬가지이다. 다시 말해 이론은 서로 의미 있는 관계 속에 존재하는 일련의 개념 및 사고체계와 관련되어 있다. 각각의 개념 또는 사고체계는 그 본질 자체만으로는 아무런 의미도 갖지 못한다. 하위개념과 단어 또는 은유적 표현 간의 관계는 오직 맥락 안에서만 상보성과 유의미성을 갖는다고 할 수 있다. 예컨대, Freud 심리학에서 원초아(id), 자아(ego), 초자아(superego)는 상호 간의 관계 안에서만 의미를 가지며, 이 개념들 간의 차이를 구분 짓고자 하는 시도에 있어 개념들 간의 관계에 대한 규명이 반드시 수반되어야 한다. 이와 같은 원리는 그 자체로 논리적이고 유의미한 모든 체계에서 드러난다. 문법 규칙은 문장을 주어, 동사, 목적어 등의 다양한 문장성분으로 나누어 정의하는데, 이들 각 부분은 문장이라는 전체의 일부분으로 일정한 맥락 안에서 상호 간의 관계 내에서만 의미를 갖는다.

하나의 사물을 어떻게 일컫는지는 특정한 은유적 표현에 암시된 관계라는 면에서 큰 차이를 보인다. 우리는 사람들과 직접적으로 관계를 맺기보다는 우리가 사람들에게 부여한 은유적 표현과 관계를 맺고, 그 과정에서 생성된 다른 상보적인 은유 표현을 우리 자신에게 부여하며, 이 과정에서 형성된 관계의 본질을 구체화하게 된다. 또한 우리는 이러한 내용들을 기술하는 데 활용하는 은유적 표현과 논리적으로 일치하는 방식으로 사람들과 함께 행동하게 된다. 이상의 과정을 통해 형성된 개인 간 형성된 관계는 관계 구성원으로서 우리가 서로에게 부여한 은유적 표현들을 논리적으로 보완해나가는 형태로 특징지을 수 있다. 이와 같은 현상의 예는 서구 문화에서 개인에게 일반적으로 부여하는 역할에 대한 명칭에서 찾아볼 수 있다.

피고	↔	검사
버릇없는 아이	↔	엄격한 스승
남성우월주의자	↔	양성평등주의자
가해자	↔	피해자

하나의 역할에 대해 정의한다는 것은 상호 보완적인 역할에 대해 정의하는 것이라고도 할 수 있는데, 이는 관계가 순환적임을 의미한다. 이러한 현상은 행동을 정의하기 위하여 은유적인 표현을 사용할 때 자연스럽게 취하는 행동에서도 찾아볼 수 있다.

우울한	↔	활기찬
행동력 있는	↔	자책하는

호기심 어린	↔	주어진 질문에 대답만 하는
방어적인	↔	공격적인

병리는 현상들 간의 관계를 보지 않고 현상들을 각각 분리하여 그 차이를 보는 것이다. 그 어떤 현상도 그 자체로서는 정체성이나 의미를 갖지 못한다. 모든 현상은 맥락 속에서만 그 의미를 찾을 수 있으며, 현상들 간에 존재하는 차이는 독립적인 것이 아니라 관계적인 것이다.

■ 독립성/자율성과 일방적 통제

우리 한 사람 한 사람이 하나의 온전한 우주이고 현상은 서로의 관계 내에서만 의미를 갖는다는 전제하에서 볼 때, 쌍방향적이거나 다면적으로 규정될 수 있는 부분들에 대하여 일방적인 통제를 하고자 하는 시도는 병리적인 인식론에서 비롯된 것이라 할 수 있다. 실제로 관계 내에 있는 사람들이 자신의 독립성과 자율성을 중심으로 행동하게 되면 사람들 간의 관계에서 많은 문제가 발생하게 된다. 관계 안에 있는 사람들은 흔히 자신은 변화하려 하지 않는 반면 다른 사람의 행동은 변화시키고자 한다. 또한 이들은 이와 같은 관계 패턴을 유지하고 확대해가는 방식으로 상대방을 일방적으로 통제하고자 한다. 실제로 대부분의 사람들은 다른 사람의 이른바 바람직하지 못한 행동을 자신의 행동과는 무관하게 여기며, 변화된 행동을 규정하고 이를 지속시켜 나가도록 하는 데 있어 자신에게 일정 부분 책임이 있다는 사실을 깨닫지 못한다. 그래서 사람들은 다음과 같이 행동하게 된다.

- 의존적인 사람이 보다 독립적이 되도록 적극적인 시도를 펼친다.
- 누군가를 충분히 사랑하지 않는다고 비난한다.
- 어떤 이를 공격한 누군가를 다른 누군가가 공격한다.

누군가에 대하여 정의할 때에는 그 사람이 맺고 있는 대인관계의 특성은 물론 우리 자신에 대한 정의도 함께 이루어져야 한다. 관계 내에 있는 개인을 자율적 또는 독립적인 존재로 정의할 수는 없으며, 따라서 우리가 형성하고 있는 관계의 차이는 곧 우리 자신에 대한 경험의 차이로 나타나게 되는 것이다. 가령 제인을 독립적 또는 소극적인 사람으로 정의하는 데 있어 그러한 정의를 내리게 된 맥락을 구체적으로 명시하지 않거나 정의의 필수적인 요건으로서 우리 자신에 대한 인식을 포함시키지 않는다면, 이 정의는 문제가 있다고 볼 수 있다. 예컨대, "내 사무실에서 제인과 만났을 때, 그녀는 독립적이고 소극적으로 보였다."라고 표현하는 것이 보다 적절할 것이다. 개인을 기본적인 분석단위로 보고, 자율적·독립적인 존재로 여기는 특성-유형심리학에 따라 행동하는 것은 체계이론/사이버네틱스 관점에서 볼 때 병리적 인식론에 해당한다고 할 수 있다.

■ 당신은 오직 한 가지만 할 수 있다

어느 하나를 자주적 개체로서 일방적으로 변화시키려는 시도는 때때로 고통스럽게 우리에게 전체로 규정된 부분 간의 관계에 대해 일깨워준다. 이러한 현상의 가장 대표적인 예가 바로 DDT에 대한 우리의 경험이라 할 수 있다. 이 화학물질은 해충을 말살하기 위해 개발되어 사용되었다. 사람들이 제거하고자 의도한 것은 해충이었으나 자연은 사람들이 규정한 한계를 구분하지 못했다. 결국 살충제는 식물과 다른 동물들에게도 영향을 미쳤고, 먹이사슬의 논리에 따라 인간에게까지 악영향을 미치게 되었다. 결과적으로 살충제의 표적은 살아있는 모든 것이 되어버린 것이다. 의도하지 않았지만 표적이 된 대상들은 표적으로 정의되었기 때문이 아니라 관계에 의해 표적이 된 것이다. 마찬가지로 우리는 의료 기술 가운데 어떤 화학요법은 부작용을 지니고 있다는 사실을 배운 바 있다. 그러나 부작용이라는 것은 인간이 설정한 규정 내에서만 의미를 갖는다고 할 수 있다. 신체는 사람들이 '기대하는 효과'와 '부작용'을 구분하지 못한다. 암을 치료하기 위한 화학치료는 암세포를 파괴하지만 그러한 '목표'를 달성하는 수준만큼 머리카락이 빠지고 구토 증상까지 나타나게 된다. 이와 마찬가지로 가족치료에서 만약 한 사람의 스토리 또는 행동이 변화되고 그 변화가 지속된다면, 가족 내 다른 관계는 영향을 받지 않을 수 없다. 관계 내에서 이와 같은 변화는 소위 가족치료의 부작용으로 불리고 있으며, 실제로 이와 같은 의뢰인 체계는 이혼 가족으로 정의할 수 있다. 이와 같은 이유로 내담자의 행동을 다른 가족원들과의 관계 속에서 규정하지 않고, 특정 가족 구성원의 변화만을 일방적으로 촉진시키고자 하는 치료자는 잘못된 인식론에 기초하여 치료를 실시하는 것이라 할 수 있다.

만약 우리가 무언가를 정의할 때 관계를 고려하지 않는다면 각 부분들과 전체가 존재하기 위해 필요한 균형을 깨뜨릴 위험이 있다. 우리는 단지 한 가지만을 할 수 없다. 온전히 연결된 우주 내에서 우리가 행하는 모든 일은 그것이 비록 매우 사소하고 작은 일이라 할지라도 우주 전체와 분리할 수 없다. 미주리 주 세인트루이스에서 아침식사로 햄과 계란을 먹는 것이 홍콩에서 일어나는 일과 무슨 관련이 있는지에 대해 표현하기는 어렵지만, 온전히 연합된 전체로서 우주를 바라볼 때 이 둘은 서로 관계가 없을 수 없으므로, 관계가 있다고 하는 것이 적절하다.

■ 통제는 가능하다

한 가지만 할 수는 없다는 생각은 아무것도 통제할 수 없다는 생각과 밀접하게 관련되어 있다. 통제에 관한 Haley(1963)와 Bateson(1972, 1974)의 논쟁은 사실 의견 충돌이라 할 수 없다. 통제는 Haley가 제시한 변화이론의 중요한 부분으로, 서구 문화에서 유의미한 은유라 할 수 있으며, 서로를 일방적으로 통제하고자 하는 사람들 간의 관계에서 나타나는 역동을 설명하는 데 매우 유용하다. 즉, 통제는 서구 문화의 세계관을 잘 나타내는 개념 또는 사고방식이라 할 수 있다.

Bateson은 통제가 존재한다는 생각에 반대한 것이 아니라 통제가 언제나 가능하다고 믿는 병리적 인식론에 대해 반박하였다. 양방향적 · 다각적인 차원에서 규정되어야 하는 문제를 일 방적으로 통제하고자 하는 시도는 실패하기 마련이며, 일방적으로 통제하고자 하는 시도의 횟수가 증가하면서 거듭되는 실패는 보다 높은 수준의 문제를 불러일으키게 된다는 것이다. 다시 한 번 언급하건대, 우리는 우주와 매우 밀접하게 관련되어 있으며, 따라서 우주와 우리 중 어느 한쪽만 존재한다는 것은 불가능하다. Bateson에 의하면 통제란 우리를 실패뿐만 아니라 필연적으로 더 높은 수준의 통제 시도를 불러일으키는 것과 같은 다양한 행위들로 이끄는 개념이다. 이러한 행동은 통제가 가능하다는 환상과 양립한다. 이러한 예로 죽음을 통제하기 위한 진료과정인 심장이식을 들 수 있다. 심장이식 후에는 다른 이의 심장을 거부하는 몸의 반응을 통제해야 한다. 신체조직의 거부반응을 예방하기 위해 복용하는 약은 몸의 면역체계를 무너뜨리는 부작용을 일으키며, 또한 박테리아에 감염될 위험성이 매우 높아진다. 그러므로 감염을 비롯한 여러 가지 문제들을 통제하기 위해 계속해서 약을 복용하게 된다. DDT의 예도 이와 같은 개념으로 이해할 수 있다.

체계이론적 관점에서 볼 때, 통제는 관계의 성격 변화를 시사한다. 제기된 문제가 맥락과는 상관없이 발생한다는 전제하에 가정 또는 학교에서 발생하는 문제를 맥락에 대한 고려 없이 처리하고자 하는 것은 상호 의존적으로 존재하는 요소들 가운데 일부분만을 통제하려는 시도로서, 이는 제1단계 사이버네틱스 수준의 병리적인 인식론을 바탕으로 한 접근방법에 지나지 않는다. 마찬가지로 사회복지 수혜자와 그 사회와의 관계를 살펴보지 않고 사회복지체계를 통제하려는 시도는 실패하기 마련이다. 사람들 사이의 관계에서 통제가 가능하다는 환상은 여러 형태로 나타나며, '아이들을 관리하는 것', '저항을 극복하는 것', '가족을 지키는 것' 등과 같은 은유에 의해 강화되기도 한다. 현상을 이해하는 데 있어 개인에게 주어진 자율성, 사건 및 선형의 원인, 효과에 대한 선형적 관점들은 통제에 대한 사람들의 환상을 부채질한다. 당신은 한 가지만 할 수 없다. 한 가지만을 하고자 하는 것은 맥락을 무시하는 것으로, 문제를 둘러싼 환경을 고려하지 않아 발생하는 오류를 범하게 하며, 통제의 가능성에 대해 잘 못된 신념을 갖게 된다.

이와 관련하여 Lewis Thomas(1979)가 제시한 일화를 떠올려보자. 그는 대부분의 치료가 "순전히 어림짐작으로 이루어지고, 가장 조잡한 형태의 경험주의를 표방했던" 의료 역사의 어느 한 시기에 대해 기술하였다(p. 133). 이 시기의 의사들은 환자들의 질병을 치료(통제)하기 위해 모든 방법을 시도하였다. 그와 같은 치료에는 "채혈하기, 이물질 제거하기, 부항 뜨기, 치료효과가 알려진 약초를 달여서 처방하기, 개인의 체질에 맞는 치료법 개발, 단식을 포함한 모든 식이요법 등이 있다. 이와 같은 대부분의 치료법은 질병의 원인에 대하여 기이한 상상을 바탕으로 하고 있으며, 어떠한 근거도 없이 만들어진 것이다"(p. 133).

이는 질병을 갖고 있는 환자를 어떤 방법으로든 치료하지 않으면 환자는 치명적인 상황에 처할 수밖에 없다는 믿음에 기초한 것이다. 그러나 19세기 초, 당시 효과가 있다고 알려진 대부분의 '치료법'들은 실제로 효과가 없으며, 오히려 상태를 악화시키는 경우가 많다는 인식이 서서히 펴져나가기 시작하였다. 이러한 인식은 "질병에 따라서는 치료 자체가 한계를 지니고 있으며, 어떤 질병은 특별한 조치가 취해지지 않아도 호전되는, 소위 '자연사(natural history)'를 지녔다"는 "발견"(Thomas, 1979, p. 133)과도 일치하는 것이다.

알코올중독자협회(Alcoholics Anonymous, AA)의 치료방법을 분석한 Bateson(1972)의 연구에서는 알코올 중독자가 알코올 중독을 통제하려는 노력을 포기할 때 비로소 치료가 성공할 수 있다고 주장하였다. 그에 의하면 알코올 중독은 반드시 통제되어야 하는 문제라는 인식이 일반적이지만, 통제가 가능하다는 생각은 알코올 중독이라는 현상을 보다 심화시킴으로써 더 이상 통제를 할 수 없는 상황에 이르게 한다는 것이다. 여기서 문제가 되는 것은 통제에 대한 생각과 알코올 중독은 통제가 필요한 현상이라는 생각이다. 아이러니하게도 알코올중독자협회에서 사용하는 치료법은 알코올 중독자들로 하여금 통제 밖의 현상이라 할 수 있는 이른바 알코올 중독이라는 질병을 자신이 스스로 통제하고 있으며, 술과의 싸움에서 이기고 있다는 것을 스스로에게 입증하도록 하는 것이다. 자가진단용 또는 타인 진단용 질문지에는 "아침에 술을 마시지 않는다." 혹은 "한두 잔 마신 후 그만 마신다."와 같은 문항이 있는데, 이와 같은 질문은 알코올 중독자들로 하여금 자신이 통제 가운데 있다는 사실을 본인 스스로에게 입증해 보이고 있다는 점에서 문제를 부추기는 것이라 할 수 있다. 이를 통해 환자들에게는 통제에 대한 생각과 통제가 필요하다는 생각이 완전히 자리 잡게 된다. 통제가 필요하고 또한 가능하다는 생각은 사람으로 하여금 어느 순간 이를 당연시 여기도록 그 생각을 통제한다.

가정의 해체, 이혼율의 증가, 학교의 위기와 같은 고질적인 문제들을 통제하려는 시도가 없었다면 이러한 문제들을 어떻게 해결했을 것인지에 대한 의문을 갖게 된다. 만약 결혼을 앞둔 젊은 남녀에게 주변 사람들이 해주는 선의의 조언이나 논문 및 서적 등을 통한 정보가 주어지지 않았다면, 그리고 결혼생활을 어떻게 '영위'해나갈 것인지에 대한 고민이 없었다면 이들은 과연 결혼생활을 시작하면서 무엇을 경험할 것인가? '질환'을 통제하고자 하는 시도는 '문제'를 심화시키는 데 어떠한 영향을 미치는가? 이러한 '문제'를 보다 큰 사회적 맥락 안에서 보았다면, 이를 토대로 환경영향 평가 보고서를 작성하거나 사회의 역사를 검토하는 데 있어 현상을 어떻게 지각했을까? 다시 말해 인간 수명의 연장, 제2차 세계대전을 거치면서 이루어진 전통적 성역할의 전환, 1960년대의 개인의 가치를 중요시하는 경향의 확대, 결혼생활에서 발생할 수 있는 문제에 대한 예측의 증가, 맞벌이 부부 및 가정의 사회적 이동이 증가하면서 그 안에서 지켜야 할 규범이 늘어나는 것을 지켜봐온 우리는 이혼율의 상승을 예측할 수 있을 뿐 아니라 논리적으로 그에 부합하는 맥락을 발전시킬 수 있다. 실패를 통제하고 예방하려는 의도적인 시도는 역설적으로 실패의 가능성을 증가시켰는지도 모른다. 만약 '질환'이 그대로 진행되도록 내버려두었다면, 지금과 같이 걷잡을 수 없을 정도로 상태가 심화되지 않았을 수도 있다.

■ 우리는 관찰할 뿐이다

William Schofield(1964)는 체계이론적 가족치료자에게 특이하고 중요한 현상에 주의를 기울이도록 하였다. 그는 치료자의 수가 증가함에 따라 내담자의 수도 이와 함께 증가하며, 결국 치료자의 수도 다시 증가하게 된다고 강하게 주장하였다. 그의 주장대로라면 우리는 내담자 수의 증가라는 현상의 다음 단계를 예측할 수 있을 것이다. 실제로 전문가의 수가 증가함에 따라 정신질환이나 가족병리에 대한 정의가 자유롭게 이루어지고 있는 데 관심이 집중되고 있다. 이에 대해 Schofield는 다음과 같이 언급하였다.

> 본질적으로 진단의 이면에는 접근의 문제가 있다. 즉, 완벽한 정신건강을 정의하는 기준이 너무 엄격한 나머지 완벽한 정신건강을 지니고 있지 않은 사람을 정신질환이 있는 것으로 규정할 수 있다. 이와 같은 규정은 특정한 시기에 정신질환을 갖고 있는 사람들에게서 나타나는 주요 증상이 아니라 완벽한 정신건강이 부재하는 상황에서 나타나는 증상들을 기준으로 하고 있다(p. 12).

체계이론/사이버네틱스 관점에서 Schofield의 의견은 일정 부분 타당하다. 전문적인 치료자로서 우리는 내담자와의 관계 속에 존재하며, 그 관계 안에서만 우리 자신을 정의할 수 있다. 우리는 사회와 독립적으로 존재하지 못한다. 우리는 사회와의 상호 보완작용 없이 우리에게 맡겨진 역할을 수행할 수 없는데, 이 과정에서 내담자는 보완자로서의 역할을 담당하게 된다. 정신질환이나 가족병리로 규정한다는 것은 우리가 고안한 범주를 내담자에게 적용한다는 점에서 우리의 통제 안에 있다고 할 수 있다. 우리는 관찰만 할 수는 없다. 관찰은 곧 개입이다. 따라서 우리는 내담자의 질환을 발견하는 것이 아니라 새롭게 만들어내는 것이라 할 수 있다.

우리는 체계이론/사이버네틱스 관점 및 양자물리학에서 제시한 현상, 즉 개인은 사회의 일부일 뿐 아니라 관찰된 현상은 이를 이해하는 데 작용하는 개인의 세계관과 동일한 특징을 취한다는 사실을 기억해야 한다. 우리는 "단지 관찰할 수 있을 뿐이다."라는 신념은 물론 우리가 사용하는 개념틀과 독립적으로 존재하는 '실제' 현상을 발견할 수 있다는 신념은 병리적 인식론이라 할 수 있다.

이론은 우리가 무엇을 볼 것인지에 대해 결정해주며, 우리가 보는 현상은 관찰자로서 우리

의 특징을 나타낸다. 인간의 본성을 이해하고자 할 때, 우리 자신이 지니고 있는 본성의 주인
이며 전문가인 우리는 존재를 주제로 한 이론에서 기술된 인간 본성의 내용을 중심으로 인간
본성에 대한 이론을 개발해낼 수 있을 것이다.

　예컨대 당신이 정신분석학자라고 가정했을 때, 근본적인 문제나 갈등을 해결하지 않고 증
상을 제거했다면, 생각지 못했던 또 다른 증상들이 발생할 가능성에 대해 고려해야 한다. 한
편 당신이 행동주의 치료자라고 가정했을 때, 또 다른 증상의 출현에 대한 고려 없이 증상을
제거할 수 있는데, 이는 행동치료 접근이 이와 같은 현상에 대해 다루고 있지 않기 때문이다.
즉, 상황을 보다 복잡하게 만드는 문제가 존재하는지 여부는 인간의 마음 또는 인간의 본성
에 기인한다기보다는 치료에 활용된 이론의 기능에 따라 결정된다고 할 수 있다(Watzlawick et
al., 1974).

　Schofield의 견지에서 볼 때, 우리는 '정신질환' 또는 '가족의 질환'을 엄격한 용어로 정의할
수도, 보다 자유로운 용어로 정의할 수도 있다. 이는 우리가 사람들의 경험을 정상이라 표현
할 수도, 비정상이라 표현할 수도 있음을 의미한다. 우리는 질환의 범주를 재창조함으로써 인
간 본성에 대한 현재의 개념화를 보다 관용적인 시각으로 다시 창출해낼 수 있다. 다만 우리
는 우리가 개발한 이론을 활용하고자 하는 사람들에게 우리가 고안한 범주는 '실재'가 아니라
단지 지도에 불과하다는 사실을 알려주어야 한다. 만약 우리의 이론이 실재를 기술한 것이라
고 한다면, 바로 그 점에서 우리는 사회가 추구하는 세계관의 형성과정에 참여했다는 사실에
대해 책임을 져야 한다.

　한편 우리가 개발한 이론에서 설명하고 있는 질병의 범주, 구성요소 및 개념은 그 질병들
간의 차이를 임의로 구분한 것이며, 새롭게 만들어낸 것이지 발견한 것은 아님을 밝힘으로써,
우리는 또 다른 종류의 책임을 져야 한다. 왜냐하면 이러한 사실을 밝히게 되면 사람들은 우
리가 만든 이론에 대해 확신을 갖지 못하기 때문이다. 따라서 우리는 확실하다고 말하기보다
는 불확실하다는 표현 속에 내포되어 있는 확실성에 대해 언급해야 한다.

　우리는 사람들로 하여금 그들 자신에 대한 설명을 발전시켜 나가도록 해줄 수 있고 혹은 보
다 정의롭고 공정한 사회를 만들고자 하는 사람들에 관한 이론도 만들어낼 수 있다. 만약 우
리의 문화적 맥락이 Freud가 아닌 Rogers의 이론을 토대로 발전했다면, 사회 전체적으로 인간
본성에 대하여 비관적으로 형성된 현재의 관점은 지금과는 매우 다른 양상을 띠었을 것이다.

　치료 시 우리는 환자의 경험을 재구성하고 여기에 새로운 의미를 부여할 수 있으며, 이에
따라 문제는 실재의 외부에서 규정된다. 이러한 과정을 통해 우리는 내담자가 문제를 해결할
수 없었던 상태에서 해결할 수 있는 상태로 나아갈 수 있도록 할 수 있다. 몇몇 치료모델들이
제안하고 있는 바와 같이 우리는 내담자 스스로 의미를 발전시켜 나갈 수 있도록 할 수 있다.
그러나 치료자와 내담자는 상호 영향을 미치지 않을 수 없기 때문에, 후자가 항상 가능한지

여부는 미지수이다. 치료장면에 터무니없고 의미가 없는 사건은 없다. 치료자를 전문가로 규정하고, 내담자를 문제를 가진 사람으로 규정하는 치료맥락에서 치료자가 하는 모든 행동은 내담자에게 의미를 해석해주고, 의미를 파악할 수 있도록 돕는 맥락으로 진행되어야 한다. 치료 맥락에서 "당신의 원가족에 대해 말해주시겠어요?", "당신 부부는 어떻게 만나게 되었나요?"와 같은 말이나 "아아.", "그렇군요."와 같은 표현을 선택하는 것은 모두 하나의 치료적 틀 안에서 이루어지는 것이라 할 수 있으며, 질문에 나름의 목적이 내포되어 있음을 나타낸다. 반면 친구가 방문한 상황에서 이와 같은 질문을 하는 것은 매우 다른 의미를 갖는다고 할 수 있으며, 치료적 개입으로 볼 수 없다.

치료자로서 또는 이론가로서 우리는 이러한 책임을 피할 수 없다. 그리고 역설적으로 우리가 내담자로 하여금 스스로에게 책임을 느끼도록 돕고자 할수록 내담자는 우리에게 보다 많은 책임을 돌리고자 할 것이다. 우리의 역할은 대인관계 문제를 다룰 수 있도록 사회적으로 용인된 전문가로서 승인을 받는 것이라 할 수 있다. 체계이론적 가족치료에서 제시하는 은유는 이미 문제의 소재가 개인으로부터 벗어나 가족이라는 사회적 단위로 바뀌었다는 점에서 가족치료자로서 당신은 보다 많은 책임을 느꼈을 것이다. 만일 당신이 Attneave, Rueveni, Whiaker 학파라면, 가족 내 여러 세대를 포함하여 가족 구성원과 서로 영향을 주고받는 타인들로 시각을 확대하여 문제를 재정의할 것이다. 체계이론/사이버네틱스 가족치료 접근은 이러한 가치판단적인 시각의 영향을 받지 않는다. 그러나 제2단계 사이버네틱스에서 표방하는 가족치료 모델은 이론 및 문화에 근거하여 정상적인 가족의 전형을 발달시켜야 한다는 사실을 의식적으로 깨닫도록 돕는다. 이 모델에 의하면 치료자로서 당신은 스스로를 관찰 단위의 일부로 봐야 하고, 오로지 관계 속에서만 자신을 규정할 수 있으며, 스스로와 가족 구성원에게 가족을 설명하는 데 자신이 선택한 표현방법에 대하여 책임을 져야 한다.

우리가 사람들에게 적용한 질병의 범주는 강한 정치색을 띠고 있다. 우리는 우리가 사용하는 질병의 범주를 재창조할 수 있는데, 이는 치료 시 질병의 범주를 재구성하는 과정에서 이루어지며, 이는 일반적으로 우리가 개발해낸 이론을 통해 가능하다. 예컨대 동성애는 **정신질환의 진단 및 통계 편람 제4판**(*Diagnostic and Statistical Manual of Mental Disorders*, DSM-IV)에서 더 이상 정신질환으로 규정하지 않는다. 질병의 범주로 간주되었던 히스테리는 페미니스트들의 반대운동에 힘입어 개념 전환에 성공을 거두었다. 사실 사물을 보다 순화된 방식으로 명명해야 하는 상황에서 어떠한 은유를 선택하는지의 문제는 매우 중요하다고 할 수 있다. 예컨대 우리는 '우울'이라는 표현보다 그 이전에 사용했던 '울병(melancholia)', Adler의 '낙심(discouragement)'이라는 표현을 보다 선호한다.

치료자로서 우리는 내담자를 위해 매일 새로운 '바퀴(wheel)'를 발명해낸다. 이와 같은 점에서 서구 문화 내 치료자로 살아가는 우리는 치료자로서 우리의 능력을 효과적으로 발휘할 수 있는가 하는 문제에 대해 다소 비관적이다. 우리는 문화의 일부이고, 문화 속에서 살아가고 있으며, 문화에 의해 규정된 문제를 치료하기 위한 우리의 역할 수행도 결국은 문화의 승인하에 이루어져야 하기 때문이다. 요컨대 우리는 체계이론적 치료자로서 관찰만 해서는 안 되며, 끊임없이 도전하는 사명을 감당해야 한다.

체계이론적 치료자됨의 역설

임상 실제에서 제1단계 사이버네틱스와 제2단계 사이버네틱스를 구분한다는 것은 이 두 가지 접근에 대해 모두 알고 있는 치료자가 역설에 직면하게 될 수도 있음을 의미한다. 실제로 우리는 살아가면서 이중생활을 하게 되는 경우가 있는데, 치료자가 직면하는 역설 또한 일종의 이중생활이라 할 수 있을 것이다. 다시 말해 우리는 문화에 의해 규정된 문제를 수용하게 되고, 이를 해결하는 데 있어 필요한 우리의 역할을 승인해준 사회로부터 실제적 치료라는 권한을 부여받은 것이다. 사회가 부여한 우리의 일반적인 책임은 '사람들로 하여금 자신이 처한 환경에 적응하도록 돕는 것', 다시 말해 사회가 추구하는 방식에 사람들이 보다 잘 적응할 수 있도록 돕고, 사회를 위해 '정상적인' 개인 또는 이상적인 가족모델에 부합하는 삶을 살도록 조력하는 것이다. 요컨대, 우리는 가족과 개인이 증상이 나타나지 않고(정상적이고) 생산적 (성취적이고 사회에 공헌하는)으로 기능하도록 돕고, 스스로를 자율적이고 독립적이며 책임감 있는 사람으로 보도록 돕고자 한다. 사회가 상정하는 가정은 증상이 나타나고, 생산적이지 못하며, 문제의 책임을 타인에게 전가하는 사람은 사회에 제대로 적응할 수 없다는 것이다. 사실 우리는 제2단계 사이버네틱스가 제시하는 병리적 인식론을 의식하지 않고도 이와 같은 역할을 수행할 수 있다. 이러한 고차원적 인식론을 존중하지도, 의식하지도 않는다면 치료자는 보다 편하게 그 역할을 수행할 수 있을 것이다.

그러나 제2단계 사이버네틱스의 관점은 이른바 부적응이라는 것이 사회 적응에 필요한 요소라는 견지를 취한다는 점에서 체계이론적 치료자에게 흥미로운 딜레마를 제기한다. 가족 구성원 개인이 보이는 증상행동이 가족의 맥락에서 볼 때는 논리적·기능적 역할인 것같이, 가족의 증상행동도 가족이라는 체계와 서로 영향을 주고받는 보다 큰 공동체, 즉 학교, 교회, 직장 등과 같은 다른 사회체계 내에서는 논리적이고 기능적으로 그 역할을 수행하고 있는 것이다. 치료자가 직면하는 모순은 개인과 가족, 학교, 지역사회가 보다 건강하고 보다 적응적이도록 도움으로써 사회의 기대에 부응해야 한다는 생각과 이를 위해 치료자가 궁극적으로 내담자가 주위 환경에 잘 적응하지 못하도록 도와야 한다는 생각이 공존함으로써 발생한다. 요컨대 치료자는 각 체계가 그들이 처한 맥락(들)과 논리적으로 부합하는 방식으로 행동할 수 있도록 도와야 한다.

일단 제2단계 사이버네틱스 관점을 치료자 자신의 관점으로 내면화하게 되면, 치료자에게는 더 이상 비정상적이거나 역기능적인 것들이 보이지 않게 된다. 맥락을 놓고 보면 모든 것이 정상적으로 보이기 때문이다. 모든 행동에는 그 나름의 의미가 있으며, 이해할 수 있는 이유가 있다는 것이다. 사람들이 느끼는 것은 느낌을 둘러싼 그들의 경험과 신념 그리고 사회적 맥락 안에서 그들이 그렇게 느낄 수밖에 없는 구조와 관련되어 있다고 할 수 있다. Maturana의 구조적 결정론에 의하면 빵을 굽는 기계는 빵을 구울 수 있는 구조로 조직되어 있다는 것이다. 마찬가지로 문제가 있는 가족은 그러한 문제를 경험하는 것이 타당한 구조로 조직되어 있다. 알코올 중독자 가족은 알코올 중독자와 조력자 양자의 상호 보완적인 역할로 구성되어 있다. 각 개인, 가족, 지역사회, 사회는 그 자체를 유지하고 그 기능을 다할 수 있도록 구조적으로 조직되어 있다. Anderson과 Goolishian(1986)이 제시한 바와 같이, Maturana의 구조적 결정론에 의하면 체계 내에서 필연적으로 발생하는 행동(문제)에는 자연스럽게 꼬리표가 붙게 된다.

제1단계 사이버네틱스와 제2단계 사이버네틱스의 관점에서 본 치료자의 역할 간에 내포된 모순을 접하게 될 때, 여러분은 후자의 입장을 거부하고 싶어질지도 모른다. 이는 분명 편안한 깨달음이 아니기 때문이다. 가족치료자가 되기 위해 반드시 제2단계 사이버네틱스가 추구하는 견지에 따라야 하는 것은 아니지만, 그것이 표방하는 관점을 인식하는 것은 가족치료자가 되기 위한 이상과 기본 동기에 대한 도전이 될 수 있다는 점에서 의의를 찾을 수 있다. 왜냐하면 실용적인 수준에서 볼 때 당신은 치료자로서의 역할을 '훌륭하게 수행해내고 있을' 수도 있지만, 제2단계 사이버네틱스의 관점에서 볼 때 당신은 오히려 사회의 병리를 심화시키는 데 기여하고 있을 수도 있기 때문이다. 우리가 기존의 사회질서뿐 아니라 기존의 사회적 패러다임(그 안에 내재되어 있는 모순)을 있는 그대로 받아들일 때, 무심코 이와 같은 우를 범하게 되는 것이다. 즉, 실용적 수준에서 현재의 상황 그대로를 지지하며 역할을 수행해나가는 것은 확실성에 대한 환상을 좇고, 기존의 사회관계와 구조를 유지시키고자 하는 것이라 할 수 있다.

치료자에게는 정신질환과 가족역기능의 발생을 줄여야 하는 사회적인 의무가 있지만, 지금까지 우리는 이를 성공적으로 수행해내지 못하였다. 오히려 정신질환과 가족역기능은 증가해왔다. 제2단계 사이버네틱스의 관점에 따르면, 이러한 문제의 발생 빈도를 줄이기 위한 노력이 오히려 문제의 발생 빈도를 증가시켰다는 것이다. 이와 관련하여 Churchman(1979)은 문제를 해결하기 위해서는 문제의 맥락에 대해 아는 것이 중요하다고 주장하였다. 더불어 문제를 문제로 규정하는 이념, 모델, 패러다임을 아는 것도 중요하다고 할 수 있다. 체계이론적 가족치료자로서 우리는 개인의 '문제'를 가족이라는 맥락 안에서 보도록 학습해왔다. 체계이론적 모델의 논리에서 볼 때, 가족의 '문제'를 사회라는 맥락에서 보는 것은 타당하다고 할 수 있다. 문제를 어떻게 구체화해야 하는지에 대한 의식적인 인식 없이 문제 해결에 필요한 사고틀과 이념을 구체화함으로써 치료자가 임의로 규정한 문제들은 맥락을 벗어나 있거나 문제를 해결하는 데 제공되어야 할 맥락에 대한 정보가 충분치 않다는 한계를 안고 있다.

한편 우리는 정신질환과 가족역기능을 제거할 수 있다. 첫 번째 방법은 정신질환이라는 것은 근거 없는 믿음이라 주장한 Thomas Szasz(1961)의 의견을 반영하고 있다. 그는 정신질환을 무책임한 행동으로 정의한다. 제2단계 사이버네틱스 또한 어떤 맥락에서는 정상이 무엇인지 간파하지 못하고, 또 어떤 맥락에서는 정신질환으로 볼 수 있는 현상을 생활규칙으로 잘못 해석하여 병리적 인식론을 살피지 못함으로써, 결국 정신질환이라는 근거 없는 믿음을 만들어낸다는 입장을 취하고 있다. 어떤 이유에서든 개인의 행동은 정상적이다. 실제로 역설적 치료 접근은 문제로 간주된 것을 정상화하거나 논리적인 것으로 이해할 수 있도록 돕는다. 사람들이 가족 또는 사회라는 맥락에서 자신의 삶을 영위하면서 적용하는 패러다임의 규칙을 놓고 볼 때, 사람들의 경험은 모두 이해할 수 있는 것들이다. 여기에는 고통이 따를 수 있지만, 인식론적/사회적 맥락에서 볼 때는 정상적이라 할 수 있다. 따라서 정신질환을 제거하기 위한 두 번째 방법은 그것이 맥락 안에서 논리적이며 따라서 병리가 아니라는 사실을 깨닫는 것이라 할 수 있다.

Watzlawick과 동료들(1974)은 "이렇게 바람직하지 못한 상황이 어떻게 지속되는가?"와 "그것을 변화시키기 위해서는 무엇이 요구되는가?"라는 두 가지 질문을 던진다(p. 2). 우리는 '정신질환'과 '가족역기능'이라는 개념 및 구성요소를 만들고, 이를 우리의 세계관에 통합하였기 때문에 '정신질환'과 '가족역기능'의 문제를 가지고 있다고 말할 수 있는 것이다. '정신질환'과 '가족역기능'의 문제들은 그 개념이 존재하는 한 계속 존재할 것이다. 우리가 우리의 패러다임의 일부로서 그러한 개념을 갖고 있지 않다면 이러한 문제를 보지 못할 것이다. 그러한 개념들이 존재하기에 다른 현상들과의 차이를 구분할 수 있으며, 이러한 과정을 통해 '정신건강'과 '기능적 가족'의 의미를 다시금 확인할 수 있게 되는 것이다. 우리는 이러한 개념들을 제거하거나 재정의함으로써 정신질환이라는 문제를 제거할 수 있다. 제2단계 사이버네틱스는 증상행동을 맥락 안에서 이해하거나 그 적합성을 살핌으로써 이러한 '문제'를 제거한다.

정신질환과 가족역기능을 없애기 위한 세 번째 방법은 첫 번째 방법과 유사하며, 제2단계 사이버네틱스와 논리적으로 상통하는 면이 있다. 세 번째 방법은 모든 사람들이 정신적으로 병들었으며, 모든 가족은 역기능적이라는 전제를 명시하는 것으로, 정신건강과 가족건강이라는 개념을 제거함으로써 정신질환과 가족 내 문제를 기능적으로 제거할 구실을 만드는 것이다. (사회의 구성원으로서) 우리 사회를 살펴보면, 대중적인 사회과학 문헌에는 개인과 가족에 대한 유토피아적 기대가 보다 높은 수준으로 반영되어 있음을 알 수 있다. 정상성의 범위는 점점 더 좁아지고 있으며, Schofield(1964)의 표현을 빌리자면, 정신질환과 가족 내 문제에 대한 정의는 보다 자유로워진 반면 정신건강과 가족건강에 대한 정의는 보다 엄격해졌다는 사실을 알 수 있다. 우리 사회에서 정상 또는 비정상적 경험이라는 것과 정상과 비정상의 상대적인 범위는 전문가인 우리가 사회 구성원들이 사용하도록 개발한 이론에 의해 제시된다. 이것은 연구에서 가설을 검증하는 문제와 같다. 즉, 우리는 제1종 오류를 범할 위험을 무릅쓰고자 하는가, 아니면 제2종 오류를 범할 위험을 무릅쓰고자 하는가의 문제라 할 수 있다. 신뢰구간을 설정하는 과정에서 제1종 오류를 범할 가능성을 줄일 수는 있으나 제2종 오류를 범할 가능성은 높아지며, 그 반대의 경우가 발생할 수도 있다. 우리는 정신질환과 가족역기능을 매우 엄격하게 정의함으로써 정상성의 범위를 확대해야 한다는 신념을 갖고 있다. 우리가 '실제적인 현실을 발견'하고는 있으나 이를 '창조'하지 않는다면, 이러한 선택은 우리에게 아무 의미가 없다. 다시 말해 자연이 우리와 무관하게 존재한다고 믿을 때, 우리는 단지 관찰만 할 수 있다고 믿게 되는 것과 같다고 할 수 있다.

"당신이 설정한 분석단위는 무엇인가?", "연합된 하나의 세계라는 전체 가운데서 치료에 필요한 분석단위로서 당신이 추출한 부분은 무엇인가?"라는 질문을 통해 체계이론적 가족치료의 또 다른 딜레마가 제기된다. 그림 18.1의 체계 간 위계 지도에서 볼 수 있는 바와 같이 우리는 다양한 수준의 체계들을 추출하였다. 이 지도에서 알 수 있듯이 에너지 흐름과 상호작용이 양방향으로 확대된다는 사실을 인식하는 것은 중요하다. 또한 지금까지는 유기체 위계와 사회적 위계 간의 차이를 구분해왔지만, 이 그림에서는 유기체 위계와 사회적 위계 사이의 관련성을 강조한다. 이와 같은 사고방식은 몸과 마음의 분리에 대한 의문을 제기하였는데, 이러한 의문은 오랜 기간 동안 몸과 마음을 분리하여 생각한 전문적인 치료 실제에 기원하고 있다. 관례적으로 의사들은 유기체적 문제를 다루는 경향이 있고, 치료자들은 심리학적·사회학적 문제를 다루는 경향이 있다. 그러나 지도에서는 몸과 마음이 분리되어 있는 것이 아니라 연결되어 있다고 제시한다.

몸과 마음이 연결되어 있다는 생각은 병인론적 문제에 있어 '문제는 정신적인 것인가? 심리학적인 것인가? 관계 구축과 관련된 것인가?' 등과 같은 의문을 제기한다. 마음, 몸, 사회적 구축망, 가족체계 치료를 위한 영역(제2장 참조) 간의 관련성에 대한 연구 결과를 통해 입증된 근거를 바탕으로 할 때, 체계이론/사이버네틱스 관점에서 이 모든 질문에 대한 답은 "그렇다."이다. 또한 대부분의 가족치료 전문의들은 현재 가족치료자들이 경험한 훈련과 비슷한 훈련을 받고 있다. 그러나 일반적으로 가족치료자들에게는 유기적인 요소와 사회적인 요소 간의 관련성을 탐색하는 훈련이 되어있지 않아 몇몇 가족치료자들은 내담자가 자신의 대인관계 문제를 다룰 수 있도록 조력해야 한다는 인식, 내담자의 대인관계가 유기체적 수준에도 영향을 미칠 수 있다는 인식을 하지 못한다.

"당신이 설정한 분석단위는 무엇인가?"와 같은 질문에 대해서는 다소 벗어난 대답일 수 있

그림 18.1　체계들의 위계

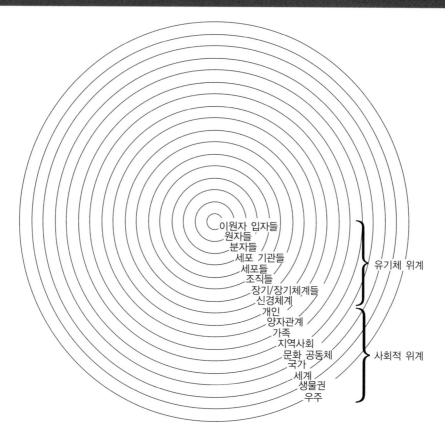

으나 우리는 다른 전문가 집단이 그림 18.1에서 제시한 체계 간 위계의 각 부분들을 어떻게 규정하고 있는지에 대해서는 완전히 파악하지 못하였다. 이에 우리는 위계의 수준과 관계없이 개별적인 각각의 역할에 대한 연구를 통해 위계를 이해해야 한다는 사실을 깨닫게 되었다. 이에 대해 Alan Watts(1972)는 다음과 같이 말했다.

> 나무의 모든 가지들이 개개의 독특한 모습으로 그 팔을 뻗는 것처럼, 모든 개인은 전체 가운데서 독특한 특성을 지니고 있다. 각각의 개성을 드러내기 위해 독립적으로 움직일 수 있는 손가락이 신체와 밀접한 관련성을 지니는 것처럼, 모든 가지는 나무와 밀접한 관련성을 가져야 한다(p. 72).

손가락과 신체를 구분 짓기는 했으나 이러한 구분(differentiation)은 분리(separation)와는 다르다. 인류와 우주의 물리적 관계는 신체와 각 신체 부위의 그것과 다르지만 그들 간의 관련성은 여전히 존재한다.

White와 Epston(1990)은 규범적이고 체계이론적으로 분류한 틀의 범위 밖에 존재하는 대상으로서 사회에서 추구하는 이념 및 그 사회 내의 인문과학 전문가들은 체계이론/사이버네틱스 관점과 우리가 이해하고 있는 것 간의 관련성에 대한 인식을 제공하지 못한다고 하였다. 그러나 어떠한 분석단위에 치료의 초점이 맞추어져 있든 간에 개인이 임의적으로 설정한 단위는 각 부분에 대한 개별적 연구로는 충분히 이해할 수 없는 전체의 한 부분에 불과하다. Sluzki(1985)는 "연구모델을 설정하기 위해서는 가족을 떠올려야 하기 때문에 가족을 치료하기 위해서는 가족을 만나야 한다"(p. 1)라고 주장하였다. 사실 개인들은 가족이 하나의 부분으로 존재하는 사회, 즉 복합적이고, 중복적이며, 계속해서 변화되어 가는 사회적 관계망 내에서 살고 있다. 우리가 제기한 질문에 대한 답을 제시하고, 가족치료 운영에 필요한 규율 정립이라는 기능을 수행하기 위해 우리는 가족과 가족을 둘러싼 환경 간의 경계를 설정한다. 가족 구성원들의 경험에 의해 성립된 가족은 사회가 추구하는 이념과 인문과학 표상들로 정의된 개념으로 한정된다.

우리가 설정한 분석단위는 무엇인가? 제2단계 사이버네틱스 관점에서, 우리는 우리의 관념을 통해 분석단위를 만들어낸다. 내담자 체계와 중요한 관련성을 맺고 있는 분석단위는 우리가 하는 상상의 영역과 시야에 한정되어 있다. 체계이론적 가족치료는 방 안에 갇혀있는 누군가에 대한 것이 아니라 창조적인 활동에 참여하고자 하는 사고방식 및 일종의 실재에 관한 것이다.

체계이론적 가족치료자로서 제2단계 사이버네틱스 관점을 추구하고자 하지 않는 이유에는 여러 가지가 있다. 체계이론적 가족치료자가 된다는 것은 사회 안에서 경험하는 문제 및 그 문제의 해결방안을 발전시켜 나가는 데 참여해야 한다는 책임을 공유한다는 것을 의미한다. 특히 제2단계 사이버네틱스는 사회과학자들이 사고하고 그 세계 안에 존재하며 또한 작업을 수행해나가는 데 있어 편안한 수준은 아니다. 이러한 관점에서 볼 때, 사회과학은 대중철학으로서 가치중립적일 수 없다. 우리는 사회의 구성원이며, 그 사회 속에 살고 있다. 사회의 패러다임 안에 존재하는 모순과 그러한 패러다임에 논리적으로 부합하는 사회질서에 대하여 비판하지 않고 특별히 의식하지 않은 채 그 사회 안에서 살아가는 것은 현재의 사회체제를 지지하는 것과 같다고 할 수 있다.

Falzer(1986)는 제2단계 사이버네틱스 관점이 타당한 관점으로 입증될 수 없다고 주장하였다. 그러나 한 가지만을 하려는 시도가 Bateson(1972), Bronowski(1978)와 Keeney(1983)가 제시한 개념으로서 상호 영향을 주고받는 하나의 우주라는 의미를 가질 때, 제2단계 사이버네틱스 관점의 타당성은 각 개인 삶의 일상을 통해 드러나게 된다. "사이버네틱스는 정신적 과정에 초점을 둔다."라는 말에서 알 수 있는 바와 같이 제2단계 사이버네틱스는 사회체계에 속한 사람들에 관한 이론이라기보다는 사회체계 내에서 용인되는 행위에 대한 지침을 제공하는 인식론에 관한 것이다(Keeney & Thomas, 1986, p. 270). 역사적 자료에서는 문제를 문제로 규정한 기본 틀을 살피지 않고 문제를 실용적인 수준에서 해결하고자 함으로써 문제가 존재하는 맥락에 대해 잘 의식하지 못할 때 보다 높은 수준의 문제가 나타나게 된다는 사실을 명시하고 있다. 흔히 인용되는 예로 음주문제에 대한 실용적인 해결책으로서 금주법이 있다. 그러나 금주법은 음주문제를 해결하지 못하였을 뿐 아니라 오히려 수많은 범죄를 양산하고 조직 범죄의 발달을 부추겼다.

또한 개인 또는 가족의 내부 조직과 인식론에 대한 존중이나 이해가 선행되지 않은 상태에서 치료적 개입을 하고자 하는 것은 아무런 의미도 없다는 점에서 Maturana가 제시한 조직 결정론의 타당성에 직면하게 된다. Koch(1981)는 사람들이 실용성에 큰 가치를 두고 이에 몰입한다 해도 인간에게 있어 가장 중요한 실존적 질문은 피할 수 없다고 주장하였다. Watzlawick과 동료들(1967)이 주장한 바와 같이 제1단계 사이버네틱스에서는 실존적 문제를 깊이 있게 탐색할 수 없는 반면, 제2단계 사이버네틱스에서는 우리 삶에 있어 실존적이고 의미 있는 질문들을 배제시킬 수 없다. 이러한 질문들은 인간이 되는 것이 무엇을 의미하는지 탐색하는 데 있어 필수불가결한 요소이기 때문이다. 이에 제2단계 사이버네틱스는 우리 자신의 유한성, 불확실성, 본질 정의에 대한 요구에 직면하게 된다.

> 인간이 역설과 더불어 사는 방법을 반드시 배워야 하는 것은 아니다. 인간은 자신이 언젠가 죽을 것이며, 자신의 죽음과 관련된 말들이 만들어졌다는 사실을 의식하기 시작할 때부터 항상 이러한 역설 또는 딜레마 속에서 살아가게 된다…. 이에 대한 자각 및 이 자각을 토대로 행위하는 것은 삶의 주체로서 인간이 지닌 비상한 재주라 할 수 있다(May, 1967, p. 20).

계속되는 도전들

여느 연구 분야와 마찬가지로 가족치료는 안팎으로 수많은 도전에 직면해있다. 지금부터 우리는 세 가지 내부적 도전과 한 가지 외부적 도전에 대해 살펴보고자 한다. 첫 번째 도전은 우리가 제4장에서 논의했던 부분 및 제2단계 가족치료로 언급되었던 내용과 함께 다루어야 한다. 두 번째 도전은 제2장에서 논의된 내용으로, 가족치료를 기존 모델에 통합시킴으로써 보다 높은 수준의 치료모델로 발달시키고, 이를 토대로 치료에 접근하고자 하는 것이다. 세 번째 도전은 치료에 있어 증거 기반 실무(Evidence-Based Practice, EBP)에 대한 요구 및 임상의와 연구자들 간의 견해 차이에 관한 내용이다. 그리고 네 번째 도전은 가족을 배제한 채 아동을 치료하는 치료 실제에 관한 것이다.

제2단계 가족치료 접근은 포스트모더니즘 관점을 토대로 출현하였고, 구성주의와 사회구성주의, 제2단계 사이버네틱스의 입장을 표방한다. 제2단계 가족치료 접근은 제1단계 사이버 네틱스의 실용적 모델을 바탕으로 이루어지는 가족치료의 타당성과 유용성에 대해 이의를 제 기하고 있다. 특히 가족치료의 토대가 되는 체계이론의 정치적 · 사회적 유용성에 대해 문제 의식을 갖고 있다. 또한 실재는 '바깥 거기에(out there)' 존재한다고 주장하는 경험적 연구의 타당성도 논란이 되고 있다. 제2단계 가족치료 관점을 지지하는 사람들은 치료의 초점이 제1 단계 사이버네틱스에서 추구하는 바와 같이 사회적 조직 또는 구조양식에 있는 것이 아니라 언어에 내포되어 있는 의미에 맞춰져 있다고 본다. 제2단계 가족치료자들은 각 개인 또는 내 담자 체계가 지니는 독특성을 존중해야 한다는 생각을 가지고 있으며, 사람들을 범주화하고 다른 사람과 비교하는 것을 일종의 억압이라고 본다. 우리가 사는 세상은 현실로 이루어져 있 다는 것이 기본적인 신념이다. 현실을 표상하는 '진리'로서의 '지식'은 인정되지 않는다. 제2 단계 가족치료자들에게 있어 치료적 대화의 목적은 내담자 체계를 고려하지 않은 보편적인 진리를 주제로 한 이야기들을 해체하는 것이다. 또한 내담자들의 체계를 보다 효과적인 대안 적 신념체계로 구성하는 데 목적을 두고 있다.

두 번째 내부적 도전은 각 모델들을 통합시키는 메타 체계틀(metaframework)의 창조과정과 관련되어 있다. 다만 여기서 기억해야 할 것은 보다 넓은 관점에서 봤을 때 이러한 모델들은 지도의 형태를 유지하며, 지형으로 정의할 수 없다는 사실이다. 이러한 시도들이 타당성을 획 득하기 위해서는 폭넓은 정보들을 포함하고 있어야 함에도 불구하고, 메타모델에서조차도 임 상전문가들이 제1단계 사이버네틱스 모델에서 추구하는 가치들을 좇음으로써 실용적 모델로 빠르게 변화되어 가고 있다. 이러한 과정을 통해 만들어진 모델들이 치료장면에서 교육되고 활용되는 것이 현실이다. 전문의들의 통합적인 사고를 통해 형성된 모델은 기존에 만들어진 모델에 비해 장기적으로 활용된다는 점에서 보다 중요하다 할 수 있으며, 특정한 문제를 해결 하기 위해 고안된 모델들은 더욱 그러할 것이다.

특히 부부 및 가족치료의 장에서 "연구자들은 때로 임상의들을 무시함으로써 훌륭한 임상 의의 지혜를 놓치고, 임상적으로 접근해야 하는 작업을 소홀히 한다."는 사실로 인해 도전받 고 있다(Sprenkle, 2003, p. 87). 항상 임상적 전문성과 관련된 논쟁은 있어왔지만 보다 큰 맥 락에서 봤을 때 이와 같은 논쟁은 관리의료제도(역주 : 어떤 집단의 의료를 의사 집단에 도급 주는 건강관리 방식)로의 전환과 같이 심각한 시나리오를 초래할 수 있다. 다시 말해 부부치 료 및 가족치료에서도 경험적으로 입증된 치료나 증거 기반 실무(EBP)를 추구해야 한다는 것 이다. 타당성이 입증된 연구의 결과를 치료에 활용하는 접근을 취한다고 했을 때, '요리책'을 사용하는 접근방법은 이러한 접근이 상정하는 기본 가정에 위배된다는 점을 고려하면, 체계 이론적 관점을 취하는 전문의들에게 이 딜레마는 더욱 복잡해진다. 동시에 임상의가 연구자 들에게 제공하는 정보를 많이 가지고 있는 것처럼, 체계이론의 메타적 관점은 자기준거적 방식의 연구에서 파생된 중요한 정보를 많이 보유함으로써 연구자들이 이를 유용하게 활용할 수 있도록 해준다.

우리는 가족을 배제한 상태에서 아동을 치료하고자 하는 전문가가 증가하는 추세와 관련된 외부의 도전에 대해 반드시 고려해야 한다고 생각한다. 이러한 접근의 형태는 특히 생물학적 정신의학 분야에 만연해있다. 생물학적 정신의학 및 '화학적 불균형'의 개념은 정신의학적 약품의 사용을 정당화시켜 왔으나, 이를 아동들의 행동문제에 활용하는 데 대해서는 불안과 우려의 목소리가 높아지고 있다. Keith(1998)와 Combrinck-Graham(1998)은 아동들에 대한 약물 사용의 증가와 이를 '사회적 일탈을 막기 위한 치료'로 언급하는 것에 대해 우려를 표했다.

가족치료는 아동의 문제를 부모의 탓으로 돌리는 데 있어 생물학적 정신의학에서 주목하는 부분에 대한 책임을 분담해야 한다. 이러한 생각은 사이버네틱스 관점과 일치하지는 않지만, 여전히 수많은 가족치료자들은 이를 자신들의 역할이라 생각하고 있다. 정신질환을 진단받은 아동의 부모들로 구성된 대규모 조직인 NAMI(National Alliance for the Mentally Ill)는 아동의 문제를 부모의 탓으로 전가하는 견해에 대하여 난색을 표하고 있다. 이에 대한 대응으로 그들은 "심리사회적인 입장을 취하는 지지자의 개입을 막으려는" 시도를 하는 동시에 "유전적이고 생물학적인 연구, 비자발적 치료, 주립병원, 약물치료와 전기충격치료"에 대해 전폭적인 지원을 해왔다(Breggin, 1991, p. 34).

Keith(1998)는 가족체계이론과 가족치료에 있어 모호함이 증가하고 있으며, 그 모호함을 감소시키는 데 있어 생물학적 정신의학이 많은 장점을 지니고 있다고 설명했다. 의료적 모델의 답은 모호하지 않고 명백하기 때문이다. 가족 안에서 이루어지는 아동에 대한 치료는 가족과 의사에게 모호함을 증폭시킬 수 있다. 따라서 가족치료는 우리의 "무지에 대한 겸손한 인정"을 요한다(p. 23).

Combrinck-Graham(1998)은 (1) 넓은 범위에서 볼 때 사회적으로 용인되지 않고 병리학적 용어로 설명되는 행동, (2) 병리학적 설명을 통해 등장한 의학적 치료의 활용, (3) 의료적 치료 작업이 진행되는 동안 아동과 그 가족이 기다려야 하는 불확실한 기간 및 사회적 일탈에 대한 치료와 관련된 과정에 관하여 규정하였다. 그동안 부모는 생물학적 설명을 내면화해왔다. 부모들은 어떻게 하면 성공적으로 지도하고, 반응하고, 그들의 아이들이 책임감을 가질 수 있도록 할지 배우기보다는 진단적 설명에 초점을 맞추었다(p. 26). Keith(1998)는 이러한 의학적 모델에 대하여 두 가지 관점에서 우려를 나타냈다. "첫째, 개별적 질병 단위는 정형외과 질환 및 전염병에서와 같이 명확하지 않다. 둘째, 의학적 모델은 그것이 가진 한계 그리고 생물학적 관련 영향력을 인정하지 않을 때 의원병(역주 : 의사의 부주의로 생기는 병)을 유발할 수 있다"(p. 22).

가족치료자들이 개인치료에서 가족을 배제한 채 아동의 문제를 다루는 것 혹은 생물학적 정신의학 도구 사용에 대한 도전에 어떻게 대응하는지는 매우 중요하다. 첫째, 치료자들은 아동의 문제를 부모의 탓으로 돌리는 새로운 생태학적 모델에 의해 생겨난 자신의 섣부른 자만심과 그로 인해 빚어진 폐해를 무효화해야 한다. 제1단계 치료자들이 만들어낸 개념을 치료에 활용할 수 있다 하더라도 제2단계 가족치료자들은 겸손하고 아무것도 모른다는 자세를 취함으로써 가족치료와 관련하여 사람들이 가지고 있는 '부모 탓하기'의 태도를 약화시키기 위해 노력해야 한다. 또한 아이디어는 다양한 수준의 추상적 개념을 기반으로 한 대화의 산물이며, 우리 전문가들은 아동과 함께 생활하고 있는 부모들을 지도하기 위한 다양한 아이디어를 창출해내야 한다는 사회구조주의적 관점을 기억하는 것도 중요하다. 요컨대 우리는 부모가 아동의 문제를 해결하는 데 필요한 지식과 경험을 획득하기 위해 최선을 다해야 한다는 입장이다.

우리는 약물 사용, 안전, 사랑, 모든 개인과 가족이 매일 헤쳐나가고 있는 실존적 분투에 대한 연민의 맥락을 창조함으로써 화학적 불균형 문제를 다룰 수 있다. 물론 화학적 불균형에 대한 유전적 기반이 존재하기는 하지만, 이는 기본적으로 상황 또는 맥락과도 관련되어 있다. 높은 수준의 고질적 스트레스는 '화학적 불균형'을 해결하기 위한 개인 간의 화학적 반응을 통해 해소할 수 있으며, 이러한 과정을 통해 적응이 가능하다는 사실에 대해서는 의심의 여지가 없다. 그렇다면 이러한 적응은 병리로 보아야 하는가?

서구 사회에서는 주요 분석단위를 대부분 개인에게 두고 있다. 서구 사상의 맥락에서 가족치료의 개념, 가족치료 이론, 사이버네틱스, 생태학적 사고는 아직 완전히 정립되지 않은 상태이다. 우리는 '진실'을 대변하기 위해서가 아니라 개인에게 맞춰진 극단적인 초점에 대한 균형을 잡기 위해 체계이론/사이버네틱스 관점에 대한 지지가 중요하다고 생각한다. 또한 양자택일적 사고보다는 양자 모두를 고려하는 사고방식을 갖는 것이 중요하며, 따라서 생물심리사회적 관점을 촉진하는 것이 적절하다고 본다.

우리가 우리 고유의 현실을 만드는 것에 참여하는 데 있어 중요한 역할을 수행하는 체계 내에 스스로를 포함시킨다는 생각은 서구 사상의 맥락에서는 매우 이례적인 부분이다. 그러나 가족치료자들이 현상을 창조하는 데 있어 내담자와의 공동 참여를 인정하지 못할 때 그리고 우리의 한계를 인정함으로써 특정한 형태로 구조화된 지식을 바탕으로 행동해야 한다는 사실을 수용하지 못할 때, 우리 전문가들은 결국 의원병을 만드는 데 동참하게 되는 것이다 (Becvar, Becvar, & Bender, 1982).

사이버네틱스 관점에 대한 교육 및 학습에 집중하기

이 책의 개정판을 저술하는 과정에서 우리는 제2단계 사이버네틱스에 대한 서술의 어려움과 이 영역을 처음으로 접한 독자들이 이 책을 읽는 과정에서 경험했을 어려움들을 계속해서 상기해왔다. 우리 또는 타인들이 보고자 하는 것에 대한 자발적 선택 및 발견, 치료목적을 제외하면 이 책은 다른 가족치료 저서와 큰 차이를 보이지 않는다. 우리는 저술과정에서 문장구조가 선형적이어야 한다는 문법규칙이 있어서 은유를 설명하기 위해 은유를 사용하는 것에 한계가 있는 우리의 언어로 인해 좌절을 마주했다. 서적을 읽는 것은 이성적인 사고와 소통하는 것으로, 이러한 점을 고려하여 저자들은 무엇인가를 색다르게 설명하고자 하였으며, 이때 의미 있는 방식, 개념틀을 통해 기존의 지식과 새로운 아이디어를 연결하는 가교 구축의 방식을 활용하고자 하였다. 이러한 작업은 당신(독자)이 이미 알고 있는 개념과 우리(저자)가 설명하고자 하는 개념이 질적인 차이를 나타낼 때, 우리에게 보다 큰 도전으로 다가올 수 있다.

이와 마찬가지로 대학에서 학생들에게 가족치료를 가르치는 작업에도 많은 어려움이 따른다. 우리는 이 책의 관점을 그대로 전달함으로써 학생들에게 의미 있는 경험을 제공하기 위해 전통적인 방식과는 상당히 다른 교육과정을 고안해내고자 하였다(마찬가지로 이 책도 일반적인 교재와 매우 다를 것이다.). 이상적으로 볼 때, 가족치료 교육과정에서는 가족과 치료에 초점을 둔 수업 내용뿐 아니라 생물학, 역사학, 언어학, 철학, 물리학, 심리학, 기호학, 신학과 같은 영역의 내용들도 다루어야 한다. 다만 평가가 이루어지지 않는 과정으로 편성하는 것이 좋다. 우리는 각 분야의 교사들로 이루어진 팀을 구성하여 이러한 교육을 진행할 수 있는데, 이와 같은 교육에 참여하는 교사들은 대부분 세상(그리고 지식)을 임의로 설정한 특정 학과목으로 구분하여 설명해서는 안 된다는 신념을 갖고 있다. 다음의 예문은 Castaneda(1974)의 진술로서, 다음의 진술을 활용하여 가족치료 수업을 시작할 수 있을 것이다.

교사의 첫 번째 행동은 우리가 본다고 생각하는 세상은 단 하나의 시각으로 기술된 세상이라는 견해를 소개하는 것이다. 교사는 제자들에게 이를 증명하여 보여주기 위해 많은 노력을 기울이게 된다. 그러나 이러한 견해를 받아들이는 데에는 많은 어려움이 따르기 마련이다. 우리는 우리 개인이 지니고 있는 특정 세계관에 대해 만족스럽게 여기며, 각 개인은 자신의 세계관에 기초하여 마치 세상에 대해 모든 것을 아는 것처럼 느끼고 행동하기 때문이다. 따라서 교사는 학습자들로 하여금 더 이상 그러한 시각으로 세상을 보지 않도록 하는 데 목표를 두고 교육을 시작해야 한다. 마법사는 이를 내적 대화의 중단이라 일컬으며, 제자가 배울 수 있는 가장 중요한 기법이라 확신한다(p. 231).

우리는 이와 같은 경험이 내담자들에게 혼란이라는 맥락을 만들어내고 그 맥락 안에서 여러 가지 차이들이 구분될 수 있기를 바란다. 또한 합리성만을 강조하는 태도를 버리고 동양의 선(禪) 철학과 신비주의 정신을 수용하는 것도 타당하다고 본다. 원칙적으로 보면, 모든 개념은 Bateson(1972)이 제안한 바와 같이 관계의 견지에서 정의될 수 있을 것이다. 개념은 개념으로써 확인할 수는 있으나, 구체화할 수는 없다. 학생들은 개념적 통합을 통해 자신이 표현할 수 있는 부분에 대해서만 경험할 것이다. 이는 사회과학자에 대해 이루어지는 교육의 일부로서, 윤리학에서 표방하는 경험이라 할 수 있다. 사회과학자는 자신의 인식론 및 자기 인식론의 가치와 임의성에 대해 점점 더 많이 깨달아가게 된다.

또한 교육과정에서 자주 거론되는 질문으로서, "만약 우리가 제2단계 사이버네틱스 관점을 지지하는 치료자라면, 대안적인 이야기들을 어디서 얻어야 하는가?"라는 문제에 대하여 함께 담론할 집단을 구성하고 이야기를 구성해나가게 된다. 이 질문에 대한 답으로 다소 불완전하기는 하지만 치료자가 대안적 이야기의 자원으로서 반드시 필요한 존재가 아니라는 것을 깨닫는 것은 중요하다. 제2단계 사이버네틱스 수준에서 볼 때, 치료과정에서 선호하는 은유는 치료자와 내담자 상호 간에 심리적 변화를 일으키는 반복시스템이며, 공진화(coevolving)라고 할 수 있다. 이는 새로운 이야기를 발전시켜 나가는 데 있어 나타나는 상호 동요의 과정과는 별개이다. 만약 당신이 내담자의 실존 구조와 구조적으로 결부된 대안적 이야기 제공에 대해 책임감을 느낀다면, 당신의 치료방법은 제1단계 사이버네틱스에서 추구하는 관점과 부합된다고 할 수 있다(즉, 당신은 체계이론적 관점을 관찰하는 것이 아니라 관찰된 관점으로 사고하는 것이다.).

만약 당신이 다양한 포스트모더니즘 접근의 창안자와 비슷한 방식으로 작업을 진행한다면 내담자가 치료장면에서 호소하는 이야기를 불평으로 인식하지 않을 것이다. 또한 당신이 대화과정에서 제기했던 질문이 추구하는 본질에 대해 고려한다면, 내담자가 구두로 표현하지 않은 내담자 삶의 측면들에 대해서도 주의를 기울일 수 있다. 당신은 내담자로 하여금 그의 삶에서 중요하다고 생각하는 사건들에 대해 이야기하도록 요청하여 그의 경험들을 이끌어냄으로써, 내담자의 생생한 경험에서 나온 이야기를 토대로 치료를 위한 준비 작업을 하게 된다. 내담자와 치료자의 대화와 관련하여 이야기가 갖는 중요한 측면 가운데 하나는 당신이 같은 강을 두 번 건널 수 없다는 생각에 기인한다. 이와 같은 진술을 바탕으로 다음과 같은 유추가 가능하다. 당신은 정확히 똑같은 방식으로 같은 이야기를 두 번 반복할 수 없고, 말하는 과정에서 이야기는 완전히 바뀔 수 있으며, 듣는 이에 따라 이야기의 전개도 얼마든지 달라질 수 있다. 치료자로서 당신은 당신이 하는 질문과 당신이 주목하는 이야기의 측면에 따라 듣는 사람별로 다른 방식을 취할 수 있다(실험 차원에서 최소 3명의 다른 사람에게 당신이 인생에서 경험한 이야기를 해보라.).

이야기의 또 다른 자원은 당신이 가족치료자, 사회복지사, 심리학자, 상담사 또는 목회상담자가 되기 위한 준비과정에서 받았던 정규교육에서도 찾아볼 수 있다. 교육을 받는 과정에서 당신은 일련의 이론들, 우리가 소위 이야기라 일컬었던 것, 모더니스트와 구조주의자들의 저술, 제1단계 사이버네틱스 전통에 대하여 학습하였다. 여기서 말하는 이야기의 본질은 Freud, Jung, Adler, 교류분석 등이 될 수 있으며, 개인심리학 분야를 비롯하여 Minuchin, Bowen, Satir, Nagy 등의 가족치료 분야에서 거론하는 내용을 바탕으로 하고 있다. 이러한 수많은 이론/이야기에는 풍부한 은유가 내포되어 있고, 치료적 대화에서 활용할 수 있는 다양한 구성 요소들이 포함되어 있으며, 그들의 대부분은 병리로 간주된다. 즉, 다양한 이론과 이야기들은 무엇이 잘못되었는지를 밝히고 그에 대한 대안을 제시하기도 한다. 따라서 불평으로 가득한 내담자의 이야기를 병리적인 것으로 속단해서는 안 된다는 단서를 제시하고자 한다. 더불어 만약 내담자의 이야기가 이와 같은 이론적 양상을 띠고 있다면, 이론을 바탕으로 구성된 생각들은 보다 유용한 대안적 이야기를 발달시키는 교량이 될 수 있다. 실제로 구조적 결합이라는 개념에 따르면, 이것은 치료과정의 필수과정이라 할 수 있을 것이다.

가족치료를 공부하는 학생들과 수련생(supervisee)들은 그들이 아직 훌륭한 스토리텔러가 아니라고 말한다. 이에 대해 어떤 이는 "당신은 당신이 생각하는 것 그 이상이다. 다만 스토리텔러로서 다른 사람과 대화할 때 당신이 어떠한 작업을 하고 있는지에 대해 표현하지 않을 뿐이다."라고 답한다. 또 어떤 이는 내담자 또한 이야기를 전개하는 과정에 능동적으로 참여할 수 있을 뿐 아니라 의미를 통하여 또 다른 이야기를 진전시킬 능력을 가지고 있다고 하였다. 치료 상황 외부에서 이루어지는 내담자의 자발적 · 역설적 임무의 수행은 내담자로 하여금 불평으로 가득한 자신의 이야기를 스스로 반박하는 경험을 할 수 있도록 해준다. 또한 신중하게 구성된 내담자 이행 과제는 내담자로 하여금 변화될 수 있는 존재로 그 자신에 대한 이야기를 발달시켜 나갈 수 있도록 해준다. 하나의 그림은 1,000개의 단어만큼의 가치를 갖는다는 말이 있다. 이러한 견해는 "경험은 최소 1,000개의 단어만큼의 가치가 있다."는 말로 바꾸어 표현할 수 있다. 당신이 내담자의 경험과 '어떻게' 함께하느냐에 따라(다시 말해, 내담자의 경험이 그들의 이야기 및 맥락과 논리적으로 일치할 수 있도록 그들의 경험을 존중하고 정상화시키며, 이와 같은 방법을 통해 그들의 문제를 치료하도록 한다.), 내담자는 자기 자신을 지금까지와는 다르게 경험하게 되고, 이로써 비로소 문제 해결을 위한 대안적 이야기의 씨앗을 심을 수 있게 된다.

앞서 언급한 자원들 외에도 이야기의 자원에는 여러 가지가 있다. 정규 교육과정을 통해 훈련되어 온 당신의 상상력은 시, 소설, 전기(biography) 그리고 미술관 방문, 공연 관람, 다양한 형태의 예배 등을 통해 활발하게 작용할 수 있다. 또한 다른 문화권에 있는 사람, 인종이 다른 사람, 사회경제적 수준이 다른 사람들의 이야기에 귀 기울임으로써 당신의 상상력은 보다 활성화될 수 있다. 나무 숲길을 조용히 걷거나 사람들이 붐비는 거리를 걷는 경험 또한 당신의 창의성을 풍부하게 해줄 수 있다. 당신의 상상력은 당신의 상상력에 의해서만 제한을 받게 된다. 비록 새로운 모험에는 어려움이 따를 수도 있지만, 그것은 당신이 상상력을 지닌 사람으로서 자신에 관한 이야기를 전개할 수 있도록 도울 수 있다.

자신의 인식론과 그 안에 내포된 임의성을 의식적으로 깨닫지 못하도록 하는 사회과학자 대상 교육은 불완전한 교육이라 말하고 싶다. 또한 어떻게 가르치는지(과정)는 무엇을 가르치는지(내용)와 논리적으로 일치해야 한다. 따라서 체계이론/사이버네틱스 인식론에 대한 학습을 지원하는 분위기 조성은 반드시 필요한 작업이라 할 수 있다. 또한 우리는 가족 및 가족치료에 관한 정보가 개인 및 개인심리학에 대한 정보와 조화를 이루어야 하고, 사이버네틱스가 추구하는 관점에 대한 지식은 과학에 대한 경험적 관점을 지닌 실증주의자들의 지식과 균형을 이루어야 하며, 맥락에 관한 교육은 학생과 교사가 존재하는 또 다른 맥락에 대한 고려와 균형을 이루어야 한다는 입장을 견지한다. 교육과정은 학습자 전체에게 가장 지지적이면서도 개인에게 가장 의미 있고 유용한 방법으로 정보의 통합과 현실의 창조를 도모해야 한다고 생각한다. 마지막에 제시한 입장에는 교육과정에 내재되어 있는 변수, 맥락적 요소들, 교육과정이 이루어지는 환경에 대한 고려가 반드시 수반되어야 한다.

결론

여행을 끝내면서 요점을 요약하는 것은 물론 체계이론/사이버네틱스 및 가족치료의 세계를 또다시 방문하고자 할 때 당신이 사용할 지도를 만드는 작업에 대해 신중하게 고려하는 것은 매우 중요하다고 생각한다. 사고하기, 집필하기, 고찰하기, 피드백 주고받기, 사고하기, 집필하기와 같이 되풀이되는 과정에서 우리는 줄곧 독자이자 이 과정의 공동 참여자인 당신의 존재를 인식해왔다. 우리는 당신의 질문을 예측하고, 이 책을 읽으면서 당신이 이해하기 힘들었을 부분에 대해 예견하고자 했으며, 또한 어떠한 의견에 대해 제안하는 태도가 아니라 거만하게 단정 짓는 태도로 느껴진 부분이 있었는지, 있었다면 어디였는지에 대해 헤아리고자 하였다. 이러한 노력의 결과가 성공적이었는지 혹은 실패했는지에 대한 판단은 개인마다 차이가 있겠으나, 다만 저자인 우리와 독자인 당신이 서로 영향을 주고받는 경험을 해야 한다는 사실에 대해서는 그 뜻을 함께하기 바라는 바이다.

체계이론과 가족치료에 초점을 두고자 하기는 했지만 그 가운데서도 통합을 강조한 것은 "체계이론/사이버네틱스 관점에 대한 옹호는 다른 세계관에 대한 거부가 반드시 수반되어야 한다." 또는 "제2단계 사이버네틱스에 대한 옹호는 제1단계 사이버네틱스에 대한 거부를 의미한다."라고 믿는 경향을 무산시키기 위해서이다. 무엇보다 우리는 그림 18.2에 제시한 바와 같이, 개념은 관계에 대한 표현이며, 차이의 구분은 상보성의 변별을 통해서만 가능하다는 믿음을 갖고 있다. 따라서 자연과학이 사회과학에 의해 규정되고 구분되는 것과 같이 개인심리학과 가족치료는 사회과학이라는 우산 아래에서 서로를 보완해준다. 마찬가지로 제1단계 사이버네틱스와 제2단계 사이버네틱스는 우리가 가족치료로 규정한 큰 전체의 부분들이라 할

그림 18.2 둘 다(Both/And)의 관점

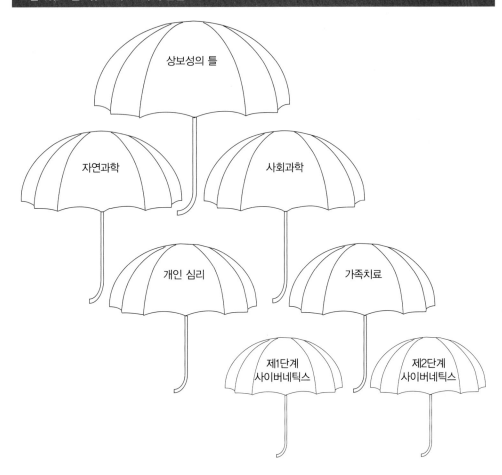

수 있다.

　우리가 서두에서 언급한 바와 같이 '가족치료'는 부적절한 명칭으로, '관계치료'가 보다 적절한 표현이라 할 수 있다. 우리는 또한 인식론이 체계이론과 사이버네틱스에서 중요하게 다루어져야 할 부분이라 생각한다는 점에 대해서도 언급한 바 있다. 이와 같은 관점은 가족치료 이외의 다른 학문 분야나 지형을 고찰하는 데 있어서도 적절하게 활용할 수 있을 것이다.

　우리(저자)는 둘 다 가족치료자이며, 가족치료에 대해 가르치는 사람들이다. 우리는 가족치료 분야에서 처음으로 체계이론/사이버네틱스 관점을 접하게 되었고, 다른 이들에게 체계이론/사이버네틱스 관점을 추구하는 가족치료에 대해 알리기 시작하였다. 물리학 및 생물학과 같은 관련 학문 분야에 대한 지식을 얻기 위해 탐구의 범위를 확대하기 시작한 것도 이 분야에서 우리가 겪었던 경험이 작용한 결과라 할 수 있다. 또한 하나의 분야 내에서뿐 아니라 분야 간의 통합이 반드시 이루어져야 한다. 이러한 관점에서 볼 때, 체계이론/사이버네틱스 관점은 분야 간 통합을 가능케 하는 교량으로서 기능한다고 할 수 있다.

실전문제

다음의 질문은 이 장에서 다룬 내용의 적용과 분석을 테스트하는 것이다. 임상실천과 더불어 이 장에 대한 추가적인 사정, 적용, 분석, 합성, 평가를 위해 다음 질문에 답하시오.

1. 이 장을 논설로 봤을 때, 저자들이 이 장에서 무엇을 언급하고자 하는지 기술하되, 체계이론적으로 사고하는 것과 사고한 내용을 치료 실제로 전환하는 데 초점을 둔 이 장의 관점을 바탕으로 기술하시오.

2. 이야기와 관련하여 이야기에 대한 Howard의 인식이 Bateson의 제2단계 사이버네틱스 관점과 어떻게 다른지 설명하시오.

3. 어머니가 10대 후반에 시작된 중독 증상을 성공적으로 치료하고 현재 6개월 동안 금단 상태에 있다고 할 때, 5인 가족 안에서 어떤 일이 일어날 것인지에 대해 사이버네틱스 관점을 바탕으로 예측해보시오.

4. 치료에 있어 예방의 개념에 대한 제1단계 사이버네틱스의 관점과 제2단계 사이버네틱스의 관점을 대조하시오.

5. 내담자는 치료자를 전문가로 인식하고, 맥락에 기초한 의미를 이해할 수 있다. 치료자의 관찰이 어떻게 개입의 형태로 재구성될 수 있는지 제2단계 사이버네틱스 관점에서 설명하시오.

6. 제2단계 사이버네틱스 관점이 내면화된 치료자에게 있어 비정상 또는 역기능이 갖는 의미가 무엇인지 생각해보시오.

7. 제2단계 사이버네틱스 가족치료자가 사용하는 치료적 대화방식과 그것의 잠재적 성과가 무엇인지 설명하시오.

8. 개인에 따라 이야기를 전개하는 과정에서 이야기의 내용은 바뀌기도 한다. 내담자가 동일한 이야기를 같은 방식으로 두 번 반복하는 것이 불가능한 이유는 무엇인가?

MYSEARCHLAB 살펴보기

www.MySearchLab.com에 다음의 비디오, 사례, 문서 등이 제시되어 있다.[1]

추천 비디오

Questioning Islamic Traditions(이슬람 전통에 대한 질문)

아스란 누마니는 당신의 내담자이다. 제2단계 사이버네틱스 관점에서 당신의 질문으로 현재 이야기에 포함되지 않았던 내담자의 삶의 부분에 대한 주의를 불러일으킬 수 있다. 대안적인 이야기의 기초를 쌓을 다른 사건을 끌어내는 데 도움이 될 두 가지 질문을 쓰시오.

Victimizers and Victim Indians(가해자들과 인디언 희생자)

비디오에서 보았던 가해자와 피해자 사이의 관계에 주목하시오. 현상 간의 관계보다 고립을 병리학에서는 어떻게 다르게 보는가?

Grandmothers Raising Grandchildren(손자녀를 키우는 조부모)

가족의 고려사항 없이 아이를 다루는 것의 어려움에 대해 당신의 의견은 무엇인가?

추천 사례/문서

△ Child Sexual Abuse Case: Melinda(아동 성학대 사례: 멜린다)

새아버지에게 성폭력을 당한 멜린다는 성폭력은 문화적 수치감을 발생시킨다는 비합리적인 신념 때문에 여러 가지 문제들을 겪고 있다. 멜린다의 마음을 지켜주면서 치료사는 어떻게 그 문제들을 다룰 것인가?

△ At a Loss: Helping to Let Go(당황스러운 순간: '렛고'하도록 돕기)

딸의 감정 폭발에 대한 당신의 생각을 살펴보시오. 딸의 감정 폭발에 당신은 어떻게 반응할 것인가?

△ Dylan James: A Case in School Social Work Practice(딜런 제임스: 학교사회복지 실제 사례)

내담자의 욕구를 만족시키기 위해 가족을 치료에 포함시키는 것에 대한 당신의 생각은 무엇인가?

추천 자원

Techniques for Generalist Practice(일반전문가 실천을 위한 기법) : General Systems Perspective(일반체계 관점)

Professional Voices from the Field(가족치료 분야 전문가의 목소리) : Carl Whitaker

웹사이트 : Multisystemic Therapy

연구 주제

Epistemology(인식론)

Biological Psychiatry(생물학적 정신의학)

Biopsychosocial Approach(생물심리사회적 관점)

---

1 그러나 www.MySearchLab.com의 자료 접근 권한을 이 번역서에서는 제공할 수 없음

∧ =AAMFT 핵심능력자산, △ =사례연구

참고문헌

Abbot, P. (1981). *The family on trial*. University Park, PA: Pennsylvania State University Press.

Ackerman, N. W. (1937). The family as a social and emotional unit. *Bulletin of the Kansas Mental Hygiene Society, 12*(2).

Ackerman, N. W. (1958). *The psychodynamics of family life*. New York: Basic Books.

Ackerman, N. W. (1966). *Treating the troubled family*. New York: Basic Books.

Ackerman, N. W. (1967). The future of family psychotherapy. In N. Ackerman, F. Beatman, & S. Sherman (Eds.), *Expanding theory and practice in family therapy* (pp. 3–16). New York: New York Family Association of America.

Alexander, J. F., Barton, C., Schiavo, R., & Parsons, B. (1977). Systems-behavioral intervention with families of delinquents: Therapist characteristics, family behavior and outcome. *Journal of Consulting and Clinical Psychology, 44*, 656–664.

Alexander, J. F., & Parsons, B. (1973). Short-term behavioral interventions with delinquent families: Impact on family process and recidivism. *Journal of Abnormal Psychology, 81*, 219–225.

Alexander, J. F., & Parsons, B. V. (1982). *Functional family therapy*. Pacific Grove, CA: Brooks/ Cole.

Allen, W. R. (1978). The search for applicable theories of black family life. *Journal of Marriage and the Family, 40*(1), 117–129.

Allport, G. W. (1964). The open system in personality theory. In H. M. Ruitenbeek (Ed.), *Varieties of personality theory* (pp. 149–166). New York: E. P. Dutton.

American Association for Marriage and Family Therapy. (2001). *AAMFT code of ethics*. Washington, DC: Author.

American Psychiatric Association. (1994). *Diagnostic and statistical manual of mental disorders* (Rev., 4th ed.). Washington, DC: Author.

Amundson, J. (1994). Whither narrative? The danger of getting it right. *Journal of Marital and Family Therapy, 20*(1), 83–89.

Amundson, J. (1996). Why pragmatics is probably enough for now. *Family Process, 35*, 473–486.

Amundson, J., Stewart, K., & Valentine, V. (1993). Temptations of power and certainty. *Journal of Marital and Family Therapy, 19*, 111–123.

Amundson, J., Webber, Z., & Stewart, K. (2000). How narrative therapy might avoid the same damn thing over and over. *Journal of Systemic Therapies, 19*(4), 20–31.

Andersen, T. (1987). The reflecting team: Dialogue and meta-dialogue in clinical work. *Family Process, 26*, 415–428.

Andersen, T. (Ed.). (1991). *The reflecting team: Dialogues and dialogues about the dialogues*. New York: W. W. Norton.

Andersen, T. (1992). Reflections on reflecting with families. In S. McNamee & K. J. Gergen (Eds.), *Therapy as social construction* (pp. 54–68). Newbury Park, CA: Sage.

Andersen, T. (1993). See and hear: And be seen and heard. In S. Friedman (Ed.), *The new language of change* (pp. 303–322). New York: Guilford Press.

Andersen, T. (2001). Ethics before ontology: A few words. *Journal of Systemic Therapies, 20*(4), 11–13.

Andersen, T., & Jensen, P. (2007). Crossroads. In H. A. Anderson & P. Jensen (Eds.), *Innovations in the reflecting process* (pp. 158–174). London: Karnac.

Anderson, C. M., Reiss, D., & Hogarty, B. (1986). *Schizophrenia and the family: A practitioner's guide to psychoeducation and management*. New York: Guilford Press.

Anderson, D. A., & Worthen, D. (1997). Exploring a fourth dimension: Spirituality as a resource for the couple therapist. *Journal of Marital and Family Therapy, 23*(1), 3–12.

Anderson, H. (1993). On a roller coaster: A collaborative language systems approach to therapy. In S. Friedman (Ed.), *The new language of change* (pp. 323–344). New York: Guilford Press.

Anderson, H. (1994). Rethinking family therapy: A delicate balance. *Journal of Marital and Family Therapy, 20*(3), 145–149.

Anderson, H. (1997). *Conversation, language, and possibilities*. New York: Basic Books.

Anderson, H. (1999). Reimagining family therapy: Reflections on Minuchin's invisible family. *Journal of Marital and Family Therapy, 25*(1), 1–8.

Anderson, H., & Goolishian, H. (1986). Problem-determined systems: Towards transformation in family therapy. *Journal of Strategic and Systematic Therapies, 5*, 1–13.

Anderson, H., & Goolishian, H. A. (1988). Human systems as linguistic systems: Preliminary and evolving ideas about the implications for clinical theory. *Family Process, 27*, 371–393.

Anderson, H., & Goolishian, H. A. (1990). Beyond cybernetics: Comments on Atkinson and Heath's "Further thoughts on second-order family therapy."

Family Process, 229, 157–163.

Anderson, H., Goolishian, H. A., & Winderman, L. (1986). Problem-determined systems: Toward transformation in family therapy. *Journal of Strategic and Systemic Therapies, 5,* 14–19.

Anderson, J. R., Amador-Boadu, Y., Stith, S., & Foster, R. E. (2012). Resilience in military marriages experiencing deployment. In D. S. Becvar (Ed.), *Handbook of family resilience (pp. 105–188).* New York: Springer.

Anderson, R. E., & Carter, I. (1990). *Human behavior in the social environment.* New York: Aldine.

Anderson, S. A., Schlossberg, M., & Rigazio-Digilio, S. (2000). Family therapy trainees' evaluations of their best and worst supervision experiences. *Journal of Marital and Family Therapy, 26*(1), 79–91.

Aponte, H., & Van Deusen, J. (1981). Structural family therapy. In A. S. Gurman & D. P. Kniskern (Eds.), *Handbook of family therapy* (pp. 310–360). New York: Brunner/Mazel.

Aries, P. (1963). *Centuries of childhood.* New York: Vintage Books.

Ashby, W. R. (1940). Adaptiveness and equilibrium. *Journal of Mental Science, 86,* 478–484.

Ashby, W. R. (1956). *An introduction to cybernetics.* London: Chapman and Hall.

Atkinson, B., & Heath, A. (1990a). Further thoughts on second-order family therapy—this time it's personal. *Family Process, 229,* 145–155.

Atkinson, B., & Heath, A. (1990b). The limits of explanation and evaluation. *Family Process, 229,* 164–167.

Atkinson, B., Heath, A., & Chenail, R. (1991). Qualitative research and the legitimization of knowledge. *Journal of Marital and Family Therapy, 17,* 175–180.

Ault-Riche, M. (1986). *Women and family therapy.* Rockville, MD: Aspen.

Austin, A. M., Macgowan, M. J., & Wagner, E. F. (2005). Effective family-based interventions for adolescents with substance use problems: A systematic review. *Research on Social Work Practice, 15*(2), 67–83.

Avis, J. M. (1988). Deepening awareness: A private study guide to feminism and family therapy. In L. Braverman (Ed.), *A guide to feminist family therapy (pp. 15–45).* New York: Harrington Park Press.

Avis, J. M. (1994). Advocates versus researchers—a false dichotomy? A feminist, social constructionist response to Jacobson. *Family Process, 33,* 87–91.

Azrin, N., Naster, B., & Jones, R. (1973). Reciprocity counseling: A rapid learning-based procedure for marital counseling. *Behavior Research and Therapy, 11,* 365–383.

Babcock, J. C., Green, C. E., & Robie, C. (2004). Does batterers' treatment work? A meta-analytic review of domestic violence treatment. *Clinical Psychology Review, 23*(8), 10–23.

Bakersman-Kranenburg, M. J., van Ijzendoorn, M. H., & Juffer, F. (2003). Less is more: Meta-analyses of sensitivity and attachment interventions in early childhood. *Psychological Bulletin, 129*(2), 195–215.

Bakersman-Kranenburg, M. J., van Ijzendoorn, M. H., & Juffer, F. (2005). Disorganized infant attachment and preventive interventions: A review and meta-analysis. *Infant Mental Health Journal, 26,* 191–216.

Baldwin, S. A., Christian, S., Berkeljon, A., Shadish, W. R., & Bean, R. (2012). The effects of family therapies for adolescent delinquency and substance abuse: A meta-analysis. *Journal of Marital and Family Therapy, 38*(1), 281–304.

Bandler, R., Grinder, J., & Satir, V. (1976). *Changing with families.* Palo Alto, CA: Science and Behavior Books.

Bandura, A. (1969). *Principles of behavior modification.* New York: Holt, Rinehart & Winston.

Bandura, A. (1977). *Social learning theory.* Englewood Cliffs, NJ: Prentice-Hall.

Bandura, A. (1982). Self-efficacy mechanisms in human agency. *American Psychologist, 37,* 122–147.

Baptist, J. A., Amanor-Boadu, Y., Garrett, K., Nelson Goff, B. S., Collum, J., Gamble, P., et al. (2011). Military marriages: The aftermath of Operation Iraqi Freedom (OIF) and Operation Enduring Freedom (OEF) deployments. *Contemporary Family Therapy, 33*(3), 199–214.

Barnhill, L. R., & Longo, D. (1978). Fixation and regression in the family life cycle. *Family Process, 17,* 469–478.

Barnlund, D. D. (1962). Toward a meaning-centered philosophy of communication. *Journal of Communication, 11,* 198–202.

Barrett, P. M., Dadds, M. R., & Rapee, R. M. (1996). Family treatment of childhood anxiety: A controlled trial. *Journal of Consulting and Clinical Psychology, 64,* 333–342.

Barsky, A. J. (1988). The paradox of health. *The New England Journal of Medicine, 318*(7), 414–418.

Bartlett, S. (1983). *Conceptual therapy: An introduction to framework-relative epistemology.* St. Louis, MO: Crescere.

Barton, C., & Alexander, J. (1981). Functional family therapy. In A. Gurman & D. Kniskern (Eds.), *Handbook of family therapy* (pp. 403–443). New York: Brunner/Mazel.

Barton, C., Alexander, J., Waldron, H., Turner, C., & Warburton, J. (1985). Generalizing treatment effects of functional family therapy: Three replications. *American Journal of Family Therapy, 13*(3), 16–26.

Bateson, G. (1970). An open letter to Anatol Rapoport. *ETC: A Review of General Semantics, XXVII*(3), 359–363.

Bateson, G. (1971). The cybernetics of "self": A theory of alcoholism. *Psychiatry, 34,* 1–18.

Bateson, G. (1972). *Steps to an ecology of mind.* New York: Ballantine.

Bateson, G. (1974). Double bind. In S. Brand (Ed.), *II*

cybernetic frontiers (pp. 9–33). New York: Random House.

Bateson, G. (1977). The thing of it is. In M. Katz, W. Marsh, & G. Thompson (Eds.), *Explorations of planetary culture at the Lindisfarne conferences: Earth's answer* (pp. 143–154). New York: Harper & Row.

Bateson, G. (1979). *Mind and nature.* New York: E. P. Dutton.

Bateson, G., & Bateson, M. C. (1987). *Angels fear: Toward an epistemology of the sacred.* New York: Macmillan.

Bateson, G., Jackson, D. D., Haley, J., & Weakland, J. (1956). Toward a theory of schizophrenia. *Behavioral Science, 1,* 251–264.

Bateson, G., & Mead, M. (1976, Summer). For God's sake, Margaret. *The CoEvolution Quarterly,* 32–43.

Bateson, M. C. (1994). *Peripheral visions.* New York: HarperCollins.

Baucom, D. H. (1982). A comparison of behavioral contracting and problem-solving/communications training in behavioral marital therapy. *Behavior Therapy, 13,* 162–174.

Baucom, D. H., & Epstein, N. (1990). *Cognitive–behavioral marital therapy.* New York: Brunner/Mazel.

Baucom, D. H., Epstein, N., Ranken, L. A., & Burnett, C. K. (1996). Assessing relationship standards: The inventory of specific relationship standards. *Journal of Family Psychology, 10,* 72–88.

Beach, S. (2003). Affective disorders. *Journal of Marital & Family Therapy, 29*(2), 247–261.

Beach, S. R. H., & Whisman, M. A. (2012). Affective disorders. *Journal of Marital and Family Therapy, 38*(1), 201–219.

Beavers, W. R. (1981). A systems model of family for family therapists. *Journal of Marital and Family Therapy, 7,* 229–307.

Beavers, W. R. (1982). Healthy, midrange and severely dysfunctional families. In F. Walsh (Ed.), *Normal family processes* (pp. 45–66). New York: Guilford Press.

Beavers, W. R., & Voeller, M. N. (1983). Family models: Comparing and contrasting the Olson circumplex with the Beavers systems model. *Family Process, 22,* 85–98.

Beck, A. (1976). *Cognitive therapy and the emotional disorders.* New York: International Universities Press.

Beck, J. S. (1995). *Cognitive therapy: Basics and beyond.* New York: Guilford Press.

Becvar, D. S. (1983). *The relationship between the family and society in the context of American ideology: A systems theoretical perspective.* Unpublished doctoral dissertation, St. Louis University, St. Louis, MO.

Becvar, D. S. (1985). Creating rituals for a new age: Dealing positively with divorce, remarriage, and other developmental challenges. In R. Williams, H. Lingren, G. Rowe, S. Van Zandt, P. Lee, & N. Stinnett (Eds.), *Family strengths* (Vol. 6, pp. 57–65). Lincoln, NE: University of Nebraska–Lincoln Press.

Becvar, D. S. (1986). Strengths of a single-parent family. *Growing Times, 4*(1), 1–11.

Becvar, D. S. (1997). *Soul healing.* New York: Basic Books.

Becvar, D. S. (Eds.). (1998). *The family, spirituality, and social work.* New York: Haworth.

Becvar, D. S. (2000a). Euthanasia decisions. In F. W. Kaslow (Ed.), *Handbook of couple and family forensics* (pp. 439–458). New York: John Wiley and Sons.

Becvar, D. S. (2000b). Families experiencing death, dying and bereavement. In W. C. Nichols, M. A. Nichols, D. S. Becvar, & A. Y. Napier (Eds.), *The handbook of family development and intervention* (pp. 453–470). New York: John Wiley.

Becvar, D. S. (2001). *In the presence of grief: Helping family members resolve death, dying, bereavement and related end of life issues.* New York: Guilford Press.

Becvar, D. S. (2005). Families in later life: Issues, challenges and therapeutic responses. In J. Lebow (Ed.), *Handbook of clinical family therapy* (pp. 591–609). New York: John Wiley.

Becvar, D. S. (2008). *Families that flourish: Facilitating resilience in clinical practice.* New York: W. W. Norton.

Becvar, D. S. (Ed.). (2012). *Handbook of family resilience.* New York: Springer.

Becvar, D. S., & Becvar, R. J. (1986). Building relationships. *Marriage Encounter, 15,* 26–28.

Becvar, D. S., & Becvar, R. J. (1993). *Family therapy: A systemic integration.* Boston, MA: Allyn and Bacon.

Becvar, D. S., & Becvar, R. J. (1994). *Hot chocolate for a cold winter night.* Denver, CO: Love Publishing.

Becvar, D. S., & Becvar, R. J. (1997). *Pragmatics of human relationships.* Iowa City, IA: Geist and Russell Companies.

Becvar, D. S., & Becvar, R. J. (1999). *Systems theory and family therapy: A primer.* Washington, DC: University Press of America.

Becvar, R. J. (1974). *Skills for effective communication.* New York: John Wiley.

Becvar, R. J., & Becvar, D. S. (1994). The ecosystemic story: A story about stories. *Journal of Mental Health Counseling, 16*(1), 22–32.

Becvar, R. J., Becvar, D. S., & Bender, A. (1982). Let us first do no harm. *Journal of Marital and Family Therapy, 8*(4), 385–391.

Bednar, R. L., Burlingame, G. M., & Masters, K. S. (1988). Systems of family treatment: Substance or semantics. In M. R. Rosenzweig & L. W. Porter (Eds.), *Annual review of psychology* (pp. 401–434). Palo Alto, CA: Annual Reviews.

Beer, S. (1974). Cybernetics. In H. von Foerster (Ed.), *Cybernetics of cybernetics* (pp. 2–3). Urbana, IL: Biological Computer Laboratory, University of Illinois.

Bell, J. E. (1961). *Family group therapy* (Public Health Monograph No. 64). Washington, DC: U.S. Government Printing Office.

Benson, J. (1983). A dialectical method for the study of organizations. In G. Morgan (Ed.), *Beyond method: Strategies for social research* (pp. 331–346). Beverly Hills, CA: Sage.

Berg, I. K., & de Shazer, S. (1993). Making numbers talk: A solution-focused approach. In S. Friedman (Ed.), *The new language of change* (pp. 5–24). New York: Guilford Press.

Bermudez, J. M., Kirkpatrick, D. R., Hecker, L., & Torres-Robles, C. (2010). Describing Latinos families and their help-seeking behavior: Challenging the family therapy literature. *Contemporary Family Therapy, 32*(2), 155–172.

Bertalanffy, L. von. (1968). *General system theory.* New York: George Braziller.

Beutler, L. E., Consoli, A. J., & Lane, J. (2005). Systemic treatment selection and prescriptive psychotherapy. In J. C. Norcross & M. R. Goldfried (Eds.), *Handbook of psychotherapy integration* (2nd ed., pp. 121–143). New York: Oxford University Press.

Beutler, L. E., Malik, M. L., Alimohamed, S., Harwood, T. M., Talebi, H., Noble, S., et al. (2004). Therapist variables. In M. J. Lambert (Ed.), *Bergin and Garfield's handbook of psychotherapy and behavior change* (pp. 227–306). New York: Wiley.

Billingsley, A. (1968). *Black families in white America.* Englewood Cliffs, NJ: Prentice-Hall.

Birchler, G. R., & Spinks, S. H. (1980). Behavioral–systems marital therapy: Integration and clinical application. *American Journal of Family Therapy, 8,* 6–29.

Bischof, G. P. (1993). Solution-focused brief therapy and experiential family therapy activities: An integration. *Journal of Systemic Therapies, 12,* 61–73.

Black, D. R., Gleser, L. J., & Kooyers, K. J. (1990). A meta-analytic evaluation of couples weight-loss programs. *Health Psychology, 9,* 330–347.

Blanck, R., & Blanck, G. (1986). *Beyond ego psychology: Developmental object relations theory.* New York: Columbia University Press.

Blow, A. J., & Hartnett, K. (2005a). Infidelity in committed relationships: A methodological review. *Journal of Marital and Family Therapy, 31*(2), 183–216.

Blow, A. J., & Hartnett, K. (2005b). Infidelity in committed relationships: A substantive review. *Journal of Marital and Family Therapy, 31*(2), 217–234.

Blow, A. J., Sprenkle, D. H., & Davis, S. D. (2007). Is who delivers the treatment more important than the treatment itself? The role of the therapist in common factors. *Journal of Marital and Family Therapy, 33*(3), 298–317.

Bodin, A. (1981). The interactional view: Family therapy approaches of the Mental Research Institute. In A. S. Gurman & D. P. Kniskern (Eds.), *Handbook of family therapy* (pp. 267–309). New York: Brunner/Mazel.

Borduin, C. M., Henggeler, S. W., Hanson, C., & Harbin,

F. (1982). Treating the family of the adolescent: A review of the empirical literature. In S. W. Henggeler (Ed.), *Delinquency and adolescent psychopathology: A family ecological systems approach* (pp. 205–222). Boston, MA: John Wright.

Borlens, W., Emmelkamp, P., Macgillarry, D., & Markvoort, M. (1980). A clinical evaluation of marital treatment: Reciprocity counseling versus system-theoretic counseling. *Behavioral Analysis and Modification, 4,* 85–96.

Boscolo, L., & Bertrando, P. (1993). *The times of time: A new perspective in systemic therapy and consultation.* New York: W. W. Norton.

Boscolo, L., Cecchin, G., Hoffman, L., & Penn, P. (1987). *Milan systemic family therapy.* New York: Basic Books.

Boss, P. (2006). *Loss, trauma and resilience.* New York: W. W. Norton.

Boss, P., Beaulieu, L., Wieling, W., Turner, W., & La-Cruz, S. (2003). Healing loss, ambiguity, and trauma: A community-based intervention with families of union workers missing after the 9/11 attack in New York City. *Journal of Marital & Family Therapy, 29*(4), 455–467.

Boszormenyi-Nagy, I. (1966). From family therapy to a psychology of relationships: Fictions of the individual and fictions of the family. *Comprehensive Psychiatry, 7,* 406–423.

Boszormenyi-Nagy, I. (1987). *Foundations of contextual therapy.* New York: Brunner/Mazel.

Boszormenyi-Nagy, I., & Framo, J. (Eds.). (1965). *Intensive family therapy: Theoretical and practical aspects.* New York: Harper & Row.

Boszormenyi-Nagy, I., Grunebaum, J., & Ulrich, D. (1991). Contextual therapy. In A. Gurman & D. Kniskern (Eds.), *Handbook of family therapy* (Vol. 2, pp. 200–238). New York: Brunner/Mazel.

Boszormenyi-Nagy, I., & Spark, G. (1973). *Invisible loyalties: Reciprocity in intergenerational family therapy.* New York: Harper & Row.

Boszormenyi-Nagy, I., & Ulrich, D. (1981). Contextual family therapy. In A. S. Gurman & D. P. Kniskern (Eds.), *Handbook of family therapy* (pp. 159–186). New York: Brunner/ Mazel.

Boulding, K. E. (1968). General systems theory—the skeleton of science. In W. Buckley (Ed.), *Modern systems research for the behavioral scientist* (pp. 3–10). Chicago, IL: Aldine.

Bowen, M. (1976). Theory in the practice of psychotherapy. In P. J. Guerin (Ed.), *Family therapy: Theory and practice* (pp. 42–90). New York: Gardner Press.

Bowen, M. (1978). *Family therapy in clinical practice.* New York: Jason Aronson.

Boyd-Franklin, N. (2003). *Black families in therapy: A multisystems approach* (2nd ed.). New York: Guilford Press.

Brady, J. (1980). Some views on effective principles of

psychotherapy. *Cognitive Therapy and Research, 4,* 271–306.

Braginsky, B., & Braginsky, D. (1972). *Mainstream psychology: A critique.* New York: Holt, Rinehart & Winston.

Brand, S. (1974). *II cybernetic frontiers.* New York: Random House.

Braverman, S. (1995). The integration of individual and family therapy. *Contemporary Family Therapy, 17,* 291–305.

Bray, J. H., & Jouriles, E. N. (1995). Treatment of marital conflict and prevention of divorce. *Journal of Marital and Family Therapy, 21,* 461–474.

Breggin, P. R. (1991). *Toxic psychiatry.* New York: St. Martin's Press.

Breunlin, D., Schwartz, R., & MacKune-Karrer, B. (1992). *Metaframeworks: Transcending the models of family therapy.* San Francisco, CA: Jossey-Bass.

Briggs, J. P., & Peat, F. D. (1984). *Looking glass universe.* New York: Simon & Schuster.

Broderick, C. B., & Schrader, S. S. (1981). The history of professional marriage and family therapy. In A. S. Gurman & D. P. Kniskern (Eds.), *Handbook of family therapy* (pp. 5–38). New York: Brunner/Mazel.

Bronfenbrenner, U. (1979). *The ecology of human development.* Cambridge, MA: Harvard University Press.

Bronowski, J. (1978). *The origins of knowledge and imagination.* New Haven, CT: Yale University Press.

Brosnan, R., & Carr, A. (2000). Adolescent conduct problems. In A. Carr (Ed.), *What works with children and adolescents? A critical review of psychological interventions with children, adolescents, and their families* (pp. 131–154). Florence, KY: Taylor & Francis/Routledge.

Brownell, K. D., Kelman, J. H., & Stunkard, A. J. (1983). Treatment of obese children with and without their mothers: Changes in weight and blood pressure. *Pediatrics, 71,* 515–523.

Brunk, M., Henggeler, S., & Whelan, J. (1987). Comparison of multisystemic therapy and parent training in the brief treatment of child abuse and neglect. *Journal of Consulting and Clinical Psychology, 55,* 171–178.

Brynne, M., Carr, A., & Clark, M. (2004). The efficacy of behavioral couples therapy and emotionally focused therapy for couple distress. *Contemporary Family Therapy, 26*(4), 361–387.

Campbell, T. L. (2003). The effectiveness of family interventions for physical disorders. *Journal of Marital & Family Therapy, 29*(2), 263–281.

Campbell, T. L., & Patterson, J. M. (1995). The effectiveness of family interventions in the treatment of physical illness. *Journal of Marital and Family Therapy, 21,* 545–584.

Caplan, N., & Nelson, S. (1973). On being useful: The nature and consequences of psychological research on social problems. *American Psychologist, 28,* 199–211.

Capra, F. (1983). *The turning point.* New York: Bantam Books.

Carroll, J. S., & Doherty, W. J. (2003). Evaluating the effectiveness of premarital prevention programs: A meta-analytic review of outcome research. *Family Relations, 52*(2), 105–118.

Carter, E. A., & McGoldrick, M. (Eds.). (1980). *The family life cycle: A framework for family therapy.* New York: Gardner Press.

Carter, E. A., & McGoldrick, M. (Eds.). (1988). *The changing family life cycle.* New York: Gardner Press.

Castaneda, C. (1974). *Tales of power.* New York: Simon & Schuster.

Cavell, T., & Snyder, D. (1991). Iconoclasm versus innovation: Building a science of family therapy—comments on Moon, Dillon and Sprenkle. *Journal of Marital and Family Therapy, 17,* 181–185.

Cecchin, G., Lane, G., & Ray, W. (1992). *Irreverence: A strategy for therapists' survival.* London: Karnac Books.

Cecchin, G., Lane, G., & Ray, W. (1994). *The cybernetics of prejudices in the practice of psychotherapy.* London: Karnac Books.

Chamberlain, P., Patterson, G., Reid, J., Kavanaugh, K., & Forgatch, M. (1984). Observation of client resistance. *Behavior Therapy, 15,* 144–155.

Chamberlain, P., & Reid, J. B. (1991). Using a specialized foster care treatment model for children and adolescents leaving the state mental hospital. *Journal of Community Psychology, 19,* 266–276.

Chamberlain, P., & Rosicky, J. G. (1995). The effectiveness of family therapy in the treatment of adolescents with conduct disorders and delinquency. *Journal of Marital and Family Therapy, 21,* 441–460.

Chase, S. (1938). *The tyranny of words.* New York: Harcourt, Brace.

Chenail, R. J. (1990). Introduction. *The Qualitative Report, 1*(1), 1–2.

Chenail, R. J. (1991). *Parents' talk concerning their child's heart murmur: A discourse analysis.* Norwood, NJ: Ablex.

Chenail, R. J. (1994). Qualitative research and clinical work: "Privatization" and "Publication." *The Qualitative Report, 2*(1), 1–11.

Chenail, R. J. (2012). Evidence and effectiveness issues. In A. Rambo, C. West, A. Schooley, & T. Boyd (Eds.), *Family therapy review: Contrasting contemporary models* (pp. 37–49). New York: Routledge.

Christensen, A., Jacobson, N. S., & Babcock, J. C. (1995). Integrative behavioral couple therapy. In N. S. Jacobson & A. S. Gurman (Eds.), *Clinical handbook of couple therapy* (pp. 31–64). New York: Guilford Press.

Chronis, A. M., Chacko, A., Fabiano, G. A., Wymbs, B. T., & Pelham, W. E. (2004). Enhancements to the behavioral parent training paradigm for families of children with ADHD: Review and future directions.

Clinical Child and Family Psychology Review, 7, 1–27.

Chronis, A. M., Jones, H. A., & Raggi, V. L. (2006). Evidence-based psychosocial treatments for children and adolescents with attention-deficit/hyperactivity disorder. *Clinical Psychology Review, 26*(4), 486–502.

Churchman, C. (1979). *The systems approach and its enemies.* New York: Basic Books.

Cicchetti, D., & Toth, S. L. (2005). Child maltreatment. *Annual Review of Clinical Psychology, 1*(1), 409–438.

Cochran, M., & Brassard, J. (1979). Child development and personal social networks. *Child Development, 50,* 601–616.

Cohen, K. N., & Clark, J. A. (1984). Transitional object attachments in early childhood and personality characteristics in later life. *Journal of Personality and Social Psychology, 46*(1), 106–111.

Cohen, W., & Milberg, L. (1992). The behavioral pediatrics consultation: Teaching residents to think systemically in managing behavioral pediatrics problems. *Family Systems Medicine, 10*(2), 169–179.

Combrinck-Graham, L. (1998). Where have all the family therapists gone? *AFTA Newsletter, 72,* 25–27.

Congress, E. P. (1994). The use of culturegrams to assess and empower culturally diverse families. *Families in Society: The Journal of Contemporary Human Services, 75*(9),531–540.

Constantine, L. (1993). The structure of family paradigms: An analytical model of family variation. *Journal of Marital and Family Therapy, 19*(1), 39–70.

Coontz, S. (1992). *The way we never were.* New York: Basic Books.

Corcoran, J., & Dattalo, P. (2006). Parent involvement in treatment for ADHD: A meta-analysis of the published studies. *Research on Social Work Practice, 16*(6), 561–570.

Cordova, J. V., & Jacobson, N. S. (1993). Couple distress. In D. H. Barlow (Ed.), *Clinical handbook of psychological disorders: A step-by-step treatment manual* (pp. 481–512). New York: Guilford Press.

Cowan, C. P., Cowan, P. A., & Heming, G. (2005). Two variations of a preventive intervention for couples: Effects on parents and children during the transition to school. In P. A. Cowan, C. P. Cowan, J. C. Ablow, V. K. Johnson, & J. R. Measelle (Eds.), *The family context of parenting in children's adaptation to elementary school* (pp. 277–312). Mahwah, NJ: Erlbaum.

Crane, D. R. (1995). Marriage and family therapy in health care reform: A response to Patterson and Scherger. *Journal of Marital and Family Therapy, 21,* 137–140.

Crane, D. R., Hillin, H. H., & Jakubowski, S. (2005). Costs of treating conduct disordered Medicaid youth with or without family therapy. *American Journal of Family Therapy, 33*(5), 403–413.

Crane, D. R., Wampler, K. S., Sprenkle, D. H., Sandberg, J. G., & Hovestadt, A. J. (2002). The scientist-practitioner model in marriage and family therapy doctoral programs. *Journal of Marital & Family Therapy, 28*(1), 85–92.

Dare, C., Eisler, I., Russell, G., & Szmukler, G. (1990). The clinical and theoretical impact of a controlled trial of family therapy in anorexia nervosa. *Journal of Marital and Family Therapy, 16,* 39–57.

Dattilio, F. M. (1994). Families in crisis. In F. M. Dattilio & A. Freeman (Eds.), *Cognitive–behavioral approaches to crisis* (pp. 278–301). New York: Guilford Press.

Dattilio, F. M. (2001a). Cognitive–behavioral family therapy: Contemporary myths and misconceptions. *Contemporary Family Therapy, 23*(1), 3–15.

Dattilio, F. M. (2001b). Integrating cognitive and systemic perspectives: An interview with Frank M. Dattilio. *The Family Journal: Counseling and Therapy for Couples and Families, 9*(4), 472–476.

Dattilio, F. M. (2005). Restructuring family schemas: A cognitive–behavioral perspective. *Journal of Marital and Family Therapy, 31*(10), 15–30.

Dattilio, F. M. (2006a). Case-based research in family therapy. *Australian and New Zealand Journal of Family Therapy, 27*(4), 208–213.

Dattilio, F. M. (2006b). Restructuring schemas from family-of-origin in couple therapy. *Journal of Cognitive Psychotherapy, 20*(4), 359–373.

Dattilio, F. M. (2010). *Cognitive–behavior therapy with couples and families: A comprehensive guide for clinicians.* New York: Guilford Press.

Dattilio, F. M., & Epstein, N. B. (2003). Cognitive–behavior couple and family therapy. In T. L. Sexton, G. R. Weeks, & M. S. Robbins (Eds.), *Handbook of family therapy* (pp. 147–173). New York: Brunner-Routledge.

Dattilio, F. M., & Epstein, N. B. (2005). The role of cognitive-behavioral interventions in couple and family therapy. *Journal of Marital and Family Therapy, 32*(1), 7–13.

Dattilio, F. M., Epstein, N. B., & Baucom, D. H. (1998). An introduction to cognitive–behavioral therapy with couples and families. In F. M. Dattilio (Ed.), *Case studies in couple and family therapy* (pp. 1–36). New York: Guilford Press.

Dattilio, F. M., & Padesky, C. A. (1990). *Cognitive therapy with couples.* Sarasota, FL: Professional Resource Exchange.

Davis, S. D., & Piercy, F. P. (2007a). What clients of couple therapy model developers and their former students say about change, part I: Model dependent common factors and an integrative framework. *Journal of Marital and Family Therapy, 33,* 318–343.

Davis, S. D., & Piercy, F. P. (2007b). What clients of couple therapy model developers and their former students say about change, part II: Model-independent common factors and an integrative framework. *Journal of Marital and Family Therapy, 33,* 344–363.

Davis, S. D., & Sprenkle, D. H. (2007). *MFT common*

factors: Practice, research, & training. Poster session presented at the annual meeting of the American Association for Marriage and Family Therapy, Long Beach, CA.

Dawis, R. (1984). Of old philosophies and new kids on the block. *Journal of Counseling Psychology, 31,* 467–469.

Dayringer, S. (1980). *Experimentation in behavioral science research: Status and prospectus.* Unpublished doctoral dissertation, St. Louis University, St. Louis, MO.

Dell, P. F. (1980). Researching the family theories of schizophrenia: An experience in epistemological confusion. *Family Process, 19*(4), 321–335.

Dell, P. F. (1982). Beyond homeostasis: Toward a concept of coherence. *Family Process, 21,* 21–41.

Dell, P. F. (1983). From pathology to ethics. *Family Therapy Networker, 1*(6), 29–64.

Dell, P. F. (1986a). Can the family therapy field be rigorous? *Journal of Marital and Family Therapy, 12*(1), 37–38.

Dell, P. F. (1986b). In defense of "lineal causality." *Family Process, 25,* 513–522.

Dell, P. F. (1986c). Why do we still call them "paradoxes"? *Family Process, 25,* 223–235.

Dempsey, J. J. (1981). *The family and public policy: The issue of the 1980's.* Baltimore, MD: Paul H. Brookes.

Derrida, J. (1978). *Writing and difference* (A. Bass, Trans.). Chicago, IL: University of Chicago Press.

de Shazer, S. (1985). *Keys to solution in brief therapy.* New York: W. W. Norton.

de Shazer, S. (1988). *Clues: Investigating solutions in brief therapy.* New York: W. W. Norton.

de Shazer, S. (1991). *Putting difference to work.* New York: W. W. Norton.

de Shazer, S. (1994). *Words were originally magic.* New York: W. W. Norton.

Dewey, J., & Bentley, A. (1949). *Knowing and the known.* Boston, MA: Beacon Press.

DeWitt, K. N. (1978). The effectiveness of family therapy: A review of outcome research. *Archives of General Psychiatry, 35,* 549–561.

Does therapy help? (1995, *November*). *Consumer Reports, 60(1),* 734–739.

Doherty, W. J. (1991). Family therapy goes postmodern. *The Family Therapy Networker, 15*(5), 36–42.

Doherty, W. J. (1995). *Soul searching: Why family therapy must promote moral responsibility.* New York: Basic Books.

Doherty, W. J., & Baird, M. A. (1983). *Family therapy and family medicine: Toward the primary care of families.* New York: Guilford Press.

Dollard, J., & Miller, N. (1950). *Personality and psychotherapy.* New York: McGraw-Hill.

Doss, B. D., Simpson, L. E., & Christensen, A. (2004). Why do couples seek marital therapy? *Professional Psychology: Research and Practice, 35*(6), 608–614.

Dunlap, K. (1928). A revision of the fundamental law of habit formation. *Science, 67,* 360–362.

Dunlap, K. (1946). *Personal adjustment.* New York: McGraw-Hill.

Dunn, R. L., & Schwebel, A. I. (1995). Meta-analytic review of marital therapy outcome research. *Journal of Family Psychology, 9,* 58–68.

Duvall, E. (1962). *Family development.* Philadelphia, PA: Lippincott.

Edwards, M. E., & Steinglass, P. (1995). Family therapy treatment outcomes for alcoholism. *Journal of Marital and Family Therapy, 21,* 475–510.

Efran, J. A., & Lukens, M. D. (1985). The world according to Humberto Maturana. *The Family Therapy Networker, 9*(3), 23–28, 72–75.

Efran, J. A., Lukens, R. J., & Lukens, M. D. (1988). Constructivism: What's in it for you? *The Family Therapy Networker, 12*(5), 27–35.

Eidelson, R. J., & Epstein, N. (1982). Cognition and relationship maladjustment: Development of a measure of dysfunctional relationship beliefs. *Journal of Consulting and Clinical Psychology, 50,* 715–720.

Elizur, J., & Minuchin, S. (1989). *Institutionalizing madness: Families, therapy and society.* New York: Basic Books.

Ellis, A. (1962). *Reason and emotion in psychotherapy.* New York: Lyle Stuart and Citadel Books.

Ellis, A. (1977). The nature of disturbed marital interactions. In A. Ellis & R. Grieger (Eds.), *Handbook of rational–emotive therapy* (pp. 170–176). New York: Springer.

Ellis, A., & Harper, R. A. (1961). *A guide to rational living.* Englewood Cliffs, NJ: Prentice-Hall.

Ellis, A., Sichel, J. L., DiMattia, D. J., & DiGuiseppe, R. (1989). *Rational–emotive couples therapy.* New York: Pergamon Press.

Engel, G. (1977). The need for a new medical model: A challenge for biomedicine. *Science, 196,* 129–136.

Engel, G. (1992). How much longer must medicine's science be bound by a seventeenth century world view? *Family Systems Medicine, 10*(3), 333–346.

Epstein, N., & Baucom, D. H. (1989). Cognitive–behavioral marital therapy. In A. Freeman, K. M. Simon, L. E. Beutler, & H. Arkowitz (Eds.), *Comprehensive handbook of cognitive therapy* (pp. 491–513). New York: Plenum Press.

Epstein, N. B., & Baucom, D. H. (2002) *Enhanced cognitive-behavior therapy for couples: A contextual approach.* Washington, DC: American Psychological Association.

Epstein, N. B., Bishop, D. S., & Baldwin, L. M. (1982). McMaster model of family functioning: A view of the normal family. In F. Walsh (Ed.), *Normal family processes* (pp. 115–141). New York: Guilford Press.

Epstein, N. B., Bishop, D. S., & Levin, S. (1978). The McMaster model of family functioning. *Journal of*

Marital and Family Counseling, 4, 19–31.

Epston, D. (1994). Extending the conversation. *The Family Therapy Networker, 18*(6), 30–37, 62–63.

Erickson, E. H. (1963). *Childhood and society.* New York: W. W. Norton.

Estrada, A. U., & Pinsof, W. M. (1995). The effectiveness of family therapies for selected behavioral disorders of childhood. *Journal of Marital and Family Therapy, 21,* 403–440.

Eysenck, H. (1959). Learning theory and behavior therapy. *British Journal of Medical Science, 105,* 61–75.

Falicov, C. (1983). *Cultural perspectives in family therapy.* Rockville, MD: Aspen.

Falicov, C. (1998). From rigid borderlines to fertile borderlands: Reconfiguring family therapy. *Journal of Marital and Family Therapy, 24,* 157–163.

Falloon, I. R. H. (1991). Behavioral family therapy. In A. S. Gurman & D. P. Kniskern (Eds.), *Handbook of family therapy* (Vol. 2, pp. 65–95). New York: Brunner/Mazel.

Falloon, I. R. H. (Ed.). (1998). *Handbook of behavioral family therapy.* New York: Guilford Press.

Falloon, I. R. H., Boyd, J. L., & McGill, C. W. (1985). *Family care of schizophrenia.* New York: Guilford Press.

Falloon, I. R. H., Boyd, J. L., McGill, C. W., Razani, J., Moss, H. B., & Gilderman, A. M. (1982). Family management in the prevention of exacerbations of schizophrenia. *New England Journal of Medicine, 306,* 1437–1440.

Falloon, I. R., Boyd, J. L., McGill, C. W., Williamson, M., Razani, J., Moss, H. B., et al. (1985). Family management in the prevention of morbidity of schizophrenia: Clinical outcome of a two-year longitudinal study. *Archives of General Psychiatry, 42,* 887–896.

Fals-Stewart, W., Birchler, G. R., & O'Farrell, T. J. (1996). Behavioral couples therapy for male substance-abusing patients: Effects on relationship adjustment and drug-using behavior. *Journal of Consulting and Clinical Psychology, 64,* 959–972.

Falzer, P. (1986). The cybernetic metaphor: A critical examination of ecosystemic epistemology as a foundation of family therapy. *Family Process, 25,* 353–364.

Faulkner, R. A., Klock, K., & Gale, J. (2002). Qualitative research in family therapy: Publication trends from 1980 to 1999. *Journal of Marital and Family Therapy, 28*(1), 69–74.

Feinberg, P. H. (1990). Circular questions: Establishing the relational context. *Family Systems Medicine, 8*(3), 273–277.

Fisch, R., Weakland, J., & Segal, L. (1982). *The tactics of change.* San Francisco, CA: Jossey-Bass.

Fleishmann, M., & Szykula, S. (1981). A community setting replication of a social learning treatment for aggressive children. *Behavior Therapy, 12,* 115–122.

Flemons, D. (1991). *Completing distinctions.* Boston, MA: Shambala.

Foerster, H. von. (1981). *Observing systems.* Seaside, CA: Intersystems Publications.

Foley, V. D. (1974). *An introduction to family therapy.* New York: Grune & Stratton.

Forgatch, M. S., & Patterson, G. R. (1998). Behavioral family therapy. In F. M. Dattilio (Ed.), *Case studies in couple and family therapy: Systemic and cognitive perspectives* (pp. 85–107). New York: Guilford Press.

Foucault, M. (1978). *The history of sexuality: An introduction.* Middlesex, England: Peregrine Books.

Foucault, M. (1979). *Discipline and punish: The birth of the prison.* New York: Pantheon.

Foucault, M. (1980). *Power/knowledge.* New York: Pantheon.

Framo, J. J. (1976). Chronicle of a struggle to establish a family unit within a community mental health center. In P. J. Guerin (Ed.), *Family therapy: Theory and practice* (pp. 23–39). New York: Gardner Press.

Frank, J. (1974). *Persuasion and healing.* New York: Shocken.

Frankel, C. (1963). The family in context. In F. Delliquadri (Ed.), *Helping the family in urban society* (pp. 3–22). New York: Columbia University Press.

Franklin, C., Trepper, T. S., McCollum, E., & Gingerich, W. J. (2011). *Solution-focused brief therapy: A handbook of evidence based practice.* New York: Oxford University Press.

Fraser, J. S. (1982). Structural and strategic family therapy: A basis for marriage, or grounds for divorce? *Journal of Marital and Family Therapy, 8*(2), 13–22.

Freedman, J., & Combs, G. (1996). *Narrative therapy: The social construction of preferred realities.* New York: W. W. Norton.

Friedman, L. J. (1980). Integrating psychoanalytic object-relations understanding with family systems intervention in couples therapy. In J. K. Pearce & L. J. Friedman (Eds.), *Family therapy: Combining psychodynamic and family systems approaches* (pp. 63–79). New York: Grune & Stratton.

Friedrich, W. N., Luecke, W. J., Beilke, R. L., & Place, V. (1992). Psychotherapy outcome of sexually abused boys: An agency study. *Journal of Interpersonal Violence, 7,* 396–409.

Fromm-Reichman, F. (1948). Notes on the development of schizophrenics by psychoanalytic psychiatry. *Psychiatry, 11,* 263–273.

Fruggeri, L. (1992). Therapeutic process as the social construction of change. In S. McNamee & K. J. Gergen (Eds.), *Therapy as social construction* (pp. 40–53). London: Sage.

Gadlin, H., & Ingle, G. (1975). Through a one-way mirror: The limits of experimental self-reflection. *American Psychologist, 30,* 1003–1009.

Gale, J. E. (1991). *Conversation analysis of therapeutic discourse: The pursuit of a therapeutic agenda.* Norwood, NJ: Ablex.

Gale, J. E., & Long, J. K. (1996). Theoretical foundations of family therapy. In F. P. Piercy, D. H. Sprenkle, J. L. Wetchler, & Associates (Eds.), *Family therapy sourcebook* (pp. 1–24). New York: Guilford Press.

Gale, J. E., & Newfield, N. (1992). A conversation analysis of a solution-focused marital therapy session. *Journal of Marital and Family Therapy, 18,* 153–165.

Gambrill, E. (1999). Evidence-based practice: And alternative to authority-based practice. *Families in Society: The Journal of Contemporary Human Services, 80*(4), 341–350.

Garfield, J. M. (2004). The therapeutic alliance in couples therapy. *Family Process, 43*(4), 457–465.

Garfield, R. (1982). Mourning and its resolution for spouses in marital separation. In J. C. Hansen & L. Messinger (Eds.), *Therapy with remarriage families* (pp. 1–16). Rockville, MD: Aspen Systems Corporation.

Garwick, A., Detzner, D., & Boss, P. (1994). Family perceptions of living with Alzheimer's disease. *Family Process, 33,* 327–340.

Geertz, C. (1983). *Local knowledge.* New York: Basic Books.

Gelles, R. (1994). Research and advocacy: Can one wear two hats? *Family Process, 33,* 94–95.

Gerard, J. M., Krishnakumar, A., & Buehler, C. (2006). Marital conflict, parent–child relations, and youth maladjustment: A longitudinal investigation of spillover effects. *Journal of Family Issues, 27*(7), 951–975.

Gergen, K. J. (1982). *Toward transformation in social knowledge.* New York: Springer.

Gergen, K. J. (1985). Social constructivist movement in psychology. *American Psychologist, 40,* 266–275.

Gergen, K. J. (1991). *The saturated self.* New York: Basic Books.

Gergen, K. J. (1994a). Exploring the postmodern: Perils or potentials? *American Psychologist, 49*(5), 412–416.

Gergen, K. J. (1994b). *Realities and relationships.* Cambridge, MA: Harvard University Press.

Gerhart, D. R., Ratliff, D. A., & Lyle, R. R. (2001). Qualitative research in family therapy: A substantive and methodological review. *Journal of Marital and Family Therapy, 27*(2), 261–274.

Germain, C. B. (1991). *Human behavior in the social environment.* New York: Columbia University Press.

Gillaim, C., & Cottone, R. (2005). Couple or individual therapy for the treatment of depression? An update of the empirical literature. *American Journal of Family Therapy, 33*(3), 265–272.

Gilligan, C. (1982). *In a different voice.* Cambridge, MA: Harvard University Press.

Glade, A. C., Bean, R. A., & Vira, R. (2005). A prime time for marital/relational intervention: A review of the transition to parenthood literature with treatment recommendations. *American Journal of Family Therapy, 33*(4), 319–336.

Glanville, R. (2001). *Second order cybernetics.* Unpublished paper.

Golann, S. (1988a). On second-order family therapy. *Family Process, 27,* 51–65.

Golann, S. (1988b). Who replies first? A reply to Hoffman. *Family Process, 27,* 68–71.

Goldenberg, I., & Goldenberg, H. (1996). *Family therapy: An overview* (3rd ed.). Monterey, CA: Brooks/Cole.

Goldenberg, I., & Goldenberg, H. (2000). *Family therapy: An overview* (4th ed.). Monterey, CA: Brooks/Cole.

Goldman, L. (1982). Defining non-traditional research. *The Counseling Psychologist, 10*(4), 87–90.

Goldner, V. (1985a). Feminism and family therapy. *Family Process, 24,* 31–47.

Goldner, V. (1985b). Warning: Family therapy may be hazardous to your health. *The Family Therapy Networker, 9*(6), 19–23.

Goldner, V. (1993). Power and hierarchy: Let's talk about it! *Family Process, 32,* 157–162.

Goldstein, M. J., & Miklowitz, D. J. (1995). The effectiveness of psychoeducational family therapy in the treatment of schizophrenic disorders. *Journal of Marital and Family Therapy, 21,* 361–376.

Goolishian, H. A. (1991). The use of language in two different therapy approaches. *AAMFT Annual Conference Newsletter,* p. 1.

Gordon, S., & Davidson, N. (1981). Behavioral parent training. In A. S. Gurman & D. P. Kniskern (Eds.), *Handbook of family therapy* (pp. 517–555). New York: Brunner/Mazel.

Gottman, J. (1999). *The marriage clinic.* New York: W. W. Norton.

Gottman, J., Markman, H., & Notarius, C. (1977). The topography of marital conflict: A sequential analysis of verbal and nonverbal behavior. *Journal of Marriage and the Family, 39,* 461–477.

Granvold, D. K. (1994). Concepts and methods of cognitive treatment. In D. K. Granvold (Ed.), *Cognitive and behavioral treatment: Methods and applications (pp. 3–31).* Pacific Grove, CA: Brooks/Cole.

Greenberg, J. R., & Mitchell, S. (1983). *Object relations and psychoanalytic theory.* Cambridge, MA: Harvard University Press.

Griffith, J. L., & Griffith, M. E. (1994). *The body speaks: Therapeutic dialogues for mind–body problems.* New York: Basic Books.

Group for the Advancement of Psychiatry (GAP). (1996). Global assessment of relational functioning (GARF): I. Background and rationale. *Family Process, 35,* 155–172.

Guerin, P. J. (1976). Family therapy: The first twenty-five years. In P. J. Guerin (Ed.), *Family therapy: Theory and practice* (pp. 2–22). New York: Gardner Press.

Guerin, P. J., & Pendagast, E. (1976). Evaluation of family system and genogram. In P. J. Guerin (Ed.), *Family therapy: Theory and practice* (pp. 450–464). New York: Gardner Press.

Gurman, A. S. (1983a). Family therapy research and the "new epistemology." *Journal of Marital and Family Therapy, 9*(3), 227–234.

Gurman, A. S. (1983b). The old hatters and the new weavers. *The Family Therapy Networker, 7*(4), 36–37.

Gurman, A. S., & Kniskern, D. P. (1978). Research on marital and family therapy: Progress, perspective and prospect. In S. Garfield & A. Bergin (Eds.), *Handbook of psychotherapy and behavior change: An empirical analysis* (2nd ed., pp. 817–902). New York: John Wiley.

Gurman, A. S., & Kniskern, D. P. (1981). *Handbook of family therapy*. New York: Brunner/ Mazel.

Gurman, A. S., Kniskern, D. P., & Pinsof, W. M. (1986). Research on the process and outcome of marital and family therapy. In S. Garfield & A. Bergin (Eds.), *Handbook of psychotherapy and behavior change* (3rd ed., pp. 525–623). New York: John Wiley.

Haber, R. (1997). *Dimensions of psychotherapy supervision: Maps and means*. New York: W. W. Norton.

Hahlweg, K., Schindler, L., Revenstorf, D., & Brengelmann, J. C. (1984). The Munich marital therapy study. In K. Hahlweg & N. Jacobson (Eds.), *Marital interaction: Analysis and modification* (pp. 3–26). New York: Guilford Press.

Haley, J. (1963). *Strategies of psychotherapy*. New York: Grune & Stratton.

Haley, J. (1973). *Uncommon therapy*. New York: W. W. Norton.

Haley, J. (1975). Why a mental health clinic should avoid family therapy. *Journal of Marriage and Family Counseling, 1*, 1–13.

Haley, J. (1976). *Problem-solving therapy*. New York: Harper Colophon.

Haley, J. (1980). *Leaving home*. New York: McGraw-Hill.

Haley, J. (1984). *Ordeal therapy*. San Francisco, CA: Jossey-Bass.

Halford, W. K., Markman, H. J., Kline, G. H., & Stanley, S. M. (2003). Best practice in couple relationship education. *Journal of Marital & Family Therapy, 29*(3), 385–406.

Hall, C. S., & Lindzey, G. (1978). *Theories of personality* (3rd ed.). New York: John Wiley.

Hamilton, N. G. (1989). A critical review of object relations theory. *American Journal of Psychiatry, 146*(12), 1552–1560.

Hamner, T. J., & Turner, P. H. (1985). *Parenting in contemporary society*. Englewood Cliffs, NJ: Prentice-Hall.

Hansen, J., & L'Abate, L. (1982). *Approaches to family therapy*. New York: Macmillan.

Hanson, S. M., & Boyd, S. (1996). *Family health care nursing*. Philadelphia, PA: F. A. Davis.

Hardy, K. V., & Laszloffy, T. A. (2000). The development of children and families of color: A supplemental framework. In W. C. Nichols, M. A. Pace-Nichols, D. S. Becvar, & A. Y. Napier (Eds.), *Handbook of family development and intervention* (pp. 109–128). New York: Wiley.

Hare-Mustin, R. T. (1978). A feminist approach to family therapy. *Family Process, 17*, 181–194.

Hare-Mustin, R. T. (1994). Discourses in the mirrored room: A postmodern analysis of therapy. *Family Process, 33*, 19–35.

Hareven, T. K. (1971). The history of the family as an interdisciplinary field. In T. K. Rabb & R. I. Rotberg (Eds.), *The family in history: Interdisciplinary essays* (pp. 211–226). New York: Harper & Row.

Harper, J., Scoresby, A., & Boyce, W. (1977). The logical levels of complementary, symmetrical and parallel interaction classes in family dyads. *Family Process, 16*, 199–210.

Hartman, A., & Laird, J. (1983). *Family-centered social work practice*. New York: Free Press.

Hawley, D. R., Bailey, C. E., & Pennick, K. A. (2000). A content analysis of research in family therapy journals. *Journal of Marital and Family Therapy, 26*(1), 9–16.

Hayward, J. W. (1984). *Perceiving ordinary magic*. Boston, MA: New Science Library.

Hazelrigg, M. D., Cooper, H. M., & Borduin, C. M. (1987). Evaluating the effectiveness of family therapies: An integrative review and analysis. *Psychological Bulletin, 101*, 428–442.

Heiman, J., LoPiccolo, L., & LoPiccolo, J. (1981). The treatment of sexual dysfunction. In A. S. Gurman & D. P. Kniskern (Eds.), *Handbook of family therapy* (pp. 592–627). New York: Brunner/Mazel.

Heims, S. P. (1975). Encounter of behavioral sciences with new machine–organism analogies in the 1940's. *Journal of the History of the Behavioral Sciences, 11*, 368–373.

Heims, S. P. (1977). Gregory Bateson and the mathematicians: From interdisciplinary interaction to societal functions. *Journal of the History of the Behavioral Sciences, 13*, 141–159.

Held, B. S. (1990). What's in a name? Some confusions and concerns about constructivism. *Journal of Marital and Family Therapy, 16*, 179–186.

Held, B. S. (1995). *Back to reality*. New York: W. W. Norton.

Held, B. S. (2000). To be or not to be theoretical: That is the question. *Journal of Systemic Therapies, 19*(1), 35–49.

Held, B. S., & Pols, E. (1987). Dell on Maturana: A real foundation for family therapy. *Psychotherapy, 24*(3), 455–461.

Henao, S. (1985). A systems approach to family medicine. In S. Henao & N. P. Grose (Eds.), *Principles of family systems in family medicine* (pp. 24–40). New

York: Brunner/Mazel.

Henggeler, S. W., Borduin, C., & Mann, B. (1992). Advances in family therapy: Empirical foundations. *Advances in Clinical Child Psychology, 15*, 207–241.

Henggeler, S. W., & Sheidow, A. J. (2003). Conduct disorders and delinquency. *Journal of Marital & Family Therapy, 29*(4), 505–522.

Henggeler, S. W., & Sheidow, A. J. (2012). Empirically supported family-based treatments for conduct disorder and delinquency in adolescents. *Journal of Marital and Family Therapy, 38*(1), 30–58.

Herschell, A. D., & McNeil, C. B. (2005). Theoretical and empirical underpinnings of parent–child interaction therapy with child physical abuse populations. *Education and Treatment of Children, 28*(2), 142–162.

Herzog, E., & Sudia, C. E. (1972). Families without fathers. *Childhood Education, 49*, 311–319.

Hill, R., & Rodgers, R. H. (1964). The developmental approach. In H. Christensen (Ed.), *Handbook of marriage and family therapy* (pp. 171–209). Chicago, IL: Rand McNally.

Hill, R. B. (1980). *Black families in the 1980's.* Unpublished paper.

Hoffman, L. (1981). *The foundations of family therapy.* New York: Basic Books.

Hoffman, L. (1985). Beyond power and control. *Family Systems Medicine, 4*, 381–396.

Hoffman, L. (1988a). A constructivist position for family therapy. *The Irish Journal of Psychology, 9*(1), 110–129.

Hoffman, L. (1988b). Reply to Stuart Golann. *Family Process, 27*, 65–68.

Hoffman, L. (1990a). Constructing realities: An art of lenses. *Family Process, 29*, 1–12.

Hoffman, L. (1990b). A constructivist position for family therapy. In B. Keeney, B. Nolan, & W. Madsen (Eds.), *The systemic therapist* (Vol. 1, pp. 3–31). St. Paul, MN: Systemic Therapy Press.

Hoffman, L. (1992). A reflexive stance for family therapy. In S. McNamee & K. Gergen (Eds.), *Therapy as social construction* (pp. 7–24). Newbury Park, CA: Sage.

Hoffman, L. (1993). *Exchanging voices: A collaborative approach to family therapy.* London: Karnac.

Hoffman, L. (1998). Setting aside the model in family therapy. *Journal of Marital and Family Therapy, 24*, 145–156.

Hoffman, L. (2002). *Family therapy: An intimate history.* New York: W. W. Norton.

Hogarty, G., Anderson, C., Reiss, D., Kornblith, S., Greenwald, D., Javna, C., et al. (1986). Family psychoeducation, social skills training, and maintenance chemotherapy in the aftercare treatment of schizophrenia: I. One year effects of a controlled study on relapse and expressed emotion. *Archives of General Psychiatry, 43*, 633–642.

Hollingsworth, W. G. (2011). Community family therapy with military families experiencing deployment. *Contemporary Family Therapy, 33*(3), 215–228.

Holtzworth-Munroe, A., & Jacobson, N. S. (1991). Behavioral marital therapy. In A. S. Gurman & D. P. Kniskern (Eds.), *Handbook of family therapy* (pp. 96–133). New York: Brunner/Mazel.

Horne, A. M. (1982). Counseling families: Social learning family therapy. In A. M. Horne & M. M. Ohlsen (Eds.), *Family counseling and therapy* (pp. 360–388). Itasca, IL: F. E. Peacock.

Hoshmand, L. (1989). Alternate research paradigms: A review and teaching proposal. *The Counseling Psychologist, 17*, 1–79.

Howard, G. S. (1991). Culture tales. *American Psychologist, 46*, 187–197.

Hudson, P. O., & O'Hanlon, W. H. (1992). *Rewriting love stories: Brief marital therapy.* New York: W. W. Norton.

Ivey, A. E. (1995). *The community genogram: A strategy to assess culture and community resources.* Paper presented at the American Counseling Association Convention, Denver, CO.

Jackson, D. D. (1957). The question of family homeostasis. *Psychiatric Quarterly Supplement, 31*, 79–90.

Jackson, D. D. (1965). Family rules: Marital quid pro quo. *Archives of General Psychiatry, 12*, 589–594.

Jacobsen, D. S. (1979). Stepfamilies: Myths and realities. *Social Work, 24*(3), 203–207.

Jacobson, N. (1981). Behavioral marital therapy. In A. S. Gurman & D. P. Kniskern (Eds.), *Handbook of family therapy* (pp. 556–591). New York: Brunner/Mazel.

Jacobson, N. (1991). To be or not to be behavioral when working with couples. *Journal of Family Psychology, 4*, 436–445.

Jacobson, N. (1992). Behavioral couple therapy: A new beginning. *Behavior Therapy, 23*, 493–596.

Jacobson, N. (1994a). Rewards and dangers in researching domestic violence. *Family Process, 33*, 81–85.

Jacobson, N. (1994b). Contextualism is dead: Long live contextualism. *Family Process, 33*, 97–100.

Jacobson, N., & Addis, M. E. (1993). Research on couples and couple therapy: What do we know? Where are we going? *Journal of Consulting and Clinical Psychology, 61*, 85–93.

Jacobson, N., & Christensen, A. (1996). *Integrative couple therapy: Promoting acceptance and change.* New York: W. W. Norton.

Jacobson, N., & Margolin, G. (1979). *Marital therapy: Strategies based on social learning and behavior exchange principles.* New York: Brunner/Mazel.

Jacobson, N., Schmaling, K., & Holtzworth-Munroe, A. (1987). Component analysis of behavior marital therapy: Two-year follow-up and prediction of relapse. *Journal of Marital and Family Therapy, 13*, 187–195.

Joanning, H., Newfield, N., & Quinn, W. (1987). Multiple perspectives for research using family therapy to treat adolescent drug abuse. *Journal of Strategic and*

Systemic Therapies, 6, 18–24.

Joanning, H., Quinn, W., Thomas, F., & Mullen, R. (1992). Treating adolescent drug abuse: A comparison of family systems therapy, group therapy, and family drug education. *Journal of Marital and Family Therapy, 18,* 345–356.

Johnson, S. M. (1996). *Creating connection: The practice of emotionally focused marital therapy.* New York: Brunner-Mazel.

Johnson, S. M. (2003). The revolution in couple therapy: A practitioner-scientist perspective. *Journal of Marital & Family Therapy, 29*(3), 365–384.

Jung, C. G. (1928). Problems of modern psychotherapy. In H. Read, M. Fordham, & G. Adler (Eds.), *The collected works of Carl G. Jung* (Vol. 8, pp. 53–75). Princeton, NJ: Princeton University Press.

Kantor, D., & Lehr, W. (1975). *Inside the family.* San Francisco, CA: Jossey-Bass.

Kaplan, H. S. (1974). *The new sex therapy: Active treatment of sexual dysfunctions.* New York: Brunner/Mazel.

Kaplan, H. S. (1979). *Disorders of sexual desire and other new concepts and techniques in sex therapy.* New York: Brunner/Mazel.

Kaslow, F. (1982). Profile of the healthy family. *The Relationship, 8*(1), 9–25.

Kaslow, F. W. (Ed.). (2000). *Handbook of couple and family forensics.* New York: John Wiley and Sons.

Kaslow, N., Broth, M. R., Smith, C. O., & Collins, M. H. (2012). Family-based interventions for child and adolescent disorders. *Journal of Marital and Family Therapy, 38*(1), 82–100.

Kazdin, A. E. (1984). The treatment of conduct disorders. In J. Williams & R. Spitzer (Eds.), *Psychotherapy research: Where are we and where should we go?* (pp. 3–28). New York: Guilford Press.

Kazdin, A. E. (1987a). *Conduct disorders in childhood and adolescence.* Newbury Park, CA: Sage.

Kazdin, A. E. (1987b). Treatment of antisocial behavior in children: Current status and future directions. *Psychological Bulletin, 102,* 187–203.

Kazdin, A. E., Esveldt-Dawson, K., French, N. H., & Unis, A. S. (1987). Effects of parent management training and problem-solving skills training combined in the treatment of antisocial child behavior. *Journal of the American Academy of Child and Adolescent Psychiatry, 26,* 416–424.

Keeney, B. P. (1983). *Aesthetics of change.* New York: Guilford Press.

Keeney, B. P. (1990). *Improvisational therapy.* St. Paul, MN: Systemic Therapy Press.

Keeney, B. P., & Ross, J. (1985). *Mind in therapy: Constructing systemic family therapies.* New York: Basic Books.

Keeney, B. P., & Silverstein, O. (1986). *The therapeutic voice of Olga Silverstein.* New York: Guilford Press.

Keeney, B. P., & Sprenkle, D. (1982). Ecosystemic epistemology: Critical implications for the aesthetics and pragmatics of family therapy. *Family Process, 21,* 1–19.

Keeney, B. P., & Thomas, F. N. (1986). Cybernetic foundations of family therapy. In F. Piercy, D. Sprenkle, & Associates (Eds.), *Family therapy sourcebook* (pp. 262–287). New York: Guilford Press.

Kegan, R. (1982). *The evolving self.* Cambridge, MA: Harvard University Press.

Kegan, R. (1994). *In over our heads.* Cambridge, MA: Harvard University Press.

Keith, D. V. (1995). Remembering Carl Whitaker. *AFTA Newsletter, 60,* 7–8.

Keith, D. V. (1998). Family therapy, chemical imbalance, blasphemy, and working with children. *AFTA Newsletter, 72,* 21–25.

Keith, D. V., & Whitaker, C. A. (1977). The divorce labyrinth. In P. Papp (Ed.), *Family therapy: Full length case studies* (pp. 117–131). New York: Gardner Press.

Keith, D. V., & Whitaker, C. A. (1982). Experiential/symbolic family therapy. In A. M. Horne & M. M. Ohlsen (Eds.), *Family counseling and therapy* (pp. 43–74). Itasca, IL: F. E. Peacock.

Keith, D. V., & Whitaker, C. A. (1991). Experiential/symbolic family therapy. In A. M. Horne & J. L. Passmore (Eds.), *Family counseling and therapy* (2nd ed., pp. 107–140). Itasca, IL: F. E. Peacock.

Kelly, G. (1955). *The psychology of personal constructs* (Vol. 1). New York: W. W. Norton.

Kempler, W. (1967). The experiential therapeutic encounter. *Psychotherapy: Theory, Research and Practice, 4*(4), 166–172.

Kempler, W. (1968). Experiential psychotherapy with families. *Family Process, 7*(1), 88–99.

Kempler, W. (1970). A theoretical answer. *Psykologen.* Costa Mesa, CA: Kempler Institute.

Kempler, W. (1972). Experiential psychotherapy with families. In G. D. Erickson & T. P. Hogan (Eds.), *Family therapy: An introduction to theory and technique* (pp. 336–346). Monterey, CA: Brooks/Cole.

Kempler, W. (1973). *Principles of Gestalt family therapy.* Costa Mesa, CA: Kempler Institute.

Kempler, W. (1981). *Experiential psychotherapy with families.* New York: Brunner/Mazel.

Kempler, W. (1982). Gestalt family therapy. In A. M. Horne & M. M. Ohlsen (Eds.), *Family counseling and therapy* (pp. 141–174). Itasca, IL: F. E. Peacock.

Kernberg, O. F. (1976). *Object relations theory and clinical psychoanalysis.* New York: Jason Aronson.

Kerr, M. E., & Bowen, M. (1988). *Family evaluation: An approach based on Bowen theory.* New York: W. W. Norton.

Kilpatrick, A. C., & Kilpatrick, E. G. (1991). Object relations family therapy. In A. M. Horne & J. L. Passmore (Eds.), *Family counseling and therapy* (2nd ed., pp.

207–235). Itasca, IL: F. E. Peacock.

Kitchener, K. S. (1986). Intuition, critical evaluation and ethical principles: The foundation for ethical decisions in counseling psychology. *The Counseling Psychologist, 12*(3), 43–55.

Kleinman, J., Rosenberg, E., & Whiteside, M. (1979). Common developmental tasks in forming reconstituted families. *Journal of Marital and Family Therapy, 5*(2), 79–86.

Kniskern, D. P. (1983). The new wave is all wet. *The Family Networker, 7*(4), 60–62.

Knutsen, S. F., & Knutsen, R. (1991). The Tromso survey: The family intervention study—the effect of intervention on some coronary risk factors and dietary habits, a 6-year follow-up. *Preventive Medicine, 20*, 197–212.

Koch, S. (1976). Language communities, search cells and the psychological studies. In W. J. Arnold (Ed.), *Nebraska symposium on motivation, 1975* (Vol. 23) (pp. 477–559). Lincoln, NE: University of Nebraska Press.

Koch, S. (1981). The nature and limits of psychological knowledge. *American Psychologist, 36*(3), 257–269.

Kohlberg, L. (1981). *The philosophy of moral development.* San Francisco, CA: Harper & Row.

Korzybski, A. (1958). *Science and sanity: An introduction to non-Aristotelian system and general semantics* (4th ed.). Lake Shore, CT: Institute of General Semantics.

Kuhn, T. (1970). *The structure of scientific revolutions.* Chicago, IL: University of Chicago Press.

Ladner, J. A. (1973). Tomorrow's tomorrow: The Black woman. In J. A. Ladner (Ed.), *The death of white sociology* (pp. 414–428). New York: Vintage Books.

LaFarge, P. (1982). The joy of family rituals. *Parents, 57*(12), 63–64.

Laing, R. D., & Esterson, A. (1970). *Sanity, madness, and the family.* Baltimore, MD: Penguin Books.

Laird, J., & Green, J. (1996). *Lesbians and gays in couples and families: A handbook for therapists.* San Francisco, CA: Jossey-Bass.

Lamb, S. (1996). *The trouble with blame: Victims, perpetrators and responsibility.* Cambridge, MA: Harvard University Press.

Landau, J. L. (2012). Family and community resilience relative to the experience of mass trauma: Connectedness to family and culture or origin as the core components of healing. In D. S. Becvar (Ed.), *Handbook of family resilience (pp. 459–480).* New York: Springer.

Larivaara, P., Vaisanen, E., & Kiuttu, J. (1994). Family systems medicine: A new field of medicine. *Nordic Journal of Psychiatry, 48*(5), 329–332.

Lather, P. (1986). Research as praxis. *Harvard Educational Review, 56*, 257–277.

Lax, W. (1992). Postmodern thinking in clinical practice. In S. McNamee & K. Gergen (Eds.), *Therapy as social construction* (pp. 69–85). Newbury Park, CA: Sage.

Lazarus, A. (1965). The treatment of a sexually inadequate male. In L. Ullman & L. Krasner (Eds.), *Case studies in behavior modification* (pp. 208–217). New York: Holt, Rinehart & Winston.

Lebow, J. (1997). The integrative revolution in couple and family therapy. *Family Process, 36*, 1–18.

Lebow, J. L., Chambers, A. L., Christensen, A., & Johnson, S. (2012). Research on the treatment of couple distress. *Journal of Marital and Family Therapy, 38*(1), 145–168.

Lederer, W. J., & Jackson, D. D. (1968). *Mirages of marriage.* New York: W. W. Norton.

Lee, R. E., Nichols, D. P., Nichols, W. C., & Odom, T. (2004). Trends in family therapy supervision: The past 25 years and into the future. *Journal of Marital & Family Therapy, 30*(1), 61–69.

Leff, J. P., Kuipers, L., Berkowitz, R., Eberlein-Vries, R., & Sturgeon, D. (1982). A controlled trial of social intervention in the families of schizophrenic patients. *British Journal of Psychology, 141*, 121–134.

Leff, P., & Walizer, E. (1992). The uncommon wisdom of parents at the moment of diagnosis. *Family Systems Medicine, 10*(2), 147–168.

LeShan, L. (1996). *An ethic for the age of space.* York Beach, ME: Samuel Weiser.

Lewis, D. K. (1975). The Black family: Socialization and sex roles. *Phylon, XXXVI*(3), 221–237.

Lewis, J. M., Beavers, W. R., Gossett, J. T., & Phillips, V. A. (1976). *No single thread.* New York: Brunner/Mazel.

Lewis, J. M., & Looney, J. G. (1983). *The long struggle.* New York: Brunner/Mazel.

Lewis, R., Piercy, F., Sprenkle, D., & Trepper, T. (1990). Family-based interventions for helping drug-abusing adolescents. *Journal of Adolescent Research, 13*, 35–44.

Liberman, R. P. (1970). Behavioral approaches to family and couple therapy. *American Journal of Orthopsychiatry, 40*, 106–118.

Liberman, R. P. (1972). Behavioral approaches to family and couple therapy. In C. J. Sager & H. S. Kaplan (Eds.), *Progress in group and family therapy* (pp. 329–345). New York: Brunner/Mazel.

Liberman, R. P., Wheeler, E., deVisser, L. A., Kuehnel, J., & Kuehnel, T. (1980). *Handbook of marital therapy: A positive approach to helping troubled relationships.* New York: Plenum.

Liddle, H. A., & Dakof, G. A. (1995). Efficacy of family therapy for drug abuse: Promising but not definitive. *Journal of Marital and Family Therapy, 21*, 511–544.

Lidz, R. W., & Lidz, T. (1949). The family environment of schizophrenic patients. *Journal of Psychiatry, 106*, 332–345.

Liebman, R., Minuchin, S., & Baker, L. (1974). The use of structural family therapy in the treatment of intractable asthma. *American Journal of Psychiatry, 131*, 535–540.

Lipchik, E. (1991, May/June). Spouse abuse: Challenging the party line. *Family Therapy Networker, 15*(3),

59–63.

Locke, H., & Wallace, K. (1959). Short-term marital adjustment and prediction tests: Their reliability and validity. *Journal of Marriage and Family Living, 21,* 251–255.

Longino, H. (1990). *Science as social knowledge.* Princeton, NJ: Princeton University Press.

Lowe, R. N. (1982). Adlerian/Dreikursian family counseling. In A. M. Horne & M. M. Ohlsen (Eds.), *Family counseling and therapy* (pp. 329–359). Itasca, IL: F. E. Peacock.

Lowe, R. N. (1991). Postmodern themes and therapeutic practices: Notes towards the definition of 'Family Therapy: Part 2.' *Dulwich Center Newsletter, 3,* 41–42.

Lowenthal, M. F., & Chiriboga, D. (1973). Social stress and adaptation: Toward a life course perspective. In C. Eisdorfer & M. P. Lawton (Eds.), *The psychology of adult development* (pp. 281–318). Washington, DC: American Psychological Association.

Lucksted, A., McFarlane, W., Downing, D., Dixon, L., & Adams, C. (2012). Recent developments in family psychoeducation as an evidence-based practice. *Journal of Marital and Family Therapy, 38*(1), 101–121.

Lundahl, B. W., Nimer, J., & Parsons, B. (2006). Preventing child abuse: A meta-analysis of parent training programs. *Research on Social Work Practice, 16*(3), 251–262.

MacKinnon, L. (1983). Contrasting strategic and Milan therapies. *Family Process, 22,* 425–440.

Madanes, C. (1984). *Behind the one-way mirror.* San Francisco, CA: Jossey-Bass.

Madanes, C. (1990). *Sex, love, and violence: Strategies for transformation.* New York: W. W. Norton.

Mahler, M. S., Pine, F., & Bergman, A. (1975). *The psychological birth of the human infant.* New York: Basic Books.

Mahoney, M. (1974). *Cognition and behavior modification.* Cambridge, MA: Ballinger.

Mair, M. (1988). Psychology as storytelling. *International Journal of Personal Construct Psychology, 1,* 125–138.

Markman, H. J. (1992). Marital and family psychology: Burning issues. *Journal of Family Psychology, 5,* 264–275.

Markman, H. J., & Hahlweg, K. (1993). The prediction and prevention of marital distress: An international perspective. *Clinical Psychology Review, 13,* 29–43.

Markman, H. J., Renick, M. J., Floyd, F. J., Stanley, S. M., & Clements, M. (1993). Preventing marital distress through communication and conflict management training: A 4 & 5 year follow-up. *Journal of Consulting and Clinical Psychology, 61,* 70–77.

Markman, H. J., & Rhoades, G. K. (2012). Relationship education research: Current status and future directions. *Journal of Marital and Family Therapy, 38*(1), 169–200.

Markus, E., Lang, A., & Pettigrew, T. (1990). Effective-

ness of family therapy. *British Journal of Family Therapy, 12,* 205–221.

Marotz-Baden, R., Adams, G. R., Bueche, N., Munro, B., & Munro, G. (1979). Family form or family process? Reconsidering the deficit family model approach. *Family Process, 28*(1), 5–14.

Martin, E. P., & Martin, J. M. (1978). *The black extended family.* Chicago, IL: University of Chicago Press.

Maruyama, M. (1963). The second cybernetics: Deviation-amplifying mutual causal processes. *American Scientist, 5,* 164–179.

Masters, W., & Johnson, V. (1970). *Human sexual inadequacy.* Boston, MA: Little, Brown.

Mathis, A. (1978). Contrasting approaches to the study of black families. *Journal of Marriage and the Family, 40*(4), 667–676.

Maturana, H. (1974). Cognitive strategies. In H. von Foerster (Ed.), *Cybernetics of cybernetics* (pp. 457–469). Urbana, IL: University of Illinois.

Maturana, H. (1978). Biology of language: The epistemology of reality. In G. A. Miller & E. Lennerberg (Eds.), *Psychology and biology of language and thought: Essays in honor of Eric Lennerberg* (pp. 27–63). New York: Academic Press.

Maturana, H., & Varela, F. J. (1980). *Autopoiesis and cognition.* Dordrecht, Holland: D. Reidel.

Maturana, H., & Varela, F. J. (1987). *The tree of knowledge.* Boston, MA: New Science Library.

May, R. (1967). *Psychology and the human dilemma.* Princeton, NJ: D. Van Nostrand Company.

McAdoo, H. P. (1980). Black mothers and the extended family support network. In L. Rodgers-Rose (Ed.), *The black woman* (pp. 125–144). Beverly Hills, CA: Sage Publications.

McDaniel, S., Hepworth, J., & Doherty, W. (1992). *Medical family therapy: A biopsychosocial approach to families with health problems.* New York: Basic Books.

McDowell, T., Fang, S.-R., Brownlee, K., Young, C. G., & Khanna, A. (2002). Transforming an MFT program: A model for enhancing diversity. *Journal of Marital & Family Therapy, 28*(2), 193–202.

McFarlane, W. R., Dixon, L., Lukens, E., & Lucksted, A. (2003). Family psychoeducation and schizophrenia: A review of the literature. *Journal of Marital & Family Therapy, 29*(2), 223–245.

McGoldrick, M., & Carter, B. (2001). Advances in coaching: Family therapy with one person. *Journal of Marital and Family Therapy, 27*(3), 281–300.

McGoldrick, M., Gerson, R., & Shellenberger, S. (1999). *Genograms: Assessment and intervention* (2nd ed.). New York: W. W. Norton.

McGoldrick, M., & Giordano, J. (1996). Ethnicity and family therapy: An overview. In M. McGoldrick, J. K. Pearce, & J. Giordano (Eds.), *Ethnicity and family therapy* (2nd ed., pp. 1–27). New York: Guilford Press.

McNamee, S., & Gergen, K. J. (1992). *Social construction*

and the therapeutic process. Newbury Park, CA: Sage.

Meichenbaum, D. (1977). *Cognitive behavior therapy.* New York: Plenum Press.

Midelfort, C. (1957). *The family in psychotherapy.* New York: McGraw-Hill.

Miller, G. E., & Prinz, R. J. (1990). The enhancement of social learning family interventions for childhood conduct disorder. *Psychological Bulletin, 108,* 291–307.

Miller, L. (1979). *Louisville behavior checklist.* Los Angeles, CA: Western Psychological Services.

Miller, S. D., & Duncan, B. L. (2000). Paradigm lost: From model-driven to client-directed outcome informed clinical work. *Journal of Systemic Therapies, 19*(1), 20–34.

Miller, W. (1992). Why family medicine? The sound of bells. *Family Systems Medicine, 10*(3), 347–357.

Minuchin, S. (1974). *Families and family therapy.* Cambridge, MA: Harvard University Press.

Minuchin, S. (1984). *Family kaleidoscope.* Cambridge, MA: Harvard University Press.

Minuchin, S. (1986). Foreword. In L. Wynne, S. McDaniel, & T. Weber (Eds.), *Systems consultation: A new perspective for family therapy* (pp. xi–xiii). New York: Guilford Press.

Minuchin, S. (1998). Where is the family in narrative family therapy? *Journal of Marital and Family Therapy, 24*(4), 397–403.

Minuchin, S., Baker, L., Rosman, B., Liebman, R., Milman, L., & Todd, T. (1975). A conceptual model of psychosomatic illness in children. *Archives of General Psychiatry, 32,* 1031–1038.

Minuchin, S., & Fishman, H. C. (1981). *Family therapy techniques.* Cambridge, MA: Harvard University Press.

Minuchin, S., Montalvo, B., Guerney, B., Rosman, B., & Schumer, F. (1967). *Families of the slums.* New York: Basic Books.

Minuchin, S., & Nichols, M. P. (1993). *Family healing: Tales of hope and renewal from family therapy.* New York: The Free Press.

Minuchin, S., Rosman, B. L., & Baker, L. (1978). *Psychosomatic families: Anorexia nervosa in context.* Cambridge, MA: Harvard University Press.

Minuchin, P., Colapinto, J., & Minuchin, S. (1998). *Working with families of the poor.* New York: Guilford Press.

Misiak, H., & Sexton, V. (1966). *History of psychology: An overview.* New York: Grune & Stratton.

Moon, S. M., Dillon, D. R., & Sprenkle, D. H. (1990). Family therapy and qualitative research. *Journal of Marital and Family Therapy, 16,* 357–373.

Moon, S. M., Dillon, D. R., & Sprenkle, D. H. (1991). On balance and synergy: Family therapy and qualitative research revisited. *Journal of Marital and Family Therapy, 17,* 187–192.

Morgan, E. S. (1956). *The Puritan family.* Boston, MA: Trustees of the Public Library.

Morgan, M. M., & Sprenkle, D. H. (2007). Toward a common factors approach to supervision. *Journal of Marital and Family Therapy, 33*(1), 1–17.

Morisky, D. E., Levine, D. M., Green, L. W., Shapiro, S. W., Russell, R. P., & Smith, C. R. (1983). Five year blood pressure control and mortality following health education for hypertensive patients. *American Journal of Public Health, 73,* 153–162.

Morris, S., Alexander, J., & Waldron, H. (1988). Functional family therapy. In I. R. Falloon (Ed.), *Handbook of behavioral family therapy* (pp. 107–127). New York: Guilford Press.

Moynihan, D. P. (1965). *The Negro family: The case for national action.* Washington, DC: Office of Policy Planning and Research, U.S. Department of Labor.

Muck, R., Zempolich, K. A., Titus, J. C., Fishman, M., Godley, M. D., & Schwebel, R. (2001). An overview of the effectiveness of adolescent substance abuse treatment models. *Youth and Society, 33,* 143–168.

Napier, A. Y., & Whitaker, C. A. (1978). *The family crucible.* New York: Harper & Row.

Neugarten, B. L. (1976). Adaptation and the life cycle. *Counseling Psychologist, 6*(1), 16–20.

Newmark, M., & Beels, C. (1994). The misuse and use of science in family therapy. *Family Process, 33,* 3–17.

Nicholl, W. G. (1989). Adlerian marital therapy: History, theory and process. In R. M. Kern, E. C. Hawes, & O. C. Christensen (Eds.), *Couples therapy: An Adlerian perspective* (pp. 1–28). Minneapolis, MN: Educational Media Corporation.

Nichols, M. P. (1984). *Family therapy: Concepts and methods.* New York: Gardner Press.

Nichols, M. P. (1985). Checking our biases. *The Family Therapy Networker, 9*(6), 75–77.

Nichols, M. P. (1987). *The self in the system: Expanding the limits of family therapy.* New York: Brunner/Mazel.

Nichols, M. P., & Schwartz, R. (1998). *Family therapy: Concepts and methods (4th ed.).* Boston, MA: Allyn and Bacon.

Nichols, M. P., & Schwartz, R. C. (2001). *Family therapy: Concepts and methods (5th ed.).* Boston, MA: Allyn and Bacon.

Nichols, M. P., & Schwartz, R. C. (2004). *Family therapy: Concepts and methods (6th ed.).* Boston, MA: Allyn & Bacon.

Noam, G. (1996). High-risk youth: Transforming our understanding of human development. *Human Development, 39,* 1–15.

Nobles, W. W. (1978). Toward an empirical and theoretical framework for defining black families. *Journal of Marriage and the Family, 40*(4), 679–688.

Northey, W. F., Wells, K. C., Silverman, W. K., & Bailey, W. E. (2003). Childhood behavioral and emotional disorders. *Journal of Marital & Family Therapy, 29*(4), 523–545.

O'Farrell, T. J., Choquette, K. A., Cutter, H. S., Brown, E.

D., & McCourt, W. (1993). Behavioral marital therapy with and without additional couples relapse prevention sessions for alcoholics and their wives. *Journal of Studies on Alcohol, 54,* 652–666.

O'Farrell, T. J., & Clements, K. (2012). Review of outcome research on marital and family therapy in treatment for alcoholism. *Journal of Marital and Family Therapy, 38*(1), 122–144.

O'Farrell, T. J., & Fals-Stewart, W. (2003). Alcohol abuse. *Journal of Marital & Family Therapy, 29*(1), 121–146.

O'Hanlon, W. H. (1993a). Possibility therapy: From iatrogenic injury to iatrogenic healing. In S. Gilligan & R. Price (Eds.), *Therapeutic conversations* (pp. 3–17). New York: W. W. Norton.

O'Hanlon, W. H. (1993b). Take two people and call them in the morning: Brief solution-oriented therapy with depression. In S. Friedman (Ed.), *The new language of change: Constructive collaboration in psychotherapy* (pp. 50–84). New York: Guilford Press.

O'Hanlon, W. H., & Weiner-Davis, M. (1989). *In search of solutions: A new direction in psychotherapy.* New York: W. W. Norton.

O'Hanlon, W. H., & Wilk, J. (1987). *Shifting contexts: The generation of effective psychotherapy.* New York: Guilford Press.

Olson, D. H., Bell, R., & Portner, J. (1985). *FACES III manual.* St. Paul, MN: Department of Family Social Science, University of Minnesota.

Olson, D. H., Russell, C., & Sprenkle, D. H. (1983). Circumplex model of marital and family systems: VI. Theoretical update. *Family Process, 22,* 69–83.

Olson, D. H., Sprenkle, D. H., & Russell, C. (1979). Circumplex model of marital and family systems: I. Cohesion and adaptability dimensions, family types and clinical implications. *Family Process, 18,* 3–28.

Orwell, G. (1949). *1984.* New York: Harcourt Brace Jovanovich.

Otto, H. (1979). Developing human family potential. In N. Stinnett, B. Chesser, & J. Defrain (Eds.), *Building family strengths* (pp. 39–50). Lincoln, NE: University of Nebraska Press.

Papero, D. V. (1991). The Bowen theory. In A. M. Horne & J. L. Passmore (Eds.), *Family counseling and therapy* (pp. 48–75). Itasca, IL: F. E. Peacock.

Papp, P. (1977). *Family therapy: Full length case studies.* New York: Gardner Press.

Papp, P. (2000). *Couples on the fault line.* New York: Guilford Press.

Pask, G. (1969). The meaning of cybernetics in the behavioural sciences (The cybernetics of behaviour and cognition: Extending the meaning of "goal"). In J. Rose (Ed.), *Progress of cybernetics* (Vol. 1, pp. 15–43). New York: Gordon & Breach.

Patterson, G. R. (1974). Interventions for boys with conduct problems: Multiple settings, treatment, and criteria. *Journal of Consulting and Clinical Psychology,* 42, 471–481.

Patterson, G. R. (1982). *Coercive family processes.* Eugene, OR: Castalia.

Patterson, G. R., Chamberlain, P., & Reid, J. B. (1982). A comparative evaluation of a parent-training program. *Behavior Therapy, 13,* 638–650.

Patterson, G. R., & Reid, R. B. (1967). Reciprocity and coercion: Two facets of social systems. In C. Neuringer & J. Michael (Eds.), *Behavior modification in clinical psychology (pp. 133–177).* New York: Appleton-Century-Crofts.

Patterson, G. R., Reid, R. B., Jones, R. R., & Conger, R. E. (1975). *A social learning approach to family intervention: Vol. I. Families with aggressive children.* Eugene, OR: Castalia.

Patterson, J. E., Miller, R. B., Carnes, S., & Wilson, S. (2004). Evidence-based practice for marriage and family therapists. *Journal of Marital & Family Therapy, 30*(2), 183–195.

Paul, G. (1967). Outcome research in psychotherapy. *Journal of Consulting Psychology, 31,* 109–188.

Pearce, J. (1988). *The crack in the cosmic egg.* New York: Julian Press.

Pedersen, F. A. (1976). Does research on children reared in father-absent families yield information on father influences? *The Family Coordinator, 25*(4), 459–463.

Penn, P. (1982). Circular questioning. *Family Process, 21*(3), 267–279.

Perelman, C., & Olbrechts-Tyteca, L. (1969). *The new rhetoric: A treatise on argumentation* (J. Wilkinson & P. Weaver, Trans.). South Bend, IN: University of Notre Dame Press.

Piaget, J. (1955). *The language and thought of the child.* New York: World Publishing.

Piercy, F. P., & Sprenkle, D. H. (1990). Marriage and family therapy: A decade review. *Journal of Marriage and the Family, 52,* 1116–1126.

Piercy, F. P., Sprenkle, D. H., & Associates. (1996). *Family therapy sourcebook* (2nd ed.). New York: Guilford Press.

Pinsof, W. M. (1980). *The Family Therapist Coding System (FTCS) coding manual.* Chicago, IL: Center for Family Studies, Family Institute of Chicago, Institute of Psychiatry, Northwestern Memorial Hospital.

Pinsof, W. M. (1981). Family therapy process research. In A. S. Gurman & D. P. Kniskern (Eds.), *Handbook of family therapy* (pp. 669–674). New York: Brunner/Mazel.

Pinsof, W. M. (1994). An overview of integrative problem-centered therapy: A synthesis of family and individual psychotherapies. *Journal of Family Therapy, 16*(1), 103–120.

Pinsof, W. M., & Catherall, D. R. (1984). *The integrative psychotherapy alliance: Family, couple, and individual therapy scales.* Unpublished paper. Center for Family Studies, The Family Institute of Chicago, Institute of

Psychiatry, Northwestern Memorial Hospital, Chicago, IL.

Pinsof, W. M., & Wynne, L. C. (1995). The effectiveness and efficacy of marital and family therapy: Introduction to the special issue. *Journal of Marital and Family Therapy, 21,* 341–343.

Pinsof, W. M., & Wynne, L. C. (2000). Toward progress research: Closing the gap between family therapy practice and research. *Journal of Marital and Family Therapy, 26*(1), 1–8.

Pinsof, W. M., Wynne, L. C., & Hambright, A. B. (1996). The outcomes of couples and family therapy: Findings, conclusions, and recommendations. *Psychotherapy, 33,* 321–331.

Pittman, F. (1989). Remembering Virginia. *The Family Therapy Networker, 13*(1), 34–35.

Plas, J. M. (1986). *Systems psychology in the schools.* New York: Pergamon Press.

Polkinghorne, L. (1984). Further extensions of methodological diversity for counseling psychology. *Journal of Counseling Psychology, 31*(4), 416–429.

Popper, K. (1959). *The logic of scientific discovery.* New York: Basic Books.

Powers, W. T. (1973). Feedback: Beyond behaviorism. *Science, 179,* 351–356.

Prince, S. E., & Jacobson, N. S. (1995). A review and evaluation of marital and family therapies for affective disorders. *Journal of Marital and Family Therapy, 21,* 377–401.

Rahimi, S. (1999). *Liberty to love legally (same-sex marriages)* (On-line). Retrieved from **www.louisville. edu/a-s/english/wwwboard/neal/messages/88.html**

Rappaport, R. A. (1974, Summer). Sanctity and adaptation. *The CoEvolution Quarterly, (2),* 54–68.

Ray, W., & Keeney, B. (1993). *Resource focused therapy.* London: Karnac Books.

Reeves, R. (1982). *American journey.* New York: Simon & Schuster.

Remembering Virginia. (1989). *The Family Therapy Networker, 13*(1), 27–35.

Rigazio-DiGilio, S. A. (1994). A co-constructive developmental approach to ecosystemic treatment. *Journal of Mental Health Counseling, 16,* 43–74.

Rigazio-DiGilio, S. A., Ivey, A. E., Kunkler-Peck, K. P., & Grady, L. T. (2007). *Community genograms: Using individual, family, and cultural narratives with clients.* New York: Teachers College Press.

Riskin, J. (1982). Research on non-labeled families: A longitudinal study. In F. Walsh (Ed.), *Normal family processes* (pp. 67–93). New York: Guilford Press.

Rohrbaugh, M., Tennen, H., Press, S., White, L., Raskin, P., & Pickering, M. (1977). *Paradoxical strategies in psychotherapy.* Symposium presented at the American Psychological Association Convention, San Francisco, CA.

Rolland, J. (1994). *Helping families with chronic and life-threatening disorders.* New York: Basic Books.

Rorty, R. (1979). *Philosophy and the mirror of nature.* Princeton, NJ: Princeton University Press.

Rosenblueth, A., Wiener, N., & Bigelow, J. (1943). Behavior, purpose, and teleology. *Philosophy of Science, 10,* 18–24.

Ross, A. (1981). *Child behavior therapy.* New York: John Wiley.

Rowe, C. L. (2012). Family therapy for drug abuse: Review and updates 2003–2010. *Journal of Marital and Family Therapy, 38*(1), 59–81.

Rowe, C. L., & Liddle, H. A. (2003). Substance abuse. *Journal of Marital & Family Therapy, 29*(1), 97–120.

Ruesch, J., & Bateson, G. (1951). *Communication: The social matrix of psychiatry.* New York: W. W. Norton.

Rueveni, U. (1979). *Networking families in crisis.* New York: Human Sciences Press.

Ruitenbeek, H. M. (1964). *Varieties of personality theory.* New York: E. P. Dutton.

Russell, G., Szmukler, G., Dare, C., & Eisler, I. (1987). An evaluation of family therapy in anorexia nervosa and bulimia nervosa. *Archives of General Psychiatry, 44,* 1047–1056.

Rychlak, J. F. (1981). *Introduction to personality and psychotherapy* (2nd ed.). Boston, MA: Houghton Mifflin.

Ryle, A. (1985). Cognitive theory, object relations and the self. *British Journal of Medical Psychology, 58,* 1–7.

Sackett, D. L., Richardson, W. S., Rosenberg, W., & Haynes, R. B. (1997). *Evidence-based medicine—How to practice and teach EBM.* New York: Churchill Livingstone.

Sarason, S. (1972). *The creation of settings and the future societies.* San Francisco, CA: Jossey-Bass.

Sarason, S. (1981). *Psychology misdirected.* New York: Free Press.

Satir, V. (1964). *Conjoint family therapy.* Palo Alto, CA: Science and Behavior Books.

Satir, V. (1967). *Conjoint family therapy* (Rev. ed.). Palo Alto, CA: Science and Behavior Books.

Satir, V. (1972). *Peoplemaking.* Palo Alto, CA: Science and Behavior Books.

Satir, V. (1982). The therapist and family therapy: Process model. In A. M. Horne & M. M. Ohlsen (Eds.), *Family counseling and therapy* (pp. 12–42). Itasca, IL: F. E. Peacock.

Satir, V., Stachowiak, J., & Taschman, H. (1975). *Helping families to change.* New York: Jason Aronson.

Satterfield, J. H., Satterfield, B., & Cantwell, D. P. (1981). Three-year multimodality treatment study of 100 hyperactive boys. *Journal of Pediatrics, 98,* 650–655.

Sawin, M. M. (1979). *Family enrichment with family clusters.* Valley Forge, PA: Judson Press.

Sawin, M. M. (1982). *Hope for families.* New York: Sadlier.

Scharff, D. E., & Scharff, J. S. (1987). *Object relations*

family therapy. Northvale, NJ: Jason Aronson.

Schnarch, D. M. (1991). *Constructing the sexual crucible: An integration of sexual and marital therapy*. New York: W. W. Norton.

Schnarch, D. M. (1997). *Passionate marriage: Sex, love, and intimacy in emotionally committed relationships*. New York: W. W. Norton.

Schofield, W. (1964). *Psychotherapy: The purchase of friendship*. Englewood Cliffs, NJ: Prentice-Hall.

Schultz, S. J. (1984). *Family systems therapy: An integration*. New York: Jason Aronson.

Schwartz, R. (1994). *Internal family systems therapy*. New York: Guilford Press.

Schwartz, R., Barrett, M., & Saba, G. (1985). Family therapy for bulimia. In D. Garner & P. Garfinkel (Eds.), *Handbook for the psychotherapy of anorexia nervosa and bulimia* (pp. 280–310). New York: Guilford Press.

Schwartz, R., & Breunlin, D. (1983). Why clinicians should bother with research. *The Family Therapy Networker, 7*, 22–27.

Seaburn, D., Gawinski, B., Harp, J., McDaniel, S., Waxman, D., & Shields, C. (1993). Family systems therapy in a primary care medical setting: The Rochester experience. *Journal of Marital and Family Therapy, 19*(2), 177–190.

Seidler, M. (1979). Problems of systems epistemology. *International Philosophical Quarterly, 19*, 29–60.

Sells, S. P., Smith, T. E., & Moon, S. (1996). An ethnographic study of client and therapist perceptions of therapy effectiveness in a university-based training clinic. *Journal of Marital and Family Therapy, 22*, 321–342.

Sells, S. P., Smith, T. E., & Sprenkle, D. H. (1995). Integrating qualitative and quantitative research methods: A research model. *Family Process, 34*, 19–21.

Selvini, M. (1988). *The work of Mara Selvini Palazzoli*. Northvale, NJ: Jason Aronson.

Selvini Palazzoli, M. (1986). Towards a general model of psychotic family games. *Journal of Marital and Family Therapy, 12*, 339–349.

Selvini Palazzoli, M., Boscolo, L., Cecchin, G., & Prata, G. (1978). *Paradox and counterparadox*. New York: Jason Aronson.

Sexton, T. L. (2011). *Functional family therapy in clinical practice*. New York: Routledge.

Sexton, T. L., Weeks, G. R., & Robbins, M. S. (Eds.). (2003). *Handbook of family therapy*. New York: Brunner-Routledge.

Shadish, W. R., & Baldwin, S. C. (2003). Meta-analysis of MFT interventions. *Journal of Marital & Family Therapy, 29*(4), 547–570.

Shadish, W. R., Ragsdale, K., Glaser, R. R., & Montgomery, L. M. (1995). The efficacy and effectiveness of marital and family therapy: A perspective from meta-analysis. *Journal of Marital and Family Therapy, 21*, 345–360.

Shands, H. C. (1971). *The war with words*. Paris: Mouton.

Shields, C. G., Finley, M. A., & Chawia, N. (2012). Couple and family interventions in health problems. *Journal of Marital and Family Therapy, 38*(1), 265–280.

Shields, C. G., Wynne, L., McDaniel, S., & Gawinski, B. (1994). The marginalization of family therapy: A historical and continuing problem. *Journal of Marital and Family Therapy, 20*(1), 117–138.

Sieburg, E. (1985). *Family communication: An integrated systems approach*. New York: Gardner Press.

Simon, G. (1992). Having a second-order mind while doing first-order therapy. *Journal of Marital and Family Therapy, 18*, 377–387.

Simon, G. (1993). Revisiting the notion of hierarchy. *Family Process, 32*, 147–155.

Simon, R. (1982). Behind the one-way mirror. *The Family Therapy Networker, 6*(1), 18–59.

Simon, R. (1985). Structure is destiny: An interview with Humberto Maturana. *The Family Therapy Networker, 9*(3), 32–43.

Simon, R. (1989). Reaching out to life. *The Family Therapy Networker, 13*(1), 37–43.

Simon, T. B., Stierlin, H., & Wynne, L. C. (1985). *The language of family therapy: A systemic vocabulary and sourcebook*. New York: Family Process Press.

Singleton, G. (1982). Bowen family systems theory. In A. M. Horne & M. M. Ohlsen (Eds.), *Family counseling and therapy* (pp. 75–111). Itasca, IL: F. E. Peacock.

Siqueland, L., Rynn, M., & Diamond, G. S. (2005). Cognitive behavioral and attachment based family therapy for anxious adolescents: Phase I and II studies. *Journal of Anxiety Disorders, 19*(4), 361–381.

Skinner, B. F. (1948). *Walden II*. New York: Macmillan.

Skinner, B. F. (1953). *Science and human behavior*. New York: Macmillan.

Slipp, S. (1984). *Object relations: A dynamic bridge between individual and family therapy*. Northvale, NJ: Jason Aronson.

Slipp, S. (1988). *The technique and practice of object relations family therapy*. Northvale, NJ: Jason Aronson.

Sluzki, C. (1985). Families, networks, and other strange shapes. *AFTA Newsletter, 19*, 1–2.

Smelser, N. J., & Halpern, S. (1978). The historical triangulation of family, economy and education. In J. Demos & S. Boocock (Eds.), *Turning points* (pp. 288–315). Chicago, IL: University of Chicago Press.

Smith, M. B. (1994). Selfhood at risk: Postmodern perils and the perils of postmodernism. *American Psychologist, 49*(5), 405–411.

Smith, R. C., Mead, D. E., & Kinsella, J. A. (1998). Direct supervision: Adding computer-assisted feedback and data capture to live supervision. *Journal of Marital and Family Therapy, 24*(1), 113–125.

Sokal, M. (1973). APA's first publication: Proceedings of the American Psychological Association, 1892–1893.

American Psychologist, 28, 277–292.

Spanier, G. (1976). Measuring dyadic adjustment: New scales for assessing the quality of marriage and similar dyads. *Journal of Marriage and the Family, 38,* 15–28.

Speck, R. V., & Attneave, C. L. (1973). *Family networks.* New York: Pantheon.

Spinks, S. H., & Birchler, G. R. (1982). Behavioral systems marital therapy: Dealing with resistance. *Family Process, 21,* 169–186.

Sprenkle, D. H. (1994). Editorial: The role of qualitative research and a few suggestions for aspiring authors. *Journal of Marital and Family Therapy, 20*(3), 227–229.

Sprenkle, D. H. (Ed.). (2002). *Effectiveness research in marriage and family therapy.* Alexandria, VA: American Association for Marriage and Family Therapy.

Sprenkle, D. H. (Ed.). (2003). Effectiveness research in marriage and family therapy: Introduction. *Journal of Marital & Family Therapy, 29*(1), 85–96.

Sprenkle, D. H. (2012). Intervention research in couple and family therapy: A methodological and substantive review and an introduction to the special issue. *Journal of Marital and Family Therapy, 38*(1), 3–29.

Sprenkle, D. H., & Blow, A. J. (2004). Common factors and our sacred models. *Journal of Marital and Family Therapy, 30,* 113–129.

Sprenkle, D. H., Davis, S. D., & Lebow, J. L. (2009). *Common factors in couple and family therapy: The overlooked foundation for effective practice.* New York: Guilford Press.

Stanton, M. D., Todd, T., & Associates. (1982). *The family therapy of drug abuse and addiction.* New York: Guilford Press.

Staples, R., & Mirande, A. (1980). Racial and cultural variations among American families: A decennial review of the literature on minority families. *Journal of Marriage and the Family, 42*(4), 403–414.

Stein, H. (1992). "The eye of the outsider": Behavioral science, family medicine, and other human systems. *Family Systems Medicine, 10*(3), 2293–2304.

Steinglass, P. (1991). An editorial: Finding a place for the individual in family therapy. *Family Process, 30*(3), 267–269.

Stith, S. M., McCollum, E. E., Amanor-Boadu, Y., & Smith, D. (2012). Systemic perspectives on intimate partner violence treatment. *Journal of Marital and Family Therapy, 38*(1), 220–240.

Stith, S. M., Rosen, K. H., & McCollum, E. E. (2003). Effectiveness of couples treatment for spouse abuse. *Journal of Marital & Family Therapy, 29*(3), 407–426.

Stolz, S. (1978). *Ethical issues in behavior modification.* San Francisco, CA: Jossey-Bass.

Storm, C. L., Todd, T. C., Sprenkle, D. H., & Morgan, M. M. (2001). Gaps between MFT supervision assumptions and common practice: Suggested best practices. *Journal of Marital and Family Therapy, 27*(2),

227–239.

Stuart, R. B. (1969). Operant–interpersonal treatment of marital discord. *Journal of Consulting and Clinical Psychology, 33,* 675–682.

Stuart, R. B. (1980). *Helping couples change.* New York: Guilford Press.

Suppe, F. (1977). *The structure of scientific theories* (2nd ed.). Urbana, IL: University of Illinois Press.

Swim, S., St. George, S. A., & Wulff, D. P. (2001). Process ethics: A collaborative partnership. *Journal of Systemic Therapies, 20*(4), 11–24.

Szapocznik, J., Kurtines, W., Foote, F., Perez-Vidal, A., & Hervis, O. (1986). Conjoint versus one-person family therapy: Further evidence for the effectiveness of conducting family therapy through one person with drug abusing adolescents. *Journal of Consulting and Clinical Psychology, 54,* 385–387.

Szapocznik, J., Perez-Vidal, A., Brickman, A., Foote, F., Santisteban, D., Hervis, O., et al. (1988). Engaging adolescent drug abusers and their families in treatment: A strategic/structural systems approach. *Journal of Consulting and Clinical Psychology, 56,* 552–557.

Szasz, T. (1961). *The myth of mental illness.* New York: Hoeber-Harper.

Tessman, L. H. (1978). *Children of parting parents.* New York: Jason Aronson.

Thibault, J., & Kelley, H. (1959). *The social psychology of groups.* New York: John Wiley.

Thomas, L. (1979). *The medusa and the snail.* New York: Bantam Books.

Thomas, W. I., & Thomas, D. S. (1928). *The child in America.* New York: Knopf.

Tilley, K. (1990, July/August). Family medicine–family therapy joint task force established. *Family Therapy News,* p. 1.

Todd, T. C., & Selekman, M. (Eds.). (1991). *Family therapy approaches with adolescent substance abusers.* Boston, MA: Allyn and Bacon.

Todd, T. C., & Stanton, M. (1983). Research on marital therapy and family therapy: Answers, issues and recommendations for the future. In B. Wolman & G. Stracker (Eds.), *Handbook of family and marital therapy* (pp. 91–115). New York: Plenum Press.

Todd, T. C., & Storm, C. L. (1997). Thoughts on the evolution of MFT supervision. In T. C. Todd & C. L. Storm (Eds.), *The complete systemic supervisor: Context, philosophy and pragmatics* (pp. 1–16). Boston, MA: Allyn and Bacon.

Tolan, P. H., Cromwell, R. E., & Brasswell, M. (1986). Family therapy with delinquents: A critical review of the literature. *Family Process, 25,* 619–649.

Toman, W. (1976). *Family constellation: Its effects on personality and social behavior* (3rd ed.). New York: Springer.

Tomm, K. (1984a). One perspective on the Milan systemic approach: Part I. Overview of development, theory and practice. *Journal of Marital and Family Therapy, 10*(2), 113–125.

Tomm, K. (1984b). One perspective on the Milan systemic approach: Part II. Description of session format, interviewing style and interventions. *Journal of Marital and Family Therapy, 10*(3), 253–271.

Tomm, K. (1998). A question of perspective. *Journal of Marital and Family Therapy, 24*(4), 409–413.

Touliatos, J., Perlmutter, B. F., & Strauss, M. A. (Eds.). (2001). *Handbook of family measurement techniques.* Newbury Park, CA: Sage Publications.

Trepper, T., & Barrett, M. (1989). *Systemic treatment of incest: A therapeutic handbook.* New York: Brunner/Mazel.

Truxall, A. G., & Merrill, F. E. (1947). *The family in American culture.* New York: Prentice-Hall.

Ullman, L., & Krasner, L. (1965). *Case studies in behavior modification.* New York: Holt, Rinehart & Winston.

Ulrici, D. (1983). The effects of behavior and family interventions on juvenile recidivism. *Family Therapy, 10*, 25–36.

Van Amburg, S. M., Barber, C. E., & Zimmerman, T. S. (1996). Aging and family therapy: Prevalence of aging issues and later family life concerns in marital and family therapy literature. *Journal of Marital and Family Therapy, 22*(2), 195–203.

Varela, F. J. (1979). *Principles of biological autonomy.* New York: Elsevier North Holland.

Varela, F. J. (1981). Introduction. In H. von Foerster (Ed.), *Observing systems* (pp. xi–xvi). Seaside, CA: Intersystems Publications.

Varela, F. J., & Johnson, D. (1976, Summer). On observing natural systems. *The CoEvolution Quarterly, (10),* 26–31.

Vincent-Roehling, P. V., & Robins, A. L. (1986). The development and validation of the family beliefs inventory: A measure of unrealistic beliefs among parents and adolescents. *Journal of Consulting and Clinical Psychology, 54*, 693–697.

Visher, E., & Visher, J. (1979). *Stepfamilies: A guide to working with stepparents and stepchildren.* New York: Brunner/Mazel.

Visher, E., & Visher, J. (1982). Stepfamilies in the 1980's. In J. C. Hansen & L. Messinger (Eds.), *Therapy with remarriage families* (pp. 105–119). Rockville, MD: Aspen Systems Corporation.

Visher, E., & Visher, J. (1988). *Old loyalties, new ties: Therapeutic strategies with stepfamilies.* New York: Brunner/Mazel.

von Glasersfeld, E. (1988). The reluctance to change a way of thinking: Radical constructivism and autopoiesis and psychotherapy. *Irish Journal of Psychology, 9*, 83–90.

Walker, H. (1976). *Walker problem behavior identification checklist.* Los Angeles, CA: Western Psychological Services.

Walker, J. B., Johnson, S., Manion, I., & Cloutier, P. (1996). Emotionally focused marital intervention for couples with chronically ill children. *Journal of Consulting and Clinical Psychology, 64*, 1029–1036.

Walsh, F. (1982). *Normal family processes.* New York: Guilford Press.

Walsh, F. (1998). *Strengthening family resilience.* New York: Guilford Press.

Walsh, F. (2007). *Strengthening family resilience* (2nd ed.). New York: Guilford Press.

Walters, M., Carter, B., Papp, P., & Silverstein, O. (1988). *The invisible web: Gender patterns in family relationships.* New York: Guilford Press.

Wampold, B. E. (2001). *The great psychotherapy debate: Models, methods, and findings.* Mahwah, NJ: Erlbaum.

Watts, A. (1972). *The book.* New York: Vintage Books.

Watts, R. (2001). Integrating cognitive and systemic perspectives: An interview with Frank M. Dattilio. *The Family Journal, 9*(4), 422–476.

Watts-Jones, D. (1997). Toward an African-American genogram. *Family Process, 36*(4), 375–383.

Watzlawick, P. (1976). *How real is real?* New York: Vintage Books.

Watzlawick, P. (1978). *The language of change.* New York: Basic Books.

Watzlawick, P. (Ed.). (1984). *The invented reality.* New York: W. W. Norton.

Watzlawick, P., Beavin, J., & Jackson, D. (1967). *Pragmatics of human communication.* New York: W. W. Norton.

Watzlawick, P., & Weakland, J. H. (Eds.). (1977). *The interactional view: Studies at the Mental Research Institute, Palo Alto, 1965–74.* New York: W. W. Norton.

Watzlawick, P., Weakland, J. H., & Fisch, R. (1974). *Change: Principles of problem formation and problem resolution.* New York: W. W. Norton.

Webb, S. A. (2001). Some considerations on the validity of evidence-based practice in social work. *British Journal of Social Work, 31*, 57–79.

Weingarten, K. (2004). Witnessing the effects of political violence in families: Mechanisms of intergenerational transmission and clinical interventions. *Journal of Marital & Family Therapy, 30*(1), 45–59.

Weiss, R., & Cerreto, M. (1975). *Marital status inventory.* Unpublished manuscript, University of Oregon.

Weiss, R., Hops, H., & Patterson, G. (1973). A framework for conceptualizing marital conflict, technology for altering it, some data for evaluating it. In L. Hamerlynck, L. Handy, & E. Mash (Eds.), *Behavior change: Methodology, concepts and practice* (pp. 309–342). Champaign, IL: Research Press.

Wells, R. A., Dilkes, T. C., & Trivelli, N. (1972). The results of family therapy: A critical review. *Family Process, 11*, 189–207.

Wheeler, E. (1985). The fear of feminism in family therapy. *The Family Therapy Networker, 9*(6), 53–55.

Whitaker, C. A. (1975). Psychotherapy of the absurd: With a special emphasis on the psychotherapy of aggression. *Family Process, 14*(1), 1–16.

Whitaker, C. A. (1976a). A family is a four-dimensional relationship. In P. J. Guerin (Ed.), *Family therapy: Theory and practice* (pp. 182–192). New York: Gardner Press.

Whitaker, C. A. (1976b). The hindrance of theory in clinical work. In P. J. Guerin (Ed.), *Family therapy: Theory and practice* (pp. 154–164). New York: Gardner Press.

Whitaker, C. A., & Keith, D. V. (1981). Symbolic–experiential family therapy. In A. S. Gurman & D. P. Kniskern (Eds.), *Handbook of family therapy* (pp. 187–225). New York: Brunner/Mazel.

Whitaker, C. A., & Malone, T. P. (1953). *The roots of psychotherapy*. New York: Blakiston.

White, M. (1991). Deconstruction and therapy. *Dulwich Centre Newsletter, 3,* 21–40.

White, M. (1995). *Re-authoring lives*. Adelaide, Australia: Dulwich Centre.

White, M. (2007). *Maps of narrative practice*. New York: Norton.

White, M., & Epston, D. (1990). *Narrative means to therapeutic ends*. New York: W. W. Norton.

Whitehead, A. N., & Russell, B. (1910). *Principia mathematica*. Cambridge, England: Cambridge University Press.

Wiener, N. (1948). Cybernetics. *Scientific American, 179*(5), 14–18.

Wiener, N. (1949). *Cybernetics, or control and communication in the animal and the machine*. Cambridge, MA: MIT Press/New York, NY: Wiley.

Wills, T., Weiss, R., & Patterson, G. (1974). A behavioral analysis of the determinants of marital satisfaction. *Journal of Consulting and Clinical Psychology, 42,* 802–811.

Wilson, G. (1984). Behavior therapy. In R. Corsini (Ed.), *Current psychotherapies* (pp. 230–278). Itasca, IL: F. E. Peacock.

Wilson, G., & O'Leary, K. (1980). *Principles of behavior therapy*. Englewood Cliffs, NJ: Prentice-Hall.

Winderman, L. (1989). Generation of human meaning key to Galveston paradigm: An interview with Harlene Anderson and Harold Goolishian. *Family Therapy News, 20*(6), 11–12.

Wittgenstein, L. (1963). *Philosophical investigations*. New York: Macmillan.

Wolin, S. J., & Bennett, L. A. (1984). Family rituals. *Family Process, 12*(3), 401–420.

Wolpe, J. (1958). *Psychotherapy by reciprocal inhibition*. Stanford, CA: Stanford University Press.

Wright, L. M., Watson, W. L., & Bell, J. M. (1996). *Beliefs: The heart of healing in families and illness*. New York: Basic Books.

Wylie, M. S. (1991). Family therapy's neglected prophet. *The Family Therapy Networker, 15*(2), 24–37.

Wynne, L. C., Ryckoff, I. M., Day, J., & Hirsch, S. I. (1958). Pseudo-mutuality in the family relations of schizophrenics. *Psychiatry, 21,* 205–220.

Wynne, L. C., Shields, C., & Sirkin, M. (1992). Illness, family theory, and family therapy: I. Conceptual issues. *Family Process, 31,* 3–18.

Yingling, L. C., Miller, W. E., McDonald, M. S., & Galewater, S. T. (1998). *GARF assessment sourcebook: Using the DSM-IV Global Assessment of Relational Functioning*. Washington, DC: Taylor & Francis.

Zilberstein, K. (2006). Clarifying core characteristics of attachment disorders: A review of current research and theory. *American Journal of Orthopsychiatry, 76*(1), 55–64.

Zukav, G. (1980). *The dancing Wu Li masters*. New York: Bantam Books.

찾아보기

크레딧

제2장 Bateson, G. (1972). Steps to an ecology of mind. New York: Ballantine; Foley, V. D. (1974). An introduction to family therapy. New York: Grune & Stratton; Heims, S. P. (1975). Encounter of behavioral sciences with new machine–organism analogies in the 1940's. Journal of the History of the Behavioral Sciences, 11, 368–373; Heims, S. P. (1977). Gregory Bateson and the mathematicians: From interdisciplinary interaction to societal functions. Journal of the History of the Behavioral Sciences, 13, 141–159; Midelfort, C. (1957). The family in psychotherapy. New York: McGraw-Hill; Whitaker, C. A. (1976b). The hindrance of theory in clinical work. In P. J. Guerin (Ed.), Family therapy: Theory and practice (pp. 154–164). New York: Gardner Press; Selvini Palazzoli, M., Boscolo, L., Cecchin, G., & Prata, G. (1978). Paradox and counterparadox. New York: Jason Aronson; Allport, G. W. (1964). The open system in personality theory. In H. M. Ruitenbeek (Ed.), Varieties of personality theory (pp. 149–166). New York: E. P. Dutton; Plas, J. M. (1986). Systems psychology in the schools. New York: Pergamon Press; Nichols, M. P. (1985). Checking our biases. The Family Therapy Networker, 9(6), 75–77; Germain, C. B. (1991). Human behavior in the social environment. New York: Columbia University Press.

제3장 Varela, F. J., & Johnson, D. (1976). On observing natural systems. The CoEvolution Quarterly, Summer, 26–31; Maturana, H. (1974). Cognitive strategies. In H. von Foerster (Ed.), Cybernetics of cybernetics (pp. 457–469). Urbana, IL: University of Illinois; Maturana, H., & Varela, F. J. (1987). The tree of knowledge. Boston: New Science Library; Maturana, H. (1978). Biology of language: The epistemology of reality. In G. A. Miller & E. Lennerberg (Eds.), Psychology and biology of language and thought: Essays in honor of Eric Lennerberg (pp. 27–63). New York: Academic Press; Varela, F. J. (1979). Principles of biological autonomy. New York: Elsevier North Holland; Simon, R. (1985). Structure is destiny: An interview with Humberto Maturana. The Family Therapy Networker, 9(3), 32–43.

제4장 Lowe, R. N. (1991). Postmodern themes and therapeutic practices: Notes towards the definition of 'Family Therapy: Part 2.' Dulwich Center Newsletter, 3, 41–42; Gergen, K. J. (1991). The saturated self. New York: Basic Books; Gale, J. E., & Long, J. K. (1996). Theoretical foundations of family therapy. In F. P. Piercy, D. H. Sprenkle, J. L. Wetchler, & Associates (Eds.), Family therapy sourcebook (pp. 1–24). New York: Guilford Press; Gergen, K. J. (1985). Social constructivist movement in psychology. American Psychologist, 40, 266–275; Gergen, K. J. (1994b). Realities and relationships. Cambridge, MA: Harvard University Press; Cecchin, G., Lane G., & Ray, W. (1994). The cybernetics of prejudices in the practice of psychotherapy. London: Karnac Books; Gergen, K. J. (1994a). Exploring the postmodern: Perils or potentials? American Psychologist, 49(5); Nichols, M. P. (1987). The self in the system: Expanding the limits of family therapy. New York: Brunner/Mazel; Golann, S. (1988a). On second-order family therapy. Family Process, 27, 51–65; Hoffman, L. (1985). Beyond power and control. Family Systems Medicine, 4, 381–396; Simon, G. (1992). Having a second-order mind while doing first-order therapy. Journal of Marital and Family Therapy, 18, 377–387; Anderson, H., & Goolishian, H. (1990). Beyond cybernetics: Comments on Atkinson and Heath's "Further thoughts on second-order family therapy." Family Process, 229, 157–163; Held, B. S. (1995). Back to reality. New York: W. W. Norton; Watzlawick, P. (Ed.). (1984). The invented reality. New York: W. W. Norton; Tomm, K. (1998). A question of perspective. Journal of Marital and Family Therapy, 24(4), 409–413.

제5장 Frankel, C. (1963). The family in context. In F. Delliquadri (Ed.), Helping the family in urban society (pp. 3–22). New York: Columbia University Press; Beavers, W. R. (1982). Healthy, midrange and severely dysfunctional families. In F. Walsh (Ed.), Normal family processes (pp. 45–66). New York: Guilford Press; Kaslow, F. (1982). Profile of the healthy family. The Relationship, 8(1), 9–25; Excerpt from "The Word 'Ritual' Implies Action" written by P. LaFarge. Originally published in Parents* magazine; Dell, P. F. (1983). From pathology to ethics. Family Therapy Networker, 1(6), 29–64; Hill, R., & Rodgers, R. H. (1964). The developmental approach. In H. Christensen (Ed.), Handbook of marriage and family therapy (pp. 171–209). Chicago: Rand McNally; Hamner, T. J., & Turner, P. H. (1985). Parenting in contemporary society. Englewood Cliffs, NJ: Prentice-Hall; Hartman, A., & Laird, J. (1983). Family-centered social work practice. New York: Free Press; Gergen, K. J. (1994b). Realities and relationships. Cambridge, MA: Harvard University Press.

제6장 de Shazer, S. (1991). Putting difference to work. New York: W. W. Norton; Gergen, K. J. (1994a). Exploring the postmodern: Perils or potentials? American Psychologist, 49(5); Hayward, J. W. (1984). Perceiving ordinary magic. Boston: New Science Library; Bowen, M. (1976). Theory in the practice of psychotherapy. In P. J. Guerin (Ed.), Family therapy: Theory and practice (pp. 42–90). New York: Gardner Press; Boszormenyi-Nagy, I., Grunebaum, J., & Ulrich, D. (1991). Contextual therapy. In A. Gurman and D. Kniskern (Eds.), Handbook of family therapy (Vol. 2, pp. 200–238). New York: Brunner/Mazel; Boszormenyi-Nagy, I., & Ulrich, D. (1981). Contextual family therapy. In A. S. Gurman & D. P. Kniskern (Eds.), Handbook of family therapy (pp. 159–186). New York: Brunner/Mazel; Scharff, D. E., & Scharff, J. S. (1987). Object relations family therapy. Northvale, NJ: Jason Aronson; Kernberg, O. F. (1976). Object relations theory and clinical psychoanalysis. New York: Jason Aronson; Greenberg, J. R., & Mitchell, S. (1983). Object relations and psychoanalytic theory. Cambridge, MA: Harvard University Press.

제7장 Bowen, M. (1976). Theory in the practice of psychotherapy. In P. J. Guerin (Ed.), Family therapy: Theory and practice (pp. 42–90). New York: Gardner Press; Bowen, M. (1978). Family therapy in clinical practice. New York: Jason Aronson; McGoldrick, M., & Carter, B. (2001). Advances in coaching: Family therapy with one person. Journal of Marital and Family Therapy, 27(3), 281–300.

제8장 Keith, D. V., & Whitaker, C. A. (1991). Experiential/symbolic family therapy. In A. M. Horne & J. L. Passmore (Eds.), Family counseling and therapy (pp. 107–140). Itasca, IL: F. E. Peacock; Whitaker, C. A. (1976b). The hindrance of theory in clinical work. In P. J. Guerin (Ed.), Family therapy: Theory and practice (pp. 154–164). New York: Gardner Press; Keith, D. V., & Whitaker, C. A. (1982). Experiential/symbolic family therapy. In A. M. Horne & M. M. Ohlsen (Eds.), Family counseling and therapy (pp. 43–74). Itasca, IL: F. E. Peacock; Whitaker, C. A. (1976a). A family is a four-dimensional relationship. In P. J. Guerin (Ed.), Family therapy: Theory and practice (pp. 182–192). New York: Gardner Press; Kempler, W. (1982). Gestalt family therapy. In A. M. Horne & M. M. Ohlsen (Eds.), Family counseling and therapy (pp. 141–174). Itasca, IL: F. E. Peacock; Kempler, W. (1981). Experiential psychotherapy with families. New York: Brunner/Mazel.

제9장 Minuchin, S. (1984). Family kaleidoscope. Cambridge, MA: Harvard University Press.

제10장 Watzlawick, P., Weakland, J. H., & Fisch, R. (1974). Change: Principles of problem formation and problem resolution. New York: W. W. Norton; Satir, V. (1982). The therapist and family therapy: Process model. In A. M. Horne & M. M. Ohlsen (Eds.), Family counseling and therapy (pp. 12–42). Itasca, IL: F. E. Peacock.

제11장 Haley, J. (1963). Strategies of psychotherapy. New York: Grune & Stratton; Tomm, K. (1984a). One perspective on the Milan systemic approach: Part I. Overview of development, theory and practice. Journal of Marital and Family Therapy, 10(2), 113–125; Boscolo, L., Cecchin, G., Hoffman, L., & Penn, P. (1987). Milan systemic family therapy. New York: Basic Books; Penn, P. (1982). Circular questioning. Family Process, 21(3), 267–279; Tomm, K. (1984b). One perspective on the Milan systemic approach: Part II. Description of session format, interviewing style and interventions. Journal of Marital and Family Therapy, 10(3), 253–271; Selvini Palazzoli, M. (1986). Towards a general model of psychotic family games. Journal of Marital and Family Therapy, 12, 339–349.

제12장 Jacobson, N. (1981). Behavioral marital therapy. In A. S. Gurman & D. P. Kniskern (Eds.), Handbook of family therapy (pp. 556–591). New York: Brunner/Mazel; Brady, J. (1980). Some views on effective principles of psychotherapy. Cognitive Therapy and Research, 4, 271–306; Baucom, D. H., & Epstein, N. (1990). Cognitive– behavioral marital therapy. New York: Brunner/Mazel; Dattilio, F. M., Epstein, N. B., & Baucom, D. H. (1998). An introduction to cognitive– behavioral therapy with couples and families. In F. M. Dattilio (Ed.), Case studies in couple and family therapy (pp. 1–36). New York: Guilford; Dattilio, F. M. (2001a). Cognitive–behavioral family therapy: Contemporary myths and misconceptions. Contemporary Family Therapy, 23(1), 3–15; Heiman, J., LoPiccolo, L., & LoPiccolo, J. (1981). The treatment of sexual dysfunction. In A. S. Gurman & D. P. Kniskern (Eds.), Handbook of family therapy (pp. 592–627). New York: Brunner/Mazel.

제13장 Bateson, G. (1972). Steps to an ecology of mind. New York: Ballantine; Andersen, T. (1992). Reflections on reflecting with families. In S. McNamee & K. J. Gergen (Eds.), Therapy as social construction (pp. 54–68). Newbury Park, CA: Sage; O'Hanlon, W. H., & Weiner-Davis, M. (1989). In search of solutions: A new direction in psychotherapy. New York: W. W. Norton; O'Hanlon, W. H., & Wilk, J. (1987). Shifting contexts: The generation of effective psychotherapy. New York: Guilford Press; O'Hanlon, W. H. (1993a). Possibility therapy: From iatrogenic injury to iatrogenic healing. In S. Gilligan & R. Price (Eds.), Therapeutic conversations (pp. 3–17). New York: W. W. Norton; Gale, J. E. (1991). Conversation analysis of therapeutic discourse: The pursuit of a therapeutic agenda. Norwood, NJ: Ablex; de Shazer, S. (1991). Putting difference to work. New York: W. W. Norton; Maruyama, M. (1963). The second cybernetics: Deviation-amplifying mutual causal processes. American Scientist, 5, 164–179; White, M., & Epston, D. (1990). Narrative means to therapeutic ends. New York: W. W. Norton; White, M. (1991). Deconstruction and therapy. Dulwich Centre Newsletter, 3, 21–40; Epston, D. (1994). Extending the conversation. The Family Therapy Networker, 18(6), 30–37, 62–63; Anderson, H. (1993). On a roller coaster: A collaborative language systems approach to therapy. In S. Friedman (Ed.), The new language of change (pp. 323–344). New York: Guilford Press; Anderson, H. (1997). Conversation, language, and possibilities. New York: Basic Books; Hoffman, L. (1993). Exchanging voices: A collaborative approach to family therapy. London: Karnac; Goolishian, H. (1991). The use of language in two different therapy approaches. In AAMFT Annual Conference Newsletter; Golann, S. (1988a). On second-order family therapy. Family Process, 27, 51–65.

제14장 Koch, S. (1976). Language communities, search cells and the psychological studies. In W. J. Arnold (Ed.), Nebraska symposium on motivation, 1975 (Vol. 23). Lincoln, NE: University of Nebraska Press; Dayringer, S. (1980). Experimentation in behavioral science research: Status and prospectus. Unpublished doctoral dissertation, St. Louis University, St. Louis, MO; Dawis, R. (1984). Of old philosophies and new kids on the block. Journal of Counseling Psychology, 31, 467–469; American Psychiatric Association. (1994). Diagnostic and statistical manual of mental disorders (4th ed., rev.). Washington, DC: Author; Olson, D. H., Russell, C., & Sprenkle, D. H. (1983). Circumplex model of marital and family systems: VI. Theoretical update. Family Process, 22, 69–83; Beavers, W. R. (1982). Healthy, midrange and severely dysfunctional families. In F. Walsh (Ed.), Normal family processes (pp. 45–66). New York:

Guilford Press; Epstein, N. B., Bishop, D. S., & Baldwin, L. M. (1982). McMaster model of family functioning: A view of the normal family. In F. Walsh (Ed.), Normal family processes (pp. 115–141). New York: Guilford Press; Beavers, W. R., & Voeller, M. N. (1983). Family models: Comparing and contrasting the Olson circumplex with the Beavers systems model. Family Process, 22, 85–98.

제15장 Watzlawick, P., Weakland, J. H., & Fisch, R. (1974). Change: Principles of problem formation and problem resolution. New York: W. W. Norton; Zukav, G. (1980). The dancing wu li masters. New York: Bantam Books; Efran, J. A., & Lukens, M. D. (1985). The world according to Humberto Maturana. The Family Therapy Networker, 9(3), 23–28, 72–75; Dell, P. F. (1980). Researching the family theories of schizophrenia: An experience in epistemological confusion. Family Process, 19(4); Varela, F. J. (1981). Introduction. In H. von Foerster (Ed.), Observing systems (pp. xi–xvi). Seaside, CA: Intersystems Publications; Keeney, B. P. (1983). Aesthetics of change. New York: Guilford Press; Falicov, C. (1998). From rigid borderlines to fertile borderlands: Reconfiguring family therapy. Journal of Marital and Family Therapy, 24, 157–163; (c) American Association for Marriage and Family Therapy; Schofield, W. (1964). Psychotherapy: The purchase of friendship. Englewood Cliffs, NJ: Prentice-Hall; Andersen, T. (2001). Ethics before ontology: A few words. Journal of Systemic Therapies, 20(4), 11–13.

제16장 Kitchener, K. S. (1984). Intuition, critical evaluation and ethical principles: The foundation for ethical decisions in counseling psychology. The Counseling Psychologist, 12(3), 43–55.

제17장 Piercy, F. P., & Sprenkle, D. H. (1990). Marriage and family therapy: A decade review. Journal of Marriage and the Family, 52, 1116–1126; Pinsof, W. M., & Wynne, L. C. (1995). The effectiveness and efficacy of marital and family therapy: Introduction to the special issue. Journal of Marital and Family Therapy, 21, 341–343; Watzlawick, P., Beavin, J., & Jackson, D. (1967). Pragmatics of human communication. New York: W. W. Norton; Crane, D. R., Wampler, K. S., Sprenkle, D. H., Sandberg, J. G., & Hovestadt, A. J. (2002). The scientist-practitioner model in marriage and family therapy doctoral programs. Journal of Marital & Family Therapy, 28(1), 85–92; Capra, F. (1983). The turning point. New York: Bantam Books; Churchman, C. (1979). The systems approach and its enemies. New York: Basic Books; Polkinghorne, L. (1984). Further extensions of methodological diversity for counseling psychology. Journal of Counseling Psychology, 31(4), 416–429.

제18장 Bartlett, S. (1983). Conceptual therapy: An introduction to framework-relative epistemology. St. Louis, MO: Crescere; Bateson, G. (1972). Steps to an ecology of mind. New York: Ballantine; Howard, G. S. (1991). Culture tales. American Psychologist, 46, 187–197; Mair, M. (1988). Psychology as storytelling. International Journal of Personal Construct Psychology, 1, 125–138; Plas, J. M. (1986). Systems psychology in the schools. New York: Pergamon Press; Keeney, B. P. (1983). Aesthetics of change. New York: Guilford Press; Pearce, J. (1988). The crack in the cosmic egg. New York: Julian Press; Sarason, S. (1981). Psychology misdirected. New York: Free Press; Watzlawick, P. (Ed.). (1984). The invented reality. New York: W. W. Norton; Perelman, C., & Olbrechts-Tyteca, L. (1969). The new rhetoric: A treatise on argumentation (J. Wilkinson & P. Weaver, Trans.). South Bend, IN: University of Notre Dame Press; Barsky, A. J. (1988). The paradox of health. The New England Journal of Medicine, 318(7), 414–418; Gergen, K. J. (1991). The saturated self. New York: Basic Books; Thomas, L. (1979). The medusa and the snail. New York: Bantam Books; Schofield, W. (1964). Psychotherapy: The purchase of friendship. Englewood Cliffs, NJ: Prentice-Hall; Watzlawick, P., Weakland, J. H., & Fisch, R. (1974). Change: Principles of problem formation and problem resolution. New York: W. W. Norton; Watts, A. (1972). The book. New York: Vintage Books; May, R. (1967). Psychology and the human dilemma. Princeton, NJ: D. Van Nostrand Company; Keith, D. V. (1998). Family therapy, chemical imbalance, blasphemy, and working with children. AFTA Newsletter, 72, 21–25; Castaneda, C. (1974). Tales of Power. New York: Simon & Schuster.